1923 年回国后在南开大学执教时的蒋廷黻先生

蒋廷黻先生

蔣廷黻先生

南开百年史学名家文库

南开大学历史学科学术委员会　主编

蒋廷黻文集

邓丽兰　　刘依尘　编

南开大学出版社

天　津

图书在版编目(CIP)数据

蒋廷黻文集 / 邓丽兰，刘依尘编. —天津：南开
大学出版社，2019.9
（南开百年史学名家文库）
ISBN 978-7-310-05845-7

Ⅰ. ①蒋… Ⅱ. ①邓… ②刘… Ⅲ. ①中国历史－近
代史－文集Ⅳ. ①K250.7－53

中国版本图书馆 CIP 数据核字(2019)第 168031 号

南开大学出版社出版发行
出版人：刘运峰
地址：天津市南开区卫津路 94 号　　邮政编码：300071
营销部电话：(022)23508339　23500755
营销部传真：(022)23508542　　邮购部电话：(022)23502200
＊
河北鹏润印刷有限公司印刷
全国各地新华书店经销
＊
2019 年 9 月第 1 版　　2019 年 9 月第 1 次印刷
240×170 毫米　16 开本　30.5 印张　6 插页　529 千字
定价：132.00 元

如遇图书印装质量问题,请与本社营销部联系调换,电话:(022)23507125

"南开百年史学名家文库"编委会名单

总 序

　　为庆祝南开大学建校一百周年，南开大学统筹策划一系列庆典活动和工作。其中，借机整理人文社会科学学科百年历程，特别将各学科著名学者文集的编辑和出版列为代表性成果之一予以确定。2017 年底，时任南开大学副校长朱光磊教授主持部署此项工作，将历史学科相关著名学者的选择及成果汇集工作交予了历史学院。

　　2018 年 11 月，历史学科学术委员会集体商定入选原则后，确定 1923 年建系以来已去世的、具有代表性的十位著名学者入选"南开百年史学名家文库"，他们是：1923 年历史系创系主任蒋廷黻，20 世纪 20 年代在文学院任教的范文澜，明清史专家郑天挺，世界上古史专家雷海宗，先秦史专家王玉哲，亚洲史暨日本史专家吴廷璆，唐元史专家杨志玖，美国史专家杨生茂，史学史与史学理论专家杨翼骧，北洋史、方志学家暨图书文献学专家来新夏。

　　随即，历史学科学术委员会委托江沛教授主持此事，并邀请退休和在岗的十位学者（依主持各卷顺序为：邓丽兰、王凛然、孙卫国、江沛、朱彦民、杨栋梁与郑昭辉、王晓欣、杨令侠、乔治忠、焦静宜）参与此项工作，分别主持一卷。此后，各位编辑者按照统一要求展开编辑工作，克服重重困难，并于 2019 年 1 月提交了各卷全部稿件。南开大学出版社莫建来等编辑，精心编校，使"文库"得以在百年校庆前印刷问世，这是对南开史学九十六年风雨历程的一个小结，是对南开史学学科建设的一个有益贡献，更是对南开大学百年校庆奉上的厚重贺礼。

　　十位入选学人，均为中国史、世界史学科的著名学者，创系系主任蒋廷黻，是中国近代外交史领域和世界史学科的开拓者之一；范文澜是中国较早的马克思主义史学家；郑天挺、雷海宗先生是南开史学公认的奠基人，是学界公认的史学大家，其影响力无远弗届；王玉哲（先秦史）、吴廷璆（亚洲史暨日本史）、杨志玖（唐元史）、杨生茂（美国史）、杨翼骧（史学史）、来新夏（北洋史、方志学、图书文献学）在各自学术领域辛勤耕耘、学识深厚、育人精良，誉满海内外。他们几十年前的论著，至今读来仍不过时，仍具有启示意义；他们所开创的领域仍是南开史学最为重要的学术方向，他们的学术成就及言传身教，引领了南开史学的持续辉煌，他们是南开史学的标志性人物。

学术传承，一要承继，二要创新。九十六年来，在这些史学大家引导下，逐渐凝聚出南开史学的重要特征：惟真惟新、求通致用。近四十年，已发展出"中国社会史""王权主义学派"等具有重要引导作用的学术方向。在当今历史学国际化、跨学科、复合型的发展潮流中，南开史学更是迎难而上，把发展方向定位在服务国家战略及社会需求上，定位在文理交叉、多方融合上，承旧纳新，必将带来南开史学新的辉煌。

值此"南开百年史学名家文库"即将付梓之际，特做此文，以为说明。

魏晋嵇康有诗曰："人生寿促，天地长久。百年之期，孰云其寿？"衷心祝福母校在第二个百年发展顺利、迈进世界一流大学的行列，恭迎南开史学百年盛典！

南开大学历史学科学术委员会主任：江沛

2019 年 8 月 26 日

蒋廷黻小传

蒋廷黻（1895—1965），湖南邵阳人，著名历史学家、外交家。南开大学历史系首任系主任，是中国近代外交史研究的开拓者，也是民国时期书生从政的典型。

蒋廷黻自幼入蒋氏家族之私塾，从诵读《三字经》开始接受传统文化教育。他快速的诵读记忆能力，被家人当成可入翰林院的神童，被族人寄予学而优则仕的厚望。后因蒋家私塾简陋，先后转到赵家私塾、邓家私塾。科举制废除后，蒋廷黻于 1906 年就读于长沙明德小学，课程包括国文、数学、修身、图画、自然。随后，蒋廷黻转入长老会办的教会学校湘潭益智学堂。他努力学习数学、英语，对《圣经》与主日学不感兴趣。从林格尔夫人教授的"西洋史"中，蒋廷黻学到了有关希腊、罗马、中世纪、文艺复兴、宗教革命、法国大革命、美国独立战争等的知识。

1911 年辛亥革命爆发，在林格尔夫人帮助下，时年 17 岁的蒋廷黻赴美国留学，就读于密苏里州堪萨斯城派克威尔镇的帕克学院（Park Academy）。蒋廷黻在那里过着半工半读的生活，拉丁文与英文有了很大进步。1914 年，蒋廷黻转往俄亥俄州的欧柏林学院（Oberlin College）继续大学学业，主修历史学。对自然科学的兴趣使他认识到科学与宗教之间的张力，文学课上他尝试将中国诗翻译成英文。1919 年，蒋廷黻进入哥伦比亚大学，先读新闻，后改政治，又转攻历史。他选修过穆尔教授的"国际公法学"、吉丁斯的"社会学"、塞尔曼的"公共财政"、邓宁及拉斯基的"政治学原理"、沙费尔德的"欧洲发展史"等课程。欧洲的扩张史使蒋对于帝国主义、殖民化问题，有了自己的思考。

蒋廷黻的博士学位论文指导老师是卡尔顿·海斯。海斯属于美国"新史学"派，该派重视史学的社会功能，倡导跨学科的综合性研究。海斯在哥大的研究方向是欧洲近代政治社会史。蒋廷黻的博士论文则是《劳工与帝国》，研究 1880年以后英国工党及工党议员对于英国帝国主义的反应。该书出版时，英国工党第一次组阁。

爱国情感贯穿于蒋廷黻的青少年时期。在明德小学，高年级学生中盛行的"中国若是德意志，湖南定为普鲁士"的爱国言论即影响了年幼的蒋廷黻。在湘潭益智学堂，他时常做的"白日梦"就是"救中国"。1908—1909 年间，蒋廷黻已经剪掉辫子。第一次世界大战期间，蒋廷黻参加后备军官训练团，欧柏林毕业后受青年会派遣，赴法国慰劳中国劳工。华盛顿会议期间，蒋廷黻参与"中国留美学生华盛顿会议后援会"的活动。

1923 年，蒋廷黻博士毕业归国，任教于南开大学历史系，担任系主任兼文科主任。南开六年期间，蒋廷黻主持设置了"西洋通史""一百五十年来之欧洲""英吉利通史""美利坚合众国通史""近世欧洲经济史""欧洲列强扩充他洲史""欧洲外交史""中国外交史"等课程。同何廉一样，蒋廷黻也是在南开倡导用西方方法研究中国问题的重要学者之一。执教南开期间，他起初敬佩于张伯苓校长的朴实与实干，又对从美国学到的新鲜理论与南开"太土""太保守"之间的差异感到不耐。很快，他认识到运用西方理论与方法解决中国问题的重要性。蒋廷黻亲自带领学生到八里台村、裕元纱厂调查农民、工人生活，在抵货运动中建议学生将禁售日货改为设爱国捐，并建议设立工业研究机构以改善产品。

1929 年，蒋廷黻应清华校长罗家伦之邀，担任清华大学历史系主任。主政清华历史系期间，蒋廷黻参加学校评议会，参与改善学校行政。他利用清华资助学者进修深造的有利条件延揽人才，引进年轻教授。蒋廷黻还致力于改革课程体系。当时，许多归国学者长于讲授西洋历史，但无法讲授中国史。他鼓励学者担任中国史课程教学，延聘人才使中国史的每一时段都有专门学者教授与研究。外国史方面则特别重视俄国史、日本史研究，鼓励青年学者赴国外深造后回国讲学。

从事学术研究期间，蒋廷黻对中国近百年社会变迁产生浓厚兴趣，发掘并开垦出一块"新大陆"——中国近代史研究。他主持整理了《近代中国外交史资料辑要》，这是中国近代以来第一部外交史资料汇编。两卷分别收录从 1822 年至 1861 年、1861 年至 1895 年共计 799 种（篇）外交史资料。他还发表了《琦善与鸦片战争》《最近三百年东北外患史》等重要论文。

蒋廷黻的教学管理与治学，鲜明体现出"新史学"的路径与方法。这体现在他广阔的治学视野与史观、"内省"式的反思姿态，以及中外史料交相印证的材料运用上。

蒋廷黻强调，历史研究应重视历史源流与发展的整个脉络，而不应采取为版本而研究版本、为古籍而研究古籍的旧方法。在他看来，为了解历史的复杂性、整体性，综合性的视野不可或缺。帕克学院、欧柏林学院文理皆修的美式博雅教育，使蒋廷黻受益匪浅。他在南开担任文科主任期间，也引导文科学生兼学数学、物理、化学、生物知识，培养科学精神。他也希望学习历史学的学生"多习外国语及其他人文学术，如政治、经济、哲学、文学、人类学"，等等。

完成于1938年春夏之间的《中国近代史》一书，即是蒋廷黻史学观念的具体体现，蒋廷黻称其是"对我国近代史的观感"之"初步报告"。全书分4章22节，时间跨度从鸦片战争到抗日战争前夕，突出了中国走出"中古状态"，而迈向"近代化"与"组织一个近代的民族国家"的主旨。这部5万余字的作品，引领了民国时期学术界对中国近现代史的研究。

某种意义上，"蒋廷黻之问"可以概括为：中国近代以来屡战屡败的原因究竟是什么？他不倾向于谴责帝国主义侵略的野蛮与残酷，而是进行内省式的反思。他认为，中古式的政府、中古式的士大夫、中古式的人民，天然不足以与现代西洋文明对抗。这一判断，影响了他对林则徐、琦善、李鸿章等人的研究。

中国学者在国内展开中国近代外交史研究，蒋廷黻是从档案史料入手的先驱者之一。具体到中国近代外交史研究，"一切外交问题少则牵连两国，多则牵连数十国"，因而必须广泛搜集各国材料，否则"根据一国政府的公文来论外交等于专听一面之词来判讼"。在南开期间，他积极寻访名人后裔、收藏家搜求一手史料。他为清华收集清宫档案、善本书籍、权臣文件信札。因公务出访国外，他也抽时间收集有关中外关系之材料。

在高校教育方面，蒋廷黻倡导教育改革，重视教育服务于社会。他批评中国传统读书人食古不化、脱离实际，留洋学生只会照搬洋书教洋课，学生只忙于听讲、应考。蒋廷黻认为，教育应"与中国生活的实际事实相关联"，期待中国教育家"创造一个适合中国需要的教育制度"。

湖南同乡魏源、郭嵩焘经世致用的家国情怀，也在无形中影响着蒋廷黻的人生道路选择。他积极入世，从书生论政走上书生从政的道路。

1928年夏，蒋廷黻参与张伯苓组织的东北考察活动。他主动面见杨宇霆，讨论东北开发以及与日本人之间的经济竞争。他甚至认为，东北问题比废除不平等条约更为急迫重要。蒋廷黻也曾带着好奇心游历中国内陆地区城市，考察各地社会生活，思考各处的历史、发展、兴衰。

九一八事变爆发后，蒋廷黻和胡适等友人发起、创办《独立评论》杂志，就"建国问题""民治与独裁"等问题展开大讨论。胡适主持编务，蒋廷黻与丁文江协助。他们每周聚餐一次，讨论时事。这一时期，蒋廷黻也在《大公报》

发表多篇文字。胡适对自由民主制度的弊端缺乏足够认识。蒋廷黻则认为，经济应先于政治，发展科技、从事生产及公平分配社会财富，都比宪法与议会更重要。他和胡适观点相近的是，两人均反对立即对日作战，认为现代化的战争需长期准备。

1933 年，在吴鼎昌、钱昌照安排下，蒋廷黻与何廉同去庐山牯岭面见蒋介石。他也同汪精卫讨论过时局与外交。1934—1935 年间，他访问了欧洲，与苏联有秘密外交接触，访问政界学界精英，也收集有关清末外交史料。

1935 年 12 月，南京国民政府改组，蒋介石出任行政院院长，蒋廷黻担任政务处长，为蒋介石拟定相关行政政策。蒋廷黻作为无靠山、无党派、无群众的书生，以学者身份走上从政之路。他向蒋提出了增强行政效率、改组中央政府的具体建议。蒋廷黻认为，既然自己的目的是从政，公职不是应酬私人的礼物，故一概拒绝湖南老家亲戚的求职请求。他还推动了行政效率研究会的成立，组织学者从事行政改革研究。

1936 年至 1937 年，蒋廷黻出任驻苏联大使。在他看来，苏联的欧洲防务重于亚洲，期待苏联牺牲自身利益帮助中国抗日是不切合实际的。他认为，中国与几个国家结盟的可能性大于与苏联单独结盟的可能性，并将上述见解向蒋介石汇报。

1938 年至 1944 年间，蒋廷黻再度担任政务处长。他主持国民党中央部会及省市预算的编制与追加预算，秉公处理不徇私情。他力图改革宝塔式的层层传递的公文旅行，但收效不大。蒋廷黻发起创办《新经济》半月刊，讨论战时与胜利后的国家建设方案。他检讨百年来外交的失败——不在不爱国，而在内政的致命伤即现代化的不彻底、外交上士大夫式的虚骄。他甚至和好友陈之迈憧憬过抗战胜利后自己担任台湾省主席，陈担任香港市长的从政梦想。

1944 年 11 月，联合国善后救济总署成立，蒋廷黻被任命为常驻华盛顿的中方代表，并兼任中央委员会委员。抗战胜利后，蒋廷黻被任命为行政院善后救济总署署长，他主张"寓建设于救济之中"，但能做到的只是些微解决紧急状况的粮食救济。1947 年 9 月，蒋廷黻担任驻联合国常任代表。1957 年，当选台湾"中研院"院士。1962 年，担任台湾"驻美大使"兼"驻联合国代表"。1965 年 10 月，蒋廷黻病逝于纽约。

目 录

学术论文

现今史家的制度改革观 …………………………………………… 3

琦善与鸦片战争 …………………………………………………… 13

李鸿章——三十年后的评论 ……………………………………… 27

最近三百年东北外患史（从顺治到咸丰） ……………………… 34

中国与近代世界的大变局 ………………………………………… 76

中国近代史 ………………………………………………………… 105

百年的外交 ………………………………………………………… 164

再论近百年的外交 ………………………………………………… 171

时事与内政

统一方法的讨论 …………………………………………………… 177

参加国难会议的回顾 ……………………………………………… 181

提倡国货的治本办法 ……………………………………………… 184

南京的机会 ………………………………………………………… 188

我们现在还有甚么话可说？ ……………………………………… 191

中国的政治 ………………………………………………………… 193

政府与舆论——“这一星期”之二 ……………………………… 198

知识阶级与政治 …………………………………………………… 200

北平的前途及古物的保存——“这一星期”之七 ……………… 204

建设与廉明政府的先后问题——“这一星期”之十 …………… 207

政府与娱乐——“这一星期”之十四 …………………………… 209

我们目前对于中央最要的希望 …………………………………… 211

革命与专制 ………………………………………………………… 213

论专制并答胡适之先生 …………………………………… 217

新名词·旧事情 ………………………………………… 222

建设的出路不可堵塞了 ………………………………… 225

民族复兴的一个条件 …………………………………… 228

地方行政的几个问题 …………………………………… 230

中国近代化的问题 ……………………………………… 233

论国力的元素 …………………………………………… 237

政治自由与经济自由 …………………………………… 242

漫谈知识分子的时代使命 ……………………………… 246

我所记得的丁在君 ……………………………………… 250

国家的力量（节选）——1953 年 5 月 14 日在台大法学院讲演词 … 254

我看胡适之先生 ………………………………………… 258

国际与外交

鲍罗廷时代之苏俄远东政策——一个苏俄外交官的披露 … 263

九一八的责任问题 ……………………………………… 267

国联调查团所指的路 …………………………………… 271

又一个罗斯福进白宫 …………………………………… 276

中俄复交 ………………………………………………… 281

热河失守以后 …………………………………………… 284

长期抵抗中如何运用国联及国际 ……………………… 288

这一次的华府会议 ……………………………………… 292

美国外交目前的困难 …………………………………… 296

五千万美金的借款——"这一星期"之一 …………… 300

亚洲的门罗主义——"这一星期"之四 ……………… 302

苏俄出售中东路——"这一星期"之八 ……………… 305

国际的风云和我们的准备——"这一星期"之九 …… 307

枪口对外不可乱——"这一星期"之十 ……………… 312

东京的警告——"这一星期"之十二 ………………… 314

论妥协并答天津《益世报》——"这一星期"之十三 … 317

九一八——两年以后 …………………………………… 320

外交与舆论 ……………………………………………… 324

帝国主义与常识 ……………………………………………………… 327

日俄冲突的意义 ……………………………………………………… 331

送蓝普森公使归国 …………………………………………………… 334

国际现势的分析 ……………………………………………………… 338

论"日本和平" ……………………………………………………… 342

矛盾的欧洲 …………………………………………………………… 346

何谓帝国主义——民国 25 年 4 月 13 日在南京市府总理纪念周讲 ………… 353

教 育

陈果夫先生的教育政策 ……………………………………………… 357

中国社会科学的前途 ………………………………………………… 360

中国的教育 …………………………………………………………… 364

教育的合理化——"这一星期"之三 ……………………………… 368

派遣留学生——"这一星期"之六 ………………………………… 370

对大学新生贡献几点意见 …………………………………………… 371

平教会的实在贡献 …………………………………………………… 376

非常时期之青年 ……………………………………………………… 379

青年的力量 …………………………………………………………… 381

书 评

评《清史稿·邦交志》 ……………………………………………… 387

外交史及外交史料 …………………………………………………… 395

东北问题的新史料 …………………………………………………… 403

从日俄对敌到日俄合作 ……………………………………………… 406

民国初年之中日关系 ………………………………………………… 409

欧洲几个档案库 ……………………………………………………… 412

序 跋

《近代中国外交史资料辑要》上卷自序 …………………………… 417

跋晏先生的论文 ……………………………………………………… 419

《近代中国外交史资料辑要》中卷自序 …………………………… 423

《中国之农业与工业》序 …………………………………………… 426

姚薇元《鸦片战争史事考》序 ·· 427

《中国近代史大纲》小序 ··· 429

游 记

经过"满洲国"——欧游随笔之一 ··· 433

车窗中所看见的西比利亚——欧游随笔之二 ························· 438

观莫斯科——欧游随笔之三 ·· 441

观列宁格拉——欧游随笔之四 ··· 446

赤都的娱乐——欧游随笔之六 ··· 451

出苏俄境——欧游随笔之八 ·· 455

附录：蒋廷黻学术年谱 ··· 459

学术论文

现今史家的制度改革观

史学是研究文化沿革的学问，文化沿革包含制度的改革，所以政体的变迁、宗教的演进，以及社会组织的改良，尽属制度改革的范围。即如一般人所说"维新""变法"等也无非是制度上局部的改革。至于他们所谓"革命"，也就是制度改革剧烈的象征。人类自有史以来经过多次的革命，即经过多次剧烈的制度改革。所以制度改革，是人类一个大问题。关于这问题的研究与讨论，中外都不乏人。然而研究愈多，意见愈不一致。这不一致的原故，最要莫过于各人思想方法的不同。思想方法好像各人戴的眼镜；眼镜的光线若有毫厘之差，全世界面目必致有千里之谬。所以我们要研究—批评—采取那一派史家制度、改革的意见，先要留神他的思想——观察方法。我们若要对于国内政治社会问题的解决有所贡献，我们也必须慎重我们自己的思想方法。本文要讨论的就是现今史学对于制度改革具怎样的观念，有什么思想方法的贡献。我深信史学有极大的贡献，因为史学范围是研究文化上各重要问题。但是欲明白这贡献的性质和价值，我们须细看近 200 年来史学对于制度改革观念的变迁。

在中古的时候，欧洲思想家皆奉耶教的新旧约、教堂父老的遗训及亚里士多德的哲学为万世法。为人的目标在于遵守万世法，求学的目标在于精通万世法，著作只有注解，辩论不过引经。提倡制度改革者，反对制度改革者，均以圣经为标准。即按中国历史讲，这个道统的思想法，我们也曾使用过。我国昔时的学者，每逢制度改革问题发生的时候，往往问新制度是否合乎尧、舜、禹、汤、文、武、周公、孔子的圣道。现在公然承认这方法为正当者可谓无人，但不知不觉中使用之者尚有其人。自从马克思—列宁—孙中山新道统发现以来，这思想法恐有复活的趋势。

欧洲自文艺复兴以后，道统在思想上的势力一步一步的减损了。科学家在自然界发现了许多与圣经相反的观念形态，对于道统，就不能无疑了。哲学家如笛卡儿（Descartes）①一派又力倡怀疑，以为这是思想的第一步。还有因为商业和实业发达而产生的资产阶级，明明有财产，有势力，而政治势力远在贵族与僧侣两阶级之下；他们也要打破教堂的势力。这种科学的，哲学的，经济的发展，虽与道统的思想法是势不两立的；但起始无人敢正大光明的否认古法，直等到 18 世纪，法国人福耳特耳（Voltaire）始下总攻击令。福氏是一个多才的人，他在史学史上、文学史上、政治社会史上，均占有地位。本文只论他在史学中发表的制度改革观念。

福耳特耳（1694—1778）的环境，我已间接的说了一点。史家称他的时代为开明专制时代，因开明专制为当时的时尚。与他同时的有俄之大彼得，普之大腓特烈，中国之乾隆。当开明专制君主的模范路易十四世死时，福氏正 21 岁，尔时欧洲非君主专制而国强民富者首推英国，次则荷兰。就政体说，英是君主立宪，荷是共和，实际上两国皆由贵族与资本家操政。两国的商业最兴旺，思想最自由。法国正是英荷的反面。在 18 世纪的时候，法国外交大失败，法属北美及印度皆被英国夺去。加之内政不修，行政腐败；赋税虽重而财政常患破产；思想极不自由。资产阶级与贵族僧侣的冲突，日甚一日。于是法人忧心国事者，莫不大倡制度改革。果然福氏死后 10 年，法兰西革命就起始了。

福氏时代的思想潮流，我们可以在下列几件事实里寻线索：牛顿比他大 52；牛顿的大著作原理（Principia）②出版在他生前 7 年；牛顿死时，福氏已经 35 岁，诸科学家中，福氏最佩服牛顿③。比福氏年幼的大科学家有化学家拉瓦节（Lavoisier）④及生物学家蒲丰（Buffon）⑤；社会思想家与福氏同时的有孟德斯鸠（Montesquieu），亚丹斯密（Adam Smith），卢梭（Rousseau），狄德罗（Diderot）。所以这时代可谓思想史上的开明时代。我们现在且看在这种环境生长的福耳特耳关于制度改革的观念是怎样。

福氏以为国家立制度只有两个目的：（一）为人民谋富庶；（二）促进文艺

---

① Rene Descartes（1596—1650），法国人，在他著名的三部哲学书里 Discourse of Method，1637；Meditationes de Prima Philosophia，1641；Principia Philosophiae，1644；发挥怀疑主义；以为前人所说不足为凭；我们所可以为知识起点的，只是我们自己的知觉，故云："Cogito, ergo sum"（I think, therefore I am.）。

② Philosophiae Naturalis principia Mathemaitica（The Mathematical Principles of Natural Philosophy），1687，是牛顿（Sir Lsaac Newton 1642—1727）最著名之作。

③ Voltaire 著有 Element de la Philosophie de Newton，1738，是最早介绍牛顿的发明到欧洲大陆的一人。

④ Antoine Laurent Lavoisier（1743—1794），是近代化学的鼻祖，他的最重发明是燃烧的原理（Theory of combustion）。

⑤ Georges-Louis Leslerc，Comte de Buffon（1707—1788），乃法国著名的博物学家，他的大著作是 Histoire naturelle，générale et particulière，44 Vols，（1749—1804）；世称为 "high priest and interpreter of nature" 云。

与科学。这两个目的在他看来均极自然。他既是资产阶级的发言人，他自然要政府注重商业与工业。他又是知识阶级的领袖，他自然要政府提倡文艺与科学。在他著的《路易十四世史》（Siècle de Louis XIV，1752）内，他说这两个目的是同等的重要；在以后所著的《人类风俗制度论》（Essai Sur les Moeurs et Lésprit des Nations，1756）内，他又说第一个目的比第二个更重要。但他始终以为制度不应限制人民思想自由。因此他极恨当时教堂的跋扈。这为人类争思想自由的主张，或者就是他一生最大的功劳。

定目的为制度改革之第一步，求方法为第二步。在福氏思想中，第二步并不困难。他所著的《大彼得时代俄罗斯史》（Histoire de Russie sous Pierre I，1759），极端的称赞彼得以一人的决心居然能在沼泽中立圣彼得堡新都。在他头脑中，这桩事可以代表当时开明专制君主改革制度的能力。至于法国维新方法，他的提议也很简单，就是：废除法国的旧制度，输进英国的新制度；只要如此，大事就成了。他佩服英国，并不因为英国人民有参政权，他明明知道当时英国人尚无参政权。他以为政体是个枝叶问题；专制也好，立宪也好；但是政府开明不开明，执政者开通不开通，这些是根本问题。他佩服英国，因为英国人民富庶，思想自由，因为他想英国达到了他理想的两个目的[①]。

福氏派（唯理派）的史学有两特点：一，福氏派以为制度是一人或数人突然用意造成的。文化的沿革，正如大彼得之筑圣彼得堡，你若问他："为什么这样一个黑暗的教堂制度可以成立？"他必答："教堂制度是几个教皇为私利造成的。"若又问："为什么这样一个限制自由的工业基尔特制可以发生？"他必答："就是黑暗时代少数工人领袖为私利组织的。"二，福氏以为制度是无国别的。一国用之而富，他国用之亦必富。所以他不问英法二国有没有环境的，民族的，历史的差异，能使一国的制度，不适宜于第二国。这二点用不着批评，因为下文所述的史学史一部分，就是批评他和他那派的史学。

谈论到此，有一疑问发生：福氏派的思想和中国近五十年来维新家的思想，到底有否异同？我们以为异的有一点：就是中国维新家注重政体，福氏不大注重政体。同的有二点：一，福氏希望法国能出大改革君主如大彼得，我们的维新家亦盼望中国出改革君主如日本的明治，或革命家如美国的华盛顿。华氏与彼得固然不是一流的人物，但我国维新家的思想途径，与福氏的仿佛一样。这种思想其实不新，中国几千年来人民惟望出圣天子，恐怕也是这个意思。二，

---

① 见 Lettres sur les Anglais，1732。

我们也喜欢仿效他国的制度。所以至今我们宪法上一个悬而未决的大问题，还是采法国内阁制，或美国总统制？

福氏是资产阶级上层的代表。与他往来的是当时的名流及开明君主。他以为如他自己一般的上等社会有知识的人，定能革新社会；他极看不起下等社会的人，他不信他们有干涉国家大事的能力。卢梭与他同时，但他的态度，却与福氏相反。卢梭是资产阶级下层的分子，即下等社会的代表。他的父亲是一个工人。他与工人、农夫、小商贩的交际不少，所以对下等社会很表同情。福氏说：小百姓的坏在于愚鲁。卢梭说：愚鲁正是他们的好处。福氏要政府提倡文艺与科学，卢梭以为社会的腐败，正是因为文艺与科学的发达。卢梭思想的出发点，是他的"自然人"。"自然人"——原始人，无文明的人——是极高尚的、快乐的。原始社会是平等的、自由的、友爱的。平等自由是人类原有的，权利是天赋的人权，友爱是天赋的人性。卢梭对于法国改革的方法，就是"返于自然"。

卢梭不是历史家，但历史家受他影响的不少，尤其是 18 世纪后半的德国历史家。当时德意志比法国更不自由，人民更无参政的机会。德国文人如我国太史公似的："意有所郁结，不能通其道"，就"述往事，思来者"。席勒尔（Johann C. Friedrich Schiller）的《荷兰革命史》（Geschichte des Abfall der vereinigten Niederlande von der Spanischen Regierung，1788），米勒（Johannes Müller）的《瑞士联邦独立史》（Die Geschichte der Schueizerischen Eidgenossen，4 Vols.，1780—1805），赫得（Johann G. Herder）的《人类史哲学大纲》（Ideen zur Philosophie der Geschichte der Menschheit，1784—unfinished）等书，皆极称赞"自然人"，思想均似民约论。这几个史家把人类的全部史当作"自然人"为天赋人权及天赋人性战争史看。我们近几十年的排满运动，反对袁世凯运动，打倒帝国主义运动，在我们自己头脑中都带有为天赋人权战争的色彩。我们全没错过；我们只爱自由，我们所反对的完全是剥夺我们自由的桀纣。我们所崇拜的，像席勒尔和米勒书中的英雄一样，均是为天赋人权战争而牺牲性命的英雄。

福耳特耳所希望的开明专制（非君主的），果然实现于法兰西革命时的政府；卢梭所倡的天赋人权，亦载在宪法上。经过 25 年战争，二位学者的思想，不但在法国施行，并且在比利时、荷兰、德属莱因河两岸、瑞士、意大利、西班牙等地施行。福氏所谓制度是数人突然故意造成的，是无国界的，似乎得了一个铁证。法国小百姓们为革命的牺牲，也好像证明卢梭的思想。不幸事与愿违，拿破仑失败以后，革命的成绩在法只有部分的保存，其他各国几乎全废除了。

欧洲思想的腔调，也完全改变；革命以前提倡维新，革命以后主张复旧。以前举福氏和卢梭旗帜的人，现在均举柏克（Burke）的旗帜了。普通历史教科书以为复旧潮流是梅特涅（Metternich）一人的狡诈手段造成的，其实不然，梅氏不过顺流而下。在这种潮流内发生了 19 世纪前半的浪漫派史学。

　　浪漫派是唯理派的反面。它受了法兰西革命失败的影响，所以否认（一）制度是可以数人突然用意造成的；（二）制度是像货物，可由各国彼此交换的。他们下了两个正相反的新定论：（一）制度，法律，风俗——一切的文化——是有机生长物；（二）各民族的个性，是这种生长物的滋养料。制度既为有机的生长物，它的变迁有一定的时期和速率，非人所能勉强的。法人革命之失败，正如宋人"揠苗而苗槁"。民族的个性既是制度的滋养料，各国的制度只适宜于本国，仿效他国制度是根本不可能的。

　　浪漫派的史学有一个大长处：就是促进缜密的研究。因为假若文化是数人一时用意造成的——如唯理派所说——我们可以不必学史，因为文化就可说是无史的。但假若文化是有机的生长物——如浪漫派所说——它必有根源；制度愈重要者其根源必愈深远。况且民族个性的发展，大半是在幼稚时代；所以注重民族个性者，不能不注重古史——虽是极难研究的一段史，却非研究不可。浪漫派的许多学者，因而振奋精神，努力研究，求精深的学问。所以在 19 世纪前半期，许多史学的附属科学——如语言历史学、金石学、校勘学，大大发展。浪漫派的几个伟人——Niebuhr[1]、Grimm Brothers[2]、Eichhorn[3]、

---

[1] Barthold Georg Niebuhr（1776—1831），德国史家，在他盛年，正是德国国民全体抵抗拿破仑的时候，饱蓄爱国精神，要借古史启迪后人，所以致力于罗马史。他的演讲辞，在他死后，由学生们集成十册付印。他的最重要著作，是罗马史三大本 Romanisch Geschichte（Roman History）3 Vols.，Rev.，Ed.，1827—1832，考证详审，所研究的多半是制度与政体。

[2] Jakob Ludwig（1785—1863）and Wilheln Karl（1786—1859）Grimm 兄弟都因为研究语言文字学出名，合著家庭神话 Kinder und Hausmärchen，1812，到现在还是盛行。哥哥并以法律见长；研究语言，法律，都用历史眼光，以为言语，歌谣，故事等都是几千年累积成的，其中变迁是跟着社会演进的；法律也是生活的一种表现，所以他的历史也是社会历史的一部分。他的著作论语言历史的有 Deutsche Grammatik（German Grammar），1819，及 Geschichte der deutschen Sprache（History of Language），1848；论神话的有 Deutsche Mythologie（German Mythology），1835；论法律的有 Rechtsalterthumer（Lagal Antiquities of Germany），1828。他的兄弟曾编印古诗歌多种，如 Ruolandslied，1838，Raodolf，2nd Ed.，1844，等等，论著有 Deutsche Heldensage，2nd Ed.，1868。

[3] Karl Friedrich Eichhorn（1781—1854），德国法律学家，用历史眼光研究法律，是由他提倡的，他以为法律不过是国民生活的一部分，倘不能了解国民生活的历史，便不能知律法的所以然；他最有名的著作是 Deutsche Staats und Rechstgesch chte（History of German Law and Institutions），1808—1823；5th Ed.，1843—1844。

Savigny①——实在为史学史开了一个新纪元。

浪漫派的成绩虽佳，它的两个结论（如上所述），似不能完全维持。在 19世纪的后半期，不但法国竟达到革命的目的，即其他各国，亦多少实行民治。法国革命之失败，不过一时并非永远的，足见凭理去改革制度，不是完全可以"揠苗助长"讥笑他的。民治主义之传播于全欧，甚至于全世界，足证各民族虽有个性，亦有同性；人类是能彼此仿效的。浪漫派的文化观念，有些像现今国内主张保存国粹的观念；二者均有时看本国的文化——所有的制度、法律、思想、宗教、风俗——为完全的，为十分宝贵的；仿效外人的文化，终究是嫌混杂的。二者可谓均有些排外性质，因为二者均有生于民族国家观念极激烈的社会里面。那么，假若我国学者能够像浪漫派那班伟人努力研究与著作，则中国史学也许有开一新纪元之可能。

浪漫派关于文化沿革的观念既太偏，必有一新派校正之者。这一派即 19世纪后半发生的唯实派。唯实派虽与浪漫派有差异，但并非浪漫派的反面。浪漫派与卢梭派接近而与唯理派相反。唯实派则居唯理与浪漫二派之中。此不过言其大概，实际并非若是简单。唯理派的史观既被浪漫派推倒，浪漫派的史观，又与目前时局之发展不相符合，唯实派自必另辟蹊径。此非易事，盖唯实派一方面欲继续浪漫派精密研究功夫，一方面又受多数社会的思想的影响。所以唯实派与浪漫派，过渡极慢；其根基较深，其史料较繁，其方法较精。欲明唯实派的真相，我们必须分析欧洲近 70 年来的政治社会及思想的潮流。我们并且要探索每潮流在史学上发生何种特别影响：

（一）劳工运动：从 1838 年至 1848 年，英国工人发起一个极大的公民宪章运动。此运动的主旨，在为普通人民争选举权。当时工人以为选举权能助他们要挟议会立良善劳工法。他们要争的选举权，不过一种利器，他们的实在目的是求减轻工作及提高工资。比宪章运动的影响更大的，又有法国 1848 年 2 月的革命。以前的革命大概以资产阶级为主动团体，劳工不过附和而已；但是二月革命却以劳工为主动。革命以后，劳工代表加入临时政府，又逼着政府建设国家工厂。马克思和恩格斯的共产宣言也在这年出世。以后机械实业愈进步，劳工运动亦愈扩充。劳工问题遂成各国内政的一大问题。

---

① Friedrich Karl von Savigny（1779—1861），也是德国法律学家。法律用历史研究法，提倡的是 Eichhorn，继起而昌大的是 Savigny, Eichhorn；所研究的是德国现行法律的根源同变迁；Savigny 所研究的是在中世纪罗马法的势力同影响，研究的结果是六大本的 Geschichte des römischen Rechts im Mittelalter（History of Roman Law during the Middle Ages），1815—1831。

劳工运动在史学上发生两个连贯的影响：（a）推广历史范围：劳工运动以前的史，大概只有事实发生在政治舞台上者则入史。对于这种政府传记式的历史，唯实派提出几个质问："文化全是政治舞台上的人造成的么？人民虽未上台演剧，他们岂尽是观剧者？他们不是在台后作事么？"以这种质问为假设，唯实派再研究历史；结果历史一变而为人民公共生活的传记。英国史家格林（Green）所著的《英国人民略史》（A Short History of the English People, 1874）即应此潮流而出的[①]。（b）用经济解释历史：19 世纪的阶级经济冲突，既然能左右时局，那么，在他世纪或者亦是如此情形。于是史家从事经济史的研究；结果唯实派不得不承认经济变迁为制度改革主要原因之一。文艺之复兴并非如旧史家之推测；盖其原因不在土耳其人之攻破君士坦丁而在 12 及 13 世纪意大利城市商业的发达。宗教革命与其说因为路得愤天主教堂的腐败及专制，不若说北欧人民不愿捐钱纳税给教皇。美人革命的大成绩，并非政治的独立，乃经济的自主。卢梭派所歌颂的天赋人权战争，一化而为鱼肉的战争。马克思的经济史观，即此潮流之极端左派。现今史家抱经济史观者还不多，因他们不承认历史是一元的，但无人否认经济竞争为数元中之一。

（二）达尔文主义：达氏思想的分析，不在本文范围之内。本文只能列举他的重要观念以为讨论的根据。（a）环境（包括气候、山水、土性等等）能滋养生物，亦能限制生物。（b）生物的繁殖是乘法式的。（c）各种生物的各种特性时常变迁。（d）因环境的限制，及生物的繁殖，变迁转优者生存，转劣者则被淘汰。（e）特性之变状是能遗传的，积多数变状遂成新种类。进化论的总意，就是说生物界各种类，从极简单以至于人，是经济长期时期继续演进的，达氏思想的影响，自不限于史学，但在史学上，已与他种影响分不清了。有时达氏的影响与孔德（Comte）的，及斯宾塞（Spencer）的影响混合起来，如同勒启（Lecky）[②]及史梯芬（Leslie Stephen）[③]。有史家立论与达氏思想相似，而其来源与达氏全无关系的，如特雷新（Droysen）[④]所谓国际问题即权力的竞争，国

---

① 他的英国史还有两部，体裁与此相同 History of the English People；The Making of England，1883.。

② William E.H.Lecky（1838—1903），英国史家，著作略举几种重要的：A History of the Rise and Influence of the Spirit of Rationalism in Europe，2Vols.，1865；History of European Morals，from Augustus to Charlemagne，1869；History of England in the Eighteenth Century，12 Vols.，1878—1890。

③ Leslie Stophen（1832—1904），英国学者，文学、史学、哲学都见长，史学著述有：History of English Thought in the Eighteenth Century，1876；The English Utilitarians，1900；并曾作过《英国历代名人大辞典》（Dictionary of National Biography）的主稿编辑。

④ Johann G.Droysen（1808—1884），德国史学家，最著名的著述是 Geschichte der Preussichen Politik，12 Vols.，1855—1876。

即力的表现。达尔文主义在史学上的影响，举其要可谓有二端：

（1）环境的注重：生物即受环境之支配，人亦生物，自然不能超环境。其实达氏的注重环境，是社会科学家马尔萨斯（Malthus）引起的。但在马氏以前，还有孟德斯鸠。孟氏论气候、土性与文化的关系颇详[1]；史家受其影响者亦不少。故唯实派可称孟氏派。但达氏学说盛行以后，史家的环境观念更深一层：文化根本是人类应付环境的利器；环境变迁因而文化亦时常变迁；诸变状中，应付环境能力较高者则生存，较低者则消灭。所以各国各时的文化皆有其价值，因为文化是对环境而生的。唯实派史家于是多少必研究地理，如沈伯尔（Semple）[2]甚至相信地理为最能解释历史的要端。但地理范围极广：有注重气候者，如罕亭吞（Huntington）[3]；有注重土性者，如信姆古微几（Sirnkhovitch）[4]；有注重交通者，如亚当斯（Brooks Adams）[5]。但唯实派各史家至少承认从地理能得文化变迁的一个理由。

史家所谓环境并不限于地理。文化包括极多分子；文化全体以地理为环境；各份子又彼此为环境。譬如工厂制为文化的一分子；工团亦是文化的一分子。此二者互相为环境。科学与实业，民治与民智，交通与商业，一种科学与他种科学，一门职业与他门职业，彼此关系线索往返不已。文化与地理的关系，已极复杂，文化各部分的彼此关系更复杂。唯实派的困难可想而知。多赍乞克（Treitschke）的德意志 19 世纪史（History of Germany in the Nineteenth Century，1879— ）虽有多种缺点，究为极等佳作，因其能汇文化各支流成一大川，使读者于各支流的来源去脉、彼此交错，以及全江的趋势，都了然在目。

（2）演进的观念：文化既为应付环境的利器，环境一变，文化亦必随之而变。但环境自然的变迁少有突然的；大变迁是积多年无数的小变化而成的。文化的变迁亦然，所以历史是演进的。唯实派因此不说美国独立于 1776 年 7 月 4

---

① Montesquieu 在他的名著《法意》（L'Esprit de Lois，1784）里，详说这些关系；当时留神这方面的几乎无人，所以他可以算一个创始者。

② Ellen Churchill Semple（1863— ），美国人文地理学家，曾游学德国，在著名地理学家 Ratzel 门下受业，专研究地理对于人事的影响；著有：American History and its Geographical Conditions，1903；The Influence of Geographical Environment，1911。

③ Ellsworth Huntington（1876— ），美国地理学家，曾来过亚洲数次，研究气候与地理及文化上之影响；他以为史上的大变，根本原因是气候变更，而气候变更却又有循环的现象；著述很富，略举其要：The Pulse in Asia，1907；Civilization and Climate，1915；Principles of Human Geography（with S.W. Cushing），1920。

④ Vladimir G.Simkhovitch，美国经济学家，现为哥伦比亚大学教授，对于十性之影响历史的研究有一篇文名 Rome's Fall Reconsidered，载在他的 Toward the Understanding of Jesus and other Historical Studies，1921。

⑤ Brooks Adams（1848— ）美国望族 Adams 之一，职业律师，对于史学颇有著作，最著名的一部是 The Law of Civilization and Decay，1900。

日，因为美国的独立是几百年养成的。唯实派也不说罗马亡于 476 年，因为罗马的衰败是几百年酿成的；并且罗马的一部分，至今尚未灭亡。但根据演进的观念，以观察时事，不是古非今，或是今非古；不反对改革，惟反对无知的改革——就是环境未变而偏要变制度，或改革制度的一部分而不能改革有关系的第二部分；不反对守旧，惟反对无知的守旧——就是环境变了而偏拘古法。

文化变迁既恃环境变迁为转移，现今人类从科学所得的制驭环境能力，即人类促进文化的大机会。譬如京汉铁路一成立，京汉间 1200 公里之距离即缩为 100 公里之距离。意大利虽无煤矿，科学能助意人化水力为电力而创大实业。所以现今提倡改革者，与其坐祷圣主出世，或人类之返于自然，不若努力制驭环境。国内知识阶级望全国早统一者，与其责备军阀，不若谋交通之发展。望民治的实现而专讲宪法起草，正如"舍本逐末""缘木求鱼"。

（三）社会心理学：经济竞争及应付环境二观念——史学从劳工运动及达尔文主义所得的礼物——还不足以解释全部历史。譬如英人未压迫爱尔兰以前，爱人有自动的改革宗教的趋势；压迫以后，无论英人怎样勉强他们改教，爱人对于旧教的信仰反日日增加。这次欧洲大战，我们都说是各国经济帝国主义的冲突，然而甘心乐意为国家牺牲性命者，大多数是与帝国主义无关系的劳工。法国革命的时候，巴黎市民加入暴动者有许多并不知道革命的目的是什么。英国工人为选举权费了许多心血，但普选案成立以后，他们仍旧为贵族的及资本家的候选员投票。中国人现在还不剪发者，是为经济竞争呢，还是为应付环境呢？"经济竞争"与"应付环境"偏重人类的理想；其实理想以外还有感情，有习惯；个人单独的行为又与群众不同。在社会心理学上，制度就是社会的习惯；制度的改革就是习惯的改革。

近世社会问题的心理方面，大引起一般学者的研究，如瓦拉斯（Wallas）[1]、李孛曼（Lippmann）[2]、奥格篷（Ogburn）[3]、密勒（H.A. Miller）[4]。于是史家亦有利用社会心理学以研究历史者。自从拉朋（Le Bon）的 Psychology of Revolution（English translation, 1913）出版以来，论法国革命者莫不讨论感情、

[1] Graham Wallas（1858— ），英国社会学家，关于社会心理学著作有：Human Nature in Politics，1908；The Great Society，1914；Our Social Heritage，1921。

[2] Walter Lippmann（1889— ），美国纽约《世界日报》记者，常有议论时事的书，关于社会心理学的有：A Preface to Politics，1913；Liberty and the News，1920；Public Opinion 1922。

[3] William F. Ogburn（1886— ），美国社会学家，现为哥伦比亚大学教授，著有 Social Change，1922。

[4] Herbert A. Miller（1875— ），美国社会学家，现为大学教授，著有：Races，Nations，and Classes，1925；The Psychology of Domination and Freedom，1924。

习惯，及群众行为与革命的关系。史学因之更形困难，但亦更近实学。

受了此三种影响——劳工运动，达尔文主义，及社会心理学——费了多少年精密的研究，唯实派始达到今日的地位，始能对于制度改革的思想法有所供献，这个供献是什么？以前史家对于制度的改革，有以政治开明不开明为标准者（福耳特耳派），有以天赋人权为标准者（卢梭派），有以民族个性为标准者（浪漫派）。唯实派对于制度的改革，则以经济冲突、环境变迁、社会心理为标准。"政治开明""天赋人权""民族个性"——此三者皆为空虚的、不可度量的观念；"经济冲突""环境变迁""社会心理"——此三者皆为事实的、客观的、可度量的观念。制度改革问题，从玄学界一移而至实学界。唯实派的史学固然尚在幼稚时代，但与其用玄学的思想法，不若用幼稚实学的思想法。且史学一上实学的途径，就有成科学的希望。或者将来科学的史学偕同其他社会科学，能产生一种社会工程学。那时的制度改革问题，将变为社会工程问题，而政治家就是社会工程师。

——选自《清华学报》第 2 卷第 2 期（1925 年 12 月北平出版）

琦善与鸦片战争

鸦片战争的终止之日当然就是道光二十二年七月二十四日中英两国代表签订《南京条约》之日。至于起始之日为何日，则不易定。因为中英双方均未发表宣战正式公文，并且忽战忽和，或战于此处而和于彼处。此种畸形的原因，大概有二：一则彼时中国不明国际公法及国际关系的惯例。不但不明，简直不承认有所谓国际者存在。中英的战争，在中国方面，不过是"剿夷""讨逆"。就此一点，我们就能窥测当时国人的心理和世界知识。第二个原由是彼时中英二国均未预抱一个必战之心。中国当初的目的全在禁烟。宣宗屡次的上谕明言不可轻启边衅。在道光十八年各省疆吏复议黄爵滋严禁鸦片的奏折之时，激烈派与和缓派同等的无一人预料禁烟会引起战争。不过激烈派以为倘因达到禁烟目的而必须用兵以迫"外夷顺服"则亦所不惜。在英国方面，自从律劳卑（Lord Napier）以商业监督（Superintendent of Trade）的资格于道光十四年来华而遭拒绝后，英政府的态度就趋消极。继任的监督虽屡次请训，政府置之不理。原来英国在华的目的全在通商。作买卖者，不分中外古今，均盼时局的安定。我们敢断定：鸦片战争以前，英国全无处心积虑以谋中国的事情。英政府的行动就是我们所谓"将就了事，敷衍过去"，英文所谓"Muddle along"。英国政府及人民固然重视在华的商业，而且为通商中英已起了好几次的冲突，不过英国人的守旧性甚重，不好纷事更张，因为恐怕愈改愈坏。及林则徐于道光十九年春禁锢英商与英领以迫其缴烟的信息传到英京之时，适当巴麦尊爵士（Lord Palmerston）主持英国的外交。此人是以倡积极政策而在当时负盛名的。他即派遣舰队来华，但仍抱一线和平的希望，且英国赞成和平者亦大有人在。倘和议不成而必出于一战，巴麦尊亦所不惜。故鸦片战争的发生，非中英两国所预料，更非两国所预谋。战争虽非偶然的，无历史背景的，然初不过因禁烟而起冲突，继则因冲突而起报复（Reprisal），终乃流为战争。

鸦片战争，当作一段国际关系史看，虽是如此畸形混沌，然单就中国一方面研究，则显可分为三期。第一期是林则徐主政时期，起自道光十九年正月二十五日，即林以钦差大臣的资格行抵广东之日。第二期是琦善主政时期，起自道光二十年七月十四日，即琦善与英国全权代表懿律（Admiral George Elliot）及义律（Captain Charles Elliot）在大沽起始交涉之日。第三期是宣宗亲自主政时期，起自道光二十一年二月六日，即琦善革职拿问之日，而止于二十二年七月二十四日的《南京条约》，在专制政体之下，最后决断权、依法律，当然属于皇帝；然事实上，常常有大臣得君主的信任，言听计从。此地所谓林则徐及琦善主政时期即本此意而言。缘此林的革职虽在二十年九月八日，然自七月中以后，宣宗所信任的已非林而为琦善，故琦善主政时期实起自七月中。自琦善革职以后，直到英兵破镇江，宣宗一意主战。所用人员如奕山、奕经、裕谦、牛鉴等不过遵旨力行而已。虽有违旨者，然皆实违而名遵，故第三期称为宣宗主政时期，似不为无当。

三期中，第一期与第三期为时约相等，各占一年半。第二期——琦善主政时期——为最短，半年零数日而已。在第一期内，严格说，实无外交可言。因为林则徐的目的在禁烟，而禁烟林视为内政——本系内政——不必事先与外人交涉，所采步骤亦无须外人的同意。中英往来文件，在林方面，只有"谕示"；在英领义律方面，迫于时势，亦间"具禀"。此时义律既未得政府训令，又无充分的武力后援，他的交涉，不过图临时的相安，他的军事行动不过报复及保护在华英人的生命和财产。到第三期，更无外交可言。双方均认为交涉无望，一意决战。后来英兵抵南京，中国于是屈服。在此三年半内，惟独琦善主政的半年曾有过外交相对的局势。在此期之初，英国全权代表虽手握重兵，然英政府的训令是叫他们先交涉而后战争，而二代表亦以速和以后商业为上策。训令所载的要求虽颇详细，然非完全确定，尚有相当的伸缩的可能。在中国一方面琦善的态度是外交家的态度。他的奏折内，虽有"谕英夷""英夷不遵劝戒"字样，但他与英人移文往来，亦知用"贵国""贵统帅"的称呼。且他与英人面议的时候，完全以平等相待。至于他的目的，更不待言，是图以交涉了案。故琦善可说是中国近九十年大变局中的第一任外交总长。

这个第一任外交总长的名誉，在当时，在后代，就是个"奸臣"和"卖国贼"的名誉。不幸，琦善在广东除任交涉以外，且署理两广总督，有节制水陆军的权力和责任。攻击他的有些注重他的外交，有些注意他的军事。那末，琦善外交的出发点就是他的军事观念。所以我们先研究琦善与鸦片战争的军事关系。

道光二十一年二月初间虎门失守以后，钦差大臣江苏巡抚裕谦上了一封弹劾琦善的奏折。他说："乃闻琦善到粤后，遣散壮勇，不啻为渊驱鱼，以致转为该夷勾去，遂有大角沙角之陷。"裕靖节是主战派首领之一，也是疆史中最露头角的人。他攻击琦善的意思不外林则徐督粤的时候，编收本省壮丁为团勇。琦善到粤则反林所为而遣散之。这班被撤壮丁就变为"汉奸"，英人反得收为己用。此说的虚实，姑不讨论。倘中国人民不为中国打外国，就必反助外国打中国，民心亦可见一斑了。

靖节的奏折上了不满两月，御史骆秉章又上了一封，措词更激烈："窃惟逆夷在粤，滋扰几及一年。前督臣琦善到粤查办，将召集之水勇，防备之守具，全行撤去。迨大角沙角失事，提镇专弁赴省求援，仅发兵数百名，遣之夜渡，惟恐逆夷知觉，以致提督关天培、总兵李廷钰在炮台遥望而泣。"这样说来，琦善的罪更大了：除遣散壮勇之外，还有撤防具陷忠臣的大罪。骆文忠原籍广东花县。折内所言，大概得自同乡。他为人颇正直，道光二十一年以前，因查库不受贿已得盛名。故所发言词，不但足以左右当时的清议，且值得我们今日的研究。

此类的参奏不必尽引，因为所说的皆大同小异。但道光二十一年六月王大臣等会审的判词是当时政府最后的评定，也是反琦善派的最后胜利，不能不引。"此案琦善以钦差大臣查办广东夷务，宜如何慎重周详，计出万全。该夷既不遵照晓谕，办理已形猖獗，即当奏请调兵迅速剿除。乃妄冀羁縻，暂以香港地方许给，俾得有所借口。于一切防守事宜，并不预为设备，以致该夷叠将炮台攻陷，要隘失守，实属有误机宜。自应按律问拟。琦善合依守备不设失陷城塞者斩监候律，拟斩监候，秋后处决。"这个判词实代表当时的清议。所可注意者，政府虽多方搜罗琦善受贿的证据，判词内无受贿的罪名。

但是当时的人不明了琦善为什么要"开门揖盗"，以为必是受了英人的贿赂。战争的时候，左宗棠——同光时代的恪靖侯——正在湖南安化陶文毅家授课。道光二十一年他致其师贺蔗农的信有一段极动人的文章："去冬果勇侯奉诏北行。有人自侯所来云：'侯言琦善得西人金巨万，遂坚主和议。将恐国计遂坏伊手。'昨见林制府谢罪疏，末云并恐彼族别生秘计云云，是殆指此。诚如是，其愚亦大可哀矣。照壁之诗及渠欲即斩生夷灭口各节情状昭著。炮台失陷时，渠驰疏谓二炮台孤悬海外，粤东武备懈弛，寡不敌众，且云彼族火器为向来所未见，此次以后，军情益馁。无非欺君罔上，以和要主。张贼势而慢军心，见之令人切齿。"左的信息得自"自侯所来"者。果勇侯杨芳原任湖南提督，于道光二十一年正月八日放参赞大臣，驰驿前往广东，剿拴逆夷。他于正月二十一日接到了这道上谕，二月十三日行抵广东省城。他在起程赴任之初即奏云："现在大局或须一面收复定海，一面准其于偏岸小港屯集货物。"换言之，浙江应与英人战，广东则应与英人通商以求和。自然宣宗以为不妥。抵广东后他就报告："预备分段援应共保无虞。"但是他所带的湖南兵为害于英人者少，为害于沿途及广东人民者反多。三月初，果勇侯又有"布置攻守机宜"的奏折，说："城厢内外民心大定，迁者渐复，闭者渐开，军民鼓勇，可期无虞。"宣宗当然欣悦之至："客兵不满三千，危城立保无虞。若非朕之参赞大臣果勇侯杨芳，其孰能之？可嘉之处，笔难宣述。功成之日，仃膺懋赏。此卿之第一功也。厥后尤当奋勉。"后来的奋勉或者有之；至于第二功则无可报了。虽然，败仗仍可报胜仗，自己求和仍可保外夷"恳求皇帝施恩，准予止战通商"。皇帝远在北京，何从知道？这就是杨芳日后顾全面子的方法。左宗棠的信息既间接得自果勇侯，就不足信；何况果勇侯传出这信息的时候，既在途中，亦必间接得自广东来者？至于琦善"欲即斩生夷灭口"之说，遍查中外在场人员的记载均未发现。独在湖南安化乡中教书的左先生知有其事，且认为"情状昭著"，岂不是甚奇！

同时广东的按察使王庭兰反说他屡次劝琦善杀义律而琦善不许。他写给福建道员曾望颜的信述此事甚详："义律住洋行十余日。省河中夷船杉板数只而已，不难擒也。伊亦毫无准备，有时义律乘轿买物，往来与市廛间。此时如遣敢死之士数十人拴之，直囊中取物耳。乃屡次进言于当路，辄以现在讲和，未可轻动。是可谓宋襄仁义之师矣。"琦善倘得了"西人金巨万"，授之者必是义律；"欲即斩生夷灭口"，莫若斩义律。琦善反欲效"宋襄仁义之师"，岂不更奇了！王庭兰的这封信又形了琦善如何节节后退："贼到门而门不关可乎？开门揖盗，百喙难辞。"王庭兰既是广东的按察使，他的信既由闽浙总督颜伯焘送呈御览，好像应该是最好的史料。不幸琦善在广东的时候，义律不但未"住洋行十余日"，简直没有入广州。这封信在显明的事实上有此大错，其史料的价值可想而知了。

琦善倘若撤了广州的防具，撤防的原动力不是英国的贿赂，这是我们可断定的。但是到底琦善撤了防没有？这是当时及后来攻击琦善的共同点，也是琦善与鸦片战争的军事关系之中心问题。道光二十年的秋末冬初——宣宗最信任琦善的时候——撤防诚有其事，然撤防的责任及撤防的程度则大有问题在。

宣宗是个极尚节俭的皇帝。林则徐在广东的时候，大修军备，但是宣宗曾未一次许他拨用库款。林的军费概来自行商及盐商的捐款。二十年六月七日，英军占了定海。于是宣宗脚慌手忙的饬令沿海七省整顿海防。北自奉天，南至广东，各省调兵、募勇、修炮台、请军费的奏折陆续到了北京。宣宗仍是不愿疆吏扣留库款以作军费。当时兵部尚书祁寯藻和刑部右侍郎黄爵滋正在福建查办事件。他们同闽浙总督邓廷桢及福建巡抚吴文镕会衔建议浙江福建广东三省应添造大船六十只，每只配大小炮位三四十门。"通计船炮工费约须银数百万两。"他们说："当此逆夷猖獗之际，思卫民弭患之方，讵可苟且补苴，致他日转增靡费。"宣宗不以为然。他以为海防全在平日认真操练，认真修理，"正不在纷纷添造也"。此是道光二十年七月中的情形。

八月中，琦善报告懿律及义律已自大沽带船回南，并相约沿途不相攻击，静候新派钦差大臣到广东与他们交涉。宣宗接了此折就下了一道上谕，一面派琦善为钦差大臣，一面教他"将应撤应留各兵分别核办。"琦善遵旨将大沽的防兵分别撤留了。

九月初四，山东巡抚托浑布的奏折到了北京，报告英国兵船八只于八月二十二日路过登州，向南行驶。托浑布买了些牛羊菜蔬"酌量赏给"。因此"夷众数百人一齐出舱，向岸罗拜，旋即开帆南驶。一时文武官弁及军吏士民万目环观，咸谓夷人如此恭顺，实出意料之外。"宣宗以为和议确有把握，于是连下了二道谕旨，一道"著托浑布体察情形，将前调防守各官兵，酌量撤退归伍，以节靡费"；一道寄给盛京将军耆英，署两江总督裕谦及广东巡抚怡良，"著详加酌核，将前调防守各官兵分别应撤应留，妥为办理"。适同日闽浙总督邓廷桢奏折到京，报告从福建调水勇800名来浙江。宣宗就告诉他，现在已议和，福建的水勇团练应分别撤留，"以节靡费。"是则道光二十年九月初，琦善尚在直隶总督任内，宣宗为"节省靡费"起见，已令沿海七省裁撤军队。

琦善于十一月六日始抵广东。他尚在途中的时候沿海七省的撤防已经实行了。奉天、直隶、山东与战争无关系，可不必论。南四省中首先撤防者即江苏。裕谦于十月三日到京的折内报告共撤兵5180名，并且"各处所雇水陆乡勇亦即妥为遣散"。十月十七日的报告说接续又撤了些：统计撤兵9140名。广东及浙江撤兵的奏折同于十一月一日到京。怡良说："查虎门内外各隘口，兵勇共有万人。督臣林则徐前次奉到谕旨，当即会同臣将次要口隘各兵陆续撤减两千余名。臣复移咨水陆各提镇，将各路中可以撤减者再为酌核情势，分别撤减以节靡费。"撤兵的上谕是九月初四发的，罢免林则徐的上谕是九月初八发的。怡良所说广东初次撤兵是由林与他二人定夺，此说是可能的。怡良署理总督以后又拟再撤但未说明撤多少。伊里布在浙江所撤的兵更多。照他的报告共撤6800名，共留镇海等处防堵者5400名。南四省之中，惟福建无撤兵的报告。

总结来说，与鸦片战争有关系的四省，除福建不明外，余三省——江苏、浙江、广东——均在琦善未到广东以前，已遵照皇帝的谕旨，实行撤兵。江苏所撤者最多，浙江次之，广东最少。广东在虎门一带至少撤了2000兵勇，至多留了8000兵勇。道光二十年秋冬之间，撤防诚有其事，并且是沿海七省共有的，但撤防的责任不能归诸琦善，更不能归诸他一人。

琦善未到任以前的撤防虽不能归咎于他，他到任以后的行动是否"开门揖盗"？二十年十二月和二十一年二月的军事失败是由于琦善到任以后的撤防吗？散漫军心吗？陷害忠臣吗？

琦善初到广东的时候，中英已发生军事冲突，因为中国守炮台的兵士攻击了义律派进虎门送信而挂白旗的船只。这不但犯了国际公法，且违了朝廷的谕旨，因为宣宗撤兵的上谕已经明言除非外人起衅，沿海各处不得开火。琦善本可惩办，但他的奏折内不过说："先未迎询来由，辄行开炮攻打。亦不免失之孟浪。"接连又说："惟现在正值夷兵云集诸务未定之时，方将激励士气，藉资震慑而壮声威。若经明白参奏，窃恐寒我军将士之心，且益张夷众桀骜之胆。"同时他一面咨行沿海文武官吏在未攻击之先须询明来由，"一面仍以夷情叵测，虎门系近省要隘，未便漫无提防，随饬委署广州府知府余保纯，副将庆宇，游击多隆武等前往该处，妥为密防。"是则琦善不但不愿散漫军心，且思"激励士气"；不单未撤防具，且派员前往虎门"妥为密防"。

十二月初，和议暂趋决裂。琦善"遂酌调肇庆协兵五百名，令其驰赴虎门，并派委潮州镇总兵李廷钰，带弁前往帮办。又酌调督标兵五百名，顺德协兵三百名，增城营兵三百名，水师提标兵后营兵二百名，水师提标前营兵一百五十名，永静营兵一百名，拨赴距省六十里之总路口、大濠头、沙尾、猎德一带，分别密防，并于大濠头水口，填石沉船，藉以虚张声势，俾该夷知我有备。"总共增兵1950名，不能算多，且广州第一道防线的虎门只500名，虎门以内大濠头诸地反增1400余名。于此我们就可窥测琦善对军事的态度及其所处地位的困难。他在大沽与英人交涉的时候，就力言中国万非英国之敌。到了广东，他的奏折讲军备进行者甚少，讲广东军备不可靠者反多。如在十二月初四的具折内，他说不但虎门旧有的各炮台布置不好，"即前督臣邓廷桢林则徐所奏铁链，一经大船碰撞，亦即断折，未足抵御。盖缘历任率皆文臣，笔下虽佳，武备未谙。现在水陆将士中，又绝少曾经战阵之人。即水师提臣关天培亦情面太软，未足称为骁将。而奴才才识尤劣，到此未及一月，不但经费无出，且欲置造器械，训练技艺，遴选人才，处处棘手，缓不济急"。琦善对军事既如此悲观，故不得不和；然和议又难成，不得不有军备，"藉以虚张声势"，"俾该夷知我有备"；且身为总督，倘失地责不容辞。但军备不但"缓不济急"，且易招外人之忌，和议更易决裂，故只能"妥为密防"，且只能在虎门内多增军队。所以他犹疑不决，结果国内主战派攻其"开门揖盗"，英人则责其无议和的诚心，不过迁延时日，以便军备的完竣。他们说："此种军备进行甚速。"（Were going on with the utmost expedition）英人采先发制人的策略，遂于十二月十五早晨攻击大角沙角两炮台。

结果中国大失败。2 个炮台均失守；水师船只几全覆没；兵士死者约 500，伤者较少；炮台被夺被毁者共 173 尊。英人方面受伤者约 40，死亡者无人。防守大角沙角约 2000 人，英兵登陆来攻者共 1461 人，内白人与印度人约各半。此役中国虽失败，然兵士死亡之多足证军心尚未散漫。炮位损失有 173 尊，内 25 尊在大角，72 尊在沙角，余属师船，足证防具并未撤。我们还须记得：在虎门 10 台之中，大角、沙角的地位不过次要。道光十五年整理虎门防务的时候，关天培和署理粤督祁𡎴就说过："大角、沙角两台在大洋之中，东西对峙，惟中隔海面一千数百丈，相距较远，两边炮火不能得力，只可作为信炮望台。"平时沙角防兵只 30 名，大角只 50 名；二月十五之役，二台共有兵士 2000 名，不能算少。至于军官及兵丁的精神外人众口一词的称赞。虽然，战争不满二时而炮台已失守，似无称赞的可能。欧洲的军士对于败敌，素尚豪侠；他们的称赞不能不打折扣。但是我们至少不应说琦善"开门揖盗"。

此役以后，琦善主和心志更坚决，遂于十二月二十七日与义律订了草约四条。他虽然费尽了心力求朝廷承认草约，宣宗一意拒绝。愈到后来，朝廷催战的谕旨愈急愈严，琦善于无可如何之中，一面交涉，一面进行军备。他的奏折内当然有调兵增防的报告，但我们可利用英人的调查以评他的军备。正月二十三，义律派轮船 Nemesis 到虎门去候签订正式条约日期的信息。此船在虎门逗留了 4 天，看见威远、镇远及横档三炮台增加沙袋炮台（Sandbag batteries），并说 3 台兵士甚多。别的调查的船只发现穿鼻的后面正建设炮台，武山的后面正填石按桩以塞夹道。二月一日义律亲自到横档，查明自 Nemesis 报告以后，又加了 17 尊炮。二月二日英人截留了中国信船 1 只，内有当局致关天培的信，嘱他从速填塞武山后的交通。于是英人确知琦善已定计决战，遂于二月五日下第二次的攻击令。

道光二十一年二月五日六日的战役是琦善的致命之伤，也是广东的致命之伤。战场的中心就是威远、镇远、横档三炮台，所谓虎门的天险。剧烈的战事在六日的正午。到午后二点，三台全失守。兵士被俘虏者约 1300 名，阵亡者约

500 名。提督关天培亦殉难。炮位被夺被毁者，威远 107 尊，临时沙袋炮台 30 尊，镇远 40 尊，横档 160 尊，巩固 40 尊。此役的军心不及十二月十五。横档的官佐开战之初即下台乘船而逃，且锁台门以防兵士的出走，然亦有死抗者。失败的理由不在撤防，因为炮台上的兵实在甚多，炮位亦甚多，而在兵士缺乏训练及炮的制造与安置不合法。失败之速则由于关天培忽略了下横档。此岛在横档的南面，镇远的西面。关天培以为横档及威远镇已足以制敌，下横档无关紧要，故在道光十五年整理虎门防备的时候就未注意。不料英人于二月五日首先占领下横档，并乘夜安大炮于山顶。中国的策略只图以台攻船，而二月六日英人实先以台攻台。战争的失败，琦善或须负一部分的责任，但是说他战前不设备，战中节节后退，不但与事实相反，且与人情相反。英人 Davis 甚至说琦善的军备已尽人事天时的可能。时人及以后的历史家当然不信中国反不能与"岛夷"敌。他们说中国所以败全由宣宗罢免林则徐而用琦善。他们以为林是百战百胜的主帅，英人畏之，故必去林而后始得逞其志。英人在大沽的交涉不过行反间之计。时人持此论最力者要算裕谦。江上蹇叟（夏燮）根据他的话就下了一段断语，说："英人所憾在粤而弃疾于浙者，粤坚而浙瑕也。兵法攻其瑕而坚者亦瑕。观于天津递书，林邓被议，琦相入粤，虎门撤防，则其视粤也如探囊而取物矣。义律本无就抚之心，特藉琦相以破粤东之局。"魏源的论断比较公允，然亦曰欲行林的激烈政策："必沿海守臣皆林公而后可，必当轴秉钧皆林公而后可。"不说"沿海守臣"及"当轴秉钧"，即全国文武官吏尽是如林则徐，中国亦不能与英国对敌。在九龙及穿鼻与林则徐战者不过一只配 28 尊炮的 Volage 及一只配 20 尊炮的 Hyacinth。后与琦善战者有陆军 3000，兵船 20 余只，其大如 Wellesley、Blenheim、Melville，皆配 74 尊炮。然而九龙及穿鼻的战役仍是中国失败；且虎门失守的时候，林则徐尚在广州，且有襄办军务的责任！英国大军抵华以后，不即攻粤而先攻定海者，因为英政府以为广东在中国皇帝的眼光里，不过边陲之地，胜负无关大局，并不是怕林则徐。当时在粤的外人多主张先攻虎门，惟独 Chinese Repository 月报反对此举，但亦说，倘开战，虎门炮台的扫平不过一小时的事而已。至于去林为英国的阴谋，更是无稽之谈。英人屡次向中国声明，林之去留与英国无关系。实则林文忠的被罢是他的终身大幸事，而是中国国运的大不幸。林不去，则必战，战则必败，败则他的声名或将与叶明琛相等。但林败则中国会速和，速和则损失可减少，且中国的维新或可提早 20 年。鸦片战争以后中国毫无革新运动，主要原因在时人不明失败的理由。林自信能战，时人亦信其能战，而无主持军事的机会，何怪当时国人不服输！

战争失败的结果就是《南京条约》，这是无可疑问的。但战争最后的胜负并不决在虎门，而在长江。《南京条约》的签字距虎门失守尚有一年半的工夫。到了道光二十二年的夏天，英国军队连下了吴淞上海并占了镇江，而南京危在旦夕，这时候朝廷始承认英国的条件而与订约。正像咸丰末年，英法虽占了广州省城，清廷仍不讲和；直到联军入京然后定盟。琦善在广东的败仗远不如牛鉴在长江的败仗那样要紧。

总结来说，琦善与鸦片战争的军事关系无可称赞，亦无可责备。败是败了，但致败的原由不在琦善的撤防，而在当时中国战斗力之远不及英国。琦善并未撤防，或"开门揖盗"，不过他对战争是抱悲观的。时人说这是他的罪，我们应该承认这是他的超人处。他知道中国不能战，故努力于外交。那末，他的外交有时人的通病，也有他的独到处，现在请论琦善与鸦片战争的外交关系。

懿律及义律率舰队抵大沽的时候，琦善以世袭一等侯文渊阁大学士任直隶总督。他是满洲正黄旗人。嘉庆十一年，他初次就外省官职，任河南按察使，后转江宁布政使，续调任山东、两江、四川各省的督抚。道光十一年，补直隶总督。鸦片战争以前，中国的外交全在广东。故琦善在官场的年岁虽久，但于外交是绝无经验的。

道光二十年七月十四，懿律等到了大沽。琦善遵旨派游击罗应鳌前往询问。罗回来报告说，英人"只谓叠遭广东攻击，负屈之由，无从上达天听，恳求转奏"。此种诉屈伸冤的态度是琦善对付英人的出发点，是极关紧要的。这态度当然不是英政府的态度。那末，误会是从何来的？或者是义律故意采此态度以图交涉的开始，所谓不顾形式只求实际的办法；或者是翻译官马礼逊未加审慎而用中国官场的文字；或者是琦善的误会。三种解释都是可能的，都曾实现过的，但断断不是琦善欺君饰词，因为他以后给英人的文书就把他们当作伸冤者对待。琦善一面请旨，一面令英人候至二十日听回信。十七日谕旨下了。十八日琦善即派千总白含章往英船接收正式公文。

此封公文就是英国外部大臣巴麦尊爵士（Viscount Palmerston）致"大清国皇帝钦命宰相"的照会。此文是全鸦片战争最紧要的外交文案。研究此战者必须细审此照会的原文与译文。译者遵照巴麦尊的训令只求信，不求雅。结果不但不雅，且不甚达。但除一句外，全文的翻译，确极守信。这一句原文是"To demand from the Imperor satisfaction and redress."译文变为"求讨皇帝昭雪伸冤"。难怪宣宗和琦善把这个外交案当作属下告状的讼案办！

这照会前大半说明英国不满意中国的地处，后小半讲英国的要求。中国禁烟的法子错了。烟禁的法律久成具文，何得全无声明忽然加严？就是要加严，亦当先办中国的官吏，后办外人，因为官吏"相助运进，额受规银任纵"。中国反首先严办外人宽赦官吏，岂不是"开一眼而鉴外人犯罪，闭一眼不得鉴官宪犯罪乎"？就是要办外人，亦应分别良莠，不应一概禁锢，"尽绝食物，所佣内地工人，见驱不准相助"。如外人不缴烟土，即"吓呼使之饿死"。不但英国商人是如此虐待，即"大英国家特委管理领事""亦行强迫凌辱"。这是"亵渎大英国威仪"。因此层层理由，英国第一要求赔偿烟价；第二要求割让一岛或数岛，作为英商居住之地，"以免（日后）其身子磨难而保其赀货妥当"；第三要求中国政府赔偿广州行商的积欠；第四要求以后中英官吏平等相待；第五要求赔偿战费及使费。倘中国"不妥善昭雪定事，仍必相战不息矣"。照会内虽未提及林则徐的名字，只说"某官宪"，中外皆知英国所言不满意的禁烟办法，皆是林的行动。照会的口气虽是很强硬，但全文的方式实在是控告林的方式。

巴麦尊爵士给懿律及义律的训令有一段是为他们交涉时留伸缩地步的。他说倘中国不愿割地，那末可与中国订通商条约，包括（一）加开通商口岸；（二）在口岸外人应有居留的自由及生命财产的保护；（三）中国须有公布的（Publicly Known）及一定的（Fixed）海关税则；（四）英国可派领事来华；（五）治外法权。除治外法权一项，余皆为国际的惯例，并无不平等的性质，且并不有害于中国。订商约或割地，这二者中国可择其一，这点选择的自由就是当时中国外交的机会。要评断琦善外交的优劣就在这一点。

琦善接到了巴麦尊的照会，一面转送北京请旨，一面与懿律约定 10 天内回答。廷臣如何计议，我们不能知其详细。计议的结果就是七月二十四的二道谕旨。一道说："大皇帝统驭寰瀛，薄海内外，无不一视同仁。凡外藩之来中国贸易者，稍有冤抑，立即查明惩办。上年林则徐查禁烟土，未能仰体大公至正之意，以致受人欺朦，措置失当。兹所求昭雪之冤，大皇帝早有所闻。必当逐细查明，重治其罪。现已派钦差大臣，驰至广东，秉公查办，定能代伸冤抑。该统帅懿律等，著即返棹南远，听后办理可也。"此道上谕可说是中国给英国的正式答复。其他一道是给琦善的详细训令。"所求昭雪冤抑一节。自应逐加访察，处处得实，方足以折其心……俾该夷等咸知天朝大公至正，无稍回护，庶不敢藉口伸冤，狁焉思逞也。"至于割让海岛，"断不能另辟一境，致坏成规"。所谓"成规"就是广东一口通商。行商的积欠，"亦应自为清理，朝廷何能过问。"换言之，广东行商所欠英人的债，英人应该向行商追讨，何得向朝廷索赔？"倘欲催讨烟价，著谕以当日呈缴之烟，原系违禁之件，早经眼同烧毁，既已呈缴于前，即不得索价于后。"这种自大的态度何等可笑！英国所要求者一概拒绝，惟图重治林则徐的罪以了案，这岂不是儿戏！但在当时，这是极自然、极正大的办法。"薄海内外无不一视同仁"，这岂不是中国传统的王道？英国既以控告林则徐来，中国即以查办林则徐回答，这岂不是皇帝"大公至正之意"？

八月二日，琦善即遵旨回答了英国代表。他们不满意，要求与琦善面议。琦善以"体制攸关"不应该上英国船，遂请义律登岸。八月初四初五，他们2人在大沽海岸面议了两次。义律重申要求，琦善照谕旨答复。交涉不得要领。最困难的问题是烟价的赔偿。八月十八十九琦善复与懿律移文交涉。他最后所许者，除查办林则徐外，还有恢复通商及赔烟价的一部分二条。"如能照常恭顺，俟钦差大臣到彼查办，或贵国乞恩通商，据清具奏，仰邀恩准，亦未可定。""如贵统帅钦遵谕旨，返棹南还，听钦差大臣驰往办理，虽明知烟价所值无多，要必能使贵统帅（懿律）有以登复贵国王，而贵领事（义律）亦可伸雪前抑。果如所言，将有利于商贾，有益于兵民，使彼此相安如初，则贵统帅回国时，必颜面增光，可称为贵国王能事之臣矣。"英国代表于是"遵循皇帝的意旨"（in compliance with the pleasure of the Emperor）开船往广东并约定两国停止军事行动。

英国政府所以教懿律及义律带兵船来大沽者，就是要他们以武力强迫中国承认英国的要求。懿律等在大沽难手握重兵，然交涉未达目的即起碇回南，且说回南是遵循中国皇帝的意旨。难怪巴麦尊几乎气死了。难怪中国以为"抚夷"成功了。宣宗因此饬令撤防，"以节縻费"，且即罢免林则徐以表示中国的正大。大沽的胜利是琦善得志的阶梯，也是他日后失败的根由。懿律等的举动不但不利于英国，且不利于中国，因为从此举动发生了无穷的误会。但他们也有几种理由：彼时英兵生病者多，且已到秋初不宜在华北起始军事行动。琦善态度和平，倘与林则徐相比，实有天壤之别。他们想在广东与他交涉，不难成功。他们在大沽不过迁就，并不放弃他们的要求。

琦善在大沽除交涉外，同时切实调查了敌人的军备。他的报告和朝廷改变林则徐的强硬政策当然有密切的关系。英国军舰的高大，这是显而易见的。"又各设有大炮，约重七八千斤。炮位之下，设有石磨盘，中具机轴，只需转移磨盘，炮即随其所向。"此外还有"火焰船"，"内外俱有风轮，中设火池，火乘风起，烟气上熏，轮盘即激水自转，无风无潮，顺水逆水，皆能飞渡"。当时的人如林则徐所拟破夷之法，琦善以为皆不足恃。倘攻夷船的下层，"夷船出水处所亦经设有炮位，是其意在回击也"。若欲穿其船底，则外人水兵"能于深五六丈处，持械投入海中，逾时则又跳跃登舟，直至颠顶，是意在抵御也"。此外还有纵火焚烧的法子，"今则该夷泊船，各自相离数里，不肯衔尾寄碇……是意在欲避延烧也"。"泥恒言以图之，执成法以御之，或反中其诡计，未必足以决胜。"这是琦善"知彼"的工夫。

对于这样的强敌，中国有能力可以抵抗吗？琦善说中国毫无足恃。"该夷所恃者为大炮，其所畏者亦惟大炮。"那末，中国正缺乏大炮，譬如在"山海关一带本无存炮，现饬委员等在于报部废弃炮位内，检得数尊，尚系前明之物，业已蒸洗备用"。华北如此，华南亦难操胜算。"即如江浙等省，所恃为外卫者，原止长江大海。今海道已被该夷游弋，长江又所在可通，是险要已为该夷所据，水师转不能入海穷追。"假设中国能于一处得胜，英国必转攻别处；假使我们能于今年得胜，英国必于明年再来。"欲求处处得胜，时时常胜，臣实不免隐存意外之虞。""边衅一开，兵结莫释。我皇上日理万机，更不值加以此等小丑跳梁，时殷宸廑。而频年防守，亦不免费饷劳师。"这是琦善"知己"的工夫。

外交的元素不外"理"与"势"。鸦片战争的时候，中英各执其理，各是其是。故中英的问题，论审势，论知己彼的工夫，琦善无疑的远在时人之上。琦善仍是半知半解，但时人简直是无知无解。所以琦善大声疾呼的主和，而时人斥为媚外，或甚至疑其受英人的贿赂。

不幸，十一月六日琦善到广东的时候，国内的空气及中英间的感情均不利于和议。伊里布在浙江曾要求英国退还定海，英人不允。朝野因之以为英国求和非出于至诚。在英国方面，因中国在浙江抢夺了20多个英国人，且给以不堪的待遇，决战之心亦复增加。十一月内，浙抚刘韵珂、钦差大臣祁寯藻、黄爵滋，御史蔡家玕相继上奏，说英人有久据定海的阴谋。朝廷主和的心志为之动摇。同时义律在广东多年，偏重广州通商的利益，主张在广州先决胜负。所以他在广东的态度，比在大沽，强硬多了。中国对他送信的船开了炮，他就派兵船来报复。所以琦善到广东后的第一次奏稿就说义律的词气"较前更加傲慢"。适此时懿律忽称病，交涉由义律一人负责。琦善莫名其妙。"初六日（委员）接见懿律时，虽其面色稍黄，并无病容，然则何至一日之间，遽尔病剧欲回。"……那末此中必有狡计。"今懿律猝然而行，或就此间别作隐谋，或其意见与义律另有参差，抑或竟系折回浙江，欲图占据，均难逆料。"所以琦善就飞咨伊里布，教他在浙江严防英人的袭攻。

这样的环境绝非议和的环境，但广东的军备状况，更使琦善坚持和议。他说广东"水师营务，微特船不敌夷人之坚，炮不敌夷人之利，而兵丁胆气怯弱，每遇夷师船少人稀之顷，辄喜贪功，迨见来势强横，则皆望而生惧"。他第一步工作当然是联络感情和缓空气。他教水师参将致信懿律，"声明未询原委，擅先开炮，系由兵丁错误，现在严查惩办。"如此冲突免了而双方的面子都顾到了。同时他又释放了𠸄咭唥（Vincent Staunton）。此不过在澳门外人的一个教书先生。因至海岸游水，民人乘机掳之而献于林则徐以图赏资。英人已屡求释放而林不许。琦善此举，虽得罪了林派，尤为英人所感激。空气为之大变，交涉得以进行。

义律交涉的出发点就是前在大沽所要求的条件：（1）他要求赔偿烟价，首先要 2000 万元，后减至 1600 万；又减到 1200 万。琦善先许 300 万，续加至 400 万，又加至 500 万。这是市场讲价式的外交。（2）兵费一条，琦善坚决拒绝："答以此系伊等自取虚靡。我军增兵防守，亦曾多费饷银，又将从何取索？"（3）行商的欠款应由行商赔补。（4）义律允退还定海，但要求在粤闽浙沿海地方另给一处。琦善以为万万不可："假以偏隅尺土，恐其结党成群，建台设炮，久之渐成占据，贻患将来，不得不先为之虑，且其地亦甚难择，无论江浙等处，均属腹地，断难容留夷人，即福建之厦门一带，亦与台湾壤地相连，……无要可扼，防守尤难。"（5）中英官吏平等一节，琦善当即许可。这是十一月二十一以前交涉的经过。十二月初七的上谕不许琦善割尺寸地，赔分毫钱，只教他"乘机攻剿，毋得示弱。"于是全国复积极调兵遣将了。

这道上谕，十二月二十左右始到广东。未到之先，琦善的交涉又有进展。烟价的赔偿定 600 万元，分 5 年交付。交涉的焦点在割地。义律要求香港。琦善坚持不可："即香港亦宽至七八十里，环处众山之中，可避风涛。如或给予，必致屯兵聚粮，建台设炮。久之必觊觎广东，流弊不可胜言。"香港即不能得，义律遂要求添开口岸 2 处。琦善以为"添给贸易码头，较之给予地方，似为得体"。他本意愿添二处，但为讲价计，先只许厦门一处，且只许在船上交易，不许登岸。义律颇讨厌这种讲价式的交涉，遂以战争胁之。琦善虽一面备战，他的实心在求和。他十二月初四所具的折力求朝廷许添通商口岸。粤东防守如何不可靠，他在折内又说了一遍："盖缘历任率皆文臣，笔下虽佳，武备未谙"；"即前督臣林则徐邓廷桢所奏铁链一经大船碰撞，亦即断折，未足抵御"。初六日，义律请他到澳门去面议。他以为"无此体制"，并恐"狼子野心""中怀叵测"，只许移文往来。十四日义律声明交涉决裂，定于明日攻击。琦善的覆信尚未发去，中英已开始战争了。

十二月十五日大角沙角失守了，琦善的交涉就让步。二十七日遂与义律定了《穿鼻草约》：（1）中国割让香港与英国，但中国得在香港设关收税，如在黄浦一样。（2）赔款 600 万元，5 年交清。（3）中英官吏平等。（4）广州于道光二十一年正月初旬复市。在英国方面，即时退还定海。此约是琦善外交的结晶。最重要的就是割让香港。在定约的时候，琦善已经接到了不许割地不许赔款的谕旨。照法律他当然有违旨的罪。但从政治看来，琦善的草约是当时时势所许可的最优的条件，最少的损失。我们倘与《南京条约》相较，就能断定《穿鼻草约》是琦善外交的大胜利。《南京条约》完全割香港；《穿鼻草约》尚保留中国在香港收税的权利。《南京条约》开五口通商；《穿鼻草约》仍是广东一口通商。《南京条约》赔款 2100 百万元；《穿鼻草约》赔款只 600 万元。我们倘又记得义律因订《穿鼻草约》大受了巴麦尊的斥责，我们更能佩服琦善外交了。

定了此约以后，琦善苦口婆心的求朝廷批准。二十一年正月二十五到京的奏折可说是他最后的努力。他说战争是万不可能，因为地势无要可扼，军械无利可恃，兵力不固，民心不坚。"奴才再四思维，一身之所系犹小，而国计民生之同关休戚者甚重且远。盖奴才获咎于打仗之未能取胜，与获咎于办理之未合宸谟，同一待罪，余生何所顾惜。然奴才获咎于办理之未合宸谟，而广东之疆地民生尤得仰赖圣主鸿福，藉保乂安。如奴才获咎于打仗之未能取胜，则损天威而害民生，而办理更无从措手。"宣宗的朱批说："朕断不似汝之甘受逆夷欺侮戏弄，迷而不返。胆敢背朕谕旨，仍然接递逆书，代逆恳求。实出情理之外，是何肺腑，无能不堪之至。""琦善著革去大学士，拔去花翎，仍交部严加议处。"部议尚未定夺，怡良报告英人占据香港的奏折已于二月初六到了北京。宣宗即降旨："琦善著革职锁拿，……家产即行查抄入官。"北京审判的不公，已于上文说明。

琦善与鸦片战争的关系，在军事方面，无可称赞，亦无可责备。在外交方面，他实在是远超时人，因为他审察中外强弱的形势和权衡利害的轻重，远在时人之上。虽然，琦善在中国历史上的地位不能算重要。宣宗以后又赦免了他，使他作了一任陕甘总督，一任云贵总督。他既知中国不如英国之强，他应该提倡自强，如同治时代的奕䜣、文祥及曾、左、李诸人，但他对于国家的自强，竟不提及。林则徐虽同有此病，但林于中外的形势不及琦善那样的明白。

——选自《清华学报》第 6 卷第 3 期（1931 年 10 月北平出版）

李鸿章

——三十年后的评论

李鸿章是太平天国和英法联军的产物。咸丰末年，太平天国屡次想夺取上海，沪中绅士就到安庆求曾国藩派兵往援，曾氏无兵可抽，于是就举荐李鸿章另编淮军。同治元年，李氏率了部队直投上海，淮军的新力，加上上海的饷源和华尔及戈登所编的常胜军，以及李氏本人的才能使他得收复江苏东部，李氏遂为同治中兴功臣之一，不久封而带大学士荣衔了。

因太平天国而立功业得位者确不只李氏一人。他的特别在以上海为根据地。他未到上海以前，他不过是翰林出身，居曾国藩门下而为曾氏所器重者。至于世界知识，他毫无超于时人之上者。初到上海的时候，他还向曾氏请教处置洋务的方针，曾氏就用四书上"言忠信，行笃敬"二句话回答他。此外，又说与人共同打仗，"纵主兵，未必优于客兵，要自有为之主者与之俱进俱退，偕作偕行"。彼时上海已成中外通商中心。洋务的困难自是当然。然而此困难就是李鸿章的机会。因此他有了几个大发现。第一，中国军器远在西人之下，"……深以中国军器远逊外洋为耻，日戒将士虚心忍辱，学得西人一二秘法，期有增益而能战之……若驻上海久而不能资取洋人长技，咎悔多矣。"（同治元年十二月十五日致曾国藩）现代人读这种议论，当然不以为奇特，但那时候候"驻上海久而不能资取洋人长技"者确大有人在。李氏在上海仅数月就发现了此点，我们不能不佩服他头脑的灵敏。近人有谓李氏并无所创新，他的事业实不过继承曾氏遗法。曾李的优劣不在本文范围之内，但到同治年间，李氏对于中外军器差别的认识已比曾氏深切，这是毫无疑问的。在同治二年，李氏常有信给曾氏，要他领导天下改革。"若火器能与西洋相垺，平中国有余，敌外国亦无不足。俄罗斯日本从前不知炮法，国日以弱，自其国之君臣卑礼下人，求得英法秘巧，枪炮轮船渐能制用，遂与英法相为雄长。中土若于此加意，百年之后，长可自立，仍祈师门一倡率之。"（同治二年三月十七日）同治三年他给总理衙门的信说得更激昂，更恳切："中国士大夫沉浸于章句、小楷之积习，武夫悍卒又多粗蠢而不加细心，以致所用非所学，所学非所用。无事则嗤外国之利器为奇技淫巧，以为不必学；有事则惊外国之利器为变怪神奇，以为不能学。（中略）苏子瞻曰：言之于无事之时，足以有为，而恒苦于不信；言之于有事之时，足以见信，而已苦于无及。鸿章以为中国欲自强，则莫如学习外国利器。欲学习外国利器，则莫如觅制器之器，师其法而不必尽用其人。欲觅制器之器与制器之人，则或专设一科取士，士终身悬以为富贵功名之鹄，则业可成，艺可精，而才亦可集。"（此稿见《同治朝筹办夷务始末》卷二十五）同时曾国藩尚持行军在人不在器之说（但此说亦有相当理由）。在李鸿章指导之下，不久淮军已较湘军为更强，缘故不外淮军军器西洋化的程度超过了湘军。

李鸿章在上海的第二个大发现是西洋利器是中国所能购置，而且所能学制的。李鸿章以前，中国大官总认洋人为狼子野心，切不可与亲近。他在上海一变旧态。结果，他知道了外国人也讲信义，也有文明。相交得法，也能为中国出力。所以除军事上竭力连络戈登外，他又用了马格里替他在苏州创设枪炮厂。

于此我们可以知道李鸿章因平太平天国而到上海所得之功名与教育和他终身事业关系的重大。没有那种功绩，他在政界就难得他以后所占的地位。没有得到那种教育，就是有了他以后的地位，他也不能作大事业。

英法联军入北京与李氏的终身事业也有大关系。咸丰十年以前，北京较各省更加固。我们单就亲王奕䜣一人讲，咸丰八年，桂良同花沙纳在天津与英法美俄四国交涉的时候，恭亲王大反对长江开通商口岸，以为外人进长江去作买卖就会霸占长江流域的土地，同时他提议捕杀英国翻译官李泰国以了事。（参看《咸丰朝筹办夷务始末》卷二十六）到咸丰十年，英法联军入京，咸丰皇帝逃往热河，恭亲王出面主持交涉。咸丰八年至十年的经验也给了他和文祥二个教训：一，中国军器远不及西洋军器；二，洋人愿意卖和教他们的利器与华人。从此以后北京也有要人从梦中醒过来者。京外大吏如曾左李有所建议，京内的恭亲王和文祥从旁赞助，同时恭亲王和文祥倘有新政而遭阻挠，则京外的要人如曾左李可以拥护。此数人的合作产生了同治光绪年代的"自强"运动。这是中国近代史的大前段。而在此段史中的主动人物要算李鸿章。当然，论地位，李尚在恭亲王和曾文正之下；论时望，他也在曾之下；论政治的大布置，他或者也在曾之下。但论图进之急，建设之多，创造局面之大，及主政之久，他在同光两朝实无人可与其比。但是倘若没有英法联军，他就难得京内的要人替他说话。在上海讨太平天国的经验预备了李鸿章来提倡自强，而英法联军为李鸿章预备了相当的时机。所以我说李鸿章是太平天国和英法联军的产物。

在同治时代，"自强"是政界的新名词、新潮流，正像以后的"维新"和"革命"。"自强"的意义不以洋器来治洋人。李鸿章的自强事业，具体说来，有以下诸种。关于军事者：练洋枪队洋炮队，设立兵工厂，办新式海军；关于交通而附带有军事及经济目的者：设立造船厂，创招商轮船局，筑电线，修铁路；关于经济者：开矿和办纱厂；关于教育者：办军事学校和方言馆，派学生出洋。以上的事业，有些是曾国藩和李鸿章共同主办的，有些是李氏一人办的。最初的动机是军事的，始终军事方面是偏重的，但后来教育、交通、工业均牵连起来了。事业不能不算多，范围不能不算广。到了甲午年间，中国的天下几乎是李鸿章一人支撑的。与他同时的毕士麦和伊藤都没有负他那样重担的，作他那样多的事业。

却是甲午年李鸿章的失败，就暴露于全地球了。因此中国的腐弱也大暴露于全世界了。此后外交和内政都换了新面目：中国历史已入了新时期。失败的理由颇复杂。我要简略说说这些理由。我的主要目的不在判断是非贤愚，而在了解李鸿章及其时代。

（一）掣肘者太多。李的事业既然多，所须用的钱款自然也多了，李直接所辖的区域仅直隶一省。户部不足靠，所必须依靠者就是其他省分的协济。当时的督抚很像近年的军阀：畛域之见是深入骨髓的；国家的观念是浅过于皮肤的。各省对于北洋的协济虽经朝廷颁有定额，各省总是托词水灾旱灾或地方各种急须面延宕和折扣。此外顾固的、不明世情的御史妄发言论，阻挠事业的进行，与李氏处对敌地位的大臣如李鸿藻翁同龢辈简直以打倒李鸿章为快幸。乙未在马关议和初次与伊藤开议的时候，李氏因有感而对伊藤说："我国之事于习俗，未能如愿以偿自惭心有余而力不足。"又说："现在中国上下亦有明白时务之人，惜省分太多，各分畛域，有似贵国封建之时，互相掣肘，事权不一。"光绪十一年李鸿章与伊藤在天津会议的时候，中日尚称平等；到二十一年马关会议的时候，一则胜，一则败，一则俨然世界上一新强权，一则仍旧半中古世的腐弱国家。所以李氏再三称羡伊藤在日本作事的容易。原来中国社会是奇特的：尸位素餐者往往得升官发财；居位而事事，而认真、而坚持一系统的计画者，无不受人的攻击，甚至身败名裂。在这种社会里，李鸿章能作出他那种成绩，已经难得了。

（二）李氏人格的特别。时人赞扬李氏的才能者，就他问计者甚多，但无一人服其德。他的人格能入人之脑而不能入人心。他能掌政而不能掌教。他影响了一时的大政而不能移易风俗的毫末。在这方面，他不但不及曾国藩，就是张之洞亦在他之上。他不是中国传统的理想政治家。我们看看曾的全集和张的全集就知道他们对于修身治学是很努力的,是当大事业作的;一看李的全集,我们只看见"作事",看不见"为人"。在西洋的社会里,本着才与智的势力或能成大事;在中国的社会里,才智以外,非加上德的感化力不可。上面所说的反动分子一大部分也就是因为李鸿章的德望不足以服人。但是关于这一点,我们不要说得过大:反对他的人那样多还有别的缘故。他所办的事业是新事业,处处牵连洋人与机器。他所用的人才是"洋务家,"不是"士大夫沉浸于章句、小楷之积习"者。所以在李氏小朝廷活动而居要职者如盛宣怀、马建忠、伍廷芳、袁世凯、徐润、李凤苞诸人没有一个是"正途出身"的。那班翰林先生不免有点妒嫉。

李鸿章缺乏"德望"的帮助,这是毫无疑问的。一种流弊是引起时人的反对;另一种流弊,是他左右的腐化。中国衙门办事虽有一定的则例和手续,但靠则例来防弊,这是万万做不到的。何况买枪炮、制枪炮、开工厂等新事业既出旧衙门则例之外,又有大宗款项出入。甲午的失败大部分由于军需品的假劣。在中国衙门里,除非主官以身作则,以德感人,弊端是不能防的。这步功夫,李鸿章不但没有做到,简直就没有做。官场舞弊是世界各国通有的病,不过在中国几成了做官的正业,舞弊的方法已经成了一种美术,会做官者就是会舞弊者。中国近代第一期的新事业就因此失败。

近人多批评李鸿章只图改革皮毛,不图改革根本。这说是有理的。李鸿章的改革,上文已经说过,是偏重军事。政制的改革以及人民心理的改革在他度量之外,这些基本不改而徒改军队是绝不能成功的。不过西洋文化的真相,李鸿章实在不知道,也无从知道。西洋 19 世纪文明的一种产物——机器,他是看见过,实用过,而深知其价值的;至于其他两种产物——民治主义和民族主义——他是不曾认识过。所以他以吸收机器,尤其是军事的机器,当作他的终身的大事业和国家当时的急务。此其可原谅者一。他的事业,虽系"皮毛"的,已受人的反对。甲午以前,若他再提政制和民情的改革,他将不容于世了,此其可原谅者二。甲午以后直到现在,我们饱尝了政制和民情的改革,欲得改革的代价,谈何容易?此其可原谅者三。

这些话都是废话。此文不是为李鸿章辩护的,是为了解李鸿章及其时代的。李的事业是那样,因为他的智识人格和所处的环境是那样,他作事的动机是对外的,是要一反鸦片战争以后中外不平等的局势的。他救中国全盘的计划是以自强为体,外交为用。在自强功夫未到相当程度以前,他想用外交来弥缝。所以他一生的精力一半用在外交上。

李鸿章于同治九年，1870年，继曾国藩为直隶总督；不久兼北洋通商大臣。此年以前，他不过参加过总理衙门的计议，并没有办过一件外交大案。到北洋后，他与外交的关系一天比一天的密切了。从同治九年至光绪二十七年，中国虽有总理衙门，实在的外交总长可说是李鸿章。这三十年的外交大局是怎样呢？1870年正值普法之战。德意志及意大利就在这时统一了。从此列强之中又加上二个竞争者。并且在19世纪的前半，世界惟一的工业国家是英国；在后半，尤其末后三十年，德美工业进步的速度反在英国之上，向外发展之竞争愈来愈激烈。同时东方尚有日本的维新。在同治元年，日本方起始维新的时候，李鸿章就以为大可怕。照他的看法，外面的压力和国内的自强正在那里赛跑，而自强已经落在压力之后，非全国努力赶上去不足以图存。这是他的根本思想，实在具有政治家的眼光。同时他又觉得日本之患尚急于西洋各国。西洋的向外发展不限于中国；中国以外尚有非洲、近东和中亚。日本要向外发展只能向中国，且西洋彼时所垂涎中国的土地，如俄于新疆，英于缅甸，法于安南，皆非根本重要之地。日本于高丽则不然：中韩唇齿相依；失高丽，则东三省难保，直隶山东也受影响。所以在光绪初年筹议海防经费的时候，他主张暂弃新疆，以便集中财力于海军，因左宗棠的反对，他的计画没有实行。光绪五年，崇厚与俄国立约，割让了伊犁的要区。当时舆论很激烈，要废崇厚所立的条约，甚至要处崇厚以死刑，闹得中俄几乎宣战。李鸿章起初反对废约，后又反对战争。他的理由就是中国不能东西兼顾，而西陲的利害关系远不如东藩那样重要。光绪八、九、十年中法争安南的时候，他又主张中国不要积极，他的理由又是中国不能兼顾高丽与安南；与其失高丽而保安南，不如失安南而保高丽；何况安南万不能保，而高丽则有一线之望。此中轻重缓急的权衡不能说不妥当。

李鸿章以保高丽为他的外交的中心，这是毫无疑问的。他在高丽的失败少半是外交的，大半是军事的。光绪五年以前，他虽然知道了高丽的重要，却还没有想出一个政策。在那年，他有信致高丽国王为其拟了一种外交政策，此信是薛福成代笔的，见《庸庵文外编》卷三。他劝高丽国王多与西洋各国立通商和好条约，以便借西人通商的势力来抵制日本的野心。倘若西人在高丽有经济的利益，当然不愿意日人势力太大，这是李鸿章的高丽政策的第一步。八年，美国因中国的介绍果与高丽立约。以后法英德诸国都在高丽得了通商的权利。第一步算成功了。

《朝美条约》签字以后不久，高丽发生第一次内乱，李鸿章适回籍，直隶总督由张树声署理。一班谋士如薛福成、马建忠主张中国火速派兵入高丽代平内乱。张氏乃派丁汝昌带北洋海军、吴长庆带庆军入高丽。从军事上看来，这次中国为时过早。日人惟恐英俄得势，转怂恿中国行积极政策。这是中日战争前的一大关键。中国在当时有两条路可走，或提国际共保高丽，或由中国单独行积极政策。李鸿章所采取的是第二条路，因为国际共保有碍中国宗主权，而且很难持久，又因为第二路当时走得通。日俄英在彼时都觉得高丽受中国支派为害最小。英国惟一目的在防俄，中国能防俄，他的目的就达到了。所以直到甲午，英国总是鼓励中国前进，惟患中国向高丽不充分积极。日俄两国野心均大，但均以时机未到，不如一时让中国看守高丽，将来从中国手夺来不是难事。甲午以前的八年，日本及俄国都取消极政策，中国得为所欲为。

适中国在朝鲜有一人敢行而又能行这种政策——袁世凯。他的积极远在李鸿章之上。俄朝勾结的时候，他主张灭朝鲜：这就是重提张謇的政策。这事几乎实现了。不过在李袁合作之下，这政策变了方式。这中曲折无须缕述。袁世凯终究收握高丽的海关和电政。高丽借外债只能向中国；高丽用外人须得中国同意；高丽与西洋通使必须谨守中国所定的条件。这个政策不但与国际共保相反，且与李鸿章最初所拟的政策不符。在光绪五年至八年，李鸿章惟恐高丽不与外国发生关系；光绪十二年以后，他转而阻止高丽与西洋接近。袁在高丽愈得力愈高兴，李鸿章也不察此中的流弊。到了光绪二十年，中国在高丽宗主权已非旧日不干预内政的宗主了，完全成功，内乱由中国代平了，乱党首领大院君李昰应由丁吴囚送保定了。这个小胜利遂使时人生轻敌之心，吴长庆的幕友张謇提议中国简直灭高丽。张佩纶及邓承修又奏请派李鸿章率师东征日本。此种积极政策与李的本意不符，他一概反对而不实行。但当时作吴长庆的前敌营务处者就是袁世凯。他时常与张謇往来，此种计画遂深入他的思想。

从外交上看来，此役中国并没有占便宜，因为日本直接与高丽订了条约，许日本驻兵汉城护卫使馆。从此中日在高丽京都都有军队，冲突是时时可发生的。光绪十年中法战争紧急的时候，中日在高丽王宫前面果短兵相接了。那次中国军事又得胜利，而外交反又失败。结束中日冲突的李鸿章伊藤协定明文的许了日本有与中国同等的派兵入高丽的权利。后患就伏种于此。

当时德国驻朝代表向李鸿章条陈了一种意见，要中国出头与列强交涉共同担保高丽的独立和中立。这是很有意思的建议，因为高丽与中国的关系虽甚重要，但重要专在国防。高丽果能永久独立，不为他国所据，则中国的国防也最巩固了。并上且高丽既有国际的担保，中国的责任也就轻了。岂不极是经济吗？

光绪十一、十二年的时候，英俄也加入高丽的角逐。英为防俄遂占巨文岛。俄国野心甚大，向高丽宣称愿负保护之责，但俄人亦知已经变为新式的，如当时英国在埃及那样了。日本若再不动手将后悔无及。这是中日战争的远因。

李鸿章行这种政策并不是因为他觉得中国自强功夫已到了相当程度可以有为；是因为他误认日俄的消极为永久放弃他们的野心。由这种误会他自己也入大雾之中了，这是他外交的第一大错。

《马关条约》以后，他与俄国订联盟密约是他的第二错。联盟不能不出代价，而中国一给俄国若何权利，他国不能不效尤。因为世界势力的均衡不能不维持。中日战争以后，中国在国际上只能偷生，但于势力均衡机会均等之下偷生则可，于一强国羽翼之下偷生则不可。而李氏于庚子的外交尚以联俄为上策。东三省的问题从此愈演愈危了。

上文已经说过李氏自强政策失败的理由。外交弥缝的失败根本在于李氏还未看透世界的大势。这是我们事后之明，不应拿来作批评的根据。在当时，他还有一个政策，别人则袖手无策。他还有半知，别人则全不知，李鸿章不能救国，他人无须说了。

——选自《政治学论丛》，1931 年，创刊号

最近三百年东北外患史（从顺治到咸丰）

一、俄国的远东发展

我族在东北的历史虽变故多端，概括说，可分为两大时期。满清以前，在东北与我族相抗的，不是当地的部落，就是邻境的民族。其文化程度恒在我族之下。最近 300 年的形势就大不同了。从清初到现在，这 300 年中，东北最初受了远自欧洲来的俄罗斯之侵略，最近又遭了西洋化的日本之占据，而其他列强亦会插足其中。现在东北已成所谓世界问题。纵不说最近 300 年的侵略者之文化高于我族，我们不能不承认他们的国力有非我们所能比抗。

俄国的历史颇有与我国相同的。在 13 世纪，蒙古人一方面向南发展，并吞了华北的金及华南的宋；另一方面又向西发展，简直席卷了中央亚细亚及俄罗斯，直到波兰。我国受蒙古人的统治不满百年，即由明太祖在 14 世纪的下半光复了祖业。俄国终亦得到解放。惟蒙古人在俄国的施政并不如在中国那样积极，而同时俄人民族的观念亦不及我族发展之早。故俄国的光复运动到 15 世纪始由莫斯科王国率领进行，其完成尚在 16 世纪宜番四世的时候。总计起来，俄国的光复比我国迟了 200 年。

俄国反蒙古人的运动虽较迟，其发展之积极及持久反为我们所望尘莫及。我族自明成祖以后，保守尚感不足，遑论进取。俄国则不然。俄人初越乌拉山而角逐于西比利亚者为雅尔马克；所带队伍仅 840 人；其时在公历 1579 年，即明万历七年。此后勇往直前，直到太平洋滨为止。1638 年，即崇祯十一年，俄国的先锋队已在鄂霍次克（Okhotsk）海滨建设了鄂霍次克城。60 年内，全西比利亚入了俄国的版图，其面积有 400 万方英里，比欧洲俄罗斯还大一倍。

俄国在西比利亚的拓展并未与我国接触，所以无叙述之必要。但其经过有两点足以帮助我们了解日后中俄初次在黑龙江的冲突，不能不略加讨论。第一，俄国在西比利亚发展之速得了天然交通的资助。西比利亚有三大河流系统，即俄比系统（Ob River System）、也尼赛（Yenisei）系统，及来那（Lena）系统。

俄比、也尼赛、来那三大河虽皆发源于南而流入北冰洋，但其支河甚多，且大概是东西流的。一河流系统之支河与其邻近河流系统之支河往往有相隔甚近者，且二者之间有较低的关道可以跋涉。俄人过乌拉山就入俄比系统，由俄比系统转入也尼赛系统，再转入来那系统，就到极东了。

俄人在西比利亚所养成的交通习惯与日后中俄两国在黑龙江的冲突有很大的关系。因为黑龙江及其支河可说是亚洲北部的第四大河流系统。其他三大河皆由南向北流，惟独黑龙江由西向东流而入海。所以在自然交通时代，黑龙江是亚洲北部达东海最便捷之路。并且俄人有好几处可以由来那系统转入黑龙江系统。黑龙江上流有一支河名石勒喀（Shilka）；石勒喀复有一支河名尼布楚（Nertcha）（尼布楚城因河得名）。尼布楚河发源之地离威提穆河（Vitim）发源之地甚近。威提穆河就是来那河上流之一支。这是由来那系统转入黑龙江系统道路之一。黑龙江上流另有一支河名额而必齐（Gorbitsa），其发源地与鄂列克玛河（Olekema）之发源地相近，而鄂列克玛河也是来那河的一支。这是由来那转入黑龙江的第二条路。黑龙江的中流有一支河，我国旧籍称为精奇里河，西人称为结雅河（Zeya River）。精奇里发源于外兴安之山阳，其流入黑龙江之处，在其东现在有俄属海兰泡，亦名布拉郭威什臣斯克（Blagoveshchensk），对岸稍南即我国的瑷珲。自来那河来者可溯雅尔丹河（Aldan）或鄂列克玛河之东支而转入精奇里河上流的支河。这是由来那系统入黑龙江系统的第三条路。在清初的国防上，这条路尤其要紧，因为最毗近东北的腹地。

第二，国 17 世纪在西比利亚拓展之速多因土人无抵抗的能力；俄人用游击散队就足以征服之。彼时西比利亚户口稀少，土人文化程度甚低，政治组织尚在部落时代，其抵抗力远不及北美的红印度人。比较有抵抗能力的要算俄比河上流的古楚汗国（Kuchum Khanate）。这国就是蒙古大帝国的残余。雅尔马克（Yermak）于 1583 年夺取了其京都西比尔（Sibir）。西比利亚从此得名；莫斯科王亦从这时起加上西比尔主人翁的荣衔。1587 年（明万历十五年）俄人在西比尔附近建设拖博尔斯克大镇（Tobolsk）。雅尔马克原来不过是一个土匪头目；他的队伍大部分是他的绿林同志。立了大功之后，莫斯科王不但宽赦了他，且优加赏赐；为国事捐躯之后，俄国教堂竟奉送他神圣尊号。雅尔马克遂成了俄罗斯民族英雄之一。事实上，他无疑是俄国拓殖西比利亚的元勋。自他在俄比河战胜古楚汗国之后，直到鄂霍次克海，俄人再没有遇着有力的抵抗。

雅尔马克及其同志，论人品及作事方法，皆足代表 17 世纪俄人在西比利亚经营者。历 17 世纪，先锋队大都是凶悍而惯于游牧生活的喀萨克（Cossack）。

他们数十或数百成群，自推领袖。在俄国政府方面看起来，喀萨克的行动，虽常不遵守政府的命令，确是利多而害少。他们自动的往前进：成功了，他们所占的土地就算是俄国的领土，他们从土人所收的贡品几分之几划归政府；失败了，不关政府的事，除非政府别有作用，可以置之不理。但是害处也有。这种游击散队只顾目前，不顾将来，只顾当地，不顾全局。喀萨克过于残暴；因此土人多不心服，且被杀戮者就是当地的生财者。在西比利亚作惯了，到了黑龙江流域，他们依然照旧横行，不知道这地的形势有与西比利亚不同者。

俄人发展到来那河流域的时候正是明崇祯年间。在明成祖的时代，中国在东北的政治势力几可说是空前绝后。黑龙江全流域以及库页岛皆曾入明之势力范围。到天启崇祯年间，辽河流域尚难自顾，至松花江、乌苏里江及黑龙江更无从顾及。明之旧业快要亡了。但满清遂乘机收归己有。在清太祖及太宗的时候，满人连年东征北伐。其战争及交涉的经过，我们无需叙述；但其收复的部落及土地不能不表明。因为 17 世纪中俄的冲突根本是两个向外发展运动的冲突；俄国方面有新兴的罗马洛夫（Romanov）朝代，我国方面有新兴的清朝。说是棋逢对手。

兹将清太祖及太宗所收复的东北的部落及区域列表如下：

1. 窝集部（亦名窝稽达子、鱼皮达子）。居牡丹江（亦名呼尔哈河、瑚尔哈河）及松花江下流两岸，距宁古塔北约 400 里，其中心在现今之三姓。

2. 穆棱。居乌苏里江及其支河穆伦河的两岸。

3. 奇雅。居伊玛河的上流。伊玛河（Niman，Iman，Imma，Ema）是乌苏里江东的一支河。

4. 赫哲（亦名黑金、赫真、额登）。居松花江与黑龙江会流之处到乌苏里江与黑龙江会流之处。

5. 飞牙喀（亦名费雅喀）。居黑龙江下流。

6. 奇勒尔。居黑龙江口沿海一带。

7. 库叶（亦名库页）。居库页岛。

8. 瓦尔喀。居吉林东南隅及俄属滨海省的南部及海山崴附近的熊岛。

以上皆东境的部落。

9. 索伦。居布特哈（齐齐哈尔以北的嫩江流域）。

10. 达呼尔。居嫩江以东到黑龙江一带。

11. 俄伦春。居黑龙江东之精奇里河两岸。

12. 巴尔呼（亦名巴尔古）。居呼伦贝尔南。

以上皆北境的部落。

满清武功所达极北之点就是日后中俄相持的雅克萨城，俄人称为 Albazin。崇德四年（1640 年）将军索海所征服的四木城之一，即雅克萨。

入关以前，满人的势力虽已北到黑龙江及精奇里河，东到库页岛，并未在边境设官驻兵。被征服的民族有少数编入八旗，大多数仍居原地，按期进贡而已。直到康熙二十年，清朝驻兵最近东北边境者莫过于宁古塔。虽然，俄人入黑龙江的时候，除当地土人的抵抗外，尚有大清帝国的后盾，其形势与西比利亚完全不同。

二、中俄初次在东北的冲突

俄人到了来那流域以后，不久就感觉粮食缺乏的大困难。他们从土人听说精奇里河流域产粮甚多。这种传说形容未免过度，好像一到外兴安的山阳就是一片乐地。俄国政府于 1632 年在来那河的中流设立雅库茨克城（Yakutsk），派有总管，俄人所谓 Voevod。1643 年（崇祯末年）总管官彼得果罗文（Peter Golovin）派探险队到精奇里河流域去调查真像。队长是波雅哥夫（Vasili Poyarkof）；队员有喀萨克 112 名，猎夫 15 名，书记 2 人，引导 1 人。军器带有大炮 1 尊，枪每人 1 杆。他们于是年 7 月中从雅库次克动身，逆流而上，由来那河入雅尔丹河。11 月，未抵河源而河已结冰，不通舟楫。波雅哥夫在河边筑了过冬的土房，留了 43 个队员及辎重，自己遂率领其余队员跋山而南。行了两星期的旱路之后，他们找着精奇里的支河布连塔河（Brinda）。上流仍是一片荒土；到了中流，才发现少数俄伦春住户，波氏派了 70 人到村里去搜粮食。村民起初尚以礼相待；俄人求入村，未蒙允许，就动武了。村民竭力抵抗；到了天黑，俄人空手而归。在饥寒交迫的时候，喀萨克不惜执杀土人或互相残杀以充饥。1644 年春，留在山北的队员赶上了，于是合队而行，由精奇里入黑龙江。沿途的土人皆骂他们为食人的野蛮人，有些逃了，有些就地防堵。秋季波氏到了黑龙江口，就在此过冬，强迫奇勒尔供给粮食。

俄人入黑龙江的那一年正是满人入关的那一年。受其扰害的俄伦春、达呼尔、赫真、飞牙喀及奇勒尔是否曾向其宗主求援；如果求了，满人如何处置。这些问题，因为史料的缺乏，无从答复。在入关之初，就是东北边境有警报来，清廷亦无暇顾及。波雅克夫此次的成绩并不好，除了没有发现新乐园以外，他留给土人永不能忘的坏印象。虽然，经过这次的失败，雅库次克的总管知道了传闻的虚实，而波雅克夫仍不失为第一个西洋人入黑龙江者。他在江口过冬以后，由海道北返。几年之内，雅库次克的总管不再费事于南下的企图。

1649 年（顺治六年）雅库次克的一个投机的富商哈巴罗甫（Yarka Pavlov Khabarof）呈请总管许他用自己的资本组织远征队到黑龙江去。是时俄人已从土人探知由鄂列克玛河的路比由雅尔丹河的路容易。总管佛兰士伯克甫（Franzbekof）对此事虽不甚热心，但哈巴罗甫的提议既无须政府出资，万一成功，政府反可借私人的力量收征黑龙江流域土人的皮贡，就允许了哈氏的呈请。其实政府的批准不过是一种形式；在呈请之先，哈氏已组织好了远征队，大有必行之势。四月初，他率领队员前进，溯鄂列克玛河直到河源，于是跋山而转入黑龙江的支河乌尔喀（Urka）。此河近额尔必齐，惟稍东。哈巴罗甫到黑龙江的时候，两岸的村落已闻风远逃。哈氏对所遇的少数土人虽竭力巧言诱吸，土人总以喀萨克是食人的一语答之。除在土坑里发现匿埋的粮食外，其余一无所获。虽然，在其给总管的报告书中，哈氏仍夸大黑龙江流域的富庶及积粮之多。他深信有六千兵足以征服全区域；征服之后，雅库次克的粮食问题可得解决，而皮贡的收入可大加增。

哈氏初次的远征虽无直接的成绩可言，但他确亲自到了黑龙江，知道了当地的实在情形。他决志组织第二远征队并改良行军的方法。1650 年的夏季他就出发，所走的路线大致与第一次相同。这次他行军极图迅速，以免土人的迁徙。在雅克萨附近，他袭击了一个村庄，土人与之相持一下午，终究弓箭不抵枪炮，雅克萨遂为所占。土人乘夜携带家眷牲口逃避；哈氏即夜派 135 人去追截。次晨就赶上了。一战之后，喀萨克夺了 117 只牲口，高兴的返归雅克萨。哈氏在雅克萨建筑了防守的土垒，留下了少数的驻防队，自己遂率领其余队员及枪炮，乘用冰车，驶往下流。10 天之后，于十一月二十四日，他遇着使马的俄伦春。此处也是弓箭不抵枪炮。一时土人惟有屈服，遵命贡送貂皮。哈氏的投机总算得了相当的收获，于是回雅喀萨过冬。

次年 6 月 2 日，哈氏带着 300 余名喀萨克，配齐枪炮，出发往下流去。此次更求迅速，以图攻人之不备。正队以前，他预备了 8 只小船以充先锋。连行 4 日不见人烟，沿岸的村落皆迁徙一空。第 4 日晚间，在黑龙江折南的角段，发现尚未迁徙的吉瓜托村（Guigudar）。此处居民约有 1000，并有 50 名八旗马队适在该处收征贡物。我国的记载全不提及，故其虚实难明。哈氏乘夜进攻。据俄人的记载，交火之初，满人就逃了。次晨村落失守，土人欲逃不能。死于炮火之下者约 660 人，女人被虏者 243，小孩 118，马 237，其他牲口 113。俄人死 4 名，伤 40 名。哈氏的得意可想而知。可惜我方关于此事全无记录以资对证。

哈巴罗甫在吉瓜托村约留了 6 星期。他派出的调查队均说直到精奇里河口，土人早已迁徙，惟闻在河口尚有未迁徙的村落。哈氏乘坐小船赶到现在瑷珲城左右。土人事先全无所知：既不能逃，又不能战；大部分都成俘虏。哈氏命土人的长老召集会议。到会者 300 多人，均说刚向中国皇帝进了贡，余存无几，一时只能奉送貂皮 60 张，以后当陆续补送。哈氏令土人以貂皮赎俘虏。他的投资又得着红利了。土人竭力应酬他，好像他们已甘心投顺喀萨克。但 9 月 3 日全村忽迁徙一空，仅留下两个当质者及两个老女人。此举给哈氏一个很大的打击。他原拟在此过冬，不料周围忽然变为全无人烟之地。他把 4 个未逃的土人付之火中，遂开拔向下流去了。

9 月 29 日，哈氏行抵乌苏里江与黑龙江合流之处。此地现有哈巴罗甫城，即纪念哈氏之功绩者，我方命名伯利。哈氏在此建筑土垒，准备过冬。赫真人表示和好，因之哈氏不为设防，时常派遣队员出外捕鱼。10 月 8 日，赫真人忽乘虚进攻。相持之际，适外出的队员归来，加之军器相差太远，赫真人大受挫败。从此喀萨克作了当地的主人翁。

按俄国的记载，黑龙江的土人受了两年的扰害之后，均向中国求保护。我方的记载亦提及此事，但不详细。《平定罗刹方略》说："驻防宁古塔章京海色率所部击之，战于乌扎拉村，稍失利。"俄国方面的记录说海色带有 2020 骑兵；至于战争的经过则各说不一。海色与哈巴罗甫的战争是中俄初次的交锋。我国史乘从顺治九年起始有"罗刹"之乱之记载。按"罗刹"这名词是索伦、鄂伦春、达呼尔诸部落给俄人的称呼。这一战，俄国方面的人数至多不过 400 人；我方加入战争者必较多，但是否有 2000 余名，颇难断定。顺治十四年，宁古塔设昂邦章京 1 员，副都统 1 员；康熙元年，昂邦章京改为镇守宁古塔将军；康熙十年，宁古塔副都统移驻吉林；康熙十五年，宁古塔将军移驻吉林，而于宁古塔设副都统。从这年起，吉林将军领兵 2511 名，宁古塔副都统领兵 1320 名。从此看出我国东北边境驻军，首重宁古塔，后移重心于吉林，惟顺治十四年以前，究有兵多少，不容确定。战争的经过，我方的记录仅说"稍失利"。俄方的记录则分两说。一说：

1652 年 3 月 24 日（俄历），黎明，满洲兵到达俄国土垒之前，俄人正在酣睡之中。倘满人不即施放火枪——他们放枪大概是要示威——哈巴罗甫或将不能生还。幸而他被枪声惊醒了，即时设备。满人把炮安置以后，就向土垒开火。不久打穿一个洞口，冲锋者即向洞口猛进。俄人火速在洞口之后安置一炮，向冲锋者开放极有效力的弹子。冲锋者因此止住了，而150名俄人从营垒冲出来，以短兵相接。他们从满人夺取了两尊太近的炮。满人的火枪大半被毁之后，俄人就成了战场的主人翁。除上文所说的两尊炮外，俄人尚得着17杆火枪，8面旗帜，830匹马及几个俘虏。满兵死者听说有676人遗留在战场之上；俄人仅死10名，伤70名。

另一说则谓：

> 交锋之初，中国人得了胜利。一时好像他们能把俄国营垒攻下来。后不知因何原故——或者因为中国的主将过于自信，或者因为他遵守训令——在俄人受迫最紧急的时候，他忽然下令，要他的兵士不杀也不伤喀萨克，只活拿过来。这一战的最要关键即在此。俄人了解这种形势之后，决志不被活拿。于是一面宣誓，一面冲锋，步步的把中国人赶退了。一个军队不能一面受敌人之火，一面又被禁还火，而保持其地位。中国兵从此丧失战斗精神，向后退避，留下17杆枪，2尊炮，8面旗帜，830匹马，及许多粮食。俄人死10名，伤78名。哈巴罗甫从土人——不可靠的来源——听说中国兵死了676名。

这一战，中国确是败了，但先胜而后败。致败之由，除策略或有关系外，尚因军器不及敌人。至于战败的程度，很难说了。此战以后，俄国方面的报告多说喀萨克一听见某处有中国兵，就戒严不敢前进。而且从这时起土人又敢抵抗了。

顺治九年，乌扎拉之战以后，哈巴罗甫率领全队逆流而上，途中遇着雅库次克总管派来的补充队，其计117名喀萨克及军需。八月，在精奇里河口附近，队员内哄，致分为2队，一队212人仍服从哈氏，另一队136人则自树一旗。从此黑龙江上下有二队喀萨克游行抢掠。以往哈巴罗甫及雅库克次总管给莫斯科的报告已引起俄国政府相当的注意和热心。当时拟派兵3000前来黑龙江，以图永久占领。同时俄国政府对喀萨克的暴行亦有所闻。遂决定先派小援队并调查实况。顺治十年，援队抵黑龙江以后，哈氏返俄覆命，但一去未回。他从此就离开历史舞台了。俄国政府亦未实行大队远征的计划。

哈巴罗甫的继任者是斯德班乐甫（Onufria Stepanov）。斯氏于顺治十一年

（1654 年）的春天进松花江，五月二十四日遇着中国军队。喀萨克自己的记录说他们火药用尽，故就退了。虽然，退的时候，喀萨克心志慌乱，大有草木皆兵之势。从松花江一直退到呼玛尔河口，就此筑垒防御。我国军队也追到这地。顺治十二年春，遂围呼玛尔营垒，经三星期之久，无功而返。《平定罗刹方略》说："十二年尚书都统明安达礼自京率师往讨，进抵呼玛尔诸处，攻其城，颇有斩获，旋以饷匮班师。""饷匮"是很自然的，因为经过罗刹数年扰乱之后，地方居民已迁徙他处；且清廷又令土人行清野之法，使罗刹不能就地筹饷；而呼玛尔偏北，路途甚远。这是当时在东北行军最大的困难。

顺治十三年及十四年，斯德班乐甫多半的时候在黑龙江的下流，松花江口以东。"十四年，镇守宁古塔昂邦章京沙尔呼达败之于尚坚乌黑；十五年，复败之于松花库尔翰两江之间。"顺治十四年的战争，俄国方面没有记载，尚坚乌黑不知在何处。顺治十五年（1658 年）的战争，俄国的记录也甚简略，但其结果则言之甚详。战后，斯德班乐甫及 270 名队员不知下落，余 220 名逃散了。我方所得的俘虏，和上次在呼玛尔所得的俘虏均安置于北京的东北隅，斯氏是否在内，不得而知。此后黑龙江上无整队的罗刹，散队则时见。"十七年（1660年）巴海大败之古法坛村，然皆中道而返，未获剪除，以故罗刹仍出没不时。"虽然，雅库次克总管从此以后不接济，也不闻问黑龙江的罗刹了。

在康熙年间，罗刹来自也尼赛，隶属于也尼赛总管。从顺治九年起，也尼赛的俄人常有小队到拜喀尔湖以东，石勒喀河上。顺治十二年（1655 年）也尼赛总管巴石哥夫（Pashkof），根据这些私人的报告，呈请俄国政府许他在石勒喀河上设立镇所，以便征服附近的部落。政府批准了他的提议，且即派他为远征队的队长。他于次年七月十八日从也尼赛城动身，带有 566 人。他由也尼赛河转其支河昂格勒（Angara）；在河的上源，跋山而入石勒喀河。顺治十四年的春天，他在尼布楚河与石勒喀河会流之处设立尼布楚城。这是俄人经营黑龙江上流的根据地。不久就缺乏粮食和军火，而所派出寻觅斯德班乐甫的探员全无结果。顺治十八年留了少数驻防队遂回也尼赛。巴石哥夫所受的艰难未得着相当的收获。

也尼赛总管在黑龙江上流的失望正如 12 年以前雅库次克总管在中流及下流的失望。当时雅库次克因失望遂不愿继续进行，于是有私人哈巴罗甫出而投机。也尼赛亦复如此。此地的私人投机者是柴尼郭夫斯奇（Nikifor Chernigovsky）。柴氏是个盗匪头子。因为杀了一个总管官，他遂率领他的绿林同志跋山投雅克萨去逃罪。他在此地重筑土垒，强迫土人交纳贡品，且自行种积植粮食，大有久居之意。同时其他喀萨克有在额尔古纳河筑垒收贡者，有在精奇里河上下骚扰者。我国边民亦有逃亡尼布楚而投顺于俄国者。其中最著者莫过于根忒木尔。我国屡次索求引渡，俄人始终拒之。因此在康熙年间中俄的关系更趋紧张。

康熙帝原来不想以武力解决罗刹问题。他屡次派人到雅克萨尼布楚去送信，令俄人退去。同时俄国政府从顺治十二年到康熙十六年亦屡次派使到北京来交涉。因路途相隔之远、文书翻译的困难、罗刹之不听政府命令，及中国在邦交上坚持上国的地位，凡此种种均使外交的解决不得成功。（战前及战后的外交留待下节叙述；本节限于军事的冲突。）等到三藩之乱一平定了，康熙帝就决定大举北伐。

康熙二十一年（1682 年）七月，帝派"副都统郎坦，与彭春率官兵往达呼尔索伦，声言捕鹿，因以觇视罗刹情形"。十二月又"命户部尚书伊桑阿赴宁古塔督修战船"。郎坦等的报告以为"攻取罗刹甚易，发兵三千足矣。"康熙帝乃下谕曰：

> ……朕意亦以为然。第兵非善事，宜暂停攻取。调乌拉（吉林）宁古塔兵一千五百名，并置造船舰，发红衣炮，鸟枪，及教之演习者。于瑷珲呼玛尔二处建立木城，与之对垒，相机举行。所需军粮取诸科尔沁十旗，锡伯、乌拉之官屯，约得一万二千石，可支三年。且我兵一至，即行耕种不致匮乏。……

康熙帝在筹划此次征役的时候，最费苦心的莫过于粮食的接济。他以为往年的失败都由饷匮，以致罗刹不能肃清。

康熙二十一年算为觇探敌情之年。康熙二十二年起大事预备。筑瑷珲城为后路大本营、修运船战船、通驿站、运粮食、调军队、联络喀尔喀的车臣汗，共费了 3 年。康熙二十四年（1685 年）五月二十二日（我国旧历）彭春始带兵抵雅克萨城下。其部队自吉林、宁古塔调去者 3000 人，自北京调去的上三旗兵 170 人，自山东等省调去的官 105 人，兵 395 人，自福建调去的藤牌兵 300 余人，索伦兵约 500 人，总计不过 5000 人。此外尚有夫役水手。俄人说此次中国军队有 18000 之多，与实数相差一倍以上。

俄人虽早已知道中国的军事行动，且竭力预防，但等到兵临城下，雅克萨的防守队，连商人、猎夫、农民，及喀萨克部包括在内，不过 450 人，不到中国兵数的十分之一！我国军队与外国军队战斗力的比较，从康熙年间到现在，究竟有进步呢，还是有退步呢？彭春第一着发表康熙帝的招抚书：

前屡经遣人移文，命尔等撤回人众，以逋逃归我。数年不报，反深入内地，纵掠民间子女，构乱不休。乃发兵截尔等路，招抚恒滚诸地罗刹，赦而不诛。因尔等仍不去雅克萨，特遣劲旅阻征。以此兵威，何难灭尔；但率土之民，朕无不恻然垂悯，欲其得所，故不忍遽加歼除，反覆告诫。尔等欲相安无事，可速回雅库，于彼为界，捕貂收赋，毋复入内地构乱，归我逋逃，我亦归尔逃来之罗刹。果尔，则界上得以贸易，彼此安居，兵戈不兴。傥执迷不悟，仍然拒命，大兵必攻破雅克萨城，歼除尔众矣。

城内的罗刹置之不答。彭春遂开始攻击。

我方关于战争的记录甚简略：

五月二十三日，分水陆兵为两路，列营夹攻，复移置火器。二十五日黎明急攻之。城中大惊。罗刹头目额里克舍等势迫，诣军前稽颡乞降。于是彭春等复宣谕皇上好生之德，释回罗刹人众。其副头目巴什里等四十人不愿归去，因留之。我属蒙古索伦逃人及被掳者咸加收集。雅克萨城以复。

俄国的记载大致相同，惟有数点可资补充。第一日的战争结果，俄方死百人。经数日后，教士率领居民向总头目官额里克舍拖尔布残（Alexei Tolbusin）要求停战。额里克舍见势已去，遂允所请。他派代表到中国军营议投降条件；所要求者即许俄人携带军器辎重回国。我方接收，事实上有 25 人甘愿留居中国。数目与我方的记录不同，未知孰是。雅克萨投降的俄人后亦安置于北京城内之东北隅。

罗刹退去以后，中国军队把雅克萨的城垒及房屋全毁了，但四乡的禾苗并未割去，就全军回瑷珲。雅克萨城不但不留防，且未设卡伦；甚至从瑷珲起，全黑龙江上流恢复战前无主的状态。清廷以为罗刹问题完全解决了，足证我国受了 40 年的扰害还未认清敌人的性质。

额里克舍的后退全由于势力的单弱。其实在雅克萨战争的时候，也尼赛总管已派有援军在途，共 600 人，由普鲁斯人拜丁（Afanei Beiton）率领。额里克舍退出雅克萨后，未满一日，即于途中遇着援军的先锋队百人，带有十足的军器。额里克舍到了尼布楚仅 5 天，拜丁的大援队也到了。于是也尼赛总管派拜丁及额里克舍复整军前往雅克萨。此次他们带了 671 人，5 尊铜炮，3 尊铁炮，均配足火药；后面陆续尚有接济。他们到了雅克萨，一面收割四乡的粮食，一面从新建设防具。我国在康熙二十五年二月始得罗刹复来的报告。清廷即命萨布素及郎坦带兵去攻。此次战争较久，较烈。六月，我军抵雅克萨；十月底，俄人防军仅剩 115 人，仍不退不降。适俄国政府是时派代表到北京，声明公使在途，要求停战交涉。康熙帝遂下令撤雅克萨之围。中俄问题从军事移到外交去解决了。

三、尼布楚交涉

从顺治元年到康熙二十五年，40 余年中俄在黑龙江的冲突，在俄国方面，完全是地方人民及地方官吏主动；莫斯科至多不过批准；有时不但未批准，且欲禁止而不能。地方的动机，最高在图开辟疆土以邀功，普通不过为发财而已。此外实际急迫的目的在图粮食的接济。彼时俄国中央政府亦想与中国发生关系，但其目的及方法完全与地方的不同。我们试一研究俄国屡次派使来华的经过就能明了其动机所在。《东华录》载：

> 顺治十七年五月丁巳：先是鄂罗斯察罕汗于顺治十二年遣使请安，贡方物，不具表文。因其始行贡礼，赉而遣之：并赐敕，命每岁入贡。后于十三年又有使至。虽具表文，但行其国礼，立而授表，不跪拜。于是部议来使不谙朝礼，不宜令朝见，却其贡物，遣之还。后阅岁，察罕汗复遣使齐表进贡，途径三载，至是始至。……

据此记录，则顺治年间俄国曾三次派使来华：第一次在十二年（1655），第二次在十三年，第三次在十七年。此中有一误会。第一次的使者是亚尔班（Seitkul Albin）。他不过是公使背喀甫（Theodore Isakovitch Baikoff）的随员，先到北京来报信，所以"不具表文"。第二次的公使就是背喀甫。所以第一次及第二次实系一个使团。我们从俄国政府给背喀甫的训令就能看出俄国对中国注意所在。俄王要背喀甫（一）向中国皇帝转达俄王的友谊及和好之善意；（二）表示俄国欢迎中国公使及商人到俄国去；（三）打探清廷对俄国的实在意志，是否愿通使通商；（四）调查中国接待外国的仪节；（五）调查中国的国情如户口，钱粮，军备，城市，与邻邦的关系，出产，以及中俄的交通。总而言之，主要目的在通商及交邻。当时俄国以为中国产金银甚多。在重金主义（bullionism）盛行的俄国，以为与中国通商便可用西比利亚所产的皮货及俄国的呢绒来吸收大宗金银及丝绸。背喀甫的出使，除得知中国一班国情外，完全失败。其主要原因即《东华录》所谓"不谙朝礼"。换句话说，背喀甫不愿以"贡使"自居——不肯跪拜，不肯递国书于理藩院。次要原因即罗刹在黑龙江的骚扰。因此，清廷颇疑背喀甫之来另有野心；不然，怎可一面通好，一面侵犯边境？1658年，俄国又派亚尔班及浦尔费里叶甫（Ivan Perfilief）二人出使中国；1660年（顺治十七年）始抵北京，即上文所谓第三次的出使。他们所带的国书首述俄王祖先声名的伟大及邻邦如何皆畏服俄国；后半表示愿与中国通使通商。《东华录》继续说："表文矜夸不逊，不令陛见。"所以这次也无结果。

康熙年间，中俄的冲突转移到黑龙江上流，这是上节已经说过的。除喀萨克的侵扰外，中俄之间又加上根忒木尔（Gantimur）问题。此问题的原委颇不易明。根忒木尔乃达呼尔头目之一，原住尼布楚附近，曾向中国进贡，中国亦曾授以佐领职衔。俄人占据尼布楚以后，根忒木尔遂率其部落迁居于海拉尔河及甘河左右。顺治十二年，呼玛尔之役，他率部助清，但临阵不前。战后，他回尼布楚降俄。康熙五年及九年，宁古塔的疆吏曾派委员至尼布楚索根忒木尔。俄人始终拒绝引渡，说他既原居尼布楚，就该算是俄王的臣民。双方所以这样重视根忒木尔的缘故，因为他的向背足以影响当地一般人的向背。尼布楚的总管亚尔沈斯奇（Daniel Arshinsky）于康熙九年也派了一位使者到北京来报聘。背喀甫出使的失败足证当时中国如何不明世界大势；这一次又表明俄国人之不懂中国国情。使者是米乐番罗甫（Ignashka Milovanoff），一个不识字的喀萨克！亚氏给他的训令更加可笑。大意谓各国之汗及王多求大俄罗斯、小俄罗斯及白俄罗斯的大君王，亚里克含米海罗韦赤（Alexei Mikhailovich）的保护。大君王除慨予保护外，且优加赏赐。中国的皇帝也应求大君王的保护，并应时常进贡及许两国人民自由通商。米乐番罗甫到北京以后，在理藩院被质问一番。他曾否执行训令，理藩院得何印象，作何感想，我们无从知道。康熙许他陛见，但所行的是跪拜礼。最后清廷颁一封敕谕，要尼布楚的总管严行约束部属，禁止他们侵扰中国边境。这段往来好像两个互不相识的人对说互不相懂的话。这样的外交是得不着结果的。

康熙十一年，清廷又派人到尼布楚去送信，要求俄国送回根忒木尔。这信是用满文写的。尼布楚及莫斯科均无人能翻译，但俄国政府，根据尼布楚的报告，以为中国要求俄国派使来华交涉。康熙十四年（1675年）二月俄王遂派尼果赖罕伯理尔鄂维策斯巴费理（Nicolai Gavrilovich Spafarii）。斯氏有出使日记及报告与函件。这些材料不但是中俄关系史的好史料，且间接对当时中国的内政，如三藩战役及天主教传教士的地位，有不少新知识的贡献。本文限于中俄在东北的冲突，故可从略。斯氏于康熙十五年六月抵北京。交涉共历三月，绝无成绩而返。中国对斯氏要求二事：送回根忒木尔及令喀萨克退出雅克萨；斯氏对中国的希望包括通商和通使。这是双方的实在目的。但斯氏在北京的交涉可说未入正题就被种种仪节问题阻止了。最初斯氏坚持亲递国书于皇帝，后虽退步而呈递于理藩院，但陛见的时候，不肯跪拜。正式交涉简直未进行。在归途中，斯氏曾致书于雅克萨的喀萨克，嘱他们不再骚扰，但未见发生效力。

等到中国大举进攻雅克萨的消息传到莫斯科的时候，俄国政府始知道黑龙江流域非西比利亚可比；土人之后，尚有一个大帝国须对付，而这帝国决不让俄国占领黑龙江流域。究竟黑龙江一带的地理如何，俄国政府并不知道。与其出师于万里之外来与一大邻国争一块可有可无的土地，不若和好了事以图通商之发展。在中国方面康熙帝素性不为已甚。三藩战役之后，中国亟须修养。且外蒙古尚有厄鲁特问题；其他部落亦未倾心向我。倘我与俄为已甚，则俄蒙可相联以抗我。俄人军器的厉害及战斗精神的坚强这是康熙帝所深知的。所以在未出师之前，康熙帝对于军备是慎之又慎，以策万全的。外交虽已试过而未见效，康熙仍不绝望。所以他一面派彭春率师往攻雅克萨，一面又致书于俄国政府，一封由传教士转递，一封由荷兰商人带去。俄国政府既已有言归于好之心，康熙帝的信正为外交的进行辟了大路。二十五年九月，俄国要求停战的使者米起佛儿魏牛高（Nicefor Veniukov）及宜番法俄罗互（Ivan Favorov）到北京，声明俄国愿与中国和好，且已派有全权大使在途。康熙帝时即时下谕："其令萨布素等撤回雅克萨之兵，收集一所，近战舰立营，并晓谕城内罗刹，听其出入，毋得妄行攘夺，俟鄂罗斯使至后定议。"换言之，这是无条件的停战。

俄国所派的全权大臣是费要多罗亚列克舍维赤果罗文（Theodore Alexievitch Golovin）。俄国政府于 1686 年初颁给果罗文第一次的训令。根据此训令：边疆应以黑龙江为界；如不得已，可以拜斯特尔（Bystra）及精奇里二河为界；再不得已，则以雅克萨为界，但俄人须能在黑龙江及其支河通商，并且通商除纳关税外，不应有限制。如果罗文能使中国派公使及商人到莫斯科更好。俄国政府派了 1500 兵同行，以备万一，且教果罗文设法联络外蒙古以助声势。果罗文于 1686 年 1 月 26 日（俄历）在莫斯科起程；1687 年（康熙二十六年）10 月 22 日始抵拜喀尔湖南外蒙古边境之色楞格。他在途中接到政府第二次的训令：如通商能得便易，则全黑龙江流域包括雅克萨，可认为中国领土；除非万不得已，绝不可引起战争；倘交涉失败，他可向中国提议双方再派公使从新协议。

喀尔喀土谢图汗把俄人抵境的消息报告给北京以后，康熙帝遂令在雅克萨的军队退瑗珲。次年年初，他派内大臣索额图，都统公国舅佟国纲，尚书阿尔尼，左都御史马齐，汉员二人张鹏翮及钱良择，及护军统领马喇带八旗前锋兵200，护军400，火器营兵200，往色楞格去交涉，代表团带有传教士2人，张诚（Jean François Gerbillon）及徐日昇（Thomas Péreyra），以助翻译。索额图等遵旨预拟交涉大纲如下：

> 察鄂罗斯所据尼布楚本系我茂明安部游牧之所；雅克萨系我达呼尔总管倍勒儿故墟：原非罗刹所有，亦非两界隙地也。况黑龙江最为扼要，未可轻忽视之。由黑龙江而下，可至松花江；由松花江而下，可至嫩江；南行可通库尔翰江及乌拉、宁古塔、锡伯、科尔沁、索伦、达呼尔诸处。若向黑龙江口可达于海。又恒滚、牛满等江及精奇里江口俱合流于黑龙江。环江左右均系我属鄂伦春、奇勒尔、毕喇尔等民人及赫真、费雅喀所居之地。不尽取之，边民终不获安。臣以为尼布楚、雅克萨、黑龙江上下，及通此江之一河一溪皆属我地，不可弃之于鄂罗斯。又我之逃人根忒木尔等三佐领，及续逃一二人悉应索还。如一一遵行，即归彼逃人及大兵俘获招抚者，与之划疆分界，贸易往来；否则臣当即还，不与彼议和矣。

康熙帝当时批准了这个交涉大纲。我代表团所负的使命全见于此。我们若以俄国给果罗文第一次的训令与此大纲相比，则中俄的目的抵触甚多，因为双方都要黑龙江的上流，从尼布楚到雅克萨；若以俄国政府第二次的训令与此大纲相比，则双方所争者仅尼布楚城。

我使团于康熙二十七年五月初一从北京起程，取道张家口、库伦。适此时喀尔喀与厄鲁特战，路途被阻。索额图等一面率领团员回京，一面派人往色楞格去通知俄国代表阻道的原委并要求改期改地会议。果罗文指定尼布楚为交涉地点。次年（1689年）四月二十六日，我使团复由北京出发。此次代表中没有阿尔尼及马齐，但添了黑龙江将军萨布素，都统郎坦，都统班达尔善，及理藩院侍郎温达。此次所带的兵有北京八旗2000人，黑龙江兵1500人；倘总计军中夫役及官员的仆从，全代表的人数约在8000左右。中国外交史上出使之盛没有过于此次者！康熙帝增加使团的兵数是否因为果罗文也带有兵来，我们无从知道。不过当时的人，如我们一样，觉在外交应有武力的后盾，但他们的后盾未免过于放在前面了！康熙帝虽对于军备主积极，而对于交涉目的则主退让。使团出发以前，曾拟议交涉大纲应仍旧，康熙帝大不以为然：

> 今以尼布楚为界，必不与俄罗斯，则彼遣使贸易无枉托之所，势难相通。尔等初议时仍当以尼布楚为界。彼使者若恳求尼布楚，可即以额尔古纳河为界。

康熙帝的实在理由或者是因为厄鲁特与喀尔喀的战已起，中国应速与俄国结案，以便用全力来对付蒙古问题。涉大纲经此修改以后，实与俄国政府第二次的训令无所抵触。倘尼布楚的交涉失败，则其故并不在两国政府目的的悬殊。

六月中，我代表团抵尼布楚。俄人见我方军容之盛，不知我方实意在议和，抑在交战。果罗文迟到 20 天。因为双方军备甚严，一时空气颇紧张。应酬费了几天功夫，遂决定开议形式：双方可各带 760 兵赴会，但其中 500 须留会场外，260 可入会场，站在代表后面。会场形式岂不有点《三国志演义》的风味？

七月初八初次会议。果罗文提议中俄两国应以黑龙江为界，江左（北）属俄，江右（南）属华。索额图则谓俄国应退至色楞格以西；以东的地方，包括色楞格、尼布楚、雅克萨皆应属中国。双方皆要价甚高，故相差甚远。次日，中国代表首先减价：色楞格及尼布楚愿让归俄国。这是遵守朝廷的训令，也是我方预定的最低限度。果罗文付之一笑，以为该二处无须中国之慷慨。七月初十日，交涉仍无进展。我代表遂提议双方签订正式会议记录，以俾各返国复命。这等于宣布会议决裂。次晨，果罗文派人来声明接收此项提议，但要求再开会议一次。我方不允。张诚及徐日昇，得了代表的许可，以私人的资格往访果罗文。张诚等的疏通，据其日记，有如下状：

> 莫斯科人实际渴望和平不在我们（中国代表团）之下。对于我两人的访问，他们表示愉快。我们起头就对他们说：如果他们不愿意放弃雅克萨及附近的土地，那末，他们用不着再费事了，因为我们确实知道我们的大使曾得着明文的训令非得此地不立约；至于尼布楚和雅克萨之间的地方，及黑龙江以北的地方，我们不知道大使们可退让到什么地步；莫斯科的代表可以斟酌他们所希望在尼布楚及雅克萨之间的界限；我们的大使，因为渴望和平，必竭其力所能以促成之。

> 莫斯科的全权代表回答说：既然这样，他就请我们的大使把最后的决定通知他。

七月十二日，俄国代表一早就派人来问我方最后的决定。我代表团在地图上指出额尔必齐河乃外兴安山脉，谓河以东及山以南应归中国，河以西及山以北应归俄国；此外则以额尔古纳河为界。俄人辞退后，我代表遂派张诚及徐日昇去探问俄方最后的决定，并声明外蒙古及俄国的界线应同时划清。果罗文以职权的限制，并以我国势力未到外蒙古，拒绝交涉蒙俄界线。我方未坚持此点，但声明等到厄鲁特及喀尔喀的战争平定以后，蒙俄间的界线必须划清。这个支节过去以后，俄方又提出一个：要求在额尔古纳河以东的俄人可搬回国。这点我方于七月十三日就答应了。这样，和议似乎已成。不料这时果罗文反要求雅克萨及其以西的土地应归俄国。张诚及徐日昇面斥果罗文之无信义。在他们努力疏通之初，他们就说破倘俄国不愿放弃雅克萨则不必费事；何以此时又旧话重提。张诚等向萨布素报告俄国尽反前议以后，我代表团即时召集全体文武会议，决定当夜全军渡河，以便包围尼布楚城；同时一面派人去鼓动四周的蒙古人，一面调少数军队回雅克萨去铲除禾苗。俄代表见势不佳，即派人来，微示可让雅克萨之意。我代表团复开会议。不进呢，恐俄人行缓兵之计；进呢，又怕军事行动断绝和平的希望。代表团请张诚及徐日昇发表意见。他们答以身为教士，不便，也不能参与军事。代表团终决定按原计划进行，惟对俄方则说移动人马专为求水草之方便！

七月十四日，我军全抵尼布楚城下的时候，俄代表正式承认我方所提出之界线。萨布素等遂派张诚去作最后的交涉。次日果罗文提出三种新要求。第一，中国以后致俄王的信应书俄王的全衔，并且信中不可有不平等的词句。第二，两国应互相尊重公使，并许其亲递国书于元首。第三，两国人民如持有政府护照，应许其自由往来贸易。关于第一条，我代表等答以国书中的称呼及词句是皇帝所定，为臣子者不敢擅允；关于第二条，我方答以中国向不派驻外公使；倘俄国派使来华，接待的礼仪必从优。至于自由通商一节，我方以为无问题，惟买卖小事，似不必载诸条约。果罗文得了自由通商的权利，实已完成其主要使命。此节他不能不编入约款。最后关于界线的东段，双方发生稍许争执。外兴安脉之东段分南北二支：北支绕乌特河（Oud River）之北而直抵海滨；南支在乌特河之南而不到海滨。若以南支为界，则近海一带须另划界；若以北支为界，则乌特河流域将全属中国。其地面积甚大，且产最上等的貂皮，而其海岸又多产鱼。果罗文向我代表索解释的时候，我方答以约稿系指北支。这是七月十八日的事。十九日，俄方竟无回音。我代表以为是功亏一篑，颇为之觉急：因为乌特河流域非朝廷训令所必争；倘因此偾事，朝廷未必不责备。张诚从旁劝我代表不必坚持。于是萨布素等遂决派张诚去提折中办法，把乌特河流域由两国均分。适俄方亦派人来，带有果罗文致我代表的信，恳求我方完成和议。

信中也提出折中办法，即暂不划分乌特区域。我代表当时接收。和议算告成了。所余者仅条文的斟酌及约本的缮写。

《尼布楚条约》是康熙二十八年七月二十四日，公历 1689 年 9 月 7 日，俄历 8 月 27 日签订的。中国代表在一份满文，一份拉丁文的约本上签了字，盖了图章；俄国代表在一份俄文，一份拉丁文的约本上签了字，盖了图章。所以仅拉丁文的约本是由双方签了字盖了章的。签订后，两国代表起立，手持约本，各以其国主之名宣誓忠实遵守，并祈"无所不能的上帝，万物之主，作他们意志忠实的监视者"。同时双方军队鸣炮以资庆祝。张诚说，康熙帝曾有明令，要代表们以基督教的上帝之名宣誓，以为惟独这样可以使俄人永远遵守。所以这约的签订是经过鸣炮誓天的。

《尼布楚条约》，在我国方面，所注重的是划界，在俄国方面，所注重的是通商。双方均达到了目的，故此约得实行 160 余年。照这约，不但黑龙江、吉林及辽宁三省完全是中国的领土，即现今俄属阿穆尔省及滨海省也是我国的领土。根据此约，我们的东北可称为大东北，因其总面积到 80 万方英里。比现今的东北大一倍有余；也可称为全东北，因其东其南均有海岸线，有海口，其北有外兴安的自然界线——国防上及交通上她是完全的。吾国当时所以能得此成绩，一则因为俄国彼时在远东国力之不足，关于远东地理知识之缺乏，及积极开拓疆土之不感需要，一则因为康熙帝处置此事之得法，军事上有充分之准备而外交上又替俄国留了余地。其结果不但保存了偌大的疆土，且康熙朝我国在外蒙的军事曾未一次受俄国的牵制。"以往所有的争执，无论其性质如何，今以后永远忘记不计。"这是条文的第三款。这一层完全做到了：中俄两民族曾未因 17 世纪的冲突而怀旧怨。关于将来，此约虽未永久有效，基督徒虽亦不计"无所不能的上帝"的监誓而不守信，但确立了 150 多年的和好及友谊的基础。在国际条约中，《尼布楚条约》算得一个有悠久光荣历史的。

四、东北一百五十年的安宁

康熙二十八年十二月，索额图等关于尼布楚立约的奏报到了北京以后，康熙帝遂命议政王、贝勒、大臣集议东北边疆善后的办法。他们提议应于额尔必齐河诸地立碑以垂永久，"勒满汉字及鄂罗斯、拉丁、蒙古字于上"，并于墨尔根及瑷珲设官兵驻防。这两件事都实行了。可惜界碑是中国单独立的，不是会同俄国立的。碑文不是条约全文，是条约撮要。据俄国传教士 Hyacinth 的实地调查，在额尔必齐河畔的碑上，匠人竟把兴安岭"以北属俄国"误刊为"以南属俄国"。俄人以为是个好预兆，并且有几个界碑实非立在边界上。1844 年，俄国国立科学会（Academy of Sciences）派了一位科学家米丁多甫（A.Th. von Middendorf）到远东来调查。他发现中国所立的界碑，最北的不是在外兴安的山峰，是在急流河（Gilu）与精奇里河合流之处；最东北的不是在外兴安与乌特河之间，是在乌特河及土格尔（Tugur）之间，中国自动的放弃了 23000 方英里的土地！

　　至于驻防的军队，中俄战争的时候，中国以瑷珲为大本营，设将军镇守。康熙二十九年（1690）将军移驻墨尔根，三十八年复移驻齐齐哈尔：步步的离黑龙江远了。吉林省亦复如是：原来中心在宁古塔，已离边境甚远，后来中心复向内移至吉林省城。虽然，以兵数而论，我们不能说清廷疏于防备。历 18 世纪，前后兵数虽略有增减，东三省驻防军队约在 4 万左右，内奉天将军所辖者 19000 余人。吉林将军所辖者 9600 余人；黑龙江将军所辖者 11400 人。黑龙江西境设有 12 卡伦，每卡伦驻兵 30 名，三月一更；北境设有 15 卡伦，每卡伦驻兵 20 名，一月一更。这些卡伦的目的在防止俄人越界，可惜大半离边境甚远，且恐是有名无实的。此外黑龙江将军每年四五月间派委官佐，率兵 240 名，分三路巡边，"遇有越境之俄罗斯，即行捕送将军，请旨办理"。惟巡边实亦不到极边。

　　我国政府所派人员实际到黑龙江极边去的次数及地点颇难稽考。惟《东华录》乾隆三十年（1765 年）七月癸亥条载有将军富僧阿的奏折，内有关于巡查极边的事情。这时因为"俄罗斯近年诸事推诿，不能即速完结，且增加税额，以致物价昂贵"，所以停止恰克图贸易。因为停止贸易，乾隆帝恐俄国侵扰边境，所以教黑龙江将军调查并整理边防。富僧阿的奏报如下：

> 据往探额尔必齐河源之副都统瑚尔起禀称：自黑龙江至额尔必齐河口，计水程 1697 里；自河口行陆路 247 里至兴堪山（即外兴安）：其间并无人烟踪迹。又往探精奇里江源之协领纳林布称：自黑龙江入精奇里至都克达（Dukda）河口，计水程 1587 里；自河口行陆路 240 里至兴堪山：其地苦寒，无水草禽兽。又往探西里木第（Silimji）河源之协领伟保称：自黑龙江经精奇里江入西里木第河口，复过英肯（Inkan）河，计水程 1305 里；自英肯河行陆路 180 里至兴堪山：地亦苦寒，无水草禽兽。又往探牛满（Niman）河源之协领阿迪木保称：自黑龙江入牛满河，复经西里木第

河入乌玛里（Umalin）河口，计水程1615里；自河口行陆路456里至兴堪山；各处俱无俄罗斯偷越等语。

查呼伦贝尔与俄罗斯接壤之额尔古纳河，西岸系俄罗斯地界，东岸俱我国地界，处处设有卡座，直至珠尔特地方。现复自珠尔特至莫哩勒克河口添设二卡，于索博尔罕添立鄂博，逐日巡查。俄罗斯鼐玛尔断难偷越。其黑龙江城（？）与俄罗斯接壤处有兴堪山，绵亘至海，亦断难乘马偷越。第自康熙二十九年与俄罗斯定界查勘各河源后，从未往查。嗣后请饬打牲总管每年派章京、骁骑校、兵丁，六月由水路与捕貂人同至都克达、英肯两河口，及鄂勒布西里木第两河间偏查，回报总管，转报将军。三年派副总管、佐领、骁骑校，于冰解后，由水路至河源兴堪山巡查一次，回时呈报。其黑龙江官兵，每年巡查额尔必齐河照此，三年至河源兴堪山巡查一次，年终报部。

这是乾隆年间东北边境的概况及加添的边防办法，即每年小巡，三年大巡。但实行到何等程度，无从知道。

除立碑及边防二事外，清廷直到光绪末年毫无拓殖东省的计划和设施。顺治年间，多数满人入关。在关内住惯了的，除因公事外，很少愿意回去。乾隆年间，因北京旗人过多，朝廷曾资遣少数到关外去开垦。彼时尚得着相当成效。后来满人汉化程度高了，无论在关内生计如何困难，朝廷虽资遣之，总不愿去，或去后不久复回。汉人在康雍二朝去的多半是山西商人及因犯罪而遣戍者。到乾隆年间，因关内人多地少，原大可移民，但清廷反于此时禁止汉人出关。这种禁令自然难于实行，而官吏亦未必认真实行，故虽无大规模的移民，零星去者亦复不少。惟吉林东部，乌苏里江一带，及黑龙江下流，既未设官立治，地方人民，不分土居外来，是少而又少的。国家并未从东北边疆得着任何实利，皇室及其附庸收了些貂皮及人参而已。

《尼布楚条约》以后，东北所以享了150余年的安宁，其原因不仅在我国防边之严，此外还因为俄国彼时对远东的消极，尼布楚订约的时候正是大彼得（Peter the Great）起始独揽政权的时候。从彼得起，历18世纪，俄国政府集中力量，北与瑞典争波罗的海的东南境，南与土耳其争黑海北岸，西与普鲁斯及奥斯抵亚争波兰。18世纪末年及19世纪初年，欧西有拿破仑的战争，俄国也转入那个旋涡。所以无暇来与中国争黑龙江流域，同时在这150年来内，俄国起初得与我国在北京及尼布楚附近通商，后来改在恰克图。为维持及发展中俄的贸易，俄国政府很不愿与中国引起冲突。

虽然，在这 150 年内，俄国政府及人民对于远东亦未完全置之度外。18 世纪初年，俄人占据勘察克；以后继续前进，过比令海峡（Bering Strait）而占领阿拿斯喀（Alaska）。就是在黑龙江流域，历乾隆、嘉庆、道光三朝，俄国猎夫、罪犯、军官及科学家违约越境者不知凡几。乾隆二年（1737 年）测量家邵比尔晋（Shobelzin）及舍梯罗甫（Shetilof）曾到精奇里河。他们在急流河流入精奇里河之处发现一个俄国猎户的住宅；在精奇里河口以上约百里遇着几个从尼布楚来的猎夫。次年，他们从黑龙江上流而下；路过雅克萨的时候，看见一名喀萨克及一家俄罗斯与通古斯合种的人在那里居住。雅克萨以东 60 里，他们又看见一家俄罗斯及通古斯的合种。19 世纪初年，嘉庆年间，少佐斯塔夫斯奇（Stavitsky）曾到雅克萨。同时植物学家杜尔藏宁罗甫（Turczaninov）调查了黑龙江上流沿岸的植物，到雅克萨为止。道光十二年（1832 年）大佐垃底神斯奇（Ladyshinsky），为调查界碑，也顺流到雅克萨。罪犯越境而有记录可考者在乾隆六十年有鄂西罗甫（Rusinov）及色尔可甫；在嘉庆二十一年有瓦西利叶甫（Vasilief）。瓦氏在黑龙江往来了 6 年，从河源直到江口，且留有游记。道光二十一年，米丁多甫调查了黑龙江的下流及其北岸，他在江口也遇着一个逃罪的游客。这皆是见诸记录的。

《尼布楚条约》以后，俄国科学家及官吏提倡再占据黑龙江者亦不乏人。在17 世纪的前半，俄人初到来那流域的时候，因为感觉粮食的困难，就派人进黑龙江。在 18 世纪亦复如是。得了勘察克以后，接济发生困难。从雅库次克到勘察克的路途太难，几至不可通行，粮食的接济多由雅库次克运到鄂霍次克，再由海道运到勘察克。雅库次克既乏粮食，而从雅库次克到鄂霍次克的旱路又十分困难，所以俄人又想起黑龙江：若能从尼布楚经黑龙江运粮到海，再由海道，运到勘察克，则接济问题就解决了。1741 年（乾隆六年）西比利亚历史家米来尔（Müller）曾发表著作提议此事。1746 年大探险家比令（Bering）的同事齐利哥甫（Chirikof）提议俄国应占据黑龙江口而立市镇。1753 年（乾隆十八年）西比利亚巡抚米也梯雷甫（Myetlef）向政府提出由黑龙江运输的具体计划书。俄国贵族院接受了他的计划，并嘱外交部与中国交涉。俄国政府在未交涉前，令色楞格总兵雅哥备（Jacobi）调查中国在黑龙江的军备。雅氏的报告说中国在沿江各处留有 4000 的驻防队；倘俄国要利用黑龙江，须秘密预备军队；中国若不许，即可出其不意以武力占之，此举费用过大，俄国政府不愿实行。与中国的交涉亦完全失败："乾隆二十二年八月庚申朔，俄罗斯请由黑龙江挽运本国口粮，上以其违约不许。"18 世纪的下半，一个法国探险家拿佩罗斯（Lapérouse）及一个英国探险家蒲闹哈顿（Broughton）均由海外到黑龙江口及库页岛；他们调查的报告均谓库页非岛，乃半岛；黑龙江口只能绕库页岛的东边，由北面入，且江口堆有沙滩，航行不便，因此俄国对于黑龙江的航行权也就冷淡了一些。1803 年（嘉庆八年），俄国政府始又组织远东调查队，由库鲁孙斯德（Krusenstern）领导。库氏建议俄国应占据库页岛南部之安义瓦湾（Aniwa Bay），以便再进而占据吉林省之海岸线。同时俄国政府派果罗甫金（Golovkin）充公使来华交涉。政府的训令要他向中国要求黑龙江的航行权及中俄沿界的自由通商权。如中国不允，则要求每年至少由黑龙江航行一次，以便运送接济给勘察克及俄属北美。如中国再不允，则根据《尼布楚条约》要求进内地通商及北京驻使。清廷得到果罗甫金出使的消息以后，就饬地方官吏预备沿途的招待。后库伦办事大臣蕴端多尔济奏报俄使不知礼节，清廷就教果氏自库伦径回本国，不许进京。所谓"不知礼节"究是何事，我们不知道。果氏出使的失败可算到了十分。他经过这次的失败，深信俄国所希望的权利非外交家所能得到，必须一军的军长方能济事。他以为俄国无须占领全黑龙江，只要得着下流及精奇里河与乌特河之间的土地就够了。伊尔库次克的巡抚哥尔尼罗甫（Kornilof），因果氏所得的待遇，亦愤愤不平，主张即派舰队进黑龙江以资恫吓，俄国政府不允。1844 年（道光二十四年），探险家米丁多甫走遍了精奇里河及乌特河区域。当地的形势及中国在该处政治及军事势力的薄弱，他都调查清楚了。他的报告大引起俄国朝野的注意。

到了 19 世纪的中叶，东北的外患又趋紧急，形势的严重远在 17 世纪末年之上。因为这时候正演着英美俄法四大强权争北太平洋优势之第一幕。是时英国是无疑的海上的霸主，且有方兴未艾之势，俄美法各国处处嫉英防英。鸦片战争的时候，英国在中国得着许多通商权利；美法即步后尘，惟恐英国独占。中国的腐弱亦因此战而暴露于天下。同时在北太平洋的东岸，各国的竞争更加剧烈。直到 19 世纪初年，北美的西部尚未分界。北有俄国的属地，南有斯班牙的属地，两国虽未分界，但两国均不容他国置喙其间。但美国一方面由东向西发展，其西疆垦民如海潮一样的前进；一方面波士顿、纽约及菲列得尔菲尔，为发展中美的通商，派商船到北美西岸去搜罗海獭皮，到檀香山去收买檀香，以便到中国广州来交易。1821 年，俄国政府宣布北美西部从比令海峡到 51 度都是俄属的领土的时候，美国政府即提出抗议并宣布门罗主义。结果俄国承认59 度为其南界。俄国所放弃的土地——当时统称为阿里根（Oregon）英美两国又起争执。最初定为两国共有；等到分界的时候，美国坚执 54 度 40 分为英美的界线。1844 年总统选举的时候，美国的急进分子甚至以承认"54 度 40 分或交战"为对英的口号。1846 年，英美终定 49 度为界线。英美的问题虽以外交解决了，美国与墨西哥则打了两年，结果在 1848 年全加利福尼亚的海岸划归美国。北太平洋的东岸就由英美俄三国瓜分了。这时候，因为汽船的实用，太平洋上的交通大加进步。列强均感觉世界的历史已到了所谓太平洋的时期。因为竞争之烈，各国都怕落后，都感觉我不取则彼将先取之。19 世纪中叶，东北的外患实际就是列强的世界角逐之一隅。不幸这时正值中原多故，内有太平天国之乱，外有英美法三国的通商条约修改的要求。中国国运的艰难，除最近这一年外，要算咸丰年间。论物质文明，自 17 世纪中俄两国比武以后，俄国随着西洋前进，不但军器已完全改造，交通亦惯用汽船。咸丰时代的中国所用之军器、军队及交通完全与康熙时代的中国相同，而在国计民生上反有退步。这关之难过可想而知。

五、俄国假道出师与胁诱割地

在好大喜功的尼古拉一世（Nicolas Ⅰ）当政的时候（1825 年至 1855 年），俄国同时向三方面发展：近东、中央亚细亚及远东。1847 年（道光二十七年）他派了少壮军人木里裴岳幅（Count Muraviev）为西比利亚东部的总督。以前百数十年学者及官吏对于黑龙江的计划和企图，到了木里裴岳幅的手里就见诸实行了。木氏第一步派军官万甘罗甫（Vaganof）带喀萨克秘密越境来调查黑龙江沿岸的情形。万氏曾随米登多甫到过恒滚河及精奇里河。他此次越境以后，绝无音信。木氏反以罪犯越境误被杀戮向中国交涉。黑龙江将军竟代为追究，将行凶的五人治罪。同时木氏又派海军舰长聂维尔斯哥叶（Nevilskoi）从勘察克往南去调查黑龙江口及库页岛。聂氏发现库页岛实系一岛，与大陆隔一海峡可通航——证明前人的调查不确。他于 1851 年（咸丰元年）入黑龙江，并在其下流立二镇所，尼克赖富斯克（Nicolaievsk）及马隆斯克（Mariinsk），即我国旧籍的阔吞屯。

木氏于是年春回到俄京，要求政府索性占据黑龙江全北岸，在俄国外交史上，木氏是仇英派最力者之一。他以为英国企图称霸北太平洋东西两岸；如俄国落后，黑龙江必为英国所占，中国是不能自保其疆土的。咸丰元年四月初七日，俄国致理藩院的公文就代表木氏的思想：

敝国闻得有外国船只屡次到黑龙江岸。想此船来意必有别情。且此帮船内尚有兵船。我们既系和好，有此紧要事件，即当行知贵国，设若有人将黑龙江口岸一带地方抢劫，本国亦非所愿，黑龙江亦与俄罗斯一水可通……

此时俄国外长聂索洛得（Nesselrode）以为近东问题紧急，不宜在远东与中国起衅，力阻木氏的计划。尼古拉一世采取了折中的办法，黑龙江全北岸固不必占，但已立的两个镇所亦不撤弃。俄国实已违约而侵占黑龙江口，但北京不但未提抗议，且全不知有其事。

直到咸丰三年，俄国尚无侵占黑龙江全北岸的计划和行动。是年俄国致理藩院的公文只求中国派员与木氏协立界碑及划分无界之近海一带。此文明认"自额尔必齐河之东山后边系俄罗斯地方，山之南边系大清国地方"。我国经理藩院及黑龙江将军计议后，允许派员协同立碑划界，并未疑此中别有野心。

不幸这时近东问题竟引起战争，1853 年，俄国对土耳其宣战。次年，英法联军以助土耳其。这个所谓克里蒙战争（Crimean War）不但未牵制俄国在远东的行动，反供给木里裴岳幅所求之不得的口实。我们不是说，倘西方无克里蒙战争，俄国就不会侵占东北的边境。细读过本文前段的人知道俄国在远东之图往南发展是积势使然。我们不过要指出克里蒙战争促进了木氏的计划。是时俄国在勘察克的彼得洛彼甫罗甫斯克（Petropavlovsk）已设军港，并驻有小舰队。英法为防止俄船出太平洋扰害海上商业计，势必派遣舰队来攻：近东战事居然波及远东！俄国为应付起见，以为惟假道黑龙江方足济事。这举固然不合公法，但"急须不认法律"。木氏在伊尔库次克及尼布楚积极的预备了军需、船只及队伍。咸丰四年春，他遂率领全队闯入黑龙江。

木氏在未起程之先，曾致书库伦办事大臣，声明他要派专差送紧要公文致理藩院。德勒克多尔济以与向例不符，不允所请，其实木氏知道北京必不许其假道；与其费时交涉，不若先造成事实。但假道的请求，在形式上他也算作到了。咸丰四年四月二十五日他从石勒喀河起程，带汽船 1 只，木船 50 只，木筏数十，兵 1000。五月十三日抵瑷珲，他在此地所见的中国军备有船 35 只，兵约 1000，大半背上负着弓箭，少数带着鸟枪，少数手持木矛，全队还有旧炮数尊。"200 年来，中国绝无进步"，这是当时俄人的感想，我们地方官吏如何应付呢？吉林将军景淳的奏报说：

……查东省兵丁军器一概不足，未便遽起争端，止向好言道达，小船扯篷。胡逊布欲待始终阻拦，恐伤和睦，当派妥员尾随侦探……

盛京将军英隆及黑龙江将军奕格会衔的奏折完全相同。概括言之，疆吏应付外侮的方法不外"好言道远，尾随侦探"八字，中央的政策亦复相同。谕旨说：

> ……该将军惟当密为防范，岂可先事张皇。……即著严为布置，不可稍动声色，致启该国之疑。……如果该国船只经过地方，实无扰害要求情事，亦不值与之为难也。

在东边海防紧急的时候，木氏正怕中国与之为难。所以他教北京俄国教堂的主教巴拉第（Palladius）上书与理藩院，代为解释。从这书中可以看见木氏要给中国什么麻醉品：

> ……本大臣之往东海口岸也……一切兵事应用之项，俱系自备，并无丝毫扰害中国。……本大臣此次用兵，不惟靖本国之界，亦实于中国有裨。……如将来中国有甚为难之事，虽令本俄罗斯国帮助，亦无不可。……

原来俄国此举是友谊的，而且是慈善的！德勒克多尔济在库伦也得着一点麻醉品。他转告北京说：

> 该夷……复又言及英夷唯利是图，所有英国情形尽已访问。初意原不止构怨于俄国，拼欲与中国人寻衅。且在广东等处帮助逆匪，协济火药，甚至欲间我两国之好。

英国是中国的大敌，俄国是中国的至友：从咸丰到现在，这是俄人对中国始终一贯的宣传。"昏淫"的满清并不之信，惟对于事实的侵略无可如何而已，理藩院给俄国的公文妙不可言：

> 此次贵国带领重兵乘船欲赴东海，防堵英夷，系贵国有应办之事，自应由外海行走，似不可由我国黑龙江吉林往来。

俄国的侵略当然不能以"似不可"三字抵阻之。咸丰五年俄国假道的人马3倍于四年的。此外尚有垦民500，带有农具牲口。永久占据的企图已微露了，我国疆吏仍旧"尾随侦探"及"密为防范"。当时外交的软弱和不抵抗主义的彻底虽可痛惜，吾人亦不可苛责。咸丰帝原来是主张强硬外交的。在即位之初，他就责贬穆彰阿及耆英，把他们当作秦桧，而重用林则徐，好像他是岳武穆。

咸丰帝对外之图抵抗实在是心有余而力不足。当时太平天国声势浩大还在现今共产军之上，东山省的军队多数已调进关内。咸丰五年冬，吉林将军景淳的奏折把当时的形势说得清楚极了：

> 查三姓珲春宁古塔皆有水路与俄夷可通，距东海则各以数千里计。其间惟松花江两岸有赫哲、费雅哈人等久居，余则旷邈无涯，并有人迹不到者。控制诚难。……寻思该夷自康熙年间平定以来，历守藩服。今忽有此举动，阳请分界，阴图侵疆；以防堵英夷为名，俾可恣意往来。其不即肆逞者，乃因立根未定耳。今当多故之秋，又乏御侮之力，此中操纵，允宜权量。各处旱道，原多重山叠嶂，彼诚无所施其技。水路则节节可通。又就人力论之：黑龙江存兵固多，病在无粮；吉林既无粮而兵又少。再就官弁情志论之：此时皆知自守，谁敢启衅？……查吉林额兵一万一百零五名，四次征调七千名，已回者不及八百名。三姓、珲春、宁古塔刻下为至要之区，三处仅止共存兵八百余名。虽令各该处挑选闲散，团练乡勇，究之为数无几。到城驻守，行资坐费，无款可筹。……

抵抗虽不可能，我国当时的外交还有一条路可试，就是根据咸丰三年俄国的来文与俄国趁早立碑分界，时人亦以此路为利多害少，咸丰三年冬，景淳本已派定协领富呢扬阿为交涉员。咸丰四年五月，木里裴岳幅超过三姓之后，富呢扬阿就去追他。行到阔吞屯附近，俄人告以木氏已到东海去打英国人，富呢扬阿见该处军备甚盛，而其赫哲引导亦不敢前往，遂折回了。于是吉林、黑龙江及库伦的疆吏决定各派一人，等到五年春会齐前往与木氏交涉。因时期及地点未预先约好，三处所派的交涉员东奔西跑，于八月内始在阔吞屯找着木氏。初十、十一、十二，木氏称病不见。十三日，木氏要求将黑龙江左岸划归俄国。我方代表以其要求与旧约不符，且"黑龙江、松花江左边有奇林、鄂伦春、赫哲、库页、费雅哈人等系为我朝贡进貂皮之人，业已居住年久"，就当面拒绝。木氏给了他们一封公文以便覆命，交涉就完了。原来咸丰五年东北的情形已非三年可比。在咸丰三年，俄国尚无重兵在黑龙江一带；俄国尚不明东北的虚实；俄国政府尚不愿听木氏一意进行。到了五年，这些情形都不存在了。所以三年，俄国尚要求根据条约来立碑分界；五年，则要求根本废《尼布楚条约》。不过在五年，木氏尚未布置妥贴，实不愿急与我方交涉。

克里米战役于 1856 年结束。俄国在 1854 及 1855 年不但击退了英法舰队来犯东边海岸者，且在黑龙江下流立了两个重镇。等到战争一停，俄国在黑龙江的行动就变更性质。以先注重运军，现在则注重移殖农民；以先注重下流，现在则注重中流。呼玛尔河口、精奇里河口及松花江口均被占领，均设有镇市。1857 年，俄国想派海军大将普提雅廷（Poutiatine）由天津进北京，中国不允，因为以往俄人只准由库伦、张家口进京。是年冬，木里裴岳幅回俄国，要求政府给他全权及充分接济去强迫中国割地。俄政府概允所请。1858 年春（咸丰八年）木氏回到黑龙江，带有大部队，准备与中国作最后决算。

是时黑龙江将军是宗室奕山。在鸦片战争的时候，他曾充"靖逆将军"，带大兵到广州去"讨伐英逆"。英国兵打到广州城下的时侯，他出了 600 万元"赎城"的钱，并允将军队退去广州城北 60 里。但在他的奏折里，他反说是英人求利。木里裴岳幅把奕山当作劲敌，未免过于重视他了。

奕山于咸丰八年四月初五由齐齐哈尔抵瑷珲城。木氏的船已停在江中。初六，奕山派副都统吉拉明阿去催开议。木氏故意刁难，说他如何匆忙，无暇交涉。"再四挽留"，始允开议。初十，木氏带通事施沙木勒幅（I.Shishmaref）及随员上岸进城。木氏要求：（一）中俄疆界应改为黑龙江及乌苏里江；（二）两江的航行权属于中俄两国，他国船只不准行走；（三）江左旧有居民率迁江右，迁移的费用由俄国出；（四）在通商口岸，俄国应与各国享同等权利，黑龙江亦应照海口例办理。奕山答以界线应照旧，即额尔必齐河及外兴安山脉；至于通商，黑龙江地方贫寒，通商无利，且通商易引起争执。这天的交涉"至暮未定而散"。

次日，十一日，木氏复进城交涉。他带来满文及俄文的约稿，其内容与初十所要求者相同，惟江左旧居人民，北自精奇里河，南至霍勒木尔锦屯（Hormoldzin），可不迁移。经过若干辩论之后，木氏留下约稿遂回去了。奕山派佐领爱绅泰把约稿送还，以表示不接收的意思。木氏又送来，奕山又教爱绅泰带约稿去，声明须删去以黑龙江松花江为界一句。木氏把约稿留下，"声言以河为界字样断不能删改，其余别事，明日进城再议。"

等了两天，木氏全无动静。十四日，他又带原稿进城，要求奕山签字。奕山拒绝了，且加上一层理由，谓乌苏里河系属吉林将军所辖，他不能做主。"木酋勃然大怒，举止猖狂，向通事大声喧嚷，不知做何言语，将夷文收起，不辞而起。"咸丰八年五月十四日是瑷珲交涉的大关键。奕山的奏折说：

……先是木酋未来之前，有夷船五只，夷人数百名，军械俱全，顺流而下，行军十里停泊。木酋来时，随有大船二只，夷人二三百名，枪炮军

械俱全，泊于江之东岸，尚属安静。自木酋忿怒回船后，夜间瞭望夷船，
火光明亮，枪炮声音不断。……

饱受惊慌之后，十五日奕山就签订《瑷珲条约》了。此约仅二款：第一款
论分界，第二款论黑龙江通商。疆界西面仍依额尔古纳河；自额尔古纳河入黑
龙江之点起，直到黑龙江入海为止，左岸全属俄国，右岸（南岸）则分两段，
自额尔古纳河到乌苏里江属中国，乌苏里以东算中俄共管。黑龙江及乌苏里江
只许中俄两国船只行走。江左至精奇里江至霍勒木尔锦屯的旧居人民"仍令照
常居住，归大清国官员管辖"。通商一款甚简略："两国所属之人永相和好。乌
苏里、黑龙江、松花江居住两国之人，准其彼此贸易。两岸商人责成官员相互
照看。"

《瑷珲条约》的严重在我国外交史上，简直无可比拟者。外兴安以南，黑龙
江以北，完全割归俄国；乌苏里以东的土地，包括吉林省全部海岸线及海参崴
海口，划归中俄共管，这是直接的损失。间接则俄国自《瑷珲条约》以后，在
太平洋沿岸的势力又进一步；列强的世界帝国角逐因之更加紧急，而现在的东
北问题即种根于此。且有了咸丰八年的《瑷珲条约》就不能不有咸丰十年的《北
京条约》。

奕山所以签订这约的原故是极明显的。第一，木氏的"勃然大怒"及"枪
炮声不断"把他吓坏了。第二，木氏为他留了塞责的余地。江左屯户仍归中国
管理。乌苏里以东算中俄共有。作到了这种田地，奕山自己觉得他上可以搪塞
朝廷的责备，下可以安慰自己的良心。第三，奕山全不明了所失土地的潜伏价
值。江左屯户既保存了，"此外本系空旷地面，现居无人"。前文已经说过，东
北边境除供给皇室貂皮及人参以外，与国计民生绝未发生关系。奕山的昏愚很
可代表他的国家。这一年中国对俄外交所铸的错尚不止《瑷珲条约》。清廷及在
天津交涉的桂良、花沙纳均错上加错。

奕山订约的报告及《瑷珲条约》的约文于五月初四送到北京。朝廷并不加
以斥责。谕旨说："奕山因恐起衅，并因与屯户生计尚无妨碍，业已率行允许。
自系从权办理，限于时势不得已也。"不但奕山可以原谅，且他的办理尚可实用
于乌苏里以东的地方。谕旨继续说："即著景淳（吉林将军）迅速查明，如亦系
空旷地方，自可与黑龙江一律办理。"咸丰帝之所以承认《瑷珲条约》，并不是
因为他素抱不抵抗主义，也不是单独因为奕山之"限于时势不得已"，是因为是
时中国的内政外交全盘"限于时势不得已"。太平天国的平定到此时尚全无把

握；此外又有英法的联军，及英美法俄四国通商条约的交涉。联军于四月初攻进大沽海口，直进天津。清廷急于北仓、杨村、通州设防。京城亦戒严。《瑷珲条约》送到北京的时候，天津的交涉正有决裂之虞。当时我们与英法所争的是什么呢？北京驻使，内地游行，长江通商，这是双方争执的中心。这些权利的割让是否比东北土地的割让更重要？大沽及天津的抵抗是否应移到黑龙江上去？我们一拟想这两个问题就可以知道这时当政者的"昏庸"。咸丰四年，西洋通商国家曾派代表到天津和平交涉商约的修改。彼时中国稍为通融，对方就可满意。清廷拒绝一切，偏信主张外交强硬论的叶名琛。叶氏反于全国糜烂的时候，因二件小事给英法兴师问罪的口实。咸丰时代与国民近年的外交有多大区别呢？

桂良及花沙纳在天津的外交策略不外离间敌人。他们知道英国最激烈，法国次之，美国及俄国又次之。法美俄三国亦知道只要有最惠国待遇一条，其他都可让英国去做恶人。桂良等如何应付美法二国与本文无关，无须叙述；至于他们与俄国代表普提雅廷的交涉，与东北问题关系甚大，不能不详加讨论。

普提雅廷与英美法三国公使同到大沽，同进天津。他最初给桂良等的照会要求二事：（一）割黑龙江以北及乌苏里以东与俄国；（二）许俄人在通商口岸与别国同等的通商权利。他的策略则在输灌麻醉品，以期收渔人之利。照会的一段说：

> 以上两条如不斥驳，大皇帝钦定，所有两国争竞之事皆可消弭。俄国所求侯得有消息，竭力剿灭英佛（法）两国，以期中国有益。……再阅贵国兵法器械，均非外洋敌手，自应更张。俄国情愿助给器械，并派善于兵法之员前往，代为操练，庶可抵御外国无故之扰。

桂良等及朝廷对于俄国这种意外之助是疑信参半的。但京内京外均以为最低限度应使俄国不与英法合作，或在旁边怂恿，所谓"助桀为虐"。关于划界，桂良等答以奕山已奉派负责交涉；关于通商，他们以为已开口岸多一俄国亦无妨碍。所以他们与普提雅廷就订了《中俄天津通商和好条约》。

其第九款与边界有关：

> 中国与俄国将从前未经定明边界，由两国派出信任大臣秉公查勘，务将边界清理补入此次和约之内。边界既定之后，登入档册，绘为地图，立定凭据，俾两国永无此疆彼界之争。

有了这款，俄国便可要求划分乌苏里以东的地方，我国全无法拖延。这是桂良等联络普提雅廷代价之一。北京承认《瑗珲条约》的谕旨，他们也抄送了一份。普氏即要求决定乌苏里以东的土地归俄国。桂良等也答应了，以为这就是谕旨所说"与黑龙江一律办理"。所以奕山在瑗珲争得的共管之地，桂良等在天津已赠送俄国，惟条约尚待订而已。

桂良等在天津与英美法所订的条约许了外人两种权利与以后东北问题有关系的：一种是牛庄开通商口岸，一种是外人得入中国传教。这两种权利，尤其是牛庄通商，促进了东北问题的世界化。

总之，中国在咸丰八年的外交全在救目前之急，其他则顾不到了。在瑗珲如此，在天津亦复如此。

六、俄国友谊之代价

等到英法联军一退出天津，目前的危急一过去，清廷就觉得《瑗珲条约》及天津诸条约损失太大，非图补救不可。《天津通商条约》的补救不在本文范围之内，但有一点不能不指出。因为中国要取消北京驻公使、长江开通商口岸，及外人在内地的游行，所以引起了咸丰九年及十年的中外战争。有了十年的英法联军然后有中俄的《北京条约》。换言之，因为到了19世纪的中叶，中国还不图在国际团体生活之中找出路，反坚持站在国际团体之外，俄国始得着机会作进一步的侵略。

《瑗珲条约》及桂良给普提雅廷的诺言之挽回当然困难极了。在东北边境未丧失以前，我国觉得为势所迫，不得不割让；既割让之后，要俄国放弃其已得权利岂不更加困难？中俄势力的比较及世界的大局并未因英法联军的撤退就忽变为有利于我；而我方之图取消北京驻使、长江通商及内地游行更能使西欧与美国和东欧团结。这些国家虽是同床异梦，然我方的政策迫着她们继续同床。咸丰九年及十年之最后努力不能不失败这是很自然的。这种努力的发展、方法，及终止的原因是我国外交史的一幕大滑稽剧，同时也是一幕大悲剧。

《瑗珲条约》定后，朝廷原以吉林东边空旷地方亦可照黑龙江左岸的办法，但教吉林疆吏去调查地方实际情形。我方尚未调查，木里裴岳幅已带领人员入乌苏里江。疆吏关于此事的报告于咸丰八年七月初一到北京。朝廷当日下的谕旨说：

……除黑龙江左岸业经奕山允许，难以更改，其吉林地方，景淳尚待查勘，本不在奕山允许之例。……倘该夷有心狡赖，即行严行拒绝。……该夷此次驶赴天津，业已许其海口通商，并经奕山将黑龙江左岸，准其居住往来，即吉林各处未能尽其所欲，在我已属有词，在彼谅未必因此起衅也。

从这道谕旨，我们可以看出清廷在咸丰八年七月初已决定黑龙江左岸不能挽回，亦不图挽回，但乌苏里以东之地则断不割让。七月初的态度已与五月初的不同。其理由幼稚极了。俄国既得了黑龙江左岸，更加要乌苏里以东的地方。朝廷的态度虽变了，疆吏尚不知道，所以七月初八，黑龙江副都统吉拉明阿给了木里裴岳幅一个咨文，说："乌苏里河及海一带地方应俟查明再拟安设界碑。"这明是承认中俄可以划分乌苏里以东的地方。实际的划分虽推延到查明以后，但推延不是否认，且与外人交涉，推延是大有时间限制的。

疆吏的调查报告于十二月二十日送到北京。他们说乌苏里一带的地方南北相距 1400 余里，"俱系采捕参珠之地"；两岸住有赫哲、费雅哈，"历代捕打貂皮，皆在该处一带山场，均属大有关碍"；"且该处距兴安岭甚远，地面辽阔，统无与俄夷接壤处所"。最奇怪的，他们的报告不提海山崴，足证彼时海山崴与东北关系之不重要。朝廷得此报告后，于二十一日下旨，说：

……该夷要求黑龙江左岸居住，奕山遽尔允准，已属权宜，此次无厌之求，着该将军等妥为开导，谕以各处准添海口，皆系大皇帝格外天恩；因两国和好多年，是以所请各事，但有可以从权者，无不曲为允准；此后自应益加和好，方为正办；若肆意侵占，扰我参珠貂鼠地方，是有意违背和议，中国断难再让。……

后三天复有一道谕旨责备吉拉明阿：

绥芬、乌苏里两处，既与俄夷地界毫不毗连，且系采捕参珠之地，当时即应据理拒绝。何以副都统吉拉明阿辄许木里裴岳幅于冰泮时驰往查明，再立界碑？

清廷的态度虽较前强硬，反于此时从吉林调兵 1000 驻守山海关，从黑龙江调兵 1000 驻守昌黎、乐亭以防英法之再来。可见彼时政府仍以防英法的通商要求比防俄国的侵占疆土为更重要，更急迫。

俄国为促进乌苏里边界之"登入档册，绘为地图，立定凭据"，一面派人进京互换《中俄天津条约》的批准证书，并作进一步之交涉，一面由木里裴岳幅派人去测量乌苏里区域。疆吏既不敢违旨会同查堪，又不敢挡住俄人的进行，结果木氏的委员伯多郭斯启（Lt.-Col. C. Budogoski）于咸丰九年的春夏单独测量和绘图。俄国的公使丕业罗福斯奇（Pierre Perofski）于八年冬抵北京。我国派户部尚书管理理藩院事务肃顺及刑部尚书瑞常之交涉。九年三月中，批准证书互换以后，丕氏提出八项要求，其中第一项即系关于划界的事。可惜夷务始末不录来文，只录军机处的答词。但从这答词中，我们可看出朝廷态度之又一变：

> 中国与俄国地界，自康熙年间鸣炮誓天，以兴安岭为界，至今相安已百数十年。乃近年贵国有人在黑龙江附近海岸阔吞屯等处居住。该将军念两国和好之谊，不加驱逐，暂准居住空旷之地，已属格外通情。今闻欲往吉林地界。该处距兴安岭甚远，并不与贵国毗连，又非通商之处，断不可前往，致伤和好。黑龙江交界之事，应由我国黑龙江将军斟酌办理，京中不能知其情形，碍难悬定。

换句话说，军机处仍认《尼布楚条约》为中俄疆界的根据，虽未明文的否认《瑷珲条约》，等于否认了，因为就是黑龙江左岸，奕山尚止"暂准"俄人居住，吉林东部更谈不到了。俄国于五月里因他故改派伊格那提业幅来京交涉。伊氏在俄国外交界算一能手。他曾出使中央亚细亚的小邦，以能了解亚洲人的心理得名。我方仍由肃顺、瑞常二人负折冲樽俎之责。肃顺是咸丰末年的权臣，手段亦不凡。伊氏遇着他可说是棋逢对手。伊氏能强词夺理，虚言恫吓；肃顺也能。在未叙述此剧之先，我们应说明疆吏的应付及中外大局的变迁。

咸丰九年五月，吉林疆吏的警报纷纷到京，说俄人如何已进到乌苏里江的上流，并在该处盖房屋，筑墩台。与之理论，他们总"恃为约内有乌苏里河至海为中国俄国共管之地一语"。五月初十的谕旨要署吉林将军特普钦"与之决绝言明，将前约中此语改去，方为直截了当"。此时北京方明了祸根所在，所以五月十二日又有一道谕旨：

> 绥芬、乌苏里河地属吉林，并不与俄国接壤，亦并非黑龙江将军所辖地方。上年该将军奕山，轻信副都统吉拉明阿之言，并不与俄国使臣剖辩明议，实属办理不善，咎无可辞。黑龙江将军奕山着即革职留任，仍责令将从前办理含混之处办明定议。革职留任副都统吉拉明阿着即革任，并着特普钦派员拏赴乌苏里地方枷号示众以示惩儆。

"咎无可辞"当然是对的，但一年以前朝廷已有明旨认《瑷珲条约》是出于"势不得已"。并且何以吉拉明阿之罪反重于主政的奕山？朝廷也知道此中赏罚不公，不过此举是对外而非对内的。同日还有一道密旨给特普钦：

> ……特普钦接到明发谕旨即可宣示夷酋，告以乌苏里等处本非俄国接壤，又与海路不通。奕山、吉拉明阿已为此事身获重罪。若再肆意要求，我等万难应允。前此奕山等将黑龙江左岸借给俄国人等居住，大皇帝既已加恩，自不至有更改。其未经议定之地，任意闯越，即是背约。岂有吉林地界转以黑龙江官员言语为凭之理？……该酋见吉拉明阿获罪已有明征，自必气馁，而特普钦等据理措词当亦较易。……

这种对外方法确带了亚洲人的特性在内。同时吉拉明阿以副都统的官职而枷号示众于乌苏里地方，未免于天朝的面子不好看。宜乎木里裴岳幅对这套把戏不过付之一笑。

凑巧咸丰九年的五月中国对英法得了意外的胜利。自英法联军离开天津以后，朝廷即命僧格林沁担任畿辅的海防。大沽的炮台加料重修；海河也塘塞了；沿海均驻军队。惟留了北塘以便各国公使带领少数随员进京交换《天津条约》的批准证书。英法美三国公使于九月五日抵大沽口外；英法公使带有不少的海陆军。他们决意要由大沽口进，不由北塘进。五月二十五日晨英法起始毁我方堵河防具。僧格林沁遂下令反攻。不但海军大受损失，陆军登岸者亦死伤过半。于是北京及东北疆吏对俄稍为胆壮。我们对英法的胜利影响了对俄的交涉。

伊格那提业幅于五月初十由恰克图起程。他到北京的时候正在大沽捷音传到之后。六月初，他提出草约六条，要求中国承认。其中第一条有关东北：

> 补续一千八百五十八年玛乙月（五月）十六日在黑龙江城所立和约之第一条，应合照是年伊云月（六月）初一日在天津和约之第九条：自后两国东疆定由乌苏里江、黑龙江两河会处，沿乌苏里江上流，至松阿察河会处；由彼处交界，依松阿察河上流至兴凯湖及珲春河，沿此河流至图们江，依图们江至海口之地为东界。

伊氏要求的是的根据始《瑷珲条约》和《天津条约》。《瑷珲条约》明载乌苏里以东之地为两国共管；倘根据此约来分界，应由中俄均分，不应由俄国独占，更不应由俄国占据乌苏里流域以外的土地，如伊氏草约所拟。《天津条约》第九条只说两国应分界绘图立碑，并没有规定划分的方法。伊氏也觉得他的根据不充足，所以在其说明书内又引咸丰八年五月初四日桂良及花沙纳给普提雅廷的咨文，且加上一段宣传麻醉品：

> ……本国从东至西一万余里，与中国相交一百余年，虽有大事，并未一次交锋。若英吉利等，10余年之间，常至争斗，已经交锋三次。然逾数万里地尚且如此，况离此相近乎，若英佛（法）两国，往满洲地方东岸，兵船火船，来时甚易。中国海界绵长，战法各国皆不能敌。惟本国能办此事。若中国与本国商定，于外国船只未到彼处之先，先与本国咨文，将此东方属于本国，我国能保不论何国，永不准侵占此地。如此中国东界，亦可平安。且须知我国欲占之地，系海岸空旷之处，于中国实无用处。且贵国使臣须知因本国官员到彼，并未见有中国管理此处官员之迹，我们业经占立数处。

在咸丰年间，英法虽曾攻下广州、天津、北京，但均于和议定下退去。至于东北海岸，英法不但未曾占领，且未曾有此拟议。伊氏也深知此中情形，不过故意作此谣语，以欺不明世界大局的中国人。这个当，军机处是不会上的。答覆虽在法律上很难讲过去，但用了彼之矛以刺彼之盾：

> ……中国与俄国定界，自康熙年间鸣炮誓天，以兴安岭为界，凡山南一带流入黑龙江之溪河，尽属中国，山北溪河，尽属俄国。所定甚为明晰。至黑龙江交界应由黑龙江将军与贵使臣木里裴岳幅商办。其吉林所属之处，并不与俄国毗连，亦不必议及立界通商。贵大臣所云恐有他国侵占，为我国防守起见，固属贵国美意，断非藉此侵占我国地方。然若有别国占踞，我国自有办法。今已知贵国真心和好，无劳过虑。

军机处与伊氏有了这次文书的往来，遂由肃顺、瑞常负责交涉。六月二十三日初次会晤的时候，伊氏面请肃顺等阅读桂良及花沙纳所发之咨文，内附有批准《瑷珲条约》的谕旨。肃顺等不承认有此谕旨，但三日后又去一咨文，声明虽有此谕旨，但与吉林东界事无关，所以伊氏带来之稿本，"谅必因抄写之误"。六月二十八日，伊氏回答："此等大事，不可有抄写错误之处。本大臣恳乞贵大臣将桂良所奉谕旨原文，送交与我，以便查对错误之处。"肃顺等答以谕旨原文存大内，不便检阅。适是时伯多郭斯奇带乌苏里区域的地图来北京。伊氏遂要求按俄国新绘地图，即在北京定约分界。"不然，焉能得免侵占。"肃顺等七月初一日的答文，措词同样的强硬。在乾隆时代，因俄国不讲理，中国曾三次停止互市。乾隆年间作过的事，此时也能再作。如俄国此次不讲理，中国不但要停止互市；"即已经许借与贵国之黑龙江左岸空旷地方，阔吞屯、奇吉等处"，亦将不借与。"是贵国求多反少也。总之，绥芬、乌苏里江等处，是断不能借之地。贵国不可纵人前往，亦不必言及立界。"

双方话已说到尽头，条件相差甚远。伊氏行文军机处，要求中国改派别人担任交涉。军机处告诉他说肃顺、瑞常"皆系我大皇帝亲信大臣"，不能改派。伊氏仍不肯放弃，历夏秋二季，屡次向军机处行文，均是旧话重提，空费笔墨。军机处亦以旧话搪塞，但在十一月十六日的照会内，加上一层新理由，即吉林人民之不愿。好像中国此时要援人民自决的原则。可惜这次人民的意志实在如何，我们无从知道。俄人在乌苏里区域测量者均说当地的人欢迎俄人去解除他们从满人所受的压迫。至于军机处所说的吉林人的反对割让，全是北京闭门捏造的。十年正月十六日的谕旨显露此中的实情：

> 现在俄夷以吉林分界一节，屡次行文，晓渎不已。当经覆以绥芬、乌苏里等地界，奕山等妄行允许后，该处民人，以中国地方不应被夷人占踞，公同具呈控告，是以将奕山革职，吉拉明阿枷号；并未奉旨允准；倘该国前往占踞，该处民人出来争论，反伤和好等语。藉以措词，以冀消其觊觎之心。如该酋伊格那提业幅将此覆文知照木里裴岳幅，恐其向该将军询问，吉林人民，有无同递公呈，不愿该夷在绥芬、乌苏里住居之事，著景淳、特普钦遵照前说，加以开导，以坚其信，勿致语涉两歧，是为至要。

伊氏于十年四月初一致最后通牒，限三日答覆。军机处丝毫不退让。照覆说：

> ……至乌苏里绥芬地界，因该处军民人等，断不相让，屡次递呈，现已开垦，各谋生业，万不能让与他人。经该将军等将此情节据实奏明。因恐贵国之人去到，该处人等不容，必致反伤和好。中国向来办事，皆以俯顺民情为要，是以碍难允准。

伊格那提业幅接到此文以后，宣布交涉决裂，于四月初八离开北京。

这时木里裴岳幅在乌苏里一带照其自定计划，进行测量、开垦、设防。疆吏虽未抵抗，亦未与划界定约，且似在火燃眉毛的时候，稍图振作。吉林、黑龙江皆办团练。吉林则略为解放山禁，多招参商刨夫入山，"以资兵力"。在咸丰十年的春天，两省的奏折都有调兵设防的报告，好像他们准备抵抗。

不幸咸丰十年的夏天，我国另起了风波，把对俄的强硬都消灭了。英法两国为报复大沽之仇，加添要求，并厚集兵力于远东以图贯彻。伊格那提业幅适于是时交涉失败后，愤愤不平的离开北京，直到上海、香港去挑衅。他见了英法的代表就大骂北京当局的顽固与不守信义。西洋各国应一致对付中国，并且非用武力不可。但他的行动亦被我方探知。五月中，暂署两江总督江苏巡抚薛焕的奏折说：

> ……查俄国使臣忽然骤至，未审意欲何为，连日亦未来请见。当饬华商杨坊等密探，旋据报称……今因俄酋到此，极力怂恿英佛（法）打仗，并云在京日久，述及都门并津沽防堵各情形，言之凿凿。谆告普鲁斯（Bruce）及布尔布隆（Bourboulon）不必误听人言，二三其见，竟赴天津打仗，必须毁去大沽炮台，和议方能成就。而普酋、布酋为其所惑，主战之意坚。

我方知道了这种消息以后，当然设法预防。

六月初英法联军齐集于大沽口外。伊格那提业幅已先到，并带有兵船四只。美国公使华若翰（John E. Ward）亦带有两只兵船在场。初四日，我方接到伊氏照会，询问《中俄天津条约》何以尚未在各海口宣布，并言"英佛（法）与中国有隙，愿善为说合"。他的"说合"军机处明知不可靠，但当危急的时候，又不敢多得罪一国。所以含糊回答他说："今贵国欲为说合，足见贵使臣美意。在天朝并无失信于二国，又何劳贵国替中国从中调处。"伊氏颇为失望，遂转告法国公使葛罗（Baron Gros）由北塘进兵的便利。七月中，英法联军已进天津，桂良与英法的交涉将要完成的时候，伊氏又来文，要求中国许他进京。军机处还是怕他生事，所以回答他"暂可不必，应俟英佛（法）二国换约事毕，再行进京办理可也。"等到英法已经到了圆明园，预备攻安定门的时候，伊氏嘱俄国教士向恭亲王奕䜣要求许他进京，我方依旧拒绝："如果有意为中国不平，亦必在外代为调停；俟两国之兵退后，即可照常来京。"此是八月二十二的事。可见我方防备伊氏到什么程度。

英法军队于八月二十九日进北京；伊氏也跟进了。中国的外交到了这种山穷水尽的时候，伊氏的机会也就到了。九月初二，咸丰帝自热河行宫宣布谕旨："著恭亲王等迅即饬令恒祺往见该夷（英法代表），仍遵前约，不另生枝节，即可画押换约，以敦和好。"换言之，朝廷已决定接收英法的条件。伊氏于九月初五致信于法国公使葛罗，说他如何在北京力劝留守大臣迅速接收英法的条件。英法进攻的原意在强迫中国承认《天津条约》及宣大沽之耻，并不在占据北京。英法联军在北京的时候，咸丰帝已逃避热河，北京官吏能逃者也逃散。倘和议不成，势必须进兵热河。那末，时季已到秋末，须等来年。倘英法压迫太甚，清廷或将瓦解。列强在远东的角逐很能引起世界战争。是时英法因为意大利的问题全盘关系已趋紧张。因为这些原故，英国公使额尔金（Lord Elgin）及法国公使葛罗均以为宜速定和议，速撤军队，否则夜长梦多，枝节横生。所以他们将赔款现银的部分由 200 万两减到 100 万两。此中背景，恭亲王及文祥——我方的全权代表——当然无从知其详，而伊格那提业幅则完全知道。因此他又向我方冒功。

九月十一日及十二月英法《北京条约》签订之后，伊格那提业幅遂向恭亲王要求报酬。我方代表的感想如何见于他们九月十三日所具的奏折：

> ……本日复接伊酋照会，以英佛（法）两国业已换约，仍以所祈之事，请派大员前往商酌等语。臣等复思英佛（法）敢于如此猖獗者，未必非俄酋为之怂恿。现虽和约已换，而夷兵未退，设或暗中挑衅，必致别生枝节，且该酋前次照覆，有兵端不难屡兴之语。该夷地接蒙古，距北路较近。万一衅启边隅，尤属不易措手。查前次该酋向崇厚等面称，允给英佛（法）等银两，尚可从缓，且可酌减，并不久驻京师，夷兵亦令退至大沽等处。现英佛（法）议现银一百万两。难保非该酋预探此语，有意冒撞。而此次照会内，颇有居功之意，心殊叵测。

是以恭亲王、桂良、文祥并非觉得俄国有恩于我故必有以报之；他们不过觉得伊氏挑拨之力太大，非使其满意不可。后英国军队因故退出北京稍迟数日，恭亲王等更急了。他们九月二十日的奏折说："且英佛（法）两夷之来，皆属该夷怂恿。倘或从中作祟，则俄夷之事一日不了，即恐英夷之兵一日不退：深为可虑。"

伊氏所索的报酬除东北疆土外，尚包括西北边界及通商与邦交的权利。恭亲王既以速决为要，所以九月二十三日中俄《北京条约》就议好了；十月初二（西历 11 月 14 日）签字。这约的第一条就是规定东北的疆界的，也是全约最要紧的一条。条文如下：

> 议定详明一千八百五十八年玛乙月十六日，即咸丰八年四月二十一日，在瑷珲城所立和约之第一条，遵照是年伊云月初一日即五月初三日，在天津地方所立和约之第九条：此后两国东界定为由什勒喀、额尔古纳两

河会处即顺黑龙江下流，至该江乌苏里河会处，其北边地属俄罗斯国，其南边地至乌苏里河口所有地方属中国；自乌苏里河口而南，上至兴凯湖，两国以乌苏里及松阿察二河作为交界，其二河东之地属俄罗斯国，二河西属中国；自松阿察河之源，两国交界逾兴凯湖直至白稜河，自白稜河口，顺山岭，至瑚布图河口，再由瑚布图河口，顺珲春河及海中间之岭，至图们江口，其东皆属俄罗斯国，其西皆属中国；两国交界与图们江之会处及江口相距不过二十里。……

这两个条约——《中俄瑷珲条约》及《中俄北京条约》——在世界历史上开了一个新纪元，即土地割让的记录。我国在咸丰八年及十年所丧失的土地，其总面积有 40.0913 万方英里。现今的东三省，加上江苏，比我们这两年所丧失的土地只多 1400 方英里。法德两国的面积，比我们这两年所丧失的土地，还少 6531 方英里。俄国从我国得着这大的领土不但未费一个子弹，且从始至终口口声声的说俄国是中国惟一的朋友。俄国友谊的代价不能不算高了！

咸丰以后的东北可称为半东北、残东北，因其面积缩小了一半有余，且因为她东边无门户，北边无自然防具——她是残缺的。所以到这种田地的原由有三。第一是太平天国的内乱；第二是咸丰年间全盘外交政策的荒谬，争所不必争，而必争者反不争。比这两个原由还重要、还基本的是在世界诸民族的竞进中，我族落伍了。有了这个原由，无论有无前两个原由，我们的大东北、全东北是不能保的。

附录之一：资料评叙

中文著作中尚无一种与本文范围相同的。西文中有三部著作其范围与本文大致相同。其中两部均因 19 世纪中年俄国在远东发展之速有所感触而著的，两部均是 1861 年出版的。（1）E.R.Ravenstein: The Russians on the Amur, its Discovery, Conquest, and Colonization（London, 1861）。著者用了不少俄国方面的材料，可惜甄别似欠功夫，且不详细注明出处。书后附有简略史料目录。（2）C. de Sabir: Le Fleuve Amour-Histoire, Geographie, Ethnographie（Paris, 1861）。此书与前书的范围完全相同，资料大致相同。两个著者均系地理学家，两书前半皆叙历史，后半讲地理。（3）F.A. Golder: Russian Expansion on the Pacific 1641—1850。著者精通俄文，且专治史；他审查史料的严密远在前两个著者之上，书后附有详细书目至为可贵。此外尚有北平燕京大学徐淑希教授之（4）China and her Political Entity（New York, 1924）。此书实即一部东北外交史。西文著作论东北问题而参用中西的材料，据我所知，以此书为最早。

本文论"俄国的远东发展"的一节不过作背景的叙述，故极简略。欲作进一步的研究者应参看（5）G. F. Müller: Sammlung Russischer Geschihte, 9vols.（St. Petersburg 1732—1764）。此书出版几将两百年。批评者、抄袭者、继起者不少，但至今此书有读的必要，因为著者所见及所用的原料实不少。（6）J.E. Fischer: Sibirische Geschichte, 2 vols.（St. Petersburg, 1768）。此书即抄袭前书者之一，不过著者深知西比利亚的历史，在重编前人著作的时候亦有所发明和纠正。关于满人向黑龙江的发展，至今尚无专著。《皇清开国方略》《太祖高皇帝实录》《东华录》，及《盛京通志》等官书皆记有某年某月伐某部族或某部落来贡一类的事实，但对满人的武功不免夸耀过实，且所举地名及部落名称间有不可考者。何秋涛的《朔方备乘》收了他自己所著的（7）《东海诸部内属述略》及（8）《索伦诸部内属述略》。前书述清太祖太宗征收牡丹江乌苏里江、珲春河黑龙江下流，及库页岛各部落的事迹；后书述同时征收黑龙江上流各部落的事迹。两书皆根据咸丰以前的官书，不正确，甚简略，但有系统。

"中俄初次在东北的冲突"的主要资料即《朔方备乘》内的（9）《平定罗刹方略》。此亦官书之一，过于夸耀朝政，但其中保有几件重要谕旨及奏折。在事的人，如郎坦、萨布素诸人的传见于《清史列传》《碑传集》《清史稿》的列传类皆无声无色，惟（10）《八旗通志初集》卷一百五十三之郎坦（亦作"谈"）传诚为至宝之史料。（11）吴振臣《宁古塔纪略》（见《小方壶斋舆地丛钞》）有一段纪"逻车国人造反"事，形容俄人炮火的厉害，大可补官书之偏。著者随其父在宁古塔戍所多年；其父亦被调往征"逻车"者之一，故所记皆亲历的事。

"尼布楚的交涉"的主要史料当然是张诚的日记。张诚即康熙帝所信任的传教士之一，原名 Jean François Gerbillon，其日记见于（12）J. B. du Halde: Description geographique, historique, chronologique, politique, et physique de I'Empire de la Chine et de la Tartarie Chinoise, 4 vols.（La Haye 1736）。康熙二十七年的日记（见卷 4 页 103-195）仅记路程，与外交无大关系；次年的日记（见卷 4 页 196-301）记尼布楚的交涉甚详。张诚是耶稣会的会员，不敢也不愿开罪中国，同时耶稣会正求俄国许其会员假道西比利亚来华，故亦不敢开罪俄国。他及徐日昇无疑的作了忠实的疏通者。不过日记言其调停之功过甚，因为双方政府最后的训令并没有冲突。《八旗通志》的郎垣传及《平定罗刹方略》大可补充张诚的日记。（13）Gaston Cahen: Histoire des relations de la Russie avec la Chine sous Pierre le Grand 1689—1730（Paris, 1912）。著者是法国的一个俄国史专家，且专攻中俄的关系。俄国已出版的及未版的史料关于中俄这时期的往来的，他曾研究过，于书后备有详细目录；本书第一章论尼布楚交涉，其他各章论中俄在北京的通商。关于尼布楚以前的交涉，我国旧籍过于简略，且多不实；最好的史料是（14）J.F.Baddeley: Russia, Mongolia, China, being some record of the relations between them from the be ginning of the 17th century to the death of the Tsar Alexei Mikhailovich, A.D. 1602—1676, 2 vols.（London, 1919）。上卷大半是著者的叙论，说明俄国 17 世纪以前的历史，俄人入西伯利亚的经过，及西比利亚的地理；下卷则几全为史料，中有曾未出版者，内包括俄人出使中国的记录及报告（页 130-169，195-203，242-425）。书后有极好的目录。（15）张鹏翮《奉使俄罗斯行程录》（见《小方壶斋舆地丛钞》）记康熙二十七年代表团的行程亦可资参考。

尼布楚以后，咸丰以前，东北的状况，除《盛京通志》及《吉林通志》外，尚有（16）萨英额的《吉林外记》（光绪庚子年广雅书局刊）及（17）西清的《黑龙江外记》（出版同上）两书的叙述。《吉林外记》述事到道光初年止；《黑龙江外纪》到嘉庆末年止。因其不为体裁所拘，这二书的史料价值反在官书之上。至于 19 世纪的前半，列强如何竞争太平洋的海权，我们从（18）Foster Rhea Dulles: America in the Pacific, a century of Expansion（New York, 1932）可窥见一斑。书后附有很详的目录。

咸丰一朝，中俄关于东北的冲突及交涉当以（19）北平故宫博物院出版的《咸丰朝筹办夷务始末》为主要史料。书共 80 卷 40 册，民国 19 年出版。因此书的出版，在此书以前的著作均须根本修改。咸丰朝，我方主持中俄交涉者——奕山、景淳、特普钦、桂良、恭亲王奕䜣、文祥诸人的文稿均于夷务始末初次发表。关于伊格那业幅的挑拨，（20）Henri Cordier:L'Expedition de Chine de 1860-Notes et documents.（Paris, 1906），及（21）Henri Cordier: Historie des Relations de la Chine avec les Puissances Occidentales 1860—1900, 3 vols.（Paris, 1901）之第一册第六章皆有不少的材料，可惜法国人不知伊氏的狡猾。

俄文的史料必甚多，可惜著者因为文字的困难不能利用。在未直接利用俄方资料之前，我们谈不到东北外患史的最后定论。

附录之二：清太祖太宗征服的边境民族考

草此文时，亟思参考人类学家的著作以决定所谓索伦及窝集诸部的种类，于是向清华同事史禄国教授（Professor S.M.Shirokogoroff）请教并参用了他的 Social Organization of the Northern Tungus（Commercial Press, 1929）。我们参考了几张详细地图并审查了许多名字。我的结论大概如下。巴尔呼即西人所谓的 Bargut 是蒙古种类的。索伦即 Solon；俄伦春即 Orochun，均是北通古斯种类的。达呼尔即 Dahur，其语言是蒙古语言的一种，其种类是蒙古种类或通古斯种类尚待考。窝集部的"窝集"实即满文的森林；此部支派甚多，按其风俗及区域大概也是 Glodi。奇勒尔即 Gilak；库页即居库页岛的 Gilak。赫真及飞牙喀大概也是 Goldii。穆伦、奇雅、瓦尔喀大概是 Udehe。

附录之三："俄罗斯察罕汗"

"察罕"或"察汉"并非任何俄皇的名字，亦非 Tsar 的译音。二字实即蒙古文之白色的"白"字。"察罕汗"就是"白汗"。这是当时蒙古人给俄皇的称呼而我国抄袭之，正如蒙古人称清朝皇帝为 Bogdikhan 而俄人借用之。光绪年间总理衙门曾因 Bogdikhan 一字向俄国提出抗议。凡此足证中俄两国最初的相识是以蒙古文及蒙古人为媒介的。

附录之四：《尼布楚条约》之条文考

现今最有权威的中国条约集是海关总税务司所出版的 Treaties, Conventions, etc., between China and Foreign States, 2 vols.（Shanghai）。书中所载之《尼布楚条约》有中文、法文及英文三种。其法文稿录自张诚的日记；中文稿录自《通商约章类纂》，按《类纂》所录者即《平定罗刹方略》所记的界碑碑文。此碑文原用汉、满、蒙、俄及拉丁五种文字，但所刊的并非条约全文，不过其撮要而已。且界碑并非中俄两国共同设立，乃中国单独设立，其无权威可知。旧外务部所刊的《各朝条约》有碑文，亦有条约全文，碑文录自《平定罗刹方略》，约文系录自《黑龙江外记》。著者西清明说（卷 1 页 11）他得着条约的满文稿，再由满译汉。所以中文的《尼布楚条约》仅有这《外记》所录的。以《外记》

的条文来比张诚日记的条文，不符之处颇多。原来《尼布楚条约》以拉丁文本为正本，是两国代表所同签字的。这拉丁文本是张诚撰稿的；日记的法文本是张诚自己所译的，所以最有权威的是拉丁文本；其次要算日记里的法文本。兹特从这法文本译汉如下：（原文见 Du Halde，vol.IV，PP. 242-244）

大皇帝钦派：

　　领侍卫，议政大臣，内大臣萨额图，

　　内大臣，一等公，都统，国舅佟国纲，

　　都统郎坦，

　　都统班达尔善，

　　镇守黑龙江等处将军萨布素，

　　护军统领玛喇，

　　理藩院侍郎温达，

　　于康熙二十八年七月，在尼布楚城，附近会同。

　　俄国全权大臣果罗文，

　　为要禁绝那般越界捕猎及抢掠杀人滋事的不法之徒；并要确实划清中华及莫斯科两帝国的边界；更要建立永久的和平及谅解，

　　双方一意的议定下列诸款：

　　第一款。自北流入黑龙江的绰尔纳河（Chorna, Shorna），即满文的乌鲁木河，最毗近的额尔必齐河即作为两国的边界。处于额尔必齐河河源之上的，而且绵延到东海滨的山脉亦作为两国的边界：从这山脉之南流到黑龙江的一切大小溪河及山脉峰脊之南的一切土地皆归中华帝国所有，山脉之北的一切土地溪河及皆归莫斯科帝国所有。但这山脉及乌特河之间的土地暂不划分；等到两国大使返国，得了决定此事的必须知识，然后或由大使，或由函札，再行决定。

　　此外流入黑龙江的额尔古纳河也作为两帝国的边界：这额尔古纳河以南的一切土地均属中华帝国，以北的一切土地均属莫斯科帝国。在眉勒尔甘河（Meritken）流入额尔古纳河之处，在南岸已有的房舍均应迁至北岸。

　　第二款。莫斯科人在雅克萨所建的城垣应尽毁灭。莫斯科帝国的臣民在雅克萨居住的，连同他们的财物，应撤回到莫斯科王的领土。

　　两国猎户，无论因何事故，均不得超越上面的疆界。

　　如有一二小人越界游行，或为捕猎，或为窃盗，应即行擒拿，送交两国边境的巡抚或武官。该巡抚审知罪情后，应给以相当的惩处。

如十人或十五人以上聚群携械，越界去捕猎，或抢掠，或杀对方的人民，应奏报两国的皇帝。所有犯这类的罪的人，审明属实，应处以死刑。但不得因私人的暴行引起战争，更不得因此而致大流血。

第三条。以往所有的争执，无论其性质如何，今以后忘记不计。

第四条。自两国宣誓成立本永久和约之日起，两国绝不收纳对方的逋逃。如有人从一国逃到对方国去，应即擒拿送回。

第五条。莫斯科臣民现在中国者，及中国臣民在莫斯科国内者概仍留如旧。

第六条。两国之间既已成立本和好友谊条约，一切人民均可完全自由的从一国到对方国，惟必须携带执照，证明他们是得允许而来的，他们并可完全自由交易。两国边境的争执既已如此结束，而两国之间既已成立忠诚的和平及永久的友谊，如双方切实遵守本约明文所定的各款，以后不应发生任何争执。

两国大使，将本约盖印后，互换两本。并且两国应将此约，用满文、汉文、俄文、拉丁文，刻上石碑，在边界上树立，以作永久纪念，俾不忘两国间现有的谅解。

——选自《清华学报》第 8 卷第 1 期（1932 年 12 月北平出版）

中国与近代世界的大变局

> 历代备边，多在西北；其强弱之势，主客之形，皆适相埒；且犹有中外界限。今则东南海疆万余里，各国通商传教，来往自如，麇集京师及各省腹地；阳托和好之名，阴怀吞噬之计；一国生事，诸国构煽：实为数千年来未有之变局。轮船电报之速，瞬息千里；军器械事之精，工力百倍；炮弹所到，无所不摧；水陆关隘，不足限制：又为数千年来未有之强敌。……

这是同治十三年（西历 1874 年）李鸿章对中国的国际地位之观察，时人多以为他言过其实；今人定觉得他的看法还不透彻。关于这一点，我们在下文里当再讨论。我们现在不过要指出：李鸿章的结论是不能否认的或修改的。中国近代所处的局势确是"数千年来未有之变局"；中国近代所遇之敌人确是"数千年来未有之强敌"。

这个大变局的由来及演化，中国对此变局的应付及其屡次的修改，这是本文所要讨论的。

一

葡萄牙人在 15 世纪末年发现了绕非洲经好望角的欧亚直接航路。这事在世界历史上开了一个新纪元，也就是上文所谓大变局的起始。在这事以前，中西固早已发生了关系，但以前的关系与以后的关系根本不相同。原来欧亚两洲虽境土相连，谓在乌拉山以南，喀斯便海以北，两洲之间并无自然的分界，但在 16 世纪以前，中国与欧洲之间，除蒙古帝国短时期外，总有异族异教之人居中隔离。在这种环境之下，中西的关系不但要看双方的需要及意志如何，还要靠中欧之间的区域有适合的情形。在这个条件不能圆满的时候，中西的关系就完全断了。即在这个条件能圆满的时候，中西的关系大部分是间接的：货物的交换及彼此的认识都是由第三者转递与介绍。严格说来，历上古与中古，中西各自成一个世界，一个文化系统。自欧亚直接航路发现以后，第三者的阻碍成为不可能，其介绍亦成为不必要。自 16 世纪到现在，世界史的最重要方面之一是东西的合化，或者我们应该说，是全世界的欧化。

为什么欧亚的航路到 15 世纪末年始发现呢？这问题不是一言两句所能解答的。就地理说，这个大发现之迟到很自然。中西的发展是背道而驰的。欧洲发展起始于东南而趋向西北。欧洲最早的文化及政治中心是希腊，其次是罗马，最后才是西欧，愈到后来愈离中国远了。等到大西洋沿岸的国家有了相当的成熟，欧洲的历史始入海洋时期。中国的发展方向正与欧洲相反：中国的发展是由北而南的。我国的史家虽大书特书汉唐在西域的伟业，其实这不是我民族的正统。我国的政治势力、文化，及人民渡长江而逐渐占领江南以及闽粤：这一路的发展才算得我民族事业的正统。等到闽粤成熟了，然后我们更进而向南洋发展。明永乐及宣德年间的海外盛事不是偶然的、无历史背景的。那时南洋，甚至印度洋，似乎是我们的势力范围。郑和的时代就是葡萄牙航海家亨利王的时代。无怪乎中国人与葡萄牙人初次的见面礼是在印度洋沿岸举行的。我们可以说，16 世纪以后的中西关系是数千年来双方历史的积势所蓄养而成的。那末自然会愈演愈密切而愈重要了。

在欧洲历史未入海洋时期以前，西方没有一个国家把提倡海外发展当作政府的大事业。西人来中国者多半为个人的好奇心、利禄心，或宗教热所驱使。他们的事业是私人的事业；他们没有国家或民族作他们的后盾。就是欧洲中古最著名的东方旅行家——马可孛罗——并未得着任何欧洲政府的援助。他的事业，在当时，与欧洲任何国家或民族的国计民生都没有关系。到葡萄牙人发现好望角的时候，欧洲的局势就大不同了。至少在西欧，葡萄牙、西班牙、法兰西、英吉利已成立了民族国家。在 16 世纪末年，荷兰亦经革命而独立。这些国家的国王和权贵无不以提倡海外发展为政府及民族的大事业。那班在海外掠财夺土的半海盗半官商居然成了民族的英雄。文学家又从而赞扬之。在 16、17 世纪的欧人眼光里，国家的富强以及灵魂的得救，都靠海外事业的成败。个人冒险而到海外去奋斗的，不但可以发大财，且得为国王的忠臣、民族的志士和上帝的忠实信徒。这种人的运动是具有雄厚魄力的。他们在历史上发起了、推动了一个不可抑遏的潮流。

李鸿章所谓"数千年来未有之变局"就是这样开始的。

二

葡萄牙的大航海家帝亚士（Bartholomew Diaz）于 1486 年，即明成化二十二年，发现了好望角。12 年以后，明弘治十一年，甘玛（Vasco de Gama）率领小舰队直抵葡人百年努力的目的地印度。在印度西边的各海口，甘玛采买了印度土产如珍珠、胡椒、细布，及香料群岛所产的香料，满载而归。这一次的贸易获利 60 倍。弘治十五年，甘玛又率领远征队第二次到印度。他带到东方的资本约值 240 万佛郎；归国后，带回去的东方货物变价到 1200 万。但欧亚贸易，在此以前，是由亚拉伯人及意大利人垄断。他们自然不甘心坐视别人攘夺他们的利源。而葡人尝了滋味以后亦不乐歇手。正德五年（1510 年）的大战决定了最后的胜利属于新兴的葡萄牙。

彼时葡属印度总督阿伯克尔克（Albuquerque）具有绝大的野心。他想囊括印度洋及南洋各地，创立一个伟大的海洋帝国。正德五年，他占据印度西岸的大市镇果亚（Goa），且设总督府于此。次年，他的舰队又灭了南洋咽喉的满剌加（Malacca）。此举开了中西冲突之端。原来满剌加自明成祖于永乐元年（1403年）派遣尹庆出使其地宣示威德以后，历年谨修职贡；加上郑和在南洋的活动，尤对中国顺服。葡人灭满剌加就是并吞中国的藩属。中国如何应付这种侵略？《明史·满剌加传》于无意中形容实在极了：

> 后佛郎机强举兵侵夺其地。王苏端妈末出奔……遣使告难。时世宗嗣位，敕责佛郎机，令还其故土，谕暹罗诸国王以救灾恤邻之义，迄无应者：满剌加竟为所灭。

换句话说，明世宗仅发了几篇纸上文章以塞宗主的责任。难怪葡人要继续前进而占美洛居（Moluccas）。明史说："地有香山，雨后香堕，沿流满地，居民拾取不竭。其酋委积充栋以待商舶之售。东洋不产丁香，独此地有之，可以辟邪，故华人多市易。"此段文字虽带浪漫风味，然离事实确也不远。美洛居亦名"香料群岛"（Spice Islands），所产物品为数百年来欧亚贸易的大宗，也就是葡人及荷兰人在亚洲最注重的。葡萄牙在美洛居的侵略，中国更置之不理了。

西班牙的海外发展与葡萄牙同时；最初目的也是要到印度。因为哥伦布不知美洲的存在，误信了从欧洲向西直航为达印度的捷径。后来西班牙人在 16 世纪初年发现了墨西哥及秘鲁的金银，才定美洲为他们海外发展的范围。所以马奇伦（Magellan）虽于 1521 年（正德十六年），发现了菲律宾群岛，等到 1563 年（嘉靖四十二年）西班牙人始复来经营此地；再等 7 年，始占吕宋。中国与吕宋的关系比与满剌加或美洛居更密切。明史说："先是闽人以其地近且饶富，商贩者至数万人，往往久居不返，至长子孙。"西班牙人对于中国人实在是去留两难：留之则恐华人势力太大，致不能制；去之则岛上经济受损失。且中国人也去不尽，因为"华商嗜利，趋死不顾，久之复成聚。"西班牙人采取了一个折中办法：华人太多的时候驱逐些或屠杀些；平时则收重的人丁税。万历二十一年（1593 年），驱逐过一次。三十一年屠杀过一次：中外记载皆说死难者约 25000 人。崇祯十二年（1639 年），又屠杀过一次：彼时华侨共 30000 人，死者占 2/3。万历三十二年，中国尚移檄吕宋："数以擅杀罪，令送死者妻子归。"到崇祯年间，连一篇纸上文章都无暇发了。这样的，我民族又丧失了在菲律宾的发展范围。

荷兰在爪哇也是这样对付华侨的。

这三国及后来的英国的侵略也是南洋的大变局。在欧洲人未到南洋之前，华侨是那些地方的社会及经济的高层，甚至有执当地政府柄者。倘这种趋势能继续推演，则群岛未尝不可成为海外的新闽粤。可惜西人势力到达南洋的时候，我国无以应付，侨胞遂永远寄人篱下了。

有明一代，一方面闽粤的人民自动的冒万险到南洋各地去谋生，一方面政府至少在永乐及宣德年间，似乎又极端重视中国在南洋的势力。海外发展的条件岂不是齐备了？何以在 16 世纪又这样的拱手让人呢？西人的船坚炮利及 16 世纪的明廷之无远略当然是要紧的原故。比这样原故还根本的是当时中国的特殊国情。明代政府及人民的海外事业各有其动机，且彼此不相关的。历有明一代，广州市舶司提举，即海关监督的肥缺全是太监的专利。政府所派的代表到南洋去的，如郑和、尹庆，又都是太监。他们的使命虽说得冠冕堂皇，什么为国家扬威宣德，其实他们的目的岂不是为太监们去招徕？近人谈唯物史观者，好以地主阶级或资本阶级的私利解释中国的历史。如要勉强用阶级争斗来解释历史，我们以为在中国应特别注重官吏阶级。这个阶级有其特殊的立场与主观；虽出身是从地主或资本阶级，官吏只为官吏而施治，并不代表任何人。惟其如此，明朝政府始能一面派使出洋扬威宣德，一面禁止人民出洋及坐视外人压迫在外的侨民。实际在政府方面，明朝海外事业的动机就是太监的私利。这个动机那能促进民族运动呢？拿这种动机来与西人的动机比较，岂不是有霄壤之别吗？

三

从满剌加，葡萄牙人更进而到中国东南的洋面，初次在武宗正德十一年（西历 1516 年）。此举中国又如何应付呢？当时中国并不守闭关主义。在葡人未来之先，中国沿海的通商已有相当的发展。暹罗、占城、苏禄、悖泥、爪哇、真腊、锡兰山、苏门答腊、榜格兰等国常有船只往来中国。但同时我们没有所谓国际贸易或通商条约，因为中国的政治观念，尤其自南宋以后，总以天朝自居，"一统无外，万邦来廷"，根本否认有所谓"国际"者存在，所谓通商，就是进贡；市舶是随贡舶来的。我的朋友张君德昌直称明正德以前通商为贡舶贸易时期。凡来通商的无不尊中国为上国，而以藩属自居。在藩属方面，他们进贡以表示他们的恭顺；在上国方面，我们许其贸易，并不因为我们利其货品或税收，"不过因而羁縻之而已"。这是双方条件的交换。因此，倘番邦偶不恭顺，我们就"停市"。这是当时中国国际关系的理论。在此理论之上，我们设了各种法规，其中最紧要的是贡有定期、舶有定数。但是久而久之，这个理论及法规都成具文，其结果是贡舶其名，通商其实，甚至外人不到贡期或全不进贡的也来作买卖了。此中原因复杂，容待下文讨论。

葡人初次来广州的是从满剌加坐中国商船来的，贸易未发生困难。第二次，正德十二年，西人的记载说，华人初见其船只之大及葡人的容貌奇异，要拒绝通商；后见其行为和平，巡海水师又得重贿，就许了葡人在上川岛停船贸易。从第三次起，正德十三年，中葡发生许多冲突。由冲突到妥协经过 40 年；最后的妥协方案就是中国近代世界的大变局之第二步。

冲突的发生，第一由于葡人行为的凶暴。"剽劫行旅""掠买良民""恃强凌轹诸国"等形容词屡见于当时的奏章。并且这些形容词不是虚诬的；西人的记载可作参证。其实在 16 世纪，欧人到海外去的可以作商客，也可以作海盗；当时的道德观念并未明定这两种人的善恶，不独葡萄牙人如此。至于给事中王希文所说的"烹食婴儿""犬羊之势莫当，虎狼之心叵测"，及庞尚鹏所说的"喜则人而怒则兽，其素性然也"，虽不免历代言官的夸大，亦可表示当时一部分人的印象。葡人这种凶暴，不但危害了中葡关系，且影响了全盘中西关系，因为时人当然把葡人当作西人的代表看待，而他们的行动容易使中国人以历代夷狄的眼光来看待他们。初次的印象是不容易消抹的。

葡萄牙人大概从满剌加的华侨及广州沿海的商人探知了中国的贡舶贸易制

度，所以他们初次到中国的时候，亦藉口进贡。但是进贡须朝廷许可，得列藩封以后始可执行。葡萄牙之灭满剌加是它得进贡的资格是大障碍。正德十五年年底，御史丘道隆曾说过：

> 满剌加乃敕封之国，而佛郎机敢并之，且啖我以利，邀求封贡，决不可许。宜却其使臣，明示顺逆，令还满剌加疆土，方许朝贡。倘执迷不悛，必檄告诸藩，声罪致讨。

葡萄牙的使者虽到了南京及北京，因满剌加的原故及使团人员的失礼，于世宗嗣位之初（1521 年），惨败而归；其舌人亚三伏法，正使 Thomé Pires 死于广东监牢。

但是正德嘉靖年间的中国人的心理也不是这样简单。经过几次的交战，尤其是嘉靖二年（1523 年）新会西草湾，二十六年漳州及二十八年诏安等役，我们知道了葡人火炮的厉害。"御史何鳌言佛郎机最凶狡，兵械较诸藩独精。前岁驾大舶突入广东新会城，炮声殷地"。西草湾之役，中国得了几尊火炮，海道副使汪铉送至北京，说其大者能击五六里。明史加了一句："火炮之有佛郎机自此始。"于是"佛郎机"又成了利炮的别名了。我们虽与葡人打了好几次的仗，且是得胜了的，他们仍继续前来。《明史》说："吏兹土者（在广东作官的人）皆畏惧莫敢诘。"

除威胁外，葡人尚可利诱。利有好几种：有通商自然之利，法内之利，亦有法外之利。嘉靖八年左右：

> 巡抚林富言互市有四利，祖宗朝诸藩朝贡外，原有抽分之法，稍取有余足供御用：利一。两粤比年用兵，库藏耗竭，藉以充兵饷，备不虞：利二。粤西素仰给粤东，小有征发即措办不前，若蕃船流通，则上下交济：利三。小民懋迁为生，持一钱之货，即得展转贸易，衣食其中：利四。

林富所奏的是国计民生，法内之利；此外尚有官吏从互市所得的陋规。此种法外之利之大有非吾人所能想象者。因此地方官吏，在林富以前（及以后），"甚有利其宝货，佯禁而阴许之者"。

林富论民生的一节也不透彻。据西人的记载，中国沿海的居民无不乐与外人交易，只要交易是和平的，朝廷尽管要闭关，士大夫尽管倡攘夷，平民能作买卖必定要作。久而久之，统治阶级亦无可如何；即清高者不过骂一句"奸商"或"汉奸"以了之。现代如此，16 世纪早已如此。在中外商业的开辟之过程中，中外的商人有许多时候是利害相同，因而互助的。正人君子，往往把这种互助当作狼狈为奸看，其实君子反自然，商民顺自然。我国士大夫对"商"没有正确观念，所以我民族在应付近代世界的大变局之中有时不免自作孽了。

我们的传统观念既把正路堵塞了，中外的商人就不得不走邪路。天启年间，荷兰人想在广州通商遭拒绝以后，用了一个新方法。《明史·荷兰传》有一段：

> 海澄人李锦及奸商潘秀郭震久居大泥，与和兰人习。语及中国事，锦曰："若欲通贡市，无若漳州。漳南有澎湖屿，去海远，诚夺而守之，贡市不难成也。"其酋麻韦郎曰："守臣不许奈何？"曰："税使高寀嗜金银甚。若厚贿之，彼特疏上闻，天子必报可。守臣敢抗旨哉？"酋曰："善。"

潘秀及郭震诸人于是负命回福建去运动。高寀不但甘愿，且努力促成其事。他派了"心腹周之范诣酋，说以三万金馈寀，即许贡市。酋许与之，盟已就矣"。但别的官吏或因分赃不均，或因不敢违旨开禁，不承认这个私约，事就作罢。

此种记载，倘无旁证，似难可信。幸而英国东印度公司亦有同类记录。这时英商企图在华通商，苦无门可入。东印度公司日本的经理柯克司（Richard Cocks）于是联络长崎华商会的会长替他运动。1621年（天启元年）1月，柯克司报告公司说："中国老皇帝已传位于其子，新皇帝已许我国每年派两只船去通商。地点定在福州。现在所缺的只是当地督抚的许可。"几个月后，他又写信给公司说："中国商会会长负责交涉通商权利者已返平户。他说特许状已得到了。他又说他费了一万二千两的运动费。如公司的经理现在不理他，他必致破产。"这个商会的会长似乎是个买空卖空的投机者，因为这种活动没有先疏通北京而后再来对付地方官吏的。

我们近代对付西洋的方法不外采用西洋的枪炮及雇用西洋的军人。西人近代对付我们不外学我们疏通衙门的秘诀，且雇用汉人替他们跑衙门。双方均在那里仿效对方的长处。

现在我们应能了解16世纪中西互市问题的上层理论及法规和下层的事实。究竟促成了互市的动机大于禁止互市的动机。因这种基本的趋势，当时虽有许多人反对，皇帝终发明诏许葡人在广东通商。

最初明令特许的通商地点是浪白滘。葡人最初在此岛旁就船为市，后来移居岛上。嘉靖十四年（1535年），都指挥黄庆"纳贿请于上官移舶口于濠镜"，由葡人"岁输课二万金"。"濠镜"就是澳门的别名。葡萄牙与澳门的关系是这样发生的。黄庆为什么要替葡人出力，他"纳贿"的钱从那里来，中籍无明文的记载。西籍则说葡人善于运用金钱与中国官吏周旋。嘉靖十四年中国还只许葡人在澳门停船：

> 三十二年（1553 年）蕃舶托言舟触风涛，愿借濠镜地曝诸水渍贡物，海道副使汪柏许之。初仅茇舍。商人牟奸利者渐运瓴甓榱桷为屋。佛郎机遂得混入。高栋飞甍，栉比相望。久之遂专为所据。

当时的官吏既然一面畏惧"佛郎机"，一面又利其互市，还是让葡人在澳门居住为最方便。况且官吏很能自圆其说：如果在岛上，则"巨海茫茫，奸宄安诘，制御安施"；一旦移居澳门，则"彼日所需咸仰给于我，一怀异志，我则制其死命"。原来澳门而积甚小，与内地的交通仅靠莲花茎一路，倘有冲突，中国只须抽退工人，断其接济，就"制其死命"了。这是我国官吏在 16 世纪从经验得来的一个极省事而又极灵效的"驭夷"秘诀。葡人移居澳门等于把生命财产搬进一个葫芦里而让中国看守葫芦口。为守口严密起见，万历二年（1574 年）中国筑了一道闸墙横断莲花茎，墙中留门，启闭由中国驻防军队主持。中国在澳门又立税关，置县丞；葡人年纳地租 500 两。此外中葡并没有别的关系。葡人好几次派代表到北京，中国看同琉球、暹罗的贡使，葡人亦未抗议。这样，中国保存了"天朝"的尊严，而地方人民和官吏以及葡萄牙人都作了他们的好买卖。这个妥协方案既顾到了上层的理论和法规，又适合于下层的事实及欲望。这是我们应付近代世界的大变局之第二步。《明史》说："……终明之世，此番固未尝为变也。"

<h2 style="text-align:center">四</h2>

终明之世，葡人所以未为大患，不仅因为中国有了"驭夷"的秘诀。此外有别的原故在。葡人在澳门虽受中国种种限制，但中国货物除由华商运到南洋及日本，再由荷商或英商运到欧洲外，余概须经过葡人之手始能到欧洲。这种中国与欧洲贸易的垄断每年给葡人百余万两的净利。果亚总督给葡人商船来澳门的特许状值价多到 70 余万两。所以葡人自得澳门后，不但不想进取，反竭力的联络中国来避免第三者的分润。且葡萄牙帝国政策最注重的是香料群岛及印度，并不是中国。其国内的经济政策不好；在海外所得的财富不过经葡人之手，终流到英荷法诸国。1580 年（万历八年），其本国且为西班牙所兼并。因此荷兰及英国与西班牙为敌者亦与葡萄牙为敌。葡属殖民地一部分就被英荷瓜分

了。葡萄牙海上称雄仅在 16 世纪；到了 16 世纪末年，它已自顾不暇，更谈不到进取。

西班牙也是 16 世纪的大海权国，但是天主教皇在分派海外区域的时候，把中国划归葡萄牙去发展。所以中国与西班牙没有要紧的关系。

荷兰与英国的海外事业的起始同在 16 世纪末年。最初两国合作以抗西班牙。两国在亚洲都设有专利的东印度公司。这两个公司初到中国来通商的时候，葡萄牙人竭力怂恿广东官吏反对，因此英荷两国初来通商所遇着的困难反比葡萄牙更多。荷兰东印度公司在广州及澳门失败以后，就于天启二年（1622 年）向东北去占澎湖，以图与福建通商。"守臣惧祸，说以毁城远徙即许互市。番人从之。天启三年，果毁其城移舟去。巡抚商周祚以遵谕远徙上闻。……已而互市不成，番人怨，复筑城澎湖。"后任福建巡抚南居益与荷人屡战，并严断接济；荷人遂弃澎湖而专意经营台湾。

彼时台湾虽未入中国版图，国人在那里垦荒的已经不少。嘉靖末年，海盗林道乾曾据其地。天启初年海盗颜思齐和郑芝龙也在此地住过。崇祯中年，芝龙降于福建巡抚沈犹龙，并受了明朝的官职。适福建大旱，芝龙就提倡移民于台湾。"鸿荒甫避，土膏愤盈，一岁三熟，厥田惟上上。漳泉之人赴之如归市。"荷兰人不过在安平、鸡笼、淡水建立货栈和堡垒。"荷兰专治市航，不敛田赋，与流民耦俱无猜。"明亡，芝龙降于满清，其子成功不从，据厦门一带的地方与清对抗。顺治十七年（1660 年）成功进攻南京失败以后，遂率领部队去占台湾，也可说去收复祖业。荷兰人死抗，但在爪哇的总公司接济不上，台湾遂于顺治十八年完全变为中国人的土地。从此荷兰人与郑氏为仇而偏袒满清，想趁机得与中国通商。康熙二年（1663 年）施琅夺取厦门的时候，荷兰东印度公司曾派船来协助。康熙帝还赏了"荷兰王"缎匹银两。从此公司得在厦门通商。

荷兰东印度公司除以武力协助满清消灭明朝余党，藉以得通商权利外，又屡次派使进京以资联络。中国当然以"请贡"待之。顺治十二年"请贡"的时候，世祖曾以"特降敕谕赐其国王"，其中有一段极有趣的话：

> 至所有请朝贡出入，贸易有无，虽灌输货贝，利益商民，但念道里悠长，风波险阻，舟车跋涉，阅历星霜，劳勚可悯。若朝贡频数，猥烦多人，朕皆不忍。着八年一次来朝，员役不过百人；止令二十人到京。所携货物，在馆交易，不得于广东海上私自货卖。尔其体朕怀保之仁，恪恭藩服，慎乃常赋，只承宠命。

　　荷兰人尽管恭顺,他们与中国的贸易仍不能脱贡舶色彩。在 17 世纪的前半,荷兰虽曾称雄海上,但其所注重地点是南洋群岛和印度。所以荷兰反明助清的行动虽饶有历史兴趣,中西全盘的关系并没有受荷兰的影响。

　　英国东印度公司在 17 世纪前半对中国的态度更加消极。荷兰在澳门失败了,英人就觉得无试验的必要。驻日的经理虽曾联络长崎华侨商会的会长,但以后怕上当,遂未前进。所需中国货物,英人在南洋或日本从华侨商购置以了事。

　　东印度公司对中国的消极颇引起英人的批评。1635 年,国王查理一世偕同少数资本家另外组织一个团体,来专营中英之间的贸易。次年,这团体派了威得尔上尉(Captain John Weddell)率领 4 大船 2 小船来华;1637 年(崇祯十年)6 月驶抵澳门。葡人既不愿英人来分其利,心中又怕威得尔以武力对付,只好虚与委蛇,威得尔急了,就直向虎门驶进。中国官吏的反对,他全置之不理。双方于是备战。8 月 12 日武山炮台——虎门炮台之一——开始射击;威氏竭力反攻。交战仅半小时,台上兵丁尽逃了。英兵于是上岸占了炮台,悬上英国的国旗并把台上的炮位搬到船上。所谓虎门的天险,在 17 世纪已不能限制西人。9 月 10 日中国放了许多火箭喷筒以图焚毁英国船只。这种火攻之法也没有发生效力。威氏说:“谢谢上帝,我们没有一人受伤。”以后他大事报复:烧了好几个中国水师船,毁了一个村庄,并从村里“拿走了三十头猪”。经过这些硬仗之后,官吏和葡人都知道总须想个收场的办法。终究威氏作了点买卖,但他也担保不再来中国。

　　不久英国发生革命。革命以后,东印度公司于 1664 年(康熙三年)派船一只来华。那时适经大乱之后。澳门景象十分萧条。葡人口口声声的诉苦,说“鞑靼”人如何蛮横,船一进口便不许出。这船白白纳了 2000 两的船钞,原货皆装回去。与中国直接通商既然这样困难,公司改在台湾设法。1670 年,公司居然与“国姓爷”郑经定了通商的协定:公司得在台湾及厦门通商,但须输进若干火药及炮位。五年以后,公司在厦门设立总栈,在台湾设立分栈。除供给军火外,尚派人教练郑氏的炮兵。虽然,买卖仍旧不能发达,因为郑氏在大陆上所辖土地有限,并且年年缩小。到了康熙二十年(1681 年)郑氏失厦门,大陆上就无寸土了。二十二年郑克塽剃发投降,台湾也入了清朝的版图。东印度公司驻华经理之失望可想而知。最奇怪的,英人并未因协助郑氏而以后吃亏,正如荷兰人之未因协助满清而占特殊便宜。

　　其实在 17 世纪,英荷海权膨胀的时候,中国与西欧的关系并无新发展。在明末清初的时候，英荷两国虽同为通商对中国的内战有所偏袒，但并没有影响以后的关系。在这百年之内，近代世界大变局，在东南方面，进了一个凝滞时期。

近年因为纪念徐文定公，国人对于明末清初的传教事业特别注意。当然，在 17 世纪，外国传教士能在中国居官受爵，著书立说，中国高层的士大夫竟有信奉天主教者，这都是饶有兴趣的事实。但是在朝廷方面——无论是明是清——外国传教士的地位是一种技术专家的地位。朝廷所以用他们，不过因为他们能改良历法及制造佛郎机炮及红衣炮。士大夫与传教士接近者究竟不多，信教者更少。且这少数信教者岂不是因为那时的天主教加了浓厚的儒教的色彩？我们从乾嘉道咸时代的艺术著作里能找出多少西洋科学方法及科学知识的痕迹呢？17 世纪的传教事业虽然带了不少英雄的风味，究未在我国引起一种精神运动；我国的文化依然保留了旧观。倘若没有近百年的发展，这事业在我国历史上不过如景教一样而已。

五

17 世纪的大变动，不在传教或沿海的通商，而在全亚洲北部之更换主人翁。

俄国人于 1579 年（万历七年）越乌拉山而进侵西比利亚。此后勇往直前，直到太平洋滨为止。1638 年（崇祯十一年），其先锋队遂在鄂霍次克（Okhotsk）海滨建设鄂霍次克城。60 年内，全亚洲北部入了俄国的版图，其面积有 400 万方英里，比欧洲俄罗斯还大一倍。

中俄在黑龙江流域的战争和交涉，我已撰有专文（《最近三百年东北外患史》）讨论此事。这里我仅须指出有关于中国国际地位者。

第一，俄国未占西比利亚以前，中西的接触仅在东南沿海一带；占领以后，中西的接触加添了北疆的长线。从欧亚关系史看，我们可以说，自 17 世纪起，欧人分两路侵略亚洲。一路自海洋而来，由南而北，其侵略者是西洋海权国；一路自陆地而来，由北而南，其侵略者是俄罗斯。两路的侵略，合起来，形成剪刀式的割裂。全亚洲，连中国在内，都在这把剪刀口内。这是亚洲近代的基本形势，诚数千年来未有的变局。

第二，当时人虽不知道这个变局的重要，但在应付上，他们的成功是中国近代外交上空前绝后的。根据康熙二十八年（1689 年）的《尼布楚条约》，不但黑龙江、吉林及辽宁三省完全是中国的领土，即现今俄属阿穆省及滨海省也是我国的领土。《尼布楚条约》的东北是大东北，因其总面积几达到80万方英里，比现在的东北大一倍有余，也可称为全东北，因其东北南都到海，都有海口，其北有外兴安岭的自然界线——在交通上及国防上，那时的东北是完全的。

我们在17世纪能得这种成绩，一面是因为机会好，一面是因康熙皇帝处置得当。彼时西比利亚的交通极不方便；俄国在远东的国力极其薄弱；俄人对远东的地理知识亦极缺乏；俄国最大的希望是与中国通商：因此，我们的外交困难并不甚大。同时康熙皇帝在军备上不遗余力，在外交上则不为过甚。尼布楚的交涉方式最值得我们注意。事前，代表团得着皇帝批准的确切的训令，所以交涉的目的是固定的。在交涉的时候，我方代表全未以上国的使者自居，中俄双方概以平等相待。《尼布楚条约》是中西最早的条约，也是中西仅有的平等条约。彼时三藩之乱已经平定，清朝的江山已经稳固，何以康熙帝独于此时放弃"一统无外，万邦来廷"的态度呢？若说满人在那时尚未完全接受汉人的传统，所以能平等待外人，那末在顺治年间，满人的汉化程度更低，应该更能以平等待人。顺治年间给荷兰人的"勅谕"，我们在上文里已经引过，其态度的高傲也就够了。并且顺治十三年，俄国特使背喀甫（Baikoff）到北京的时候，因"行其国礼，立而授表，不跪拜；于是部议来使不谙朝礼，不宜令朝见，却其贡物；遗之还"。十七年，俄国使者又因"表文矜夸不逊，不令陛见"。在顺治年间，俄国已有意与中国和平交涉，无奈这些体制问题把交涉的路堵塞了。康熙的态度诚难解释，但此态度是外交顺利的一个成因，这是毫无问题的。

《尼布楚条约》的第六条也表示康熙时代朝廷态度的特别。这一条说：

> 两国之间既已成立本和好友谊条约，一切人民均可完全自由的从一国到对方国，惟必须携带护照，证明他们是得允许而来的。他们并可完全自由交易。

平等对待及自由贸易可解释尼布楚外交成绩的大部分。中国外交史上的大成绩是由平等对待及自由贸易中得到的，不是从独自尊大、闭关自守的传统中得来的。这件事值得吾人的深思。

六

康熙二十二年（1683年），三藩之乱平定了，台湾也收复了，从此清朝统一了中国。于是清圣祖不但下决心来解决黑龙江一带的中俄问题，且在沿海通商制度上，辟了一个新局面。以先在军事时期，清廷曾禁人民下海，甚至强迫沿海居民迁居内地，以免他们接济"叛逆"。康熙二十三年，圣祖下明诏开海禁。这个谕旨虽仅许了国人下海，并没有明文的许外人进口，但是事实上无论那国人要到广州、厦门、福州、宁波来通商者，中国一视同仁。所以在17世纪末年及18世纪来中国通商的，如奥国（双鹰国）、普鲁斯（单鹰国）、丹麦（黄旗国）、美国（花旗国）、比利时、法兰西均没有遇着葡萄牙及英荷在17世纪初年所遇着的困难。

同时清廷正式设海关监督，规定粤海关由内务府派，闽海关由福州将军兼，浙江关及江海关皆由各省巡抚兼。按法律，中国的旧关税制度完备极了，公道极了。圣祖的训谕说，"各省关钞之设，原期通商利民以资国用"；"国家设关权税，必征输无弊，出入有经，庶百物流通，民生饶裕"。世宗的旨趣相同："国家之设关税，所以通商而非累商，所以便民而非病民也"。高宗也说过："朕思商民皆为赤子，轻徭薄赋，俾人民实沾惠泽，乃朕爱养黎庶之本怀"。户部颁有税则，其平均率不到 5%，比《南京条约》以后的协定税则还要低廉。防弊的法令也极森严：

一、各关征税科则，责令该管官详列本榜，竖立关口街市，并责令地方官将税则刊刷小本，每本作价二分，听行户颁发遵照。倘该管官将应刊本榜不行设立，或书写小字悬于僻处，掩以他纸，希图高下其手者，该督抚查参治罪。地方官将应刊税则不行详校，致有舛漏，或更扶同徇隐者，并予严参。

二、各关应征货税，均令当堂设柜听本商亲自填簿，输银设柜验明放行。其有不令商亲填者，将该管官严加议处。

很明显的，中国自 17 世纪末年起，已有了法定的、公开的海关税则。

实际上，中国海关收税的情形不但离高尚道德甚远，且与法律绝不相符。直到鸦片战争，外商不知中国的税则的模样。历康雍乾嘉四朝，外人索看海关税则多次，每次概被衙门拒绝。关税分两种：船钞与货税。照户部的章程，船钞应丈量船的大小而定：大船约纳 1200 两，中船约 960 两，小船约 540 两，实际除船钞外，还须"官礼"。在 17 世纪末年，官礼的多少，每次须讲价。到康熙末年，18 世纪初年，官礼渐成固定：不问船的大小，概须送 1950 两，比正钞还多。货税也有正税及"陋规"。陋规最初也是由收税者及纳税者临时去商议，到康熙末年，大约已达货价 6%，比正税亦大。雍正初年，杨文乾以巡抚兼关监督的时候，官礼报部归公，于是官吏在货税上加了10％的陋规，名曰"缴送"。正税及各种陋规总起来约当20％，这是中国实行的税则。

这种税则虽重，但在18世纪尚未发生困难。彼时进口货少，出口货多。中国的税收80％来自出口货。这种货物，因中外市价的悬殊，能纳重税。英国东印度公司在广州出银20两买茶一担，纳出口税不过3两8钱（其中正税仅2钱），到伦敦即能批发到40两以上。且同时英国茶叶的进口税比中国的出口税还重。

通商的地点的选择，在法律上虽自由，实际无自由。浙闽粤三省的官吏虽都欢迎外商，但各处都有特殊权利的华商垄断市场，即所谓"皇商""总督商""将军商""巡抚商"等等。这班人是商人想借用政治势力以图操纵市场呢，还是官吏利用走狗来剥夺商利呢，还是官商狼狈为奸呢？在厦门，康熙四十三年（1704年），"皇商"组织公行，行外之人概不许与外人交易。从此厦门的市价全由公行操纵，外商苦极了。宁波（实际交易在珠山）不但有特殊权利商人，有时官吏简直自定价格，强迫外人交易。在17世纪末及18世纪初年，外商只能从各口彼此竞争占点便宜。最初他们侧重厦门，后来侧重宁波，最后侧重广州。康熙十五年以后，中外通商实际只有广州一口，因为广州市面较大，官吏的贪索亦比较有分寸。

广州尝了专利的滋味以后，绝对不肯放手。所以乾隆二十年，英商复想到厦门及宁波的时候，广州的官吏及商人联合起来，在北京运动。他们达到了目的：从乾隆二十一年起（1756年），广州成了法定的惟一通商地点。

从18世纪中年起，外人的通商不但限于广州且限于广州的十三行。十三行的专利实由于环境的凑迫。第一，与外商交易者总是资本比较大的华商：此中有一种自然的专利。第二，外人嫌中国海关衙门纳税的手续过于麻烦，所以常把纳税的事务委托中国商人去办。官吏于是指定少数更殷实的商家担保外人不漏税走私。这个责任甚大，保商没有团结不足以当之，倘团结而没有专利亦是得不偿失。得了专利以后，官吏又觉得保商应负更大的责任，于是保商不但要担保外人不漏税走私，且要担保外人安分守己，换言之，管理外人的责任也到了十三行身上去。在18世纪的下半期，广州外商及外船的水手逐渐增多而杂，中国官吏所定的禁令也就多而且严了。

这些禁令的烦琐简直是现在的人所不能想象或理解的。"番妇"不得来广州。"夷船"开去以后，"夷商"不得在广州逗留，他们必须到澳门或随船回国。"夷商"出外游散只能到河南花地，每月只许3次，每次不得过10人，并须有"通事"随行。"外夷"不许坐轿。"外夷"不许学习中文、购买中国书籍。"外夷"移文到衙文必须由十三行转，必须用"禀"，只许用"夷"字，不许用汉字。"外夷"只许租用十三行；仆役有限数，且须由十三行代雇。每年开市之初（秋末），官吏把这些禁令宣布一次，并训令十三行好好的开导那班不知礼义廉耻的外夷。禁令的实在用意不外三种：（一）防止外人开盘据之渐；（二）防止外人通悉中国政情以俾官吏的奸弊无从告发；（三）防止外人熟悉中国的商情，以便行商得上下物价。行商执行这种禁令的方法不外劝勉疏通：倘不行，照宣布停止贸易；再不行，则撤退外人的仆役，断绝接济。因这种利器用了多次，每次都见了效，官吏遂以为"驭夷"易如反掌。

我们在 18 世纪末年应付近代世界的大变局，又放弃了 17 世纪末年康熙皇帝的比较开明态度而回到明末的模样。

七

幸而在 18 世纪与中国的通商的最要的对手是英国东印度公司，公司的政策由股东决定，股东的目的在红利。东印度公司在中国的买卖既大赚钱，其他一切也就将就过去了。又幸而在 18 世纪，中国很像一个强大的帝国，而印度适于是时瓦解。英国的注视是在印度与法国的对抗。所以英国只想用外交的方法来修改中国的通商制度。

是时在广州的外商觉得他们所受的限制和压迫多半出自地方官吏，非皇帝所知道，更非皇帝所许可。倘若在地方交涉，通商的制度是不能更改的；倘若由政府派公使到北京去交涉，或有一线的希望。1788 年（乾隆五十三年）英国外部遂采纳这个办法。不幸英国这次所派来的公使在中途死了，使团也就折回去了。次年，两广总督福康安授意东印度公司的经理们，希望公司派代表到北京去贺高宗的八旬万寿。经理们一则恐怕此中有奸谋，代表或将被扣留为质，二则怕见皇帝的时候，必须三跪九叩礼，遂未接受福康安的意思。后来公司的董事以为经理们失了一个绝好的机会，于是决计假补行祝寿为名再派公使来华。

在筹备这使团的时候，英国人费尽心力，要使团在可能范围内迎合中国人的心理，同时作西洋文明，尤其是英吉利文明的活广告，使中国人知道英国也是礼义之邦，且是世界大帝国之一。外交部给马戞尔尼（Lord Macartney）的训令不过讲交涉大纲，其细则由马氏临行斟酌。大使所行的礼仪应表示中英的平等，不卑不亢，但不可拘泥形式。交涉的目的在扩充通商的机会和联络邦交。

第一，英国想在中国沿海得一小区域如澳门一样，俾英商可以屯货住家，主权可以仍归中国，但警察权及对英侨的法权应归英国；在租借区域内，英国不设军备。第二，中国不愿租地，就加开通商口岸及减少广州的限制。第三，英国可以遵守中国的鸦片禁令。第四，希望英国可派公使驻北京，或间来北京；如中国愿派公使到伦敦，英政府十分欢迎。这是 18 世纪末年英国对华外交的方法及目的。

马戛尔尼的使节，在中国方面，自始就另作一回事看待。东印度公司的董事长百灵（Francis Baring）在乾隆五十七年的夏季，先发一信给两广总督，报告英廷派使的意思。这封信由十三行的通事译成中文，送呈署督郭世勋，郭氏随奏折送到北京。这信原文第一句是：

> The Honorable the President and Chairman of the Honorable the Court of Directors under whose orders and authority the Commerce of Great Britain is carried on with the Chinese Nation at Canton to the High and mighty Lord the Tsontock or Viceroy of the Provinces of Quantong and Kuangsi Greeting.

译文变为：

> 英吉利总头目官管理贸易事百灵，谨禀请天朝大人钧安，敬禀者。

原文第二句是：

> These are with our hearty Commendations to acquaint you that our most Gracious Sovereign His Most Excellent Majesty George the Third King of Great Britain, France an Ireland etc., etc. Whose fame extends to all parts of the world having heard that it had been expected his subjects settled at Canton in the Chinese Empire should have sent a Deputation to the Court of Pekin in order to congratulate The Emperor on his entering into the Eightieth year of his age, and that such Deputation had not been immediately dispatched His Majesty expressed great displeasure thereat.

译文变为：

> 我国王兼管三处地方。向有夷商来广贸易，素沐皇仁。今闻天朝大皇帝八旬万寿，未能遣使进京叩祝，我国王心中惶恐不安。

英人费尽了心力要表现平等者的相敬；通事反把琉球安南的口气加在这信上。当时的通事不能也不敢实译，而当时的官吏之所以禁止外人学习中文及用中文移书往来，一部分就占这个纸上的便宜。这种外交是幼稚而又滑稽。

清高宗度量颇大，虚荣心亦大。马戛尔尼快要到天津的时候，高宗吩咐直隶总督梁肯堂及长芦盐政徵瑞如何招待。

> ……应付外夷事宜，必须丰俭适中，以符体制。外省习气，非失之太过，即失之不及。此次英吉利贡使到后，一切款待固不可踵事增华，但该贡使航海往来，初次观光上国，非缅甸安南等处频年入贡者可比。

高宗对招待虽愿从优，对礼节则极重视。他教徵瑞预为布置：

> ……当于无意闲谈时，婉词告知，以各处藩封到天朝进贡观光者，不特陪臣俱行三跪九叩首之礼，即国王亲自来朝者亦同此礼。今尔国王遣尔等前来祝嘏，自应遵天朝法度。虽尔国俗俱用布扎缚，不能拜跪，但尔等叩见时，何妨暂时松解，俟行礼后，再行扎缚，亦属甚便。若尔等拘泥国俗，不行此礼，转失尔国王遣尔航海远来祝禧纳贽之诚，且贻各藩部使臣讥笑，恐在朝引礼大臣亦不容也。

马戛尔尼深知中国人重视礼节，也知三跪九叩首必成问题，所以对徵瑞的婉劝和要求早有准备。马氏并不拒绝行三跪九叩首的礼，但他有一个条件：中国须派与他同等级的大臣在英国国王的像前作三跪九叩的答礼。他说他所争的不是他自己的身份，他对中国皇帝愿行最敬的礼节；他所争的是中英的平等，是英国国王的尊严，是要表示英国不是中国的藩属。他把他的办法和苦衷传达当时的首揆和珅。中国拒绝了他的条件，他就决定以见英王最敬的礼来见中国皇帝。

马戛尔尼于乾隆五十八年八月十日及八月十三日在热河行宫两次见了高宗，两次都未跪拜。高宗虽敷衍了，赏了他及他的随员不少的东西，心中实在不满意，要官吏暗中设法讽令英人早回国。他所提出的要求，高宗以一道敕谕拒绝一切。

马氏的外交失败是由于中西的邦交观念之不相容。我们抱定"天朝统驭万国"的观念，不承认有所谓"国际"者存在；西方在近代则步步的推演出来国际生活及其所须的惯例和公法。马氏的失败表明中国绝不愿意自动的或和平的放弃这种传统观念。因此中国外交史有一大特别：除康熙亲政初年外，中外曾无平等邦交的日子。在鸦片战争以前，中国居上，外国居下；鸦片战争以后则反是。

由现代中国人看来，马氏出使中国毫无直接的成绩可言，这已经够奇了，但连间接的影响也没有，这更奇怪了。马氏在中国境内逗留几及半年。在这时期内，中国官吏与他往来的也不少。有意反对他的如徵瑞、前任粤海关监督穆腾额、前任两广总督福康安，我们不必说。据马氏的日记对他的感情甚好的大吏也不少。直隶统督梁肯堂与他一会于天津，再会于热河。军机大臣松筠陪他游万树园，以后又陪送他到杭州。松筠曾办过中俄的交涉，马氏亦曾出使俄国，所以他们甚相得。浙江巡抚升任两广统督的长龄陪他由杭州经江西到广东。就是当时主持朝政的和珅与他见面也好几次。这些人——其他官阶较卑的如天津道及天津镇不论——马氏均说对他个人有相当的好感，尤其是松筠和长龄。何以这些人没有因为认识马氏而对外人的态度稍有变更呢？马氏所坐的兵船——比中国的水师船大 5 倍——及所送高宗的炮位和模型军舰当时也有许多中国人看见过，何以他们对西洋军备无丝毫的惊醒呢？英国这次所送的浑天仪实属 18 世纪西洋科学及工艺的最精品。何以国人（满汉均在内）没有发生一点觉悟呢？马氏文化使命的失败足证中国绝不会自动的接收西洋的科学和工艺。

马戛尔尼在中国的那一年正是法国革命国会对英国宣战的一年。从 1793 年到 1815 年（嘉庆二十年），大英帝国的精力都集中于对法的作战。远东通商制度的改良只好暂时搁置。同时中国这方也是变故多端。嘉庆元年，湖北教匪起事，蔓延四川、河南、陕西、甘肃，至八年始告平定。闽粤海盗蜂起，聚众到八九万人，船 300 多只。西人被海盗架去而以重价赎回者有好几次。官吏如何虚报胜仗，如何“招抚”：在广州的外人知道很清楚。内乱多，军费就多，十三行的捐款也就多了。外人觉得通商的困难日见增多。等到拿破仑战争一终止，英国政府遂决计再派使来华，以求通商情形的改良。

嘉庆二十一年，罗尔美都（Lord Amherst）的使节简直是个大惨败。因跪拜问题，仁宗竟下逐客之令。由北京返广州的时候，沿途的官吏多以白眼相待。西洋人从此知道，要变更中国的通商制度，和与中国建立平等的邦交，和平交涉这条路走不通。

八

到了道光年间，中西都有大变动，使旧的中西关系不能继续存在。

第一，英在 18 世纪的下半有所谓工业革命。在手工业时期，英国出品运至外国者不多，适宜于中国市场者更少。到了拿破仑战争以后，在海外辟市场成了英国新工业的急迫需要。

第二，自由贸易的学说随着工业革命起来了。以往各种贸易的限制和阻碍，英人视为家常便饭者，到了 19 世纪，英人看为野蛮黑暗，非打倒不可，中国的通商制度亦在内。

第三，经过了 18 及 19 世纪初年的战争，大英帝国毫无问题的是世界的最强的帝国。英人往年在广州所能忍受者现在觉得万不能忍了。并且这个帝国以印度为中心，要侵略亚洲别部，英国有印度为大本营、出发地。为维持及发展在印度的利益，英国觉得有进一步的经营亚洲别部的必要。

第四，在 19 世纪以前，欧人到海外去传教者全是天主教徒。在 19 世纪初年，耶稣教徒也发现他们有传布福音给全世界的神授使命。在广州的传教士，对于中国各种禁令的愤慨尚在商人之上。

我们试看道光元年（1821 年）至二十年，外人在澳门所发表的刊物，及他们写给政府的请愿书或给亲戚朋友的信，我们发现一个共同的要求：解放！他们，不分商人及传教士，都觉得解放的日子应该到了，已经到了。

在东印度公司的末年，驻华经理中之后辈就主张与中国算总账。以往公司的经理只求大事化小事，小事化无事；现在这般商人尚惟恐天下无事。在道光十二三年的时候，外商已自动的，不顾中国的禁令，到福建、江苏、山东，甚至奉天及高丽去卖鸦片和新的机制纺织品；传教士也跟着他去传教，去施医药。实际上，沿海官吏就无可奈何。林则徐在江苏巡抚任内，遇着一个这样的犯禁的船，也无法对付。

道光十三年，东印度公司在中国的通商专利取消了。这种专利也是贸易不自由时代的产物；它的取消就是时潮的表现，取消以后，新来的商人多而且杂。他们对于中国的旧制度无经验，也无了解，只觉得这种制度之无理。同时，公司取消以后，保护商业的责任由英国政府负责。以前买卖是公司作的，要办交涉和打仗，费用也是公司出的；以后买卖是商人作的，交涉及打仗都是政府的事情了。所以大决裂的机会就多多了。并且责任既由英国政府直接负担，英国必须派代表常年驻华。这个代表要执行他的职权必须得中国的承认——承认他是外国政府的代表。那时，中国只知道有贡使，不知道有公使、领事。这种承认等于承认中英的平等。我们知道，在乾隆末年及嘉庆初年，中国绝无放弃传统观念的倾向。在道光年间，中国还是旧中国。事实上，在东印度分司取消以后，中英必须发生平等的近代邦交；而中国的体制绝不容许这种邦交的发生。道光十四年，中英因此就以炮火相见。那次英国代表不久因病去世，这问题就成为一个大悬案。

换句话说，在道光年间，我们的通商制度及邦交观念是 19 世纪所不能容许的。

同时，英国人的鸦片买卖也是我们觉得不应该容许的。

这个鸦片买卖的发展有其商业的自然性。历 17 及 18 世纪，中国的国际贸易总是有很大的出超，因之白银源源的从欧洲、南北美及印度输进来。西商所苦的是找不着可以销售的进口货。在嘉庆年间，他们始发现鸦片推销之易，但是这种买卖的大发展尚在道光年间。在道光元年，鸦片进口的尚不满 6000 箱，每箱 100 斤；到了道光十五年，已过了 3 万箱；道光十九年（1839 年）——林文忠到广州去禁烟的那一年——过 4 万箱。中国在道光六年初次有入超，从此白银起始出口，西商的困难也从此解决了。倘若英国的工业革命提早百年，倘若英国的工业在 18 世纪就能大量的输入中国，那末英商无须鸦片来均衡他们与中国的买卖，那末，中英可以不致有鸦片战争，只有通商战争，那末，我民族可以不受鸦片之毒至如此之深，但我们的农民家庭附属手工业的崩溃又要提早百年。换言之，无论如何，我们是不能逃避外来的压迫的，除非我们的现代化也提早百年。

鸦片买卖的发展，除了有其商业的自然性外，还有一个很重要的政治理由，那就是印度财政的需要。英国自 18 世纪中年战胜法国以后，就成了印度的主人翁，就着手整理印度的行政。整理的方法不外多用英国人为官吏。其结果有两个：一个是行政效率的提高，一个是行政费及军费的提高。印度因此发生财政问题。鼓励鸦片之输入中国是英属印度除财政困难方法之一，即所谓开源者也。其用心之苦——如中国吸鸦片者的嗜好的探讨、价钱的适合、装包箱之图便宜等——不亚于任何现代的公司推销任何其他货品。

宣宗可说是个清教徒。他不但要禁烟，且禁唱戏。他的俭朴是有名的，连朝服尚不愿换新，只肯补缀。无疑的，宣宗的禁烟是出于至诚的，下了决心的。可是当时官吏的腐败不是一个皇帝——虽有生杀之权——所能挽回的。所以愈禁烟而烟之输入愈多。我们若参看美国近年禁酒的经验，道光年间禁烟之失败似很自然了。

宣宗及少数的同志为什么要禁烟呢？他们一则觉得鸦片伤害身体，二则因为烟瘾妨害平民职业，三则因为烟瘾减降军队的战斗力。我们若以道光年间的谕旨及奏章为凭，他们禁烟最大的理由还是因为鸦片进口，白银就出口。那时国家没有统计（鸦片按法不能进口，故更不能有进口的统计），他们又怎能知道鸦片进口及白银出口的数目呢？他们的知识一部分得自传闻，因为鸦片买卖已成了公开的秘密，一部分得自推测。他们知道在嘉庆年间，每两银子可换制钱1000文，在道光中年，可换至1600文。他们的结论是：银价的提高是因为银子流出外洋。这个结论不尽可靠，因为在道光年间，中国各省铸钱太多，且钱质也太坏。他们所得的传闻往往亦言过其实。正因为他们的运动没有科学的基础，他们的热忱反而加高。

当时在广州有少数留心时务的士大夫共同探讨鸦片问题。顺德人何太青曾主张这个办法：

> 纹银易烟出者不可数计。必先罢例禁，听民间自种莺粟。内产既盛，食者转利值廉，销流自广。夷至者无所得利，招亦不来；来则竟弛关禁而厚征其税。责商必与易货，严银禁罪名。不出二十年，将不禁自绝。实中国利病枢机。

监课书院教官吴兰修很赞成这个主张，自己作了一篇《弭害论》以资宣传，并请了学海堂同事们出来提倡。这些人都是粤东道台许乃济的朋友，他也相信这个主张是惟一可能的办法。在道光十六年他作太常寺少卿的时候，他就奏请禁白银出口，不禁鸦片进口但加税，且许人民种烟，希望拿国货来抵制外货。许乃济及他的同志都知道这个议法是下策，但是他们认清禁烟虽是上策，可惜是不能行的上策。御史们如许球、朱嶟、袁玉麟都反对开禁，以为事系天下风化，万不可为，且如能禁白银出口，就能禁鸦片进口。许乃济的办法就打消了。

道光十八年，黄爵滋奏请治吸烟者以死罪，这是烟禁加严的大呼声。宣宗令各省将军督抚讨论。大多数的人都以为死罪太重；因为太重，地方官吏反不执行了；他们以为贩卖者的罪实大于吸食者。惟独湖广总督林则徐完全赞成。宣宗于是决定吸食与贩卖同时都禁，并派林则徐为钦差大臣，到鸦片贸易大本营的广东去禁烟。

九

林文忠于道光十九年（1839年）春天到广州。

广东的中外烟商对于朝廷及官吏的禁烟实是司空见惯毫不在乎。他们以为文忠一定是和别的官吏一样，初到任时，排个架子，大讲禁烟；架子愈排的大不过表示要钱愈多。他们想拿对付别的官吏的法子来对付文忠。不幸文忠是中国官场的怪物，那就是说，他居然办事认真，说到那里，就作到那里。他下令要烟商完全把鸦片交出来。烟商不听令，他就撤退十三行的仆役，断绝接济，派兵围十三行。这个办法不是文忠独创的，广东几百年来"驭夷"的方法就是这样。他为什么不派兵船到海上去拿烟船呢？因为他知道中国兵船的力量不够。他为什么不分好坏把外商封锁起来呢？一则因为好坏难分，二则因为300多个外商之中，只有几个人从来没有作过鸦片买卖。他为什么把英国商业监督义律（Charles Elliot）也封锁起来呢？因为中国与英国没有邦交，不承认有所谓商业监督存在。林文忠全用传统的方法，因为他不知道有别的方法。他是中国纯粹旧文化的产物。他的特别是他忠实的要行孔孟程朱之学，不但口讲而已。

义律知道了没有法子可以对付这个横蛮的钦差，于是以英国政府的名义令英商把所有的鸦片交给他，由他发收据。英商喜出望外，因为以后他们可以向政府追索财产或其赔偿。这一举是林文忠的大幸，也是他的大不幸。有此一举，他得了两万多箱的鸦片烟，简直一网打尽。他的报告到了北京的时候，宣宗批谕说："朕心深为感动，卿之忠君爱国，皎然于域中化外矣。"同时因为义律玩了这套把戏，他交出的鸦片已不是英商的私产，是英国政府的公产。因此这问题更加严重。

鸦片收了毁了，朝廷升他为两江总督了，普通官吏大可就此收场。林文忠则不然，他要办到底。他令外商具一甘结以后不再鸦片买卖，如作而被发觉，货则入官，人则处死。不具甘结者，他要他们回国不再来。义律率领英商既不具甘结，也不回国。他的实在理由是要等英国政府的训令然后再作处置。林文忠则以为义律与烟商狼狈为奸，从中取利。所以他就下令禁止沿海人民接济淡水食物，因此在这年秋季中英就兵火相见了。

在义律方面，他这年秋季及次年春季所有的武力仅两只小兵船，其余都是商船临时应战。他与林文忠两次的冲突，他不教战争（War），只称报复（Reprisal）。文忠的军事报告不免言过其实：这不是水师提督关天培蒙蔽他，就是他有意欺君。不幸关天培颇负时誉，林文忠的官声素好，所以时人就信他们是百战百胜的。文忠于军备的努力亦言过其实。他买了一只外国的旧商船，改作水师练船。他又买了些外国小炮，在虎门口，他按了一根大铁链子，以防英船的驶进。他令沿海居民办团练，他是相信可以利用"民气"以御外侮的。他自信很有把握，最可惜的，时人也相信他有把握。道光二十年的夏季，英国水路军队到了中国洋面的时候，他们不攻广州，反攻珠山。文忠及时人的解释是英人怕他的军备！

英国的目的有两个：一个是要得鸦片赔款，一个是要大修改通商制度。英国以为打仗应在北边，交涉更应近北京，不然，不能收速效。所以占了珠山以后，英国交涉员就率领舰队到天津去，在天津负责交涉者是琦善，他对英国武备加以研究以后，就认定中国绝不能与英国战，于是不能不和。适英国政府《致中国宰相书》为琦善开了讲和之路。该书要求条款甚多，没有一条是当时中国所能接受的。但要求的理由就是林文忠禁烟方法的横暴。琦善把这个交涉当作一场官司办：英人既说林钦差欺负了他们，那末查办林则徐岂不可以了事？以中国皇帝的命令去查办中国的疆吏不但无损国体，反足以表示中国的宽大。义律以琦善的态度开明，交涉不能失败，就答应率舰队回广州再议。林则徐攘出大祸，致定海县失守；琦善凭三寸之舌把英军说退了，宣宗就罢免林则徐而派琦善去查办。

琦善到了广州，义律又旧话重提。琦善仍主和。英国政府给代表的训令要他们要求中国割一岛；如中国不愿割地，则加开通商口岸。这点选择是中国外交惟一的机会。琦善看到了这个机会，主张不割地，只加开通商口岸。清廷不许割地，也不开通商口岸；义律则一心要香港。于是主和者的琦善也与英人决裂了。军事失败，以后就订《穿鼻条约》，割香港与英国。清廷得信以后，就把琦善革职拿问。宣宗从此一意主战。

既然主战，宣宗就应该复用林则徐。文忠自告奋勇，愿到浙江去收复失地。在浙督师的裕靖节亦竭力保他能胜任。于是宣宗令文忠到浙江去戴罪立功。不料二十一年夏季，英国新军将到浙江的时候，宣宗临时又把文忠遣戍伊犁。是以这位自信能"剿夷"，时人也信他能"剿夷"的林则徐终于没有机会可以一现他的本领。

因此，我们的鸦片战争虽败了，大败了，时人绝无丝毫的觉悟。他们不认输。他们以为致败之理由，不在中国军备之不及外人，是在奸臣误国，使林文忠不得行其志。好像两个球队比赛。甲队的导师临时不许其健将某人出场，以后败了，其咎当然在导师，不在球队。在道光年间，中西文化如要比赛的话，无疑的，中国队员的自然队长是林则徐。则徐未得出场，国人当然有以自慰。因此中有这个大波折，国人又酣睡了 20 年。

十

负责办理战事善后者是伊里布及耆英。伊里布秉承琦善的衣钵，而耆英又秉承伊里布的衣钵。他们是"抚夷"派。他们抚夷的方法见于他们所订的中英《南京条约》和《虎门条约》、中美《望厦条约》及中法《黄埔条约》。

我们战争的目的没有达到，因为英国虽不反对禁烟，但反对中国再用林则徐用过的方法。这样一来，禁等于不禁，因为以中国的国力及国情，用文忠的方法尚有一线之望，不用则全无禁烟的希望。

英国战争的目的完全达到了。通商制度大加修改了。我们现在把南京、虎门、望厦及黄埔诸条约当作最早的不平等条约看，因为这些条约里有领事裁判权、协定关税，及片面的最惠国待遇。虽然，我们不可就结论这些不平等条款是帝国主义压迫我们的工具。道光时代的人的看法完全与我们的两样。他们不反对领事裁判权，因为他们想以夷官按夷法来治夷人是极方便省事的。他们不反对协定关税，因为他们想把税则一五一十的订在条约里可以免许多的争执，并且耆英所接收的协定税则比中国以往国定的税则还要高。他们不反对片面的最惠国待遇，因为他们想不到中国人要到外国去；其实当时的法令禁止人民出洋。至于租界制度并不是根据任何条约起始的，最早的租界是上海英人居留地（Settlement），由上海道与英国领事订的。原来外人初到上海的时候，他们在城内租借民房，后来中国地方官吏感觉华洋杂居，管理不易；外人亦感觉城内卫生不好，交通不便。为外人划出一特别区域为其居留地是出于双方乐意的。时人并不反对。他们，不论抚夷派或剿夷派，不知道，亦无从知道这些条款之主权的及经济的损失，剿夷派所痛恨的是赔款和五口通商。他们认赔款是输金以养夷，使夷力坐大。他们以为有了五口，那就防不胜防了。其实这五口，上海除外，都是康熙年间曾经有过通商的地点。

最奇怪的，英人认《南京条约》是中英平等的承认及保障，因为条约中规定中英官吏可以平等往来。这一条约是剿夷派所不甘心的。

《南京条约》以后，中国以两广总督（最实是广州将军）兼钦差大臣负责处理夷务，而以两江总督副之。我们可以说，在道咸年间粤督是中国的外交总长，江督是次长。此外北京并没有专办外交的衙门。

第一任总长是伊里布；不满一年他就死了。继任的是耆英。鸦片战争以后的通商制度几全成于耆英之手。他抚夷的技术很值得我们的注意：

> ……其所以抚绥羁縻之法，亦不得不移步换形。固在格之以诚，尤须驭之以术。可有使不由不可使知者；有示以不疑，方可消其反侧者；有加以款接，方可生其欣感者；并有付之包荒，不必深与计较，方能于事有济者。……夷人会食，名曰大餐。……奴才偶至夷楼夷船，渠等亦环列侍坐，争进饮食，不得不与共杯勺，以结其心。且夷俗重女，每有尊客，必以妇女出见。……奴才于赴夷楼议事之际，该番妇忽出拜见。奴才踧踖不安，而彼乃深为荣幸。此实西洋各国风俗，不能律以中国之礼。倘骤加诃斥，无从破其愚蒙，适以启其猜嫌。……

耆英所谓"驭之以术"，就是肯与外人交际。这没有什么了不得。但清议骂他"媚外"，因为清议要死守"人臣无私交"的古训。换句话说，鸦片战争以后，时论仍不许中国有外交。

耆英最感困难的是广东民情与夷情之调济。鸦片战争以后，广东人特别仇恨外人，而外人的气焰自然亦比战前亦高，于是发生许多私斗暗杀事件。耆英不惜以严刑处置暗杀者。御史们骂他"抑民奉夷"。在这种空气之下，发生广州入城问题。广州人坚执不许外人入城，好像城内是神圣之地，不容外夷沾染。英人把这种态度看作侮辱，坚要入城，以不许入城为违约。耆英左右为难，对人民则竭力开导，对英人则劝其不着急。到了道光二十七年，英人太不能忍了，于是以武力要挟。耆英不得已与之约定，许两年后进城。《清史稿》说："耆英知终必有衅，二十八年请入觐，留京供职。"这个解释颇近情，因为耆英离开广州以后，官运尚好，"管理礼部兵部，兼都统，寻拜文渊阁大学士"。这样，耆英的脱离外交，似乎不是因为宣宗不信任他了，是因为他自己畏难而退。

<h1 style="text-align:center">十一</h1>

虽然，这解释也有困难。宣宗训令他的继任者说：

> 惟疆寄重在安民：民心不失，则外侮可弭。嗣后遇有民夷交涉事件，不可瞻徇迁就，有失民心。……总期以诚实结民情，以羁縻办夷务，方为不负委任。

这就是批评耆英的政策。并且继任者是徐广缙，广缙也是佩服林文忠者之一。他继任之初，就请教文忠驭夷之法，文忠答以"民心可用"。其实耆英的下台及徐广缙的上台不是寻常官吏的调动,是抚夷派的下野和剿夷派的登朝执政。徐广缙秉承林文忠的衣钵,而叶名琛以后又秉承徐广缙的衣钵。可惜徐广缙是个小林则徐,而叶名琛又是个小徐广缙。英法联军祸根就种于此。

徐广缙继任一年以后,耆英两年后入城的条约至期,英人根据此约要求进城。广缙与名琛于是联络地方绅士大办团练,"共团勇至十万余人,无事则各安工作,有事则立出捍卫,明处则不见荷戈持戟之人,暗中实皆折冲御侮之士"。广州官民同心以武力抵抗。英人终觉因入城问题而作战,未免小题大做。于是声明保留权利,以待他日。广缙遂以英人怕百姓,放弃入城之举报告北京。宣宗高兴极了,赏了广缙子爵,名琛男爵,并赐广州人民御书"众志成城"四字。剿夷派外交的起始总算是顺利。

文宗即位(道光三十年正月)以后,剿夷派的势力更大。大学士潘世恩及给事中曹履泰等均谓应该起用林则徐,"庶几宋朝中国复相司马之意"。文宗亦有此意。三十年十月,他手笔下诏宣布抚夷派的罪状。咸丰朝的对外态度于此毕露了。

这时适有太平天国的革命,满清的江山几乎不保,但京内外的驭夷政策并不因此稍改。在广东叶名琛自以为很有把握,文宗亦十分信任他。咸丰四年(1854年)英法美三国共同要求中国修改通商条约。三国代表到两江及天津去交涉的,地方官吏均答以修约之事只有叶名琛能主持,但是他们到广东去的时候,名琛总是托故不见,最后又回答他们只知守约,不知改约。是时英法正联军助土耳其抵抗俄国,而急于修约的英国亦以为不如等中国内乱之胜负决定后再议,于是搁置修约问题。名琛不知道这个内幕,反自居功,以为他得着驭夷的秘诀了。

其实外人,尤其是英国人,这时已十分不满意旧约,他们以为商业不发达是由于通商地点太少,且偏于东南沿海,长江及华北均无口岸;他们又觉得中国内地的通过税太繁,致货物不能流通。外国代表对叶名琛的办事方法也十分愤慨,以为邦交制度非根本改革不可。外人气焰之高,很像鸦片战争以前的样子。

叶名琛于此时给外人以启衅的口实,咸丰六年,广西西林县杀了一个马神父。法国代表要求处置,名琛一事推诿。这时拿破仑三世欲得教皇的欢心以维持他的帝位。有了马神父的悬案,他就师出有名了。同时叶名琛因捕海盗事,与英人起了冲突。于是英法联军,首攻广州。名琛不和不战,终为英人所掳。八年,联军由大沽口进据天津。清廷恐京师受扰,于是派桂良及花沙纳到天津去修约。

天津交涉最严重的问题，第一是北京驻使。士大夫简直以此事为荒谬绝伦，万不可许。第二是长江开通商口岸及内地游行。这样遍地都有外夷，简直防不胜防了。至于减低关税及改内地各种通过税为二五子口税，时人倒觉得值不得争。桂良及花沙纳（天津人说"那年桂花不香"）以为不签字，则外人必直逼京师；签字则外军可退，中国可徐图挽回。《天津条约》实在可说是城下之盟了。

签字以后，北京就教桂良到上海去"挽回"已失权利。清廷知道若否认条约必致引起战祸，于是有所谓"内定办法"：中国以后完全不收关税，外人放弃北京驻使、长江通商及内地游行。时人以为外夷既惟利是图，以利诱之，他们必就范。桂良到了江南，地方官吏均反对这个内定办法：不收关税则军饷无来源，万一外人接受了这个便宜而同时又不放弃新得的权利，那又怎样？桂良费了九牛二虎之力，疏通英国，结果允不派使驻京。他觉得此外不能再有所得，只好批准《天津条约》。

次年，各国派使到北京去交换批准证书。北京也为他们预备了公馆，以便接待。但各国疑心甚大，所以派兵船护送公使北上。清廷于八年派了僧格林沁在大沽设防，以免外人再进据天津。中国愿意堵塞海河交通，留北塘一路出入，则外人不能武装进京。外人见了大沽不能通行，遂以为中国有心废约。他们把中国军备看得太轻了。一战的结果，外人大失败。于是英法要复大沽之仇。

咸丰十年，我们的外交一误于北京不给桂良全权证书——时人以为惟独皇帝可以全权，再误于捕拿外国交涉员。终至联军入京，毁圆明园，而《天津条约》以外又有所谓《北京条约》了。

剿夷派外交的代价不能不算大。

十二

上文已经说过。俄国占了西比利亚以后，中国的国际地位加了一路的侵略。但《尼布楚条约》终究实行160余年。到了19世纪中年，欧人自水路来者的侵略复行积极的时候，自旱路来者的侵略也积极了。剪刀在那里活动了。

俄人最初实假道黑龙江出师，以防英法的侵略；次则实行占据江北。等到布置好了，然后与黑龙江将军奕山开始交涉。咸丰八年，签订《瑷珲条约》，将黑龙江以北的土地划归俄国。九年，中国想否认该约。等到英法联军进了北京以后，中国不但无力取消《瑷珲条约》，反又订《北京条约》，把乌苏里以东的土地让给俄国。我们的大东北缩小了一半，而且俄国得了海参崴，可以角逐于北太平洋。

俄国没有费丝毫之力就得了 30 万方英里的土地,其对华外交的灵敏可说远在英国之上。而且俄国自始至终以中国的"朋友"自居!

十三

咸丰十年的大挫折终于唤醒了一部分的中国人。在八年九年,文宗的亲弟恭亲王奕䜣是顽固派之最顽固者,首先提议捕杀外国交涉员的就是他。文宗逃往热河的时候,派他留守北京。咸丰十年的经验给了他及他的助手文祥两个教训。他们从此知道外国的枪炮实非我们的所能敌。同时他们发现外国人也讲信义:与外人订了约以后,他们果然遵约退出北京。于是奕䜣与文祥决心自强,并且知道中国还可利用外国专门人才以图自强。

适此时曾国藩、李鸿章、左宗棠诸疆吏因与太平天国战,免不了与外人发生关系。他们也得了同样的教训。这五人的努力造成了同治中兴的局面。

他们是中国的第一流政治家,知道中国所处的局势是数千年的变局,而且图以积极的方法应付之。他们的大政方针分两层:以外交治标,以自强治本。这个治本之策是步步发展的。最初不过练洋枪队;继则买制器之器,以图自己造枪造船;终而设学校,派留学生,以图自己能制这制器的器具。等到光绪年间,他们进而安电线、开煤矿、修铁路、办海军、设招商局、立纱厂。我们现在以为他们的事业不够,可是我们如知道他们的困难,我们也不批评他们了。时人多怪他们以夷化夏,多方反对。加以事权不一,掣肘者多。政府没有整个的计划,事业的成败要靠主办者个人的势力。

至于治标方面,奕䜣及文祥创立一个总理各国事务衙门来负外交的专责。总署拿定主意谨守条约以避战祸。但是 19 世纪的后 40 年,外来的压迫节节加紧。这时工业化的国家也多了,各国都须在海外找市场,不像以往只有英国。同时西洋人把达尔文的学说应用于民族之间:优胜劣败既然是天理,强者有助天淘汰弱者之责。所谓近代的帝国主义的狂澜充满了全世界。加之这时在已有的两路侵略——剪刀式的夹攻之上,又来一个从东面临头砍杀的日本。治标没有治好,治本也不足济事。甲午之战是自强运动的失败。

十四

自强失败以后，就是瓜分；瓜分引起民族革命。这是甲午以后，我们对世界大变局的应付。（中略）

无疑的，经过这 30 余年的革命，我们的民族意识大有进步。无疑的，这民族意识是我们应付世界大变局的必须利器。现在的问题是：这民族意识能否结晶，能否具体化。我们是否从此团结一致来御外侮；我们是否因为受了民族主义的洗礼而就能人人以国事为己任：这些条件会决定我们最后对这个大变局的应付的成败。

——选自《清华学报》第 9 卷第 4 期（1934 年 10 月 4 日北平出版）

中国近代史

总 论

中华民族到了 19 世纪就到了一个特殊时期。在此以前，华族虽已与外族久已有了关系，但是那些外族都是文化较低的民族。纵使他们入主中原，他们不过利用华族一时的内乱而把政权暂时夺过去。到了 19 世纪，这个局势就大不同了，因为在这个时候到东亚来的英、美、法诸国绝非匈奴、鲜卑、蒙古、倭寇、满人可比。原来人类的发展可分两个世界，一个是东方的亚洲，一个是西方的欧美。两个虽然在 19 世纪以前曾有过关系，但是那种关系是时有时无的，而且是可有可无的。在东方这个世界里，中国是领袖，是老大哥，我们以大哥自居，他国连日本在内，也承认我们的优越地位。到了 19 世纪，来和我们打麻烦的不是我们东方世界里的小弟们，是那个素不相识而且文化根本互异的西方世界。

嘉庆道光年间的中国人当然不认识那个西方世界。直到现在，我们还不敢说我们完全了解西洋的文明。不过有几点我们是可以断定的。第一，中华民族的本质可以与世界上最优秀的民族比。中国人的聪明不在任何别的民族之下。第二，中国的物产虽不及俄、美两国的完备，然总在一般国家水平线之上。第三，我国秦始皇的废封建为郡县及汉唐两朝的伟大帝国足证我民族是有政治天才的。是故论人论地，中国本可大有作为。然而到了 19 世纪，我民族何以遇着空前的难关呢？第一是因为我们的科学不及人。人与人的竞争，民族与民族的竞争，最足以决胜负的，莫过于知识的高低。科学的知识与非科学的知识比赛，好像汽车与洋车的比赛。在嘉庆道光年间，西洋的科学基础已经打好了，而我们的祖先还在那里作八股文，讲阴阳五行。第二，西洋已于 18 世纪中年起始用机械生财打仗，而我们的工业、农业、运输、军事，仍保存唐宋以来的模样。第三，西洋在中古的政治局面很像中国的春秋时代，文艺复兴以后的局面很像我们的战国时代。在列强争雄的生活中，西洋人养成了热烈的爱国心，深刻的民族观念；我们则死守着家族观念和家乡观念。所以在 19 世纪初年，西洋的国家虽小，然团结有如铁石之固；我们的国家虽大，然如一盘散沙，毫无力量。总而言之，到了19世纪西方的世界已经具备了所谓近代文化。而东方的世界则仍滞留于中古，我们是落伍了！

近百年的中华民族根本只有一个问题，那就是：中国人能近代化吗？能赶上西洋人吗？能利用科学和机械吗？能废除我们家族和家乡观念而组织一个近代的民族国家吗？能的话我们民族的前途是光明的；不能的话，我们这个民族是没有前途的。因为在世界上，一切的国家能接受近代文化者必致富强，不能者必遭惨败，毫无例外。并且接受得愈早愈速就愈好。日本就是一个好例子。日本的原有土地不过中国的一省，原有的文化几乎全是隋唐以来自中国学去的。四十余年以来，日本居然能在国际上作一个头等的国家，就是因为日本接受近代文化很快。我们也可以把俄国作个例子。俄国在15世纪、16世纪、17世纪也是个落伍的国家，所以那时在西洋的大舞台上，几乎没有俄国的地位；可是在17世纪末年，正当我们的康熙年间，俄国幸而出了一个大彼得，他以专制皇帝的至尊，变名改姓，微服到西欧去学造船，学炼钢。后来他又请了许多西欧的技术家到俄国去，帮助他维新。那时许多的俄国人反对他，尤其是首都莫司哥（即莫斯科，下同）的国粹党。他不顾一切，奋斗到底，甚至迁都到一个偏僻的，但是滨海的尼瓦河（即涅瓦河，下同）旁，因为他想靠海就容易与近代文化发源地的西欧往来。俄国的近代化基础是大彼得立的，他是俄罗斯民族大英雄之一，所以今日的斯大林还推崇他。

土耳其的命运也足以表示近代文化左右国家富强力量之大。在19世纪初年，土耳其帝国的土地跨欧、亚、非三洲，土耳其人也是英勇善战的。却是在19世纪百年之内，别国的科学、机械和民族主义有一日千里的长进，土耳其则只知保守，因此土耳其遂受了欧洲列强的宰割。到了1878年以后，土耳其也有少数青年觉悟了非维新不可，但是他们遇着极大的阻力。第一，土耳其的国王，如我国的清朝一样，并无改革的诚意。第二，因为官场的腐败，创造新事业的经费都被官僚侵吞了，浪费了。国家没有受到新事业的益处，人民已加了许多的苛捐杂税，似乎国家愈改革就愈弱愈穷。关于这一点，土耳其的近代史也很像中国的近代史。第三，社会的守旧势力太大，以至有一个人提倡维新，就有十个人反对。总而言之，土耳其在19世纪末年的维新是三心二意的，不彻底的，无整个计划的，其结果是在上次世界大战中的惨败，国家几致灭亡。土耳其人经过那次大国难以后一致团结起来，拥护民族领袖基马尔，于是始得复兴。基马尔一心一意为国家服务，不知有他。他认识了时代的潮流，知道要救国非彻底接受近代的文化不可。他不但提倡科学、工业，他甚至改革了土耳其的文字，因为土耳其的旧文字太难，儿童费在文字上的时间和脑力太多，能费在实学上的必致减少。现在土耳其立国的基础算打稳了。

日本、俄国、土耳其的近代史大致是前面说的那个样子。这三国接受了近代的科学、机械及民族主义，于是复兴了，富强了。现在我们要研究我们的近代史。我们要注意帝国主义如何压迫我们。我们要仔细研究每一个时期内的抵抗方案。我们尤其要分析每一个方案成败的程度和原因。我们如果能找出我国近代史的教训，我们对于抗战建国就更能有所贡献了。

第一章　剿夷与抚夷

第一节　英国请中国订立邦交

在 19 世纪以前，中西没有邦交。西洋没有派遣驻华的使节，我们也没有派大使公使到外国去。此中的原故是很复杂的。第一，中西相隔很远，交通也不方便。西洋到中国来的船只都是帆船。那时没有苏彝士运河，中西的交通须绕非洲顶南的好望角，从伦敦到广州顶快需三个月。因此商业也不大。西洋人从中国买的货物不外丝茶及别的奢侈品。我们的经济是自足自给的，用不着任何西洋的出品。所以那时我们的国际贸易总有很大的出超。在这种情形之下，邦交原来可以不必有的。

还有一个原故，那就是中国不承认别国的平等，西洋人到中国来的，我们总把他们当作琉球人、高丽人看待。他们不来，我们不勉强他们。他们如来，必尊中国为上国而以藩属自居。这个体统问题、仪式问题就成为邦交的大阻碍，"天朝"是绝不肯通融的，中国那时不感觉有联络外邦的必要，并且外夷岂不是蛮貊之邦，不知礼义廉耻，与他们往来有什么好处呢？他们贪利而来，天朝施恩给他们，许他们作买卖，藉以羁縻与抚绥而已。假若他们不安分守己，天朝就要"剿夷"。那时中国不知道有外交，只知道"剿夷与抚夷"。政治家分派别，不过是因为有些主张剿，有些主张抚。

那时的通商制度也特别。西洋的商人都限于广州一口。在明末清初的时候，西洋人曾到过漳州、泉州、福州、厦门、宁波、定海各处。后来一则因为事实的不方便，二则因为清廷法令的禁止，就成立了所谓一口通商制度。在广州，外人也是不自由的，夏秋两季是买卖季，他们可以住在广州的十三行，买卖完了，他们必须到澳门去过冬。十三行是中国政府指定的十三家可以与外国人作买卖的。十三行的行总是十三行的领袖，也是政府的交涉员。所有广州官吏的命令都由行总传给外商；外商上给官吏的呈文也由行总转递。外商到广州照法令不能坐轿，事实上官吏很通融。他们在十三行住的时候，照法令不能随便出游，逢八（那就是初八，十八，二十八）可以由通事领导到河南的"花地"去游一次。他们不能带军器进广州。"夷妇"也不许进去，以防"盘踞之渐"。顶奇怪的禁令是外人不得买中国书，不得学中文。第一个耶稣教传教士马礼逊博士的中文教师，每次去授课的时候，身旁必须随带一只鞋子和一瓶毒药，鞋子表示他是去买鞋子的，不是去教书的，毒药是预备万一官府查出，可以自尽。

那时中国的海关是自主的，朝廷所定的海关税则原来很轻，平均不过 4%，清政府并不看重那笔海关收入，但是官吏所加的陋规极其繁重，大概连正税要收货价 20%。中国法令规定税则应该公开；事实上，官吏绝守秘密，以便随意上下其手。外人每次纳税都经过一种讲价式的交涉，因此很不耐烦。

中国那时对于法权并不看重。在中国境内外国人与外国人的民刑案件，我国官吏不愿过问，那就是说，自动的放弃境内的法权。譬如，乾隆十九年，一个法国人在广州杀了一个英国人，广州的府县最初劝他们自己调解。后因英国坚决要求，官厅始审问。中国与外国人的民事案件总是由双方设法和解，因为双方都怕打官司之苦。倘若中国人杀了外国人，官厅绝不偏袒，总是杀人者抵死，所以外人很满意。只有外国人杀中国人的案子麻烦，中国要求外人交凶抵死，在 18 世纪中叶以前，外人遵命者多，以后则拒绝交凶，拒绝接收中国官厅的审理，因为他们觉得中国刑罚太重，审判手续太不高明。

外人最初对于我们的通商制度虽不满意，然而觉得既是中国的定章，只好容忍。到了 18 世纪末年（乾隆末年，嘉庆初年）外人的态度就慢慢的变了。这时中国的海外贸易大部分在英国的东印度公司手里。在广州的外人之中，英国已占领了领袖地位。英国此时的工业革命已经起始，昔日的手工业都慢慢的变为机械制造。海外市场在英国的国计民生上一天比一天紧要，中国对通商的限制，英国认为最不利于英国的商业发展。同时英国在印度已战胜了法国，印度半岛全入了英国的掌握。以后再往亚东发展也就更容易了，因为有了印度作发展的根据地。

当时欧洲人把乾隆皇帝作为一个模范的开明君主看。英国人以为在华通商所遇着的困难都是广州地方官吏作出来的。倘若有法能使乾隆知道，他必愿意改革。1792 年（乾隆五十七年）正是乾隆帝满 80 岁的一年，如果英国趁机派使来贺寿，那就能得着一个交涉和促进中英友谊的机会。广州官吏知道乾隆的虚荣心，竭力怂恿英国派使祝寿。于是英国乃派马戛尔尼侯（Lord Macartney）为全权特使来华。

马戛尔尼使节的预备是很费苦心的。特使乘坐头等兵船，并带卫队。送乾隆的礼物都是英国上等的出品。用意不外要中国知道英国是个富强而且文明的国家。英政府给马戛尔尼的训令要他竭力迁就中国的礼俗，惟必须表示中英的平等。交涉的目的有好几个：第一，英国愿派全权大使常驻北京，如中国愿派大使到伦敦去，英廷必以最优之礼款待之。第二，英国希望中国加开通商口岸。第三，英国希望中国有固定的、公开的海关税则。第四，英国希望中国给她一个小岛，可以供英国商人居住及贮货，如同葡萄牙人在澳门一样。在乾隆帝方面，他也十分高兴迎接英国的特使，但是乾隆把他当作一个藩属的贡使看待，要他行跪拜礼。马戛尔尼最初不答应，后来有条件的答应。他的条件是：将来中国派使到伦敦去的时候，也必须向英王行跪拜礼；或是中国派员向他所带来的英王的画像行跪拜答礼。他的目的不外要表示中英的平等。中国不接受他的条件，也就拒绝行跪拜礼。乾隆帝很不快乐，接见以后，就要他离京回国。至于马戛尔尼所提出的要求，中国都拒绝了。那次英国和平的交涉要算完全失败了。

18 世纪末年和 19 世纪初年，欧洲正闹法兰西革命和拿破仑战争，英国无暇顾及远东商业的发展。等到战事完了，英国遂派第二次的使节来华，其目的大致与第一次同。但是嘉庆给英使的待遇远不及乾隆，所以英使不但外交失败，并且私人对我方的感情也不好。

英国有了这两次的失败，知道和平交涉的路走不通。

中西的关系是特别的。在鸦片战争以前，我们不肯给外国平等待遇；在以后，他们不肯给我们平等待遇。

到了 19 世纪，我们只能在国际生活中找出路，但是嘉庆、道光、咸丰年间的中国人，不分汉满，仍图闭关自守，要维持历代在东方世界的光荣地位，根本否认那个日益强盛的西方世界。我们倘若大胆的踏进大世界的生活，我们需要高度的改革，不然，我们就不能与列强竞争。但是我们有与外人并驾齐驱的人力物力，只要我们有此决心，我们可以在 19 世纪的大世界上得着更光荣的地位。我们研究我民族的近代史必须了解近代的邦交是我们的大困难，也是我们的大机会。

第二节 英国人作鸦片买卖

在 19 世纪以前，外国没有什么大宗货物是中国人要买的，外国商船带到中国来的东西只有少数是货物，大多数是现银。那时经济学者，不分中外，都以为金银的输出是于国家有害的。各国都在那里想法子加增货物的出口和金银的进口。在中国的外商，经过多年的试验，发现鸦片是种上等的商品。于是英国东印度公司在印度乃奖励种植，统制运销。乾隆初年，鸦片输入每年约 400 箱，每箱约百斤。乾隆禁止内地商人贩卖，但是没有效果，到了嘉庆初年，输入竟加了 10 倍，每年约 4000 箱。嘉庆下令禁止入口，但是因为官吏的腐败和查禁的困难，销路还是继续加增。

道光对于鸦片是最痛心的，对于禁烟是最有决心的。即位之初，他就严申禁令，可是在他的时代，鸦片的输入加增最快。道光元年（1821 年）输入尚只5000 箱，道光十五年，就加到了 3 万箱，值价约 1800 万元。中国的银子漏出，换这有害无益的鸦片，全国上下都认为是国计民生的大患。广东有般绅士觉得烟禁绝不能实行，因为"法令者，胥役之所藉以为利也，立法愈峻，则索贿愈多"。他们主张一面加重关税，一面提倡种植，拿国货来抵外货，久而久之，外商无利可图，就不运鸦片进口了。道光十四五年的时候，这一派的议论颇得势，但是除许乃济一人外，没有一人敢冒天下之大不韪，公开提倡这个办法。道光十八年，黄爵滋上了一封奏折，大声疾呼的主张严禁。他的办法是严禁吸食，他说没有人吸，就没有人卖，所以吸者应治以死罪：

> 请皇上严降谕旨，自今年某月某日起，至明年某月某日止，准给一年限戒烟，倘若一年以后，仍然吸食，是不奉法之乱民，置之重刑，无不平允。查旧例，吸食鸦片者仅枷杖，其不指出兴贩者罪止杖一百，徒三年，然皆系活罪。断瘾之苦，甚于枷杖与徒杖，故甘犯明刑，不肯断绝。若罪以死论，是临刑之惨更苦于断瘾，臣知其情愿绝瘾而死于家，不愿受刑而死于市。惟皇上既慎用刑之意，诚恐立法稍严，互相告讦，必至波及无辜，然吸食鸦片是否有瘾无瘾，到官熬审，立刻可辨，如非吸食之人，无大深仇，不能诬枉良善，果系吸食者，究亦无从掩饰。故虽用刑，并无流弊。

这封奏折上了以后，道光令各省的督抚讨论。他们虽不彰明的反对黄爵滋，总觉得他的办法太激烈，他们说吸食者尚只害自己，贩卖者则害许多别人，所以贩卖之罪，重于吸食之罪，广州是鸦片烟的总进口，大贩子都在那里，要禁烟应从广州下手。惟独两湖总督林则徐完全赞成黄爵滋的主张，并建议各种实施办法。道光决定吸食与贩卖都要加严禁止，并派林则徐为钦差大臣，驰赴广州查办烟禁。林文忠公是当时政界声望最好，办事最认真的大员，士大夫尤其信任他，他的自信力也不小。他虽然以先没有办过"夷务"，他对外国人说："本大臣家居闽海，于外夷一切伎俩，早皆深悉其详。"

实在当时的人对禁烟问题都带了几分客气。在他们的私函中，他们承认禁烟的困难，但是在他们的奏章中，他们总是逢迎上峰的意旨，唱高调。这种不诚实的行为是我国士大夫阶级大毛病之一。其实禁烟是个极复杂，极困难的问题。纵使没有外国的干涉，禁烟已极其困难，何况在道光间英国人绝不愿意我们实行禁烟呢？那时鸦片不但是通商的大利，而且是印度政府财政收入之大宗。英国对于我们独自尊大，闭关自守的态度已不满意，要想和我们算一次账，倘若我们因鸦片问题给予英国任何藉口，英国绝不惜以武力对付我们。

那次的战争我们称为鸦片战争，英国人则称为通商战争，两方面都有理由。关于鸦片问题，我方力图禁绝，英方则希望维持原状：我攻彼守。关于通商问题，英方力图获得更大的机会和自由，我方则硬要维持原状：彼攻我守。就世界大势论，那次的战争是不能避免的。

第三节　东西对打

林则徐于道光十九年正月二十五日行抵广州。经一个星期的考虑和布置，他就动手了。他谕告外国人说："利己不可害人，何得将尔国不食之鸦片烟带来内地，骗人财而害人命乎？"他要外国人作二件事：第一，把已到中国而尚未出卖的鸦片"尽数缴官"；第二，出具甘结，声明以后不带鸦片来华，如有带来，一经查出，甘愿"货尽没官，人即正法"。外国人不知林则徐的品格，以为他不过是个普通官僚，到任之初，总要出个告示，大讲什么礼义廉耻，实在还不是要价？价钱讲好了，买卖就可以照常做了。因此他们就观望，就讲价。殊不知林则徐不是那类的人："若鸦片一日未绝，本大臣一日不回，誓与此事相始终，断无中止之理。"到了二月初十，外人尚不肯交烟，林则徐就下命令，断绝广州出海的交通，派兵把十三行围起来，把行里的中国人都撤出，然后禁止一切的出入。换句话说，林则徐把十三行作了外国人的监牢，并且不许人卖粮食给他们。

当时在十三行里约有 350 个外国人，连英国商业监督义律（Captain Charles Elliot）在内。他们在里面当然要受相当的苦，煮饭、洗碗、打扫都要自己动手。

但是粮食还是有的，外人预贮了不少，行商又秘密的接济，义律原想妥协，但是林则徐坚持他的两种要求。是时英国在中国洋面只有两只小兵船，船上的水兵且无法到广州。义律不能抵抗，只好屈服。他屈服的方法很值得我们注意。他不是命令英国商人把烟交给林则徐，他是教英商把烟交给他，并且由他以商业监督的资格给各商收据，一转手之间，英商的鸦片变为大英帝国的鸦片。

义律共交出 20280 箱，共计 200—300 万斤，实一网打尽。这是林文忠的胜利，道光帝也高兴极了。他批林的奏折说："卿之忠君爱国皎然于域中化外矣。"外人尚不完全相信林真是要禁烟，他们想林这一次发大财了。林在虎门海滩挑成两个池子，"前设涵洞，后通水沟，先由沟道引水入池，撒盐其中，次投箱中烟土，再抛石灰煮之，烟灰汤沸，颗粒悉尽。其味之恶，鼻不可嗅，潮退，启放涵洞，随浪入海，然后刷涤池底，不留涓滴"。共历 23 日，全数始尽销毁，逐日皆有文武官员监视，外人之来观者，详记其事，深赞钦差大臣之坦然无私。

义律当时把缴烟的经过详细报告英国政府以后，静待政府的训令。林文忠的大功告成，似乎可以休手了。并且朝廷调他去做两江总督，他可是不去。他说，已到的鸦片，既已销毁，但是以后还可以来。他要彻底，方法就是要外商人人出具甘结，以后不作鸦片买卖；这个义律不答应，于是双方又起冲突了。林自觉极有把握。他说，英国的战斗力亦不过如此，英国人"腿足缠束紧密，屈伸皆所不便"。虎门的炮台都重修过。虎门口他又拿很大的铁链封锁起来。他又想外国人必须有茶叶大黄，他禁止茶叶大黄出口，就可以致外人的死命。那年秋冬之间，广东水师与英国 2 只小兵船有好几次的冲突，林报告朝廷，中国大胜，因此全国都是乐观的。

英国政府接到义律的信以后，就派全权代表懿律（Admiral George Elliot）率领海陆军队来华。这时英国的外相是巴麦尊（Lord Palmerston），有名的好大喜功的帝国主义者。他不但索鸦片赔款，军费赔款，并且要求一扫旧日所有的通商限制和邦交的不平等。懿律于道光二十年的夏天到广东洋面。倘若英国深知中国的国情，懿律应该在广州与林则徐决胜负，因为林是主战派的领袖。但英国人的策略并不在此，懿律在广东，并不进攻，仅宣布封锁海口。中国人的解释是英国怕林则徐。封锁以后，懿律北上，派兵占领定海。定海并无军备，中国人觉得这是不武之胜。以后义律和懿律就率主力舰队到大沽口。

定海失守的消息传到北京以后，清廷愤懑极了。道光下令调陕、甘、云、贵、湘、川各省的兵到沿海各省，全国脚慌手忙。上面要调兵，下面就请饷。道光帝最怕花钱，于是对林则徐的信任就减少了。七月二十二日他的上谕骂林则徐道："不但终无实际，反生出许多波澜，思之曷胜愤懑，看汝以何词对朕也。"

是时在天津主持交涉者是直隶总督琦善。他下了一番知己知彼的工夫。他派人到英国船上假交涉之名去调查英国军备，觉得英人的船坚炮利远在中国之上。他国的汽船，"无风无潮，顺水逆水，皆能飞渡"。他们的炮位之下，"设有石磨盘，中具机轴，只须移转磨盘，炮即随其所向"。回想中国的设备，他觉得可笑极了。山海关的炮，尚是"前明之物，勉强蒸洗备用"。所谓大海及长江的天险已为外人所据，"任军事者，率皆文臣，笔下虽佳，武备未谙"。所以他决计抚夷。

英国外相《致中国宰相书》很使琦善觉得他的抚夷政策是很有希望的。那封书的前半都是批评林则徐的话，说他如何残暴武断，后半提出英国的要求。琦善拿中国人的眼光来判断那封书，觉得它是个状纸。林则徐待英人太苛了，英人不平，所以要大皇帝替他们伸冤。他就将计就计，告诉英国人说："上年钦差大臣林等查禁烟土，未能体仰大皇帝大公至正之意，以致受人欺曚，措置失当。必当逐细查明重治其罪。惟其事全在广东，此间无凭办理。贵统帅等应即返棹南还，听候钦差大臣驰往广东，秉公查办，定能代伸冤抑。"至于赔款一层，中国多少会给一点，使英代表可以有面子回国。至于变更通商制度，他告诉英国人，事情解决以后，英人可照旧通商，用不着变更。懿律和义律原不愿在北方打仗，所以就答应了琦善回到广州去交涉，并表示愿撤退在定海的军队。道光帝高兴极了，觉得琦善三寸之舌竟能说退英国的海陆军，远胜林则徐的孟浪多事。于是下令教内地各省的军队概归原防，"以节糜费"。同时革林则徐的职，教琦善去代替他。

琦善到了广东以后，他发现自己把事情看的太容易了。英国人坚持赔款和割香港或加通商口岸，琦善以为与其割地，不如加开通商口岸。但是怕朝廷不答应，所以只好慢慢讲价，稽延时日英人不耐烦，遂于十二月初开火了。大角沙角失守以后，琦善遂和义律订立条约，赔款 600 万元，割香港与英国，以后给与英国平等待遇。道光不答应，骂琦善是执迷不悟，革职锁拿，家产查抄入官，同时调大兵赴粤剿办。英国政府也不满意义律，另派代表及军队来华。从这时起中英双方皆一意主战，彼此绝不交涉。英国的态度很简单：中国不答应她的要求，她就不停战。道光也是很倔强的：一军败了，再调一军。中国兵士有未出战而先逃者，也有战败而宁死不降不逃者。将帅有战前妄自夸大而临战即后退者，也有鞠躬尽瘁死而后已者，如关天培、裕谦、海龄诸人。军器不如人，自不待说；纪律不如人，精神不如人，亦不可讳言。人民有些甘作汉奸，有些为饥寒所迫，投入英军作苦力。到了二十二年的夏天，英军快要攻南京的时候，清廷知道没有办法，不能再抵抗，于是接受英国要求，成立《南京条约》。

第四节 民族丧失二十年的光阴

鸦片战争的失败的根本理由是我们的落伍。我们的军器和军队是中古的军队，我们的政府是中古的政府，我们的人民，连士大夫阶级在内，是中古的人民。我们虽拼命抵抗终归失败，那是自然的，逃不脱的。从民族的历史看，鸦片战争的军事失败还不是民族致命伤。失败以后还不明了失败的理由力图改革，那才是民族的致命伤。倘使同治光绪年间的改革移到道光咸丰年间，我们的近代化就要比日本早 20 年。远东的近代史就要完全变更面目。可惜道光咸丰年间的人没有领受军事失败的教训，战后与战前完全一样，麻木不仁，妄自尊大。直到咸丰末年英法联军攻进了北京，然后有少数人觉悟了，知道非学西洋不可。所以我们说，中华民族丧失了 20 年的宝贵光阴。

为什么道光年间的中国人不在鸦片战争以后就起始维新呢？此中原故虽极复杂，但是值得我们研究。第一，中国人的守旧性太重。我国文化有了这几千年的历史，根深蒂固，要国人承认有改革的必要，那是不容易的。第二，我国文化是士大夫阶级的生命线。文化的摇动，就是士大夫饭碗的摇动。我们一实行新政，科举出身的先生们，就有失业的危险，难怪他们要反对。第三，中国士大夫阶级（知识阶级和官僚阶级）最缺乏独立的、大无畏的精神。无论在那个时代，总有少数人看事较远较清，但是他们怕清议的指摘，默而不言，林则徐就是个好例子。

林则徐实在有两个，一个是士大夫心目中的林则徐，一个是真正的林则徐。前一个林则徐是主剿的，他是百战百胜的。他所用的方法都是中国的古法。可惜"奸臣"琦善受了英人的贿赂，把他驱逐了。英人未去林之前，不敢在广东战，既去林之后，当然就开战。所以士大夫想中国的失败不是因为中国的古法不行，是因为奸臣误国。当时的士大夫得了这样的一种印象，也是很自然的，林的奏章充满了他的自信心，可惜自道光二十年夏天定海失守以后，林没有得着机会与英国比武，难怪中国人不服输。

真的林则徐是慢慢的觉悟了的。他到了广东以后，他就知道中国军器不如西洋，所以他竭力买外国炮，买外国船，同时他派人翻译外国所办的刊物。他在广东所搜集的材料，他给了魏默深。魏后来把这些材料编入《海国图志》。这部书提倡以夷制夷，并且以夷器制夷。后来日本的文人把这部书译成日文，促进了日本的维新。林虽有这种觉悟，他怕清议的指摘，不敢公开的提倡。清廷把他谪戍伊犁，他在途中曾致书友人说：

> 彼之大炮远及十里内外，若我炮不能及彼，彼炮先已及我，是器不良也。彼之放炮如内地之放排枪，连声不断。我放一炮后，须辗转移时，再放一炮，是技不熟也，求其良且熟焉，亦无他深巧耳。不此之务，即远调百万貔貅，恐只供临敌之一哄。况逆船朝南暮北，惟水师始能尾追，岸兵能顷刻移动否？盖内地将弁兵丁虽不乏久历戎行之人，而皆觌面接仗。似此之相距十里八里，彼此不见面而接仗者，未之前闻。徐尝谓剿匪八字要言，器良技熟，胆壮心齐是已。第一要大炮得用，令此一物置之不讲，真令岳韩束手，奈何奈何！

这是他的私函，道光二十二年九月写的。他请他的朋友不要给别人看。换句话说，真的林则徐，他不要别人知道。难怪他后来虽又作陕甘总督和云贵总督，他总不肯公开提倡改革。他让主持清议的士大夫睡在梦中，他让国家日趋衰弱，而不肯牺牲自己的名誉去与时人奋斗。林文忠无疑的是中国旧文化最好的产品。他尚以为自己的名誉比国事重要，别人更不必说了。士大夫阶级既不服输，他们当然不主张改革。

主张抚夷的琦善、耆英诸人虽把中外强弱的悬殊看清楚了，而且公开的宣传了，但是士大夫阶级不信他们，而且他们无自信心，对民族亦无信心，只听其自然，不图振作，不图改革。我们不责备他们，因为他们是不足责的。

第五节　不平等条约开始

道光二十二年八月二十九日在南京所订的《中英条约》不过是战后新邦交及新通商制度的大纲。次年的《虎门条约》才规定细则。我们知道战后的整个局面应该把两个条约合并起来研究。我们应该注意的有下列几点：第一，赔款2100万两；第二，割香港；第三，开放广州、厦门、福州、宁波、上海为通商口岸；第四，海关税则详细载明于条约，非经两国同意不能修改，是即所谓协定关税；第五，英国人在中国者只受英国法律和英国法庭的约束，是即所谓治外法权；第六，中英官吏平等往来。

当时的人对于这些条款最痛心的是五口通商。他们觉得外人在广州一口通商的时候已经不易防范，现在有五口通商，外人可以横行天下，防不胜防。直到前清末年，文人忧国者莫不以五口通商为后来的祸根。五口之中，他们又以福州为最重要，上海则是中英双方所不重视的。割让土地当然是时人所反对的，也应该反对的。但是香港在割让以前毫无商业的或国防的重要。英人初提香港的时候，北京还不知道香港在那里。时人反对割地，不是反对割香港。

协定关税和治外法权是我们近年所认为不平等条约的核心，可是当时的人并不这样看。治外法权，在道光时代的人的目光中，不过是让夷人管夷人。他们想那是最方便、最省事的办法。至于协定关税，他们觉得也是方便省事的办法。每种货物应该纳多少税都明白的载于条约，那就可以省除争执。负责交涉条约的人如伊里布、耆英、黄恩彤诸人知道战前广东地方官吏的苛捐杂税是引起战争原因之一，现在把关税明文规定岂不是一个釜底抽薪、一劳永逸的办法？而且新的税则平均到 5%，比旧日的自主关税还要略微高一点。负交涉责任者计算以后海关的收入比以前还要多，所以他们洋洋得意，以为他们的外交成功。其实他们牺牲了国家的主权，遗害不少。总而言之，道光年间的中国人，完全不懂国际公法和国际形势，所以他们争所不当争，放弃所不应当放弃的。

我们与英国订了这种条约，实因为万不得已，如别的国家来要求同样的权利，我们又怎样对付呢？在鸦片战争的时候，国内分为两派：剿夷派和抚夷派。前者以林则徐为领袖，后者以琦善为领袖。战争失败以后，抚夷派当然得势了。这一派在朝者是军机大臣穆彰阿，在外的是伊里布和耆英。中英订了条约以后，美法两国就派代表来华，要求与我国订约。抚夷派的人当然不愿意与美国、法国又打仗，所以他们自始就决定给美、法的人平等的待遇。他们说，倘若中国不给，美、法的人大可以假冒英人来作买卖，我们也没有法子查出。这样作下去，美、法的人既靠英国人，势必与英国人团结一致，来对付我们，假使中国给美、法通商权利，那美国、法国必将感激中国。我们或者还可以联络美、法来对付英国。并且伊里布、耆英诸人以为中国的贸易是有限的。这有限的贸易不让英国独占，让美、法分去一部分，与中国并无妨碍，中国何不作个顺水人情？英国为避免别国的妒嫉，早已声明她欢迎别国平等竞争。所以美国、法国竟能和平与中国订约。

不平等条约的根源一部分由于我们的无知，一部分由于我们的法制未达到近代文明的水准。

第六节　剿夷派又抬头

在鸦片战争以前，广州与外人通商已经 300 多年，好像广州人应该比较多知道外国的情形，比别处的中国人应该更能与外人相安无事，其实不然，五口通商以后，惟独广州人与外人感情最坏，冲突最多。此中原因复杂。第一，英国在广州受了多年的压迫，无法出气，等到他们打胜了，他们觉得他们出气的日子到了，他们不能平心静气的原谅中国人因受了战争的痛苦而对他们自然不满意，自然带几分的仇视。第二，广东地方官商最感觉《南京条约》给他们私人利益的打击。在鸦片战争以前，因为中外通商集中于广州，地方官吏，不分大小，都有发大财的机会。《南京条约》以后，他们的意外财源都禁绝了，难怪他们要恨外国人。商人方面也是如此。在战前，江浙的丝茶都由陆路经江西，过梅岭，而由广州的十三行卖给外国人。据外人的估计，伍家的怡和行在战前有财产8000多万，恐怕是当时世界上最富的资本家。《南京条约》以后，江浙的丝茶，外人直接到江浙去买，并不经过广州。五口之中，上海日盛一日，而广州则日形衰落。不但富商受其影响，就是劳工直接间接受影响的都不少，难怪民间也恨外国人。

仇外心理的表现之一就是杀外国人，他们到郊外去玩的时候，乡民出其不意，就把他们杀了。耆英知道这种仇杀一定要引起大祸，所以竭力防御，绝不宽容。他严厉的执行国法，杀人者处死，这样一来，士大夫骂他是洋奴。他们说：官民应该一致对外，那可以压迫国民以顺夷情呢？因此耆英在广东的地位，一天困难一天。

在广东还有外人进广州城的问题。照常识看来，许外国人到广州城里去似乎是无关宏旨的。在外人方面，不到广州城里去似乎也没任何损失，可是这个入城问题竟成了和战问题。在上海，就全无这种纠纷。《南京条约》以后，外人初到上海的时候，他们在上海城内租借民房，后来他们感觉城内街道狭小，卫生情形也不好，于是请求在城外划一段地作为外人居留地区。上海道台也感觉华洋杂处，不便管理，乃划洋泾浜以北的小块地作为外人住宅区。这是上海租界的起源。广州十三行原在城外，鸦片战争以前，外人是不许入城的。广州人简直把城内作为神圣之地，外夷倘进去，就好像与尊严有损。外人也是争意气：他们以为不许他们入城，就是看不起他们。耆英费尽苦心调停于外人与广州人民之间，不料双方愈闹愈起劲。道光二十七年，英人竟兵临城下，要求入城。耆英不得已，许于两年后准外人入城，希望在两年之内，或者中外感情可以改良，入城可以不成问题。但当时人民攻击耆英者多，于是道光调他入京，而升广东巡抚徐广缙为两广总督，道光给徐的上谕很清楚的表示他的态度：

疆寄重在安民，民心不失，则外侮可弭。嗣后遇有民夷交涉事件，不可瞻徇迁就，有失民心。至于变通参酌，是在该署督临时加意权衡体察。总期以诚实结民情，以羁縻办夷务，方为不负委任。

徐广缙升任总督以后，就写信问林则徐驭夷之法。林回答说："民心可用。"道光的上谕和林则徐的回答都是士大夫阶级传统的高调和空谈。仅以民心对外人的炮火当然是自杀。民心固不可失，可是一般人民懂得什么国际关系？主政者应该负责指导舆论。如不指导，或指导不生效，这都是政治家的失败。徐广缙也是怕清议的指责，也是把自己的名誉看的重，国家事看的轻。当时广东巡抚叶名琛比徐广缙更顽固。他们继承了林则徐的衣钵，他们上台就是剿夷派的抬头。

道光二十九年，两年后许入城的约到了期。英人根据条约提出要求。广州的士大夫和民众一致反对。徐广缙最初犹疑，后亦无可奈何，只好顺从民意。叶名琛自始即坚决反对履行条约。他们的办法分两层：第一，不与英人交易；第二，组织民众。英人这时不愿为意气之争与中国决裂，所以除声明保存条约权利以外，没有别的举动。徐叶认为这是他们的大胜利，事后他们报告北京说：

> 计自正月二十七日至三月二十日，居民则以工人，铺户则以伙伴，均择其强壮可靠者充补。挨户注册，不得在外雇募。公开筹备经费，制造器械，添设栅栏，共团勇至 10 万余人。无事则各安工作，有事则立出捍卫。明处则不见荷戈持戟之人，暗中实皆折冲御侮之士。（朱批：朕初不料卿等有此妙用。）众志成城，坚逾金石，用能内戢土匪，外警猾夷。

为纪念胜利，道光帝赏了徐广缙子爵，世袭双眼花翎，叶名琛男爵，世袭花翎。道光又特降谕旨，嘉勉广州民众：

> 我粤东百姓素称骁勇。乃近年深明大义，有勇知方，固由化导之神，亦系天性之厚。朕念其翊戴之功，能无恻然有动于中乎！

三十年（1850 年）年初道光死了，咸丰即位。在咸丰年间，国内有太平天国的内战，对外则剿夷派的势力更大。三十年五月，有个御史曹履泰上奏说：

> 查粤东夷务林始之而徐终之，两臣皆为英夷所敬畏。去岁林则徐乞假回籍，今春取道江西养疾，使此日英夷顽梗不化，应请旨饬江西抚臣速令林则徐赶紧来京，候陛见后，令其协办夷务，庶几宋朝中国复相司马之意。若精神尚未复原，亦可养疴京中，勿遽回籍。臣知英夷必望风而靡，伎俩

悉无可施，可永无宵旰之虑矣。

咸丰也很佩服林则徐，当即下令教林来京。林的运气真好：他病大重，以后不久就死了，他的名誉藉此保存了。

第七节　剿夷派崩溃

林则徐死了，徐广缙离开广东去打太平天国去了。在广东负外交重责的是叶名琛。他十分轻视外人，自然不肯退让。在外人方面，他们感觉已得的权利不够，他们希望加开通商口岸。旧有的五口只包括江、浙、闽、粤四省海岸，现在他们要深入长江，要到华北，其次他们要派公使驻北京。此外他们希望中国地方官吏不拒绝与外国公使领事往来。最后他们要求减轻关税并废除厘金。这些要求除最后一项外，并没有什么严重的性质。但是咸丰年间的中国人反而觉得税收一项倒可通融，至于北京驻使，长江及华北通商及官吏与外人往来各项简直有关国家的生死存亡，绝对不可妥协的。

咸丰四年（1854 年），英美两国联合要求修改条约。当时中国没有外交部，所有的外交都由两广总督办。叶名琛的对付方法就是不交涉。外人要求见他，他也不肯接见。英美两国的代表跑到江苏去找两江总督，他劝他们回广东去找叶名琛。他们后来到天津，地方当局只允奏请皇帝施恩稍为减免各种税收，其余一概拒绝。总而言之，外人简直无门可入。他们知道要修改条约只有战争一条路。

咸丰六年（1856 年）叶名琛派兵登香港注册之亚罗船上去搜海盗，这一举给了英国人开战的口实。不久，法国传教士马神父在广西西林被杀，叶名琛不好好处理，又得罪了法国。于是英法联军来和我们算总账。

七年冬天，英法联军首先进攻广东。士大夫阶级所依赖的民心竟毫无力量。英法不但打进广州，而且把总督巡抚都俘虏了。叶后来押送印度，死在喀尔喀塔（即加尔各答）。巡抚柏贵出来作英法的傀儡维持地方治安。民众不但不抵抗，且帮助英国人把藩台衙门的库银抬上英船。

咸丰八年，英法联军到大沽口。交涉失败，于是进攻。我们迫不得已与订《天津条约》，接受英法的要求。于是英法撤退军队。

清廷对于北京驻使及长江通商始终不甘心，总要想法挽回，清廷派桂良和花沙纳到上海，名为交涉海关细则，实则想取消《天津条约》。为达到这个目的，清廷准备出很大的代价。只要英法放弃北京驻使，长江开通商口岸，清廷愿意以后全不收海关税。幸而桂良及何桂清反对这个办法，所以《天津条约》，未得挽回。清廷另一方面派科尔沁亲王僧格林沁在大沽布防。僧格林沁是当时著名勇将之一，办事极认真。

咸丰九年，英法各国代表又到大沽，预备进京去交换《天津条约》的批准证书。他们事先略闻中国要修改《天津条约》，并在大沽设防，所以他们北上的时候，随带相当海军。到了大沽口，看见海河已堵塞，他们啧啧不平，责中国失信，并派船拔取防御设备，僧格林沁就令两岸的炮台出其不意同时开炮。英法的船只竟无法抵抗。陆战队陷于海滩的深泥，亦不能登岸。他们只有宣告失败，等国内增派军队。

咸丰九年的冬季及十年的春季，正是清廷与太平天国内战最紧急的时候。苏州被太平军包围，危在旦夕。江、浙的官吏及上海、苏州一带的绅士听见北方又与英、法开战，简直惊慌极了，因为他们正竭力寻求英法的援助来对付太平军。所以他们对北京再三请求抚夷，说明外人兵力之可畏及长江下游局势之险急。清廷虽不许他们求外人的援助，恐怕示弱于人，但外交政策并不因大沽口的胜利而转强硬。北京此时反愿意承认《天津条约》。关于大沽的战事，清廷的辩护亦极有理。倘使英法各国代表的真意旨是在进京换约，何必随带重兵？海河既为中国领河，中国自有设防的权利，而这种防御或者是对太平军，并非对外仇视的表示。海河虽阻塞，外国代表尚可在北塘上岸，有陆路进北京。我国根据以上理论的宣传颇生效力。大沽之役以后，英法并不坚持要报复，要雪耻。他们只要求赔偿损失及其他不关重要之条约解释与修改。这种《天津条约》以外的要求遂成为咸丰十年英法联军的起因。

咸丰十年，英法的军队由侧面进攻大沽炮台，僧格林沁不能支持，连天津都不守了。清廷又派桂良等出面在天津交涉。格外的要求答应了。但到签字的时候，一则英法代表要求率卫队进京，二则因为他们以为桂良的全权的证书不合格式，疑他的交涉不过是中国的缓兵之计，所以又决裂了。英法的军队直向北京推进。清廷改派怡亲王载垣为钦差大臣，在通州交涉。条件又讲好了，但英使的代表巴夏礼在签字之前声明英使到北京后，必须向中国皇帝面递国书。这是国际间应行的礼节，但那时中国人认为这是外夷的狂悖。其居心叵测，中国绝不能容忍。载垣乃令军队捕拿英法代表到通州来交涉人员。这一举激怒外人，军事又起了。

咸丰帝原想"亲统六师，直抵通州，以伸天讨，而张挞伐"。可是通州决裂以后，他就逃避热河，派恭亲王奕䜣留守北京。奕䜣是咸丰的亲弟，这时只28

岁。他当然毫无新知识。咸丰八年天津交涉的时候，他竭力反对长江通商。捕拿外国交涉代表最初也是他提议的，所以他也是属于剿夷派的。但他是个有血性的人，且真心为国图谋。他是清朝后百年宗室中之贤者。在道咸时代，一般士大夫不明天下大势是可原谅的，但是战败以后而仍旧虚骄，如附和林则徐的剿夷派，或是服输而不图振作，不图改革，如附和耆英的抚夷派，那就不可救药了。恭亲王把握政权以后，天下大势为之一变，他虽缺乏魄力，但有文祥作他的助手。文祥虽是亲贵，但他的品格可说是中国文化的最优代表，他为人十分廉洁，最尽孝道。他可以作督抚，但因为有老母在堂，不愿远行，所以坚辞。他办事负责而认真，且不怕别人的批评。我们如细读《文文忠年谱》，我们觉得他真是一个"先天下之忧而忧，后天下之乐而乐"的大政治家。

奕䜣与文祥在元首逃难，京都将要失守的时候，接受大命。他们最初因无外交经验，不免举棋不定。后来把情势看清楚了，他们就毅然决然承认外人的要求，与英法订立《北京条约》。条约签订以后，英法退军，中国并没丧失一寸土地。咸丰六年的《天津条约》和十年的《北京条约》是 3 年的战争和交涉的结果。条款虽很多，主要的是北京驻使和长江通商。历史上的意义不外从此中国与西洋的关系更要密切了。这种关系固可以为祸，亦可以为福，看我们振作与否。奕䜣与文祥绝不转头回看，留恋那已去不复回的闭关时代。他们大着胆向前进，到国际生活中去找新出路。我们研究近代史的人所痛心的就是这种新精神不能出现于鸦片战争以后而出现于 30 年后的咸末同初。一寸光阴一寸金，个人如此，民族更如此。

第二章 洪秀全与曾国藩

第一节 旧社会走循环套

第一章已经讨论了道光、咸丰年间自外来的祸患。我们说过那种祸患是不可避免的，因为我们无法阻止西洋科学和机械势力，使其不到远东来。我们也说过，我们很可以转祸为福，只要我们大胆的接受西洋近代文化，以我们的人力物力，倘若接受了科学机械和民族精神，我们可以与别国并驾齐驱，在国际生活之中，取得极光荣的地位。可是道光时代的人不此之图。鸦片之役虽然败了，他们不承认是败了。主战的剿夷派及主和的抚夷派，在战争之后，正如在战争之前，均未图振作。直到受了第二次战败的教训。然后有人认识时代的不同而思改革。

在没有叙述同治光绪年间的新建设以前，我们试再进一步的研究道咸年间中国的内政。在近代史上，外交虽然要紧，内政究竟是决定国家强弱的根本要素。譬如：上次世界大战以前，德国的外交失败了，所以战争也失败了，然而因为德国内政健全，战后尚不出 20 年，她又恢复她的地位了，这就是自力更生。

不幸到了 19 世纪，我们的社会、政治、经济都已到腐烂不堪的田地。据前清政府的估计，中国的人口在康熙四十年（1701 年）约有 2000 万；到了嘉庆五年（1800 年）增加到 3 万万。百年之内竟有 15 倍的增加！这种估计虽不可靠，然而我国人口在 18 世纪有很大的增加，这是毫无疑问的。17 世纪是个大屠杀的世纪。开初有明朝末年的内乱，后又有明清的交战及满清有计划的屠杀汉人，如扬州十日及嘉定屠城。我们也不要忘记张献忠在四川的屠杀，近年中央研究院发表了很多明清史料，其中有一件是康熙初年四川某县知事的人口年报，那位县老爷说他那县的人口，在大乱之后，只有 900 余人，而在一年之内，老虎又吃了一大半！康熙、雍正、乾隆三朝是大乱之后的大治，于是人口增加。这是中国几千年来的圈套，演来演去，就是圣贤也无法脱逃。

那时的人一方面不知利用科学节制生育，另一方面又不知利用科学增加生产。在大乱之后，大治之初，人口减少，有荒可垦，故人民安居乐业，生活程度略为提高。这是老百姓心目中的黄金时代。后来人口一天多一天，荒地则一天减少一天，而且新垦的地不是土质不好，就是水源不足，于是每人耕地的面积减少，生活程度降低。老百姓莫名其妙，只好烧香拜佛，嗟叹自己的命运不好。士大夫和政府纵使有救世之心，亦无救世之力，只好听天灾人祸自然演化。等到土匪一起，人民更不能生产，于是小乱变为大乱。

中国历史还有一个循环套。每朝的开国君主及元勋大部分起自民间，自奉极薄，心目中的奢侈标准是很低的，而且比较能体恤民间的痛苦，办事亦比较认真，这是内政倡明吏治澄清的时代。后来慢慢的统治阶级的欲望提高，奢侈标准随之提高，因之官吏的贪污亦大大的长进。并且旧社会里，政界是才子惟一的出路，不像在近代文化社会里，有志之士除作官以外，可以经营工商业，可以行医，可以作新闻记者、大学教授、科学家、发明家、探险家、音乐家、美术家、工程师，而都名利两全，其所得往往还在大官之上。有人说：中国旧日的社会很平等，因为官吏都是科举出身，而且旧日的教育是很不费钱的。这种看法，过于乐观。前清一代的翰林那一个在未得志以前，曾经下过苦力？我们可以进一步的问，前清一代的翰林，那一个的父亲曾下过苦力？林则徐、曾国藩是前清有名的贫苦家庭的子弟，但是细考他们的家世，我们就知道他们的父亲是教书先生，不是劳力者。中国旧日的资本家有几个不是做官起家？中国旧日的大商业那一种没有官吏作后盾，仗官势发财？总而言之，在中国旧日的社会里，有心事业者集中于政界，专心利禄者也都挤在官场里。结果是每个衙门的人员永在加增之中，而衙门的数目亦天天加多。所以每个朝代到了天下太平已久、人口加增很多、民生痛苦的时候，官吏加多，每个官吏的贪污更加厉害，人民所受的压榨也更加严重。

中国到了嘉庆年间已到了循环套的最低点。嘉庆初年所革除的权臣和珅，据故宫博物院所保存的档案，积有私产到9万万两之多，当时官场的情形可想而知。历嘉庆道光两朝，中国几无日无内乱，最初有湖北、四川、陕西三省白莲教徒的叛乱，后有西北回教徒之乱，西南苗瑶之乱，同时东南沿海的海盗亦甚猖獗。这还是明目张胆与国家对抗者，至于潜伏于社会的匪徒几遍地皆是。道光十五年，御史常大淳上奏说："直隶、山东、河南向有教匪，辗转传习，惑众敛钱。遇岁歉，白昼伙抢，名曰均粮。近来间或拿办，不断根株。湖南之永州、郴州、桂阳，江西之南安、赣州与两广接壤，均有会匪结党成群，动成巨案。"

西洋势力侵略起始的时候，正是我们抵抗力量薄弱的时候。到了道光年间，我们的法制有名无实，官吏腐败，民生痛苦万分，道德已部分的失其维系力。我们一面须接受新的文化，一面又须设法振兴旧的政教。我民族在近代所遇着的难关是双层的。

第二节　洪秀全企图建新朝

洪秀全所领导的太平天国运动，就是上一节所讲的那个时代和那种环境的产物。

洪秀全是广东花县人，生于嘉庆十八年，即西历1813年。传说他的父亲是个农民，家境穷苦，但他自幼就入村塾读书，到16岁才辍学，作乡村教师。这样似乎他不是出身于中国社会的最下层，他自己并不是个劳力者。他两次到广州去考秀才，两次都失败了，于是心怀怨恨。这是旧社会常有的事，并不出奇。洪秀全经验的特别是他在广州应试的时候，得着耶稣教传教士的宣传品。后来大病四十多天，病中梦见各种幻象，自说与耶稣教义符合，于是信仰上帝，创立上帝会。最早的同志是冯云山，也是一位因考试失败而心怀不平者，他们因为在广东传教不顺利，所以迁移其活动于广西桂平县。

中国自古以来的民间运动都带点宗教性质，西洋中古的时候也是如此。可是洪秀全与基督教发生关系，不过是偶然的事。他的耶稣教也是个不伦不类的东西。他称耶和华为天父，耶稣为天兄，自为天弟。他奉天父天兄之命来救世。他的命令就是天父天兄的命令。崇拜耶和华上帝者，"无灾无难"；不崇拜者，"蛇虎伤人"。他的兵士，如死在战场，就是登仙。孔教、佛教、道教，都是妖术。孔庙及寺观都必须破坏。

洪秀全的上帝会吸收了许多三合会的分子。这个三合会是排满的秘密团体，大概是明末清初时代起始的。洪秀全或者早有了种族革命的思想。无论如何，他收了三合会的会员以后，他的运动以推倒清朝为第一目的。他骂满人为妖人。满人之改变中国衣冠和淫乱中国女子（"三千粉黛，皆为羯狗所污；百万红颜，竟与骚狐同寝。"）是洪秀全的宣传品斥责的最好的对象。

洪秀全除推行宗教革命及种族革命以外，他有社会革命的思想没有？他提倡男女平权，但他的宫廷充满了妃妾，太平天国的王侯将帅亦皆多蓄妻妾。他的诏书中有田亩制度，其根本思想类似共产主义："有田共耕，有饭同食，有衣同穿，有钱同使。"但是他的均田主义，虽有详细的规定，并未实行。是他不愿实行呢，还是感觉实行的困难而不愿试呢？就现在我们所有的史料判断，我们可以说洪秀全对于宗教革命及种族革命是十分积极的，对于社会革命则甚消极。他的党徒除冯云山以外，尚有烧炭的杨秀清，后封东王；耕种山地的萧朝贵，后封西王；曾捐监生与衙门胥吏为伍的韦昌辉，后封北王；及富豪石达开，后称翼王。他的运动当然是个民间运动，反映当时的民间痛苦和迷信，以及潜伏于民间的种族观念。

道光三十年夏天，洪秀全在广西金田村起兵。九月，占蒙山县（旧名永安），于是定国号为太平天国，自称天王。清兵进围永安。洪秀全于咸丰二年春突围，进攻桂林，未得，改图湖南。他在长沙遇着很坚强的抵抗，乃向湘江下流进攻。他在岳州得着吴三桂留下来的军械，并抢夺了不少的帆船。实力补充了以后，他直逼武汉。他虽打下了汉阳、武昌，但不留兵防守，设官立治。他一直向长江下游进攻，沿途攻破了九江、安庆、芜湖，咸丰三年春打进南京，就定都于此，名叫天京。在定都南京以前，洪秀全的行动，类似流寇，定都南京以后，他才开始他的建国工作。

从道光三十年（1850年）到咸丰三年（1853年）可说是太平天国的顺利时期。在这时期内，社会对洪秀全的运动是怎样应付呢？一般安分守己的国民不分贫富，是守中立的。太平军到了，他们顺从太平军，贡献金钱；官军到了，他们又顺从官军，又贡献金钱。他们是顺民，其实他们是左右为难的。他们对满清政府及其官吏，绝无好感，因为他们平素所受的痛苦也够了。并且官军的纪律不好，在这期内，太平军的纪律还比较好一点。同时老百姓感觉太平军是造乱分子，使他们不能继续过他们的平安日子。太平军到处破坏庙宇，毁灭偶像，迷信的老百姓看不惯，心中不以为然。各地的土匪都趁火打劫。太平军所经过的地方，就是他们容易活动的地方。他们干他们的事，对于官军及太平军无所偏倚。有组织的秘密会社则附和太平军，如湖南的哥老会及上海的小刀会。大多数士大夫阶级，积极反对洪秀全的宗教革命。至于排满一层，士大夫不是不知道汉人的耻辱，但是他们一则因为洪秀全虽为汉人，虽提倡种族革命，然竭力破坏几千年来的汉族文化，满人虽是外族，然自始即拥护汉族文化；二则他们觉得君臣之分既定，不好随便作乱，乱是容易的，拨乱反正则是极难的，所以士大夫阶级，这时对于种族革命并不热心。

太平军的军事何以在这时期内这样顺利呢？主要原因不是太平军本身的优点。论组织训练，太平军很平常，论军器，太平军尚不及官军，论将才，太平军始终没有出过大将。太平军在此时期内所以能得胜，全因为它是一种新兴的势力，富有朝气，能拼命，能牺牲。官军不但暮气很重，简直腐化不成军了。当时的官军有两种，即八旗和绿营。八旗的战斗力随着满人的汉化、文弱化而丧失了。所以在乾隆嘉庆年间，清朝用绿营的时候已逐渐加多，用八旗的时候已逐渐减少。到了道光咸丰年间，绿营已经成了清廷的主力军队，其腐化程度正与一般政界相等。士兵的饷额甚低，又为官长剥削，所以自谋生计，把当兵作为一种副业而已。没有纪律，没有操练，害民有余，打仗则简直谈不到。并且将官之间，猜忌甚深，彼此绝不合作。但是绿营在制度上也有一种好处。这种军队虽极端腐化，然是统一的国家的军队，不是个人的私有武力。在道、咸以前，地方大吏没有人敢拥兵自重，与朝廷对抗。私有的武力，是太平天国内乱的意外副产品，以后我们要深切的注意它的出世。

第三节　曾国藩刷新旧社会

曾国藩是我国旧文化的代表人物，甚至于理想人物。他生在嘉庆十六年（1811 年），比洪秀全大 2 岁。他是湖南湘乡人，家世业农。他虽没有下过苦力，他的教育是从艰难困苦中奋斗出来的。他成翰林的时候，正是鸦片战争将要开始的时候。他的日记虽提及鸦片战争，但似乎不大注意，不了解那次战争的历史意义。他仍埋首于古籍中。他是一个实践主义的理学家。无论我们是看他的字，读他的文章，或是研究他的为人办事，我们自然的想起我们乡下那个务正业的小农民，他和小农民一样，一生一世，不作苟且的事情。他知道文章学问道德功业都只有汗血才能换得来，正如小农民知道要得一粒一颗的稻麦都非出汗不可。

在咸丰初年曾国藩官作到侍郎，等于现在的各部次长。他的知己固然承认他的文章道德是特出的，但是他的知己不多，而且少数知己也不知道他有大政治才能，恐怕连他自己也不知道。所以在他的事业起始的时候，他的声望并不高，他也没有政治势力作他的后盾，但是湖南地方上的士大夫阶级确承认他的领袖地位。他对洪秀全的态度就是当时一般士大夫的态度，不过比别人更加积极而已。

那时的官兵不但不能打仗，连乡下的土匪都不能对付，所以人民为自卫计，都办团练。这种团练就是民间的武力，是务正业的农民藉以抵抗不务正业的游民土匪。这种武力，因为没有官场化，又因为与农民有切身利害关系，保存了我国乡民固有的勇敢和诚实。曾国藩的事业就是利用这种乡勇，而加以组织训练，使它成为一个军队。这就是以后著名的湘军。团练是当时全国皆有的，并不是曾国藩独创的，但是为什么惟独湘军能成大事呢？原故就在于曾国藩所加的那点组织和训练。

曾国藩治兵的第一个特别是精神教育的注重。他自己十二分相信孔孟的遗教是我民族的至宝。洪秀全既然要废孔教，那洪秀全就是他的敌人，也就是全民族的敌人。他的"讨贼檄文"骂洪秀全最激烈的一点就在此：

> 举中国数千年礼义人伦，诗书典则，一旦扫地荡尽，此岂独我大清之变，乃开辟以来，名教之奇变，我孔子、孟子之所痛哭于九泉，凡读书识字者，又焉能袖手坐视，不思一为之所也？

他是孔孟的忠实信徒，他所选的官佐都是他的忠实同志，他是军队的主帅，同时也是兵士的导师。所以湘军是个有主义的军队。其实精神教育是曾国藩终身事业的基础，也是他在我国近代史上地位的特别。他的行政用人都首重主义。他觉得政治的改革必须先有精神的改革。前清末年的官吏，出自曾文正门下者，皆比较正派，足见其感化力之大。

曾国藩不但利用中国的旧礼教作军队的精神基础，而且利用宗族观念和乡土观念来加强军队的团结力。他选的官佐几全是湖南人，而且大半是湘乡人。这些官佐都回本地去招兵，因此兵士都是同族或同里的人。这样他的部下的互助精神特别浓厚。这是湘军的第二特点。

历史上的精神领袖很少同时也是事业领袖，因为注重精神者往往忽略事业的具体条件。在西洋社会里，这两种领袖资格是完全分开的。管教者不必管事，管事者不必管教。在中国则不然：中国社会几千年来是政教不分、官师合一的。所以在中国，头等领袖必须兼双层资格。曾国藩虽注重为人，并不忽略作事。这是他的特别的第三点。当时绿营之所以不能打仗，原故虽多，其中之一是待遇太薄。曾氏在起始办团练的时候，就决定每月陆勇发饷 4 两 2 钱，水勇发 3 两 6 钱，比绿营的饷额加一倍。湘军在待遇上享有特殊权利。湘军作战区域是长江沿岸各省。在此区域内水上的优势很能决定陆上的优势。所以曾国藩自始就注重水师。关于军器，曾氏虽常说打仗在人不在器，然而他对军器的制造，尤其对于大炮的制造，是很费苦心的。他用尽心力去罗致当时的技术人才。他对于兵士的操练也十分认真。他自己常去督察检阅。他不宽纵他的军官，也不要军官宽纵他的部下。

曾国藩的事业，如同他的学问，也是从艰难困苦中奋斗出来的。他要救旧社会旧文化，而那个旧社会旧文化所产生的官僚反要和他捣乱。他要维持大清，但大清反而嫉妒他，排斥他。他在长沙练勇的时候，旧时的官兵恨他的新方法、新标准，几乎把他打死了，他逃到衡州去避乱。他最初的一战是个败仗，他投水自尽，幸而被部下救起来。他练兵打仗，同时他自己去筹饷。以后他成了大事，并不是因为清廷和官僚自动的把政权交给他，是因为他们的失败迫着他们求曾国藩出来任事，迫着他们给他个作事的机会和权利。

第四节　洪秀全失败

洪秀全得了南京以后，我们更能看出他的真实心志不在建设新国家或新社会，而在建设新朝代。他深居宫中，务求享作皇帝的福，对于政事则不放在心上。宫廷的建筑，宫女的征选，金银的聚敛，官制宫制的规定，这些事情是太平天王所最注意的。他的宗教后来简直变为疯狂的迷信。杨秀清向他报告国事的困难，他回答说：

> 朕奉上帝圣旨，天兄耶稣圣旨，下凡作天下万国独一真主，何惧之有？不用尔奏，政事不用尔理，欲出外出，欲在京住，由于尔，朕铁桶江山，你不扶，有人扶，尔说无兵，朕之天兵，多过于水，何惧曾妖乎？

快要灭亡的时候，南京绝粮，洪秀全令人民饮露充饥，说露是天食。
这样的领袖不但不能复兴民族，且不能作为部下团结的中心。在咸丰六年，洪秀全的左右起了很大的内讧。东王杨秀清个人独掌大权。其他各王都须受东王的节制。照太平天国的仪式，天王称万岁，东王称九千岁，西王八千岁，余递减。别的王都须到东王府请安议事，并须跪呼千岁。在上奏天王的时候，东王立在陛下，其余则跪在陛下，因此杨秀清就为其同辈所愤恨。同时天王也怕他要取而代之。六年九月，北王韦昌辉设计诱杀杨秀清和他的亲属党羽。翼王石达开心怀不平，北王又把翼王家属杀了。天王为联络翼王起见，下令杀北王，但翼王以后还是独树一帜，与天王脱离关系。经过此次的内讧，太平天国打倒清朝的希望完全消灭。以后洪秀全尚能抵抗 8 年，一则因为北方有大股捻匪作他的声援，二则因为他得了两个后起的良将，忠王李秀成和英王陈玉成。

在清朝方面，等到别人都失败了，然后重用曾国藩，任他为两江总督，节制江、浙、皖、赣四省军事。湖北巡抚胡林翼是与他志同道合的，竭力与他合作。他的亲弟曾国荃是个打硬仗的前线指挥。以后曾国藩举荐他的门生李鸿章作江苏巡抚，他的朋友左宗棠作浙江巡抚。长江的中游和下游都是他的势力范围，他于是得通盘筹划。他对于洪秀全采取大包围的战略。同时英、美、法三国也给了曾、左、李三人不少的帮助。同治三年（1864 年）湘军在曾国荃领导之下打进南京，洪秀全自杀，太平天国就此亡了。

洪秀全想打倒清朝，恢复汉族的自由，这当然是我们应该佩服的。他想平均地权，虽未实行，也足表现他有相当政治家的眼光。他的运动无疑的是起自民间，连他的宗教，也是迎合民众心理的。但是他的人格上及才能上的缺点很多而且很大。倘若他成了功，他也不能为我民族造幸福。总而言之，太平天国的失败，证明我国旧式的民间运动是不能救国救民族的。

曾国藩所领导的士大夫式的运动又能救国救民族吗？他救了清朝，这是毫无疑问的。但是清朝并不能救中国，倘若他客观的诚实的研究清朝在嘉庆、道光、咸丰三代的施政，他应该知道它是不可救药的。他未尝不知道此中实情，所以他平定太平天国以后，他的态度反趋于消极了。平心而论，曾国藩要救清朝是很自然的，可原谅的。第一，中国的旧礼教既是他的立场，而且士大夫阶级是他的凭依，他不能不忠君。第二，他想清廷经过大患难之后，必能有相当觉悟。事实上同治初年的北京，因为有恭亲王及文祥二人主政，似乎景象一新，颇能有为。所以嘉、道、咸三代虽是多难的时代，同治年间的清朝确有中兴的气象。第三，他怕清朝的灭亡要引起长期的内乱。他是深知中国历史的，我国几千年来，每次换过朝代，总要经过长期的割据和内乱，然后天下得统一和太平。在闭关自守，无外人干涉的时代，内战虽给人民无穷的痛苦，尚不至于亡国。到了 19 世纪，有帝国主义者绕环着，长期的内战就能引起亡国之祸，曾国藩所以要维持清朝，最大的理由在此。

在维持清朝作为政治中心的大前提之下，曾国藩的工作分两方面进行。一方面他要革新，那就是说，他要接受西洋文化的一部分；另一方面他要守旧，那就是说，恢复我国固有的美德。革新守旧，同时举行，这是曾国藩对我国近代史的大贡献。我们至今还佩服曾文正公就是因为他有这种伟大的眼光。徒然恢复我国的旧礼教而不接受西洋文化，我们还不能打破我民族的大难关，因为我们绝不能拿礼义廉耻来抵抗帝国主义者的机械军器和机械制造。何况旧礼教本身就有他的不健全的地方，不应完全恢复，也不能完全恢复。同时徒然接受西洋文化而不恢复我国固有的美德，我们也不能救国救民族，因为腐化的旧社会和旧官僚根本不能举办事业，无论这个事业是新的，或是旧的。

曾国藩的革命事业，我们留在下一章讨论。他的守旧事业，我们在前一节里，已经说过。现在我们要指出他的守旧事业的流弊。湘军初起的时候，精神纪律均好，战斗力也高。后来人数多了，事业大了，湘军就退化了。收复南京以后，曾自己就承认湘军暮气很深，所以他遣散了好多。足证我国治军的旧法根本是有毛病的。此外湘军既充满了宗族观念和家乡观念，兵士只知道有直接上级长官，不知道有最高统帅，更不知道有国家。某回，曾国荃回家乡去招兵，把原有的部队交曾国藩暂时管带。这些部队就不守规矩。国藩没有法子，只好催国荃赶快回营。所以湘军是私有军队的开始。湘军的精神以后传给李鸿章所部的淮军，而淮军以后又传给袁世凯的北洋军。我们知道民国以来的北洋军阀利用私有的军队，割据国家，阻碍统一。追究其祸根，我们不能不归咎于湘军。于此也可看出旧法子的毛病。

第三章　自强及其失败

第一节　内外合作以求自强

恭亲王及文祥从英法联军的经验，得了三种教训。第一，他们确切的认识西洋的军器和练兵的方法远在我们之上。咸丰十年，担任京津防御者是僧格林沁和胜保。这两人在当时是有名的大将。他们惨败了以后，时人只好承认西洋军队的优胜。第二，恭亲王及文祥发现西洋人不但愿意卖军器给我们，而且愿意把制造军器的秘密及训练军队的方法教给我们。这颇出于时人意料之外。他们认为这是我们自强的机会。第三，恭亲王及文祥发现西洋人并不是他们以先所想象那样"狼子野心，不守信义"。英法的军队虽然占了北京，并且实力充足，能为所欲为，但《北京条约》订了以后，英法居然依据条约撤退军队，交还首都。时人认为这是了不得的事情，足证西洋人也守信义，所以对付外人并不是全无办法的。

从这三种教训，恭亲王及文祥定了一个新的大政方针，第一，他们决定以夷器和夷法来对付夷人。换句话说，他们觉得中国应该接受西洋文化之军事部分。他们于是买外国军器，请外国教官。他们说，这是中国的自强之道。第二，他们知道自强不是短期内所能成立的。在自强没有达到预期的程度以前，中国应该谨守条约以免战争。恭亲王及文祥都是有血性的人，下了很大的决心要推行他们的新政，在国家危急的时候他胆敢出来与外人周旋，并且专靠外交的运用，他们居然收复了首都。时人认为这是他们的奇功。并且恭亲王是咸丰的亲弟，同治的亲叔。他们的地位是全朝最亲贵的，有了他们的决心和资望，他们在京内成了自强运动的中心。

同时在京外的曾国藩、左宗棠、胡林翼、李鸿章诸人也得着同样的教训，最初使他们注意的是外人所用的轮船，在长江下游私运军火粮食卖给太平军。据说胡林翼在安庆曾有过这样的经验：

> 驰至江滨，忽见二洋船，鼓轮西上，迅如奔马，疾如飘风，文忠变色不语，勒马回营，中途呕血，几至堕马，阎丹初尚书向在文忠幕府，每与文忠论及洋务，文忠辄摇手闭目神色不怡者久之，曰，此非吾辈所能知也。

可见轮船给胡文忠印象之深，曾、左、李大致相同。曾在安庆找了几位明数理的旧学者和铁匠木匠去试造轮船，造成了以后不能行动。左在杭州作了同样的试验，得同样的结果，足证这般人对于西洋机械的注重。

在长江下游作战的时候，太平军和湘军淮军都竞买洋枪。李鸿章设大本营于上海与外人往来最多，认识西洋文化亦比较深切，他的部下还有英国军官戈登（Gordon）统带的长胜军。他到了上海不满一年，就写信给曾国藩说：

> 鸿章尝往英法提督兵船，见其大炮之精纯，子药之细巧，器械之鲜明，队伍之雄整，实非中国所能及。……深以中国军器远逊外洋为耻，日戒谕将士虚心忍辱，学得西人一二秘法，期有增益。……若驻上海久而不能资取洋人长技，咎悔多矣。

同治三年（1864 年）他又写给恭亲王和文祥说：

> 鸿章窃以为天下事穷则变，变则通。中国士大夫沉浸于章句小楷之积习，武夫悍卒又多粗蠢而不加细心，以致用非所学，学非所用。无事则斥外国之利器为奇技淫巧，以为不必学，有事则惊外国之利器为变怪神奇，以为不能学。不知洋人视火器为身心性命之学者已数百年。一旦豁然贯通，参阴阳而配造化，实有指挥如意，从心所欲之快。……前者英法各国，以日本为外府，肆意诛求。日本君臣发愤为雄，选宗室及大臣子弟之聪秀者，往西国制器厂师习各艺，又购制器之器，在本国制习。现在已能驾驶轮船，造放炸炮。去年英人虚声恫吓，以兵临之。然英人所恃而为攻战之利者，彼已分擅其长，用是凝然不动，而英人固无如之何也。夫今之日本即明之倭寇也，距西国远而距中国近。我有以自立，则将附丽于我，窥伺西人之短长；我无以自强，则并效尤于彼，分西人之利薮。日本以海外区区小国，尚能及时改辙，知所取法。然则我中国深维穷极而通之故，夫亦可以皇然变计矣。……杜挚有言曰："利不百，不变法。功不十，不易器。"苏子瞻曰："言之于无事之时，足以为名，而恒苦于不信；言之于有事之时，足以见信，而已苦于无及。"鸿章以为中国欲自强则莫如学习外国利器。欲学习外国利器，则莫如觅制器之器，师其法而不必尽用其人。欲觅制器之器，与制器之人，则我专设一科取士，士终身悬以为富贵功名之鹄，则业可成，业可精，而才亦可集。

这封信是中国 19 世纪最大的政治家，最具历史价值的一篇文章。我们应该再三诵读。李鸿章第一认定我国到了 19 世纪惟有学西洋的科学机械然后能生存。第二，李鸿章在同治三年已经看清中国与日本，孰强孰弱，要看那一国变的快。日本明治维新运动的世界的历史的意义，他一下就看清了，并且大声疾呼要当时的人猛醒与努力。这一点尤足以表现李鸿章的伟大。第三，李鸿章认定改革要从培养人才下手，所以他要改革前清的科举制度。不但此也，他简直要改革士大夫的人生观。他要士大夫放弃章句小楷之积习，而把科学工程悬为终身富贵的鹄的。因为李鸿章认识时代之清楚，所以他成了同治、光绪年间自强运动的中心人物。

在我们这个社会里，作事极不容易。同治年间起始的自强运动，虽未达到目的，然而能有相当的成绩，已经费了九牛二虎之力。倘若当时没有恭亲王及文祥在京内主持，没有曾国藩、李鸿章、左宗棠在京外推动，那末，英法联军及太平天国以后的中国还要麻木不仁，好像鸦片战争以后的中国一样。所以我们要仔细研究这几位时代领袖人物究竟作了些什么事业。

第二节　步步向前进

自强的事业颇多，我先择其要者列表于下。

咸丰十一年　恭亲王及文祥聘请外国军官训练新军于天津。

同年　恭亲王和文祥设立同文馆于北京。是为中国新学的起始。

同年　恭亲王和文祥托总税司赫德（Robert Hart）购买炮舰，聘请英国海军人员来华创设新水师。

同治二年　李鸿章设外国语文学校于上海。

同治四年　曾国藩、李鸿章设江南机器制造局于上海，附设译书局。

同治五年　左宗棠设造船厂于福州，附设船政学校。

同治九年　李鸿章设机器制造局于天津。

同治十一年　曾国藩、李鸿章挑选学生赴美国留学。

同年　李鸿章设轮船招商局。

光绪元年　李鸿章筹办铁甲兵船。

光绪二年　李鸿章派下级军官赴德学陆军，船政学生赴英、法学习造船和驾船。

光绪六年　李鸿章设水师学堂于天津，设电报局，请修铁道。

光绪七年　李鸿章设开平矿务局。

光绪八年　李鸿章筑旅顺军港，创办上海机器制布厂。

光绪十一年　李鸿章设天津武备学堂。

光绪十三年　李鸿章开办黑龙江漠河金矿。

光绪十四年　李鸿章成立北洋海军。

以上全盘建设事业的动机是国防，故军事建设最多。但我们如仔细研究就知道国防的近代化牵连甚多。近代化的军队第一需要近代化的军器，所以有江南及天津两个机械制造厂的设立。那两个厂实际大部分是兵工厂。第二，新式军器必须有技术人才去驾使，所以设立武备学堂，和派遣军官出洋留学。第三，近代化的军队必须有近代化的交通，所以有造船厂和电报局的设立，及铁路的建筑。第四，新式的国防比旧式的费用要高几倍。以中古的生产来负担近代的国防是绝对不可能的。所以李鸿章要办招商局，来经营沿江沿海的运输，创立制布厂来挽回权利，开煤矿金矿来增加收入。自强运动的领袖们并不是事前预料到各种需要而定一个建设计划。他们起初只知道国防近代化的必要。但是他们在这条路上前进一步以后，就发现必须再进一步；再进一步以后，又必须更进一步。其实必须走到尽头然后能生效。近代化的国防不但需要近代化的交通、教育、经济，并且须要近代化的政治和国民。半新半旧是不中用的。换句话说：我国到了近代要图生存非全盘接受西洋文化不可。曾国藩诸人虽向近代化方面走了好几步，但是他们不彻底，仍不能救国救民族。

第三节　前进遇着阻碍

曾国藩及其他自强运动的领袖虽走的路线不错，然而他们不能救国救民族。此其故何在？在于他们的不彻底。他们为什么不彻底呢？一部分因为他们自己不要彻底，大部分因为时代不容许他们彻底。我们试先研究领袖们的短处。

恭亲王奕䜣、文祥、曾国藩、李鸿章、左宗棠这五个大领袖都出身于旧社会，受的是旧教育。他们没有一个人能读外国书，除李鸿章以外，没有一个人到过外国。就是李鸿章的出洋尚在甲午战败以后，他的建设事业已经过去了。这种人能毅然决然推行新事业就了不得，他们不能完全了解西洋文化是自然的，很可原谅的。他们对于西洋的机械是十分佩服的，十分努力要接受的。他们对于西洋的科学也相当尊重，并且知道科学是机械的基础。但是他们自己毫无科学机械的常识，此外更不必说了。他们觉得中国的政治制度及立国精神是至善至美，无须学西洋的。事实上他们的建设事业就遭了旧的制度和旧的精神的阻碍。我们可以拿李鸿章的事业作例子。

李鸿章于同治九年（1870 年）起始作直隶总督兼北洋大臣。因为当时要人之中以他最能对付外人，又因为他比较勇于任事，而且他的淮军是全国最近代化最得力的军队，所以从同治九年到光绪二十年的中日战争李鸿章是那个时代的中心人物。国防的建设全在他手里。他特别注重海军，因为他看清楚了如果中国能战胜日本海军，无论日本陆军如何强，不能进攻高丽，更不能为害中国。那末，李鸿章办海军第一个困难是经费。经费所以困难就是因为中国当时的财政制度，如同一般的政治制度是中古式的。中央政府没有办海军的经费，只好靠各省协济。各省都成见很深，不愿合作。在中央求各省协助的时候各省务求其少；认定了以后，又不能按期十足拨款，总要延期打折扣。其次当时皇室用钱，漫无限制，而且公私不分。同治死了以后，没有继嗣，于是西太后选了一个小孩子作皇帝，年号光绪，而实权还不是在西太后手里。等到光绪快要成年亲政的时候，光绪和他的父亲醇亲王奕譞怕西太后不愿意把政权交出来，醇亲王定计重修颐和园，一则以表示光绪对西太后的孝敬，一则使西太后沉于游乐就不干政了。重修颐和园的经费很大，无法筹备，醇亲王乃请李鸿章设法。李氏不敢得罪醇亲王，更不敢得罪西太后，只好把建设海军的款子移作重修颐和园之用。所以在甲午之战以前的 7 年，中国海军没有添订过一只新船。在近代政治制度之下，这种事情是不能发生的。

在李鸿章所主持之机关中并没有新式的文官制度和审计制度。就是在极廉洁极严谨的领袖之下，没有良好的制度，贪污尚且无法杜绝，何况李氏本人就不廉洁呢？在海军办军需的人经手的款项既多，发财的机会就更大。到了甲午战争的时候，我们船上的炮虽比日本的大，但炮弹不够，并且子弹所装的不尽是火药。外商与官吏狼狈为奸，私人发了财，国事就败坏了。

李鸿章自己的科学知识的幼稚，也是他的事业失败的原故之一。北洋海军初成立的时候，他请了英国海军有经验的军官作总教官和副司令。光绪十年左右，中国海军纪律很严，操练很勤，技术的进步很快，那时中国的海军是很有希望的。后来李鸿章误听人言，辞退英国海军的军官而聘请德国陆军骑兵的军官来作海军的总教官，以后我国的海军的技术反而退步。并且李鸿章所用的海军总司令是个全不知海军的丁汝昌，丁氏原是淮军带马队的。他作海军的领袖当然只能误事，不能成事。甲午战争的时候，中国海军占世界海军的第 8 位，日本的海军占第 11 位。我们的失败不是因为船不如人，炮不如人，为战略战术不如人。

北洋海军的情形如此，其他的自强事业莫不如此。总之，同治、光绪年间的自强运动所以不能救国，不是因为路线错了，是因为领袖人物还不够新，所以不能彻底。

但是倘若当时的领袖人物更新，更要进一步的接受西洋文化，社会能容许他们吗？社会一定要给他们更大的阻碍。他们所行的那种不彻底的改革已遭一般人的反对，若再进一步，反对一定更大。譬如铁路：光绪六年（1880 年）李鸿章、刘铭传奏请建筑，到了光绪二十年还只建筑天津附近的一小段。为什么呢？因为一般人相信修铁路就破坏风水。又譬如科学：同治五年（1866 年）恭亲王在同文馆添设科学班，请外国科学家作教授，招收翰林院的人员作学生。他的理由是很充足的。他说买外国轮船枪炮不过一时权宜之计，治本的办法在于自己制造。但是要自己制造，非有科学的人才不可。所以他想请外国人来教中国青年学习科学。他又说：

夫天下之耻，莫耻于不若人。……日本蕞尔小国尚知发愤为雄。独中国狃于因循积习，不思振作，耻孰甚焉？今不以不如人为耻，而独以学其人为耻，将安于不如，而终不学，遂可雪其耻乎？

他虽说的名正言顺，但还有人反对。当时北京有位名高望重的大学士倭仁就大声疾呼的反对说：

窃闻立国之道，尚礼义不尚权谋；根本之图在人心，不在技艺。今求之一艺之末而又奉夷人为师，无论夷人诡谲，未必传其精巧，即使教者诚教，所成就者不过术数之士。古今来未闻有恃术数而能起衰振弱者也。天下之大，不患无才。如以天文算学必须讲习，博采旁求必有精其术者，何必夷人？何必师事夷人？

恭亲王愤慨极了。他回答说：

该大学士既以此举为窒碍，自必别有良图。如果实有妙策，可以制外国而不为外国所制，臣等自当追随大学士之后，竭其梼昧，悉心商办。如别无良策，仅以忠信为甲胄，礼义为干橹等词，谓可折冲樽俎，足以制敌之命，臣等实未敢信。

倭仁不过是守旧的糊涂虫，但是当时的士大夫居然听了他的话，不去投考同文馆的科学班。

同治光绪年间的社会，如何反对新人新政，我们从郭嵩焘的命运可以更加看得清楚。郭氏的教育及出身和当时一般士大夫一样，并无特别，但是咸丰末年英法联军之役，他跟着僧格林沁在大沽口办交涉，有了那次经验，他根本觉悟，知道中国非彻底改革不可。他的觉悟还比恭亲王诸人的更深刻。据他的研究，我们在汉、唐极盛时代固常与外族平等往来；闭关自守而又独自尊大的哲学，是南宋势力衰弱时代的理学先生们提倡出来的，绝不足以为训。同治初年，江西南昌的士大夫群起毁教堂，杀传教士。巡抚沈葆桢（林则徐的女婿）称赞士大夫的正气，郭嵩焘则斥责沈氏顽固。郭氏作广东巡抚的时候，汕头的人，像以先广州人，不许外国人进城。他不顾一切，强迫汕头人遵守条约，许外国人进城。光绪元年云贵总督岑毓英因为反对英国人进云南，秘密在云南缅甸边境上把英国使馆的翻译官杀了。郭嵩焘当即上奏弹劾岑毓英。第二年，政府派他出使英法，中国有公使驻外从他起。他在西欧的时候，他努力研究西洋的政治、经济、社会，他觉得不但西洋的轮船枪炮值得我们学习，就是西洋的政治制度和一般文化都值得学习。他发表了他的日记，送给朋友们看。他常写信给李鸿章，报告日本派到西洋的留学生不限于机械一门，学政治、经济的都有。他劝李鸿章扩大留学范围。他的这些超时代的议论，引起了全国士大夫的谩骂。他们说郭嵩焘是个汉奸，"有二心于英国"。湖南的大学者如王闿运之流撰了一副对子骂他：

> 出乎其类，拔乎其萃，不容于尧舜之世。
> 未能事人，焉能事鬼，何必去父母之邦。

王闿运的日记还说："湖南人至耻与为伍。"郭嵩焘出使两年就回国了。回国的时候，没有问题，他是全国最开明的一个人，他对西洋的认识远在李鸿章之上。但是时人反对他，他以后全无机会作事，只好隐居湖南从事著作。他所著的《养知书屋文集》至今尚有披阅的价值。

继郭嵩焘作驻英法公使的是曾纪泽。他在外国五年多，略识英语。他的才能眼光与郭嵩焘等。因为他运用外交，从俄国收回伊犁，他是国际有名的外交家。他回国的时候抱定志向要推进全民族的近代化。却是他也遭时人的反对，找不着机会作事，不久就气死了。

同光时代的士大夫阶级的守旧既然如此，民众是否比较开通，其实民众和士大夫阶级是同鼻孔出气的。我们近 60 年来的新政都是自上而下，并非由下而上。一切新的事业都是由少数先知先觉者提倡，费尽苦心，慢慢的奋斗出来的。在甲午以前这少数先知先觉者都是在朝的人。甲午以后，革新的领袖权慢慢的转到在野的人的手里，却是这些在野的领袖都是知识分子，不是民众。严格说来，民众的迷信是我民族近代接受西洋文化大阻碍之一。

第四节　士大夫轻举妄动

在同治、光绪年间，民众的守旧虽在士大夫阶级之上，但是民众是被动的，领导权统治权是在士大夫阶级手里。不幸，那个时代的士大夫阶级，除极少数外，完全不了解当时的世界大势。

同治共十三年，从 1862 年到 1874 年。在这个时期内，德意志统一了，意大利统一了，美国的中央政府也把南方的独立运动消灭，恢复而又加强美国的统一了。那个时期是民族主义在西洋大成功的时期。这些国家统一了以后，随着就是国内的大建设和经济的大发展。在同治以前，列强在国外行帝国主义的，仅英、俄、法三国。同治以后，加了美、德、意三国。竞争者多了，竞争就愈厉害。并且在同治以前，英国是世界上惟一的工业化国家，全世界都销英国的制造品。同治以后，德、美、法也逐渐工业化、资本化了。国际上除了政治势力的竞争以外，又有了新起的热烈的经济竞争。我国在光绪年间处境的困难远在道光、咸丰年间之上。

帝国主义是我们的大敌人。同治光绪年间如此，现在还是如此。要救国的志士应该人人了解帝国主义的真实性质。帝国主义与资本主义是有关系的。关系可以说有三层。第一，资本主义的国家贪图在外国投资。国内的资本多了，利息就低。譬如：英美两国资本很多，资本家能得 4% 的利息就算很好了。但是如果英美的资本家能把资本投在中国或印度或南美洲，年利很容易达到 7% 或更高些。所以英美资本家竞向未开发的国家投资。但是接受外国来的资本不一定有害，英美的资本家也不一定有政治野心。美国在 19 世纪的下半期的建设大部分是利用英国资本举办的。结果英国的资本家固然得了好处，但是美国开辟了富源，其人民所得的好处更多。我们的平汉铁路原是借比国资本建筑的。后来我们按期还本付息，那条铁路就变为我们的了。比国资本家得了好处，我们得了更大的好处。所以孙中山先生虽反对帝国主义，他赞成中国利用外债来建设。但是有些资本家要利用政治的压力去得投资的机会，还有政治野心家要用资本来扩充政治势力。凡是国际投资有政治作用的，就是侵略的，帝国主义的。凡是国际投资无政治作用的，就是纯洁的，投资者与受资者两方均能收益。所以我们对于外国的资本应采的态度如同对水一样，有的时候，有的地方，在某种条件之下，我们应该掘井取水，或开河引水；在别的时候、地方和条件之下，我们则必须筑堤防水。

帝国主义与资本主义的第二层关系是商业的推销。资本主义的国家都利用机械制造。工厂规模愈大，出品愈多，得利就更厚。困难在市场。各国竞争市场原可以专凭商品之精与价格之廉，不必靠武力的侵略或政治的压力。但在 19 世纪末年，国际贸易的自由一天少一天。各国不但提高本国的关税，并且提高属地的关税。这样一来，商业的发展随着政权的发展，争市场等于争属地。被压迫的国家，一旦丧失关税自主，就永无发展工业的可能。虽然，国际贸易大部分还是平等国家间之贸易，不是帝国与属地之间的贸易。英国与美、德、法、日诸国的贸易额，远大于英国与其属地的贸易额。英国的属地最多，尚且如此，别国更不必说了。

帝国主义与资本主义的第三层关系是原料的寻求。世界上没有一国完全不靠外来的原料。最富有原料的国家如英、美、俄尚且如此，别的国家所需的外来原料更多。日本及意大利是最穷的。棉、煤、铁、油四种根本的原料，日、意都缺乏。德国较好，但仍不出棉和石油。那末，一国的工厂虽多，倘若没有原料，就会完全没有办法。所以帝国主义者，因为要找工业的原料，就大事侵略。虽然，资本主义不一定要行帝国主义而后始能得到原料。同时，出卖原料者不一定就是受压迫者。譬如：美国的出口货之中，石油和棉花是大宗，日本、德国、意大利从美国输入石油和棉花，不能，也不必行帝国主义，因为美国不但不禁止石油和棉花的出口，且竭力推销。

总之，资本主义可变为帝国主义，也可以不变为帝国主义。未开发的国家容易受资本主义的国家的压迫和侵略，也可以利用外国的资本来开发自己的富源及利用国际的通商来提高人民的生活程度。资本主义如同水一样：水可以资灌溉，可以便利交通，也可以成灾，要看人怎样对付。

同时我们不要把帝国主义看得过于简单，以为世界上没有资本主义就没有帝国主义了。700 年以前的蒙古人还在游牧时代，无资本也无工业，但是他们对我们的侵略，还在近代资本主义国家之上。300 年以前的满洲人也是如此。在西洋方面，中古的亚拉伯人以武力推行回教，大行其宗教的帝国主义。18 世纪末年法国革命家以武力强迫外国接受他们的自由平等，大行其革命的帝国主义。据我们所知，历史上各种政体，君主也好，民主也好，各种社会经济制度，资本主义也好，封建主义也好，共产主义也好，都有行帝国主义的可能。

同光时代的士大夫完全不了解时代的危险及国际关系的运用。他们只知道破坏李鸿章诸人所提倡的自强运动。同时他们又好多事，倘若政府听他们的话，中国几无年无日不与外国打仗。

长江流域有太平天国之乱的时候，北方有捻匪，陕、甘、新疆有回乱，清廷令左宗棠带湘军去收复西北。俄国趁我回乱的机会就占领了伊犁。这是俄国趁火打劫的惯技。在 19 世纪，俄国占领我们的土地最多。咸丰末年，俄国趁太平天国之乱及英法联军，强占我国黑龙江以北及乌苏里以东的地方，共 30 万方英里。现在俄国的阿穆尔省及滨海省包括海参崴在内，就是那次抢夺过去的。在同治末年。俄国占领新疆西部，清廷提出抗议的时候，俄国又假仁假义的说，他全无领土野心，他只代表我们保守伊犁，等到我们平定回乱的时候。他一定把土地退还给我们。其实俄国预料中国绝不能平定回乱，中国势力绝不能再伸到新疆。那末俄国不但可以并吞伊犁，还可以蚕食全新疆。中国一时没有办法，只好把伊犁作为中俄间的悬案。

左宗棠军事的顺利不但出于俄国意料之外，还出于我们自己的意料之外。他次第把陕西甘肃收复了。到了光绪元年，他准备进攻新疆，军费就成了大问题。从道光三十年洪秀全起兵到光绪元年，25 年之间，中国无时不在内乱内战之中，实已兵疲力尽，何能再经营新疆呢？并且交通不便，新疆民族复杂，面积浩大，成败似乎毫无把握。于是发生大辩论，左宗棠颇好大喜功，他一意主进攻。他说祖宗所遗留的土地，子孙没有放弃的道理，他又说倘若新疆不保，陕甘就不能保，陕甘不保，山西就不能保，山西不保，河北就不能保。他的理由似乎充足，言论十分激昂。李鸿章的看法正与左的相反。李说自从乾隆年间中国占领新疆以后，中国没有得着丝毫的好处，徒费驻防的兵费。这是实在的情形。他又说中国之大祸不在西北而在东边沿海的各省，因为沿海的省份是中国的精华，而且帝国主义者的压迫在东方的过于在西方的。自从日本维新以后，李鸿章更加焦急。他觉得日本是中国的真敌，因为日本一心一意谋我，他无所图，而且相隔既近，动兵比较容易。至于西洋各国彼此互相牵制，向外发展不限于远东，相隔又远，用兵不能随便。李鸿章因此主张不进攻新疆而集中全国人力物力于沿海的国防及腹地各省的开发。边省虽然要紧，但是腹地倘有损失，国家大势就去了。反过来说，倘若腹地强盛起来，边省及藩属自然就保存了。左宗棠的言论比较动听，李的比较合理，左是高调，李是低调。士大夫阶级一贯的尚感情，唱高调，当然拥护左宗棠。于是借外债，移用各省的建设费，以供左宗棠进攻新疆之用。

左宗棠的运气真好。因为新疆发生了内讧，并没有遇着坚强的抵抗。光绪三十年底，他把全疆克服了。中国乃派崇厚为特使，到俄国去交涉伊犁的退还。崇厚所定的条约虽收复了伊犁城，但城西的土地几全割让与俄国，南疆及北疆之交通险要区亦割让。此外，崇厚还许了很重要的通商权利，如新疆加设俄国领事馆，经甘肃陕西到汉口的通商路线，及吉林松花江的航行权。士大夫阶级主张杀崇厚，废约，并备战。这正是青年言论家如张之洞、张佩纶、陈宝琛初露头角的时候。清廷竟为所动。于是脚慌手乱，调兵遣将，等到实际备战的时候，政府就感觉困难了。第一，从伊犁到高丽东北角的图们江止，沿中俄的交界线处处都要设防。那里有这么多军队呢？首当其冲的左宗棠在新疆的部队，就太疲倦，不愿打仗。第二，俄国远东舰队故作声势，从海参崴开到日本洋面。中国因此又必须于沿海沿长江设防。清廷乃起用彭玉麟督长江水师来对付俄国的海军。彭玉麟想满载桐油木柴到日本洋面去施行火攻。两江总督刘坤一和他开玩笑，说时代非三国，统帅非孔明，火攻之计，恐怕不行呢！李鸿章看见书生误国，当然极为愤慨。可是抗战的情绪很高，他不敢公开讲和。他只好使用手段。他把英国有名的军官戈登将军请来作军事顾问。戈登是个老实人，好说实话。当太平天国的末年，他曾带所谓常胜军，立功不少。所以清廷及一般士大夫颇信任他。他的意见怎样呢？他说，中国如要对俄作战，必须作三件事：一、迁都于西安；二、长期抗战至少十年；三、满人预备放弃政权，因为在长期战争之中，清政权一定不能维持。清廷听了戈登的意见以后，乃决心求和。我国近代史的一幕滑稽剧才因此没有开演。

幸而俄国在光绪三四年的时候，正与土耳其打仗，与英国的关系也很紧张，所以不愿多事。又幸而中国当时有青年外交家曾纪泽，以极冷静的头脑和极坚强的意志，去贯彻他的主张。原来崇厚所订的条约并没有奉政府的批准，尚未正式成立，曾纪泽运用外交得法，挽回了大部分的通商权利及土地，但偿价加倍，共 900 万卢布。英国驻俄大使称赞曾纪泽说："凭外交从俄国取回它已占领的土地，曾侯要算第一人。"

中俄关于伊犁的冲突告一段落的时候，中法关于越南的冲突就起了。

中国原来自己是个帝国主义，我们的版图除本部以外，还包括缅甸、暹罗、越南、琉球、高丽、蒙古、西藏，这些地方可以分为两类。蒙古、西藏属于第一类，归理藩部管，朝廷派有大臣驻扎其地。第二类即高丽越南等属国，实际中国与他们的关系很浅，他们不过按期朝贡，新王即位须受中国皇帝的策封。此外我们并不派代表常驻其国都，也不干涉他们的内政。在经济方面，我们也十分消极。我们不移民，也不鼓励通商，简直是得不偿失。但是我们的祖先何以费力去得这些属地呢？此中也有原故。光绪七年（1881 年）翰林院学士周德润先生说得清楚：

> 臣闻天子守在四夷，此诚虑远忧深之计。古来敌国外患，伏之甚微，而蓄之甚早。不守四夷而守边境，则已无及矣；不守边境而守腹地，则更无及矣。我朝幅员广辟，龙沙雁海，尽列藩封。以琉球守东南，以高丽守东北，以蒙古守西北，以越南守西南：非所谓山河带砺，与国同休戚者哉？

换句话说，在历史上属国是我们的国防外线，是代我守门户的。在古代，这种言论有相当的道理；到了近代，局势就大不同了。英国在道光年间直攻了广东、福建、浙江、江苏，英法联军直打进了北京，所谓国防外线简直没有用处。倘使在这种时代我们还要保存外线，我们也应该变更方案。我们应该协助这些弱小国家独立，因为独立的高丽、琉球、越南、缅甸绝不能侵略我们。所怕的不是他们独立，是怕他们作帝国主义者的傀儡。无论如何，外人既直攻我们的腹地，我们无暇去顾外线了。协助这些弱小国家去独立是革命的外交，正如苏联革命的初年，外受列强的压迫，内有反革命的抗战，列宁（Lenin）于是毅然决然放弃帝俄的属国。

法国进攻越南的时候，士大夫阶级大半主张以武力援助越南。张佩纶、陈宝琛、张之洞诸人特别激昂。李鸿章则反对。他的理由又是要集中力量火速筹备腹地的国防事业。清廷一方面怕清议的批评，一方面又怕援助越南引起中法战争，所以举棋不定。起初是暗中接济越南军费和军器，后来果然引起中法战争。那个时候官吏不分文武，文人尤好谈兵。北京乃派主战派的激烈分子张佩纶去守福州船厂。陈宝琛去帮办两江的防务。用不着说，纸上谈兵的先生们是不济事的。法国海军进攻船厂的时候，张佩纶逃得顶快了。陈宝琛在两江不但无补实际，连议论也不发了。打了不久就讲和，和议刚成又打，再后还是接受法国的条件。越南没有保存，我们的国防力量反大受了损失。左宗棠苦心创办的福州船厂就在此时被法国毁了。

第五节　中日初次决战

李鸿章在日本明治维新的初年就看清楚了日本是中国的劲敌。他并且知道中国的胜负要看哪一国的新军备进步的快。他特别注重海军，因为日本必须先在海上得胜，然后能进攻大陆。所以他反对左宗棠以武力收复新疆，反对为伊犁问题与俄国开战，反对为越南问题与法国打仗。他要把这些战费都省下来作为扩充海军之用。他的眼光远在一般人之上。

李鸿章既注重中日关系，不能不特别注意高丽。在国防上高丽的地位极其重要，因为高丽可作敌人陆军侵略我东北的根据地，也可以作敌人海军侵略我山东河北的根据地。反过来看，高丽在日本的国防上的地位也很要紧。高丽在我们手里，日本尚感不安，一旦被俄国或英国所占，那时日本所感的威胁就更大了。所以高丽也是日本必争之地。

在光绪初年，高丽的国王李熙年幼，他的父亲大院君李昰应摄政。大院君是个十分守旧的人，他屡次杀传教士，他坚决不与外人通商。在明治维新以前，日韩关系，在日本方面，由幕府主持，由对马岛之诸侯执行。维新以后，大权归日皇，所以日韩的交涉也改由日本中央政府主持。大院君厌恶日本的维新，因而拒绝与新的日本往来。日本国内的旧诸侯武士们提倡"征韩"。这种征韩运动，除了高丽不与日本往来外，还有三个动机：（一）日本不向海外发展不能图强；（二）日本不先下手，西洋各国，尤其是俄国，恐怕要下手；（三）征韩能为一般不得志的武士谋出路。光绪元年（即日本明治八年）发生高丽炮击日本船的案子，所谓江华岛事件。主张征韩者更有所藉口。

当时日本的政治领袖如岩仓、大久保、伊藤、井上诸人原反对征韩。他们以为维新事业未发展到相当程度以前，不应轻举妄动的贪图向外发展。但是在江华岛事件发生以后，他们觉得无法压制舆论，不能不有所主动。于他们一面派黑田青隆及井上率舰队到高丽去交涉通商友好条约，一面派森有礼来北京试探中国的态度，并避免中国的阻抗。

森有礼与我们的外交当局大起辩论。我们始终坚持高丽是我们的属国：如日本侵略高丽，那就是对中国不友谊，中国不能坐视。森有礼则说中国在朝鲜的宗主权是有名无实的，因为中国在高丽不负任何责任，就没有权利。

黑田与井上在高丽的交涉成功。他们所订的条约承认高丽是独立自主的国家。这就是否认中国的宗主权，中国应该抗议，而且设法纠正。但是日本和高丽虽都把条文送给中国，北京没有向日本提出抗议，也没有责备高丽不守本分。中国实为传统观念所误。照中国传统观念，只要高丽承认中国为宗主，那就够了。第三国的承认与否是无关宏旨的。在光绪初年中国在高丽的威信甚高，所以政府很放心，就不注意日韩条约了。

高丽与日本订约的问题过了以后，中日就发生琉球的冲突。琉球自明朝洪武十五年（1372年）起隶属于中国。历500余年，琉球按期进贡，曾未中断，但在明万历三十年（1602年）琉球又向日本萨末诸侯称藩，成了两属，好像一个女子许嫁两个男人。幸而这两个男人曾未遇面，所以这种奇怪现象竟安静无事的存在了270多年。自日本维新，力行废藩以后，琉球在日本看来，既然是萨末的藩属，也在应废之列。日本初则阻止琉球入贡中国，终则改琉球为日本一县。中国当然反对，也有人主张强硬对付日本，但日本实在时候选的好，因为这正是中俄争伊犁的时候。中国无法，只好把琉球作为一个悬案。

可是琉球问题暴露了日本的野心。士大夫平素看不起日本的到这时也知道应该戒备了。日本既能灭琉球，就能灭高丽。琉球或可不争，高丽则势在必争。所以他们专意筹划如何保存高丽。光绪五六年的时候，中国可以说初次有个高丽政策。李鸿章认定日本对高丽有领土野心，西洋各国对高丽则只图通商和传教。在这种形势之下，英、美、法各国在高丽的权利愈多，他们就愈要反对日本的侵略。光绪五年李鸿章写给高丽要人李裕元的信说得很清楚：

为今之计，似宜用以毒攻毒以敌制敌之策，乘机次第与泰西各国立约，藉以牵制日本。彼日本恃其诈力，以鲸吞蚕食为谋，废灭琉球一事，显露端倪。贵国不可无以备之。然日本之所畏服者泰西也。以朝鲜之力制日本或虞其不足，以统与泰西通商制日本，则绰乎有余。

经过三年的劝勉与运动，高丽才接受这种新政。光绪八年春，由中国介绍，高丽与英、美、德、法订通商条约。

高丽不幸忽于此时发生内乱。国王的父亲大院君李昰应一面反对新政，一面忌王后闵氏家族当权。他于光绪八年六月忽然鼓动兵变，围攻日本使馆，诛戮闵族要人。李鸿章的谋士薛福成建议中国火速派兵进高丽，平定内乱，一则以表示中国的宗主权，一则以防日本。中国派吴长庆率所部淮军直入高丽京城。吴长庆的部下有两位青年，张謇和袁世凯。他们胆子很大，高丽的兵也没有抵抗的能力。于是他们把大院君首先执送天津，然后派兵占领汉城险要，几点钟的功夫，就把李昰应的军队打散了。吴长庆这时实际作高丽的主人翁了。后高丽许给日本赔款并许日本使馆保留卫队。这样，中日两国都有军队在高丽京都，形成对峙之势。

光绪八年夏初之季，中国在汉城的胜利，使起许多人轻敌。张謇主张索性灭高丽。张佩纶和邓承修主张李鸿章在烟台设大本营，调集海陆军队，预备向日本宣战。张佩纶说：

> 日本自改法以来，民恶其上，始则欲复封建，继则欲改民政。萨、长二党争权相倾，国债山积，以纸为币，虽兵制步伍泰西，略得形似，然外无战将，内无谋臣。问其师船则以扶桑一舰为冠，固已铁蚀木腐，不耐风涛，余皆小炮小舟而已，去中国定远铁船、超勇、扬威远甚，问其兵数，则陆军四五万人，水军三四千人，犹且官多缺员，兵多缺额，近始杂募游惰，用充行伍，未经战阵，大半恇怯，又去中国淮湘各军远甚。

邓承修也是这样说：

> 扶桑片土，不过内地两行省耳。总核内府现银不满五百万两。窘迫如此，何以为国？水师不满八千，船舰半皆朽败，陆军内分六镇，统计水陆不盈四万，而又举非精锐。然彼之敢于悍然不顾者，非不知中国之大也，非不知中国之富且强也，所恃者中国之畏事耳，中国之重发难端耳。

这两位自命为"日本通"者，未免看事太易。李鸿章看的比较清楚。他说：

> 彼自变法以来，一意媚事西人，无非欲窃其绪余，以为自雄之术。今年遣参议伊藤博文赴欧洲考察民政，复遣有栖川亲王赴俄，又分遣使聘意大利，驻奥匈帝国，冠盖联翩，相望于道，其注意在树交植党。西人亦乐其倾心亲附，每遇中日交涉事件，往往意存袒护。该国洋债既多，设有危急，西人为自保财利起见，或且隐助而护持之。
>
> 夫未有谋人之具，而先露谋人之形者，兵家所忌。日本步趋西法，虽仅得形似，而所有船炮略足与我相敌。若必跨海数千里与角胜负，制其死命，臣未敢谓确有把握。
>
> 第东征之事不必有，东征之志不可无。中国添练水师，实不容一日稍缓。昔年户部指拨南北洋海防经费，每岁共四百万两。无如指拨之财，非尽有著之款。统计各省关所解南北洋防费，约仅及原拨四分之一。可否请旨敕下户部总理衙门，将南北洋每年所收防费，核明实数，务足原拨四百万两之数。如此则五年之后，南北洋水师两枝当可有成。

这次大辩论终了之后，越南问题又起来了。张佩纶、邓承修诸人忽然忘记了日本，大事运动与法国开战。中、法战事一起，日本的机会就到了。这时高丽的党政军正成对垒之阵。一面有开化党，其领袖即洪英植、金玉均、朴泳孝诸人，其后盾即日本公使竹添进一郎。这一派是亲日的，想借日本之势力以图独立的。对面有事上党，领袖即金允植、闵泳翊、尹泰骏诸人，后盾是袁世凯。这一派是联华的，想托庇于我们的保护之下，以免日本及其他各国的压迫。汉城的军队有中国的驻防军和袁世凯代练的高丽军在一面，对面有日本使馆的卫队及日本军官所练的高丽军。在中法战争未起以前，开化党不能抬头，既起以后，竹添就大活动起来，说中国自顾不暇，那能顾高丽？于是洪英植诸人乃决计大举。

光绪十年十月十七夜，洪英植设宴请外交团及高丽要人。各国代表都到，惟独竹添称病不至。后忽报火警，在座的人就慌乱了。闵泳翊出门，被预埋伏兵士所杀。洪英植跑进王宫，宣称中国兵变，强迫国王移居，并召竹添带日兵进宫保卫。竹添这时不但无病，且亲率队伍入宫。国王到了开化党的手里以后，下诏召事上党领袖。他们一进宫就被杀了。于是宣布独立，派开化党的人组阁。

十月十九日，袁世凯带他所练的高丽兵及中国驻防汉城的军队进宫。中日两方就在高丽王宫里开战了。竹添见不能抵抗，于是撤退。王宫及国王又都到袁世凯手里。洪英植、朴泳孝被乱兵所杀，金玉均随着竹添逃到仁川，后投日本；政权全归事上党及袁世凯，开化党完全打散了。袁世凯这时候尚不满 30，忽当大事，因电报不通无法请示，只好便宜行事。他敢大胆的负起责任，制止对方的阴谋。难怪李鸿章从此看重他，派他作驻高丽的总代表。

竹添是个浪人外交家。他如果没有违反日本政府的意旨，至少他超过了他政府所定的范围。事变以后，日本政府以和平交涉对高丽，亦以和平交涉对中国。光绪十一年春，伊藤与李鸿章订《天津协定》，双方皆撤退驻高丽的军队，但高丽以后如有内乱，中日皆得调兵进高丽。

光绪十一年（1885 年）英俄两国因为阿富汗的问题，几至开战。他们的冲突波及远东。英国为预防俄国海军从海参崴南下，忽然占领高丽南边之巨磨岛。俄国遂谋占领高丽东北的永兴湾。高丽人见日本不可靠，有与俄国暗通，求俄国保护者。在这种形势之下，英国感觉危险，日本更怕英俄在高丽得势。于是日本、英国都怂恿中国在高丽行积极政策。英国觉得高丽在中国手里与英国全无损害，倘到俄国手里，则不利于英国甚大。日本亦觉得高丽在中国手里他将来还有法子夺取，一旦到了俄国手里，简直是日本的致命之伤。所以这种形势极有利于我们，李鸿章与袁世凯遂大行其积极政策。

从光绪十一年到二十年，中国对高丽的政策完全是李鸿章和袁世凯的政策。他们第一紧紧的把握高丽的财政，高丽想借外债，他们竭力阻止。高丽财政绝无办法的时候，他们令招商局出面借款给高丽。高丽的海关，是由中国海关派员代为管理，简直可说是中国海关的支部。高丽的电报局是中国电报局的技术人员用中国的材料代为设立，代为管理的。高丽派公使到外国去，须先得中国的同意，到了外国以后，高丽的公使必须遵守三种条件：

> 一、韩使初至各国，应先赴中国使馆具报，请由中国钦差挈同赴外部，以后即不拘定。一、遇有朝会公宴酬酢交际，韩使应随中国钦差之后。一、交涉大事关系紧要者，韩使应先密商中国钦差核示。

这种政策虽提高了中国在高丽的地位，但与光绪五年李鸿章最初所定的高丽政策绝对相反。最初李要高丽多与西洋各国往来，想借西洋的通商和传教的权利来抵制日本的领土野心。此时李、袁所行的政策是中国独占高丽。到了光绪十八九年，日本感觉中国在高丽的权利膨胀过甚，又想与中国对抗。中国既独占高丽的权利，到了危急的时候，当然只有中国独当其冲。

甲午战争直接的起因又是高丽的内乱。光绪二十年（即甲午，西历 1894

年）高丽南部有所谓东学党，聚众数千作乱，中日两国同时出兵，中国助平内乱，日本藉口保卫侨民及使馆。但东学党造乱的地方距汉城尚远，该地并无日本侨民，且日本派兵甚多，远超保侨所需之数。李鸿章知道日本另有野心，所以竭力先平东学党之乱，使日本无所藉口。但是内乱平定之后，日本仍不撤兵。日本声言高丽内乱之根在内政之不修明，要求中日两国共同强迫高丽改革内政。李不答应，因为这就是中日共管高丽。

这时日本舆论十分激烈，一意主战。中国舆论也激烈，要求李鸿章火速出兵，先发制人。士大夫觉得高丽绝不可失，因为失高丽就无法保东北。他们以为日本国力甚小："倭不度德量力，敢与上国抗衡，实以螳臂挡车，以中国临之，直如摧枯拉朽。"李鸿章则觉得一调大兵，则双方势成骑虎，终致欲罢不能。但他对于外交又不让步。他这种军事消极、外交积极的办法，是很奇怪的，他有他的理由。俄国公使喀西尼（Cassini）答应了他，俄国必劝日本撤兵，如日本不听，俄国必用压服的方法。李觉得既有俄国的援助，不必对日本让步。殊不知喀西尼虽愿意给我方援助，俄国政府不愿意。原来和战的大问题，不是一个公使所能负责决定的。等到李鸿章发现喀西尼的话不能兑现，中日外交路线已经断了，战事已经起始了。

中日两国同于七月初一宣战。八月十八（阳历 9 月 17 日）两国海军在高丽西北鸭绿江口相遇。那一次的海军战争是我民族在这次全面抗战以前最要紧的一个战争。如胜了，高丽可保，东北不致发生问题，而在远东中国要居上日本居下了。所以甲午八月十八的海军之战是个划时代的战争，值得我们研究。那时我国的海军力比日本海军大。我们的占世界海军第 8 位，日本占第 11 位。我们的两个主力舰定远和镇远各 7000 吨；日本顶大的战舰不过 4000 吨。但日本的海军也有优点，日本的船比我们快，船上的炮比我们多，而且放的快。我们的船太参差不齐，日本的配合比较合用。所以从物质上说来，两国海军实相差不远。那一次我们失败的原故很多。首先，战略不如人。我方原定舰队排"人"字阵势，由定远镇远两铁甲船居先，称战斗之主力。海军提督丁汝昌以定远为坐舰，舰长是刘步蟾。丁本是骑兵的军官，不懂海军。他为人忠厚，颇有气节，李鸿章靠他不过作精神上的领导而已。刘步蟾是英国海军学校毕业的学生，学科的成绩确是上等的，而且颇识莎士比亚的戏剧，颇有所谓儒将的风度。丁自认不如刘，所以实际是刘作总指挥。等到两军相望的时候，刘忽下令把"人"字阵完全倒置，定远、镇远两铁甲船居后，两翼的弱小船只反居先。刘实胆怯，倒置的原故想图自全。这样一来阵线乱了，小船的人员都心慌了。而且日本得乘机先攻我们的弱点了。

其次，我们的战术也不及人。当时在定远船上的总炮手英人泰乐尔（Tyler）看见刘步蟾变更阵势，知道形势不好。他先吩咐炮手不要太远就放炮，不要乱放炮，因为船上炮弹不多，必命中而后放。吩咐好了以后，他上望台，站在丁提督旁边，准备帮丁提督指挥。但丁不懂英文，泰乐尔不懂中文，两人只好比手势交谈。不久炮手即开火，而第一炮就误中自己的望台，丁受重伤，全战不再指挥，泰乐尔亦受轻伤。日本炮弹的准确远在我们的之上，结果，我海军损失过重，不敢再在海上与日人交锋。日人把握海权，陆军输送得行动自由，我方必须绕道山海关。其实海军失败以后，大势就去了。陆军之败更甚于海军。

次年三月，李鸿章与伊藤订《马关和约》。中国承允高丽独立，割台湾及辽东半岛，赔款 2 万万两。近代的战争固不是儿戏。不战而求和当然要吃亏，这一次要吃亏的是高丽的共管。但战败以后而求和，吃亏之大远过于不战而和。同治、光绪年间的政治领袖如曾、左、李及恭亲王、文祥诸人原想一面避战，一面竭力以图自强。不幸，时人不许他们，对自强事业则多方掣肘，对邦交则好轻举妄动，结果就是误国。

第四章　瓜分及民族之复兴

第一节　李鸿章引狼入室

甲午战争未起以前及既起以后，李鸿章用各种外交方法，想得西洋各国的援助，但都失败了。国际的关系，不比私人间的关系，是不讲理，不论情的。国家都是自私自利的。利害相同就结合为友，为联盟；利害冲突就成为对敌。各国的外交家都是精于打算盘的。西洋各国原想在远东大大的发展，但在甲午以前，没有积极推动。一则因为他们忙于瓜分非洲；二则因为他们互相牵制各不相下；三则因为在远东尚有中国与日本两个独立国家，具有相当的抵抗能力。在中日战争进行的时候，李鸿章虽千方百计的请求他们的援助，他们总是抱隔岸观火的态度，严守中立。他们觉得中国愈败，愈需要他们的援助，而且愈愿意出代价。同时他们又觉得日本虽打胜仗，战争总要削减日本的力量。在西洋人的眼光里，中日战争，无论谁败，实是两败俱伤的。他们反可坐收渔人之利。所以他们不援助我们于未败之前。

等到《马关条约》一签字，俄、德、法三国就联合起来，强迫日本退还辽东半岛，包括旅顺、大连在内。主动是俄国，德、法不过附和，当时俄国财政部长威特（Witte）正赶修西比利亚铁路，他发现东边的一段，如绕黑龙江的北岸，路线太长，工程太困难，如横过我们的东三省，路线可缩短，工程也容易的多。同时海参崴太偏北，冬季结冰，不便航行。如果俄国能得大连、旅顺，俄国在远东就能有完善的军港和商港。完成西比利亚铁路及得一个不冻冰的海口，这是威特想要乘机而达到的目的。法国当时联俄以对德，俄要法帮忙，法不敢拒绝，何况法国也有野心家想乘机向远东发展呢？德国的算盘打得更精。他想附和俄国，一则可以使俄国知道德国是俄国的朋友，俄国不必联络法国；二则俄国如向远东发展，在欧洲不会多事，德国正好顺风推舟；三则德国也可以向我们索取援助的代价。这是三国干涉《马关和约》实在的动机。

俄、德、法三国的作法是十分冠冕堂皇的。《马关条约》发表以后，他们就向我们表示同情，说条约太无理，他们愿助中国挽回失地的一部分。在我们那时痛恨日本的情绪之下，这种友谊的表示是求之不得的。我们希望三国能把台湾及辽东都替我们收回来。同时三国给与所谓友谊的劝告，说日本之占领辽东半岛不利于远东和平。战后之日本固不敢不依从三国的劝告，于是退还辽东，但加赔款 3000 万两。中国觉得辽东半岛不止值 3000 万两，所以我们觉得应感激三国的援助。

《马关条约》原定赔款 2 万万两，现在又加 3000 万两，中国当然不能负担。威特一口答应帮中国从法、俄银行借 1 万万两，年息 4 厘。数目之大，利率之低，诚使我们受宠若惊。俄国真可算是我们的好朋友！

光绪二十二年，1896 年，俄皇尼古拉二世（Nicholas Ⅱ）行加冕典礼。帝俄政府向我表示：当中俄两国特别要好的时候，中国应该派头等大员去作代表，才算是给朋友面子。中国乃派李鸿章为庆贺加冕大使。这位东方的毕士麦克（即俾斯麦）于是到欧洲去了。威特深知中国的心理，所以他与李鸿章交涉的时候，首言日本之可恶可怕，这是李鸿章愿意听的话，也是全国人士愿意听的话。这种心理的进攻既然顺利，威特乃进一步陈言俄国对我之援助如何是心有余而力不足。他说当中日战争之际，俄国本想参战，但因交通不便，俄军未到而中日战争就完了。以后中国如要俄国给予有力的援助，中国必须使俄国修条铁路横贯东三省。李鸿章并未驳辩威特的理论，但主张在中国境内之铁路段，应由中国自修，威特告以中国人力财力不足，倘自修，则 10 年尚不能成，将缓不济急。威特最后说，如中国坚拒俄国的好意，俄国就不再助中国了。这一句话把李鸿章吓服了。于是他与威特签订密约，俄许援助中国抵抗日本，中许俄国建筑中东铁路。

光绪二十二年的《中俄密约》是李鸿章终身的大错。甲午战争以后，日本并无于短期内再进攻中国的企图。是时日本政府反转过来想联络中国。因为西洋倘在中国势力太大，是于日本不利的。威特的本意不是要援助中国，是要利用中东铁路来侵略中国的。以后瓜分之祸，及日俄战争、"二十一条"、九一八这些国难都是那个密约引出来的。

李鸿章离开俄国以后，路过德、法、比、英、美诸国，他在柏林的时候，德国政府试探向他要代索辽东的报酬，他没有答应。德国公使以后又在北京试探，北京也没有答应。光绪二十三年秋，山东曹州杀了两个传教士，德国乘机一面派兵占领青岛，一面要想租借胶州湾及青岛及在山东修铁路和开矿的权利。中国于二十四年春答应了。山东就算是德国的利益范围。

俄国看见德国占了便宜，于是调兵船占旅顺、大连。俄国说为维持华北的势力均衡，并为助我的方便，他不能不有旅顺、大连，并且还要修南满铁路。中国也只好答应。我们费3000万赎回来的辽东半岛，这时俄国又夺去了。俄国还说，他是中国惟一的朋友！俄国的外交最阴险：他以助我之名，行侵我之实。以后他在东北既有了中东铁路、南满铁路及大连、旅顺，东三省就成了俄国的势力范围。

于是英国要求租借威海卫和九龙及长江流域的优越权利。法国要求租广州湾及广东、广西、云南的优越权利。日本要求福建的优越权利。意大利要求租浙江的三门湾。除意大利的要求以外，中国都答应了。这就是所谓瓜分。惟独美国没有提出要求，但他运用外交，使各国不完全割据各国所划定的范围，使各国承认各国在中国境内都有平等的通商权利。这就是历史上有名的门户开放主义。

这种瓜分运动就是甲午的败仗引起来的。在近代的世界，败仗是千万不能打的。

第二节　康有为辅助光绪变法

假使我们是甲午到戊戌那个时代的人，眼看见我国的国家被小小的日本打败了，打败了以后又要割地赔款，我们还不激昂慷慨想要救国吗？又假使我们就是那个时代的人，新知识新技术都没有，所能作的仅八股文章，所读过的书，仅中国的经史，我们救国方案还不是离不开我们的经典，免不了作些空泛而动听的文章？假使正在这个时候，我们中间出了一个人提出一个伟大的方案，既合乎古训，又适宜时局，其文章是我们所佩服的，其论调正合乎我们的胃口，那我们还不拥护他吗？康有为就是这时代中的这样的人。

康有为是广东南海县人，生在咸丰五年（1855 年），比孙中山先生大 11 岁。他家好几代都是读书人。他的家教和他的先生朱九江给他的教训，除预备他能应考试、取科名外，特别注重中国政治制度的沿革及一般所谓经世致用之学。他不懂任何外国文字，在戊戌以前，也没有到外国去过。但他到过香港、上海，看见西洋人地方行政的整齐，受了很大的刺激。他觉得这种优美的行政必有文化和思想的背景和渊泉。可惜那个时候国内还没有讨论西洋政治、经济的书籍。康有为所能得的仅江南制造局及教会所译的初级天文、地理、格致、兵法、医药及耶稣教经典一类的书籍。但他是个绝顶聪明的人，"能举一反三，因小以知大，自是于其学力中别开一境界。"

我们已经说过，同光时代李鸿章所领导的自强运动限于物质方面，是很不彻底的。后来梁启超批评他说：

> 知有兵事而不知有民政，知有外交而不知有内治，知有朝廷而不知有国民，知有洋务而不知有国务，以为吾中国之政教风俗，无一不优于他国，所不及者惟枪耳、炮耳、船耳、机器耳。吾但学此，而洋务之能事毕矣。

这种批评是很对的。可是李鸿章的物质改革已遭时人的反对，倘再进一步的改革政治态度，时人一定不容许他。甲午以后，康有为觉得时机到了。李鸿章所不敢提倡的政治改革，康有为要提倡。这就是所谓变法运动。

我国自秦汉以来，2000 多年，只有两个人曾主张变法，一个是王莽，一个是王安石。两个都失败了。王莽尤其成为千古的罪人。所以没有人敢谈变法。士大夫阶级都以为法制是祖宗的法制，先圣先贤的法制，历代相传，绝不可变更的。康有为知道非先打破这个思想的难关，变法就无从下手。所以在甲午以前，他写了一篇《孔子改制考》。他说孔子根本是个改革家。孔子作《春秋》的目的就是要改革法制。《春秋》的真义在《公羊传》里可以看出来。《公羊传》讲"通三统"，那就是说夏、商、周三代的法制并无沿袭，各代都因时制宜，造出各代的法制。《公羊传》又讲"张三世"，那就是说，以专制政体对乱世，立宪政体对升平之世，共和政体对太平之世。康有为这本书的作用无非是抓住孔子作他思想的傀儡，以便镇压反对变法的士大夫。

康有为在甲午年中了举人，乙未年成了进士。他是那个国难时期的新贵。他就趁机会组织学会，发行报纸来宣传，一时附和的人很不少。大多数并不了解他的学说，也不知道他的改革具体方案，只有极少数可以说是他的忠实同志。但是他的运动盛极一时，好像全国舆论是拥护他的。

孔子是旧中国的思想中心。抓住了孔子，思想之战就成功了。皇帝是旧中国的政治中心。所以康有为的实际政治工作是从抓住皇帝下手。他在严重的国难时期之中，一再上书给光绪皇帝，大讲救国之道。光绪也受了时局的刺激，很想努力救国。他先研究康有为的著作，后召见康有为。他很赏识他，因为种种的困难，只教他在总理衙门行走，戊戌春季的瓜分，更刺激了变法派和光绪帝。于是他又派康有为的四位同志杨锐、刘光第、林旭、谭嗣同在军机处办事。从戊戌四月二十三日到八月初康有为辅助光绪行了百日的维新。

在这百天之内，康有为及其同志推行了不少的新政。其中最要紧的有二件事。第一，以后政府的考试不用八股文，都用政治、经济的策论。换句话说，以后读书人要做官不能靠虚文，必须靠实学。第二，调整行政机构。康有为裁汰了许多无用的衙门和官职，如詹事府、通政司、光禄寺、鸿胪寺、太仆寺、大理寺，以及总督同城的巡抚、不治河的河督、不运粮的粮道、不管盐的盐道。同时他添了一个农工商总局，好像我们现在的经济部，想要推行经济建设。这两件大新政，在我们今日看起来，都是应该早办的，但在戊戌年间，虽然国难那样严重，反对的人居大多数。为什么呢？一句话，打破了他们的饭碗。人人都知道废八股，提倡实学，但数百翰林，数千进士，数万举人，数十万秀才，数百万童生，全国的读书人都觉得前功尽弃。他们费了多少的心血，想从之乎者也里面，升官发财。一旦废八股，他们绝望了。难怪他们要骂康有为洋奴汉奸。至于被裁的官员更不要说，无不切齿痛恨。

康有为既然抓住皇帝来行新政，反对新政的人就包围西太后，求"太后保全，收回成命"。这时光绪虽作皇帝，实权仍在西太后手里。他们两人之间久不和睦。西太后此时想索性废光绪皇帝。新派的人于是求在天津练兵的袁世凯给他们武力的援助。袁世凯嫌他们孟浪，不肯合作，而且泄露他们的机密。西太后先发制人，把光绪囚禁起来，说皇帝有病，不能理事，复由太后临朝训政。康有为逃了，别人也有逃的，也有被西太后处死的。他们的新政完全打消了。

第三节　顽固势力总动员

在戊戌年的变法运动之中，外国人颇偏袒光绪帝及维新派，反对西太后及顽固党。因此一个内政的问题就发生国际关系了。后康有为、梁启超逃难海外，又得着外国人的保护。他们在逃难之中发起保皇会，鼓动外国人和华侨拥护光绪。这样，西太后和顽固党就恨起洋人来了。西太后要废光绪，立端王载漪的儿子溥俊作皇帝。刚毅、崇绮、徐桐、启秀诸顽固分子想在新王之下操权，于是怂恿废立。但各国驻京公使表示不满意，他们的仇外的心理更进了一层。

顽固党仅靠废立问题还不能号召天下，他们领导的运动所以能扩大，这是因为他们也是爱国分子。自鸦片战争到庚子年，这 60 年中所受的压迫，所堆积的愤慨，他们觉得中国应该火速抗战，不然国家就要亡了。我们不要以为顽固分子不爱国，从鸦片战争起，他们是一贯的反对屈服，坚强的主张抗战。在戊戌年，西太后复政以后，她硬不割让三门湾给意大利。她令浙江守土的官吏准备抗战。后意大利居然放弃了他的要求，顽固党更加觉得强硬对付洋人是对的。

外人在中国不但通商占地，还传教。这一层尤其招顽固分子的愤恨。他们觉得孔孟的遗教是圣教，洋人的宗教是异端，是邪教，中国最无知的愚民，都知道孝敬父母，尊顺君师，洋人是无父无君的。几千年来，都是外夷学中国，没有中国学外夷的道理。这种看法在当时是很普遍的。譬如大学士徐桐是大理学家倭仁的弟子，自己也是个有名的理学家，在当时的人物中，算是一个正派君子。他和他的同志是要保御中国文化而与外人战。他们觉得铲草要除根，排斥异端非尽驱逐洋人不可。

但是中国与日本战尚且打败了，怎能一时与全世界开战呢？顽固分子以为可以靠民众。利用民众或"民心"或"民气"去对外，是林则徐、徐广缙、叶名琛一直到西太后、载漪、刚毅、徐桐传统的法宝。凡是主张剿夷的莫不觉得四万万同胞是有胜无败的。甲午以后，山东正有民间的义和团出现。顽固分子觉得这个义和团正是他们所需要的武力。

义和团（又名义和拳）最初是大刀会，其本质与中国流行民间的各种会匪并无区别。这时的大刀会专以洋人，尤其是传教士为对象，民众对洋人也有多年的积愤。外国传教士免不了偏袒教徒，而教徒有的时候免不了仗洋人的势力欺侮平民。民间许多带宗教性质的庙会敬神，信基督教的人不愿意合作。这也引起教徒与非教徒的冲突。民间尚有种种谣言，说教士来中国的目的不外挖取中国人的心眼以炼药丹，又一说教士窃取婴孩脑髓，室女红丸。民间生活是很痛苦的，于是把一切罪恶都归到洋人身上。洋人，附洋人的中国人，以及与洋人有关的事业如教堂、铁路、电线等，皆在被打倒之列。义和团的人自信有鬼神保佑，洋人的枪炮打不死他们。山东巡抚李秉衡及毓贤前后鼓励他们，因此他们就以扶清灭洋的口号在山东扰乱起来。

己亥年（光绪二十五年，1899 年）袁世凯作山东巡抚，他就不客气把义和团当作乱民，派兵痛剿。团民在山东站不住，于己亥冬庚子春逃入河北。河北省当局反表示欢迎，所以义和团就在河北得势了。毓贤向载漪、刚毅等大替义和团宣传，说他们如何勇敢，可靠。载漪和刚毅介绍义和团给西太后，于是义和团在北京得势了。西太后及想实行废立的亲贵、顽固的士大夫及顽固爱国志士都与义和团打成一片，精诚团结去灭洋，以为灭了洋人他们各派的公私目的都能达到。庚子年拳匪之乱是我国顽固势力的总动员。

经过四次的御前会议，西太后乃于五月二十五日向各国同时宣战。到七月二十日，董福祥的军队连同几万拳匪，拿着他们的引魂幡、混天大旗、雷火扇、阴阳瓶、九连环、如意钩、火牌、飞剑，及其他法宝，仅杀了一个德国公使，连东交民巷的公使馆都攻不破。同时八国联军由大沽口进攻，占天津，慢慢的逼近北平。于是西太后同光绪帝逃到西安。李鸿章又出来收拾时局。

拳匪之乱的结束是《辛丑条约》，除惩办祸首及道歉外，《辛丑条约》有三个严重的条款。第一，赔款4.5亿两，分39年还清，在未还清以前，按每年4厘加利，总计实9.8亿两。俄国的部分最多（那时中俄尚是联盟国），占29%，德国次之，占20%，法国占16%弱，英国占11%强，日本与美国各占7%强。第二，各国得自北京到山海关沿铁路线驻兵。近来日本增兵平津，就藉口《辛丑条约》。第三，划定并扩大北京的使馆区，且由各国留兵北京以保御使馆。

这种条款，够严重了。但我们所受的损失最大的还不是《辛丑条约》的各款。此外还有东三省的问题。庚子年，俄国趁拳乱派兵占领全东北三省。《辛丑条约》订了以后，俄国不肯退出，反向我要求各种特殊权利。假使中国接受了俄国的要求，东北三省在那个时候就要名存实亡了。张之洞、袁世凯竭力反对接受俄国的条款，日本、英国、美国从旁赞助他们。李鸿章主张接受俄国的要求，但是幸而他在辛丑的冬天死了，不然东北三省就要在他手里送给俄国了。日本、英国看见形势不好，于壬寅（光绪二十八年）年初，缔结同盟条约来对付俄国。美国虽未加入，但表示好感。中国当时的舆论亦赞助同盟。京师大学堂（以后的北京大学）的教授上书政府，建议中国加入同盟，变为中日英三国的集团来对付俄国。俄国看见国际情形不利于它，乃与中国订约，分三期撤退俄国在东三省的军队。条约虽签字了，俄国以后又中途变计。日本乃出来与俄国交涉。光绪三十年（1904年）两国交涉失败，就在我们的国土上打起仗来了。

那一次的日俄战争，倘若是俄国全胜了，不但我们的东三省，连高丽都要变为俄国的势力范围；倘若日本彻底的打胜了俄国，那高丽和东北就要变成日本的范围，中国左右是得不了便宜的。幸而事实上日本只局部的打胜了，结果两国讲和的条约仍承认中国在东北的主权，不过划北满为俄国铁路及其他经济事业的范围，南满包括大连、旅顺在内，为日本的范围。这样，日俄形成对峙之势，中国得收些渔人之利。

第四节　孙总理提民族复兴方案

在未述孙中山先生的事业以前，我们试回溯我国近代史的过程。我们说过，我们到了 19 世纪遇着空前未有的变局，在 19 世纪以前，与我民族竞争的都是文化不及我，基本势力不及我的外族。到了 19 世纪，与我抗衡的是几个以科学、机械及民族主义立国的列强。我们在道光间虽受了重大的打击，我们仍旧不觉悟，不承认国家及民族的危险，因此不图改革，枉费了民族 20 年的光阴。直到受了英法联军及太平天国的痛苦，然后有同治初年由奕䜣、文祥、曾国藩、李鸿章、左宗棠领导的自强运动。这个运动就是我国近代史上第一个应付大变局的救国救民族的方案。简单的说，这个方案是要学习运用及制造西洋的军器来对付西洋人。这是一个不彻底的方案，后来又是不彻底的实行。为什么不彻底呢？一则因为提案者对于西洋文化的认识根本有限，二则因为同治光绪年间的政治制度及时代精神不容许自强运动的领袖们前进。同时代的日本采取了同一路线，但是日本的方案比我们的更彻底。日本不但接受了西洋的科学和机械，而且接受了西洋的民族精神及政治制度之一部分。甲午之战是高度西洋化近代化之日本战胜了低度西洋化近代化之中国。

甲午以后，康有为所领导的变法运动是我国近代史上救国救民第二个方案。这个方案的主旨是要变更政治制度，其最后目的是要改君主立宪，以期民族精神及维新事业得在立宪政体之下充分发挥和推进。变法运动无疑的是比自强运动更加西洋化近代化。康有为虽托孔子之名，及皇帝的威严去变法，他依旧失败，因为西太后甘心作顽固势力的中心。满清皇室及士大夫阶级和民间的顽固势力本极雄厚，加上西太后的支助，遂成了一种不可抑遏的反潮。严格说来，拳匪运动可说是我国近代史上第三个救国救民的方案，不过这个方案是反对西洋化近代化的，与第一第二两个方案是背道而驰的。拳匪的惨败是极自然的。惨败代价之大足证我民族要图生存绝不可以开倒车。

等到自强、变法、反动都失败了，国人然后注意孙中山先生所提出的救国救民的方案。这个方案的伟大与中山先生的少年环境是极有关系的。

中山先生是广东香山县人，生于前清同治五年，西历 1866 年。他的家庭是我国乡下贫苦农夫的家庭，他小的时候，就在田庄上帮助父亲耕种，13 岁，他随长兄德彰先生到檀香山。他在那里进了教会学校。16 岁的时候，他回到广州入博济医学校。次年，他转入香港英国人所设立的医学专科。他在这里读书共 10 年，于光绪十八年毕业，成医学博士。中法战争的时候，他正 19 岁，所受刺激很大。他在学校所结纳的朋友，如郑士良、陈少白、陆皓东等多与秘密反对满清的会党有关。所以在这个时候，他已有了革命的思想。

中山先生的青年生活有几点值得特别注意。第一，他与外人接触最早，13 岁就出国了。他所入的学校全是外国人所设立的学校。他对西洋情形及近代文化的认识远在李鸿章、康有为诸人之上。这是我民族一种大幸事，因为我们既然只能从近代化找出路，我们的领袖人物应该对近代文化有正确深刻的认识。第二，中山先生的教育是科学的教育，而且是长期的。科学的思想方法是近代文化的至宝。但是这种方法不是一两个月的训练班或速成学校所能培养的。我们倘不了解这一点，我们就不能了解为什么中山先生所拟的救国方案能超越别人所提的方案。中山先生的一切方案是具体的、精密的、有步骤的、方方面面都顾到的，因为他的思想是受过长期科学训练的。

光绪十年的中法之战给了中山先生很大的刺激。光绪二十年的中日之战所给的刺激更大。此后他完全放弃行医，专门从事政治。次年，他想袭取广州以为革命的根据地。不幸事泄失败他逃到国外。在檀香山的时候，他组织了兴中会。当时风气未开，清廷监视很严，所以兴中会的宣言不提革命，只说政府腐败，国家危急，爱国志士应该联合起来以图国家的富强。宣言虽是这样的和平，海外侨胞加入兴中会的还是很少。中山先生从檀香山到美国、英国，一面鼓吹革命，一面考察英美的政治。在英国的时候，使馆职员诱他入馆，秘密的把他拘禁起来，想运送回国。幸而得着他的学校教师的援助终得出险，后又赴法。这是中山先生初次在海外逃难的时期，也是他的革命的三民主义初熟的时期。

庚子拳匪作乱的时候，郑士良及史坚如两同志奉中山先生的命令想在广东起事，不幸都失败了。但是庚子年的大悲剧摇动了许多人对满清的信念。留学生到日本去的也大大的加增。从此中山先生的宣传容易的多，信徒加增也很快。日本朋友也有赞助的。到了甲辰年（光绪三十年，西历 1904 年，）他在日本组织同盟会，并创办《民报》。这是我民族初次公开的革命团体。《同盟会宣言》及《民报发刊词》是中山先生初次公开的正式的以革命领袖的资格，向全世界发表他的救国救民族的方案。甲辰以后，中山先生尚有 20 年的革命工作，对他所拟的方案尚有不少的补充，但他终身所信奉的主义及方略的大纲已在《同盟会宣言》和《民报发刊词》里面立定基础了。

《民报发刊词》说明了三民主义的历史必然性。欧洲罗马帝国灭亡以后，各民族割据其地，慢慢的各养成其各别的语言、文字、风俗、法制。到了近代，各民族遂成了民族国家。但在各国之内王室专制，平民没有参政之权，以致民众受压迫的痛苦。18 世纪末年，19 世纪初年，欧人乃举行民权的革命。在 19 世纪，西洋人虽已实行民族主义和民权主义，但社会仍不安。这是因为欧美在 19 世纪科学发达，工业进步，社会贫富不均。中国应在工业初起的时候，防患未然，利用科学和工业为全民谋幸福，这就是民生主义，中山先生很激昂的说：

> 夫欧美社会之祸，伏之数十年，及今而后发见之，又不能使之遽去。吾国治民生主义者，发达最先，睹其祸害于未萌。诚可举政治革命社会革命，毕其功于一役，还视欧美，彼且瞠乎后也。

这是中山先生的爱国热忱和科学训练所创作的救国方案。其思想的伟大是古今无比的。

但是民族主义和民权主义在西洋尚且未实现，以落伍的中国，外受强邻的压迫，内部又满布封建的思想，何能同时推行三民主义呢？这岂不是偏于理想吗？有许多人直到现在还这样的批评中山先生。33 年以前，当同盟会初组织的时候，就是加盟者大部分也阳奉阴违，口信心不信。反对同盟会的人更加不必说了。他们并不否认三民主义的伟大，他们所犹豫的是三民主义实行的困难。其实中山先生充分的顾到了这层困难。他的革命方略就是他实行三民主义的步骤。同盟会的宣言的下半说明革命应分军法、约法、宪法三时期，就是以后所谓军政、训政、宪政三阶段。一般浅识的人承认军政、宪政之自然，但不了解训政阶段是必要的，万不能免的。中山先生说过：

> 由军政时期一蹴而至宪政时期，绝不予革命政府以训练人民之时期，又绝不予人民以养成自治能力之时间，于是第一流弊在旧污未由荡涤，新治未由进行；第二流弊在粉饰旧污以为新治；第三流弊在发扬旧民，压抑新治。更端言之，即第一，民治不能实现；第二，为假民治之名行专制之实；第三，则并民治之名而去之矣。此所谓事有必至，理有固然者。

当时在日本与同盟会的《民报》抗争者是君主立宪派的梁启超所主持的《新民丛报》。梁启超是康有为的门徒，爱国而博学。他反对打倒清朝，反对共和政体。他要维持清室而行君主立宪。所以他在《新民丛报》里再三发表文章攻击中山先生的民族主义和民权主义。他说中国人民程度不够，不能行共和制。如行共和必引起多年的内乱和军阀的割据。他常引中国历史为证：中国每换一次朝代必有长期的内乱。梁启超说，在闭关自守时代，长期的内乱尚不一定要亡国。现在列强虎视，一不小心，我们就可召亡国之祸。民国以来的事实似乎证明了梁启超的学说是对的。其实民国以来的困难都是由于国人不明了因而不接受训政。

孙中山先生的三民主义和革命方略无疑的是我民族惟一复兴的路径。我们不可一误再误了。

第五节 民族扫除复兴的障碍

庚子拳匪之乱以后，全体人民感觉满清是我民族复兴的一种障碍，这种观察是很有根据的。甲午以前，因为西太后要重修颐和园，我国海军有 8 年之久，不能添造新的军舰。甲午以后，一则因为西太后与光绪帝争权，二则因为满清的亲贵以为维新就是汉人得势，满人失权，西太后和亲贵就煽动全国的一切反动势力来打倒新政。我们固不能说，满人都是守旧的，汉人都是维新的，因为汉人之中，思想腐旧的，也大有人在。事实上，满人居领袖地位，他们一言一动的影响大，而他们中间守旧的成分实在居大多数。并且他们反对维新，就是藉以排汉，所以庚子以后，满清虽逐渐推行新政，汉人始终不信服他们，不认他们是有诚意的。

庚子年的冬天，西太后尚在西安的时候，他就下诏变法。以后在辛丑到甲辰那四年内，他裁汰了好几个无用的衙门，废科举，设学校，练新兵，派学生出洋，许满汉通婚。戊戌年康有为要辅助光绪帝行的新政，这时西太后都行了，而且超过了。日本胜了俄国以后，时人都觉得君主立宪战胜了君主专制。于是在乙巳年（1905 年）的夏天，西太后派载泽等五大臣出洋考察各国宪法，表示要预备立宪。丙午、丁未、戊申三年成了官制及法制的大调整时期。

丙午（1906 年）九月，厘定中央官制。前清中央主要的机关有内阁、军机处、六部、九卿。所谓九卿，多半是无用的衙门。六部采用委员制，每部有满汉尚书各 1，满汉侍郎各 2，共 6 人主政，责任不专，遇事推诿，并且自道、咸以后，各省督抚权大，六部成了审核机关，本身几全不举办事务。军机处是前清中央政府最得力的机关，原是内阁分出来的一个委员会，实际辅佐皇帝处理大政的。自军机处在雍正年间成立以后，内阁变成一种装饰品。丙午年的改革，保存了军机处，此外设立 11 部，每部以一个尚书为最高长官。这种改革虽不圆满，比旧制实在是好多了。但 11 名尚书发表以后，汉人只占 5 人，比以前六部满汉各一的比例还差了。所以这种改革，不但未和缓汉人的不平，反加增了革命运动的力量。

丁未年（1907年）清廷决定设资政院于北京，作为中央的民意机关，设谘议局于各省，作为地方的民意机关。戊申年，满清颁布宪法大纲并规定9年为预备立宪时期。如果真要立宪，9年的预备实在还不够，但是因为当时国人对满清全不信任，故反对9年的预备，说满清不过藉预备之名以搁置立宪。

满清在这几年之内，不但借改革以收汉人的政权，并且铁良和良弼想尽了法子把袁世凯的北洋兵权也夺了。等到戊申的秋天，宣统继位，其父载沣作摄政王的时候，第一条命令是罢免袁世凯。此时汉人之中尚忠于清廷而又有政治手腕者，袁世凯要算是第一，载沣还要得罪他，这不是满清自取灭亡吗？

同盟会和其他革命志士看清了满人的把戏，积极的图以武力推倒满清的政权。丙午年，同盟会的会员蔡绍南、刘道一联合湖南和江西交界的秘密会党在浏阳和萍乡起事。他们的宣言明说他们的目的是要打倒清朝，建立民国，平均地权。这是同盟会成立以后第一次的革命，也是三民主义初次充当革命的目标。不幸失败了。同时还有许多革命党员秘密的在武昌及南京的新军之中运动革命，清廷简直是防不胜防。

这时日本政府应满清的请求，强迫孙中山先生离开日本。中山先生乃领导胡汉民、汪精卫等到安南，在河内成立革命中心。他们在丁未年好几次在潮州、惠州、钦州、廉州及镇南关各处起事，戊申年又在河口起事，均归失败。同时江浙人所组织的光复会也积极活动，丁未年五月光复会首领徐锡麟杀安徽巡抚恩铭，此事牵连了他的同志秋瑾，两人终皆遇害。戊申年十月，熊成基带安徽新军一部分突破安庆。他虽失败了，他的行动表示长江一带的新军已受了革命思想的影响。

丁未、戊申两年既受了这许多的挫折，同盟会的多数领袖主张革命策略应该变更。胡汉民当时说过："此后非特暗杀之事不可行，即零星散碎不足制彼虏死命之革命军，亦断不可起。"汪精卫反对此说，他相信革命志士固应有恒德，"担负重任，积劳怨于一躬，百折不挠，以行其志"，但是有些应该有烈德，"猛向前进，一往不返，流血以溉同种"。他和黄复生秘密的进北京，谋刺摄政王载沣。后事不成，被捕下狱。这是庚戌宣统二年的事情。

汪精卫独行其烈德的时候，中山先生和胡汉民、黄兴、赵声正在南洋向华侨募捐，想大规摸的有计划的向满清进攻。这是汪精卫所谓恒德。他们于庚戌年十一月在槟榔屿定计划，先占广州，然后北伐，"以黄兴统一军出湖南趋湖北，赵声统一军出江西趋南京"。定了计划以后，他们分途归国。次年，辛亥宣统三年，三月二十九日的黄花岗七十二烈士之役是他们的计划的实现。军事上虽失败了，心理上则大成功，因为革命精神从此深入国民的脑际。

正在这个时候，清廷宣布铁路国有的计划，给了革命党人一个很好的宣传的机会。那时待修的铁路，以粤汉、川汉两路为最急迫，困难在资本的缺乏。四川、湖北、湖南诸省的人民乃组织民营铁路公司，想集民股筑路。其实民间的资本不够，公司的领袖人物也有借公济私的，所以成绩不好，进行很慢。邮传大臣盛宣怀乃奏请借外债修路，把粤汉、川汉两路都收归国有。借外债来建设，本来是一种开明的政策，铁路国有也是不可非议的，不过盛宣怀的官声不好，满清已丧失人心，就是行好政策，人民都不信任。何况民营公司的股东又要损失大利源呢？因以上各种原故，铁路国有的问题就引起多数人的反对，革命党又从中煽动，竟成了大革命的导火线。

同盟会的革命策略，本注重广东，但自黄花岗失败以后，陈其美、宋教仁、谭人凤等就想利用长江流域为革命策源地。他们在上海设立同盟会中部总会。谭人凤特别注重长江中游之两湖。那时湖北新军中的蒋翊武组织文学社于武昌，藉以推动革命。在湖南活动的焦达丰及在湖北活动的孙武和居正，另外组织共进会。这两个团体，虽有同盟会的会员参加，并不是同盟会的支部，而且最初彼此颇有磨擦。经谭人凤调和以后共进会和文学社始合作。

同盟会的首领原来想在长江一带应该有好几年的预备工作，然后可以起事。但四川、湖北、湖南争路的风潮扩大以后，他们就决定在辛亥年（宣统三年，1911 年）秋天起事。发难的日期原定旧历八月十五日，后因预备不足，改迟十天。却在八月十八日，革命党的机关被巡捕破获，党人名册也被搜去。于是仓卒之间定八月十九即阳历 10 月 10 日起事。

辛亥武昌起义的领袖是新军的下级军官熊秉坤。他率队直入武昌，进攻总督衙门。总督瑞澂当即不抵抗出逃，新军统制张彪也跟他逃，于是武昌文武官吏均弃城逃走。武昌便为革命军所据。革命分子临时强迫官阶较高、声望较好的黎元洪作革命军的都督。

武昌起义以后，一个月之内，湖南、陕西、江西、山西、云南、安徽、江苏、贵州、浙江、广西、福建、广东、山东 13 省相继宣布独立。并且没有一个地方发生激烈的战争。清朝的灭亡，不是革命军以军力打倒的，是清朝自己瓦解的。各独立省选派代表，制定临时约法，并公举孙中山先生为中华民国的临时总统。我们这个老古的帝国，忽然变为民国了。

满清到了山穷水尽的时候，请袁世凯出来挽回大局。这种临时抱佛脚的办法是不会生效的。袁世凯替清室谋得的不过是退位以后的优待条件，为自己却得了中华民国第一任正式总统的地位。

辛亥革命打倒了清朝，这是革命惟一的成绩。清朝打倒了以后，我们固然扫除了一种民族复兴的障碍，但是等到我们要建设新国家的时候，我们又与民族内在的各种障碍面对面了。

第六节　军阀割据十五年

民国元年的民国有民国必须具备的条件吗？当然没有。在上了轨道的国家，政党的争权绝不使用武力，所以不致引起内战。军队是国家的，不是私人的。军队总服从政府，不问主政者是属于那一党派。但是民国初年，在我们这里，军权就是政权。辛亥的秋天，清室请袁世凯出来主持大政，正因为当时全国最精的北洋军队是忠于袁世凯的。中山先生在民国元年所以把总统的位置让给袁世凯，也与这个原故有关。我们以先说过在太平天国以前，我国并没有私有的军队，有之从湘军起。湘军的组织和精神传给了淮军，淮军又传给北洋军，以致流毒于民国。不过湘军和淮军都随着他们的领袖尽忠于清朝，所以没有引起内乱。到了民国，没有皇帝了，北洋军就转而尽忠于袁世凯。

为什么民国初年的军队不尽忠于民国，不拥护民国的宪法呢？我们老百姓的国民程度是很低的。他们当兵原来不是要保御国家，是要解决个人生计问题的。如不加以训练，他们不知道大忠，那就是忠于国家和忠于主义，只知道小忠，忠于给他们衣食的官长，和忠于他们同乡或同族的领袖。野心家知道我国人民乡族观念之深，从而利用之以达到他们的割据企图。

工商界及学界的人何以不起来反对军阀呢？他们在专制政体下作了几千年的顺民，不知道什么是民权，忽然要他们起来作国家的主人翁，好像一个不会游水的人，要在海洋的大波涛之中去游泳，势非淹死不可，知识阶级的人好像应该能作新国民的模范，其实也不尽然。第一，他们的知识都偏于文字方面。古书愈读的多，思想就愈腐旧，愈糊涂。留学生分散到各国各校各学派，回国以后，他们把万国的学说都带回来了，五花八门，彼此争辩，于是军阀的割据之上又加了思想的分裂。第二，中国的读书人，素以作官为惟一的出路。民国以来，他们中间有不少的人惟恐天下不乱，因为小朝廷愈多，他们作官的机会就愈多。所以知识阶级不但不能制止军阀，有的时候，反助桀为虐。

那末，我们在民国初年绝对没有方法引国家上轨道吗？有的，就是孙中山先生的建国方略和三民主义。中山先生早已知道清朝不是中国复兴惟一的障碍。其他如国民程度之低劣，国民经济之困难，军队之缺乏主义认识，这些他都顾虑到了。所以他把建国的程序分为军政、训政、宪政三个时期。但是时人不信他，因为他们不了解他的思想，他们以为清朝是我们惟一的障碍，清朝扫除了，中国就可以从几千年的专制一跃而达到宪政。这样，他们正替军阀开了方便之门。这就是古人所谓"欲速则不达"。在民国初年，不但一般人不了解中山先生的思想，即同盟会的会员，了解的也很少。中山先生并没有健全的革命党作他的后盾。至于革命军更谈不到。当时军队的政治认识仅限于排满一点，此外都是些封建思想和习惯，只够作反动者的工具。中山先生既然没有健全的革命党和健全的革命军帮他推动他的救国救民族的方案，他就毅然决然让位与袁世凯，一方面希望袁世凯能不为大恶，同时他自己以在野的资格，努力造党和建设。

假使我民族不是遇着帝国主义压迫的空前大难关，以一个曹操、司马懿之流的袁世凯当国主，树立一个新朝代，那我们也可马虎下去了。但是我们在20世纪，所须要的，是一个认识新时代而又能领导我们向近代化那条路走的伟大领袖。袁世凯绝不是个这样的人。他不过是我国旧环境产生的一个超等的大政客。在他的任内，他借了一批大外债，用暗杀的手段除了他的大政敌宋教仁，扩充了北洋军队的势力，与日本订了民国4年的条约，最后听了一群小人的话，幻想称帝。等到他于民国5年6月6日死的时候，他没有做一件于国有益、于己有光的事情。

袁死了以后，靠利禄结合的北洋军队当然四分五裂了。大小军阀，遍地皆是。他们混打了10年。他们都是些小袁世凯。到了民国15年的夏季，中国的政治地图分割到什么样子呢？第一，东北四省和河北、山东属于北洋军阀奉系的巨头张作霖。他在北京自称大元帅，算是中华民国的元首。第二，长江下游的江、浙、皖、闽、赣五省是北洋军阀直系孙传芳的势力范围。孙氏原来是吴佩孚的部下，不过到了民国15年，孙氏已羽翼丰满，不再居吴佩孚之下了。第三，湖北同河南仍属于直系巨头曾拥戴曹锟为总统的吴佩孚。第四，山西仍属于北洋之附庸而保持独立而专事地方建设之阎锡山。第五，西北算是吴佩孚的旧部下而倾向革命之冯玉祥的势力范围。第六，西南的四川、云南、贵州，属于一群内不能统一、外不能左右大局的军阀。第七，广东、广西、湖南三省是革命军的策源地。从元年到15年，我们这个国家的演化达到了这种田地。

第七节　贯彻总理的遗教

民国 15 年 7 月 9 日，国民革命军誓师北伐。这是中华民国历史上的大分水界。前此我们虽有革命志士，但没有健全的、有纪律的、笃信主义的政党；前此我们虽有军队参加革命，但没有革命军。此后就大不同了。我们如要了解民国 15 年北伐誓师为什么是个划时代的史实，我们必须补述孙中山先生末年的奋斗。

我们已经说过，中山先生在辛亥革命以前宣布了他的革命方略，分革命的过程为军政、训政、宪政三个阶段。用不着说，军政是一个信服三民主义的革命军对封建势力的扫荡和肃清，训政是一个信服三民主义的革命党猛进的缔造宪政所必须的物质及精神条件。民国初年，这样的革命军和革命党都不存在，军阀得乘机而起，陷民国于长期的内乱，人民所受的痛苦，反过于在清朝专制之下所受的。中山先生于是更信他的革命方略是对的。民国 3 年，他制定革命党党章的时候，他把一党专政及服从党魁的精神大大的加强。民国 7 年，俄国革命，虽遇着国内国外反动势力的夹攻，终成功了。中山先生考察俄国革命党的组织，发现其根本纲领竟与他多年所提倡的大同小异。原来俄国也是个政治经济落后的国家，俄国的问题也是火速的近代化。在 19 世纪，俄国没有赶上时代的潮流，因此在上次的欧洲大战，俄国以 20 倍德国的领土，2 倍德国的人口，尚不能对付德国 1/2 的武力。俄国的革命方略，在这种状况之下当然可供我们的参考。难怪中山先生虽知道中山主义与列宁主义有大不同之点，早就承认列宁是他的同志。

在苏联革命的初年，为抵抗帝国主义起见，列宁亦乐与我们携手。民国 12 年 1 月 26 日，中山先生与列宁的代表越飞（Joffe）共同发表宣言，声明两国在各行其主义的条件之下，共同合作。民国 12 年夏，中山先生派蒋介石赴俄，考察红军和共产党的组织。是年冬，苏联派遣鲍罗廷来华作顾问。民国 13 年初，中山先生召开全国代表大会于广州，彻底的改组国民党，并决定联俄容共。同时蒋介石从俄回国。中山先生就请他创办黄埔军官学校。中山先生对黄埔军校是抱无穷希望的。在开学的那一天，中山先生说过：

> 今天开这个学校的希望，就是要从今天起，把革命的事业，从新创造，要这学校的学生来做根本，成立革命军。诸位学生，就是将来革命军的骨干。

　　民国 14 年是革命策源地的两广的大调整时期：陈炯明勾结杨希闵、刘震寰以图消灭新起的革命势力。于是有两次的东征，然后广东得以肃清。同时革命政府协助了李宗仁、黄绍竑肃清广西。

　　不幸在这年的春天，3 月 12 日，中山先生在北平逝世了。

　　目前的困难是一切民族在建国的过程中所不能避免的。只要我们谨守中山先生的遗教，我们必能找到光明的出路。

百年的外交

　　道光十九年，1839 年的年初，林则徐在广州开始严禁鸦片，因而引起我国近代的第一次对外作战。从那时起到现在，政府办了整个一百年的外交，士大夫关于外交也发了一百年的议论。百年的时间，就是在民族历史上，也不能算短。我们应该切实检讨以往的得失，作为来日的指南。

　　我们这个国家是士大夫阶级执政的国家。自宋以来，士大夫是极端注重气节的。最近这百年并不是例外。无论我们是研究这百年初期的外交家如林则徐、琦善、耆英、桂良、花沙纳，或是中期的外交家如奕䜣、文祥、曾国藩、李鸿章，郭嵩焘、曾纪泽、薛福成，或是最近期的袁世凯、段祺瑞、张作霖及当代的人物，我们不能发现一个人不竭尽心力，挣扎又挣扎，而后肯对外人有所退让。百年来负外交责任者，若论他们的世界知识，诚有可批评的，若论他们的爱国心，不但无可疑问，且可引为民族的及士大夫阶级的光荣。

　　初期的外交家最受时人的非议和后世的不谅解者莫过于琦善。因为他于道光二十年春与英人订了《穿鼻条约》，时人说他是汉奸。其实琦善不但是爱国者，而且是当时见解比较明白的一个人。自从故宫博物院发表《筹办夷务始末》一书以后，学者才知道琦善受冤屈之深。他与英国代表义律所订的《穿鼻条约》比道光二十二年的《南京条约》，在赔款及通商权利上，有利于我多了。英国政府认义律上了琦善的当而加以革职的处分。琦善体察中英的形势，决定《穿鼻条约》是当时我国外交所能得的最优的条约，故无论时人怎样骂他，造他的谣言，无论朝廷怎样指责他，他不顾一切依照他的良心作下去。至于顾全一己的名誉而牺牲国家的利益，老于世故的琦善未尝不知道。却是到了民族紧急的关头，他毅然决然不作这种滑头的事情，这才算得真正爱国。林则徐是鸦片战争的英雄，琦善是鸦片战争的政治家。作英雄不易，作政治家尤难。

　　近期的外交家中受人攻击最多的莫过于袁世凯。此人的内政和人品如何，将来的历史家自有定论，不在本文的讨论范围之内。至于他的外交，我们可以说从他协助李鸿章办理高丽案件起，到他末年主持"二十一条"的交涉为止，他没有作过为国谋而不忠的事情。以先我们最不满意他的是民四的对日交涉。但自王芸生先生发表《六十年来中国与日本》大著以后，学者始知袁世凯那次与日本的奋斗可谓作到鞠躬尽瘁了。我们如仔细研究他应付日本"二十一条"的亲笔批示，并记得日本当时因欧战关系在远东所处的优越地位，我们不能不感激他的用心之苦并佩服他的外交天才。日本人知道袁世凯是他们的劲敌。

我国数千年与异族的奋斗逐渐养成了士大夫的爱国心肠。这是根深蒂固，无须我们过虑的。如果仅靠激昂慷慨的爱国心就能救国，那我们的知识阶级早把国家救好了，绝不至有今日的严重国难。不过士大夫的传统思想多不合于近百年的大变局。到了19世纪，他们仍不承认闭关自守、独自尊大的时代已成过去而绝对无法挽回。同时他们对于西洋的知识缺乏使他们不能了解如大胆的向国际生活中去找出路，我国能得着新的光荣。所以他们愈信念我国的古老文化，他们就愈反动，以致阻塞民族的出路。他们不是卖国，他们是误国。

从道光十九年到咸丰十年，我们初则有中英鸦片战争，后又有英法联军之役。在那20年之内，士大夫是一贯主张抗战的。他们为什么要抗战呢？为拒绝签订不平等条约吗？不是的。他们不反对治外法权，因为他们觉得让夷官按照夷法去管理夷人是最省事的办法。他们不反对协定关税，因为他们以为海关收入无补于大国的财政，不值得我们去与夷商计较区区税则。咸丰末年，他们有人提议我们完全不收海关税。他们也不反对租界，因为他们想为夷人特辟居住区可以免得华洋杂处。在道光年间，他们所反对的是五口通商和香港割让。在咸丰年间，他们所反对的是长江通商和北京驻外国公使。我们今日如再读他们的议论，我们一方面仍能为他们的激昂所动，却同时我们又不能不痛哭他们见解的糊涂。可惜在我们这个社会里，糊涂的见解，用激昂的文词发表出来，有误国的能力。

到了同治光绪年间，我们始有少数政治家对19世纪的新局势有相当的认识。其中见解最透澈、魄力最大、主政最久的是李鸿章。他的救国方案可分治本、治标两部分。治本的方案是努力西化。他觉得我们抵抗西方的侵略要靠我们的西化，同时维持我们在东方的传统领袖地位也要靠我们的西化。同治初年，日本维新尚在酝酿之中的时候，李鸿章就大声疾呼的警告国人不可轻视日本。他认定中日两国将来国力的比较必决定于两国西化速度的比较。这种论断是最具有政治家眼光的。至于治标的方法，他主张在西化工作未成熟以前，努力维持和平，结纳友邦。

李鸿章无疑的是同治光绪年间在朝的最大的政治家。但是他也是当时的士大夫最好弹劾的。到了那个时代，大多数的士大夫仍不承认中国有西化的必要。李鸿章的建设事业，如海军、电信、煤矿、铁路、纺纱厂、招商局、机器厂、兵工厂等，在士大夫的眼光里，皆非根本之图。他们以为我国固有的驭夷方法可以依旧实用。他们且以为道咸年代的失败在人而不在法。所以李鸿章终身绝少同志和帮手。他的事业的推进全靠专制君主威力的支持。

士大夫一面反对李鸿章的治本方案，同时却又主张采用强硬的、积极的外交政策。恰好这时候有几位青年文人，目空一世，而文章与学问又实在不差。他们——张之洞、张佩纶、陈宝琛、邓承修等——在同末光初，每因细故就主战。为台湾生番问题，他们要向日本兴问罪之师。为琉球问题，他们要李鸿章率师东征。为伊犁问题，他们又要与俄国开战。这些浮议的难关，李鸿章都一一设法渡过了。其中最难的莫过于伊犁问题，因为关于这个问题，不但士大夫主战，当时与淮军敌对的湘军领袖如左宗棠、彭玉麟也主战。是时彭玉麟督率长江水师防御俄国的海军。他准备满载桐油木柴出海，趁便风火攻俄国舰队。两江总督刘坤一和他开玩笑，说时代非三国，主帅又非孔明，恐火攻之计不售也。彭玉麟大怒，即上章弹劾，左宗棠又在京内替他说话，于是刘坤一只好不作江督了。李鸿章观察形势，知道如运用外交，至少伊犁可部分的收回；如对俄宣战，不但伊犁不能收复，即新疆及东三省均可虑。而且我们的实力消磨于对俄作战以后，日本在远东岂不坐大吗？所以决定制止国内主战潮流。他请英国军官戈登作总顾问。戈登的建议是具有深意的。他说抗战未尝不可，惟在抗战之先，中国政府应该下最大的决心准备作三件事。第一，即时迁都西安。第二，准备抗战十年。第三，抗战以后，满清放弃政权。这种话，李鸿章要说而不敢说，但出自常胜军领袖戈登之口，国人不但能原谅他，而且信任他。后来曾纪泽果然运用外交，把俄国所占领的土地大部分收回。

曾纪泽在彼得堡的交涉还没有办好的时候，中法越南问题就发生了。李鸿章对这个问题也主张运用外交，反对开战。但是士大夫主战者多。朝廷徘徊于和战之间。最初表面言和，实则暗地助刘永福的黑旗军作战。后无形中变为一面战，一面和。终成正式战争。那时文武不分。文人中主战最力者莫过于张佩纶和陈宝琛。清廷乃派陈宝琛襄办两江军务，张佩纶守福州马尾船厂。事实上，陈氏制了两江以后毫无建白，而张氏则以"逃得快"了之。足证文人的高调，除误国家大事以外，别无作用了，到了光绪十一年的春天，战事只好结束。全局的失败果不出于李鸿章的意料之外。

李鸿章交结友邦的运用最初表现于高丽。在光绪初年，日俄英美法德六国均图与高丽发生关系。李氏判断日俄对高丽有领土野心，而英美法德则只图通商和传教。那末，他可以借四国的力量来对付日俄两国。于是他从光绪六年起竭力劝高丽放弃闭关自守的政策而与西方各国订通商友好条约。在光绪八年，高丽果真与各国订约，势力均衡的局面似乎产生。然而李鸿章的高丽政策终归失败。主要的原故有两个。

第一，高丽地瘠民贫，内政不修，经济未得开发，致注重通商的国家无大利可图。所以到了甲午中日战争之际，英美法德皆觉得利害关系不大，无积极干涉必要。第二，中国始终不愿更改旧的宗主对藩属的观念。高丽对我们的重要全在国防，在国防上，我国所怕的不是高丽，而是别的帝国主义者利用高丽为根据地向我国作进一步的侵略。高丽果能独立自保，我们就能达到目的了。光绪十年，德国驻高丽的总领事根据以上的理由，曾向李鸿章建议，化高丽为远东的比利时，由列强共同担保其独立和中立。这种建议不但清廷不能接收，就是李鸿章也反对，因为这个办法不合我国在高丽的传统宗主权。以后在袁世凯的积极作法之下，宗主权几乎变为统治权。结果，美国舆论很不直我们施诸高丽的压迫，并且高丽的新派人物固因对我们失望而想联日或联俄。可惜我国谈边政者至今对旧日的宗主权仍恋恋不舍。

甲午年春，东学党在高丽起事，日本遂借口保侨派遣重兵。世界各国均知局势的严重。我国士大夫的激昂可想而知。他们主张即时动员。在朝的要人多年想倒李鸿章而屡试屡败者亦坚决主战，以便借对外来对内。李鸿章拿到这个难题竟无法交卷。以往他假朝廷的威力，强迫各省协济北洋军饷，为的是对日备战。以往他关于伊犁、越南诸问题均反对战争，为的是要集中力量去保护高丽。他此刻如再不强硬对付日本，就无法自圆其说了。适此时俄国公使喀西尼路过天津。李鸿章就临时抱佛脚，竭力求援。喀西尼亦觉得日本如占领高丽，那是大不利于俄国的，于是答应警告日本撤兵。李以为日本最怕俄国。现俄国即允压制日本，他可高枕无忧了。所以他对日外交不退让，而军事的布置又不积极，自以为那一次他可不战而胜。日本最后经英国的劝导提出中日两国共管高丽的妥协方案。李告诉总理衙门坚持要先撤兵，后谈判，而其心总以为俄国向东京警告以后，日本无不屈服。其实日本的消息比我们的还灵通。日本知道了俄国绝不干涉，而北京的谈判是无诚意的，遂决定进攻。到了这个时候，李鸿章只好应战。

中日甲午之战决定了远东的领袖地位，在整个历史阶段之中，将不属于我而属于日。甲午以前，我们只受西洋帝国主义的压迫，以后则同时受西洋与日本的侵略了。所以甲午之战是个划时代的战争。我们的失败是军事的，也是外交的。军事失败的原由，大概的说，有两层。第一，中国西化的水准低于日本；这层的责任应由士大夫负担。第二，中国彼时的军政太腐化了；这一层的责任应由李鸿章负其大半。

至于外交失败的根由也可以分好几层来说。第一，李鸿章不应专凭一个外国公使的谈话来决定军国大政。关于和战大事，不但一个公使的谈话不算数，就是外交部长的谈话也不能算数。必定有正式的条约，经全权代表签字而又有元首的正式批准然后有相当的，但仍非绝对的可靠。李鸿章的办法充分表现他的外交的幼稚。帝俄政府根据整个国策决定不采纳喀西尼的意见以后，李就陷于进退两难了，幼稚的外交误国之大莫过于此。

第二，假使当时我国驻日和驻俄的公使深知所在国的国情，又假使他们知无不言而言又无不尽，再假使李鸿章和其他主政者对他们的报告加以相当的考虑和信任，那我们甲午之役的外交或者能兼顾利害和力量。政策的发动当然根据国家的利害，但是政策的贯澈要靠国家的力量。个人负重若超过其力之所能必致害身。外交的企图，纵使是正当的，倘超过国力，必致误国。所以外交必须知己知彼。这种工作，惟独健全的外交机构始能负荷。我国政治家素重用人而不知运用机构。李鸿章也不是例外。前文所说的三种假设并不存在。当时驻外的公使对所在国的国情所知有限，所知者又因层层顾虑不能尽言，所言者政府未必见信。其结果就是李鸿章因偏信喀西尼而采取外交积极、军事消极的误国政策。

当时李虽不能济事，仍超人一等。至于一般士大夫的言论，除激昂慷慨以外，别无足取，不过空言与高调而已。甲午以前的小波折，李的才能足以渡过。在甲午及甲午以后的大风浪之中李实不能掌舵了。愈到后来，他愈不济事。在作战期中，他多方求援，但西洋各国均借词搪塞。这不是李的罪过，因为当时我国的国力实不足以左右任何西洋国家的政策。外国虽不援我于未败之前，却又援我于既败既订约之后。俄德法三国的援助本是不怀好意的。以后瓜分的祸根就种于此。我们对于"友"邦的"友谊"不可太凭一时的情感和幻想。我们愈研究国际关系，愈知国与国是寡情的。这一点，我们也不能责备李鸿章。

我们能够责备他的是甲午战争以后的联俄政策。帝俄假助我的美名，行割我的实政。最初修中东铁路，因而引起以后的严重东北问题，一直演变到九一八和今日。中东铁路是李鸿章联俄的代价。戊戌年春，帝俄又假助我的名义，强迫我国许她筑南满铁路和租借大连旅顺。这两个海口就是俄德法三国于乙未年助我以 2000 万两向日本赎回的。三国的援助，若清算一下，仅使我们白白的抛弃了 2000 万两银子罢了。这还不够。庚子年，帝俄趁拳匪之乱派兵把我国东北全占了。在北京交涉的时候，帝俄又要假助我收复平津的美名，强迫我国割让东北一切的权利。当时英美日三国竭力支持刘坤一、张之洞来抗俄，而李鸿章则坚持要与俄订约。李末年的荒唐简直不堪设想。幸而条约未签字以前，李就于辛丑年冬死了。帝俄得着这个消息以后，说："中国以后无人了！"

乙未至辛丑是李鸿章联俄的阶段。以后我们外交的路线就全变了，辛丑的次年，即 1902 年，英日订同盟的条约。当日我国的舆论对英日同盟是怎样呢？京师大学堂（北大的先身）的教授联名请求政府加入英日同盟。旅居上海的名流假张园开会，作同样的要求。好像我们所敬佩的蔡孑民先生当日亦在座。我们留日的学生发起义勇军，准备协助日本去打帝俄。日俄战争之际，我政府虽守中立，实际我们是对日表同情的。地方人士如张作霖还实力协助日本作战。为什么我国在辛丑以后有这大的外交路线变更呢？因为李鸿章的联俄政策不但失败了，而且简直引狼入室了。李在辛丑以前想联俄以制日，后人乃转过来想联日以制俄。前者的成绩固不好，后者的成绩亦欠佳。日俄战后，我国在南满就开始与日本磨擦了。足证所谓外交也者，在自己的国力发展未到相当程度以前，是不可靠的。无论是联东以制西，或是联西以制东都要出代价的。不小心的时候，代价还要过于当初所要避免的损失。

民国以来，我们的外交方案并无根本变动。与前不同的就是在内乱的时期，党派的竞争免不了要借外以对内。大概的说，在朝的党，因所须的外助少，故对外所愿出的代价低。反之，在野的党，因所须的外助多，故对外所愿出的代价高。同时还有一方面值得我们注意。政府因负实际政治责任，说话行事比较谨慎。反对政府的人因不负责任可以随便给政府出难题，对社会唱高调。因之，一般人民很容易发生误会，以为官僚不努力，太消极，甚至于不爱国。反之，反对政府的人因言论激昂好像是特别爱国，特别有作为。国际关系是十分复杂的。不但在中国，就是在教育普及、新闻事业十分发达的国家如英美，一般人民关于外交问题容易为野心家的宣传所麻醉。所以在这些国家，近年有不少的公私组织，专门研究国际问题，以图舆论的健全化和外交的超党化。这种组织的需要在我国尤为急迫。

在这百年之末，于全民精诚团结以抗战之际，最使我们痛心的是平津京沪各地的汉奸。老百姓供敌人驱使者全为饥寒所迫，我们还不能说他们的本质不良，甘心从敌。粤闽鲁冀的劳工在外国侨居数代仍不忘祖国，足证我国人民的本质是优良的。我们可以相信沦陷区域的劳苦同胞，时机一到，还要热烈的回到祖国的怀抱。只要国家无负于他们，他们是不会负国家的。我们所痛心的是参加伪组织的知识分子。他们当中大部分被生活问题迫着走上无耻的途径，其余还不是狂妄的借外力以从事内争？

抗战以前的数年，我们在最高领袖指导之下，把统一基础打好了，于是改革法币、建设公路铁路、推进国防等等自力更生的事业得有一日千里的进步。假使政府于九一八的冬天就听从一般士大夫的浮议而开始抗战，那我们就不能有自九一八到八一三那个阶段的积极建设和统一完成。没有那一个阶段，我们那能有今日的抗战力量？

我们于研究百年的外交之余，可以得着几个结论。第一，我们近百年对外的失败不是由于我们的不爱国。第二，我们的失败由于外交本身者尚为次要，由于内政者实为主要。内政的致命伤即现代化的建设之过于零碎、迟缓和不彻底。第三，就外交本身而论，我们的失败一部分应归咎于士大夫的虚骄，其他部分则应归咎于外交机构的不健全。若再进一步的研究，这两种弊病都要归根于我们的知识、思想及办公习惯的现代化程度之不足。

——选自《新经济》半月刊，1939 年第 4 期

再论近百年的外交

我在本刊第 4 期发表的"百年的外交"一文竟引起了少数读者的误会，其中最要紧的是邓公玄先生，这颇出于我的意料之外。读者对于我的史学试作有所批评，这当然在我的意料之中，而且是我所欢迎的。史学是种很困难的学问，史评和史论尤其困难，专家集毕生精力的著作，在著者的主观中，或者是不朽之作，然而在史学上，往往仍不过是一种试作。但是邓先生对我的不满大半在于文外问题，而且大半是误会，不是学术的批评。在他的结论里，他这样说：

> 末了，我认为蒋氏"百年外交"一文，对于过去史实的判断如何，还是小事，因为"仁者见仁，智者见智"而且"士各有志，不能强同"。

邓先生把过去史实的判断作为小事，而于"小事"以外提出些无关的问题来与我争辩。我觉得我们不能把史实的判断作为小事，并且关于史实的判断不能"士各有志"。历史是种科学，研究历史就是探求真理，与"志"有什么关系？我们要探求史理还能于史实之外去求吗？离开事实而去发空泛议论，充其量，不过得一篇好八股文章。所以我对于邓先生的议论不能不答复，而我的答复又不能不以史实的判断为主。

在未入正题之先，我应该简单的解释邓先生因文外的问题而发生的误会。邓先生急于要知道我为什么在这个时候要发表这样一篇文章。譬如：他开始引了我论琦善和袁世凯的两段文章以后，他就问：

> 看了这两段文章，我们不说蒋氏替琦善袁世凯二人翻案为不当，只是要问为什么要在这个时候特地替他们翻案？

在他的结论里，他有这样的质问。我想邓先生的误会完全由于他不知道我平素生活的习惯。我在 1924 年冬未入政府以前，差不多有 15 年的工夫专门研究"百年的外交"。这文的内容，用不同的方式，向南开大学的学生讲过三遍，向清华的学生讲过五遍，向北大的学生讲过两遍。关于琦善的那一段，我于 1919

年在《清华学报》发表过专文，以后又在美国的《近代史学报》讨论过，在英国伦敦大学和牛津大学讲演过。关于李鸿章的高丽政策，我也用中文英文发表过无数次的论文。我入政府以后，仍想把研究历史作为我的副业，也可以说我的娱乐。在政府未规定研究历史是一种不正当的娱乐以前，我觉得我可以时常继续这种工作。

我写那篇文章还有一个原故，那就是《新经济》的编辑先生问我要稿子。我一想今年是鸦片战争的百周年，应该作文纪念。但是专写鸦片战争或者不免引起中英之间不良的情感，所以就决定写《百年的外交》。那篇文章是上年十二月初写的，十二月十号左右送给编辑先生，十二月十五日付印，本年正月初一出版。这些年月日都是极自然的，不应该引起任何文外无关的问题。

邓先生既不知道我平素的学术兴趣，又不注意原文第一段所说写文的理由，于是就疑"难道是引古以非今吗"？邓先生的疑问证明他的历史观念完全与我的不一样。现在史学界公认历史是不重演的。历史不是一种制好的电影片，今天演几场，明天后天又拿出来演几场。换句话说，历史上的事情前后没有两件是一样的。所以我们不能引古以非今，也不能据今以非古。我们旧日的八股先生们固好写史论，说尧舜以先是怎样，所以"今上"也应该怎样，或桀纣以先是怎样自取灭亡，所以"今上"不可那样以自取灭亡。这样的写法不是现在科学的史学家所愿过问的。

但是历史未尝不可以"资治"，因为历史虽不重演，却不断的继演。历史是一张制不完、演不完的电影片。在这个片子上，前后没有两幕情节完全相同的，但是第一幕的情节往往能部分的支配第二幕，第二幕又部分的支配第三幕，如此下去，以至无穷。历史家的主要工作是在寻求和分析前一幕如何支配后一幕及支配的程度。我们如本这种精神去研究中国近代史，必发生无穷的兴趣，以致有此癖者，就是在抗战紧张的时期，还是恋恋不舍。

现在我想文外的问题都解决了，可以言归正题。邓先生承认琦善所订的《穿鼻条约》比以后的《南京条约》"对于国权损失较少"，却不承认琦善是个政治家。我所以称赞琦善为政治家正因为他减少了国权的损失，而且他作这事的时候，他不顾一己的损失。他原可以与世浮沉，随着时人唱高调，因以误国而利己。他不，他情愿牺牲自己以图有利于国。这就是政治家的风度。琦善固不是头等政治家，但是道光一朝实无了不得的人物，琦善比较的要算是高人一等。

为什么琦善不是头等政治家？因为以后他虽又服官多年，却毫无建白。我们从道光十九年至二十二年与英国打了三年的仗，惨败了，被迫订割地丧权的条约了，然而国人毫无觉悟，战后绝无改革，直到咸丰末年英法联军之役然后有新政出现。民族整个的丧失了二十年的光阴。假使同治年间的改革提前到鸦片战争以后，那不但英法联军之役可免，即中日甲午之役或亦可免，而我国在远东的领袖地位必可保存。从民族的立场观察，我们不能不痛惜那二十年宝贵光阴的白过。我们研究历史的人不能不清算此中的责任。这是一个很复杂的问题，不易解答的。据我所知，此中的情节大概是这样的。当鸦片战争开始的时候，全国的士大夫一致的鄙视"外夷"，以为英国人那能与"天朝"抗衡。林则徐也这样想。在他的奏折中，他表示十分有把握。林是当时士大夫所佩服的一个人。他自信，国人也信他。却是事实上林没有机会与英国人比武。英国派遣来华的军队，照中国人的理想应该先攻广州。林已准备好了各种防御工事。不料英国人不攻广州而攻舟山。于是时人断定英国人怕林则徐。林的声价因此提高了好几倍。后清廷罢免林则徐而派琦善去主持粤政，时人说英国用计，借琦善以去林则徐。林一去，自然我方失败了！后裕谦奏调林则徐去帮他防守浙江。清廷答应了，许林"戴罪立功"。时人深信有林在浙江，英国人是不敢来的。英国人来了，快要与林交锋了，但是正在这个时候，清廷忽下令把林则徐谪戍伊犁。在鸦片战争的三年之中，除第一年小有接触之外，林始终没有机会与英人打一个大仗。所以后士大夫不服输。他们以为我们的败，不是由于我们的旧战法和旧军器的不行，而是由于清廷用人不得当。既然如此，那我们没有改革的必要。琦善虽知道中外强弱的悬殊，经过一次的革职拿办，他也不敢再触犯士大夫的清议而有所主张了。所以他不够称头等的政治家。

当时士大夫的清议之可怕，我们于林则徐的行动中也可以看出来。在他初到广州的时候，他真相信他用中国的旧法子就能制服英人。到了广州以后不久，他就觉悟了，知道惟独"用夷器而后能制夷人"。他秘密的探访外国的国情，购买外国的船炮。他以后把他所搜集的材料，给了魏默深。魏又把这些材料编入《海国图志》。这部书提倡以夷制夷，及以夷器制夷。日本的文人把这部书译成日文，促进了日本的维新。日本学者中山久四郎常说明治维新的事业受《海国图志》的影响不少。林虽有这种觉悟，他怕清议的指摘，不敢公开的提倡。他在赴伊犁戍所的途中曾致书友人说：

> 彼之大炮，远及十里内外，若我炮不能及彼，彼炮先已及我，是器不良也。彼之放炮，如内地之放排枪，连声不断。我放一炮后，须辗转移时，再放一炮，是技不能熟也。……今此一物置之不讲，真令岳、韩束手，奈

何奈何！

但在信尾，他坚请他的朋友不要把信给别人看。他让主持清议的士大夫睡在梦中，他让国家日趋衰弱，而不肯牺牲自己的名誉去与时人奋斗。他怕时人骂他是汉奸或败北主义者。邓先生如了解此中的情节，或者不怪我，在回想我民族过去百年的历史，要痛骂士大夫阶级。

关于袁世凯的一段，邓先生批评袁的外交，说袁应该在民四交涉的时候，努力谋美国的援助。邓先生以华府会议美国的援助为证据，判断美国在民国四年也可以援助我，只要袁运用得法。其实袁派人把日本"二十一条"通知美国公使芮恩史并求他援助，芮氏颇热心，但其政府不愿意。第二年美国尚与日本订所谓《蓝辛石井协定》，承认日本在华的特殊权利。民八，在巴黎和会我国代表苦求威尔逊助我取消《民四条约》，威尔逊不愿理会。民十一，华府会议的时候，美国内部的情形已完全改变，而国际形势复有利于我，故我国能得相当的收获。虽然，国人不要误会华府会议的重要所在。关于既成事实的纠正，华府会议仅助我收复德国在山东的权利，民四其他条约华府未过问。邓先生说："假使袁世凯不是要做皇帝，不敢得罪日本，又何至于遵守日本人的谆嘱，严守秘密。"袁要做皇帝，据我所知，是签订《民四条约》以后的事情。而且条约签订以后，日本人仍旧反对袁作皇帝。袁的一贯政策是联英美以制日。他在高丽的时候如此，光绪末年他作外务部尚书的时候，也是如此，所以日本恨他。至于守秘密一层，国际交涉的事情，正在交涉之中的时候，除非双方同意，是不可宣露的。

邓先生所指摘的其他各点完全由于误会和曲解，没有再加讨论的必要。

——选自《新经济》半月刊，1939 年第 7 期

时事与内政

统一方法的讨论

认武力统一为可能　认少数党专制为不可能

统一中国的方法，大概可说有三种：我们试验过一种，计划过一种，还有一种正在酝酿之中，没有经过充分的公开的讨论。试验过的是武力统一，就是一军阀打倒其余诸军阀。计划过而未试验过的是国民会议的统一。这二法并非不可兼行：军阀可得国民的协助，而国民亦可得一军阀或数军阀的协助。但其间亦有重要的区别：军阀统一国政，自然以武力为主，以民意副之；国民会议统一国政，自然以民意为主，以武力副之。愚以为定二法之优劣，当以其可能性之多少为标准。若然，则武力统一自较民意统一为优。盖中国的统一问题与世界他国有不同者。中国现在的不统一，并不是因为国内经济的冲突、民族的争衡、宗教的分歧，或历史上的差异而起的；乃是因为军阀跋扈，将政治上、经济上、民族上、宗教上和历史上已有统一局面，变成群雄割据的局面，而民意又不能防止而起的。这是中国统一问题的特点，亦是中国民意薄弱的铁证。近来提倡国民会议者，并非国民，实乃政客或政党思利用之以达一人或一党之目的者。我们所计划的国民会议亦不过供一般政客之利用而已。愚故谓武力统一较国民会议统一为优，盖其一可能，而其二不可能也。

有人说，武力统一已经试验过好几次，而此刻中国的分裂较往年尤甚，是则武力统一亦可断为无可能性。此类思想为国内最普通的论调，然其发生实由误会。第一个误会在于不识国家统一的艰难。中国土地比德意志及意大利的土地大 10 余倍；德意二国之统一尚费 30 余年的时日，而中国的统一试验不过 10 年而已。第二个误会在于“武力”二字的解释。我们不要把这二字看的太死，以为用武力统一就是用枪用炮而不用脑力。实则武力不过政策之利器；政策可比主人，武力可比仆役；仆役的功效一半在于他的技术，一半在于主人使用之得法不得法。10 年来军阀的失败，有因军队不精者，有因政策不良者。所谓武力的失败，实际上或为政策的失败。德意二国的统一何尝不是并用武力与政策呢？中国几千年来的开国君主，那一个不是兼用文武呢？愚故谓武力的统一——广义的武力——有可能性。

新近更有人在上述两种统一方法之外，提倡第三种方法，即少数党专制的统一。故中国统一的问题就变为：武力（广义的武力）统一呢，抑少数党专制的统一呢？定此二法的优劣，吾人亦应以其可能性之多少为标准。中国有少数党统一的可能吗？少数党统一的可能性比武力统一的可能性为高吗？

何为"少数党"：若其党员与非党员作二与三或一与二之比例，是即国内所酝酿的"少数党"吗？不是。盖历史上的运动总有一部分人赞成，一部分人反对，其余或守中立或不关心。譬如美利坚十三州的独立，美人赞成者不到半数，但是美国的独立当然不能说是"少数党专制"的功劳。现今国内所酝酿的少数党，其党员与非党员至多不过作一与一百之比例，少则一与数万之比例。直言之，中国有了一个几万人或几十万人的团结就能统一国政吗？

我国历史上已否有过少数党专制的先例，乃是一个问题。如果我们把政党看作根据政见相符的联合，不是根据私人彼此感情的联合——此二者之界限当然是不容易划分的——那么，就是说少数党专制是我国历史上绝无有的事，也不为过。在西洋近世史上，少数党的专制可以说是已经实现过三次：一为英国17世纪革命中克林威尔（Cromwell）执政时期，一为法国大革命最激烈的时期，一即现在苏俄。苏俄共产党的党员不过60万人，与全国人数约作一与二百之比例：其为一少数党专制，毫无疑义。英国在17世纪中叶有赞成革命者（清教派），有反对革命者（骑士派），有守中立者。克林威尔党是清教派之最激烈分子，故其为一少数党专制，亦无疑义。法国在18世纪末年，大多数人民赞成改革，然不久就分为君主立宪派及民主派，而民主派后又分为右中左三翼。山岳党（Mountain Party）即民主派的左翼。革命最激烈的时期——普通史籍所谓恐怖时期——乃山岳党中一部分专制的时期。故此时期亦可算为少数党专制之一例。英法俄三国少数党专制的性质和成绩固有异同优劣之分，而借镜于他国，亦觉不甚完善。但是在人类史上，就性质论，此三例最与吾人所讨论的少数党相近；就成绩论，此三例均算作一部分的成功。且与其凭诸空论，不若根据经验（虽其经验非吾人本身之经验）。兹特分析这三例成功的原由，以为预料中国少数党成败的根据。

英法俄三国的少数党成功之原由有三，分论之于下：

（一）三党均有党军。三党中有起于军队，而后来党与军形式上精神上永不相离者（英）；有起首不过运动军队，而后党与军化一者（法俄）。克林威尔的军队是吾人所同知的。苏俄赤军与共产党关系之密切亦是共产党及反对共产者所公认的。法国革命时之政党均无正式组织，故形式上党与军无关系。但当时军队对革命之热心只有过而无不及。史家常说当时的军队即革命的象征。吾人若读过施特耳夫人（Madame Stael）的遗著，即知此言之不过分。吾人若记得法国国内及国外反对革命运动之猛烈，则更知此言之不谬。就理言，既为少数党而谋专制，当然必须武力。吾人所应当注意的，并非三党之有武力，乃三党均有其党军。所谓党军，不是党与军联络，更不是党与军阀交换条件而为一时的合作；是党与军的精神化一。党与军的关系如何发生，不关紧要；关紧要的是军队终究必认政党的目的为正当，为高尚，为有无上的价值；为这个目的而牺牲生命是军人最有荣耀的事业。如此方可称为党军。

（二）三党均有宗教式的热忱。三党各以其党纲为圣经，以其领袖为师表，为先觉，以其敌党为异端。克林威尔及其他清教徒常自谓受上帝的使命而奋斗，故临阵必祈祷。罗柏斯比亚（Robespierre）及其他山岳党党员称山岳党之山为神山，视其所拟的 1793 年之宪法为神器。列宁主义已成列宁教。领袖既为宗师，虽自相矛盾（临机应变，自不必说），党员反称之为"圣之时者也"。敌党既为异端，自然不应有言论自由。少数党的热忱，不但是宗教式的，且是野蛮的宗教式的。

因其热忱是宗教式的，少数党作事万分认真，好像全世界之得救与否全视其党之成败为转移。普通人所渴望的名利，党员视若浮云。平常人所不能受的艰苦，党员受之且自乐自荣。故三党均能革除官场及社会一切的腐败，而建立起来清高的精敏的政府及团体。

（三）三党均能作应时的改革。三党均发生于社会有大病症的时候。人民渴望改革，而自己却不能改革，或不敢改革。于是党人趁此时会，挺身而出，为公众奋斗。如英之少数党打倒特殊权利阶级及维持平民新得的平等。如俄之共产党停止战争及没收贵族土地而分给农民。少数党初发难时，莫不以革除大病号召天下而后能得势。得势后，虽其政策有人民所关心者或反对者，人民亦乐其暂执政柄。惟其如是，少数党始能有大建设。

英法俄三少数党的发生，于时，于地，均相隔甚远，而其成功的主要原因竟大致相符。故以上所提三项——党军，宗教式的热忱，应时的改革——吾人可认为少数党成功之最低限度的条件。国内现今所酝酿的少数党能达此三种条件吗？第一项——党军——恐难达到。第二项——宗教式的热忱——绝不能达到。第三项——应时的改革——则全视党员的眼光。现在军阀不须强迫招兵，即饷额低微，亦无兵不足之患，可见兵人实乐其业，可见他们所忧的只有糊口问题。因此宣传自不容易。然党军已实现于广东，并且部分的也实现于西北。故只曰此项极难，而不曰不可能。国人对于任何主义、任何不切己身的运动，素乏热忱。西洋的十字军、耶稣会等等就不能发见于中国史上。儒家攻击异端，与西洋同类的运动相比，不过儿戏。国人固有迷信，然此类信心多带有与神交换条件的色彩。国内的青年，优秀者尚露散漫的精神，度无聊的生活；败劣者则甘心卖己以为他人的傀儡。中年者多为名利所累，见事畏首畏尾，一切敷衍而已。故曰，此项绝不能达到。国人久厌内乱，耻外侮。少数党若能于此时会，毅然出而以平内乱御外侮号召全国，或者能得国人部分的协助。若党人不以内乱外侮为急务，而以社会革命为党旗，则国人将视之或如仇敌，或如新式洋奴，或如风马牛之不相及。盖社会革命本身价值可不必论，而其不适应时势的需要，则可断言者也。故曰第三项全视党员的眼光。

总之，中国现在有发生少数党的时会，也没有组织少数党人才。故吾人可预料中国无少数党统一的可能。

但少数党若能利用时会，亦能有所供献，即促进武力的（广义的武力）统一。

民意统一，少数党统一，武力统一：此三者若有同等的可能性，吾人自当首从民意统一，少数党统一次之，武力统一又次之。此三者若其可能性有高低，则吾人似宜择其可能性之最高者。吾人研究此问题，断不可以一己的怨望或憎恶抹煞事实的真面目。

蒋先生此文，主旨在认定武力统一为可能，虽然与本社同人的意见显有出入，但讨论少数党成功的条件，很可提醒中国一小部分人做少数党专制的迷梦。故急为刊布，以待国人尽量的讨论。

——记者

——选自《现代评论》（第 65 期）（1926 年 3 月 6 日北平出版）

参加国难会议的回顾

国难会议发表之初，我对它就不抱甚大的希望，因为我根本不信任何会议能救国，不但不能救国——普遍的救国——就是对目前的国难有所补助也是很困难的。个人单独想不出办法，而望把想不出办法的个人集在一处就能找出办法来——这岂不是梦想？当时有一派想利用国难会议来改造中国的政治局面，即所谓取消党治，实行宪政，设立联合政府。这些提议的发生是极自然的。国难未发生以前，国人对政府久已不满意。所谓国民党训政，论其成绩，尚不及宣统年间满清的预备立宪。又加上了东北三省的丧失，宜乎人民要求政治的改造。但改造能在国难时期成功吗？改造的运动不至引起更大的纠纷而分散国人对外的力量吗？改造成功就能对国难有所补助吗？人民对政府的不满是由于一党专政的原则，还是因为国民党的专政是不光明的呢？人民对国民党的信仰虽然不大，对在野各党派的信仰是更大吗？因为我心中有了这些疑问，所以我觉得这般提倡政治根本改造的人过于乐观，偏于理想；国难会议是不能这么利用的。

同时还有一派人对于国难会议的召集过于猜疑。他们说这会议的用意不过要找人替政府"分谤"。这两个字——"分谤"——最足表现中国人玩政治的滑头和卑鄙。"谤"也要看是什么样的"谤"。避谤不能作为有血气的人的人生哲学。如果政府是在那里竭力的去干，在这时这地这种状况下，政府只能干到这种地步，而人民不能谅解，偏偏要与政府为难，那末，这样的谤分担一点，是义不容辞的。万一政府是有心误国与卖国，那末，谤有应得，会员应群起而攻之。照我看来，"分谤"二字是不应出世的。会议之应否召集，既召集了，会员是否赴会，都不应该与分谤不分谤有关系。这种滑头心理不改革，中国会教我们滑亡了！

凭良心说，国民政府虽不好，日本占据东三省不是因此而起的。再凭良心说，政府虽不好，政府人员的平均道德和知识也不在在野人士平均道德和知识之下。政府为政府计，能对外得一胜利，它的权威也就加高了。政府苦于没有办法，而其所以没有办法因为力量不够：所谓心有余而力不足。增加政府的力量；最低限度，为政府壮胆，这是国难会议可有的使命。政府所聘的会员既然很杂——其实不但各党派，各地方，各职业，甚至各时代都有代表——会议更能完成这个使命。对外的目的大致同国人的意见是一致的。政府的政策，在这个当儿，也没有多大的选择。保存国家领土和行政的完整这是丝毫不可减少的最低限度。与日本和而能达此目的当然是和；不能呢，当然是战。战而败，败而亡——这样的亡国远胜于不抵抗而亡的。在这个立场上，政府和会议是容易得谅解的。有了这个谅解，会议可以对政府说："这样的，你只管努力去做。我们可担保你无后顾之忧。有政客想与你捣乱的，我们群起来制止；有军界野心家想趁机来争地盘的，我们至少使他为全国人民所共弃。到了对外战争开始以后，在军事有关各方面，我们无不尽力帮助你。你——政府——只要瞻前；我们来顾后。"政府得了那个表示，它的负担就可减轻多少。同时日本人西洋人也知道了中国虽然不统一，不是日本人所说的"现代式的国家"，至少对日本，对东北问题，中国人不分党派阶级是一致的，且是有决心的。我对国难会议虽不抱很大的希望，这个精神作用的希望我曾有过的。

不幸，事与愿违。开会以前，枝节横生。我的理想的国难会议也无从实现了。直到现在，我还觉得倘在开会以前的 4 个月，无党派色彩的领袖肯出力压制党派的竞争，这个理想未尝无实现的可能。一般人的感想根本讨厌在此时期闹党。至于宪法呢，20 年前也与中国人民行过结婚礼，渡过短期的蜜月，可是不久夫妇不和就离婚了。我不觉得中国人民对旧妇有一点回想之心。在这种空气之下，有领袖肯出来以停止党争一致对外来号召天下是容易成功的。失败之咎不能不归之于在野的无政党色彩的领袖，以后我的赴会不过把会议当作一种政治标本可供研究者的剖析。

到会的人士，国民党员，尤其是左派的居多数。此外有几个毫无所为的人如我自己的。民国元年的议员也有几个，这些可说是中国初期革命的产物。国民党左派的会员可说是近年革命的产物。论议会规则的熟习、口才、普通知识，旧革命家远不如新革命家！会议的组织——主席团、审查委员会等——给了大会许多节省时间的便宜。国民党似乎已经熟练了这种开会的专门技艺。或者这就是我们中国 20 年来革命在政治训练上的贡献。

主要的议案当然是设立民意机关案。其主旨是：训政时期不缩短——其实也只有两年了——在未行宪政以前，由人民选举国民代表会议。会员约 300 人，大都市占一半左右。其职权有二：监督财政及审查条约。可注意的，这个国民代表会议的选举法不承认一人一票的基本民治原则。19 世纪中叶的自由主义和平等主义者请提出抗议罢！更可注意的是提案人——梅思平先生——在大会的演说词，他不主张即时立宪，但主张设立这个"民意机关"，因为——这是他说的话——宪法不是人造的，是生长的；曹锟的宪法美则美矣，因无历史的背景所以未曾生效。我听了这段演说觉得我们的政治知识实在进步了。可惜民国初年在南京制宪法的时候，梅先生未在场！可惜孙中山先生最初立志革命的时候，梅先生的政治哲学尚未出世！可惜梅先生不彻底，因为两年的民意机关实不能供给宪政那必须的历史背景！

政府对国难会议的态度全不一致，连行政院本身就不一致，外交部、军政部、财政部，倘以他们对会议的报告为标准，显然是无诚意的。……

——选自《独立评论》第 1 号（1932 年 5 月 22 日北平出版）

提倡国货的治本办法

　　同治年间曾国藩李鸿章等起始提倡"商战"。从那时起到现在，我们这 60 年的商战总是胜仗少而败仗多。现在我们经济的穷困已到了极点。这是大家所公认、无须详说的。提倡国货近来也成了时髦。国货的展览，国货陈列馆及国货商场的设立，宣誓不买仇货等现象都表示国货运动的前进。但是还不彻底，还不是治本之法。我们还是把提倡国货的问题看得太简单。我们已往下的功夫偏重了消费者的劝勉。我们希望消费者本爱国的精神，买一次东西就为国货作一次牺牲。我们加在人的天性上的负担太重了，天性就要反叛。如果国货在质、量、价三方面与外货相差不远，爱国的精神可以济事；如果相差太远，爱国心亦无济于事了。就是全国人的爱国心到了沸点，从今天起忽然绝不买外货——当然这是作不到的——我们这个经济社会势必慌乱，终究害多而利少。

　　提倡国货的治本须从制造及推销——工业及商业——同时下手。工商两业在一国的经济里好像人身的两腿。左腿进一步，右腿就须跟上；不然，左腿就不能再提一步。从制造下手，我们第一须研究国货的困难，第二设法解除这些困难。制造国货的困难有非我们所能想像者。我们试拿纺织业作个具体例子。日本纺织业是我们纺织业的劲敌。日本的棉花全采自外国，大部分采自中国。日本从中国输出棉花的时候，须纳出口关税；从中国海口运到日本工厂须多出一段运费；日本的工资又比我们的高；日本的纱和布运进中国的时候又多一段运费及一次进口关税。论情论理，从日本来的纱和布似不能与上海天津各厂的出品竞争；事实正与情理相反。困难在那里呢？这是我们所应该知道及设法解除的。据我所知，困难很多，且不是一方面所造成。第一，政府须负一部分的责任。中国纱厂及布厂虽无须纳进出口的关税，但所纳的杂税，中央的、省的、市的，不知多少。厂主均是敢怒而不敢言。中国工厂虽省了海上的来往运输，但原料及出品的运送遇着无穷的困难。外商在中国使用铁路及汽船反比国商能得便宜。第二，工人亦须负一部分的责任。中国工资虽低，工作效率更低。通盘计算，中国工厂的劳工几是全世界最不经济的劳工。近年煽动工潮者日见其多。往往工潮一起，所谓党部或社会局的调停不过趁机向厂主索报酬。第三，厂主，无论是私人或团体，亦有不善于经营者。中国工厂的管理奇像百出。董事支车马费年至数千元。厂内总是人浮于事，所有董事的亲朋皆得安置。购买原料或煤炭的时候，经理看作发财的机会。如有提倡同行各厂公立购置机关，用投标式来采办原料和燃料，经理们必群起而攻之。多数纱厂资本并不充足，以致购买原料及出售货品皆受周转不灵的掣肘。棉业界尚是我国工业界比较发展的一门，其他更加幼稚。棉业界固然是能力不齐，但资方经营大抵离合理化太远。有了上文所举方方面面造成的困难，宜乎国货不能抵抗外来品。

手工业的厄运更胜于新工业。货品必须跟着消耗习惯跑；稍一落伍，则无销路。消耗能力大的阶级比较皆与新潮流接近，他们的生活外洋化很快，而且外洋化的程度很高。其结果消耗力愈大的人买外货愈多。操手工业的人有些简直被新生活习惯淘汰了，有些不过苟延残喘。这种人资本有限，智识有限。处这种全国家过渡的时候，他们不但不能过渡，且不知有过渡的必要。制造者与消耗者各处一岸，中隔鸿沟。非有一个外来的势力替操手工业者搭一道桥，他们只好坐以待毙。手工业的前途与国家经济的关系并不在工厂工业之下。我们说这句话并不是因为我们反对用机械，反对设工厂，也不是因为我们在机械工业与手工业的竞争要偏袒手工业。我们的理由是中国不能工业化到英美德那等程度。我们的天赋资源不及它们。在将来的中国，手工业必须占个重要地位。而且要解决乡村的经济问题非大提倡手工业不可。

从推销方面看，国货也有种种的困难。第一，有许多货品，消耗者很难判定那种是国货，那种不是国货。第二，国货的品样甚多，有些牌子实在可用，有些牌子实在不可用。消耗者许多不能或不愿试验。他们年复一年的买老牌子的，而这老牌子 9/10 是外国牌子。倘他们为爱国心所冲动，偶而试一种国货，其结果如何要看运气。倘若运气好，他所试的是一种好牌的，他心满意足的以后继续买这牌子的国货。运气不好呢，他所试的不中用呢，他宣誓不买国货了。物品界也可以有害群之马。第三，消耗界也有种种坏习惯应该纠正的。我看起来，印度绸远不及中国绸美丽，而有些女士们偏要衣印度绸。中国现在的草帽论质论式都很好，而有些大人们要花钱买巴拿马草帽。中国现在很难产报纸，而大都市的大报偏偏要学英美式的报章。倘国民政府要作一件善事，顶好即时颁布法律不许新闻纸每天过三大张，过此数者邮局不为递送。这一举就可堵塞不少的漏卮。杂志的主编者大可不必迷信篇幅之多就是杂志的好。在这个年头，乱费纸者就是不爱国。制造要合理化，消耗也要合理化。

上面所举的困难不过是举例而已。此外别的困难必很多。我们如了解这些困难就知道提倡国货应如何下手始能收效。我们所需要的是个国货研究所。国货是为政府及军阀的杂捐杂税所累吗？让国货研究所首先作一个切实的调查，然后将调查的结果充分的发表，以造舆论。这种事，资本家个人不便作，作了恐触当权者之怒。国货研究所不过是一研究机关，无资产可没收，用不着有所顾忌。如果是铁路局子捣乱，也让这个国货研究所去调查事实，继以充分的宣传。事实要正确，宣传要具体。从包头运千包棉花到天津，在包头等车皮等了多少日子，站长索了多少钱，沿途某处假某名目留了多少日子，又索了多少钱，一直到天津货栈为止。我们应该把舆论的日光照照其中的黑暗。这是为制造国货除环境的困难。

工厂工人的效率也应加以研究。在外国，效率问题虽未完全解决，确有了不少的经验，我们大可借镜的。效率与生活有关：工人生活的调节、工资与工作时间的规定、工潮避免的方法及和平解决的方法，这些都应切实研究和改良。厂方经营种种之不合理化应该指点出来。工人与资本家双方的教育都是这个国货研究机关所能作的事。厂里倘发生技艺的问题，研究所应能介绍专家为之解决。所以这个研究所可以说是工业界的参谋部，也可以说是工业界的医院。

关于手工业，我们所能作，所应作的事更多了。工人们不知道买主的心理，研究所可以发给他们图样和模型，并且加以指导。他们所用的原料不合式，研究所应替他们找合式的原料。此外或者我们还有物产未被利用，研究所可以提倡新的手工业。

同时国货研究所应在推销上做功夫。国人不知道那种是国货，研究所应发表国货指南一类的书籍，先从日用物品作起，附带图画。国人不知道那种国货是好牌，研究所应替消耗者作试验。我们可以拿牙膏作一个例子。研究所可采买市场上所有的国货牙膏，请化学家加以分析，将分析的报告请牙医士加以评论，并请20人试用，以决味道的好坏，然后根据这三种研究发表报告。研究所应该发给国货中之优者一种奖牌，一种图记。消耗者可凭这图记购置。这就是把研究所的信用推及于货品。社会对研究所的信用比较容易培植，因为研究所本身是不谋利的。社会的信用既大，工业界的人更愿听研究所的指导，而制造的改良就更容易。

三年前，天津反日会从其所得之爱国捐拨出了20万基金以设立这样的一个国货研究所。开办仅一月，天津党部借名查账去令停办。今年夏季始复业。我认为这个研究所规模虽小，走的是正路。他的办法是提倡国货的治本办法。他的成败很有关国货的前途。社会及政府都应该给这个研究所相当的鼓励及充分试验的机会。

——选自《独立评论》第 25 号（1932 年 11 月 6 日北平出版）

南京的机会

经过这 20 年的革命和内战，我们政治的勇气和理想已丧失大半。在戊戌、民元、民十六诸年，我们都曾过了短期的改革蜜月，好像新天新地已在目前。现在我们知道这些都是海上蜃楼。自由主义不讲了，约法宪法的争执也过去了，取消不平等条约的口号也不时髦了，任何新标语都不出色了。新出的杂志都没有劲，都唤不起任何运动和潮流。随便你讲什么主义，提什么方案，听者都不置可否。我们革命疲了，战争疲了，失望疲了。

几年前，我们对国家的统一抱无穷的希望。现在呢，我们也不谈统一了。因为谈有什么好处？我们倘表示对统一的渴望，军阀们又会利用统一的美名来行所谓武力统一。那些想以武力统一中国者，虽曾一时的名震天下，一个一个的都失败了。他们的遗迹就是遍地的军阀和饥寒交迫的民众。这样求统一不如不求统一。我们有了这多年的经验，再加上日本的侵略及共党的活动，于是对内的企图，由统一而转移到暂时的安宁。如果废止内战大同盟有民众的基础，这个基础就是民众求苟安的心理。

这种心理产生了一种思想。一般民情以为南京所代表的统一是无数代价换来的，绝不可使之摇动。没有人说南京好或国民党好，但是人人都怕南京倒了以后的不可收拾。就是极不满意南京的人——这种人并不少——也不愿，且不敢冒天下之大不韪公开的来破坏南京的基础。这种思想是中国当前政潮的一个大潜伏力。

上面所讲的民众心理和思想又产生一种方案。不少的人把中国的政治病看作肺痨，不能开刀，只能徐图补养。他们想中国的政治是中古式的，因为中国的社会是中古式的。倘若我们能得到妥协的割据，我们就能慢慢的养成近代式的社会。所谓妥协的割据，就是割据虽割据，但一方面不打仗，一方面让一个中央政府存在，使他能办外交，能维持最低限度的文化事业，和建设几件全国有关的事业如粤汉及陇海二路的完成。这样的割据虽不能免养军之费，但战费及战争的破坏可免，中央及地方政府均可因此作点建设事业，而人民因为时局的稳定也可以进行他们的私营事业。这样一来，元气能渐恢复，体内的抵抗力能渐提高，痨菌就可制止了。纵使将来这种割据的妥协不能永久维持——我们也不希望它永久存在——经过相当时期的休养，以后的战争或者不至于如以往的无意义、无成绩了。不然，我们简直无希望了。如果内战还继续演下去，我们这个社会不但不能脱离中古式，恐怕简直要回到史前式。交通也要"复古"了，从火车交通回到大车。住宅也要从房室回到穴居。我们这个社会崩溃的趋势已经很明显，当局者绝不可大意了。

依我的观察，上文所说的是目前全国最普遍的政治意愿。这不是一个积极的运动，没有口号，没有主动，只能说是一种意态（Mood）。少数青年或者因此不满意而恨生活的沉闷；多数革命专家或者也不满意，因为在这种空气之中，英雄无用武之地了。所谓英雄——用不着说——就是指他们自己。照我看来，中国今天有这种意态就是中国人的政治智识的大进步。因为实在说起来，一个民族生活的演化不能有突变的。民族的进步不能靠少数领袖的号召，也不靠一个万能的药方。实际的进步还是靠无数人，不动声色的，努力于他们日常的工作。革命不过提出一种目标，其实现往往有待数十年的努力。就是最震动世界的苏俄革命，还须第一个第二个，将来必有第三第四个五年计划，然后能产生一个健全的共产国家。这种五年计划当然是很好的宣传资料，但是在苏俄一般工人农夫的生活上，五年计划是什么呢？是多作工，多出汗。一个民族能看穿政治的浪漫而又继续努力不浪漫的工作，那个民族的前途就有很大的希望了。

这种意态是南京目前的大机会。第一，因为人民现在降价以求了。我还记得民国 16 年西湖的一个老船夫和我的谈话。我对他说，现在革命军已经收复了浙江，老百姓总好过日子一点罢？起初他不愿意回答，后来他仅说什么好处都没有。过了许久他又说："蒋介石没到杭州之先，人都说革命军一到，米价就可落到 5 块。现在米价反涨到 8 块。你看革命有什么好处？"老船夫的奢望是人人有过的。有些奢望革命给他们官作，有些奢望革命替他们免除苛捐杂税，有些奢望革命能赐给中国三民主义，有些奢望革命能取消不平等条约。这种奢望也难怪，一则因为这些事情是人民感觉的需要，一则因为国民党曾给过人民这些支票。革命军到了以后，他们当然要兑现。经过这几年的失望，人民知道这些支票是废纸，早已不要了。人民的奢望已经扫干净了。所以现在南京要得人心是比较容易多了。只要政府能实地去作，就是成绩慢一点，人民也就满意了。

第二，因为现在民情及局势似乎可防止内乱的发生，南京大可利用这个机会来作建设的事业。究竟中央直辖的省份是全国最富的省份。中央在国内国外的活动能力比任何地方当局的要大。我们这个民族受过几千年的帝国训练，总觉得一统是国家的常态，是治世，割据是国家的变态，是乱世。所以我们虽不希望南京这时完全统一中国，我们确承认南京是法统所在，也是真正统一的基础。所以南京在物质上、精神上，均占优越的地位。

南京的前途要看南京如何利用这个机会。利用的好，南京的优越地位不但可维持，且可发展；不会利用，南京也可变为将来的"南平"。奢望当然不必提；几件事情是南京必须作的：

第一，直辖各省的地方行政必须比其他省份更加廉明，更加现代化。新收复的匪区的人民尤其要抚绥得法。

第二，军民须分治。这是政治现代化的第一个条件，也是中央防止卵翼军阀的方法之一。

第三，党不可成为人民的负担。民间讨厌党的程度不在讨厌军阀程度之下。党部，中央的及地方的，衮衮诸公切不可执迷不悟。南京事实上不能无党；非南京直辖的省份可云有党而实无。这是这些省份的大便宜，这是南京的大困难，因为人民免不了把党的罪恶移到政府身上。一个党外的人当然无资格来谈党的改革，但他可以、他应该报告民间实在的议论。据我所知，一般人民见党就头痛。

总而言之，南京的地位不可单靠法律和军队来维持，来发展。中国现在固然是百端待举，但归根起来，还是一件事，就是国家的现代化。南京的政治设施必须表示它有领导中国近代化的本领。

——选自《独立评论》第 31 号（1932 年 12 月 18 日北平出版）

我们现在还有甚么话可说？

我们一面看见敌人在那里用炮用火轰击我们的城池，屠杀我们的同胞，一面又看见离前线五六百里的大学的学生在那里开大会讨论提前放假停止考试及要求学校担保生命安全诸大问题，我们在这个时候，处这个境遇，还有什么话可说呢？我们文人从此以后没有资格骂武人了，因为在这个时候，好几百位兵士已为国家牺牲了他们的性命。

勇敢，不怕物质危险的勇敢，照心理学家的研究，大半是天生的，与人们的知识道德没有多大的关系。所以怕日本人来掷炸弹或怕土匪来抢而要预先设法避免，这是人之常情，不必认为可耻。不过，避了就算了，用不着说些虚伪的话。

我们都没有受过军事训练，不能上战场，上战场也是无用的。国家现在不是缺乏兵，是缺乏军器和军事的科学知识。所以我们不上战场，国家也不能怪我们没有尽职，我们自己在良心上也没有什么过不去。

我们都是今天不知明天事。恐怕连日本人也是今天不知明天事。在这个当儿，我们不要连平日所有的一点常识和一点责任心都抛弃了。我们应该紧紧的拿住这点常识和责任心来作我们的引导。我们虽有许多不知道的事，有几件是常识和责任心所指示很明显的。

第一，如我们有些许特长可以助军队御侮的，只要机会一到我们面前，我们就应该不辞劳苦贡献于国家。假若同类的事发生在西洋或日本，他们大学的学生，我敢说，第一要问的，不是停考不停考，放假不放假，自己性命安全不安全；他们第一要问的是：我能有什么贡献？

第二，如我们在这个时候不能积极的帮助国家，最低限度我们不要为国家之累。后方社会的安宁及人心的镇定与前线的战斗力有莫大的关系。假若同类的事发生在西洋或日本，学校当局未得政府的命令就放假的，纵不枪毙几个，也要受严重的处罚。因为这事徒增社会的惊慌。所以要回家避难的，不应再在校内校外闹事张声了。

第三，在这个时候，我们 20 多岁的青年男子既不能保御国家，最低限度不可要求别人来保御我们。在这个时候还要求学校担保我们生命的安全是我们的大羞耻。难道这点丈夫气都没有了？如果我们幸而保全我们的生命，我们还要在世上作人。这点丈夫气都没有的人保全了生命有什么好处？将来为国家服务那一套话我们还有脸说得出来么？

第四，在这个时候，我们再不可说虚伪的话，作虚伪的事。电报不必打，宣言不必发，传单不必散，标语不必贴，避难就算了，回家过年就算了，逃考就算了，不要再在报上说什么扩大反日的工作。如全无事可作，读读《儒林外史》。

第五，信谣言不如信报纸。谣言是全不负责的，报纸不能全不负责。

青年们，我们仔细想想，平心静气的想想，我们的国家如何到这种田地。岂不是因为我们的祖宗和他们的祖宗当青年的时候和我们一个样么？中国的大患不在榆关，是在我们的心里。

——选自《独立评论》第 35 号（1933 年 1 月 15 日北平出版）

中国的政治*

著者陶内先生，论学问，是英国当代的大经济史家之一；论政治经验，是英国劳工党后台的主要人物。两年以前，他受了太平洋国际学会的委托，曾来中国调查农工状况。去年他又参加国联派遣来华的教育考察团。数月之前，他在伦敦发表一部小书，名曰《中国的农工》（Land and Labour in China.）。这书的好处诚是一言难尽。书末一章泛论中国的政治和教育。兹特节译此章，分两期发表。下一期的将标题"中国的教育"。

在现今世界大势之下，中国近 20 余年的内乱将不能长久继续。前途就只有两条路：或是中国自己产生一种政治平衡而设立一个强有力的政府以维持之；或者外来的势力，用某种名义，强以平衡相加。华府会议的政策是要使中国能走第一条路；现在日本显要采取第二条路。日本首要把东三省变为她的保护国；然后学历代以北制南的方法，利用东北的优胜地位，来支配全中国的政治。日本的成败如何——目前的局势以成居多——最重要的关键是关内中国的前途。东三省的命运最后不会在东京或日内瓦，是要在关内的中国决定的。因为东三省论文化和民族完全是中国的。如果日本能割据东三省，那必是因为日本能使用一个有组织的国家的种种力量而中国不能。如果中国也能，那末，东三省一定要受中国的吸力，不受日本的吸力。一句话，就东三省论，中国本可拖延，只要——这是很要紧的——在拖延的时候，中国能够得到内部的安定和团结。中国成功的条件是什么呢？

这些条件一部分是政治的，一部分是经济的，一部分是心理和社会的。中国思想家偏重后两种而比较的忽略了第一种。平常的时候，我们都相信现在是经济支配政治的时代。但是在现状之下的中国，经济的进步完全为政治的变乱所阻止。所以中国的第一个问题是创造一个效力较高的政府。

这个问题的解决只能一点一滴的进行。中国太大，各地状况太不相同，交

---

* 该文为蒋译作，原著作者为 R.H.Tawney。

通的缺乏致全体太无构结；因之，全国各部决不能同时前进。统一的程序只能慢慢的，一步一步的执行。有些省份必须前导；有些省份后随。某一区域必须负荷 19 世纪欧洲的普鲁士和彼得蒙（Piedmont）所负荷的使命，作为改革的中心，树立公德、效能，及廉明政府的标准及榜样。

有了中国的经济地理，这个统一的中核区域应在何处是毫无问题的。东三省就是没有日本的问题，是未成熟的新垦地。黄河流域的人民太穷苦且知识太低。黄河流域以南的省份，内有 2.5 亿的人民，是将来的希望所在。此区域内有世界上最大自然商路之一，即长江。海关的收入 2/3 属于此区域。铁路，除东三省外，亦以此区域为最多。过 20 万人口的城市，全国有 15 个，此区域占了 12 个。工业，东三省不算，此区域几包而有之。现代的教育机关，此区域有其过半数。如中国有一个区域能创造一个新国家，那就是这个区域。

可惜这个区域不能一致。南京与广东的战争，到 1931 年 12 月，因为日本侵略的震动，始为停止。此区域内还有些地方受土匪之害；有些地方受军长师长旅长之害。此外还有些共产党的区域。广东的反中共虽然不能说完全无敌，但居然在中国近代史上国家最危急的时候发生，这真是中国不统一的最可痛惜的表示。不过广东与西洋的通商关系最久；省的自尊心最高。广东有其特殊政治传统。就是广东与南京感情好的时候，它不愿接受南京领袖的惠赐。南京命令所能实际通行的地方不过五六省，其中最重要的是江浙及河北山东的一部分。人口总数约在 1 亿左右。若在欧洲，就可算为一个大国。

政府要得人心必须在其范围以内起始。中国既须有一个中核的廉明行政区域，政府似乎应集中心力于这几省的改革。我并不赞成有些外国人的意见，说中国惟一避乱的方法在分为几个小单位。如果这个提议见诸实行，必致引起千百年的内乱，何况不能实现。经济上，尤其从海关及铁路着想，中国是一个整体。文化上及精神上，中国的统一还超过有些有中央集权政府的国家。这个统一必须维持，并须设法使之具体化为政治的组织。这事业的完成要费好几代的效力，但第一步是在找一个施力之处，是要建设一个基本区域；在此区域内，国家能够有效率的执行国家应行的事业，然后传播他的影响到以外的区域。直辖的省分应该作有秩序、有安全、有效率的模范。它们应该严厉取缔收税人员、官吏、放债者、地主及土匪的榨取。它们应该建设现代的道路、现代的警察制度、现代的公共卫生及现代的学校。一句话，在这个可行善政的区域内，作一个人人能看见的善政的榜样。在上古的中国，常有地方人民不堪诸侯的暴虐，请求邻居的贤王来统治他们。如果中国各地的政府多靠善政成绩所能产生的威信，它们就不须这么多枪杆来维持它们的地位了。

这个政策——其实无论任何政策——要实行，政府行政的机械必须整理。中国舆论家多批评政府之压迫言论，他们说这个政府就是军政府，不过加上一个文人宣传部。这诚有理，且是可惜，因为一个不容舆论批评的政府就难得舆论的赞助。虽然，中国政府的大弱点还不在此，是在有政而不能行，是在缺乏有效力的行政制度。除少数例外，中国人简直不知行政是什么。

文学在中国享受了好几百年的权威。一般人对文学的尊重虽然很可佩服，但此尊重不幸使中国人不能认清政治的性质。相信纸上写了字就是作了一件事已成为牢不可破的习惯。结果中国的政治以发表宣言为始，亦以发表宣言为终。在西洋，人们有时只讲办法不讲目的；中国人则只讲目的不讲办法。中国人会议了又会议，起草了计划以后还得草计划，报告以后还是报告。纸张堆积如山，但全无办事的力量和机械。好像一个机器出了毛病，大家不去修理，反坐下写一篇机器出毛病论并通过一个议案要机器明天行走。这就是中国的文学政治。

此外中西政治的观念的不同还多，我只再举一二个例。在中国，法律不是通律，不问对何人都要执行的；法律是一种高尚的理想，能企及固好，但遇了具体的事件必须斟酌情形变通办理。到了这实行的当儿，原则反不要紧；要紧的是受法律的制裁的这个人的特殊情形。中国人所敬仰的不是铁面无私大公至正的法官；这样的法官似乎太粗暴，太不近人情。中国人所敬仰的是一个圣哲的，和气的中人，能调和双方的利益。西方行政官注重负责的执行；中国行政官注重如何避免冲突，即国法因之受损亦所不顾。西洋政府的机关是个权力的阶梯，各级人员的职责是分明的。中国的政府机关是个团体。个人以团体为护符，责任不可捉摸的散在全团体。

对于中国政治的观念的优劣来抽象的批评简直是空费力气。百年以前，中国的传统办法还行得通；时至今日，行不通了。因为我们不能靠私人彼此的了解来管理一条铁路，办现代国家的财政，或执行一部复杂的、在在与民生有关的法典。

中国的新式行政有许多困难。新的行政无成法可守，因为新的行政系统成立不久，经费也不足，官吏地位无保障。往往换一个部长致全部的大小职员都换了。中国虽有一个考试院，类似英国的文官委员会，好像至今中国官吏进退还是靠私人的关系。家庭制度也是一种障碍，致亲戚的援求有许多时候不能拒绝。官吏的教育很不完善。无论这教育是得自西洋或中国的大学，中国的文官知道西洋的政治学说较多于西洋的实际行政，而知道西洋反多于中国。一个外国旅行者在中国最感奇异的是他所认识的中国人最不知道的国家就是他们自己的中国。学政治的知道海牙法庭及美国大理院如何行使职权比知道中国城市村庄如何办地方公事还清楚。学经济的知道西方的工业资本界及机械农业比知道门前的手工业及郊外农夫的农业还要多。

效率较高的行政，就是在西洋，也是近代的发展。中国直到最近始感需要，因此中国新式行政之幼稚并不足怪。中国行政的弱点由于财政困难及社会情形者，只中国自己能改除之；属于技术方面者，倘利用西洋国家的经验，改革的进步可以增速。关于铁路管理、治水灾旱灾、救荒，及公共卫生，中国已利用外国专家的知识。行政也有其技术方面，是西洋专家所能贡献的。行政人员的选择和训练；机关内工作的分派，机关与机关的关系，与财政部的关系，与负政治责任者的关系；官吏地位保障问题及阶级问题；中央行政者及地方行政者关系的安排，如何能一方面使中央有相当的节制，一方面使地方能保存自动的能力——这都是良好行政的基本条件。西洋国家，因长久的试验，已得着专门的技术。中国不应盲目的往前，出几十年的浪费和痛苦，来寻找别人已经找到的。

我们愈想到各种特殊的行政，愈觉得有利用外人已有的知识之必要。无论一个人的智慧多末高，有许多事情不能生而知之，如：提倡农村合作，改良土地制度，发展乡村工业，设立普及初级教育及有效的视学制，执行工厂法，组织效率较高的警察，及其他许多一个现代的国家所必负的责任。中国的行政当然应该是中国式的，不是西洋式的。但要做到中国式的不必重演外国曾经演过，且受了苦始改除的错误。

我不提议中国应请几个外国名流到中国来作几个月的旅行，也不提议送中国人到外国去参观，去得几个空泛的主义。老实说，中国人大有主义过多之患。我提议，第一，中国应聘请些外国官吏曾有特殊行政经验者来帮助组织各种行政事业；第二，中国应派遣些经严格选择的官吏到外国行政机关去，作较长期的实习。为执行这个政策，最自然的辅助机关是国联。

中国的地方行政简直是个未曾探险的区域。50多个大学里的政治学教授没有一位告诉了我们中国20余省、100余城市、1900多县及50多万村之中的两三个省、城、县、村的实际行政是怎样。田赋的怎样分派与征收，简直是个不可破的神谜。好像中国近代政治的改革仅限于上层的政府；至于下层，旧的恶习完全保存，此外又加上了一些新的恶习。关于地方行政，外国也有许多经验是中国可以借镜的。不过，在未下手之先，应该仔细调查几个区域内的县、城、村的行政。政府如顾不到，几个大学可以合作来办这件事。调查一定要发现许多的弱点，然后可以考察在外国当初这些弱点是怎样改革的。近年各种的政治方案如教育、卫生、农业的改良，到实际执行的时候，都靠地方的行政官吏。这些方案的实行都以同时改良或甚至首先改良地方行政为条件。

——选自《独立评论》第 36 号（1933 年 1 月 22 日北平出版）

政府与舆论

——"这一星期"之二

政府近来指定地方长官负责指导各地的舆论。此事似奇而不奇。

政府与舆论的关系，在理论上，有两种看法。一种是中国一般士大夫的看法，也是欧美自由主义的国家的理论。舆论应该监督政府、鞭挞政府；政府应该顺从舆论。政府是被动的，舆论是主动的。政府是仆人；舆论是主人翁——国民的命令。在这个大前提之下，政府不应干涉国民的言论自由；言论界应该有责任心。另一种看法是极古而又极新的。我们旧日的理想是所谓"政教不分，官师合一"。现在的苏俄、意大利和党治的中国，根本的理论，也不过是这个旧话的刷新。

各国的事实是介乎二者之间。舆论支配政府，政府亦制造舆论。在自由主义的国家，政府加在出版物的限制虽然较少，它们所靠的不是消极的干涉，是积极的指导。美国的总统和英国的内阁总理就可以说是舆论界之王。至少我们可以说，有作为的总统和总理是舆论界之王，惟独庸碌无能的才是舆论界之仆。在"政教不分"的国家和君主专制的旧中国，党或君有时亦不能不敷衍舆论。

无论政体是怎样，政治理论是怎样，只要人继续是有思想有感情的动物，政治家大部分的工作就是舆论的制造。定了一个大政——假使我们说这大政完全是对的——而不能得舆论的拥护就是政治家的失败。年前锦州中立区的不能成立是舆论的错误，也就是顾维钧氏的政治失败。政府现在要指导舆论，表现政府认清了它职责所在，同时也是政府对舆论的鞠躬。

不过指导舆论不是检查新闻。指导舆论是政治家的事业；检查新闻是衙署小吏的工作。以往政府的毛病就是想小吏的工作又替代政治家的事业。新闻检查的结果十之八九是出乎政府意料之外。政府愈检查新闻，新闻界愈讨厌政府，社会愈疑心政府。

政府对舆论所处的地位是优越的。第一，政府的宣传费是比反政府的充足。现在党的机关报遍天下。如果这些报的新闻是充实的，别的报就无造谣的机会了。政府何苦费事来检查新闻？何不努力整理它的机关报和机关通信社？第二，政府要人的言论易引起社会的注意，在报纸上总占较好的地位。中央党部和国民政府的纪念周本可以作为政策的阐明、事实的报告。如西欧各国内阁总理出席国会的演词。我们反把这个纪念周作为一种宣道之用。既不引起国人的注意，又使参加者得着头痛。

中国近年舆论的势力确有长进，尤其关于外交，而舆论对于外交最易错误：各国都是如此的。所以不但战败国的外交家不讨好，就是战胜国的外交家都难提国人的好感。这个困难，除非在无事之时多下教育的工夫，一到紧急的时候，政府就是要指导，也就无从下手了。

——选自《独立评论》第 55 号（1933 年 6 月 18 日北平出版）

知识阶级与政治

我这里所讲的知识阶级是指专靠知识生活的人，那就是说，指一般以求知或传知为职业者。这个阶级包括教育界及舆论界。此外政界及法律界与知识阶级最近，且最容易混合。工商医界距离较远，但其中人常有人著书立论，以求影响一时的思潮，这类的人当然也是算为知识阶级的。

知识阶级与政治的关系固极重要，但不可言之过甚。在中国，因为以往读书的目的和出路全在作官，又因为我们平素作文好说偏激和统括的话，于是有许多人把救国的责任全推在知识阶级身上。自我们略知西洋历史以后，一谈法国革命就想起卢索；一谈苏俄革命就想起马克思和列宁。这些伟人不是知识阶级的人物么？他们所作的掀天动地的事业，我们也能作，至少我们这样讲。九一八以后，因为大局的危急，国人对知识阶级的期望和责备就更深了。我们靠知识生活的人也有许多觉得救国的责任是我们义不容辞的；我们不负起这个重担来，好像就无人愿负而又能负了。这样的看法自然能给我们不少的安慰。

可惜这个看法忽略了几个基本事实。第一，知识的能力虽大，但是也有限度。利害、感情、习惯、群众心理往往抵消知识的能力。历史家研究革命者并不全归功或归罪于某思想家。第二，中国人民受过教育的太少了；思想号召所能达到的是极有限制的。并且中国人太穷了，对于许多问题全凭个人利害定是非。第三，我们的知识阶级，如国内其他阶级一样，也是不健全的。许多忙于为自己找出路就无暇来替国家找出路了。我说这些话不是要为我们开脱责任，不过我觉得政治是全盘生活的反映，救国是各阶级同时努力凑合而成的。知识阶级当然应负一部分的责任，甚至比其他各阶级要负较大一部分的责任。但是一个阶级，如同一个私人，倘不知自己的限制，事事都干起来，结果一事都无成。或者因为我们要负全责而事实上又不能，就置国事于不闻不问了。有些因此抱悲观，几于要自杀。

在未谈知识阶级究竟对于政治的改良能有什么贡献之先，我可指点出来两个事情是知识阶级所不应该作的。

第一，我们文人，知识阶级的人，不应该勾结军人来作政治的活动。几十年来，文人想利用军人来作政治改革的不知有了多少，其结果没有一次不是政治未改革而军阀反产生了一大堆。康梁想利用军人来改革，于是联络袁世凯。到戊戌变法最紧急的时候，袁世凯只顾了自己升官的机会，不惜牺牲全盘新政。我们绝不可说康梁是瞎眼的人，因为康梁的眼光并不在一般人之下。甲午以后，中国号称知兵的人要算袁世凯的思想最新。光绪末年，新知识界的人由袁氏提拔出来的很多，新政由他提倡的或助成的也是不少。如果康梁可靠军人来改革，那末，无疑的他们应该找袁世凯。康梁以后的政治改革家，虽其改革方案不同，其改革方法则如出一辙。运动军队和军人是清末到现在一切文人想在政界活动的惟一的法门。倘孙中山先生今日尚存在，看见现在中国这种可怜的状况，他不会懊悔靠军人来革命吗？

中国近 20 年内乱之罪，与其归之于武人，不如归之于文人。武人思想比较简单，欲望亦比较容易满足。文人在一处不得志者，往往群集于他处，造出种种是非，尽他们挑拨离间之能事。久而久之，他们的主人翁就打起仗来了。他们为主人翁所草的宣言和通电都标榜很高尚的主义、很纯粹的意志，好像国之兴亡在此一举。其实这些主义和意志与他们的主人翁是风马牛不相及的；这些宣言和通电，有许多是他们的主人翁看都不看的。主人翁幸而得胜了，他们就作起大官来。不幸而失败了，他们或随主人翁退守一隅，以求卷土重来；或避居租界，慢慢的再勾结别的军人。民国以来的历史就是这个循环戏的表演。这样的参加政治——文人参加政治的十之九是这样的——当然不能使政治上轨道。

第二，知识阶级的政治活动不可靠"口头洋"。西洋政治制度和政治思想，当作学识来研究是很有兴趣而且很有价值的，当作实际的政治主张未免太无聊了。愈讲这些制度和思想，我们愈离事实远，而我们的意见愈不能一致。我们现在除中国固有的制度和学说以外，加上留美留英留法留德留俄留日的学生所带回的美英法德俄日的各时代各派别的思想和所拟的制度，我们包有中外古今的学说和制度了。难怪这些东西在我们的胃里打架，使我们有胃病。我常想假使中国从初派留学生的时候到现在，所有学政治经济的都集中于某一国的某一个大学，近二三十年的纷乱可以免去大部分。其实这些学说和制度在讲者的口里不过是"口头洋"，在听者那方面完全是不可懂的外国话。我们的问题不是任何主义或任何制度的问题。我们的问题是饭碗问题，安宁问题。这些问题是政治的 ABC。字母没有学会的时候，不必谈文法，更不必谈修辞学。

　　谈有什么好处呢？自从回国以后，我所看见的政变已有了许多次。在两派相争的时候，双方的主张，倘能实行起来，我看都不错。经过所谓政变以后，只有人变而无政变。所以我们的政变简直是愈变愈一样。使我最感困难的是两派中的领袖都有诚心想干好的；他们发表政治主张的时候，他们也有实在想作到的，并不是完全骗人。无非甲派所遇着的困难——政府没有钱、同事要掣肘、社会无公论、外人要侵略等等——并不因为乙派的上台就忽然都消灭了。如果我们政治的主张都限于三五年内所能做到的，我们意见的冲突十之八九就没有了。以往我们不谈三五年内所能做，所应做的事，而谈四五十年后的理想中国，结果发生了许多的争执，以致目前大家公认为应做而能做的都无法做了。

　　在政治后进的国家，许多改革的方案免不了抄袭政治先进的国家。在社会状况和历史背景相差不远的国家之间，这种抄袭比较容易，且少危险；相差太远了，则极难而又危险。俄国与欧西相差不如中国与欧西相差之远，但在俄国，知识阶级这种抄袭已引起了许多的政治困难。苏俄革命以前的 10 余年，俄国政党之中最有势力的莫过于立宪民治党（Constitutional Democratic Party，简称 Cadets）。当时俄国的知识阶级几全属于这一党。他们所提出的政治方案即普选、国家主权在国会、责任内阁，及人权与民权。这个方案与俄国 80％的人民——农民——全不关痛痒。农民不但不想当议员阁员，连选举权也不想要。至于人权：如言论自由，他们就无言论；出版自由，他们并不要出版，他们所要的是土地，而关于这一点，立宪民治党确不注意了。这一党的人才盛极一时：办报、发宣言、著书、在国会里辩论这一套是他们的特长。假使生长在英国，他们很可以与英国自由党的人才比美。生长在俄国，他们总不能生根。他们的宣言，很像中国学生在学校里标语一样，是对团体以内的，对于外界就绝无影响了。在俄国历史上，这一党惟一的贡献是为共产党开了路。尽了这点义务以后，它就成了废物。中国的知识阶级大可不必蹈俄国立宪民治党的覆辙。

　　知识阶级不能单独负救国的责任，这是我在上文已经说过的。但是有两件事是我们应该努力去作的。第一，中国不统一，内乱永不能免，内乱不免，军队永不能裁，而建设无从进行，这几十年来的内乱，文人要负大部分的责任，我的理由已经说过。但是不勾结军人来作政治活动还不能算尽了我们的责任。我们应该积极的拥护中央。中央有错，我们应设法纠正；不能纠正的话，我们还是拥护中央，因为它是中央。我以为中国有一个强有力的中央政府，纵使它不满人望，比有三四个各自为政的好，即使这三四个小朝廷好像都是励精图治的。我更以为中国要有好政府必须自有一个政府始。许多人说政府不好不能统一；我说政权不统一，政府不能好。

现在政府的缺点大部分不是因为人的问题，是因为事的问题。我们既没有现代的经济，现代的社会，现代的人民，那能有现代的政治？那末，要建设现代的经济社会，培养现代的人民，这不是乱世所能干的事。同时只要有个强有力中央政府能维持国内的安宁，各种的事业——工业、商业、交通、教育——就自然而然的会进步。就是政府采取胡适之先生所谓"无为"的主义，这些事业也会进步。现在国内各界的人士都有前进的计划和志愿。因为时局不定，谁也不敢放手作去。

同时所谓中央政府的缺点，许多因为它是中央：全国注目所在，一有错处，容易发现，关于中央的新闻比较多且占较要的位置；局面较大，因之应付较难。民众对于内战和内争的态度，如同对国际战争一样，总是表同情于小者弱者。实在中央政府大概说来要比地方政府高明；并且中央的缺点，既基于事实，不是换了当局者就能免除的。

第二，我们知识阶级的人应该努力作现代人，造现代人。现代人相信知识、计划、组织。现代人以公益为私益。现代人是动的，不是静的；是入世的，不是出世的。现代人以体格与精神是整个而不能分的。中国近几十年来，女子的近代化的进步较速于男子的近代化。男子，青年的男子，还有许多头不能抬，背不能直，手不能动，腿不能跑：从体格上说，他们不配称现代人。从知识上说，我们——男女都在内——还是偏靠书本，不靠实事实物。许多的时候，我们还不知道什么是知识，什么不是知识；关于什么问题，我们配发言论，关于什么事体，我们不配发言论。未会学医的人，忽然大谈起药性来。未曾到过西北的人，居然拟开发西北的具体计划。平素绝不注意国际关系的，大胆的要求政府宣战。一年级的学生能够告诉校长大学应该怎么办。从未进过工厂的人大谈起劳资问题来。不知 1650 年是在 17 世纪的人硬要说历史是唯物的。现代人的知识或者不比中古的人多，但真正的现代人知道什么是他所知道而可发言的，什么是他所不知道而不应该发言的。以上所举的例子足够表示我们离现代化的远。换句话说，我们这个阶级自身是绝不健全的。分内的事没有作好，很难干涉分外的事。自身愈健全，然后可以博得他界的信仰。倘若近数十年中国教界的人和新闻界的人有了上文所举的现代人的特征，我们的政治也不会坏到这种田地了。

——选自《独立评论》第 51 号（1933 年 5 月 21 日北平出版）

北平的前途及古物的保存

——"这一星期"之七

6月21日，北平故宫博物院的理事江瀚氏向新闻界发表了书面谈话。他所报告的有三件事情：第一是故宫暂时局部的开放办法；第二是南迁古物的现状；第三是这些古物的将来处置。关于最后一点，他说过："俟时局大定，并须请求根据原案，陆续迁回，恢复原状。社会人士，或当一致赞同也。"

提及古物的迁回问题，社会人士就要问：究竟北平有无保存的必要？所以在未讨论古物以前，我们应该讨论北平的前途。

有许多人现在讨厌北平，以为北平是中华民族复兴的障碍物。他们说：上次《塘沽停战协定》竟得着了少数士大夫的赞同，其故不外乎士大夫爱惜北平。倘若我们下了决心要牺牲北平，那末就无人赞成《停战协定》了。因此反对《停战协定》者就反对北平的爱惜，就以为北平不足爱惜，不应爱惜；爱惜北平者是妥协分子、屈服分子、贪图苟安者、民族的罪人。还有些人以为北平是腐化中心，暮气太重，足以予我们精神文化不好的影响。他们说，北平生活太舒服了，在此地居住的人决不能奋发有为。本来迁都给了北平莫大的打击；日人的侵略和古物的南迁，《停战协定》所引起的反感，及一般人对北平空气的不满意几乎不待日人来灭北平就自动的把她消灭了。

我是个爱惜北平者。我觉得北平事事可爱，处处可爱；宫殿庙宇图书馆诸大建筑固可爱，小胡同、破场亦可爱。我还记得我初次观北平的印象。我当时对我自己说：现在我才知道我们民族的伟大，为什么我们的文化是东亚文化的正宗；这样的京都配作一个大帝国的京都；我们的祖宗能有这么伟大的建设，那我们及我们的子孙也能够。北平是我民族的至宝伟业，同时也是我民族的希望和鼓励。北平以外，我们当然还有别的旧都，如西安、洛阳、开封、旧南京。我观了这些地方以后，我总是想我们是败家子弟，觉得民族是绝望的。看看北平，我还觉得有希望，有挣扎的可能。老实说，中国现在所有的城市哪一个配作我们民族潜势力的代表？是上海、天津、汉口么？到这些地方去的人哪一个不是赞叹外人创作力的大而可怜中国人的无用？我们若要给世界的人一个证据，证明我们不是劣种，是个伟大的民族，还有什么证据比北平更好呢？

我最痛快的经验是陪着一个外国人去观北平。我用不着说话，我只须陪他看看三殿，游一次北海，进一次孔庙和国子监，登一次景山，他就不想中国人都是些不识字的、拉洋车的、洗衣服的、作买卖的、贩卖西洋货物和文化的。他无形之中对中国人的尊敬也提高了，我的自信心和对民族的信心也就无形之中提高了。

倘若北平是我民族复兴的障碍，那么毁了她也就算了。不过上次的《停战协定》何尝是因为爱惜北平而成立的？并且毁一个北平我们就能转败为胜或引起外援吗？倘若《停战协定》不成立而北平就整个的白白的送给日人又有什么好处呢？至于北平的腐化恐怕不在新都之上。中国人要腐化什么地方都可以腐化，不要腐化什么地方都可以不腐化，与北平何关？

民族复兴要个新的地域中心，所以我们不能不建设新都。这个看法是我们赞成的。但是旧都不是新都的障碍，在未建设新都之前，何必毁旧都？不但都城如此，一切事业都是如此的。"先破坏，后建设"是革命党的口头禅。这个口头禅，如同其他的口头禅，只有一部分是对的，实行的时候还须斟酌。我们要记得有许多事情没有旧的就不能建设新的。真的进步是超旧的之上而有所发明。最彻底的革命家如列宁也不主张人类应先回到古石器时代然后能建设共产的社会。

北平现在竟变为边疆的守御者，她的地位比以前更加要紧。以后我们应该更加努力于北平的维持。文化事业的推进是维持的方法之一，一切建筑的修理和市政的改良也是维持的好方法。最要紧的，莫过于故宫博物院的恢复。因为北平的各种事业之中，最有世界价值的莫过于故宫博物院。

同时我也承认故宫里面的东西不是北平一个地方的财产，是全民族的公有物，这些东西的分配应该顾到全民族的利益。好在故宫的物品重复的不少，有许多也只有金钱的价值，没有文化的价值。我现在提出一个合理化的办法：

一、政府应于北平、南京、广州三处各办一个国立博物院。

二、故宫物品重复者，应于三院各置一件。分派的时候，北平应有优先权，南京次之，广州又次之。

三、物品无重复者，应概归北平保存，但运输如不致有损害，可轮流在三处展览，并且此类无重复的物品，倘若北平其他文化机关已收藏了，应划归南京或广州。

四、只有金钱价值，无文化价值的物品一概出卖。其进款可作为建筑或修理博物院之用。

五、政府组织一个全国博物院委员会，来执行这个合理化的计划，内教育文化界占多数，工商界占少数，而党国军三方面的要人一个也不加入。

最后我要说一句话：如我们要全世界知道北平与中华民族关系的重要，最好的法子是我们自己相信北平的重要而爱惜之。

——选自《独立评论》第 57 号（1933 年 7 月 2 日北平出版）

建设与廉明政府的先后问题

——"这一星期"之十

本月 17 日天津《大公报》的社评，以"国联开技术合作委员会"的标题，发了一段这样的议论：

> 据吾人不变的见解，以为中国现在之政治，尚不适于接受外国之投资。在开发经济以前，必须先改革行政，澄清吏治，财政入轨，计划确定！否则外援之来，或者无利而有害也。中国行政，浪费而无效率，机关存废，朝夕变更，法令如毛，实行有待。预算决算不实行，会计制度不统一，黜陟不公，赏罚不明。故凡涉金钱，皆有弊窦，购料不实，管理不精，中饱甚于满清，国营徒便私利。政况如此，无钱则虐民，有钱则浪费，虽亿兆外资，源源流入，结果恐徒于租界增加若干宏壮之邸宅，富吏荷包，更见充满而已，国利民福，皆虚话也。

这个议论提出中国当代一个大问题，不是几年所能解决的，同时它的解决与民族的前途有莫大关系。这段社评在形容现状方面，我想读者无不称快。在主张方面——先建设廉明政府，后求经济开发——也许是多数人的感想，我自己原先的意见也是如此。因为行政不廉明问题的严重，我近年常加以注意。我的意见就步步的改了。我以为欲建廉明的政府必先求经济发展。

廉明的政府，在西洋，是极近代的产物。在农业时代，政府的腐败是常态。政府的廉明是例外。现在论行政，英国政府算是比较好的，英国官吏的舞弊是绝无仅有的。但是在 18 世纪，英国政府是以舞弊驰名天下的。农业经济是受酬报逐减公例（Law of diminishing returns）的约束的。除非人口稀少，处女之地极多，在农业的社会里，专靠种地是不能发大财的。这种社会里的大富翁都是出身政界的。做官是这种社会惟一发财的机会。同时这种社会所须要的政府助力是很少的。政府如能维持治安，天下一太平，人民就富庶了。于是文化长进；生活的奢侈亦随之长进。奢侈与文化程度的高低是成正比例的。到了这个时候——人口加多，平均地产减少，生活逐加困难，文化程度较高，奢侈程度亦较高的时候——有志气，有作为的人更加想做官，做官更加想舞弊。不问古今中外无不如此。其根本理由在农业经济的本质，不在道德也。

我们这民族的历史观素来是道德的、伦理的。官场风气不好的话，我们的解释不外"人心不古"。我们总想黄金时代在上古，好像古人都是圣贤。其实道德虽有关系，在农业社会里，一到人口过多，生活困难的时候，道德的约束力就减少了。在中国近代史上，康熙时代的政府要算一个廉明政府。那时正经大乱之后，人口顿减，土地极多，天下太平，人民可以不做官，做官也可不舞弊，其身其家仍可过舒服的日子。加之满人在入关的初年尚未学会汉人的奢侈习惯。以明朝所遗的宫殿，略加修理，已够满足他们的欲望而有余。进行所需者既少，各级官吏就可少刮些。就是如此，那时的官吏仍不免舞弊，不过因为人民富庶，被搜被刮尚不感困难而已。到了道光时代，天下就大不同了。彼时的人口已到3 万万。道光帝，依我看来，可说是个小康熙：其生活习惯之勤俭，其用心于民生的救济之苦，只有过而无不及。虽然，处他的时代，他就一无能为。总之，农业社会的循环律，我们历代的政治家是无法解决的。天下总是一治一乱。其治也，自然的治；其乱也，自然的乱：政治家的功过实在无多大的关系。在治世，人民富庶而官吏亦少舞弊或舞弊而社会亦能负担；到了乱世，民生困苦，而官吏亦因之多舞弊。

自我们与西洋发生了关系，我们得着了一个能够解决我们历史上大问题的秘诀。这个秘诀不外以工业来补农业之不足。我们得着了这个秘诀而不实用：我看不出任何道理来。先建廉明政府后开发经济等于说：等到我的病好了再吃药。当然，政府不廉明，建设要受阻碍。正当的办法是一面开发经济，一面澄清吏治。不然，如必须先澄清吏治而后开发经济，那我们只有等着民族的灭亡。

——选自《独立评论》第 61 号（1933 年 7 月 30 日北平出版）

政府与娱乐

——"这一星期"之十四

北平市的袁市长在就职之初严厉的取缔北平的舞场，好像跳舞是北平市最大的罪恶，禁止舞场是市政府的最先急务。这未免太滑稽了！

国人对于娱乐，尤其是国难时期的娱乐，有不少的中古观念。我们总想娱乐不是所谓"正经"事业：这是我们传统的人生观。同时我们——从孔孟程朱到日常所见的人——因为都是人，就都不能不有娱乐。所有的圣贤，倘其日常生活没有被后人圣贤化、偶像化，我想与普通的人并没有什么分别。因为我们的人生观是违反人性的，所以我们更加作出许多丑事情、虚伪事情、矛盾事情。这类的现象各国皆有，拉丁及斯拉夫民族比较最少，盎格鲁撒克逊较多，而孔孟的文化后裔要算最多了。究竟西洋人，因其文化有上古希腊、文艺复兴，及近代科学的成分在内，能有比较康健的人生观。他们相信一个身体及神经康健的人不至有不康健的——那就是说，不道德的——娱乐。康健的人都必须在娱乐，且其所要享的娱乐都是康健的，换句话说，都是道德的，正经的。娱乐问题成为康健问题。所以在上次欧战期间，各国政府及社会领袖不但不因国难而取缔娱乐，反而为前方战士及后方人民添设了许多的娱乐。因为娱乐能够提高工作的效率。

孔孟的后裔，因少见多怪，不免对于跳舞摇头。其实在西洋跳舞早已成社交的最正经事业，上自宫廷的宴会，下至村庄的喜事和节期无不以跳舞为主要娱乐。当然，跳舞与舞女是两件事；我们可以有跳舞而没有舞场的舞女。同时我也承认舞场可以发生弊端。不过舞女制度也是各国常有的。最好防弊的方法不是禁止，是提倡美术化的跳舞。我们若把跳舞作为正经事看，把舞女的职业作为正经的职业看，久而久之，舞女自当自敬而人亦敬之。若徒恃禁止，有些人惟有设法享受比跳舞更要坏的娱乐。

政府干涉民间的娱乐失败者多，成功者少。中央政府的禁鸦片，从道光时代到现在，广东省政府屡次的禁赌，美国的禁酒，以及各国禁娼的试验，不是完全不能达到目的，就是引起更严重的社会的不安。我们要为人民谋幸福，不在乎今天禁止人民作这个，明天禁止人民作那个，而在乎积极的为人民谋康健的生活。

——选自《独立评论》第 63 号（1933 年 8 月 30 日北平出版）

我们目前对于中央最要的希望

宋子文氏一到上海,国人对他的期望可说是与他所受的欢迎作正比例。第一,华北的政委主席黄郛氏及河北省政府主席于学忠氏都在南方等着他,望他能给华北相当财政的援助。这种期望是极自然的,并且也是极正当的。冀察二省现处兵多民困的境遇,非得中央的援助是不能度日的。何况这两省都是冲要的边省,内部的安宁及人民的富庶在在皆与国防有关。不过近数月来,华北的当局只能顾目前,不能顾将来。原有的军队,不问其战斗力如何,纪律如何,功罪如何,概给以保存。此外土匪、伪军、义勇军新收编者亦在不少。为权宜之计,势不得不出此,这是我们应该原谅的。同时此种局面若不整理,中央无源源接济的能力,也没有源源接济的道理。中央的接济,事实上,道理上,不能不递减。我们希望华北当局对华北的军队,不问其系统如何,专按其各部之战斗力、纪律,及对国家的功罪,定一个缩编的方案,分步的但严厉的去执行。

第二,黄河水灾的救济及水流的防治也是迫不及待的。所可幸的,中央对此已有相当的注意;宋氏归国之初亦已表示关怀。我们希望宋氏拿二年前防堵长江的精神来治理黄河。或者河北及察哈尔二省的裁军能与治河并行:一部分的治河费用就可同时作为编遣费用。

此外国人对于宋氏的期望甚多,我们不必列举,我们自己对于宋氏回国以后的中央也有一种期望,我们认为是最重要的。我们期望中央从此更加团结,汪蒋宋三人的合作更加密切。

中国问题之大,及其方面之多,无须我们赘述,国人早已知之,汪蒋宋三人各有其特殊经验和地位,合作以应付这严重的时局或能济事;分化则中央在国内及国际上的权威则必大遭灭杀。

宋氏这次在欧美的活动引起许多无根的误会。这种误会不但在日本发生,连在国内也会发生。日本的误会值不得多辩,因为宋氏实际所作到的不过两件事,促进国联技术合作及棉麦借款。国联与中国的合作限于技术,且起始在九一八以前。无论有无中日的冲突,中国借外资及外国技师以求建设是势在所必行的，是中国近百年历史趋势。至于棉麦借款，在美国方面，是一种农村救济政策，我恐怕此中没有丝毫帮助中国抗日的意思。美国政府全盘的政策，不分外交内政，都是以经济复兴为大前提。说美国别有作用者实际自己别有作用。在中国方面，虽汪蒋宋三人屡次宣言棉麦借款只用于建设，我想恐怕实际作不到。现在中央财源如此枯竭，用运又如此浩繁，事实上这批借款不得不部分的，甚至于大部分的移作政费及救灾与救荒的费用。以国联技术合作及棉麦借款为中国政治之新转机者都是神经过敏。同时国人对宋氏在外国的活动也不免无中生有，过事夸大。有人以为宋氏在外国不必如此招摇，如此宣传。殊不知在此宣传的世界，不宣传则不能活动。宋氏的宣传亦有出于不得已者。同时宋氏的宣传大部分不是为自己宣传，是为国家及政府宣传。当宋氏在伦敦的时候，《泰晤士报》的社评，一则曰南京政府为中国惟一有希望之政府，二则曰蒋宋政府以往的成绩尚差强人意。于此可知宋氏并不是在外国出个人风头，为自己抬高身价。

误会除开，政府又怎样？现在汪蒋宋三人是否有政策的争执？先就外交言，据我们所知，中国目前所能有的外交政策就是汪先生近几次在国府纪念周所发表的。我们目前谈不到复仇，因为谈是空谈，空谈只能有害而无益。我们不但内部的充实刚在起始，就是外交的运用亦刚在起始。除非内部充实，及外交联络到相当程度，唱高调者都是误国者。在宋氏出国的时候，国内舆论尚未尽去掉客气；政界领袖尚不敢公开的说：目前的工作在充实内部，不在似战非战的抵抗。现在国内的空气大不同了。唱高调者也不唱了。以宋氏的精明不至落伍。就内政言，目前的急务，无疑的，在力求团结，在避免一切风波。宋氏归国之初，即以团结勉国人，这可以推知宋氏在外所受的刺激，和他自己的态度。现汪蒋宋三人近来的言行，似乎在内政上也没有什么政策的冲突。我们所希望的，是由汪蒋宋三人的合作，进而达到西南合作的结果。

政策如此，利害又怎样？关于这一点，局外的人不应有所猜测。不过我以为就三人各自的事业言，合作有百益而无一害，分化有百害而无一益。国人近20年来饱尝了要人争执的苦头。现在一闻争执冲突，无暇来分别是非，总是一句判语：争执者都是自私的，都是不对。三人以自己的政治生活为重自然不愿自绝于国人。但是谈合作，不能不行分工。管兵者不能兼管财政；任财政者，不能兼握兵权；总其成者，务须尽调剂之责，理大纲而不问细则。同时若三人以国事的成败为目的，置个人的成败于度外，则进一步的团结与合作不难现了。

——选自《独立评论》第 67 号（1933 年 9 月 10 日北平出版）

革命与专制

自闽变的消息传出以后，全国人士都觉得国家的前途是漆黑的。中国现在似乎到了一种田地，不革命没有出路，革命也是没有出路。

你说不革命罢，这个政府确不满人意。要想使它满人意，单凭理论是不行的。倘若你手无枪杆，无论你怎样有理，政府——上自中央，下至县市——充其量，都是忌而不顾的。因为政府倘若要顾的话，不是政府里面的人的私利受损失，就是外面有枪杆的人的私利受损失。胡汉民先生近来说，政府这两年来没有作一件好事。这句话，一方面是过分，一方面是不足。过分，因为好事确作过，但不济于事，且所作的好事恐怕还抵不过所作的坏事。不足，因为不但这两年的政府是如此，近20年的政府何尝又不是如此？其实，中国近20年来没有一个差强人意的政府，也没有一个罪恶贯盈的政府。极好极坏的政府都只在地方实现过，没有在中央实现过。因为中央就是有意作好，它没有能力来全作好；中央就是有意作恶，它也没有能力来作极恶。这20年来，从袁世凯起，各种党派，各种人物，都当过政，大多都是如此的。照我个人看起来，就是北洋军阀如袁、段、吴、张，都是想作好的，但都是无了不得的成绩可言。因为他们的力量都费在对付政敌上去了。在对付政敌的时候，他们就不得不牺牲建设来养军，不得不只顾成败，不择手段。问题不是人的问题，是环境的问题。在这个环境里，无论是谁都作不出大好事来。中国基本的形势是：政变不统一，政府不得好。

你说革命罢，我们的革命总是愈革愈不革。假若我们说，我们有个真实为人民谋利益、为国家求富强的革命党，它能济事么？在现今割据的环境之下，它能以全盘精力来改造社会么？它断然也是不能的。它的精力也会费在对付政敌上。它也必须打仗，必须练军，必须筹饷。在它的统治之下，无论它怎样想为人民谋利益，人民的负担也是不能减轻的。且在这环境里，它也不能择手段，附和者只好联络或收容，久而久之，所谓革命军大半就不是革命军了，所谓革命党也不革命，只争地盘，抢官作了。等到事情过去以后，人民只出了代价，绝没有得着收获。

这个代价之高，是我们不可思议的。我们中国近 20 年为革命而牺牲的生命财产，人民为革命所受的痛苦，谁能统计呢？此外因内争而致各派竞相卖国更不堪设想！（中略）

中国现在谈革命，就离不开内战。一加入战争，无论是对内或对外的战争，那就无暇择手段了。这也不是个人的问题，是个环境的问题。比较说来，已得权者给外人的利总是比未得权者要低些。此中心理，孙先生也说过：

> 就另一方面而言，则中国革命党事前无一强国以为助，其希望亦难达到。故现时革命党望助至切，而日本能助革命党，则有大利。所谓相需至殷，相成至大者此也。

革命党既然靠外援来夺取政权，执政者亦只能以同样手段对付。民国 3 年 8 月 13 日袁政府的外交总长孙宝琦给驻日公使陆宗舆的电报有这一段："我政府正筹中日免除根本误会，以图经济联络之法。"后四天的电报又说：

> 前小幡面告，日政府确有取缔乱党之意，望代达主座。日前又提议，中国如愿日本实行，可提出希望条件，惟须有交换利益，日本方可对付。

这样的革命，多革一次，中国就多革去一块。久而久之，中国就会革完了！读者不要以为我故意张大其词。孙袁的竞争不过是个例子。假若不为篇幅所限，我可以证明民国以来的外交，没有一次外交当局不受内战的掣肘；我更能证明没有一次内战没有被外人利用来作侵略的工具。九一八事变为什么在民国 20 年的九一八发生呢？一则因为彼时远东无国际势力的均衡，二则因为日本人知道彼时中央为江西共党所累，为西南反蒋运动所制，绝无能力来抵抗。在中国近年的革命，虽其目的十分纯洁，其自然的影响是国权和国土的丧失。我们没有革命的能力和革命的资格。在我们这个国家，革命是宗败家灭国的奢侈品。

这是就目的纯洁的革命说。便是谁能担保目的是纯洁呢？谁敢说中国今日能有一个"为人民谋利益，为国家求富强的革命党"呢？我们平日批评西洋的政治，说是资产阶级压迫劳工的政治。无论如何，西洋至少尚有为阶级谋利益的政治。我们连这个都没有。我们的政治都是为个人及其亲戚朋友谋利益的政治。所谓革命家十之八九不是失意的政客，就是有野心的军人；加入革命的普通人员不是无出路的青年，就是无饭吃而目不识丁的农民。这种人，如革命能改除一时的痛苦就革命，如作汉奸能解除目前的痛苦就作汉奸。拿这种材料来作建设理想社会的基础，那是不可能的。

从历史上看来，这种现象是极自然的，那一国都不是例外。西洋英法俄诸革命先进国，原先都与中国一样，有内乱而无革命。如同英国，在 15 世纪，所谓玫瑰战争，也是打来打去，绝无成绩的。在 15 世纪末年，亨利七世统一了英国而起始所谓顿头朝代（Tudor Dynasty）百年的专制。在这百年之内，英人得休息生养，精神上及物质上成了一个民族国家（National state）。到 17 世纪，政治的冲突于是得形成实在的革命。史学家共识没有 16 世纪顿头的专制就不能有 17 世纪的革命。法国在 16 世纪正处内乱时期。奇斯（Guise）及布彭（Bourbon）两系的循环战争闹得民不聊生。彼时有识之士如 Bodin 及 L' Hopital 一流人物就大提倡息争主义，以息争为法国第一急务。在这种思想潮流之中，看透了内战的全无意义，及绝不能有意义，于是布彭朝的亨利四世收拾了时局，建设了 200 年布彭专制的基础。经过路易十四光明专制之后，法国也成了一个民族国家。于是在 18 世纪末年，政治一起冲突，法人就能真正革命。因为专制的布彭朝培养法人的革命力量。换句话说，经过布彭朝的专制，革命不致引起割据，民族的意识太深了，不容割据发生，王权虽打倒了，社会上有现成的阶级能作新政权的中心；外国虽想趁机渔利，法人的物质及精神文化均足以抵御外侮。所以法国史家常说，布彭朝有功于法国 18 世纪末年的革命。俄国亦复如此。在 16 世纪末年及 17 世纪初年，俄国也只能有内乱，不能有革命。经过罗马罗夫朝 300 年的专制，然后列宁及杜落斯基始能造成他们的伟业。世人徒知列宁推倒了罗马罗夫朝代，忽略了这朝代给革命家留下了很可贵的产业。第一，俄国在这 300 年内，从一个朝代国家（dynastic state）长成为一个民族国家。革命就不能有割据的流弊。第二，专制的罗马罗夫朝养成一个知识阶级能当新政权的中核。第三，专制时代提高了俄国的物质文明，使援助白党的外人无能为力。

中国现在的局面正像英国未经顿头专制，法国未经布彭专制，俄国未经罗马罗夫专制以前的形势一样。我们现在也只能有内乱，不能有真正的革命。我们虽经过几千年的专制，不幸我们的专制君主，因为环境的特别，没有尽他们的历史职责。满清给民国的遗产是极坏的，不够作革命的资本的。第一，我们的国家仍旧是个朝代国家，不是个民族国家。一班人民的公忠是对个人或家庭或地方的，不是对国家的。第二，我们的专制君主并没有遗留可作新政权中心的阶级。其实中国专制政体的历史使命就是摧残皇室以外一切可作政权中心的阶级和制度。结果，皇室倒了，国家就成一盘散沙了。第三，在专制政体之下，我们的物质文明太落伍了。我们一起革命，外人就能渔利，我们简直无抵抗的能力。

总之，各国的政治史都分为两个阶段，第一是建国，第二步才是用国来谋幸福。我们第一步工作还没有作，谈不到第二步。西人有个格言，说更好的往往是好的之敌人。中国现在的所谓革命就是建国的一个大障碍。现在在中国作国民，应该把内战用客观的态度，当作一种历史的过程看，如同医生研究生理一样。统一的势力是我们国体的生长力，我们应该培养；破坏统一的势力是我们国体的病菌，我们应该剪除。我们现在的问题是国家存在与不存在的问题，不是个那种国家的问题。

——选自《独立评论》第 80 号（1933 年 12 月 10 日北平出版）

论专制并答胡适之先生

近百年世界的一种大潮流是民族主义。未统一的国家赖此主义得着统一了，如德意志，意大利。已统一而地方分权的国家赖此主义提高中央的权力了，如日本的尊王废藩，如美国联邦政府的权威的自然长进，在这种普及世界的大潮流之下，我们这个国家反从统一退到割据的局面。这是什么缘故呢？

近代的国家每有革命，其结果之一总是统一愈加巩固及中央政府权力的提高，帝俄已是一个统一集权的国家，但是现在的苏俄更加统一，更加集权，德国革命后的 1919 年的宪法比毕士麦 1871 年所定的宪法就统一集权的多，而今年国社党的革命又进一步，法国在 17、18 世纪已成为统一集权的国家，但 18 世纪末年革命的主要使命之一就是铲除各区域的差别，成立法人所谓一整个、不可分离的法国（France, one and indivisible）。我们的革命反把统一的局面革失了，而产生 20 余年的割据内乱。这又是什么缘故呢？

这是一个何等痛心，何等重要的问题！中国士大夫近年关于什么政治经济问题都讨论到了，惟独对于这个基本问题没有人去研究，去注意。因其如此，所以我们对于本国的政治没有认识，因为没有认识，所以我们才高谈、畅谈、专谈西洋的自由主义及代表制度，共产主义及党治制度，而我们愈多谈西洋的主义和制度，我们的国家就愈乱了，就愈分崩离析了。西洋的政治和中国的政治截然是两件事。在我的眼光里，这是一件明明白白的事实，排在我们的面前，我们若忽略这个事实，不但现在的汪精卫、蒋介石，国民党无能为力，即汪精卫失败以后的汪精卫，蒋介石失败以后的蒋介石，国民党失败以后的任何党、任何派都将无能为力。

我们平素好骂军阀——其实他们应该受骂；我们平素好归罪于军阀——其实他们真是罪恶贯盈。我们说，军阀把中国弄到这种田地，这种话当然是有理的，但是反面的话更加有理：不是军阀把中国弄到这种田地，是这样的中国始能产生军阀，毛病不在军阀，在中国人的意态和物质状况，我们试先研究这种意态。

民国以来，我们政府有一种极普遍的现象，有许多军阀高倡"保境安民"主义，如历年的山西（稍有例外），现在的山东、广东、广西诸省。最奇怪的是民众渴望"保境安民"，不少的士大夫赞扬"保境安民"，民国以来的"模范省"和"模范省长"都是保境安民的省份和省长。我们仔细想想，这是一种什么意态？军阀割据的心理基础不在乎此吗？这种意态普遍的国家能算得一个"民族国家"吗？这是有省而无国；军阀利用之，于是成立割据。

我们反过来看看别国的形式又怎样，法德两国领土太小，不能与中国比，所以我们不必讨论，俄国的面积比中国还大。上次大革命的时候，革命党与反革命党，一样的，同等的，无偏安的心思，更无割据的心思。西伯利亚，在中国军阀的眼光里，岂不是一个很好的地盘？当年白党领袖柯车克（Kolchak）很可据此以成区域的政权。虽有人对他作这种建议，他和他的同志都以为这种计划是反俄国历史，背俄国人民意态，断乎不可为，不能为的。就是西伯利亚东部的无赖之徒，倘被日人利用以遂日人宰割的野心，无论日人怎样联络，就为俄国正人君子所不耻。白俄与赤俄虽势不两立，但两党均信俄国是一整个的，不可分离的俄国，为贯彻主义而割据俄国，他们尚且不为，与我们比起来，真有天壤的分别了。此无他，中俄两国人民的意态不同：中国人的头脑里有省界，俄国人的头脑里无省界。

我在留学时代，常听外人谈中国人畛域之见之深，我当时很不以为然，心中常想外人的观察是肤浅。等到回国以后，仔细一看，始发现外人的观察实很深刻，中央政府的各部，无论在北京时代，或在现在的南京，部长是那一省的人，部中的职员就以他同省的人居多，甚至一部成为一省的会馆。在大学里，同乡会与各种学会同等的活动，一省之内又有同路或同县的畛域之分，湖南有省议会的时候，议员就分东路中路西路而从事活动，现在何键在湖南的成绩总算过得去，然而湖南士大夫批评者很不少，因为他所用的人大半是同县醴陵的人。

因为中国人有省界县界的观察，所以割据便成家常便饭；又因为中国人的穷，所以军阀得养私有的军队。日本人费少许钱财，就能雇中国贫民来杀中国贫民，"聘"中国士大夫来对付其他的中国士大夫，这还算一个民族国家么？"私有军队"这四个字就能大半解释中国之所以产生军阀。一般民众既无国家观念，又为饥寒所迫，何乐不为军阀的战品？自国民革命军北伐以后，军队里面也有种种救国救民的宣传标语，好像中国一部分的军队已经革命化、国家化了。我承认我们的军队近年在意态上（当然也在军器上）有相当的进步，但是我们不要忘记一班兵士倘有忠心，还是私忠（对官长）比公忠（对国家）要紧。我们更不要忘记公忠必须有相当的环境及相当的时期始能培养出来，不是你我写一篇文章，演一次说可以唤起的。

总而言之，军阀的割据是环境的产物，环境一日不变，割据就难免，在这种环境里，无论革命家播怎样好的种子，收获的是割据的军阀。

那末，我们要继续问，什么样的环境，什么样的政治社会经济状况能促成统一，避免割据？第一，我们必须有一个中央政府。我不求这个政府的开明，虽它愈开明愈好。我也不求这个政府是英德俄式集权政府，近来福建标榜联邦；如果我们中央的权力能如北美合众国中央政府的权力，那我也心满意足了。我只求中央能维持全国的大治安，换句话说，能取缔内战及内乱。此外，中央在其职权以内所发的号令各省必须遵从，换句话说，全国必须承认它是中央，有了个这样的政府，我以为我们的环境就自然而然的会现代化。请读者不要误会，我不是一个无为主义者，我想适之先生也不是为无为主义而提倡无为主义，我不过觉得我们在此时候，不要贪多而全失。所以我所要求的是政治的最低限度的条件。换言之，有一个中央政府。

有了个这样的中央政府，教育、工商业及交通就自然而然的会进步。甲午以前，维新派的领袖如奕䜣、文祥、曾、左、李诸人都是在朝，在野的人十之八九都比他们还守旧。甲午以后，民间的维新运动就比在朝者急进多了。现在我们如能有个担任现代化事业的政府固好；没有，只要政府维持大治安，民间的事业有民间的领袖会去推行。就是在这 20 年的内乱之中，民族的基本事业如教育、工商业及交通尚有相当的进步，不过为内战及内乱所阻，进步很慢就是了。一旦这阻力能除却，那我们的进步就会快的多了。在这里，我们要注意，这种进步均是与割据的势力相反的。一个现代的银行和现代的工厂都是超省界的，甚至超国界的。一条铁路的统一人民意态的功效是很大的。人民衣食有着而又受了相当现代化教育就不甘心作军阀私争的战品。

以上我所讲的都不成大问题。国人的意见也没有什么大冲突。引起辩论的是过渡方法的问题。适之先生相信我们不须经过新式的专制。他相信我们现在就能行，就应行维多利亚时代的自由主义和代表制度。从理想说来，我以为这种制度比任何专制都好，从事实上看起来，我以为这种制度绝不能行。人民不要选举代表，代表也不代表什么人。代表在议会说的话不过是话而已。中国近 20 年的内争是任何议会所能制止的吗？假若我们能够产生国会，而这国会又通过议案，要某军人解除兵柄，你想这个议案能发生效力吗？只要政权在军人手里，如现在这样；又只要民众乐为军人所使用，又如现在这样，你的国会有一连兵就可解散了。何况中国新知识阶级对于这种古典的代表制度绝无信仰呢？

几年前，适之先生还提议过割据的妥协。他的意思，就是割据让它割据，但大家成一妥协，一方面不彼此打仗，一方面共拥一个权力较小的中央政府。如能作得到，这个提议我倒赞成，因为这种妥协能给上文所讲的各种现代化的事业一个机会去长进。可惜这种妥协绝不能成立，正如国际裁军会议不能成功一样。

此外还有现在福建的方法，再来一次的革命。我认为这个方法也行不通，因为在现今中国这种状况之下，一切革命都形成割据，都会内乱化。这是我在本刊第80期已经讨论过的。

我以为惟一的过渡方法是个人专制。我的理由可以简单的说明出来。

第一，中国的现状是数十人的专制。市是专制的，省也是专制的。人民在国内行动不过从一个专制区域行到另一个专制区域。至于权利的保障，处处都是没有的。我所提倡的是拿一个大专制来取消这一些小专制。大专制势必取消各地小专制，不然，大专制就不能存在。从人民立场看起来，他们的真正敌人也是各地的小专制。正如英国的顿头、法国的布彭、俄国的罗马罗夫，他们专制的对象是各地的诸侯，直接压迫人民的也是各地的诸侯，所以君主专制在这些国内会受人民的欢迎。我们简直把中国政治认错了。我们以为近20年来想统一中国的人如袁、吴等把人民作为他们的敌人。我们未免自抬身价了。严格说来，我们不配作他们的敌人，因为我们有什么力量呢？我们实际也不愿作他们的敌人，因为我们并不反对统一。统一的敌人是二等军阀和附和二等军阀的政客。每逢统一有成功可能的时候，二等军阀就连合起来，假打倒专制的名，来破坏统一。士大夫阶级反对专制的议论，不是背西洋教科书，就是二等军阀恐惧心、忌妒心的反映。中国现在专制的对象不是人民，是二等军阀。从人民的立场看，个人的大专制是有利的。

第二，我们以为个人的专制来统一中国的可能比任何其他方式可能性较高。破坏统一的就是二等军阀，不是人民，统一的问题就成为取消二等军阀的问题。他们既以握兵柄而割据地方，那末，惟独更大的武力能打倒他们。中国人的私忠既过于公忠，以个人为中心比较容易产生大武力。这个为中心的个人必须具有相当的资格，以往当局的人及现在当局的人是否具有这种资格，那是人的问题，我这里所要讨论的是制度的问题。适之先生引《民报》驳《新民丛报》的话来为难我，说："开明专制者待其人而后行。"他不信"中国今日有能专制的人"。中国今日有无此人，我也不知道。不过我们要注意，我所注重的是能统一中国的人；"开明"是个抽象的名词，恐怕各人各有其界说。我们更加要注意，以袁世凯及吴佩孚一流的人物，离统一的目的，仅功亏一篑了。

第三，不少的读者对于我的《革命与专制》一文要问：二千年来的专制不济于事，再加上一短期的专制就能济事吗？二千年来，中国有朝代的变更，无政制及国情的变更，因为环境始终是一致的。现在外人除加在我们身上极大的压力以外，又供给了我们科学与机械。这两个东西不是任何专制政府所能拒绝的。就是革命政府完全无为，只要它能维持治安，这两个东西就要改造中国，给她一个新生命。

——《独立评论》第 83 号（1933 年 12 月 31 日）

新名词·旧事情

自戊戌到现在，这将近 40 年来，我们的维新事业几可以一言以蔽之，那就是拿新名词掩饰旧事情。事情尽管旧，名词务求其新。在满清末年的时候，我们以为君主立宪不够新，必须有个民国。好了，"民国"是有了，但我们不见这个"民"国里的"民"的成分可比得邻近"帝国"里的"民"的成分。无论是我们谈民众舆论的势力，人民利益和自由的保障，或人民参政的机会，这中华民国的人民恐怕还不及以君权神圣为基础的日本人。我们标榜民权，结果我们得了军阀，与历代鼎革之际割据的"群雄"无丝毫的差别。近年除政治的民权以外，我们又从西洋输进了最新的、最时髦的经济名词。共产主义运动的结果也与政治改革的结果相伯仲。问题不是这些新名词、新主义的好坏问题；从理论上说起来，至少我个人承认这些新主义是极美的。问题是这些新主义与我们这个旧社会合适不合适。社会好比人的身体，名词、主义、制度就是人的衣服。为父母的固然可以为一个 3 岁的小孩作他 4 岁正合穿的衣服；但如他们要勉强这小孩穿成年的衣服，纵使这衣服是用绸缎作的，那岂不是害了他？

我们邻邦近代改革的方式正与我们的相反。日本人于名词不嫌其旧，于事业则求其新。他们维新的初步是尊王废藩。他们说，这是复古。但是他们在这复古的标语之下建设了新民族国家。西谚云：旧瓶里不可搁新酒。但日本政治家一把新酒搁在旧瓶子里，日本人只叹其味之美，所以得有事半功倍之效。九一八以后，日本人又故意的拿一个两千年前的旧名词"王道"来与一个 20 世纪的新名词"共产主义"比武。倘若日本不是假王道之名来行霸道之实。又倘若现在远东的冲突不是复杂的、多边的，包括中国的民族主义及国际的势力均衡诸问题在内，换句话说，倘若现在的远东问题是个单纯的王道与共产主义的问题，那无疑的东北的老百姓们将为其所骗。日本军阀对于政治心理的研究是用过功夫的：他们知道在一般中国老百姓方面，有些旧名词的号召力、吸引力远在任何新名词之上，连"自由主义"和"共产主义"在内。东北的老百姓们，如同全中国几千年来的老百姓一样，第一希望能安居乐业，第二希望赋税减轻，此外就无求于政府了。只要政府能以父母自居，能把人民当作赤子看待，这就是老百姓的理想政治，这就是王道。至于士大夫阶级的心理虽较复杂，我们大可不必为他们的口头禅所误。他们心理的复杂大半由于其虚伪程度之高。他们口里说的尽管是新名词、新主义，大多数心中所希望的仍旧是有官可作。如果政府能使"学而优则仕"这句话实现，这岂不是士大夫的理想政府，士大夫的王道。我们的报纸、书籍，以及大学的讲演，虽满布新名词，我们的根本事情，无论是在意态方面，或是在物质设备方面，仍是旧的。

总而言之，近代的日本是拿旧名词来干新政治，近代的中国是拿新名词来玩旧政治。日本托古以维新，我们则假新以复旧，其结果的优劣，早已为世人所共知共认。推其故，我们就知道这不是偶然的。第一，旧名词，如同市场上的旧货牌，已得社会的信仰。这点无形的信仰是历代无数的民族领袖费去无穷心血所缔造的，想要造出一种新的共同信仰，谈何容易？所以善于经商者，情愿换货不换牌子。第二，新名词的来源既多且杂，输入者自然无限制了，以致五花八门，朝令夕改，人民就无所适从了，正如市上的杂牌伪牌太多了，顾客就不顾牌子了。所以新名词既无号召之力，又使社会纷乱。第三，意态是环境的产物。造了新环境，意态纵落后亦不能不随着变更。环境不变而努力于新意态、新名词的制造，所得成绩一定是皮毛，外表新而实际不新。

以往是不可追了，但来者犹可谏，戊戌以来的内政外交诸大问题今日尚存在。我们士大夫的生活素与平民隔阂。近年我们又聚集于大都市，过的生活几全是外洋的生活。我们很容易的把我们少数人的社会当作中国一般的社会。我们要认识今日的中国仍旧是新势力抵不过旧势力，因为全国的新的程度实在太浅了。尤其是关于统一问题，我们不可假设中国有种种英美俄德各国所有的势力，因为我们不解决这个统一问题，其他问题都无从下手。物质的及意态的中国大致既是传统的中国，我们统一的方案大致亦不离了传统的方案。这个方案，一般士大夫不是把它看的太简单，就是把它看的太难。我们说历代的开国君主是马上得天下，实在说起来，中国的统一固离不开武力，但无一次是全靠武力的。远如汉高祖有约法三章以应关中父老的期待，封爵封土以笼络一部分的英雄，其武力专留以对付矢志破坏统一者；近如清初之多尔衮有废除明末的杂税以慰百姓，为崇祯帝发展及开科取士以收士大夫之心，封吴三桂诸人爵士以奖有功于统一者，其武力专留以征服流寇及与满清势不两立的南明。历代的统一都是武力与政治兼用的。今日亦复如此。我们现在虽不能封爵士，但我们还有所谓绥靖主任及省主席的荣衔来笼络辅佐中央的军阀。其他收抚百姓及联络士大夫的方法都存在。所以"马上得天下"不是一件如士大夫阶级所想的那样粗暴横蛮的事情。

其次，因为民国以来，这个方案已经试过而屡遭失败，所以我们就想这个方案太难了。现在外人的租界及治外法权固给反对中央的分子不少的便易，现在人民信仰的杂乱固远在历代之上，同时我们必须承认现在谋统一者有种种方便是历代所没有的。中国现在的交通虽不方便，但我们的交通设备究是多尔衮——用不着说汉高祖——所梦想不到的。中国现在的人心虽乱，但近百年来我们所受的外来压迫究竟给了我们历代所不及的民族的觉悟。传统的统一方案，在现今行起来，不见得比历代更难。

其他的问题，如同这统一问题一样，倘士大夫阶级不拿新名词来抹杀旧事情，其解决的困难就大部分消灭了。

——选自《大公报》星期论文（1934 年 1 月 21 日天津出版）

建设的出路不可堵塞了

我们的出路，在对内对外两方面，均不能不求之于建设。所谓建设就是物质的和制度的创造与改造，就是全民族生活的更换，就是国家的现代化。我们先就对内说，近年讨论国家危机的人多归罪于外人的经济侵略及帝国主义，当然，外来的压力是我们生活大崩溃的原因之一，但断不是惟一的原因，或者也不是主要的原因。在未受外来的侵略以前，我们的天下已是治乱互相循环的，我们的历史已满布同室操戈的丑剧。远的不说：就是明末清初的大屠杀，如张献忠在四川所表演的，其恶劣远在近来我们所见者之上。彼时人民生活的困苦恐怕比现在亦只有过而无不及。根本的原因在于我们历代都靠单轨的农业过生活，而这农业，因为科学不发达，久已没有技术的进步。所以等到天下太平久了，人口大大的增加了，人民及政府就都无法对付，只有听其自然。于是有些跟着绿林领袖去为匪作盗，有些卖身与割据的群雄。加上天灾瘟疫，剩余人口自然消灭了，民生问题就如此解决了。现在我们得着科学和机械，我们初次能有积极的解决。我们一方面能改良农业，一方面又能发展工业，把单轨的经济变成双轨的。这是我国有史以来初次能得的解放。对于这个机会我们还不想充分利用，还是怀疑踌躇，那我们岂不是自暴自弃吗？

次就对外说，在最近几年之内，我们外交活动的能力及我们的国际地位大半要靠我们建设的成绩。近来批评政府外交的人多说政府对日的事事迁就可以使我们丧失友邦的同情及引起他们的误会。现在外交当局是否深知国际的形势是另一个问题；至于政策，我们当前大体上也就只能这样。以国内的现况，我们谈不到复仇，也谈不到联这国、联那国。近二三年来，美国比其他国家要算对我们最表同情了，但是美国对我们的态度很像一个富翁对于一个穷而无用的远亲。我们今天求救济，说没有饭吃，没有衣穿了；明天求援助，说某邻居又欺侮我们了。对这样的一个远亲，谁能不讨厌呢，谁愿意认亲呢？乞丐在社会上不能活动，不能有地位。一国在国际上，也是如此的。近年偶有外人替我们鼓唱的总是说：中国居然在困苦中建筑了长江的大堤，修了这多公路，添了若干里的铁道。我们以后要引起国际的同情也不在乎我们对日强硬的程度，而在乎我们建设的成绩，倘若苏俄第一个五年计划失败了，你看她的国际地位能如有今日吗？没有建设，没有提高我们自己的力量，纵使得着外援，我们还是别国的附庸，自己不能在国际上成一个独立势力。

三四年以前，全国几是一致的笃信建设。最近风气似乎又转了，由笃信以致怀疑、反对，建设的前途大有堵塞的可能。阻力的所由发生很值得我们的研究。第一，人民对建设的反感由于以往成绩的不良。我们试拿浙江省作个具体的例子。浙江的建设是中央最注意的，其事业之多亦在他省之上。自民国 16 年到现在，浙省建设厅共修了 340 公里的铁道，1280 公里的汽车路：总费 2400 万元。此外在电业及水利方面，省府亦略有建设，但主要事业还是路政。譬如：民国 21 年，浙省建设的总预算是 900 多万元。其中 44％费于汽车路，33％费于铁道，7％费于河流，7％费于电话。这是浙省近来建设的总成绩。据专家的研究，这种建设的利弊颇有问题。第一，浙省在民国 16 年以前，田赋几全无附加；自民国 16 年到现在，各县的附加少者等于原额的 2 倍，多者至 5 倍，名目之多有一县附加 30 余种者。这种附加虽有用于教育、治安及别的事业的，但建设占不少的数目。在这民生困苦的时候，无论用何名目，一加增人民的负担就难得社会的同情。第二，人民加增了负担以后，如能充分利用新交通，那或者还合算，但因汽车运费过高，乡民的货运仍靠人力。汽车营业不发达，尤其是货运的缺乏，证明公路的建筑不一定就是我们当前的急务。第三，因为注重了公路，经费大部分也用在公路上，于是河流就无法维持和改良。江浙民间向靠水利和水运。我们现在为建设民间所不能利用的新交通工具，竟致废弃民间所能利用的最便宜的水运，难怪我们愈建设，乡村经济就愈不景气。

有了以上所举的毛病，又加上舆论界过端的批评，停止建设的呼声就自然起来了。我们国人素好作过激的、不原情的批评。就浙江的建设而论，第一，公路及铁路的建设，除经济的收获外，尚有政治、军事及文化的作用。世界各国的交通都是如此的。第二，经济的收获不大的原因一部分或者是由全世界经济的不景气，致内地的丝茶找不着销路。我们不能完全责备建设当局事先无周密的计划。第三，全国对于建设实无经验，数年前，凡谈建设的人谁不以为建筑铁道及汽车路是当前的第一急务？我们拿事后的眼光来批评当局事前的设计，未免太不恕了。因为我们没有经验，我们只好模仿。外国大修汽车路，于是我们也大修汽车路。这种死板的抄袭不是我国工程司独有的缺点。国内讲政治制度的人徒知抄袭者实在太多了。我们要知道，抄袭是学习的初步，不能避免的。

　　不良的成绩及过端的批评是建设的两大阻力。因为我们的出路不能不求之于建设，这两种阻力是不能不消灭的。无论成绩如何不好，不足证明我们应该停止建设，只足证明在设计方面，我们应该加倍的努力。负建筑责任者，不但要解决工程的问题，更要注意社会的与经济的状况。我们要时刻记得，适宜于英美者未必适宜我国，在英美各国不素见的建设，或者反是我们所需要的。我们希望政府……本此精神，大胆的努力于建设。

　　　　　　　　——选自《大公报》星期论文（1934 年 3 月 11 日天津出版）

民族复兴的一个条件

凡抱有事业志愿而入政界者，十之八九在极短的时期内无不感叹的说："在中国作官可以；作官而要同时作事，很困难；作事而又认真，很危险；认真而且有计划，那简直不可能。"为作官而作官的，只要人人敷衍，事事通融，反得久于其位，步步高升。官场最不可缺的品格是圆滑，最宝贵的技术是应付。这种自然的淘汰是淘汰民族中之强者、有能为者，保留民族中之弱者、庸碌无能者。

这种风气的盛行已太久了。在前清宣统年间，全国所认为罪魁的是盛宣怀。其实当时的权贵，那一个作的事之多且大可以比得盛宣怀？社会对其贪污之厌弃，固是公论，但对其所创造之事业曾无一词的赞许，这岂算得公道？在光绪年间，权臣最受御史的弹劾及清议的批评的就是李鸿章。其实在光绪一朝，集其他人物的一切事业还不及李鸿章的事业的一半。在中国几千年的历史中，有几个人敢于大规模的改造传统的制度？这几个人的名誉又如何？秦始皇创造了大一统的中国而论者只知其"暴"；那班假托为封建诸侯复仇的反得着了二千余年的士大夫的同情。王莽及王安石乃我民族仅有的社会经济改造家，而二人之为奸，在士大夫的眼光里，只有程度的差别。这种空气只能培养高官达爵，不能产生事业家。

政界如此，其他各界亦复如此。最可痛心的是这种病态心理已深入教育界，现在在这界服务的人大多数只愿担任教学，不敢担任行政；担任教学的人大多数又只愿讲学，不愿督学。我国教育之宜改良，这是人人承认的。但是教育部长、校长、院长、系主任一动手改革，那就满城风雨了。若以报纸所载的为根据，中国人的理想大学是这样的：对教职员无论如何不裁人；对学生不收学费，津贴愈多愈好，按期发文凭。其实在我国的学术早已化成资格的造就。科举虽废了，科举的心理尚存在。

世界上只有一个民族，其注重个人主义可以与我们相比，那就是盎格鲁撒格逊人。但是他们以自食其力为荣，食人之力为耻；我们以自食其力为耻，食人之力为荣。他们崇拜英雄、事业家；我们不崇拜。在他们的社会里，不作事而说便宜话的没有立身之地；在我们这社会里，不作事者的骂人就是清议。英美是民治制度最发达的国家，但英美人民并不惜以重权付诸其领袖；我们号称几千年专制的国家，但在我们中间，有一人操权，就有百人忌他、骂他、破坏他。英美的个人主义是为个人谋创造的自由及机会，同时鼓励别人的创造；我们只有地位欲，没有事业欲，我们不图创造，亦不容别人创造。

前几年，有位青年朋友来找我，要我替他在南京政府里谋一差事。我问他能作什么，希望什么薪金。他说他能抄写，希望六七十元一月。我就告诉他，这六七十块钱也是人民出的，应该替人民作六七十块钱的事情。他的回答很愤慨："在南京拿六七百元一月而全不作事的太多了，你何必计较这六七十元呢？"三十几年以前，中俄合办中东铁路的时候，俄国要保存合办名而实行独办，于是把位高禄厚无事的督办位置给中国人作；我们以为占了便宜，于是心满意足。近代在所谓中外合办的事业上，外人利用我民族这种弱点者还不仅俄国。

我们不要以为我们几千年来一切的国难都敷衍过去，这一次也能敷衍过去。我们现在所处的局势是几千年来未有之变局。美国提高银价，我们的农工商业就受重大打击：只有国家积极的政策始能挽回万一。英国要联日以制俄，我们就成了英国送给日本的礼物：这也不是靠圆滑的无为所能阻止的。日本放弃金本位，我们的幼稚工业就受压迫：这不是各工厂各自努力所能抵抗的。日本要为大和民族谋万世安全，我们就发生存亡的问题？这不是我们"独善其身"的传统哲学所能补救的。这种外来的压力，如同黄河长江的洪水，非有强有力的政府、积极作事的政府，及全国的总动员，是无法抵御的。现在的世界是个积极的世界、事业的世界。

在这个当儿，我以为我们要首先改革我们的人生观。圆滑、通融、敷衍，以及什么消极、清高都应该打倒。我们要作事。我们要修路、要治河、要立炼钢厂、要改良棉种麦种、要多立学校、立更好的学校。我们要作事，吃苦要作事，挨骂也要作事。官可不作事要作。别的可牺牲，事业不可牺牲。作事的人，我们要拥护，要崇拜。说便宜话的人，纵使其话说得十分漂亮，我们要鄙视。对一切公私事业，只要大政方针不错，我们只有善意的批评，没有恶意的破坏。我们知道，我们现在所作的事业都是新事业，是我民族没有经验过的事业。作或者要作错；不作则永远作不好。作尚有一线之望；不作等于坐以待毙。

革除地位的人生观，抱定事业的人生观：这是我民族复兴的先决条件。

——选自《大公报》星期论文（1934 年 7 月 8 日天津出版）

地方行政的几个问题

中国立国以来已有几千年的历史了。中国以往的行政可以说是消极的，人民对于政府除了司法和纳税之外差不多没有什么关系。在那时施行消极的行政倒还不会发生怎样大的害处，但是现在的行政如果仍旧消极，国难就不能解除，国家就不能保持它的地位，所以消极政治必须改为积极政治。

中国，是个落后的国家，欲谋立足于世界非使它现代化不可。在现代化的过程中，政府必须负极大的责任，因为人民的力量太薄弱，政府要把政令推行到民间去，须得靠地方政府，尤其是县政府。近年来中央政府和省政府颇多改革的地方，但是县政府却没有什么改变，还是和以前差不多。讨论政治的人多注重中央政府次则省政府，对于县政府却很少有人注意的。这可以说是革命不彻底。我们知道，所谓国力就是人民的力量，人民的经济程度知识程度和爱国心理都是构成国力的要素，所以根本的国防是全体人民的力量的提高，倘只有近代式的海陆空军，而人民的知识、生产方法和习惯是中古式的，那我们的国防还是没有解决。地方政府的种种问题不能解决，中央政府虽然有好的政策也是没有用的。

现在地方政府应做的事业约有下面五种。（一）治安：大家都知道地方如果没有治安，人民的生命财产就没有保障。长江一带的各县治安大致都很不错，但也有县份有匪徒的骚扰。各县都有军队、保安队、警察、壮丁队和保甲层层的保障，然而治安还是不能维持。我们要知道多一层即多一笔经费，人民即多一层负担。中国人民大多数安分守己，作土匪的都是为饥寒所迫。我恐怕照我们现在的方法，愈要维持治安，治安愈不能维持。（二）教育：中国究竟多少人识字，这种数字，一向没有精确的统计，大概全国识字的人不到20％，人民知识这样低落的国家当然赶不上人家的。所以地方政府第二件应该进行的事业就是推广教育。（三）生产方法的改良：中国因为科学不发达，生产也就落后，生产的方法大概都是费力而不经济的，所以地方政府应该帮助人民改良生产的方法。（四）卫生：地方政府应该帮助人民使他们过比较卫生的生活，人民因为知识程度很低，不晓得卫生，所以身体都不十分健康，人民身体不健康，其他各方面都要受到它的影响的。（五）交通：在交通方面中国现在虽然已经有了许多大的干线，但是在实际上光是干线还是不够用的，地方政府应该更进一步谋乡村小路的发展。

以上所说的五桩事情，没有人说不是应该办的，不过去办的时候有许多困难。第一是经费的问题。我在上面已经说过，要有治安一定少不了军队、保安队、团队和警察等等的组织，然而这些组织是需要经费去维持的，教育也是一样，没有经费那能谈得到教育的普及；改良生产方法在创办时需要更大的经费；讲到卫生也是如此，据统计乡人每年每人用在卫生方面的经费平均不过 1 角，所以没有相当的经费，近代卫生医药是不能普及到乡间去的。事业既非创办不可，而经费又这样困难，究竟有没有解决的办法？解决的办法是有的，我们可以从整理田赋得到解决的办法。因为田赋等待改良的地方很多，有许多田主是不纳粮的，有的甚至抗捐。据办理地方行政有经验的人说，我们就是不谈实行平均地权，只要所有的农田都纳税，各种要办事业的经费就可以不成问题了。所以整理田赋是解决地方行政问题的先决条件。举个例来说吧，江宁县从前每年收入只有三四十万，经努力整理田赋的结果，现在收入达八九十万，这是大家都知道的事情。我们现在不但没有实现孙总理平均地权的教训，就是赋税平均一点也没有做到。革命是和田赋有密切关系的，政府如果能帮助人民把田赋弄得平均，政府的力量一定可以大大的增加。中国 2000 县当中得到平均田赋的县份实在很少。只要大家肯努力不是没有出路的。第二是人才问题。一般大学毕业的学生大都不愿下乡工作，理由是因为乡间生活太苦。其实他们所得到的学问也是太欧化太不能适合中国的国情。学政治的人，问他们英美德法意等国的政制，他们很熟悉，可是如果问他们中国的政制就茫然了。学市政的也是一样，他们只知道伦敦、纽约、柏林、巴黎的市政，对于北平、天津、汉口、上海等地方的市政就不很清楚。所以中国的学生对于本国的情形太隔膜，他们所学非所用，就是愿意下乡在县政府里做事，能够出力的是很少的。因此，办理地方行政的人就感觉人才缺乏的问题。一方面感觉人才缺乏，他方面遭受失业的痛苦，要免除这种情形不是没有办法的。我们只要把大学教育加以改革，使中国化，不要使学生生活离开社会生活太远，这个问题与地方政府关系很大，如能把它解决是一举两得的。地方政府的建设事业还有一个困难问题，那就是心理问题。中国人因为家族观念太深，所以为政府做事，往往为家庭所累，有用人之权的人如果遇到有用人的机会往往把他的亲戚用进去，不管他的亲戚是否称职。这是因为国家观念薄弱家族观念太深的缘故。在现代我们应该把这种封建思想扫除，国家前途才有希望。还有一般人的人生观也应该加以改变，我们做事的目的不是升官发财而是事业的成就，为国家人民谋福利是人生无上的光荣，我们如果能把这种高尚的积极的人生观养成风气，那种消极的卑劣的人生观的革除也不是没有希望的。

上面已经说过，办理地方政府建设事业的困难是财力、人才和心理，这三个问题既然都有解决的方法，那末事业的成就是靠我们努力了。

——选自南京《中央日报》（1936 年 7 月 24 日）

中国近代化的问题

近代世界文化有两种重要的特别：一种是自然科学，一种是机械工业。这两种特别引起了许多政治经济社会的变迁，如大规模的民治，兼领数洲的大殖民帝国，资本阶级与劳动阶级的斗争，支配世界市场的大公司等。上次世界大战以前，全世界的文化发展似乎有共同的趋势：素不行政治的国家如中国、日本、土耳其、俄罗斯都想望着民治走；未曾使用机械的国家也步步的踏入工业革命的园地。却是大战以后，经苏联的革命，意大利、德意志、日本诸国的法西斯运动，世界的政治经济制度反而背道而驰了，至少是各向各方去了。现在世界没有共同的趋势，所谓近代文化究竟是什么，各国亦有各国的说法了。虽然，此中有一点我们必须注意：斯大林与希特勒在政治经济的立场上虽一个站在北极，一个站在南极，两人对于自然科学及机械工业都是维护的。世界的一切都可革命，谁都对于自然科学及机械工业尚未闻有革命之声。左派的，右派的；帝国主义者与反帝国主义者；男的，女的；白种，黄种；老年，幼年——没有一个肯树反自然科学和反机械工业的旗帜。所以我们如说中国必须科学化及机械化，并且科学化和机械化就是近代化，大概没有人反对的。

这种科学机械文化发源于欧洲西部，近代史就是这种文化的发展史，欧西以外的国家都被这种文化征服了。抵抗这种文化的国家不是被西欧占领了，化为殖民地了，就是因战争失败而觉悟，而自动的接受这种文化，胜利的抵抗是没有的，能利用这种文化来生产，来防守国土者就生存；不能者便灭亡，这是近代史中的规律，没有一个民族能违犯的。

关于欧西以外的国家接受科学机械文化的过程，有几点值得我们的注意。第一，接受愈早愈便宜，愈迟愈吃亏。在同治光绪年间——19世纪的后40年——远东历史的最重要事实是中日两国近代化竞争，在那个竞争之中得胜者一切都得胜了，失败者一切都失败了。18及19世纪俄罗斯及土耳其的形势亦复如此，俄国能占领黑海以北的土地是因为大彼得在18世纪初年为俄国立了近代化的基础，近代化的迟早快慢和程度是决定近代国家命脉的要素。

第二，科学机械文化从西欧向外发展的区域有两种。一种是土著的人很少，西欧人移居其中，把这种文化带去了，美洲及澳洲之成为西欧文化区域是因为美洲及澳洲成了西欧人居住的区域。另一种是人口稠密、西人不能移殖的区域，如东欧、中国、日本、印度。西欧人的势力到这些地方去的是政治经济的，不是移民的，这些地方能否近代化须看地方人民自己的努力。第一种区域近代化的过程是简单的、自然的，其经验没有可资我们借镜的。第二种区域的近代化都是从艰难困苦内忧外患交迫中得来的，其过程之富有色彩和戏剧性是历史家和政治家不能也不应忽视的。

印度在近代史的前几幕就亡国了，我们可以置之不论，余有四国可资比较，即中国、日本、俄国、土耳其。这四国的经验有紧要的共同点，四国近代化都是自上而下的，俄国近代化的发起人是大权独揽的大彼得。日本近代化的发起人是少数贵族的政治家。中国近代化的发起人是同治年间的权贵，在内恭亲王奕䜣和大学士文祥，在外长江的督抚曾国藩、李鸿章、左宗棠。土耳其近代化的发起人是少数留学西欧的知识分子。在四国，群众都是反对近代化的。这不是说这四国的群众是比别国的群众特别顽固，无论在哪一国，群众是守旧的，创造是少数人的事业。在辛亥年，如果全国对国体问题有个总投票的机会，民众十之八九是要皇帝的，现在的民众如有全权决定要不要修汽车路，大多数会投票决定不要汽车路。数年之前，如苏联的民众能自由选择集耕或分耕，90%是要维持分耕的。基玛尔假使遵从民意，土耳其妇女的解放就不会实现了。我们在欧西文化区域内受过教育的人不知不觉的接受了那个区域内的民意哲学，忘记了我们所处的境遇完全不同。英法德美各国进步上的再进步是可迟可早的，至少不致成为国家存亡的问题。欧西文化区域以外的国家则不能不积极的推动各种反民意的改革。

在中、俄、日、土四国之中，近代化即是自上而下，并且常违反民意，改革的推动不能不赖政权的集中。从这四国近代化的过程，我们可以得着一个共同结论：政权愈集中的国家，其推行近代化的成绩愈好。所谓好，就是改革的程度愈彻底，愈快速，没有大彼得的横暴——不仅专制——旧莫斯科的守旧势力是不能打倒的，俄国或要保存鞑靼的、东欧的文化直到拿破仑大战的狂风暴雨，18世纪的宝贵光阴将整个的空费了。在民族的竞争之中，百年的落伍是不易补救的。大彼得虽于死前未得着俄国人的感激，他是俄罗斯民族的大恩人，这是无容疑问的。战后列宁和斯大林的伟业实在就是大彼得事业的继进，……有许多人至今只知道包尔雪维克的厉害，和俄国反革命者末日的惨痛，不知道共产党在俄国的使命是要俄国超近代的近代化。

日本明治的维新与我国所谓同治中兴有一个极大的差别。日本的维新是以政治革命为基础的。尊王派的政治目的达到了以后，政权才集中，维新家始得以天皇的尊严来号召全国。因为天皇的尊严到了绝顶，所以日本的维新家无须倡一党专政，无须用密探和恐怖。同光年间的中国名为统一，实不统一。曾李左诸人的事业不是国家通盘筹划的事业，李鸿章在北洋负创设新陆军和新海军的责任，但他的财源可靠的仅北洋一隅，其他各省的协饷要看李的势力和李与其他各省督抚的私人关系。京内的御史老爷们，甚至各衙门的胥吏及内廷的太监都能和他捣乱。到了甲午，尚有北洋舰队敢与日本一战，李鸿章已算大成功了。只有绝顶天才始能创造新事业，始能为民族百年大计。这些天才，因为没有集中的政权作后盾，不知道历史上有多少被庸人和群众反对而消没了。

土耳其在革命以前的维新很像中国在前清末年的维新，三心二意的维新，成绩很少，费用很多，整个国家几乎为这样的维新所灭亡。等到基玛尔用严密的组织统一了政权，又利用这政权来打倒一切步骤不齐的行动，然后土耳其始真正的复兴了。

民国以来，我们一面想要接受近代的科学和机械，一面又因内战把国家割裂了，政权分散了，所以国运反而在革命以后遭更严重的打击。自国府定都南京以后，我们才慢慢的从艰难困苦之中建设了近代化的最低限度的基础，那就是说，政权慢慢的统一了。我们不必讳言，这种统一还有不健全的地方，还有待我们努力和牺牲来完成的地方。但是近代化的问题关系民族的前途太大了。无论牺牲多大，我们不可顾惜。不近代化，我们这民族是不能继续生存的。不统一，我们的近代化就不能进行。统一而政权不集中，或集中而运用不大胆、不猛烈，则近代化虽进行而不能快。那末，我们落伍的途距就不能追上了。

所谓自然科学和机械工业不是少数学者和学校的事业，也不是几个都市的事业。我们有时因为近年理工两科的学生和设备加多，就心满意足，以为中国就近代化了。其实中国近代化的程度是很可怜的。说农业：中国的农民与近代的科学可说是不发生关系的。说行政：仅少数上层机关有几分近代化的皮毛，余则因循度日。说工业：就是大都市里面的大工厂尚且有用中古的管理方法来使用近代的机器的。倘此后政府不加以督促和鞭打，我们的生产事业都会被国际竞争所淘汰。

我们近年在各方面确有相当的进步。但是我们的进步离应付国难的程度还远呢。我们的外交内政，大干、冒险的干、革命的干，或者干的通；小干、三心二意的干，就会干不通了。所以在纪念民国 25 年的时候，我愿全体同胞从大处着眼，为民族谋百年的大计，拿出我民族的伟大精神来。

——选自《独立评论》第 225 号（1936 年 11 月 1 日）

论国力的元素

国际的战争或竞争都是国家力量的比较，此次的抗战经验及近月来世界局势的发展，无不使我们觉得当前最宝贵的东西莫过于国家的力量。此后无论我们是规划政治制度、学校课程、交通建设、经济发展，或是文化指导、礼俗厘定，甚至于私人的恋爱、娱乐诸问题的解决，我们都应该以国力为我们最高的标准。倘若道德与国力相冲突，我们应该即刻修改我们的道德观念。假使某种最大的国粹阻碍我们国力发展，我们也应该火速割爱，把那种国粹抛弃毁灭。我们希望我们心目中的"新经济"，就是国力学。

提及"力"，国人免不了联想起"暴力"，因为我们这个古老的民族久已视文弱为自然，甚至于为高尚。为避免这些先生们的误会，我先声明：国力不等于暴力，然而暴力是不可鄙视的，而且也是国力的元素之一。陈独秀先生多年以前曾说中国人应该野蛮化。我以为这是独秀先生的学术的最高峰，可惜他以后没有专心去推行野蛮化运动，否则我们今日的抗战力量尚可提高几分。不但抗战力量可以提高，就是我们的社会和私人生活也干净些、健康些。野蛮人有野蛮人的礼义廉耻，其所不同于文弱人，甚至于文明人的礼义廉耻者，就是野蛮人的礼义廉耻是天真的，文明人的礼义廉耻是虚伪的。野蛮人的勇敢是肉体的，是敢作敢为；文明人的勇敢容易流为口头的、笔头的，不是自己上前线的，是鼓励他人上前线的。

在9月下旬的欧洲风波之中，只有德国和苏俄表示不畏战，英法两国的人民至于谈战色变。这不是偶然的。苏德两国虽然好像北极与南极的对立，两国近年的教育方针和政治经济设施，正如前文所言，完全以国力为其最高标准和最后目的。苏俄的两个五年计划及德国现所推行的四年计划都是国防计划。两国的教育方针均企图预备青年的体智德为健全士兵。斯达林和希特勒两人竭力鼓励妇女生育，其用意亦不外备战。英美法各国的人民则太贪图安逸了。虽然，这些民治国家还没有到不可救药的田地，他们还只到文弱的初期。譬如英国前外相艾登一面提倡国际的新生活，一面大声疾呼的主张扩军。他在未下野以前及在既下野以后，屡次警戒其国人说，民治的前途在于爱好自由的人民能否自动的守纪律、受劳苦、肯牺牲，如同全能国家的人民一样。此公把文化前途的问题看透了。民治的国家的任务莫大于发展国力。

三民主义的中国更应及时树立以力立国的标准。我们入手的工作是心理的改革。我们要承认弱是可耻的。无论是国家的软弱无能或是私人的软弱无能都是天下最可耻的事情。诗词、书法、风雅、理学、汉学这些东西都可以不要，唯独国力不可不追求。我们要承认力本身是宝贵的、高尚的。我们要看清国力包括暴力、野蛮力、战斗力。这种认识是提高国力的基础。

地大物博民众是国力的物质元素。这是常识所承认的，无须多加讨论。我们的地之大，物之博虽不及英美苏三国，却不在任何其他国家之下，而我民之众则又远超这三个国家。我们国力的物质元素是比较充足的，大可有作为的。不过物质元素必须配上种种的精神元素，否则国力仍不能发扬。甲午之战，中国以 8 倍日本的人口、30 倍日本的土地仍遭惨败。1914 年帝俄以 40 倍德国的土地，2.5 倍德国的人口尚不能当德国的军力的 1/3。历史上同类的例子多极了。国力的精神元素或者比物质元素还重要。

精神元素不外文化程度和民族团结两种，从我国的需要观察，所缺乏的文化是近代的文化。抗战以来，有一件可慰的事情，那就是没有人提倡以大刀队来应战。足证国人对于时代的认识已有很大的进步。目前国内没有人不渴望军备充分的现代化。不过现代的战争不仅是军队与军队的战争，实是全民的战争。有了现代化的军队而没有现代化的工业、交通和政治，还是不济事的。要想政治经济的现代化又不能不有现代化的教育。我们还可以进一步的说：一个国家，其政治经济教育不是现代化的，根本不能有现代的军备。同治光绪年间的曾国藩、李鸿章、左宗棠之所以失败，正因为他们只企图局部的现代化。因为如此，连他们所希望现代化的局部都不能现代化了。帝俄之败于德是局部的现代化败于全面的现代化。一国的军备是一国全体人民的体力、智力、生产力、组织力的总集合。全盘生活现代化了，军备自然而然的现代化了。我们若要提高国力，我们不能不火速促进全体人民的全盘生活的现代化。

所谓"近代文化"的特征是科学。工程和机械都是科学的实用。我们所提倡的现代化就是科学知识、科学技能、科学的思想方法之普遍化。国内人士注重科学者日见其多，然而我的近代化仍是很有限的。最大的阻力莫过于我们的重文积习。张君劢先生近在华中大学的讲词中说我们有"文字病"，往往把文字当作实物。他很尖锐的批评这种毛病：

这个毛病，是渊源于几千年来士大夫过重书本与文字的结果。他们几千年来读书作文，或作经义，或作策论，或作八股文，都是以文字优劣，定人之优劣。此种毛病，传至他方面，则开会时专讨论章程，内容必求其详备，文章必求其雅洁，而开会后的实际工作，大家漠不关心，只多让一二热心人去干罢了。甚至国耻纪念，亦依例以一篇文字来了事。文字的好不好是必须争论的；事实究竟怎样，大家是不注意的。这个病根就是士大夫的兴趣只注重书本与文字，而忽略了真实对象。

张先生还没有谈到这个毛病的流弊。因为重文的恶习尚存在，所以有许多人一面提倡科学，一面又要青年读古文、写古文，日夜在那里呐喊，要学校注重国文，殊不知科学与国文是不能并重的。我们虽废了科举，但一切入学考试及政府机关和社会事业的用人仍偏重文字的知识。所以青年们以及他们的父兄师长不能不特别注重文字的学习。青年们在这种环境之下只好牺牲身体的康健和别的科目或技能的学习。

我国的文字原来比欧美各国的字母文字困难，而社会又把文字知识的标准定得很高。青年的文字负担之重实在可怜极了。我国小学和中学的课程在国文一门上所费的时间比欧美各国要多一倍，然而我们的毕业生使用国文的能力尚不能赶上欧美的同等学校毕业生。这不是因为我们的脑力不及人，完全是因为我们的文字难和我们的文字标准高。除国文以外，青年为求学的便利，不能不学英文或德文法文。我们学英文到能读书的程度比法国人（或其他国人）学英文到同等的程度要多费三倍的时光。这种困难不但影响文人的教育，而且影响军官的教育！

到了抗战的时代，我们忽然发现，文字的能力究竟于国事无多大的补救。倘若此刻我们能把几百万能文的青年变为能驾汽车，或开飞机，或放炮、开坦克车、弄无线电、修路、修桥、造军火甚至于能救护伤兵的人员，我们的国力就能加增好几倍。在这一年之内，不知有多少热血青年懊悔自己专门技术的缺乏和身体的不强壮，致不能为国家出力。他们平日苦心苦力所学得的文字知识有什么好处呢？作宣传，如老百姓回头一问："你为什么不上前线？"有什么话可回答？战时的宣传工作本来应该留给老年和妇女们去作。文弱的青年在这个年头的烦恼可想而知。我们祖先所造的孽，除了强迫女子缠足以外，莫过于重文。以后我们如不降低文字知识的标准，彻底的废用古文，那不知我们还要枉费多少青年的宝贵光阴和心血，消磨多少的国力。

　　有人要说：抗战时期文字知识的作用虽然好像降低，却是战事完了以后，岂不是又要恢复常态？我们要知道：在我们所处的这个历史阶段之中，战争就是常态！所谓和平，不过是个备战时期，政治和经济斗争时期。时至今日，我们无法避免斗争。我们不能退守孤立，只能勇往直前的到斗争中去找出路。这是一整个历史阶段，绝不是三五年的事情。

　　国力的精神元素最要的莫过于精诚团结，而团结的最低限度和初步实现是政治统一。所谓统一，就是一个国家只有一个政府和一个军队。于国府之外去另设政府，或是于国军之外去另组军队：这是最毒的灭杀国力的方法。在民族生死关头之际，无论这种行为假借的名义或主义是什么，都是绝顶的罪恶。处今日而回想民国以来军阀及党派的割据，我们能不痛心吗？过去不必说了，以后我们应该记得凡破坏统一者，无论是彰明昭著的破坏，或是掩饰的破坏，都是民族的敌人，其罪恶不下于汉奸卖国贼。

　　我们此刻不但须从政权和军权统一之中去追求国力，我们更须进一步的谋经济的统一。以往经济的割据也是国力不能发展的主要原因之一。美国之所以能富甲天下大半靠她的 48 个联邦能组成一整个的经济单位。欧洲先知先觉的人们久已提倡学美国的先例，组织泛欧联合国。现代的经济必须有较大的地域单位始能发生效能。新经济与旧割据是势不两立的。现在我们的领土能资为国力的源泉者既大缩小，我们更须通盘筹划。举凡一切货币的、税收的、交通的、资源的把持，我们应该火速的调整。

　　政治和经济的统一尚不过是精诚团结的外架，其内心是民族一体不可分离的精神。这是国力的中坚，也是国防的最不可破的一线。上次德国大败以后，法国亟谋莱因区的脱离德国而独立。彼时德国已无抗战的能力，莱因区又在法国驻防军队的严密统制之下。法国在那个地方实能为所欲为。法国允许了莱因区经济合作的优待条件，并且答应莱因区的人民不负担任何赔款的责任。假使当时莱因区的德国人愿听从法国的指使，他们事实上能避免许多战后德国人所受的困苦，享受许多一时的便宜。但是在那种情形之下，法国的阴谋依旧失败了。因为什么？因为德国人不愿作外国人的傀儡。就是自己能占便宜，他们尚且不愿意。他们要继续作德国人。他们要与祖国同甘苦，不要离开祖国去享短期之福，萨尔区的德国人亦复如此。战后该区名义上暂归国际共管，实由法国统治。临到 1935 年公民票决的时候，无论法国如何利诱，无论区内的人民（多半是矿工）如何不满意希特勒及国社党，97％仍投票表示要回到祖国的怀抱。因为德国人有了这种民族精神，即使作战惨败了，国家的复兴是外人无法阻止的。我们在国力未充分发展以前，免不了有一个危险的过渡时期。在此过渡时期之中，最能维护民族生存的莫过于民族的精诚团结。这种国力全靠我们自己去发展，外人不能助我，亦不能阻我。

——选自《新经济月刊》第 1 期（1938 年 1 月 16 日重庆出版）

政治自由与经济自由

自由主义原是 18 世纪开明运动的产物，其诞生、长育及成熟，经过长期的与封建势力对敌的奋斗，及无数次的流血革命。历两世纪，各民族的英雄几全是自由主义的提倡者。到了本世纪的初年，虽然有偏左和偏右的反对者，全世界多数人认定自由主义是文化的正宗。不仅大西洋沿岸的国家崇奉自由主义为天经地义，就是中欧的义奥德也循自由主义的路线向前进。未曾受过文艺复兴及宗教革命洗礼的俄国，居然于日俄战争后召开国会，颁布宪法。同时顽固的、号称"欧亚病夫"的土耳其，在青年土耳其党的领导之下，兴高采烈的接收西洋文化，其主要成分就是自由主义。文化自成系统，而且离自由主义的地域及环境极远的中国和日本，也在 20 世纪初年，或筹备立宪，或已立宪，而图扩大人民自由与参政的范围。在世界各国里，政争还是有的，而且是很激烈的，不过大多数人认为自由主义是正途，所争者是循这个路线的急进与缓进。

从 18 世纪中叶到第一次世界大战，自由主义享受了一百六七十年的思想正统。

第一次世界大战以后，这种局势就大变了。列宁及其他苏联革命领袖对传统的自由主义展开了全面战。后来，墨索里尼和希特勒又继续不断的对自由主义加上明击暗打，日本军阀也在尾巴后面喊呐。苏德义日之间虽有共产主义与法西斯主义的大区别，及种种国家利害的大冲突，其反对自由主义，而图以国家全能主义替代之，则是一致的，而且都是不遗余力的。

以先与自由主义对敌者是封建势力。近 30 年来，反对自由主义者是革命势力。我们不要忘记，墨索里尼和希特勒均以革命党自居。他们的成败得失诚有问题，但他们曾对义德两国的社会加以剧烈的改变，这是我们不能不承认的。

为什么近年的革命家要反对自由主义呢？

列宁、斯大林、墨索里尼、希特勒都认定自由主义是资产阶级的烟幕。在他们眼光里，自由主义不过是资本主义的变名改姓。据他们说：

一、在自由主义之下，民众纵使得着局部的政治自由，真正的经济自由是绝对得不到的。

二、在自由主义之下，富者益富，贫者益贫。

三、在自由主义之下，少数人有剩余粮食布匹及其他生活必需品，愁着无法出售，于是设法限制生产，瓜分市场，抬高市价；多数人则愁着无饭吃，无衣穿。这种过剩与穷乏面对面的矛盾是自由主义不能克服的。

四、在自由主义之下，不景气的风波一起，工厂忽然关门，已开的矿忽然停开，已种而又可种的田地忽然荒废，同时几千万的劳力者忽然失业。这种经济盛衰的循环，和这种一面生产工具失用而另一面无数生产工人失业的矛盾，也是自由主义所不能克服的。

五、在自由主义之下，尽管人民有言论自由、结社自由、信教自由；尽管人民可以选举行政和立法长官，有几个学府、教堂、报馆不是资本家的御用机关呢？法庭不是他们用以保护资产的？道德还不是他们用以控制民众的吗？

六、到了成熟的阶段，自由主义的花样更多了。富翁可以拿出一部分的不义之财，办点慈善事业，借以表示阶级冲突的不存在。至于牢笼聪明才智之士，使自由职业者及文艺作家不能逃出金钱的网罗，这种伎俩，在资产阶级手里，已经练得绝顶聪明了。

全能主义对于自由主义的批评，不是完全凭空捏造。西洋近代史充分证明政治的自由绝对不会自然的、不费力的变为经济自由。一个民族可以享受政治的自由，而同时遭遇经济的压迫。就是在自由主义发动最早、成绩最优的英美，民众把握了政治自由以后，还须继续不断的奋斗，始能取得几成的经济自由。

不过全部人类历史，并无一点事实可以证明，政治自由是经济自由的障碍。单独政治的自由固然是不够，但是如果要说必先取消政治自由而后才能取得经济自由，这未免过于强词夺理了。

究竟政治自由与经济自由，在人类的演化中是个什么关系呢？

最近这百余年来，自由主义国家的人民，利用政治的自由，与资产阶级作长期的奋斗。他们虽然没有完全达到目的，他们确有相当的收获。

一百年以前，工作时间没有法律的限制。现在最普通的法定工作时间是每星期 44 小时，比百年以前减少了 30%—40%。

一百年以前，英美两国都禁止工人组织工会，把工人的同业团体看为阴谋不轨。现在工人不但能组织工会，而且在许多工厂里非工会会员不得受雇。工会已经成了英美政治上最有力的团体。

工人工资在这百年之内不但在净数上有很大的进步，而且在整个社会收益中，所占的百分比也有很大的加增。

现在工矿的卫生及安全设备，是百年前的工人所梦想不到的。现在工人的福利事业及各种社会保险，如失业保险、疾病保险、残废保险，也是百年前的工人所梦想不到的。

百年前，各国尚无所得税，更谈不到累进的税率。今天自由主义的国家所收的所得税、遗产税，及过分利得税均是各国主要的财政收入，且皆出自富有阶级。如拿这种直接税的累进率为政权评判的根据，我们几乎可以说：民主的国家虽没有执行阶级的革命，却高度的把政权分给平民了。

今天英国的工党，用自由民主的方法，取得政权，于是运用合法的政权，把英格兰银行及全英的煤矿收归国有。此刻英国的国会正辩论运输事业，包括全英的铁路，收归国有。

我们如研究英美的历史演化，我们不能不承认两点：（一）英美社会，从劳苦阶级解放方面着想，在自由主义盛行的时代中，确有长足的进步。（二）这种经济及社会的进步，得力于自由主义的民主政治不少。

今天英美的社会离理想境遇甚远，应该改良而且可以改良的地方很多。这是英美自由主义者自己所承认的。以往虽有进步，然而进步之慢及遭遇困难之多，皆足使开明分子痛心。以后资产阶级必尽力之所能以阻碍各种社会主义的设施，这也是我们所能预料的。进步的迟缓及困难，虽一部分应该归罪于富有阶级的心理，却也有其他理由。

第一，自由主义本身的不健全。在起初的时候，自由运动的对象是封建势力及武断苛虐的行政。所以18世纪的开明政论家，都以无为而治为其政治理想。据他们看来，最好的政府是最不管事的政府。并且在18世纪，西洋的社会还是农业社会，理论家皆重农而轻工商。至于工业革命以后，金钱势力的膨胀及其支配社会的伎俩多出于自由主义者前辈的想象之外。所以在19世纪的前半，许多资本家借自由主义的名义，反对政府限制工作时间，反对工人组织工会，甚至于反对政府举办教育及卫生事业。

自由主义的消极解释，今天尚在英美社会中作怪。现在最普通的反对论调，就是国营事业不及私营事业效率之高。根据这个论调，资本家把国家的富源霸占，把经济的枢纽窃据，使民众依民主政治所得的权利不能充分发挥其效能。

国人不察，也有坠入这种论调的陷阱中者，殊不知私营事业之浪费及失败在在皆是。何况国营方法的改善并不是一件不可能的事？

第二，许多社会优秀分子鄙视政治而想逃避现实，洁身自好。这种人生观根本是败北主义，其结果不过把政权拱手让给自私自利的野心家。

自由主义不是一条坦途。它并不能给我们一个一劳永逸的方案。不过如舍自由主义的路线，我们能循全能主义找得天堂吗？

在这篇短文里，我不预备评判全能主义。凡在全能主义政府之下生活过的更加知道自由之可贵。假使人生一切由政府统治，纵使政府是最贤明的，我们会发现为人不过是作牛马。

马克思的学说，大部分是马克思以前的进步分子，内中主要人士还是自由主义者已经宣传过的。马克思对于政治理论，是劳工阶级专政，那就是说，放弃个人的自由、政治的自由，以取得劳工阶级的经济自由。我以为近代的人类史，证明政治的自由与经济的自由是相辅而行的。我们如得其一而失其二，我们要发现生活是悲惨的。我们如双管齐下，我们的奋斗可以事半功倍。

漫谈知识分子的时代使命

实际政治大部分是利益集团的斗争。在马克思学说未风行以前，西洋的政论家，无论是左倾或右倾，都公开的承认这一点。美国开国时期的领袖甚至故意设法使资产阶级能永久把握政权。许多马克思的理论，在马克思以前，就有人宣布过而且有些是右倾分子宣布过的，马克思对于政治运动的特殊贡献是劳工阶级专政的学说。这种鼓动引起了不少的心理恐怖，于是有许多言论家讳言政治与经济的密切关系，好像政治，尤其是民主政治，是超阶级利益的。其实在民主之下，利益集团的斗争是日夜不停的。

在英美社会里，知识分子并不独自成立阶级。各种职业，连买卖业在内，都能吸收知识分子。靠知识吃饭的公教人员，因其所得待遇的优裕，实是中产阶级，其利害关系与一般工商界是打成一片的。英美教育的普及和文字的简明使知识分子与非知识分子之间不能有清白的界线。

学者和专家，在英美社会里，并没有政治的号召能力。除非他们把学问掩饰起来，故意操老百姓的腔调，他们是不能得选民拥护的。英美政客的技术之一种在使老百姓把他们当作自己人看待。至于工商界的巨头，他们自以为经验丰富，遇事都有办法，更不要请教于"不切实际的书虫"。

在我们这里，无论是老百姓或是工商界的人士，对于学者尚保存几分传统的尊重。究竟几十年以后，知识阶级的社会地位将演变到什么田地，此刻尚不能预料。我们的社会已开始变动。工商界已开始吸收知识分子，而出身知识界的商人与工业家有些不但自己丧失书生的面目，并且对于学者已带几分鄙视之意。在我们这里，如同在英美一样，久而久之，各种利益集团必会有组织的企图把握国家的大政，目前的一二十年或者是知识分子左右政治的最后的一个机会。

谈政治，最忌凭空创设乌托邦或假定某一部分的人天生圣贤。人情并无国别的或阶级的天生差异，我们为什么迷信知识分子在现阶段的中国能够而且应该负担特殊使命呢？

士大夫耻言利，这是我们的传统，历代的圣贤讲究立功立德立言，却没有半句话讲发财的。时至今日，这种传统尚有几分效力。一般知识分子并不梦想作煤油大王、钢铁大王，或任何其他金钱大王，他们祈求的是适当的工作机会。他们的生活目的是事业的成就，而不是金钱。当然他们希望生活安定，衣食有着落，子女能受较好的教育，工作的设备和环境要适当。这些物质欲望是自然的、合理的，而且所费是有限的。这种人生观是事业的人生观，不是金钱的人生观。这是从工作本身找乐趣，其出发点和原动力是工作欲，不是收获欲，是匠人心的发挥，不是商人心的表现。

中外古今文化的进步发源于匠人心者远过于发源于商人心者，这种匠心（Instinct of Workmanship）是文化的源泉。文学美术的创造以及政治经济制度的创造只能靠匠心而不能靠金钱。杜工部和白乐天的心目中并没有稿费或版税。莎士比亚把戏剧作为他的玩意儿，也就是他的性命。乐圣斐蒂欧文应内心的驱使而编乐谱。巴斯得的研究细菌，居里夫妇的研究镭质，都是匠心和工作欲的发挥，与金钱欲没有关系。孙中山的革命、罗斯福的新政是想治国平天下，不是想个人发财。

英国经济史家唐恩教授（R.H. Tawney）常说尚利的社会（Acquisitive Society）是近代文化的产物。在中古，生产能力虽有限，生活状况虽很苦，个人发财既不是通行的人生观，也不是社会习惯及制度所许可的。自宗教革命以后，各种保障社会的传统逐渐废弃，而个人发财的自由及风气遂成为近代文明的特色。学者及一般人们甚至认定自由争利是一切进步的原动力。聪明才智之士也以聚财的多寡为一生成败的尺度。

循尚利的路线走到尽头以后，西洋的社会已经有人发现前面是死胡同。近二三十年来，不仅有些科学家和工程师觉得自由争利不能充作高尚文化的基本动力，就是企业界的巨头也有人觉悟。现在英美社会的聪明才智之士走事业的路线者逐渐加多，走金钱路线者日形减少。三年前我参观田纳西河流域管理局的时候，发现其中有不少的技术专家及管理员情愿接受较低的薪金而继续为佃列西河（即田纳西河）流域的开发努力，不愿改就私公司的职务，纵使公司可以给他们数倍的金钱报酬。他们觉得工作的愉快及工作的社会意义是他们最大的收获，至于金钱，田纳西河流域管理局虽不能使他们成为富翁，一切合理的欲望也都能满足。

在我们这里，如果知识分子能保存士大夫传统的气节，我们可能超度西洋近 300 年的历史。孙中山之所以坚持民族、民权、民生三种革命要同时并进，就是要缩短历史的过程。现在工程师在国内所干的事业都带几分缩短历史的性质。在制度及机械方面能作的事，我们在道德方面应该也能作。何况事业的人生观是中国书生的本来面目呢？

在长期抗战的阶段之中，知识分子，除少数市侩化以外，大多数概普罗化了。他们对金钱势力的横暴及民众生活的困难均得了更深刻的认识。原来想洁身自好者，现在知道在这种社会之中自好无从好起。知识分子传统的人生观及传统的社会地位，加上最近十年的磨炼，使他们对新国家的建设能有很大的贡献。

中国的知识分子大多数来自小资产阶级的家庭，富翁在我们这里本来是极少数的极少数，而富门子弟又多不愿出知识的代价。国人现在尚不了解我们知识分子求知的困难。一个中国人在国文上所费的时间要三倍于一个英国人或法国人费在英文或法文上的时间然后能得同等的程度。因为新知识出版品的缺乏，我们不能不学一种外国文，而我们在英文或法文上所费的时间又要三倍于一个英国人在法文上或德文上所费的时间始能得同等的程度。除非文字有很大的改革，知识分子必是人民中的极少数。他们虽不是劳动阶级的子弟，却知道稼穑的艰难。他们自己求知所受的痛苦就不亚于种地的乡下人。

这种知识分子踏出校门以后，99%并无家庭资本可以自办工商业。他们大多数还是作公务人员，投身事业界者仍是以参加国营事业者居多数。换句话说，知识分子的出路在于作官，教育官、行政官、事业官。名义虽不同，靠公家薪金吃饭则是一致的。所以在中国知识分子与政治的关系是切身的。

事实虽是如此，知识分子却不肯充分承认。他们中间至今尚有人在做梦。一种梦是教育清高而作官不清高。另一种则以为唯独作官是光荣。其实教学可以清高，普通也是清高，但作官也可以清高，应该清高，作官可以得光荣，也可以不得光荣，并且教书、作工程师、行医、当律师，都是光荣的。

中国的官僚90%来自知识界，但是知识分子最喜欢骂官僚。在朝的知识分子和在野的知识分子形成两个对垒。其实在朝的与在野的，无论在知识方面，或在道德方面，是不相上下的。据我的观察，官吏90%想奉公守法，努力作事，70%能与环境奋斗，只有20%为环境所克服而作违心的事情。如果环境改善，中国的官吏在工作效率上及操守上，可以不落在任何别国官吏之下。社会感觉官吏的压迫，殊不知官吏深感社会的压迫。社会总是说政府的赏罚不公，其实社会的舆论对公务人员也是赏罚不公的。政府与社会就是难兄难弟，两者都是不够近代化。

沙学浚先生在本刊的第 16 期提到开明分子组织政党的困难。他说：

> 在团体活动中他们（开明分子）往往胸襟狭、气量小、有学问不一定有能力，尤其是领袖能力和组织能力；他们往往过于自信，过于自尊，因而漠视纪律、轻视旁人，这就成了既"不能令，又不受命"的人。

沙先生所指出的毛病当然是实在的，而且是可叹息的。这种毛病是各国文人最容易犯的。"文章都是自己的好"。不过学问与技术，虽没有显明的尺度，究竟比文章要客观一点。所以现在知识阶级领袖的产生比以先实在容易多了，自然多了。

近来经济学者对世界经济前途大体上是抱乐观论的。他们觉得有了近代的科学，全世界的生产效能及生活水准均能大大的提高。他们并且相信一国的穷困间接是其他各国的祸患，反过来说，一国的富庶直接间接能使其他国家受益。在经济上，这是一整个共存共荣的世界。如果各国的外交政策全凭经济元素决定，国际的合作应能顺利的实现。

在一国之内，各种事业也是互相依赖的。我们如以事业的人生观为出发点，我们必感觉中国可作应作的事太多了。我们彼此之间只可用加法乘法，绝无用减法除法的必要。据我个人的经验，朋友们对我们用加法乘法者远多用减法除法者。士大夫的传统在这方面已起始改善。

沙先生所举的困难虽然是实在的，我仍觉得事在人为。中国现在最急需的还是近代化，加速的近代化在这个历史过程中，毫无疑问的，知识分子应该居领导地位。

在政治上，中国正图从武力政治过渡到舆论政治，这种过渡亦应该由知识分子加以推动。

在经济上，中国的资源亟待开发，而开发的后果亟应设法使其能为全体人民所享受。这种使命尤其要知识分子负担。

——选自《世纪评论》第 1 卷第 24 期（1947 年 6 月 14 日南京出版）

我所记得的丁在君

我初次与在君见面好像是民国 14 年的冬天，地点是天津的一个饭馆。那天请客的主人是南开大学矿科创办人李组绅，或是矿科主任薛桂轮。在君是主客，陪客者尽是南开的教授。见面的印象，照我现今所记得的，第一是他的胡子，第二是他的配有貂皮领子的皮大衣，第三是他那尖视的眼光。朋友们普通见面时那套客气话，他说的很少。

入席以前，在君第一件事是用绍酒洗杯。他不喝酒，更不闹酒，好像他不喜欢同席的人闹酒。他吃的不过多，也不过少。他的吃法不是一个讲究的吃法，是个讲究卫生和营养的人的吃法。对主人点的菜，他没有称赞过一门，也没有批评过一门。对饮食，他是不大在乎的。

我记下来在君这些生活小节，不是没有原故的。以后我和他往来多了发现他是我一生一世所遇见的最讲究科学的一个人。我所认识的人当中，有些人在他们的专门学问范围之内很遵守科学方法，保持科学态度，出了这个范围，他们与一般人的思想方法及生活方式并无差别。还有些人在学问上面很科学的，在生活上面则随便了。在君不但在研究地质地理的时候务求合乎科学的方法，就是讨论政治经济的时候，或批评当代人物的时候，或是在起居饮食上，他也力求维持科学的态度。他不随便骂人，也不随便作主张。写政治文章的时候，他不放大炮。这不是说，他的意见都是对的，或都是我所赞成的。对所不知道的或未加研究的问题，以拒绝表示意见。他表示的意见是有根据的，而且是有分寸的。

在天津饭馆的席上，在君和主人谈了一阵有关煤矿的事情。我不感兴趣，没有仔细听，只记得他谈起天来，务求准确与具体。后来大家谈到内战，由内战谈到当时的军阀和军队。关于这些题目，在君的知识简直是骇人的。军阀个人的籍贯、年龄、出身、天资的高低、教育的程度、生活的习惯、彼此的关系、部队的数量、素质、配备等，在君几乎是无不知的。就是当时日本的专业军事密探都不能比在君知道的更多或更正确。

我在外国留学 10 年，与在君的见面的时候，我回国还不满 3 年。对当时的军阀，我不但没有认识，普遍的认识或个人的认识；我根本讨厌他们，痛恨他们，觉得他们如不是强盗土匪出身的，也不过等于强盗土匪。照在君当时在席上的谈话，我完全错了。在君认为许多军人是爱国的，至少是想爱国的，有些实在是高度爱国的。在君并且强调的说过，许多军人具有绝好的天资，可惜他们没有受过近代式的教育。如果他们当初的教育是近代式的，他们可能对国家有很大的贡献。在他们知识及环境所许可的范围之内，他们也想救国，也想替社会造福。

在君这一段谈话是我研究中国实际政治的第一课。像学生问教师一样，我问了他：曹锟有什么长处，怎能作北洋军阀的巨头。在君叙述了曹锟的资历以后，讲了一个故事。他说曹锟在保定驻防的时候，有一次遇见一个小兵在那里放声大哭。原来这个兵接到家信，说他的父亲病重，恐怕不能医治。曹锟问了清楚以后，给了这个兵几十块钱教他回家尽儿子的孝道，以后再回营。这种小惠是曹锟作北洋巨头的技巧之一种。北洋军人多称赞曹锟的厚道。

九一八事变以后，因为《独立评论》的关系，我得了机会进一步的认识在君的思想和为人。那时候，我已经从天津南开移到北平清华教书，有几年还在北大兼课，所以与在君见面的机会就多了。

九一八事变发生以后，北平教育界的朋友们都受了很大的刺激，都感觉到除了教书和研究以外，应该替国家多作点事。有一天在任叔永家里吃饭。在座的有丁在君、胡适之、傅孟真、陈衡哲女士（即任叔永夫人）、陶孟和、吴宪、竹垚生、周枚生、主人和我。我提议办一个刊物。适之大不以为然，觉得我的提议完全由我没有办过杂志，不知其中的困难。孟和也是这样的腔调。陈衡哲最热心。在君和孟真没有表示。过了相当时期，我又旧话重提。出了意料之外，在君赞成，不过他主张先由筹款下手。他建议凡愿意参加的捐月薪 5%。等到基金到了 1000 元左右，刊物才出版。在君说，先筹款有两层好处，一则可以测量大家热心的程度，二则可以免出版以后又因经费的困难而焦急。当时我不知道，以后我听见这个先筹款的办法是《努力周报》采用过的。

《独立评论》是九一八事变的产物。登载的文章也以讨论东北问题及其相连的和与战问题的为最多。在君对东北的政治经济军事及外交曾有极深刻的认识。他在东北旅行过无数次，他认识东北的主要人物，他深知日本和俄国对东北的野心和阴谋。我因为研究中国外交史的原故也已多年注意东北。大体说来，中国的外交，在道光、咸丰、同治及光绪的前半期，集中在开通商口岸、治外法权、协定关税，及租界等问题，就是国民革命时代所标榜的不平等条约。从光绪后半期起，我们的外交中心逐渐移到东北，即西人所称的满洲问题。在北伐时期，我感觉东北问题的困难远在不平等条约问题之上，所以甚盼政府当局不要在取消不平等约及完成革命和统一的过程之中，有意的或无意的加添我们在东北的困难。民国 17 年，我同好几位南开同事到东北去考察了一个夏季。东北的新建设，北到齐齐哈尔，东到敦化，我去看过，并研究过这些建设所引起的对日外交问题。我的感想之一是：在东北要人之中惟独杨宇霆有整个计划。

现在我身边没有一册《独立评论》。不但在君的文章我记不清楚，连我自己的文章，也不敢说记得清楚。大体说来，当时评论社的朋友们没有一个是极端主张战的。大家都主和，不过在程度上及条件上有不同而已。主和最彻底的莫过于在君，其次要算适之和我，孟真好像稍微激昂一点。在君最露骨的一篇文章是以"我们需要一个普拉斯特立托维斯克条约"为主旨。苏联革命之初，列宁不顾同党者的反对，也不顾德国所提条件的苛刻，毅然决然与德国签订普拉斯特立托维斯克条约，为的是要完成革命。在君在这篇文章里劝中国采取列宁的办法去对付日本。

这篇文章，在见解上及气魄上，都是极可敬佩的。在君自己当然知道他的意见是不会受人欢迎的。在近代史上，我们的士大夫没有一次不是主战的。道光二十年左右的禁烟、咸丰末年的英法联军、同末光初的中法越南之争、光绪八九年的伊犁问题、甲午之役：在这几个紧要关头上，士大夫没有一次不激昂慷慨的主张战争。主和者简直不敢公开发表他们的主张。在君这篇文章是少数例外之一。

这篇文章没有得着任何有力的响应。在君以后也没有向这方面努力。为什么呢？我们零星的谈过，但我不敢说我确知在君心里的打算。他没有坚持他的意见，大概不外两个原故，一是国内主战的空气日趋浓厚，一是日本军阀的横行和日本文治派的失败。在他死前的一二年，他有许多计划是以全面抗日为前提的。对于应战的预备，他很感兴趣。

我早主张国防部应该请文人作部长。有一天，我和在君谈这件事，并且告诉他应该作国防部部长。他没有说不愿意或不可以，因为在君最不喜欢说客气话。他倒说他最喜欢作军官学校的校长，这颇出于我的意料之外。他说中国的新教育，在文的方面和在武的方面，是同时开始的。在满清末年，政府对于军事教育的注重远在普通教育之上。在初期，文学堂和武学堂都是请外国人，多半是日本人作教员的。那时上课的时候，教员带翻译上班，一个钟头只能授半个钟头的课。文学堂早就超过这阶段，军官学校至今没有超过。据在君看起来，单就这一点，我们就可以看出来武教育之缺乏进步。在君切盼中国军人的军事教育能火速赶上世界水准。这是他想作军官学校校长的理由。

在君不但感觉我们军事落伍的危险和痛苦，他也深知我们在政治经济文化各方面落伍的悲惨。他是兼通中西学问的。他了解一切问题的复杂和连环。谈政治的时候，他最喜欢说的一句笑话是：中国的问题要想解决非得书生与流氓配合起来不可。他是想提高国家水准的一个有力分子，其成败及理由还得留待将来的历史家来研究。

表面的在君好像是冷的，实际的在君是很热心的。对国事热心，对朋友也热心。

我于民国 24 年冬天参加政府工作以后，常遇着地方及中央高级人员这样的对我说："你就是蒋廷黻，在君说过，我一定要和你多谈一谈。"他在背后不知道说了我多少好话，替我作过多少宣传，但他自己从来没有对我提过一句。

——选自"中研院"院刊第 3 辑·丁故总干事逝世廿周年纪念刊（1956 年 12 月台北出版）。

国家的力量（节选）

——1953 年 5 月 14 日在台大法学院讲演词

研究自然科学者，总不至专讲理论而不顾事实，更不会提出与事实相违背的理论。研究政治经济及人文学科的人，往往高唱理论全不顾事实。他们当中以为只要理论是高尚的，事实可以不问，这是一个很危险的态度。

近代世界的文明，无论在物质方面，精神方面，当然有很大进步。这是我们不能否认的事情。假使我们以为在文明进步时间，我们就可以不讲究国家力量，那就大错误了。

我们打开历史一看，我们知道国际战争不限于某一时代或某一政治经济制度。资本主义国家在近一二百年内，确实推行过高度帝国主义，侵略过中国及其他许多国家。但是，在近代之前，我们也受过侵略，最显明的是辽金元的侵略，我们知道辽金元不但不是资本主义国家，简直就是游牧民族。满洲入关，他们也谈不到工业资本，他们是半游牧半农业民族。从欧洲历史上，我们知道石器时代的人，也曾经组织过国家，国与国间也相互并争，战争与侵略实在是各个时代、各种社会、各种政制所不能避免的。

现在文明已经进步了，60 个国家已经组织了联合国来制裁侵略者，来维持国与国之间和平。我们对于联合国宪章十分表同情，对联合国事业是十分合作。但是联合国仍旧是幼稚机构，本身没有力量，世界各国人士对联合国看法也不一致，拥护程度很明显是不平等的。几十年后，联合国要演变到什么程度，今天没有人敢预料。今天我们可以看清楚的是：联合国没有力量维持世界和平，如果任何国家把它的生存完全依靠联合国，则简直是儿戏。

文明虽有进步，在今天，世界没有力量的国家，仍旧是不能共存的国家。我希望各位青年朋友，绝对不可一刻忘记这一基本事实。

我们所需要讨论研究的，不是国家究竟要不要有力量，而是研究国家力量的因素及培养方法。

国家力量的因素之一，当然是土地和人口

关于这个因素的看法，问题不在乎承认不承认土地和人口之重要，而在土地和人口以外，国防政治经济的配合究竟怎样。面积和人口的统计来讲，18 世纪不到 1500 万人口的英国，居然把 2 万万人口的印度灭了。在道光年间，2500 万人口左右的英国，把 4 万万人口的大清帝国打败了。在抗战以前，据专家研究，中国人不分男女老幼，平均每年生产力等于美金 30 元到 40 元，在那时候，美国人不分男女老幼，平均每年每人生产力是 1000 元美金，这等于说，25 个中国人的生产力才抵得过一个美国人，人口多土地广，若能够善于利用，当然是个大资本，不然，反变成负担了。

国家力量另一个因素是科学

科学支配生产力，同时也支配国防力。现在最厉害的武器，当然是原子弹。世界国家中，能制造原子弹的只有 3 个国家，英美苏。能大量生产原子弹的仅美国一国。原子弹不说，我们只说飞机，世界国家中能制造飞机的国家数目有限。别的国家如要建设空军，总是全部的，或局部的依靠这些能生产飞机的国家，有原子弹与没有原子弹的国家相比，不仅是不平等，简直是不同类。好像虎豹与牛羊一样之不同类。现在没有空军还能有国防吗？靠外国制造来建设空军，又何等危险！

无论从国防或经济着想，科学的重要，我想大家都承认的，我并非说科学万能，我也不说单靠科学我们便可以建国，我可以说科学的作用简直是无限的，没有科学的国家是不能长久生存的。

我们稍为看看科学生产能力的伟大：

英国和日本都不是出棉花的国家，因为英国和日本培养许多科学家和工程师，英国和日本都有很大纺织业，英日纺织品甚至在国际市场上都占很重要的地位。

德国不是一个地大物博的国家，没有石油，没有橡胶，没有锡、钨、锑。在第二次世界大战中，德国军队之机械化程度，不在任何国家之下。

丹麦面积比我们台湾面积大 1/10，人口只有台湾之一半，在 1951 年，丹麦进出口贸易达 17.8 亿美金，丹麦还只是一个农业国家。

比利时面积比台湾小 3000 方英里，人口与台湾差不多，在 1951 年比利时的国际贸易达 45.4 亿美金，比时利是个工业国家。

国家力量还有一个因素，那便是政治

政治统一的国家比较有力量，内部不统一的国家，比较没有力量。19 世纪初叶，奥匈帝国当时是世界五强之一，因为那个帝国内部分裂，今天简直不存在了。法国物产丰富，科学发达，第二次大战后，法国的经济也有长足的进步，但是法国政治派别很多，没有一党能够单独组阁，所以他政府寿命总是几个月，这是法国国力所以不能充分发挥的最大原因。在第一次世界大战的头两年，法国党派的竞争仍旧不停，以致国力薄弱。到了 1917 年，由克列孟梭领导，法国人组织了所谓神圣团结（Union Sacrieo）。全法国的人民，不分党派，团结起来，只求打退德国的侵略者，关于其他一切的争执，能搁置则搁置，不能搁置则彼此退让，法国终究转败为胜。今天我们所需要的是这种神圣团结。

内部的统一也有各种不同的方法，希特勒、墨索里尼及日本军阀，关于统一国家工作做得最彻底，但是因为领导不得法，在第二次大战中，三国都战败了。苏俄今天内部是百分之百的统一，它这种统一，利弊参半，表面上看起来很强，但是我认为这种政治力量是不能持久的，因为它这种统一是死板的，违反人性的。

从国家力量着想，究竟那种制度好？政治学家到今日还没有任何一个原则可以贡献给我们。大体说来，我认为民主政治是最有力的政治。民主政治的推动要靠朝野之通力合作。有人说，英国政治的高明全在乎英国人承认反对党，不但有权力反对政府，并且有责任反对政府。不过事实上不是这样简单，在英国政治历史上，最要紧的奥妙，是英国政治早就培养一种负责的反对。政府要民意支持才发生力量，反对党也必须有民意的支持才发生力量。如果反对党只唱高调或为私人或小组织谋利，久而久之，人民必要厌弃这种反对党。中国政治最大问题，一则在反对党是否有法律上反对的权利，二则在反对党的反对是否为负责任的、具有建设性的及能代表民意的。

革命的国家都喜欢谈政治制度，这是很自然的事。每次经过一段革命，必有新制度的产生。到这个阶段，许多讲新政者，好像打图案盖房子一样，结果许多新制度在社会上不能生根，运用起来，一点不灵活。有的时候，制度虽然是新的，运用的精神还是旧的，结果，有旧的坏处，而无新的好处。其实政制是一种有机性的东西，要适宜于当地的土壤及气候，那就是说，要适合人民生活习惯，知识水平及政治经验。政治设施不能根据抽象主义，革命是不得已的事情，改革也需要时间。有些国家因为有了革命而复兴，有些国家经过一次又一次革命而至于灭亡。政治制度和政策与国家力量生长是有很大关系。

文艺也是国家力量一种重要因素

法国今天国际地位是得力于法国的艺术创作不少。波兰民族精神保存以至亡国后 150 年而复兴，不能不部分归功于萧邦（Chopin）的音乐。瑞典、挪威，因代代有伟大文学家出现，在西洋精神生活上总居先进地位，这两国的武力与经济力不能算为头先进，在国际间却能得到各国钦佩。所以在近代外交中，文化水平是重要工具。我在纽约常看见某一国的画展和某一个大文人到了纽约，不但联合国各代表，就在一般纽约居民，对这一国的尊敬，自然就提高了。我们曾经出过伟大文学家及伟大的画家，我相信我们中华民族有文艺天才，问题在我们是否能诱导青年兴趣到文艺方面去？是否能对文艺有兴趣的青年给他们相当机会与鼓励？我们社会今天是否尊重文艺作家？我们风气是否适合大作品的出现？要鼓励及提高一国民族精神力量，其工具莫过于文学或艺术，我们现在处境是我们几千年来最大危机，我们当然要军力、经济力、政治力，同时我们也需要很伟大的精神力量，这种力量不能不求诸我们的文艺家。

大国有大国的便宜，国家大小存亡关系是很密切的，政治的高明，经济生产力之优厚，及一般文化水准之高尚，世界国家中没有超越捷克，究竟因为他太小了，所以在过去几十年中一次亡于德国，最近又亡于苏俄。

假使人口相等，面积相等的国家，他们间的等级决定于：①科学的运用及生产力量之培养，②全体人民能真心诚意拥护的政治制度，③精神文化。因为这些因素不同，我们常常发现同样人口同样面积的国家间，差别也很大。近十几年来，因为工作关系，常与外国人士往来，我得着了一个坚决的信仰，那就是说：我们中国人是一个有作为有前途的民族，在科学政治及文艺各方面，我们的天才是无问题的。问题全在于天才的发挥。

——选自《当代名人讲词选》（1958 年 6 月光复杂志社出版）

我看胡适之先生

由我来写胡适之先生，颇感难于下笔。他是一位多方面的天才，我虽然和他相识四十年，也只能看到他的生活和事业的一鳞半爪，我现在只是试述我对他的一个回忆而已。

我在 1923 年自美留学归国不久，第一次遇到适之先生，但和他接近还是1931 年东北事变以后的事情。当时，他在国立北京大学教书，我在清华大学教书。一些朋友常和他见面讨论日本侵略所造成的危机，经过长期时间的慎重考虑，决定创办一个讨论政治的周刊，胡先生顺理成章地被推举为总编辑，丁文江先生、傅斯年先生和我协同胡先生处理社论的工作。我们每周举行一次编辑委员的餐会，大约有 10 个人参加。

胡先生编《独立评论》的时候，坚持不得有不署名的社论，他要求每一位编辑委员，无论写什么都要署名。他认为不署名是不对的，因为不会有两个人对一个问题的想法是完全相似的，假如意见相同，也只是在一般的趋向，不是在每一个观点，或是在每一个具体的细节。一个杂志只有说明什么人对每一期发表的主要评论负责任，才算是对读者忠实。

《独立评论》问世，正当国人尤其是学生以狂热的爱国心要求对日抗战的时候。胡先生爱国并不后人。他认为在现代的世界所有的人都是爱国的。但他认为爱国不是任何一个人的专利。只靠爱国主义不能救国。战争是一件大事。他要求《独立评论》的读者考虑代替战争的其他办法。他不是一个不愿一切委曲求和的人，但他觉得朝野的领袖们如果没有尽一切可能去避免战争，就不算尽到了他们对国家的责任。在这方面，他的意见得到丁文江先生和我的有力支持，但周刊社的其他同仁，并不像我们这样强烈地支持他。

他在办《独立评论》的工作中，明白地表现了他的两点坚强的特性，就是他对于个人自由与责任的热爱以及他用理性的态度去接触一切问题。

《独立评论》出版以前，在文字表现工具方面，文言白话之争已经过去了，而且赞成白话的得到了胜利，科学与玄学之争也过去了，这些争论已经不再是争论，但《独立评论》在教育文化方面却谈得很多，并且包容了各种不同的观点。

奇怪的是胡先生自己从来不大谈经济问题和共产主义的威胁。他当然是反对共产主义的。他认为他的全部生活和工作都是和共产主义思想的传播相冲突的，对于这种思想，他只有鄙视。他认为共产主义的理论是不科学的，不人道的。真是没有那一种思想体系比共产主义距离胡先生的思想更远的了。在这件事情上可以说胡先生对于现代人的理性主义和人道精神估计得太高，而对于人欲的因素估计得太低。

他反对国民党吗？不，他不反对国民党。他希望国民党成功。但他反对国民党的某一些政策和做法。在这方面，我可以谈一点内情。当他自驻美大使卸任以一个平民身份留居在美国的时候，从来没有批评过政府或政府的领袖们。他对我说："假如我要批评我们自己国家的政治，应该在台北批评，不是在纽约。"

当政府邀请他做"中央研究院"的院长，他的朋友中的一些反政府的人劝他不要接受。他们说，假如他愿意接受，也应该留在美国，只担任名义上的职务。胡适先生认为这种劝告是懦性的，不负责的。他对"中央研究院"的工作感觉兴趣，感觉很高的兴趣。他觉得他可以做出一点成绩，他准备在"中央研究院"献出他生命中的最后几年去发展中国的知识。他不认为他的职务带有政治性。他觉得文化不能控制一国的政治，但他同样深信一个社会的文化状态在久远的基础上可以左右政治。他虽然做"中央研究院"院长，但除非少数特殊的情形，他并不想影响政治。他随时都准备并且愿意把他曾经思考过的意见提供给政府中的领袖们，但他从不喜作背后的中伤或派系的批评。

胡先生是否应该试组一个政党参与实际政治，的确是值得讨论的问题。他曾经一再慎重地考虑过。经过考虑以后，他决定不这样做。有一个时期我渴望他领导中国具有现代头脑的人组成一个政党。我知道，他和他的朋友们最多只能担任反对党的角色，因为，他不可能使他的党成为自由中国的多数党。但是，我认为中国人应该学习做一个负责的反对党的艺术和实际经验。有具备不同程度的优点和缺点的好的和坏的政府，也有具备不同程度的优点和缺点的好的和坏的反对党。假如一个国家不能产生一个好的反对党，大概也就不会产生一个好的政府。两者对于一个民主政府的成功都是必要的因素。

那些对胡先生没有组党感觉遗憾的朋友们应该试着研究一个反对党的责任和技术。

对于胡先生有关中国文化问题的立场，误会很多。中国的保守主义者抗议胡先生低估了中国旧文化的价值。他也许是这样的。他了解中国文化的伟大，但他也知道它的缺点。对于中国文化，他既不是一个偶像破坏者也不是一个偶像崇拜者。他要求用客观的科学的态度来研究中国的历史、哲学和文学。凡是虚伪的不好的东西，应该公开地丢掉。自称中国的古代圣贤是完美的，是万应灵药，他认为是没有用的。并且，他相信假如用科学的方法来研究中国文化，则现代和后代的人更可以欣赏这个文化，经过现代化的评鉴之后，中国文化才更可以保存它的伟大的地位。

在思想方面，胡先生常说这一代可以享受两件宝贵的财产，是前代的中国人所没有的，那就是现代科学和西方文化。关于现代科学，我不愿意多谈，因为在今天的中国并没有人反对它。但是我愿意谈一点关于西方文化的问题。胡先生了解中西文化的不同，一如了解其相似点。他对两者都有明确的体会，他所以明白表示他赞美西方文化的繁复与丰富。的确是如此，如果中国文化不能吸收现代科学和西方文化的若干因素，中国就等于故意自己堵塞进入思想的新境界的可能。保守主义者忠于中国的过去，胡先生则忠于中国的过去与未来。他要求现代和后代的中国人向前看，不要向后看。他希望中国人达到新的崇高成就，而不是自满于古人已经做过的事情。因此，他的思想是启示我们以新的更大的努力去发展一个比过去更辉煌的中国文化。

（编者附记） 本文原稿系英文，在3月31日出版的《自由中国评论》发表。本社同时以电报征得蒋廷黻先生同意后，并请言曦先生翻译。

——选自《文星》第54期（1962年4月1日台北出版）

国际与外交

鲍罗廷时代之苏俄远东政策

——一个苏俄外交官的披露

去年英国一个书店出版了一部《一个苏俄外交官的披露》。著者的姓氏是伯沙达甫斯奇（Bessedovsky）。伯氏原来是在乌苦连（Ukraine，今译乌克兰）革命界活动的，但不与列宁表同情。自列宁宣布新经济政策以后，伯氏一派的人解散了他们的组织而起始与列宁合作。1922 年，伯氏充当驻维也纳的总领事，不久升代理公使。是年秋又转任驻波兰的代理公使。隶属于苏俄外交部 3 年之后，伯氏改到国际贸易部服务。一次苏俄想派他到美国去作商业代表；又一次派他到南美去：均因故未果。于是在 1926 年（民国 15 年）苏俄派他到日本去作参赞，同时兼代理公使。因出使日本的关系，伯氏始深知苏俄的远东政策之内幕。他这部自传给与我们的兴趣也在乎此。伯氏描写苏俄外交官吏的缺乏常识似乎有时太过度了。至于苏俄怎样利用使馆的特殊权利在各国鼓煽革命——伯氏言之甚详。我们若无旁证，则必谓他有意写一部神话故事。不过他原来不与列宁表同情；就是在苏俄政界服务的时候，他时常批评当局者的政策；最后在巴黎他与斯大林完全决裂了。所以他要有心的或无心的与苏俄为难，这也是人之常情。

伯氏在东京服务的时候——民国 15 年 5 月至 16 年 9 月——正是中国革命最紧急的时候。革命军从珠江出师而占领长江；鲍罗廷以客卿而支派中国的革命，都是这时候的事情。在华北：民国 14 年冬郭松龄倒戈；15 年正月张作霖氏逮捕了中东铁路的经理易范诺夫（Ivanoff）；是年 4 月又派警察进苏俄使馆去搜查。读者倘记忆这些事情就能领会伯氏披露的重要。

受任以后，就职以前，伯氏当然向上峰请训。外交部长齐趣林谈了一阵日本的政治，如军阀的跋扈，海陆军的竞争，财阀派别的冲突，以及日美将来的战争；最后表示他对苏俄驻日公使哥蒲（Kopp）的不满，说他暗中阻碍了鲍罗廷和加拉罕在中国的进行。伯氏的使命是去变更哥蒲的手段，使日本给苏俄在中国行动的自由。

外交部远东司司长梅尔尼可夫（Melnikov）与伯氏的谈话更加详细。照梅氏的观察，日俄的冲突有好几点。

第一，铁路运输的竞争，其背后就是大连与海参崴的竞争。

第二，铁路的建筑。一看地图，你就知道他们（日本人）想在军事及经济方面包围我们的铁路。最带恐吓性的路线要算洮南到昂昂溪线，将来还可向库页岛发展，及吉林到敦化线，将来可延长到清津。第一线横截中东铁路，并且过内兴安岭的军防区。第二线正与我们的铁路平行，剥夺我们的路的经济重要，且给日本人从东向西钻营的保障。我们虽再三抗议，但是总无效果。日本人说，这些路不是他们建筑的，是张作霖建筑的……

第三，张作霖。张作霖想把我们驱出中东路，而加拉罕在张冯战争最紧急的时候又怂恿了郭松龄的倒戈，于是大得罪了张氏。加拉罕当然答应了郭松龄天下是他的（郭的），但实际加拉罕全食言了。郭舍了他的命，和他妻子的命。她原是哈尔滨商业学校的学生。加拉罕与郭松龄的交涉就是她居中的。加拉罕曾要求中政会调兵进攻齐齐哈尔，以扰吴俊陞的后路。在新门屯之战，吴氏的马队果然决了最后胜负。我当时曾赞成允许加拉罕的要求，因为三四旅人就可长驱直入，但是中政会是怕日本人的。张作霖知道这种情形，于是毅然逮捕易范诺夫。现在张作霖硬想把我们逐出中东路。

当张氏逮捕易范诺夫的时候，莫斯科曾想出师哈尔滨，但是齐趣林教哥蒲探试日本的口气，而哥蒲报告说日本准备同时调一师团到哈尔滨。莫斯科就决定静待。梅尔尼可夫想："哥蒲不过撒谎，目的在于给加拉罕一点麻烦。"

在莫斯科与东京的角斗之中，梅氏以为苏俄很有几件利器。东海的鱼、黑龙江东北的森林，及库页岛的煤矿和油矿都是引诱日本人的好饵，足以使日本不动，让苏俄在中国活动。

外交次长李特维诺夫（Litvinov）的观察就大不同了。照他看来，鲍罗廷"不过是芝加哥交易所一个油棍，原名 Grusenberg"，而加拉罕不过是鲍罗廷的走狗。李氏对伯氏说：

鲍罗廷曾回来为中国筹款，带了一件他和加拉罕签字的意见书。他要求 5000 万元，5 万枝枪，115 尊炮。中政会那班傻子费了两天工夫来决定。这样作下去，我们简直不会有余款，可以经营国际贸易。中政会要齐趣林出席。他称病。每次中政会要和他商议中国的事情，他总有不消化的病。我替他出席了。我坚决的主张不再费一文钱，因为我们对冯玉祥的忠信绝无担保。拥护他的结果不过助他在北京建设强有力的政府，及训练一个好军队；他将来惟一的目标不过把我们逐出满洲，甚至逐出滨海省。斯大林于是大发怒，说协助冯玉祥不过是中国苏维埃化的初步。费了许多无聊的辩论，中政会终决定给鲍罗廷他所要求的30%。我简直气死了，想冯玉祥这个流氓又要得1500万元，等于妄费了。

斯大林给伯氏的训令不外这句话："你必须阻止日本与英国的联合干涉。随便你用什么手段，但你必须记得成败是要你负最后责任的。"伯氏问他苏俄是否愿意割让库页岛的北部和海参崴给日本作为代价，斯大林回答说：

> 我不是外交家，我不能给你具体的意见。如果苏维埃能在北京成功，就是放弃叶尔库斯克以东的地带，我们还能保苏维埃的安全。事事都要看现在的局势。蒲来斯特立他维斯克尚要重演好几次呢！就是中国的革命须要蒲来斯特立他维斯克并不减于俄国革命。

伯氏得到这些训令以后，就去东京上任了。在东京，他不久知道了哥蒲的意见。哥蒲觉得中国不但没有共产革命的资格，连资产革命的资格都没有。莫斯科不可忘记中国的民众运动不但有损于英国的利益，并且有损于日本和美国的利益。英日合作虽不可能——因为自联盟取消和新加坡建港以后，日本是敌视英国的——日本在华中的利益也很大。为保护这些利益，日本不惜单独行动。到某等程度，日本不致反对苏俄的行动，因为日本想趁机夺取英国的势力，但过了这等程度，日本是不能容许的。中国人也不是一班小孩，任凭鲍罗廷和加拉罕去玩弄。要中国人承认苏俄完全是大公无私，苏俄必须退还中东路和黑龙江北岸的土地。现在苏俄的政策徒然使俄国丧失中国的友谊。伯氏与日本外务次长出渊的谈话也给他同样的印象。关于东三省，出渊尤其要苏俄不多事。

驻北平的俄国使馆人员有时到东京去见伯氏。其中之一，维台尔尼可夫（Vedernikov）和伯氏谈过鲍罗廷与蒋介石冲突的原委：

> 他（维氏）说根据一切的报告，鲍罗廷一起始他的阴谋，蒋氏必敌视我们。蒋氏政策的突变一定引起国民党的内哄，使他失掉他以往的社会根据。他的革命工作受了这打击以后，他势不能不放弃改造中国的企图。因此中国的革命分子必致痛恨我们。鲍罗廷、维氏告诉我，曾训令蒋氏的俄

籍军事顾问，教他们与第三国际合作。实际这就是教他们倒戈：那这是说，要他们在蒋氏地位危急且有其他领袖足以代之的时候一部分的反蒋。这事颇容易作，因为蒋氏的敌人不少，其中最要者就是孙传芳。

加伦将军及其同事以为鲍罗廷这个办法显然不合于军人的道德，但莫斯科拥护了鲍罗廷。维氏说过鲍罗廷实际倒蒋的计划。

民国 15 年—民国 16 年当然是中国近代史上的一个大关键。伯氏所述不无史料的价值。

附注：伯氏的书原名如下：

Revelatiozs of a Soviet Diplomat. By Gregory Bessedovsky. Translated by Matthew Norgate London, Williams asd Norgate, 1931. pp. 276.

——选自《独立评论》第 6 号（1932 年 6 月 26 日北平出版）

九一八的责任问题

假若九一八事件发生在别的国家——这当然是不可能的——我们想想这事件大概会怎样发展。无疑的，一方面的发展是军事的抵抗。又假若该国也像中国一样不但无抵抗的能力，且也无抵抗的坚强意志——这当然也是不可能的——那又怎样呢？最低限度，民众团体、舆论机关及国会代表要群起追究这事件的责任和经过。政府呢，将不待国民的催迫，就会在国会里发表负责的、附有证据的说明，同时又将不待国联的调查，就会发表白皮书或红皮书或蓝皮书使全世界都能明了该事件的真相。这些口头的或书面的说明，虽然不能完全是客观的、科学的，纵使大部分是当局者为自己粉饰而诿过于人的，总而言之，不待周年的国耻纪念，该国政府对于该事件的官方观，早已为世人所熟知了。

现在我们已到丧失东北的周年忌日了，而我国政府至今没有这样的说明。直到现在，关于九一八事件的远因近因我们还有许多问题存在。我国没有国会，当然没有国会记录可寻找。但是我们的政府是对党负责的；政府对党总应该有一个系统的报告。若是有的话，我是没有看过，也没听人说过。至于各国外交部所惯有的色皮书，我至今没有听说我们的外交部关于九一八事件发表过。这是个甚么样的政府？甚么样的国家？

九一八的责任问题没有多人提出过，最大的原因是一般人都想这责任无疑的是在日本身上，用不着追究。除非我们把整个东北送给日本，无论我国人民及政府怎样对付日本，九一八事件是要发生的，日本是要用武力占领东北的。这几乎是我们全国一致的观察。我对此观察大致是同意的，但不能全无疑问；并且就是中日彼此间的责任问题明白了，我方事前预防的努力的方法及程度都是有问题的。

九一八的事件说是日本预谋的，因此是万不能避免的，未免太笼统了。若指日本的军人言——恐怕也还有例外——这话大概是对的。若指彼时的日本政府言，这话显然是不对的。我们的证据是：第一，九一八事件发生之前，日本显然没有外交的预备。国联关于此事最初两次的开会绝不利于日本。就是日本所反对的议案，理事会公然提出，毅然付表决，置日本的反对于不顾。倘九一八事件是民政党内阁的政策，那末，日本外务省事先必有一番的努力。纵使我们承认日本外交的笨拙，也不至于全理事会无一国的代表与日本表同情。现在我们知道理事会间接限期撤兵的议案之通告（日本除外）最要原因尚是欧西各国不明事件性质的严重；不然，他们也不会骑上不可下的老虎。这更足证明日本事先没有外交的预备，间接证明九一八事件不是民政党内阁的政策。第二，民政党内阁的丧失政权及其最要阁员井上的被刺，皆足证明日本军阀之不满于民政党及民政党之不与军阀同道。第三，为防止事件之更加扩大，币原曾同意于我方锦州设立中立区的提议，并对美国有不侵犯锦州的声明。

不但此也。去年夏季日本政府曾要求我方与之交涉东北悬案，我方除推诿外别无所为。据我所闻，币原曾向我国驻日公使表示中国应趁他在朝的时候与日本协议两国关系根本的改造；他说他固不能做人情而不顾日本的利益，但他的后任者要的价恐怕更加高而且必至闹到不可收拾的田地。币原这种劝告，听说我方置之不答。我不说我国当局不接受币原的要求就是错了，因为就是民政党也可提出我方绝不能承认的条件，但我们应该知道到底在九一八以前日本对我们提出了没有一种妥协的方案；倘若提出了，其内容怎样；我方的应付是简直不与谈判呢，还是虽起始谈判，因双方相差的过远就中途停止了。这一段管家的经过，是公仆的政府应该向主人翁的国民报告的。

原来中日的外交，双方均是感困难的，在我们这面，日本在九一八以前已实施了高压的手段，强夺了不少的权利，不能不教我们仇视日本。但是我们的国家尚在统一建设之中。倘若这建设的中国是仇视日本的，必于建设未完成之先遭日本莫大的打击。这是显而易见的。为新中国计，无论治本是亲日或仇日，在过渡的时期不能不万分努力以图避免中日的决裂。就是不为国家打算，单为军政界的领袖打算，也不能不如此，因为我可断定，仇日的领袖或党派，日本人决不是让他统一中国。至于说在近几年欧美或有国家愿以实力帮助一个仇日的领袖或党派完成统一，这是绝不可能的事。尚情感者必说：甲午以后，或"二十一条"以后，中国对日就只有报仇的政策。现在姑不讨论这政策的根本是非；我们要记得，普法之战以后，法人仇视德国的情感当不在国人对日仇视之下，然而直等到法国元气恢复了，俄国的联盟成立了，法国在朝的当局无不尽其力之所能以免法德的决裂。我现在要提出责任问题是九一八以前的我国外交当局，尽了还是没有尽了他们力之所能以免中日的大决裂。照我所知，他们不但没有尽，简直不知道大祸之将至。甚至在野人士有以日本舆情之激烈相劝告者，当局亦置之不理。除非别有证据拿出来，九一八以前外交当局的误国之罪是不能逃的。

九一八事件发生以后，日本的宣传集矢于东北地方当局。这自然有其作用。我们不可完全根据这种宣传来评判我们的疆吏。并且我们还要记得：东北悬挂青天白日旗及积极修路筑路，无论其原动力如何，总是走的路对。张学良氏近日有句话，大致说："如张氏父子不爱国，那能有今天之祸变？"其实所谓爱国在今日应该是人人公有的道德。尤其在负国家大任者不能以"爱国"二字搪塞一切。据欧美新闻记者及外交官的调查，近几年来东北人民所受政府及官吏的压迫和剥夺简直不堪言状。这般中立国的人士都说九一八以前的政权，就是为东北人民计，是不应该恢复的。凭良心说，东北我也曾实地去考察过，东北的地方行政，若拿关内来比较，只有比平均成绩好，不会比平均成绩坏。但这是因为东北经济较为发达，一切行政的设施比较容易见功效。有了那种经济的基础，当局的人不能励精图治，只知穷兵黩武，闹到财政破产，民不聊生；这责任除东北当局外是丝毫不能移到别人身上的。一国内政的好坏固然不能充作外国侵略理论的根据，但国际政治事实上论理的少，论势的多。就现在国际大势论，东北以往行政的成绩可说是东北问题的致命之伤。

九一八以前的外交，东北当局亦不能完全脱离责任。名义上虽为中央主政，事实上地方实左右之。据我所闻，推诿的政策与其说是中央所决定，不若说是地方所酿成。此外中村案件及高丽人租地问题，地方当局亦未处置得当。三年以前中俄的冲突，表面上与九一八事件无关系，事实上确不少。从法理的立场看，中俄的冲突不能说是俄方负责的；从政治的立场上说，简直不必多此一举。当时军事的经过，因为我们只读受过检查的报纸，还是不明真相。日本及欧美的报纸则无所忌讳。他们说苏俄军队实际入中国境者不满 3000 人；中国军队除一旅外，毫无抵抗能力。在满洲里及海拉尔，中国军队不但没有抵抗，且于奔逃之前，大事抢掠。冲突的结果是屈服于俄国的条件。最近英国舆论界领袖库得斯氏（Lionel Curtis）发表一部《大问题的中国》。其论中俄冲突与九一八事件的关系颇值得我们的注意。他说：

> 日本从此事件得了一个结论，就是中国的军队，若以迅速的强有力的行动临之，无不崩溃。中央及地方的关系是如此疏远，外国可以以武力对付满洲地方政府而不必对中国宣战。……以事后之明论之，苏俄的胜利，毫无疑问的，给了日本武人一个很深刻的印象，尤其是在满洲的日本军官。

　　三年以前的中俄冲突的责任，虽在公文上中央已负担起来，但照中国政治的实情看来，地方当局至少要负一半。

　　然而中央及地方的当局者究竟均是人，还均是中国人。他们也免不了受环境和时潮的支配。我们近几年来朝野所共造的空气，一句话，就是虚骄自负。今天打倒这个，明天打倒那个；不问自己的能力是否与欲望同时长进，不权衡事件的轻重缓急；好像我们的敌人愈多愈好；自己让自己的口号标语麻醉了，而美其名曰，这是"革命的外交"。等到九一八事件一发生，前日我们口号标语中所要打倒的，我们厚起面皮来，求他们同情和帮助。当局所作的就是仰承他们的主人翁——民众——的意旨所作的。有这样的民众然后有这样的当局。全国都变为开空头支票的。好在还有一班明眼的外人，知道中国民众尚是中古的民众，所谓口号标语不过是中古人的符咒，是无关紧要的。

　　我们不要白过九一八的忌日而不去追究我们的当局和我们自己的责任。若是白过了，第二次和第三次的九一八事件还要发生。至于日本的前途，我是不替它抱乐观的。自从去年的九一八到今年的九一八，日本的军阀，除为日本民族挖坟墓外，别无所事。所可忧虑的，日本的失败未见得就是中国的胜利。

　　　　　　　　——选自《独立评论》第 10 号（1932 年 9 月 18 日北平出版）

国联调查团所指的路

去年 12 月 10 日国联行政院的决议案所给与调查团的任务有二：一个是调查中日冲突的远因、近因及现状；一个是考虑解决的方法。"务须对于两国之根本利益，予以调和。"调查团对于所负任务预先定了一种态度，报告书摘要说："该团声明对于已往行动之责任，坚持较轻，而对于寻求防止将来再发生此类行动之方法，坚持较重。"调查团虽把两种任务都作了，却自定了轻重的区别。因此报告书虽是整个的，前后相贯的，末后两章——论解决原则及具体方案的两章——无疑是报告书的主脑。调查团也因此仅首先发表前八章的摘要，于后二章则发表全文。

黎顿爵士及其同事在这二章里为中日两国指出了一条邦交的新路。其精神及主旨完全与行政院的议决案相符——"务须对于两国之根本利益，予以调和"。这是我们完全赞成的，也是我们历年所主张的。原来现代的外交不是在占便宜，是在调和国际的利益。我们外交的出路也不是在危害外人的利益来促进我们的利益，是在设法使中外的利益共同长进，最低限度，要使我们的利益不受外人的害。本此精神，调查团要日本退让两件事：（一）取消"满洲国"，（二）撤回东省的驻军。同时也要中国退让三件事：（一）东省的特殊自治制度的创立，（二）日本在东省经济权利的承认，（三）中日新商约的缔结。为善后计，调查团此外又提议中日两国应缔结和解、仲裁、互不侵犯及互相之条约。我们现在看看这个方案是否"对于两国之根本利益，予以调和"。

在调查团的眼光里，日本对中国有两条路可走：一条就是九一八以来所走的路，用武力分割中国。换句话说，在中国的领土上建设亚洲大陆帝国。九一八的事变，在日本方面，是按照预定计划行的，非自卫的。调查团报告书第 4 章说得有据有理。无论日人如何强辩，我们恐怕这个判词是天下永久的定谳。"满洲国"原先是日人造的，现在也是日人把持的。换言之，"满洲国"就是日人大陆帝国的实现。有了这个第 6 章，"满洲国"的傀儡戏完全揭穿了，日人此后再不能掩盖天下人的耳目了。这条路是军国主义的路，是走不通的。"满洲国"

的维持"与国际义务之主要原则不合（Does not appear to us compatible with the fundamental principles of existing international obligations），并与远东和平所系之两国好感有碍，且违反中国之利益，不顾满洲人民之愿望；兼之，此种办法日后是否可以维护日本永久的利益，亦尚属疑问"。日本单靠移民不能解决她的经济问题。移民以外，必须图进一步的工业化。若然，不能不谋市场。那末，中国关内各省市场的重要远在东省之上。为日本计，中日关系比日满关系还重要。日本断不可因专顾满洲而丧失中国国内的市场，何况在日本军国主义之下满洲不能安宁，经济无从发展呢？至于日本军阀在东省设防的计划，调查团亦以为行不通。"日本军队受时怀反侧之民众包围，其后有包含敌意之中国，试问日本军队能不受重大之困难否耶？"维持"满洲国"及在满洲设国防皆是军国主义的政策，行不通的。其理由除调查团所举的外，我们还可加一个：就是调查团的报告，尤其是第 5 章及第 9 章。依我看来，这两章给了"满洲国"莫大的打击。

调查团确为日本指出一条新路：日本放弃在东省的帝国野心而专力于纯粹的经济事业。日本怕中国危害她的已得权利么？调查团提议中日两国新订条约，承认日本在东省之经济利益，包括铁路及土地商租权。日本怕以后东省的发展没有她的份么？调查团提议中日在东省经济合作，日本怕东省行政不良足以妨碍她的经济事业么？调查团提议东省应有特殊的自治制度。此外调查团还提议中日新商约以图促进中日贸易。日本所有的实在利益都顾到了。调查团并不要日本放弃她的根本利益，不过要日本变更求利益的方法。

日本所走的路及调查团所指的路有很大的差别——时代的差别及国情的差别。一条路是军国所走的，一条路是工商国所走的。调查团的团员均来自受过欧战洗礼，工商经验及殖民经验较富的国家。他们的思想恐非后进的日本帝国所能领会。不知调查团曾否考虑日本的国情。报告书第一章认中国近年的政情使中日冲突尖锐化了。中国近年一面图谋收回国权，一面继续演我们的内战，使友邦皆感不便，尤其是邻近的日本。我认为这个批评虽非公允的，但是客观的而且是友谊的。我惋惜调查团未对日本近年的政情照样加以客观的、友谊的研究。因为远东问题闹到如此田地，日本的政情和中国的政情是同等的造因。日本的物质文明是近代而又近代化了，但是她的政情包含着封建及军国元素甚多。军阀的跋扈，在乡军人会及黑龙会的活动，亚洲大陆帝国的野心；这些现象不加以研究，则远东问题绝不能了解。西人徒知近年与中国交涉的麻烦，不知我们与日本邻居的困苦。日本不但地理上多火山，政治上就是远东、全世界的一座大火山，时时可以爆发的。因为调查团对日本的政情未加充分的研究，所以报告书论中国政情致有欠公允之处。报告书说国民党使中国近年仇外的空气浓厚了。不错，但此中有点大区别不可忽略的。国民党在野时代向带亲日色彩。孙中山先生看破了缔造新中国须得日本的好感。他一生所处的境遇也不容他不联络日本。联俄以后，北伐之初，国民党虽口倡打倒帝国主义，取消不平等条约，实际的对敌是英国。南京案件发生的时候，新兴的国民党与日本尚是感情融洽。近年国民党及一般民众对日本的恶感实起自济南案件。这是客观的史家所不能否认的。报告书摘要不提济案。我不知道调查团是否认清济案的真正意义及其所发生的影响。日本所派到济南的军队，不是来保护日侨，是来要过路钱的。派遣军队到济南就是明白的表示：除非中国给日本相当的报酬，日本不会让中国统一。所谓相当的报酬就是东三省。假使在民国 17 年及民国 18 年的前半，国民党当局把东省送给日本，就是田中也不得派兵到济南。纵使我们承认济案及九一八事变，国民党的过激主义有以招之，民国 4 年的"二十一条"总不能归咎于国民党。民国元年，日本一面与民党联络，一面与清廷交涉，许清廷以协助，只要清廷愿意放弃东三省，调查团的团员倘各翻看其外部所藏之外交公文，就知道此中的内幕。宣统末年，第一个银行团准备大借外债与中国的时候，日俄两国竭力阻止，说明中国的现代化不利于日俄。调查团只分析了中国近年的政情而不注意日本近年的政情，因此团员对远东问题的性质未得着根本的认识，又因此所提出的解决的方案是日本军阀所不愿接收的。

调查团似乎不能不知道前段所说的。调查团或者想日本不乏开明的领袖。倘国联及美国给这般人相当的精神援助，他们或能挽回狂澜。所以调查团的方案与去冬民政党内阁所提出之基本五条若合符节；在利于日本方面，只有过而无不及。虽然，我们对于调查团的方案是佩服的。远东和平关系中日两国的前途和全世界的前途太大，调查团不能因为日本已疯狂的走上了死路，就不尽人事之可能而不指出一条活路。在我国方面呢，我主张不问日本接受与否，我们除一点应保留，一点待考虑外，应完全接受调查团所拟的方案。我这样的主张，并不是因为我不知道这方案含有若干矛盾及其有不利于我国者。调查团向我们指出一条新路。概而言之，这条路就是中日合作。调查团的理由有两个：

　　一、中日间此种经济之接近，固与日本有重大之利益，与中国亦有同
　　　　等之利益，盖中国藉此经济上及技术上与日本合作，可获得建设国家主要
　　　　工作上之助力。

二、中国有识之士既已承认建设与近代化为该国之根本问题，亦即该国之真正国家问题，则彼时不能不确认此种业已开始且有如许成功希望之建设及近代化政策之完全，实有赖于一切国家培植友好之关系，而与彼在咫尺之大国维持良好之关系，尤属重要。在政治上及经济上，中国均需要列强之合作，而日本政府之友善态度及在满洲方面之经济合作，尤为可贵。中国政府应将基于新唤醒之民族主义之一切要求——即使不正当而且急切——置于此种国家内部之最高需要之下。（all the other claims or her newly awakened nationalism illegitimate and urgent though they may be—should be subordinated to this one dominating need for the effective internal reconstruction of the state）

我主张接受的理由就是调查团所举的，尤其是第二个。国人不可不再三细读调查团这段良药苦口的忠告，其中所含的意义是极深厚的。我国当前最急最要的事业，无疑的，是国家整个的现代化。为完成这事业，无疑的，我们需要"日本政府之友善态度"。为获得这友善态度——万一尚有方法能获得——更无疑的，惟有承认日本在东省的经济利益及中日经济合作这一条路。无论我们对国联调查团所指的路是如何悲观，我们不能不竭力竭诚一试。因为失败的责任，无论如何，不可落在我们的身上。

我所要保留的一点就是东三省特别自治制度应有确定的年期限制。论这制度产生的方式，表面上是由中国政府以宣言行之，事实上是根据中日的协定，因为中国政府的宣言事先须得所谓顾问会议的通过，而这会议的代表实际是中日各半的；事后又须"转达国际联合会及《九国条约》之签字各国；国联会员国及《九国条约》之签字国对于此项宣言当表示知悉；而是项宣言将被认为对于中国政府有国际协定之约束性质；此项宣言嗣后倘须修改，其条件当依照上述之程序彼此同意宣言本身中，预为规定"。论其内容，这制度对中央政府之权利加以极大限制，对地方政府强以聘请外国籍顾问，尤其是日本籍顾问，且取消中国在该地方驻兵权。方式同内容皆损害中国主权，而修改这制度必须得日本的同意。就国联的立场说，这个办法说不通。就是国联的委任统治制（mandatory system）尚以培植受委治者的完全自主为目的。东省这种特殊制度，既违害中国的主权，可能无年期的限制？调查团虽说过此制度之最后目的，"乃为造成一种纯粹中国人之吏治，使无雇用外人之需要"，但无年期明文的规定，则易引起纠纷。至于中央及地方政权之划分全无终止之日，更不适当。就中国的利益说，中国应能斟酌情形变更中央与地方权限之划分；且各省与中央之关系应该一致；既不一致，只应为短时的，过渡的。我以为不如把这制度分为三项，各别处理之。中央与地方权利划分的协定应限十年或十五年；此后则如他省一样同受中国宪法的约束。外国顾问应于特殊制度终止后五年或十年按年递减净尽。至于不驻军一层，不妨在宣言中不提，而搁于中日和解、仲裁及互不侵犯的条约中，而无年期的限制。这样国联盟约，中国利益，及远东和平均可顾到了。

我说待考虑的一点就是中日经济合作，尤其是中日新商约。我们平日也想中日经济合作是一个解决的方法，苦于想不出一种办法一方面能使日本满意，一方面又能不反门户开放主义。《九国条约》给此主义的界说是：外国不得在中国任何区域有任何优越权利。我不知道我们如何可以与日本合作，同时又不违反这界说。原来海约翰提议此主义的时候，并未咨询中国。到华府会议，中国确签订了《九国条约》，且现在的门户开放主义与中国领土及行政的完整是分不开的。为中国计，此主义应竭力拥护，不应由中国破坏。可惜报告书的摘要，于经济合作，及中日新商约，言之不详。我们只能留待考虑。

——选自《独立评论》第 22 号（1932 年 10 月 16 日北平出版）

又一个罗斯福进白宫

美国历次的总统选举没有一次在我国报纸上得着如这次这样多的新闻篇幅和社会篇幅。我们总管说，胡佛也好，罗斯福也好，美国的远东政策是不会变的。我们总管自己勉励自己，说，靠人不如靠己，外援不如自助。但是究竟我们有点不放心。我们虽不愿明认，心中总觉得美国这次总统选举的结果与东北问题的前途有不少的关系。无论我们自己如何努力，我们很明白的知道在数年内东北的收复非有外援是做不到的。直到现在，欧美各大国政府对东北问题的态度还是以美国国务卿司汀生氏所发表的为最明显。司汀生的态度，据我们看来，还是不着边际，仅限于不承认违反《非战公约》及《九国条约》的事实或条约，但英法两国的政府，直到现在，连这句不着边际的话，还不肯说。所以我们心中总觉得中国这次如要得着外援，虽不单独来自美国，其主动及中坚必是美国。不但我们如此想，日本更明显的认美国为其目前的第一大敌。欧洲的舆论也承认这远东问题的重担，第一应由美国负担。欧洲各国总管口口声声的讲国联，心中所想的是美国。

既然如此，那末美国的政权从共和党移到民主党，从胡佛移到罗斯福，那能与东北问题没有关系呢？我们的理想回答说，没有关系。第一，因为日美两国在太平洋的冲突是当今国际基本事实之一，且是具有深远历史背景的，并不能因为民主党一登台就消灭了。第二，因为胡佛的远东政策在过去这一年内并未遭民主党的议员或报纸的攻击。这次竞选的时候，两党都没有把远东问题作为党争问题之一。虽然，我们心中不能不有所过虑。第一，我们听说民主党主张放弃菲律宾，这岂不是表示民主党对太平洋霸业的消极？第二，我们平素也听说民主党不与纽约银行街接近，且向来反对金元外交（Dollar Diplormacy）。第三，1919年，美国讨论《维尔塞条约》的时候，民主党赞成而共和党反对条约中关于山东各款。以后华府会议是共和党召集的；《山东条约》及《九国条约》都是在该会议签字的。并且在威尔逊的总统任内，美国与日本曾订所谓《蓝辛石井协定》，而共和党后来宣布无效。第四，胡佛及司汀生的政策已公布于世，只待推进；罗斯福至今对远东问题没有发表过言论，而民主党竞选的党纲，关于远东问题，不着边际极了。若依照中国人民的心愿，无疑的，下一任的美国总统将仍是胡佛，不会是罗斯福。

大致上，我们的情感未免过虑，我们的理想较近事实，但是事实也不是这样简单。美国两党的外交政策是随时代变迁的，但党的传统也有相当关系。并且现在在美国的外交问题不仅这东北问题，还有裁军问题、战债问题、银价提高问题、关税问题等等。我们的理想和我们的情感都不免断章取义。我们要了解民主党的得权与远东问题的关系必须首先了解美国近年全盘国际关系的变迁。

欧战初发生的时候，一般美国人都说："谢谢上帝，这个战争与我们无关系"；或说："谢谢上帝，美国与欧洲之间有个大西洋"。当时威尔逊总统曾劝勉全国人民不但政府在政策上宜严守中立，即人民在思想上，精神上也应严守中立。这种对欧洲全不过问的态度当然是有长久历史背景的，并不是 1914 年美国人民或政府忽然新创的。我们在这里不能回溯这个历史背景，不过我们要指出在 1914 年美国仍旧诚虔的保守外交孤立的传统。这传统的经济基础是美国有绝大的国内商场；经济上，美国那时几乎是自足的。在这种状况之下，美国对外政策的第一要义是关税保护政策。直到 1916 年的选举，威尔逊仍以避免卷入欧洲旋涡为其大功。但是次年，他就加入欧战了。欧战以后，他又亲自出席巴黎和议，且以组织国际联盟为其使命。不但此也，盟约以外，他与英国协同担保法国的安全。1914 年到 1919 年，五年之内，美国的外交彻底革命了。从完全不过问到全过问而且负责的过问，革命也不能不更加彻底。我们无暇来讨论这大变更的原由及过程，但读者应认清这变更的大和重要。同时在欧战期内，美国的经济组织也经过同等的大变更。战前，外国资本家在美国的投资多于美人的国外投资：她仍是个负债的国家。战后，美国就变为世界上最大的债主国，她的国外投资已超过英国人的国外投资。其次，在欧战四年之内，美国工厂及工业品的长进真有一日千里的样子。等到欧战完了，美国国内的商场绝不足销售其工厂的出品。国外商场以先是可有可无的，欧战以后变为必须的。换言之，美国亦不能经济自足了。无论美国人愿意不愿意，国外投资及国外商场这两件事使美国与欧洲，与全世界同祸福了。

在这个当儿，共和党反标榜外交孤立的传统来打倒民主党。在 1920 年的大选，共和党与民主党的竞争，在外交方面，是传统的外交政策与革命的外交政策的竞争。这个传统政策原先有它的经济基础，这是上文已经说过的，但经过欧战时期的经济变迁而又想回到战前的孤立，这是开倒车。这简直好像父母硬要一个二十多岁的男子穿他十二三岁时候所穿过的衣服。好了，在 1920 年的大选，共和党得胜了，次年起始执政直到现在。国联不加入；法国安全保障条约不批准；连国际法庭也不加入。也像欧洲太脏了，值不得美国人去染脏。战债除减轻利息和延长偿还时期外，一五一十都要还的。

　　共和党的运气好，从 1921 年到 1929 年，美国人民的富庶几为旷古所未有。人人都在那里歌颂共和党的功德，而共和党毫不客气的以功自居。八年的富庶足证共和党的政策，连外交在内，是完全对的。胡佛在其继任之初，又批准过一个新海关税则，其高度和其坚固可比我们的长城。胡佛的运气真不好；共和党的福运都被他前任两个总统享尽了。他继任的时候——1929 年 3 月——美国的农业和少数工业就不景气。共和党的救济方法不外这个新海关税则。总统及国会都以为国内商场若能完全留给国内的农业和工业，美国的富庶就可以世袭无替。他们的经济哲学还是战前的经济哲学。1929 年的 10 月，纽约交易所的股票狂跌。共和党说这是一短时期的现象，是投机者的运用，不出数星期就可复元。这数星期改为数月；股票仍继续下跌。直到 1931 年的夏天，总统和国会始承认美国的经济恐慌不过是世界经济恐慌的一隅，其病根不限于美国，是遍及于全球。要救美国非同时救全球不可。世界诸大问题之中最与经济恐慌有关系的莫过于德国赔款及相连的战债问题，军备竞争，及关税的竞争。从 1931年的夏天美国停付战债及赔款的提议起，直到现在为止，美国又步步的放弃他的孤立，协同欧洲各国来解决这些表面上与美国无关的问题。换言之，共和党开了十年的倒车从去年夏季又起始把车子开回来。十年前民主党的外交政策，胡佛已于最近这一年内采纳了。

　　正在经济恐慌强迫着共和党采纳民主党的外交政策的时候，日本派兵侵占东三省。我们用不着说，日本从甲午以后就知道远东的问题的关键大半在欧美而不在远东本区；所以泰西多事之秋就是日本在远东前进的黄金机会。胡佛政府，因为国情及国力的限制，也知道《九国公约》的维持非得英法两国的协助不可。在美国的国策上，远东问题虽占主要位置，但在英法则不然。英国虽重视远东，但大英帝国在目前还有许多更急迫的问题。法国更加。美国要英法协助来维持《九国公约》；英法就要美国出力来解决军缩问题，连带着法国的安全问题、赔款问题，连带着战债问题，及全盘的国际经济问题，内包括关税问题。要解决，这些问题都得同时解决；想单独解决远东问题而搁置其他问题纯粹是梦想。所以这个远东更加督促胡佛政府放弃其孤立传统。

如上文的分析不错，那末，罗斯福进白宫与胡佛留白宫是无大区别的。不但远东政策不会变，美国全盘的外交政策也不会变。因为在最近这一年内，共和党已放弃其党的立场而接收了民主党的外交立场。大区别虽然没有，小区别则不能说没有。胡佛这一年内虽大变更其外交政策，但不能无顾忌。党的传统不能完全放弃。上下两院本党的议员的意见不能不相当尊重，而他们保守的倾向还在胡佛之上。试看去年 10 月 16 日，司汀生给美国出席国联理事会代表的训令就可以知道胡佛瞻前顾后的状态：

> 政府特授权与你参加理事会的讨论，如果这讨论有关《非战公约》的实用，因为美国也是该约的签字者。……如果你遇着关于中日争执其他方面的讨论，你只能作旁观者和旁听者。

美国代表当日在理事会的言论更加明显：

> 我的政府绝不企图加入任何根据盟约所提的行动。……你们讨论如何实用国联盟约的时候，我再说一遍，我们是不能参加的。

现在罗斯福一进白宫，他虽不能使美国加入国联，他的顾忌就少多了。与欧洲合作，尽力的督促欧洲问题的解决，既是前任政府已经进行的事业，又是他本党的传统，他可大胆的前进。加之上下议院都在民主党的手里。他的政策不得像威尔逊第二任的政策，遭国会的掣肘。所以最后结果，世界诸大问题（远东问题在内）的发展都更加联成一片（成败当然另是一问题），并且这远东问题比以前更加离不了国联。美国的单独行动比以前更加要少。

同时还有一种发展加添国联的重要。法国赫礼欧内阁已接受新赔款案。此时又将表示有条件的接受德国军备平等的要求。这不是说赫礼欧已放弃法国的安全保障的寻求。这个是任何法国政府所不能放弃的。德国不忘战败后的损失和压迫，这是自然的，而德国的人口比法国要多 1/4 强，且其加增率较法国为高。但法国安全的保障可有几个方式。第一，可使莱因河流域脱离德国而独立。这个办法已试过而失败。第二，可由英美两国担保，这也失败了。第三，维持极大的军备及勾结小协约团与波兰。这个政策是法国近十年所行的。其结果法国徒得军国主义的恶名而成世界提倡军缩的众矢之的。并且这政策使德国更走极端，或联苏俄，或不顾一切而与法国决裂。赫礼欧的政策是从国联求保障。那末，法国必须使国联的权威提高，且须使国联具有军备。近几日的新闻好像战债问题及军缩问题都有相当的进步。这表现欧美政府间的接洽已到相当程度。

至于这种发展与我国的关系则是利害参半的。因为美国与国联合作来解决这远东问题，美国的立场与国联的立场是要折中的。美国反日比国联反日的程度要深刻。同时，美国不积极与国联合作，则美国不能单独行动，而国联亦不能单独行动。其结果全问题只有搁置。我国表面上有所选择，实际上绝无所选择。去年曾有人提议我国用国联不如用国际；换言之与其根据盟约而诉诸国联，不如根据《九国公约》而诉诸九国会议。那时这个提议已不切实际，此时更离实际远了。因为现在国联与国际，盟约、《非战公约》，及《九国条约》已打成一片了。

——选自《独立评论》第 27 号（1932 年 11 月 20 日北平出版）

中俄复交

复交不是联盟：这是很显明的，我们不应误会的。联络邦交是常态，断绝邦交是变态。由变态复常态本值不得大书特书。不过在现今这个纵横的世界，就是所谓第一等的强权都在那里大事联络，以求敌人的减少。他们外交的目标是一个时候只可有一个敌人，同时希望这个敌人是世界的公敌。他们如此，我们更不消说了。我们处于两大强国之间，在平常的时候，这不应该同时两个都得罪。那末，我们在过去这一年之中，一面与一个强邻处生死对抗之中，一面又与第二个强邻彼此不通信问。这是违反了外交的 abc。就原则上说，这就是不应该的。所以中俄复交的消息一传出来，全国的报纸，不分党派和背景，均一致赞扬政府此举之得时得法。我说得时，因为这正是国联在那里敷衍推诿的时候。在这个当儿，忽然有中俄复交的消息传来，我们不知不觉的得着不少的精神安慰。我说得法，因为我们素嫌政府多言，如孟真先生所说，但此举竟是无言而行了。

其实中俄复交所以备受国人的欢迎还有一个理由。我们虽知复交不是联盟，我们心中都在那里推测和希望这个复交或是联盟的初步。这个希望是可实现吗？现在世界情形万分复杂，苏俄的情形也是万分复杂。不但我们无从推测，就是各国政府的当局者大部分恐怕也是今天不知明天事。不过此中有几种事实是显明的，是我们所知道的。第一，日本占据东三省不但是我们的大患祸，也是苏俄的大患祸。日本此举直接危害苏俄在东三省北部的权利。"满洲国"只能骗小孩子；全世界都知道此刻哈尔滨及中东铁路的实际的主人翁就是日本。倘在帝俄时代，不等到日本兵到齐齐哈尔及海拉尔，日俄的战争早已爆发了。间接日本这次的侵略危害了俄国在拜喀尔湖（今译贝加尔湖）以东的一切领土和权利。苏俄的人用不着参看田中的大陆政策；只要一看地图，一回忆 1918 年至 1922 年日本在滨海省及阿穆尔的行动，就知道日本之祸是腹心之祸。前不久，报上还登过外蒙政变的事情。苏俄已发表过 1913 年及 1914 年帝俄在外蒙努力的秘密外交公文，其中有好几件是让日本派密探到外蒙去的。（这些公文不久将在中国社会及政治学报译英发表，以便公诸全世。）此间蛛丝马迹不难寻找。日本的宣传常说她的行动不是以中国为对敌（因中国不够资格），是以苏俄为对敌。其实此刻日俄利害的冲突比日美的冲突还要深刻。

第二，我们看得很清楚，苏俄目前无能为力。在过去这一年中，不但我们在东北抱不抵抗主义，苏俄也是抱不抵抗主义。两国的不抵抗且是同等的彻底。其根本理由是一样的，两国的不抵抗均因无能力抵抗。或说苏俄之不抵抗别有原故在，如第二个五年计划之未完成及斯他林派恐怕战争动摇其在国内的地位。这些原故倘属实，也不过解释无抵抗能力的根由，一个是物质的，一个是政情的。至于说苏俄因为行共产主义的原因，根本就不与资本主义的国家作帝国主义的竞争；在共产主义的立场，国家根本无意义，这一套话一方面与历史的趋势相反，一方面又与苏俄近五六年的发展不符。人类在历史上试验过无数种的社会及经济的组织，从来没有一个民族不想在世界上占优势位置的。苏俄近来之努力于国际地位之提高并不在彼资本主义的国家之下。有人甚至说现在苏俄人民的爱国心远在帝俄时代之上。所以我认为这一年来苏俄之示弱于日本，非甘愿也，实出于不得已也。

如上的分析不错，那末，从中俄复交到中俄合作以抗日是可能的，但非短期内所能实现的。其实在短期内，东北问题绝无解决的希望。我们倘求速反要吃亏，因为此时惟一可能的解决是不利于我们的解决。现今世界最热烈的拥护《国联盟约》《非战公约》者均不赞成以武力制裁日本，只赞成舆论的调解。此种论调一日不变，日本一日不得悔过。我们现在根本要放弃短期内的解决的希望，而咬住牙根作长期——5 年或 10 年——抵抗的计划。在此计划之中，苏俄的合作必须占一重要地位。成功与否，一方面要看我国政府及人民的努力，一方面要看国际形势。促进合作的实现并使其无流弊：这是中俄复交给我们的使命。

中俄复交在国内及国外的舆论界得了偌大的注意，还有一层理由在。日本人已说破了："这是世界上两个大捣乱分子的携手。"日本人以为他们深知世界的舆情，尤其是英国人的舆情，所以拿这种论调来恐吓世界，中伤我们。中俄复交就是中国要行共产，俄国要行世界革命，还不如让日本维持远东的秩序，作世界资本主义的文化之保护者。这种宣传是日本的惯技，复交不过又给了他一个机会。我们对于复交与共党活动的关系，固然应有相当的防备，但大可不必神经过敏。第一，苏俄现在所注重者是国内的建设，不是国外的宣传。第二，苏俄在中国的宣传投资没有得到相当的收获，这是第三国际所深知的。天津《大公报》提议复交以后中国应多派人到苏俄去考察。此举固然很好，但我以为比这个还要紧的是多请第三国际的主要人物到湖北江西各省去考察一下，教他们看看马克思主义在中国的成绩。我固不奢望我们有法能使第三国际相信一部马克思，加上列宁的注解，不足以治国平天下，但是第三国际倘有机会多认识中国的社会，或能找出些情形是无所不知的马克思和列宁所未想到的。在我们这方面，我们也不可因为怕共产革命，怕日本宣传我们要行共产就不利用复交以后的机会到俄国去考察，去学习所可学习者。究竟惟一防止共产革命的方法就是建设一个比共产主义还好的社会。此外都是治标，惟独这个方法是治本。苏俄的经验可资借镜者正复不少。计划化的经济是其最大端。我们不要忘记：一个劳工与农民生活较好的国家就是在国际中一个比较强有力的国家。倘若中俄复交以后，我们能从苏俄得到些解决农工问题的方法，那这复交便更有意义了。

——选自《独立评论》第 32 号（1932 年 12 月 25 日北平出版）

热河失守以后

远东问题闹到如此田地，原由固多，其中最要的莫过于中日两国国情之相左。在日本，武人主战，文人主和而不敢言和；在中国呢，文人主战而首当其冲的武人则不主战，其是否主和无人知之。不幸两国都是武人当政。武人的日本只论势而不论理；文人的中国只论理而不论势。目前日本得着了意外的胜利；终究这种局面只能演到两败俱伤。

自明治维新以后，倘日本武人是时常主政的，则日本的战争尚不只中日、日俄及日德三役。明治五年（1872 年）的时候，因高丽拒绝与日本往来，西乡隆盛、江藤新平，及副岛种田诸人主张与高丽宣战。适是时岩仓，伊藤，及大久保新自欧美归来，看见西洋文化的进步及日本的落后，力主日本的第一要务是在于速图西洋化的推展。那一次靠了岩仓诸政治家的远见及明治帝的果断，主战的运动总算压下去了。后江藤新平虽以武力反对政府，当局者不但不想借外战来平内争，反以叛逆处置江藤而加以讨伐。明治十年的时候，反文治的领袖西乡隆盛又想以武力来贯彻他的政策。文治派毫不顾惜迁就，致双方鏖战 7 月之久，兵士加入者几及十万人。这役以后，直到近年，武人反文治者没有敢作到西乡隆盛那个地步的。明治十七八年之际，因中日在高丽驻兵的冲突，武人的领袖黑田清隆一方面愤日兵在汉城的被迫而退，一方面以为中国自中法战争以后将励精图治，就主张先发制人，对中国宣战。那时首相伊藤的议论极值得我们的回忆：

> 我国现当无事之时，每年国库尚短一千万元左右。若遽与中国朝鲜交战，款更不敷。此时万难冒昧。至云三年后，中国必强，此事直可不必虑。中国以时文取文，以弓矢取武，所取非所用。稍为变更，则言官肆口参之。虽此时外面于水陆各军俱似整顿，以我看来，皆是空言，缘现当法事（中法战争）甫定之后，似乎奋发有为，殊不知一二年后则又因循苟安，诚如西洋人形容中国所说，又睡觉矣。倘此时我与之战，是催其速强也。诸君

不看中国自俄之役（光绪六年伊犁问题）始设电线，自法之役始设海军，若平静一二年，言官必多参更变之事，谋国者又不敢举行矣。即中国执权大官腹中经济只有前数千年之书据为治国要典。此时只宜与之和好。我国速节冗费，多建铁路，赶造海军。今年我国钞票已与银钱一样通行，三五年后我国官商皆可充裕。彼时看中国情形再行办理。至黑田云，我国非开辟新地实难自强，亦系确论，惟现时则不可妄动。

伊藤考虑中日两国内情以为不必即时宣战以后，井上馨外相又继续说明当时的国际形势如何不宜于战：

使我与中国构兵，俄人势必乘机占取朝地。彼时朝未取得，饷已花去，俄反增地，非特中国之忧，我日本与俄更近，东方更无日宁静矣。

黑田虽不服输，但明治帝裁夺以后，也就算了。

日本文治派并不是酷爱和平者；伊藤也承认"我国非开辟新地实难自强"。文治派与武人的不同不过是文治派主张战前应有充分的内政与外交的预备，战后应守分寸，所希望者不可超越局势所许可者。中日、日俄及日德三役均是如此布置的。此日本之所以成为世界大国之一；此日本政治家之所以能成大业。国人当能记得《马关条约》以后，中国已割让辽东半岛予日本，俄法德三国联合出而强迫日本放弃。三国的行动不为日本留余地十倍于国联的报告书。彼时明治帝、伊藤、陆奥诸人反能镇压舆情，接受三国的劝告，现在国联对日本可谓尽情尽理了，而日本不但不接收报告书，反而扩大事件的严重，加增自己的罪恶。

此无他：因日本近年的内政及世界近年的局势有以致之。我们若不把这两点看清楚，我们不能决定热河失守以后的步骤。近年日本经济的困难，政党政治的腐化，世界法西斯的潮流，加上日本民族离封建时代之近：这是在日本造成武人主政的根因。荒木也是时代所造的英雄。九一八以前，日本人心已离文治派而附于武人了。九一八以后，武人节节得胜。战争仅 10 日又得了热河。此时想要日人悔祸，要日人屈服于国联一纸决议之下，这是断不可能的。

自大战以后，欧美人民怕战过于怕虎。元气尚未恢复以前，又来了这 3 年的空前经济恐慌。共产主义与资本主义，战债、军缩、关税，法意、法德诸问题使得西洋绝难有两国或三国联合对日的可能。而这种联合是制裁日本必须的条件。欧战以前，日本对中国的进攻已有余；所可虑者，日本对西洋的防守力不足。欧战以后，这一点的不足也就补上了。现在日本对中国的进攻有余，对西洋任何一国的防守也有余。日本因此就肆行无忌。在这种形势之下，日本原能占相当便宜；这是日本的一个好机会。但所能占的便宜也不能毫无止境。他不能全不知分寸，把华府会议所造的均势根本推翻。全世界受了这种压迫之后，难联合的亦必设法联合。在 19 世纪，英俄原为世仇。德国外交的一个基本前提就是英俄绝不能合作。等到英俄感觉德国的威迫太甚的时候，这个德国所逆料不能发生的联合居然于 1907 年发生了。日本之进占热河并没有减少，实大加增。日本对全世界的压迫，热河的失守，虽然在我们看来是可万分痛心的，并没有基本改变世界的形式。

不过热河的失守，尤其是这样可怜可耻的失守，当然是有其影响的。精神的损失比土地的损失还要大。自从九一八事件发生以后，欧美一般人民（政府当然别有打算）以为日本之侵略中国有如一个凶汉欺负一个老婆婆。他们旁观者很忍不住，要打抱不平。但是仔细一想，如出来干涉，这个老婆婆不但毫无能力，且须人负荷。旁观者认为一面要背着老婆婆，一面又要与那凶汉对抗，这是不可干的事。淞沪战争以后，旁观者知道了这个老婆婆并不是老婆婆，不过是一个无训练无器械的不幸人，而训练和器械都是可以设法得到的。淞沪之战的影响是全国上下都知道的。国联大会通过报告书以后，热河战争将起之际，我们都以为这又是一个好机会，颜顾郭三代表之所以力主抵抗，宋院长的北上，宋张汤三人的通电，以及全国人民对此通电的鼓掌无非是要利用这个机会来促进世界对日本的制裁。原来事在人为，倘热河的战争能作到淞沪战争那种程度，我虽不敢说国联就会引用十六条，我敢说国联必须向十六条进一步。

经过这一次的大失望以后，我以为我们应须认清这个基本事实。第一，武力的收复失地是绝不可能的。第二，我们须承认汤玉麟虽不足代表中国的军人，十九路军及第五军也不能代表中国的军人。我们以后未必能希望淞沪之战那样的精神胜利。这次热河之战，如我们无这种太乐观的奢望，宋子文也不与张学良汤玉麟联名发通电了。热河这样的失败，其精神上的损失远过于东北三省不抵抗而失败。我们要看清我们能在平津作淞沪的战争，其收获尚不能弥补热河这一战的损失，何况我们在平津绝不能作淞沪之战呢？第三，我们丧失热河这个机会以后，我们很难促进世界对日制裁的产生。原来我们绝无左右世界大势的能力；充其量不过促进已成的趋势。现在连这一点促进的能力都没有了。倘国联于某年月日决定制裁，那必不是因为我们作了什么事，必是因为国联自有其理由。

有了以上这些事实，我们不能不承认中日问题现在已到了一个很严重的新阶段。我们应该认清局势，决定我们的策略。我们至今还未认清中日问题的严重；因为如此，我们在以往的一年多内，还常常想找解决的捷径。这种野梦，我们现在必须放弃，而下决心来作长期的准备。第一，中国自今以后，无论因何原故，假何名义，不可再有内战。第二，中俄复交我们应当看为一个外交的种子，要多费力气来培养它，使它将来能结好好的果子。我们外交的大毛病是在只图收获，不事培植。私人的交情尚须时日，何况邦交？第三，无论国联作何处置，即使有令我们失望的处置，我们绝不可放松它。黎顿报告书岂不是替我们作了无价的宣传？国联大会所通过的报告书岂不是为我们作了联合世界一致对日的预备工作？最低限度，国联不但是我们的代表宣传的好讲坛，且是最有效的宣传工具。倘两个报告书不是出自国联，是出自中国政府，或美国政府，或俄国政府，其效力能有如此之大么？对国联，如同对苏俄，我们不可期望收获太早，我们尚须继续作培植的功夫。第四，我用不着说，我们应十分努力于内政的改良。急进者应拿牺牲于疆场的精神来与衙门中各种恶鬼去奋斗。就是我们暂时丧失了东北，我们的国永远是比伊藤博文的日本大好几倍。事全在人为。

自九一八事件发生以后，我常和外国朋友讲笑话，说：上帝造日本的时候，原只造了一个三等国，日本人擅改为一个一等国；上帝造中国的时候，原造了一个一等国，中国人自改为一个三等国，但是我还信上帝。

总之，目前论中国的内情及国际形势，我们都谈不到收复失地。目前我们的工作唯在国内造成有收复失地的能力和资格，在国际上造成有收复失地可能的形势。

——选自《独立评论》第 43 号（1933 年 3 月 26 日北平出版）

长期抵抗中如何运用国联及国际

中国近代的厄运之主要原因，无疑的，是现代化的迟缓。换言之，就是内政改革的失败。所以对于靠国联不如靠自己的主张，我是十分同情的。但是立国于现代的世界，不仅一般弱小国家，即少数所谓大强权，都不能一日忽略国际的关系。内政与外交好像左右两腿：左腿向前进一步，右腿必须跟上；不然，全体就不能有进步。内政办得有起色，外交因之容易办；外交应付得宜，内政的进步亦因之更加顺利。我们要记得：我们统一的迟早和程度，工商业发达的快慢，铁路干线完成的早晚，处处都受外国政府和人民的态度的影响。我在这里要讨论长期抵抗中如何运用国联和国际，不是因为我想国联和国际，不问我们奋斗与否、牺牲与否，就会把东北四省送回给我们；正是因为我深信现在惟一促进国联和国际帮助我们收复失地的方法在于速图内政的改革——或国家的现代化。

《日内瓦日报》（Journal de Geneve）的前主笔马丁教授近在北平政治学会讲演的时候，说了一句很使我伤心的话。他说：中国与国联的关系可分为两个时期：第一时期是中国无所求于国联因而冷淡的时期，第二时期是中国有所求于国联因而热烈的时期。马丁教授说这话的时候一定也是很伤心的，因为他是国联的忠实信徒，曾为国联的原故而替我们在日内瓦奋斗的。他这句话最足以形容我们全盘的外交。我们是精于打小算盘的！不见利就不为义。我们是天生的物质主义者：政治上的精神力量——政治的不能测量的元素是我们所看不起的。《国联盟约》这个东西我们平日——或者甚至于现在——不是把它当个"好好先生"看吗？国联在国际的重要及其所以然，我们看不清楚，因为我们想这根本值不得我们的注意。国联不是个理想的东西吗？有人这样的疑问。它不是资本主义和帝国主义的工具和假面具吗？还有人这样的判断。

国联在现今的国际上有两种重要。第一：它是世界的公安局。在欧战以前，各国是各自图安全的保障的。各国各自图安全好像各人各自图安全一样——一样的不经济，一样的危险。我带一支枪，你也带一支；我疑你的枪是对付我的，你疑我的枪是对付你的；为先发制人，战争就爆发了。我怕你的枪比我的厉害，你也怕我的比你的好，于是你我都节衣缩食以求枪杆——军备的精良。有一天，我想我的努力得到了相当的成绩，我相信我的枪实在比你的好，我就趁早向你开放起来。上次世界大战就是这样的打起来的。你我现在不带枪，不各自图安全，因为我们有公安局。上次大战只有战败者，没有战胜者；因为就是号称战胜的英法在战后的富庶和安乐不但不及战前，并且十五年的努力尚不足以复元。拿现在的军器来演第二次的大战，其结果不是人类的末日，也会是文化的末日。所以战后有许多远见的人——在大国的不少于在小国的——一致的主张组织一个国联，一个世界的公安局。它是小国的必需品，这是很明显的，全无疑问的。同时因为以上所说的原故，它也是大国所需要的，不过大国的需要国联究竟不如小国那样的迫切。我们拿英国来作个例子。现在在英国的国联同志会的会员有三百万以上之多。那一个英国政治家敢公开的藐视国联？尽管有些是口是心非，他们不敢不"口是"已经表明国联在英国的势力。这次为国联报告书的通过而奋斗的捷克、瑞士、瑞典、哀尔兰诸国的代表，我们要认清，与其说是为中国奋斗，不如说是为国联的前途而奋斗。他们觉得中日问题是国联的试金石，而国联又是他们国家的公安局。

第二，国联是现代世界的公益局。有许多事业是各国的公益而非一国所能单独举行的。如劳工待遇的改良，麻醉品的取缔。还有许多问题虽发生在一国而其影响则牵连许多国，如数年之前奥国的经济破产。实际上，现代一国的贫穷能使全世界均减富，所谓局部的问题都是全世界的问题。

第三，国际的形势大部分在国联之内表演。国联和国际已到了一个不可分离的状态。日本除外，其他列强均将假国联的名义以贯彻其政策。当然各国的外交都以维护自己的利益为第一目标，但其主要的活动场是日内瓦。

国联现在固然没有海陆军，固然无制裁能力，固然不是太上政府，固是幼稚的，但它的目标是对的，所走的路是对的。说它是资本主义的工具的人并不承认军备是不应该裁的，仗是应该打的，大国是应该并吞小国的；他们也不过说国联的毛病在于不能实行盟约的条款。就中国说，我们所患的不是《国联盟约》之不利于我们，也是国联的力量的薄弱。那末，我们运用国联的第一个方法就是要培养国联的力量。别国不信任国联的时候，我们要特别信任它。别国事事处处要破坏国联的威信的时候，我们一举一动都要尊崇，要提高国联的威信。别国的人如说《国联盟约》是废纸，我们就要说盟约是天经地义。别国的人如说国联只能管欧洲的事，我们就要说国联是全世界的仲裁者。别国的国联同志会会员如有三百万，我们就应该有三千万。别国如把国联作为外交家专门研究的题目，我们就应把国联的历史、组织、目的作为中小学的必须课。无论国联提倡甚么，我们都竭力合作。无论国联召集甚么会，我们必派代表出席，且派国内最有资望的人去。

日本退出国联了，我们在国联活动的机会也就到了。在会员国之中，中国最有代表亚洲的资格。国联为维持它的世界性起见，从此以后，更将欢迎中国的合作。

国联不但是我们联合世界一致对日的好工具，且是帮助我们实行现代化的一个好机关。我们如要找外国的专家来帮助我们，国联替我们去找比我们自己找的还要好些。我们如要利用外国的资本来开发我们的利源，国联能作有力的媒介。借用外资，大概现在没有人反对；聘任外国专门家也不应有人反对。中国以往的毛病不是聘任外国人太多，是所聘任者间或不得其人。比这更要紧的，是在外国专家指导下服务的人引以为耻而不虚心学习。甲午以前，北洋海军的留学生如刘步蟾、林泰曾诸人就犯了这个毛病。他们自己升官虽然快些，但国家的损失不知几何。

近年政府好几次请了，或托国联替我们请了一些外国专家来。不过作了调查报告书或计划书，他们就回国了，而政府就把他们的计划置之不理了。除军队里的外国顾问外，别的顾问只替我们造计划，并不得帮助我们来实行。这是不能收效的。我们奋发图强的日子——那就是说，切实现代化的日子——已经到了。我们如能在现代化的程序中竭力图欧美资本及技术的合作，我们的进步必可一日千里。

远东问题，归根起来，就是中国的无力，而无力的根由就是中国之欠缺现代化。国联及国际对日本不能施行制裁大部分可说是心有余而力不足。但是国联及国际如有机会来帮助中国改造，这是心有余而力亦有余的事情。一个强有力的中国是当今国际形势的一个必需品。这是我们千载一时的机会。近几十年来，与中国有邦交的列强可分两种：一种是以通商为目的，如英美，一种是在远东有土地野心的，如日俄。通商的国家惟恐中国自己不富强，因为中国一富强，她们的商业就可以进步。有土地野心的则惟恐中国富强。当宣统末年英美德法组织四国银行团的时候，日俄即起而反对之。现在我们从法国外部所发表的秘密公文，我们知道日俄反对的理由。她们说如果中国能大借外债来修铁路，与实业，中国就能自强起来，这是与她们的希望相反的。华府会议以后，在华只图通商的国家切望中国的自强更加热烈，有时比中国人只有过而无不及。我们以往没有利用这种国际形势，以致有今日。一误不可再误了。一个富强的中国出世之日就是远东问题终止之日，此外别无出路。我们是这样想，国联及美国也是这样想。从这方面看，国联及国际的利益完全是与中国的利益相同的。

在长期抵抗中，利用国联和国际来图中国的富强，比利用国联和国际来制裁日本，是更容易举行的，更有实效的，更无流弊的。

中日两国的对抗不是我们所求的。直到现在，我还想是两国的大不幸。但我们是处于被动的地位，是迫不得已的。在甲午以前，日本是进步的，顺世界潮流的，中国是守旧的，在内政外交上，均是反动的。日本有了局部的改革，因而富强；富强了以后，就以为无须再改革了，再事西化了。我们的历史正相反：甲午以前，局部的物质改革不见效，于是有戊戌的局部政治改革；又不见效，于是有辛亥的整个革命；还不见效，于是有民四以来的思想及社会革命。我们牺牲之大及上轨道的困难当然远过于日本，同时我们也有相当的代价。现在我们的思想解放亦远在日本之上。日本现在的全盘外交内政都到了反动时期，我们则处于前进及后退两可之间。日本现在无选择的可能，因为她的局面是已定的，我们则正在十字路上。在这个当儿，我们应该决然毅然放弃反动的路而走到欧战后改革家所提出的新路上。不但在外交上，因为日本是反国联及其精神的，我们应该全心的拥护国联及其所代表的新国际关系。就是在内政上，我们也应该如此作。日本军阀讨厌国会及政党，我们则应大行民治的宪政。日本严厉的取缔劳工运动，我们于劳资之间则应扶持劳工的利益。日本的工商业已归少数财阀把持，我们不妨贯彻资本与工业的社会化。

民治主义，政治的和经济的，是一个不可遏抑的潮流。反动只能得一时的成功。反之，天下是民众的天下。在长期抵抗中，我们的基本政策如能顺着世界的大潮，最后的胜利一定是我们的，正如日本甲午以前的努力得着甲午的收获一样。

——选自"独立评论"第 45 号（1933 年 4 月 5 日北平出版）

这一次的华府会议

自九一八事件以来，国人屡有提议请美国根据 1922 年的《九国条约》召集第二次的华府会议者。现在世界各国的代表又将集于华府，在英美最有声望的宋子文氏也放洋了。究竟这一次的华府会议是会有利于我们如上一次的华府会议吗？

这个问题可分为三个问题回答。第一，1922 年冬季的华府会议有利于我们者究竟是什么？第二，当时的国际形势及会议形势有什么特别使我们能得相当便宜呢？第三，现在的形势与当时的形势比较又如何？

第一次的华府会议赞助我们收复已失的权利是有限制的。我们代表团所提出的要求有二种：一种是对普遍国际的，一种是单对日本的。对普遍国际的包括关税自主、法权自主（即领判权的取消）、外国驻华军队的撤退、外国在华所设邮局的取消，及租借地如旅大、威海、广州湾的退还等项。实际我国代表所要求的就是"取消不平等的条约"，不过他们没有用这个标语就是了。除邮局外，其他各项均是成败参有的。关税我们略可提高；领判权呢，会议以为时机过早；驻军的撤退，会议以为应斟酌时地办理；租借地除威海外别无具体的结果。单对日本的就是《民四条约》的取消。我们所得到的是山东的收回及日本放弃了"二十一条"的第五组的正式声明。至于旅大问题，南满、安奉、吉长诸铁路问题，土地商租权的问题，及汉冶萍问题，日本在上一次的华府会议丝毫没有让步。总而言之，第一次的华府会议可说是我们收复失权的初步，离完成还差得远。这也是不足怪的：80 余年的失士及失权的历史那能一笔勾销？

上次的华府会议虽然不能完全挽回以往，却曾努力于保障将来！至少是条约上的保障。《九国条约》一则曰，列强共同尊重中国政治的独立及领土与行政的完整；再则曰，列强须给中国充分的机会来完成她的统一和建设强有力的政府；三则曰，列强各国不得在中国任何指定区域有任何优越权利。这个条约西人都称为"列强自制的律令"（Self-denying ordinance）；此约在远东问题历史上的重要简直不可言喻，它可以说是关于远东的国际大宪章。

　　所以把两方面合起来看——挽回以往及保障将来——上次的华府会议可说是有利于我们的：在保障将来方面远胜于挽回以往方面。

　　当时的形势有三点特别。第一是美国国际地位的优越。欧战期中，美国的富力和兵力有了一日千里的长进。战后美国实有左右世界大势的能力。上次的会议一方面讨论海军限制的问题，一方面讨论远东问题。是时美国并无限制海军的必要。美国人民的负担远在他国人民之下，而富力又在他国人民之上。如美国要与别国竞争，她很可以超过海上霸主的英国。别国如要与她竞争，必至破产。由美国提出海军限制，是她所牺牲者多，别国所牺牲者少，甚至谈不到牺牲。是以美国有所施于人。在外交上，有所施于人然后可以有所求于人。因此美国所提对于远东问题的处置能得着别国的赞同。去年史汀生曾说过：如《九国条约》不能维持，全华府会议的成绩，海军的限制在内，均将被推翻。海军的限制与《九国条约》可说是互为因果、互为条件的。

　　当时形势的第二点特别是欧洲各国都为欧洲的问题所困，无余力在中国发展。同时她们都以为中国是世界的惟一的最容易受宰割的大肥肉。在这种状况之下，她们何乐不赞成大家不下手的政策呢？日本适得其反。日本除中国外别无问题，她的国力全集中于中国。并且日本的资本和工业远不及英美。不用政治的侵略，专靠经济的竞争，日本未见得能维持她在远东的地位。何况她的目的不仅在维持，而在发展？美国当时固有余力在中国发展，但美国只须通商的机会均等，政治的侵略是无须的，且是不经济的。在这种状况之下，美国一倡之，欧洲自然和之。这个"列强自制的律令"于是产生了。实在呢，《九国条约》与其说是列强的自制，不如说是欧美联合制裁日本。

　　第三点特别是大英帝国外交的改变。英国在中国有通商的机会均等也就够了，用不着政治的侵略。关于这一点英美的立场完全相同。门户开放主义是英国的素志。英国最讲帝国主义的内阁总理沙侯（Lord Salisbury）尚以门户开放主义为上策，利益范围与瓜分为下策。在欧战以前，反对门户开放主义的就是日俄两国。战前两国都是英国的与国，那全是为防德。战后，德国败了，俄国革命了！短期内，这两国均不能危害英国。苏俄固尚能以世界革命来动摇英国，但这种危险不是联日所能防止的。所以在华府会议，英日同盟就宣告寿终正寝了。同时在欧战期内，日本的进步颇足使加拿大及澳大利亚寒心。美国禁止日本移民，英属自治领土也禁止日本移民。在巴黎和会，日本提出民族平等的时候，美国、加拿大、澳大利亚都知道这个提议是指他们的移民禁律的。这两国自治领对日所处的地理地位又完全与美国相同。战后，自治领在大英帝国内的重要远过于战前；他们的意志，亲美反日的意志，英国政府不能不尊重。

因为有了以上三种战后的特殊情形，上次的华府会议才能得着成绩。现在国际形势与 1921 年的形势又怎样呢？

上文所举的三种形势基本尚存。美国的势力仍旧是列强中比较最雄厚的。欧洲各国仍旧为欧洲的问题所困而希望远东没有巨大的变化，希望美国出力维持门户开放主义。大英帝国仍旧对中国只图通商机会均等，对美国力图亲善。然而近 10 年来世界上发生了一个大变动：上次华府会议的时候正是世界经济上进的时候，这一次则是世界经济最黑暗的时候。会议快将开始，美国竟放弃金本位。美国现在失业的人民在千万以上。去年美国的国际贸易不过 1929 年国际贸易 30%。这类的数目字我不必多提：全世界的经济恐慌是当代最重要的事实。

所以这次的华府会议是世界经济会议的预备会议。所讨论的问题分为三大项：战债，各国币制的整理，及国际贸易的提倡。三种问题均严重，均复杂。欧洲各国所欠美国的战债的原本约计美金 100 亿元：其中英国所欠的占 46 亿元；法国所欠的占 30 亿元；意大利所欠的占 16 亿元；原先欧洲各国希望能拿德国给他们的赔款来还她们欠美国的战债。去年德国赔款已由各国决定实际上取消；于是英法意诸国感觉无法还美国。而战债问题一日不解决，国际经济一日不能恢复常态。各国的币制均已放弃金本位；国际汇兑因之纷乱，国际贸易因之加添阻碍。并且各国均求本国货币的汇兑率的降低，以图推销货物于国外。国际贸易近年大为各国关税所阻；长此下去，各国均会回到我国闭关时代的经济。这是世界经济恐慌主要原因之一。

在这次的华府会议，美国所能施于人者是战债的减少或取消。美国大概会拿战债来交换币制的整理和关税的减少。如美国想更进一步，拿战债的减少或取消来交换英法关于远东问题的合作，这就要看合作的范围如何了。如果这种合作需要重大的牺牲，英法必以为要价太高，交易难成。同时我们要知道，美国如能拿战债换得各国金币的稳定及关税的减少，美国的经济恢复就有了希望：这是美国切身的问题，她决不愿因远东问题而牺牲经济恢复的希望。这是与上次华府会议的大不同点：上次美国甘愿为远东问题而牺牲海军的充分发展。所以这次会议的形势不如上次会议的形势之有利于我们。

但是上次华府会议有利于我们的三种形势依然存在，不过因为经济恐慌的原故不能成为动力。这次的会议如能得到关于经济问题的了解，远东问题的解决亦必能有进展。总之，这次的会议关于经济问题已经是预备会议，且其成败颇难逆料；关于远东问题充其量不过是预备之预备而已。

同时中国也为经济恐慌所困。中国的经济不振也是世界的经济不振原因之一。我们如在会议中提出具体的经济振兴计划，比较容易得到列强的协助。最后之最后，这远东问题解决之是否有利于我们还看我们自己的力量如何。我们绝不可因远东问题而忽视这次会议的重要。

——选自《独立评论》第 48 号（1933 年 4 月 30 日北平出版）

美国外交目前的困难

现代世界诸大问题的解决都依赖美国的助力。正在进行的裁军会议，六月中行将举行的伦敦经济会议，以及远东的中日冲突，这些问题得着了美国的辅助，固不一定就能得着圆满的解决；倘得不着的话，简直无从下手，更谈不到解决。美国的世界地位之重要是无人能否认的。

但是在这几年内，美国的外交究竟将有什么演变，是无人敢预言的。美国成为世界强权之一不过是 20 世纪的事情。在 19 世纪，美国孤立一方，对彼时欧洲的纵横和战争一概置之不闻不问。其他世界强权如英俄法成熟较早。它们在世界舞台上出演过多次：其角色如何，我们有相当的认识。至于美国，她只出演了一次，即上次的大战，而那一次戏尚未唱完，美国就退出了。全世界都以为美国不上舞台则已；一上舞台，必是一个了不得的角色。究竟美国上台不上台，如台上的话，将演什么角，则无人敢说了。

一个外交的演变常受两种条件的支配，一种是它的全盘历史的趋势，一种是一时的国际形势和国内状况。我们且谈美国外交目前的困难。

美国现在的舆情是极端反对战争的。我们可单就远东问题讲。自九一八事件以来，美国舆论领袖最与中国表同情的都明白的说：日本虽是错了，美国不应以武力对付日本，美国只可期待日本的反省悔祸和内部变化，及世界道德裁制的生效。我们若告诉他们，日本不会反省，道德制裁不会生效，他们不过说：那也只有听之。上次大战过去不久，参战的兵士及死伤兵士的家属现在正是社会的中坚分子。他们怕战争如同怕虎。上次威尔逊总统拿以战止战的口号相号召。但大战以后，世界曾无一日不紧张，好像战绝不能止战，只能生战。美国人这个看法的对不对，是另一个问题；他们大部分的看法是这样，这是毫无疑问的。

同时经济的复兴是美国政府及人民切身的问题。共和党的致命伤就是经济的不景气。民主党以经济复兴自任而人民觉得民主党或能给他们一线的希望：所以民主党得到了政权。自从罗斯福进白宫以后，他对远东问题至今毫无表示——

这不一定是美国现在不顾远东了——但从早到晚所忙着干的，是货币的膨胀、农民的救济，及世界经济会议的预备。美国目前是以全副精神图谋经济复兴的时候，不是以全副精神对付远东问题的时候，而这远东问题不是三心二意所能对付过去的。这一点美国是看清楚了，共和党执政的末年已看清楚了：与其三心二意的来对付而对付不过，不如把全问题暂时搁置。在美国外交的程序上，不但经济复兴居首位，远东问题次之，并且美国绝对不愿使远东问题阻碍伦敦经济会议的进行。

美国的经济恐慌是世界经济恐慌的一隅。要图美国的经济复兴不能不同时谋世界的经济复兴。在恐慌发生的初年，胡佛曾以为以美国土地之广、人口之多、富力之厚，不难靠自己的力量来挽回经济的衰落。这个假设，在1931年，胡佛已经知道是错了。现在罗斯福当然不敢蹈前人的覆辙。但从美国观察，中国的经济重要远不及西欧。照中国银行今春所发表的周年报告，中国去年的国际贸易以中美部分为最大。虽然，中美贸易的总额不过是美国与西欧的贸易的1/10；美国政府及人民在中国的投资亦不过等于在西欧的投资 1/30。我们平常听惯了这几年的宣传，许多人以为帝国主义者完全靠着榨取我们的财富过日子。其实我们的财富本有限，且被土产的军阀和官吏榨取尽了。倘帝国主义者靠我们过日子，世界上早已没有帝国主义者了。中国的市场不过是一种希望，是待将来发展的。倘若中国市场发展的惟一障碍是日本的侵略，那末美国目前的外交或将集中于远东。美国人知道中国市场发展的大障碍不在日本而在中国本身——在中国的内乱、中国人的穷和中国人的缺乏现代组织和现代知识。这些问题的解决不是美国外交所能为力的。同时欧洲的问题虽多且大，美国还觉得有下手的可能。一旦欧洲的问题得着解决，美国的经济就得着不少的帮助了。所以美国的外交愈注重经济，她就愈重视欧洲。

在美国目前的外交上，不但中国的重要不及西欧，就是苏俄也不及西欧。美国人民反对共产主义的坚决远在其他各国人民之上。就是劳工总会的干事部尚反对美俄复交。同时当作市场看，苏俄远不及西欧的重要。美国出口货的两大宗——棉花及石油——是苏俄富有的。如果为对付日本，美国须要联盟国，苏俄的重要亦不及英国，因为日美之战——万一有战争的话——胜负第一靠海军，次靠空军；至于陆军，简直无用武之地。从九一八事件以来，许多人望着莫斯科，以为日本的帝国主义和反共主义可以引起苏俄的抵抗。近两年来，日本对俄国利益的危害何尝不大，而苏俄节节后退：此中主要原故就是军事上、社会经济上，苏俄绝不能作战。苏俄将来的地位当然不能预测；在目前，完全不足以左右世界的大势。并且苏俄在远东的立场完全不与美国相同。美俄合作，在美国方面，有无穷的顾虑。为经济复兴计，为对付日本计，为远东的前途计，美国当然以联西欧为上策，而以联苏俄为次策。

就目前美国的国内状况及国际形势看，美国关于远东问题在最近的将来不能有进一步的办法。罗斯福对于远东政策的决定至早要在军缩会议及经济会议的成败揭晓以后，而这两会议的前途是不容乐观的。直到现在，军缩会议尚未渡过法国的难关。德国根据条约有要求军备平等的权利。现状是德国单独裁军，其他各国，尤其是法国，则维持充分的军备。这种现状不是《维尔塞条约》的本意，也不是德国所能忍受的。同时德国尚要求《维尔塞条约》的修改；德国所最注重的修改是波兰走廊的取消。这种要求就引起法国的安全问题。法国人在 45 年内——1870 年至 1914 年——受过两次德国的侵略。以法国自己的力量是不足以抵抗德国的。法国安全保障的寻求是战后法国外交的大前提。她的方法不外乎四种：（一）割取德国的土地及限制德国的军备以图减杀德国的力量，（二）创设一个有裁制能力的国联，（三）由英美两国担保，（四）靠自己的及与国的军备。第二及第三个方法已经失败了。美国最近的声明愿加入一个咨询条约似乎不满法国的要求，是以英美虽说明愿意维持欧洲的政治现状——有利于法国的现状——法国仍旧不愿意放弃保障安全的第四个方法。英美的态度是一致的：她们承认德国对于军备平等的要求是对的，但达到平等的方法不是让德国扩充军备，是让其他各国减少军备；同时英美两国不主张修改《维尔塞条约》。这是个折中办法，希特勒已接受了。希特勒的接受当然是不甘心的，但是英美法三国的联合不是此时的德国所能抵抗的；德国外交的出路在于使法国不能得英美的援助。希特勒明知英美的折中办法不是法国所能接受的，他大可以让法国去作恶人。所以军缩会议表面上虽得了德国的协调，仍未渡过法德这难关。

假使法德都赞成英美的提案，军缩会议尚有日本的难关。会议所讨论的侵略国的界说及侵略工具完全的废止断然不能得着日本的同意。但是日本不便明白的反对这两件事，只好提出海军平等的要求。日本也明知英美两国断然不能接受这种要求，不过要借海军问题来破坏任何军缩。世界上任何国家有个荒木当权军缩是不能成立的。终究世界会认清这一点。这是我们一线的希望。因为在世人的眼光里，破坏军缩会议的罪比侵略中国的罪还要大。

假使英美在军缩会议里压迫日法太甚，日法大可在经济会议里捣乱。同时经济会议有其本身的困难。美国愿意取消或大减战债么？关税的普减能实现么？我们倘记得关税问题的复杂及其利害关系的严重，我们就不敢乐观。就是经济会议完全成功——事实上的成功绝不能到美国所希望的程度——发生实效也要三四年的功夫。因为世界的经济恐慌不是任何会议的议决案所能忽然消减的。会议充其量不过减除复兴的障碍；复兴的实现尚待各国政府及人民的努力。

所以目前的国际形势不能容国联或任何国家对远东问题定下步的办法。我们只能观望。局部的妥协是不能不有的；全部的解决此非其时。我们如因局部的妥协而引起内战，无论是假何名义，是谁打谁，都是自杀。首发难者是民族千古以来的大罪人。军人无论了解不了解国际的形势——千分之九百九十九是不了解的——对国家外交问题是不应该发表言论有所主张的。同时在政府方面应于经济会议以后，斟酌彼时的形势，定一个全部的办法。到那时候，国联会员国，《九国公约》及《非战公约》的签字国应给我们一个确切的答复：或进或退，不能再模棱两可了。我们目前不能不将就；但这只可作为过渡，不能算作办法。

——选自《独立评论》第 52、53 号合刊（1933 年 6 月 4 日北平出版）

五千万美金的借款

——"这一星期"之一

宋子文氏从美国借到的大外债和西南所提出的抗议自然而然的使我们想及民国2年后的善后借款。现在如彼此，借债者为财政困难所迫，不得不借外债，且事先未规定大公无私的用途，使国人无从反对。在我个人看来，这次5000万美金借款的成立并不足怪；足怪者，是政府事先对内毫无准备，致借款消息传出以后，行政院长始告诉国人："借款的用途须待精密考虑。"先借债，后考虑用途：这是我们政府所特创的办法。

在反对者方面，现在如彼此，注重的理由，不是借款条件的不公，反是借款对于内争的影响。自民国以来，国内党派的领袖，对一切外交问题，总是从党派的立场着想，总不能超党派而就国家的利害着想。这种毛病，在野的领袖犯的更多，国民党在野的时代也不是例外。因为国民党在野的时代久，所以党内领袖反对政府的技艺远精于执政的技艺。世界的大国尚竭力避免拿外交作内争的工具，诚以不能避免的话，外交就难办。中国更不必说了。专就外债一事讲，因为每次都引起严重风潮，所以在放债者方面倘对我们民族怀抱善意，且不想拿放债来谋政治的收获，一见中国国内的反对，就踌躇不前；倘放债者对我们有政治野心就不顾中国国内的反对，源源接济我们的政府。其结果政治借款成立者多，建设借款成立者几绝无仅有。我们愈以政党的立场来反对外债，我们所借到的外债愈会成为政治的。民国以来外债史就是这么一回事。

借外债本身不应成为问题。资本主义的国家，共产主义的国家都借外债。国内现在无论那党那派，只要有借债的机会，无不利用之。成为问题的是借款的条件和借款的用途。

这次宋子文氏的借款，从条件方面着想，就报上已发表的消息观察，大致是不应该反对的。年利是5%，利率不能算高。大部分是拿来买棉花的。中国历年所输入的棉花并不少：去年到8000万海关金单位之多。由政府大批购买总比各纱厂零买要占便宜。国人尤应注意者，中国输入贸易（输出贸易亦然）大部分在外人之手。拿中国商人现有的资本和组织来与外商争输入贸易之利是没有多大希望的。在短期内,我们若想收回这种利权非政府直接办理不可。宋子文氏这次借款的办法就是政府经营输入贸易的一个大试验。其中经济的影响是极大的。海关问题及提倡国货问题都因之变更了性质。这个试验是值我们作的。棉花输入商一定反对这个办法,我们大可不必为彼辈所利用。

借款的小部分——1/5——是拿作买麦子用的。年来这以农立国的中国输入粮食也不少。借款发表以后,上海的面粉厂也表示欢迎政府购买美麦。虽然,中国近年的国际贸易政策偏重工业的保护。中国农人的知识很低,玩政治这一套绝不知晓。工业界的人士集中上海,易与政府通声气,易与舆论界勾结。面粉厂商的欢迎未必足以代表农人。在农民的利益及厂商的利益之间,我们如须选举,那无疑的,我们宁可牺牲厂商来维持农民。

中国政府有钱不愁没有用途。问题当然是在支配。关于这个问题,在政府未决定以前,我们不愿作空泛的讨论。我们不过希望政府顾到两点。第一,我们希望政府不要拿这批外债来添设机关或维持机关。第二,我们希望政府不要拿这款来收买各地的军阀。机关的分赋和军阀的分赋同是我们所反对的。

——选自《独立评论》第 55 号（1933 年 6 月 18 日北平出版）

亚洲的门罗主义

——"这一星期"之四

我国首席代表宋子文氏近在伦敦经济会议席上大谈中西经济合作，同时绝对的排斥亚洲的门罗主义。日本人读了这演说词以后必以为中国人是执迷不悟、丧心病狂的。中国人受了两年的"教训"尚不提倡中日合作，反要到伦敦及华盛顿去提倡中西合作，这足表现中国人是不可救药的！

自哥伦布在 15 世纪末年发现美洲到现在，世界的历史几可一言以蔽之：就是白人霸占世界史，日本人也尝过白人压迫的味道。中国近百年所受的痛苦，用不着日本人的提醒，我们是不会忽略的。现在的世界几全是白人的世界，所余者仅有为的日本及半生半死的中国，中日既同文同种，且从近代史的趋势上看，又似乎同利害，那末，中国何不接收产自东京的亚洲的门罗主义？我们若能合作以驱逐白人的势力于远东之外，这岂不是中日两国之福吗？难道中国人愿意作印度第二、菲律宾第二，甘心作白人的奴仆吗？

日本近六七十年的进步是我们十分羡佩的；日俄之役，日本有功于黄种，这也是我们所承认的。我在日本所看见的民众的勤俭守法及士大夫阶级对于中国经典书画的爱惜和表扬，这些尤其使我觉得中日真是兄弟之邦。日本人——从电车的收票者到大学的教授和政府的官吏——曾无一次对我有丝毫不客气的举动和言词，我们到过西洋的人尤其感激日本这种平等待遇，所以从个人感情上说起来，中日合作似乎应该容易实现。

但是中日亲善，在九一八以前，就很少实际；九一八以后，简直无从谈起了。

无论日本人怎样解释这种现象，有一个误会是应早就消灭的，日本人绝不可以为中国排日的运动是英美留学生所造的，因为英美留学生在南京得势，所以南京政府是反日的。据我所知，中国留日的学生很少是亲日的，他们有些反日的态度反过于自欧美归国的学生。反过来说，曾在欧美留学的人既未为西洋文化所麻醉，也没有忘记西洋的帝国主义。一旦中美和中英发生冲突，我敢担保会在美国或英国留学的人无不努力来反对美国或英国。

日本人也不要误会中国的反日运动全是国民党造的。在国民党执政以前，中国已有过反日运动。从国民党本身的历史讲，反日主义并不在它的党纲之中，更不在它的传统之内，它的领袖大多数素与日本接近，知道日本的情形比别国的也更清楚。从民国 15 年北伐之初，直到济南案件，国民党的宣传和政策无丝毫反日的色彩。它对日态度的变更全起自济案。国民党是否能代表中国，它的好坏和成败，这些都有讨论的余地。但有一点是毫无疑问的：它所提倡的民族运动是代表全中华民族的。国民党倘要丧失中国人心的话，不必是因为它提倡了民族主义，必是因为它不能贯彻民族主义，所以继国民党而操政权的必更努力于此主义的贯彻。

亚洲的门罗主义，在远东现在这种形势之下，绝不能成立，这中的原故是很明显的。

第一，我们虽不愿作印度第二或菲律宾第二，我们也不愿作高丽第二。日本人处置东北四省的办法就是他们处置高丽的办法的重演。这个事实不是"满洲国"三字所能掩饰的。

第二，日本近 20 年对华的政策，除很短时期外，根本似乎是不愿意中华民族有复兴之日。西洋人对中国的侵略，帝俄除外，与日本对中国的侵略，有两个大不同。中国近代的国际关系史，从中国方面讲，可分为三个时期，在道咸两朝，中国人所争的是攘夷与抚夷，闭关与开口（日本人称开港）。彼时中国内部的争执很与日本维新以前 20 年的情形相同，现在的中国人对于那时期中西关系的看法很与现在的日本人对于美英法各国强迫日本订通商条约的看法相同；我们虽图取消不平等条约，我们承认这些条约的成立大部分由于我们的祖先应付世界时潮的不当，并且这些条约的成立对于我们虽有其害，也有其利。所以我们对那时期的西洋压迫，不怀好感，也不抱仇恨。第二时期是从同治初元到甲午，这个时期可说是中国自强及其失败的时期。创这时期的新局面者是曾左李及奕䜣及文祥诸人，其中心人物是李鸿章。这个时期的损失是法占安南，日本占台湾和高丽。我们——现代的中国人——对于这时期的损失虽较第一期的损失看的重要，然国内并没有光复的企图，因为这些区域的汉人较少。较多的要算台湾，日本人当然知道台湾的割让已引起带民族意义的反抗。第三时期是从乙未《马关条约》到现在，这可说是瓜分及中国民族觉悟的时期。在这个将近 40 年的时期之内，所谓戊戌政变、庚子之乱、国民党革命，虽方式不同，变化亦多，其最后的意义就是民族的图存。在此时期的外来侵略，不管是来自东洋或西洋，都深入中华民族的心意，前此我们所能忽略的、忘记的、原谅的，此时期的中国就不能了。西洋的侵略，在此时期内，步步减少，而日本的侵略反在此时期内步步加重，这是日本和西洋对中国的侵略第一个不同点。

其次，日本在此时期内的侵略较其他时期其他国家的侵略为更严重，更与我们的民族主义针锋相对。近 20 年的内乱没有一次没有日本政府或个人从中怂恿，一若统一的中国是日本绝不能让她产生的。出师济南、横断北伐军队的前进那一次尤明显的表现日本阻挠我们的统一。现在这个"满洲国"的成立一面是分化中国，一面是沦 3000 万中国人于外人的统治之下。这种待遇是异文异族的国家未曾给与我们的。

总之，亚洲的门罗主义之所以不能得我们的赞助，就是在此主义之下没有中华民族立足之地，这个主义不是亚洲人的主义，是日本人的主义。

中日亲善曾经实现过，日本人一旦停止与我们的民族复兴运动为敌的时候，亲善又能重来，亲善之有益于两国，这是我们所深信的。

最后，两国人士还要看清楚，中日亲善与中日合作以排西洋是两个不同的事情。我们两国亲善，在上面所举的条件之下，固然是可以的，是应该的；但是我们两国亲善的时候，不应，也不能与其他各国为敌。

——选自《独立评论》第 56 号（1933 年 6 月 25 日北平出版）

苏俄出售中东路

——"这一星期"之八

中东路在苏俄手里和在日本手里都是在外人手里，都不是在我们自己手里。但是苏俄出售中东路等于苏俄放弃在北满一切的权利，等于日本独吞东北四省的完成和其大陆帝国的确立。无疑的，这一举给了我们一个极大的打击，无疑的，这一举不能算是苏俄对我们一种友谊的表示。提倡中俄复交的人因此又加增了一次的失望。何况中东路是中俄两国共有共营的；根据条约，两国都不能稳中有降自单独处置的。现苏俄置我们的抗议于不理，置我们的条约权利和政治希望于不顾，决然在东京交涉中东路的出售：这怎能算得友谊的表示？

虽然，为苏俄计，出售中东路未尝不是一个办法。这条路的建筑当初费了俄国人民 4 万万的金卢布。现在这路的维持还须每年赔补。从经济上看，这路是一种负担。并且日本把东北交通统一以后，日本可以利用齐克路、齐昂路、洮昂路使中东路的营业日就衰落。将来吉会路完成，吉沈路再向东北延长以后，这条中东路竟将成为废物。所以这路的经济价值是继续低减的。

在九一八以前，中俄的合办已起了无数的枝节和冲突，甚至两国以兵戎相见。通常两国合办一条铁路，就是感情甚洽，能够避免冲突，也是极不经济，极无效率的。在张学良主持东北的时候，这有中俄的冲突，苏俄倘能以武力逼着我们屈服。现在日本人当权，形势就不同了。就是苏俄竭力避免冲突，在这日人气焰正高的当儿，冲突还是不能避免的。那末，在最近的将来，战争是绝不利于苏俄的。目前苏俄在远东的军备，虽甚积极，不足以敌日本。倘战争发生，苏俄不但不能保中东路，连滨海省、阿穆尔省都不能保。换句话说，拜喀湖以东都将成为日人的天下。为苏俄计，不如放弃中东路以保西比利亚的全东部。我们不能说，苏俄这种利害轻重的权术是错的。苏俄的算盘并没有打错。无论那一国的外交企业超过他的军备程度没有不出乱子、不吃大亏的。苏俄现在在远东的军备节节前进而其外交则步步后退，这是个万全之策。

苏俄出售中东路，为苏俄目前计，虽然是对的，为永久计，又怎样？苏俄有中东路的时候不能保远东，放弃中东路以后，岂不是更不能保远东？日本得了中东路以后，苏俄在远东的国防岂不更加困难么？其实自洮昂路完成以后，中东路的军事价值就没有了。自日本军队过嫩江桥而达昂昂溪及齐齐哈尔以后，日本就可由四平街，过洮南，达昂昂溪，转而西向，到海拉尔、满洲里，直入俄国境，横截西比利亚铁路。这举一成功，日本就能海陆封锁苏俄的远东。苏俄如要抵抗日本的话，应该在马占山守嫩江桥的时候竭力援助马占山。苏俄既计未出此，等到日本已得到了哈尔滨和昂昂溪，机会已经过去了。

苏俄虽出售中东路，他对于远东仍可不必绝望。苏俄觉得共产主义的前途全在乎他的计划经济的成败。苏俄的工业农业如能够按照计划进展，他真可以天不怕地不怕了。不但日俄关系的关键在此，就是苏俄与一切的资本主义的国家的关系的关键也在此。一个民富国强的苏俄是共产主义最好的宣传，也是共产主义进攻的必须的条件。反过来看，在现今的世界大势之下，如共产主义的国家卷入战争的漩涡，计划的经济就无从进行；如资本主义的国家之间发生大战，资本主义就会崩溃。苏俄出售中东路不但可为共产主义保留充分的试验和发展的机会，且可使资本主义国家间的冲突更加紧急化、尖锐化。这真是可谓一举两得。

苏俄出售中东路并不奇异，所可奇异者是他还肯费工夫去与日本交涉讲价。苏俄何不干脆的把中东路送给日本？他的外交还是革命不彻底的外交。因为日本所出的价必是很低，恐怕不过是建筑费的1/10。不但日本出价会很低，且偿还的年期必甚久，而所还的必是货物，不是钱。日本人买到中东路以后，还要向苏俄索讨被扣的车辆。我若是苏俄的外交家，我就把中东路送给日本，只要日本不问我要车辆。

想起当年俄国财政大臣威特经营远东毅力和野心之大，想起俄国人民为东三省及高丽所牺牲性命和财产之多，又看报上连日所登的日苏交涉的消息，我们不禁的感觉帝国主义的无聊。想起日俄战前中日感情的亲密，又看看现在所谓的"满洲国"！我们那能不叹在国际间靠人的危险？！

——选自《独立评论》第58号（1933年7月9日北平出版）

国际的风云和我们的准备

——"这一星期"之九

我们不要以为《塘沽协定》成立及天津与唐山间通车以后，天下从此就无事了。我们不要以为送了日本东北四省，其他各省就自然而然的可保了。我们试一观察现在国际的风云就知道我们将来的国难还可大于最近这两年的国难。

民国 22 年（1933 年）是国际关系史上的一个大分水界。这一年之内，国际的三大事业都失败了——国联处置中日问题失败了，裁军会议失败了，伦敦世界经济会议也要告失败了。这三大事业的失败就是欧战以来国际主义的破产，和偏狭的、军备竞争的、商战的国家主义的胜利。人类的前途是不可乐观的。

或说国联处置中日问题不能算是失败，因为国联理事会及大会屡次的议决案始终顾到了盟约，国联未曾丝毫牺牲她的原则和立场。我们若专从理论上着眼，这个看法当然是对的。国联对于中日问题的努力及莱顿报告书之具有政治家的眼光，这都是我所承认及佩服的。不过国联的议决案并未推翻日本武力侵略的收获：这是一件彰显昭著的事实。国联未作到这一步就是她的失败。盟约的中核是第十条：在这一条之下，会员国彼此担保各国的政治独立和领土完整。此刻中国尚没有收复东北四省，直接证明这个担保是无价值的，间接证明国联在现代的政治上是无威力的。我们所受的损失固大；全国际团体所受的打击又何尝不大？我们从国联得不着安全；别的国家又能够么？我们感觉以后应靠我们自己的力量；别的国家不是一样的感觉么？自国联在远东失败以后，世界的国家，不分大小，都觉得这个世界是个无安全的世界。国联的失败虽是光荣的，但仍是严重的失败。

正当中国因无充分的军备而丧失偌大疆土的时候，日内瓦的裁军会议开会。世界各国原来就感觉除自己的军备外别无安全的保障。加上中国因无军备所受的惨痛，赤裸的搁在各国的面前，除非世界的政治家都是瞎子，裁军会议当然是要失败的。不错，各国虽从国联得不着安全保障，她们从军备又能得着保障么？欧战以前，德国的军备岂不是居各国之上？她的安全在那里？法国是战胜

之国，算是收到了战前军备的好处。现在她不是最讲安全的保障么？这是主张
裁军的理论。这个理论的逻辑，如同国联本身的理论一样，也是不可破的。无
非各国都感觉抵抗而丧失疆土胜于不抵抗而丧失疆土。何况有军备而抵抗不见
得定要丧失疆土？何况有军备不但已有的疆土或可保，即别国的领土或亦可
得？现在各国的军备既不平等，占优胜者总把弱者当作鱼肉看。在这种状况下
之下，裁军等于自裁，等于放弃侵略及侵略所能得到的发展。军备不但与领土
的保存和取得有这样密切的关系，且与通商的机会，投资的机会都有关系。日
本现在与英国争印度商场的时候，日本人十之八九无不恨日本的海军敌不过大
英帝国的海军。换句话说，裁军会议的失败告诉我们，在现今的世界里，军备
是决定一个国家的国际地位的高低之主要元素。

　　裁军会议的失败暴露了国与国之间猜疑之深，自私之厉，离国际主义之远。
在这个当儿，伦敦世界经济会议开幕了。这个会议的理论基础也是非常稳固的。
近几年来，各国的学者，日本的，美国的，法国的，英国的，都有人说世界的
经济不景气是由于各国的经济的国家主义。他们说，国家在现代的经济上不但
是无意义，简直是种障碍物。现代的经济根本是国际的。因为国际的交换——货
物的交换及服役的交换——愈多，各国就愈富，但是各国偏拿政治的势力——
如提高关税、强收战债及膨胀货币——来阻碍和干涉国际的交换。倘不变更政
策，各国均将同归于尽。这个理论的逻辑也是不可破的。可惜现今国际的空气
绝不让这个理论见诸实行。伦敦会议的第二天，因为南非及法国的代表大声疾
呼的提倡战债的取消，美国的代表团就拒绝出席，引起一个大风波。英法意各
国所欠美国的战债，就是在美国，也有许多人主张取消，以为战债足以阻碍世
界经济的复兴。但是战债数目甚大，其偿还于美国预算的均衡不无小补。不偿
还，则美国人民赋税的负担必须加重。一般美国人，在经济恐慌以前尚不愿有
此格外牺牲；自恐慌以来，更不要说了。在胡佛总统时代，有人提议倘世界各
国愿意裁军，则美国可减少或放弃战债，因为军备也是世界经济不景气原因之
一。后来裁军失败，许多美国人就想欧洲既有钱维持和扩充军备，她们就有钱
还债；美国倘放弃债权，这些国家横直会把这笔款子浪费于军备。照这样的看
法，放弃战债不但于欧洲无益，而且有害。所以政治家及学者想放弃债权者，
都为舆论所阻，无可如何了。

　　战债的风波未平，货币的风波又起来了。守愚先生在本刊的上一期已有专
文讨论这问题的意义及法美两国相对的所以然。这个风波一起，延会或闭会的
呼声就传出来了。就现状看起来，国际合作以求世界经济的恢复不是能实现的。

伦敦世界经济会议也告惨败了。

国联愿意负处置中日问题的责任，裁军至成为一种运动，各国至开会以求经济合作：这种现象都是欧战以后国际主义的产物。这三大事业的失败就是国际主义的失败。从此以后，国家主义将更盛。其演变将怎样？

第一，军备竞争将更厉害。自裁军会议延会以后，我们从未听过任何国家裁军的消息，我们只听见日本如何抵充军备预算，苏俄如何筹备远东舰队，美国如何加筑军舰和军港，德国如何完成国防计划。

第二，从此以后，国与国之间的商战将到肉搏时期。一方面，各国必竭力保护国内的商场，使外货不能与国货竞争，一方面各国在工业退化的国家内的竞争必更厉害。膨胀货币以求对外价格的低落，政府给与输出商人的津贴，牺牲血本以求垄断市场等等现象将成为通常事情。日英两国已开始了印度关税的问题，我们不要忽视，是富有世界意义的。英国在印度有统治权，所以觉得她在印度应该有通商的优先权。但日本因为工资的较低，工作时间的较短，政府对于海外航业的津贴，以及日元的暴落，反能在印度的商场上战胜英国的货品。于是英国就利用她的统治权来提高印度的关税。此外我们在英国所见的苏俄与英美的石油竞争也是这个大悲剧的一幕。

第三，列强合纵连横的局面又将再生。欧战以前，欧洲的外交就是两垒相对的局面。战后，国际主义者都以为这种对垒的联盟就是大战根源之一，所以规定在国际联盟之下不能有攻守的小联盟。这种精神始终没有贯彻。现在国际的形势将更迫着列强走这条路。此刻最明显的是英美的合作。因为英俄的冲突，美国曾停止与俄复交的交涉。因为美国的反对，英国就不加入金本位国家的团体。法国未付 6 月 15 日的战债，英国则付了，但付银不付金且数目大减少，而美国亦善意接受。现在美俄又恢复通商，而美俄的复交谈判进行。将来俄国在国际上会守孤立，抑与英美暂时合作，我们无从知道。我们所能知道的，这三国的合作必是外交家努力的目的之一。

第四，在这个行将开演的竞争之中，中国必是主要的竞争场。日本的商业在欧美及欧美的殖民地内既受排斥，她必更努力于中国的商场；日本将把中国的商场更加看作她的生命线。能用和平及友谊方法固好；不能的话，日本并不惜出于一战。无论如何，这个"生命线"是她所必须维持的。在许多日人的眼光里，这个战争是愈早愈好的。在九一八以前，我们习闻满洲是日本的生命线而不置意，不料这个标语背后有这样多的火药。此后日本的外交标语一定是："扬子江流域的商场是日本的生命线"。这一次日本的标语，我们不要如上次一样当作党部的标语看，好像无关紧要的。同时美国的经济出路，既从欧西找不着，一定会在中国及苏俄来寻求。英国亦然。苏俄在短期内的外交一定是消极的，但是她的工业化的程度愈高，她的经济出路问题愈要急迫。我们不要想因为苏俄行共产主义，她就无须国外的商场，或是她虽须用国外的商场，可不用资本主义的竞争。现在苏俄在中国与英美石油的竞争是我们面前赤裸的事实。她的竞争惟一的不同是她的方法比资本主义的方法更加厉害。她的公司就是国家；她的商业竞争是直接的国际的竞争，更加容易引起国际的风波。苏俄的当局不是瞎子：他们知道共产主义不是闭关主义，等到苏俄外交转变积极的时候，那就是说，等到苏俄内部建设到相当程度而欲出来问鼎的时候，苏俄进攻的热烈必不在中古基督教的十字军或回教徒的新月军之下。天下最可怕的势力是宗教的热忱及科学的物质设备之合并。在现在的世界上，苏俄是这种的势力。就是全无九一八的问题，20世纪的太平洋已经是列强的角逐场；有了九一八，我们只须待国际火药库的爆发声。富源未开辟，工业未发达，而政治力量又薄弱：这三种吸引侵略的资格，我们都齐备了。以这样的资格，处这样的风起云涌的世界，我们要免祸患，其难可比骆驼过针眼。无疑的，最近这四五年是我民族的一个大关键。我们处置得当，这四五年是我们翻身的机会；不得当呢，只有永遭沉没。国际时局的严重不是文字所能形容过度的。

我们能有什么准备呢？

第一，统一应速求巩固。中国这个国家，我常想，很像一个破烂的旧船。在风平浪静的时候，已有不可终日之势。遇着这种狂风暴雨，惟一的希望在内部团结。不然，倘我们在这个当儿，还要争谁作船主，谁作大副二副，谁睡上舱，谁睡下舱，或是争这船应如何修理、如何改造：这就是自杀，是就死。拿世界和民族的眼光来看，察哈尔问题、四川问题、新疆问题、西南问题不都是些极小极小的上舱下舱，大副二副的问题吗？内讧不息，船就要沉了。

第二，建筑应急速进行。模范省的计划不错，完成粤汉及陇海铁路的计划不错，救济农村的计划不错，导淮的计划不错：不过要作，要实行，要快快的实行。实行的时候或这里要出乱子，那里要出乱子，我们顾不到这些。借外债的时候，我们在条件上或要吃点小亏，在支配或免不了一点浪费；我们现在顾不到小节。我们现在所需要的是建设，火速的建设，大规模的建设。

第三，社会中坚分子应负起重担。破坏统一和阻碍建设者都是民族的罪人。社会中坚分子何以袖手旁观？你们怕事吗？我告诉你们：你们现在出来预闻政事还有一线的希望；不呢，你们的生命财产都会随这班捣乱分子沉落到水里去。

两个人在桥上打架，第三者不能过去，中止桥上，等着他们打完。结果桥破了，打架者落下去，第三者也落下去了。这是我们现在的局面。

现在的竞争是国与国的竞争。我们连国都没有，谈不到竞争，更谈不到胜利。我们目前的准备，很明显的，是大家同心同力的建设一个国家起来。别的等到将来再说。

——选自《独立评论》第 59 号（1933 年 7 月 16 日北平出版）

枪口对外不可乱

——"这一星期"之十

"枪口对外不可乱"这标语当然是民族觉悟进步的表现。如果从此以后国内的枪口永不对内，那这 20 年的内乱牺牲算得着了一点的代价。可惜这一个月以来的察哈尔问题竟有因枪口对外引起风波致转而对内的可能。这是何等悲痛的事。

冯玉祥氏此次行动的背景如何，我们不知内情的人不愿有所论断。冯氏与中央及北平政委会交涉的经过，因双方部分的守秘密，我们亦不能加以任何审判。据冯氏方面所发表的言论，他这次所争的是政策，是要继续抗日；他的具体目标是收复多伦。其意志之能引起民众同情这是很自然的。不过从国法上讲，枪口对外亦不能乱。倘国内握兵者可随时随意向外开枪，这就不成一个国家了。国与国之间的和战问题是与民族存亡最有关系的问题，是故近代宪政的国家对讲和宣战的权利慎之又慎。国家的元首尚不能乱用此权，何况私人？

《塘沽协定》是我国的国耻，这是任何人所不能否认的。不过 1919 年的《维尔塞条约》何尝不是德国的国耻？1871 年的佛郎克佛尔的条约又何尝不是法国的国耻？但是我们要认清楚，我们的国耻，如同法德二国的国耻一样，不是你今天打一下，我明天高兴又打一下所能雪的。这种局部的，无充分军事、经济、政治，及外交预备的战争，纵得着一时的小胜利，终究徒给敌人蚕食的机会。中日的问题，我们不要看错了，是世界历史上的第一等严重的问题，日本武力所创造的大陆帝国非用更大的武力是不能消灭的。日本的武人非弄到家破国亡是不甘心的，他们也是不到黄河心不死。

《塘沽协定》以后，华北的局势很像九一八以前的东北四省。现今河北省的东北隅就是九一八以前的南满。因为从条约、协定所得的权利——内包括驻军的监视，排日的禁止，及地域的接近，日本在华北已得着了"特殊的地位"，正如九一八以前日本在东北自说有其"特殊地位"一样。根据这个"特殊地位"，她说她有干涉的权利（Right of intervention）。我们倘以九一八以后所得的经验来处置九一八以前的东北问题,我们的办法必会与张学良氏当时的办法不一样。我们必会一方竭力避免冲突,一面竭力充实内部。我所说的充实内部是指维持地方治安,减轻人民负担,奖励及推进移民,调剂满汉蒙的权利和感情,实行普及教育。换言之,就是寓富寓强于民。对于日本,我所说的避免冲突是指妥协:她所已得的权利我们不必过问;她如要求新权利,我们就向她要求交换条件。在这种妥协之下,我们所求的是:她的权利进一步,我们自己的权利必须进一步半。那时民政在我们手里;北满的日本势力尚属有限,我们大可有为。张学良氏不此之图:对币原的外交则竭力抵抗,对内则政治不求修明。九一八事件一爆发,他对日本军阀的侵略则只知不抵抗,亦只能不抵抗。张氏在中国武人中,论爱国心思,并不在他人之下。他自己也说过:如张氏父子不爱国何至有今日?这句话是很忠诚的。不过为国家当权缺少爱国心固不可,仅有爱国心而无政治家的眼光和能力亦不可。以枪口对外自豪者不可不沉思。我们从九一八所得的经验不可又忘了。现在河北省及全华北的急务不在继续战争,而在寓富寓强于民。我们所应督责当局者就是内部的充实。这是我们对华北的治本。

——选自《独立评论》第 60 号(1933 年 7 月 23 日北平出版)

东京的警告

——"这一星期"之十二

正当中国与国联的技术合作将要具体化的时候，东京就给了我们一个不可忽视的警告。本月20日电通社自东京发的电报说：

> 各国间之商战，势将随经济会议之停顿而趋激烈。因之，中国市场现已成为各国注视之的。且当兹中美间五千万美金借款已告成立，并传华方正与英国银行团进行四千万镑借款交涉，而致各国之对华投资竞争渐烈之际，国联亦决定为中国经济之再建，而予以技术的援助。关于此事，日外务省方面虽亦表示赞意，但仍认为此种援助，殊有助长以夷制夷主义之嫌。矧此中国与各国间之借款交涉，既行于醉心欧美派之宋子文之手，则于彼归国后，亦有使此派复盛，则予渐形好转之中日关系以恶影响之虞。因之，日方现颇注意此事，惟当局以刻尚未至作积极活动之时，故似将暂持静观主义。

同日新联社的电报措辞更严重，更富有政治的意义：

> 关于国联改革中国经济一事，在我国固素所希望，然如今回之议决案，势有进展至中国之政治共管之可能性。我国对今后其于中国之活动，不得不深加注意，即国联派遣专门委员使干预中国全般内政，且其委员长一席又以排日著名之卫生股长拉西曼充任，其意安在，已略可推察。以故若专门委员此后之活动，如脱离经济的性质而进展至政治的策动，则在以邻接国而有紧密利害有关系之我国自有采自卫手段之准备也。

概括言之，日本所顾虑的有三点。第一，日本怕中国得着欧美这种技术及资本的援助，因而对日强硬起来。第二，日本怕欧美借投资及技术合作而垄断中国的市场，至少在此市场内占优势。第三，日本怕技术合作可以"进展中国之至政治的共管"。第三点全是有意中伤的。日本人知道我们的目的在图自强，国联的目的在帮助中国自强。日本人也知道中国近 30 年的主要发展是民族的觉悟和民族主义的长进。因之，日本人应该知道技术合作与国际共管截然是两件事。国际共管是中国国情所不容，欧美政府所不能且不愿。不过日本人知道中国现在反对中央者大有人在。"共管"二字是日本人给反对派贡献的利器。我敢断定，不久国内的爱国志士就会有人响应新联社者！

至于第一第二两点的顾虑，在日本方面是很自然的。不过也未免神经过敏。这种建设事业的完成总须若干时日，而收效总在十年二十年之后。我们中国人不尽是小孩子，我们决不会想因为我们加建了一道铁路，或是疏浚了一道河流，我们就能抵抗日本了。我们也不会想因为美国借了我们 5000 万金元，英国借了 500 万镑，英美就是我们攻守同盟的国家，就会把她们的海军开到远东来与日本作战。我们更不会想一个国联卫生的股长，名叫拉西曼，因为到了中国来作技术联络员，就能左右英美法俄各国的政策。我们知道在过去这两年内，他并没有替我们得着一个兵一元钱的实力帮助。

我们既不会因得着欧美的资本及技术援助而转强硬，也不会因得不着的话就更趋退让。第一，我们已经退让到无可再退让的田地了。第二，日本若再进攻，若再采取所谓"自卫手段"，她或者能迫着当局与她签订更严重的城下之盟，但是中华民族道德的屈服，她是得不着的。九一八以来的成绩，无论是事实的或法律的，都得不着中华民族道德的承认。我们不如老老实实的告诉日本人，如果他们尚不知道的话。

至于中国关内的商场，在以往并没有因英国的投资过于日本的使日本的贸易不能长进，在以后也是如此。以中日间运输之便，日本工资之低，政府维护商业之积极，日本绝无不能与英美竞争之理。

日本所谓"自卫手段"不外三种。第一，她可以进攻长江。其影响我已说过。第二，她可以外交的方法阻挠欧美的援助，如光绪末年她阻挠新法铁路，宣统年间阻挠锦瑷铁路一样。据我所知，现在世界的大局远不如欧战前六七年大局之利于日本。彼时她所能行者，现在她不能行了。我们无论如何也不能让关内的中国蹈关外的中国之覆辙。第三，她可以强迫政府辞退宋子文，如拿破仑强迫普鲁士辞退斯坦安（Stein），德意志强迫法国辞退笛尔克羡（Delcassé），不过宋子文下野以前，他的政策因私人和派别的关系尚有各种阻碍，被迫下野以后，他的政策更将成为全民族的政策。

我们固应知道东京警告的严重而更加小心谨慎，同时我们也应记得我民族的出路全在于建设，而建设非有外来的投资和技术不可。因东京警告遂停止建设，那我们只有坐以待毙。

本文将脱稿的时候，又在报上看见日本使馆须磨先生在上海与中国记者的谈话，其旨趣大致与电通社的电报相同，惟于日本的对策一层，更加具体。他说，第二"满洲国"的出现或第二上海事件均是可能的。足见中国与国联合作将成为此后中日间的大问题。

——选自《独立评论》第 61 号（1933 年 7 月 30 日北平出版）

论妥协并答天津《益世报》

——"这一星期"之十三

7月26日天津《益世报》的主笔先生发表了一篇社论，批评我在本刊第60号所写的"枪口对外不可乱"那篇短评。《益世报》这篇社论，据我看来，前大半不是误会，就是文字之争，值不得多辩，后小半论本刊"妥协"的是个主张问题、政见问题，实在值得再加以讨论。

我说枪口对外不可乱的理由有两个，一个是法律的，一个是政治的。我尤其注重政治的理由，所以原文论国法者不过数行，而论政治者则占全文的2/3。我的主要的政治理由就是《益世报》的主笔先生所引的那一段：

> 我们要认清楚，我们的国耻，如同法德的国耻一样，不是你今天打一下，我明天高兴又打一下所能雪的。这种局部的，无充分军事、经济、政治及外交预备的战争，纵能得着一时的小胜利，终究徒给敌人吞食的机会。

对这个理由，《益世报》既说"蒋先生说得很对"和"这段话我们不否认"，那末我们的看法大致相同了。

关于法律问题，我的看法是："倘国内握兵者，可随时随意向外开枪，这就不成国家了。"《益世报》社论谓"此意甚是"：可见我们关于此点的意见亦相同。不过《益世报》要进一步说："然在我们看来，倘国内握兵者，可随时随意'不'向外开枪，此亦不成国家了。"这一点我完全赞成：我在短评内未说这句话，因为我所要讨论的不是这个问题。我不主张不抵抗，我没有说枪口永不可对外。据我看来，在过去这将近两年之内，我们在锦州及热河是应作死战的。在锦州全未抵抗，在热河仅有儿戏的抵抗，这不但是张学良氏之罪，更是中央政府之罪。《益世报》又说："倘国内握兵者，可随时随意向'内'开枪，那更不成国家了。"关于这这一点，我也是完全赞成的。我在短评的开端就说："如果从此以后国内的枪口永不对内，那这20年的内乱牺牲算得着了一点的代价。可惜这一个月以来的察哈尔问题竟有因枪口对外引起风波致转而对内的可能。这是何等悲痛的事。"民国以来，军人随意不向外开枪和随意向内开枪者实在太多了。不过我们作政论的人绝不可因为以往非法的事太多，对现在的及将来的非法行动就默无一言了。

至于中日近两年的战争是否战争及中国现在是否根据宪政的办法来决定和战，《益世报》的批评或者是好文章，却全无意义，我们用不着费篇幅来答辩。但其中有一句话很表现幼稚的观察，这句话是："对方既以'随时随意'开枪来对付中国，我们当然只能以'随时随意'开枪自卫。"日本的行动，在中国看来及从国际公法看来，当然是随时随意的，但从日本的国法及国政看来，绝不是随时随意的。所以日本人开枪就能得成绩，我们的不能得成绩。等到我们的开枪也是依照国法和国政——换句话说，也有全盘的计划，和充分的预备——到那时候，我们才能有效果。没有国法和国政，日本人不必作大陆帝国之梦，我们亦不必作收复失地之梦。这一点国人万不可忘了。

《益世报》的社论最值得全国人士注意的是论妥协那一段。在原则上，《益世报》的态度与我们是一致的。它认清我们不是消极的妥协。"他们是一方面'竭力避免冲突，一方面竭力充实内部'的妥协。这种见解，我们不敢认《独立评论》是错"：这是《益世报》的原文。但是《益世报》在这个原则上要加两个条件，一个是我们实实在在的求充实内部，一个是日本人愿给我们充实内部的机会。我承认这两个条件是必须的，同时我也承认对于这两个条件达到的可能，我不是乐观的。我以为第一个条件比第二个条件还要紧，还难达到。我觉得中国的困难十之六七是中国人自造的，中国复兴的障碍大部分是在于自己，而不在被白色的或赤色的帝国主义者，这些障碍是扫除大部分须靠我们自己的努力。譬如：论吏治，我们不能说，官吏的舞弊是帝国主义者指使的；论教育，我们不能说，学潮的爆发、教员的兼课和缺课、学生的求学位而不求学问等等是帝国主义指使的；论出版界，我们不能说，办报和办杂志的人之拿谈恋爱及骂人来迎合读者的心理，是帝国主义者所指使的。这些我们可以自动改革而外人绝不干涉的事太多了。至于日本，她虽要一个不反日的中国，她并不要一个穷而无知的中国。中日的冲突一部分是中日的冲突，一部分是日本与西洋的冲突。中国对西洋如有权利的丧失，就危害日本在远东的地位。所以此中我们尚有活路可找。《益世报》主笔先生以为我所提出的妥协方案过于忠厚，是"说梦话"。其实这个方案我得自杨宇廷，是他在东北曾经实行而有效的。我们如以客观的态度来研究张作霖及杨宇廷在东北的努力，我们不能不说，中华民族在东北的基本努力大部分是他们培养的。张杨二氏去世之前，东北的形势是极利于我们的。

我们同时须再想一想，除了这妥协一路而外，还有别的路可走吗？我看不出别的路来。至于继续作局部的、无计划的、无预备的战争，我觉得是条死路。今年宋哲元在喜峰口，商震在冷口，及中央军在南天门的战争，论兵士牺牲的精神和实际，恐怕在中外历史上都无可与比的，但是成绩在那里？成绩不外吓跑了一班资产阶级及智识阶级，同时给了河北省的小百姓们无穷的痛苦。这样的战争，如继续下去，只能替日本造顺民，因为小百姓们将欢迎日本的"王道"了。东北四省义勇军的成绩也不过如此。至于想拿这种战争来刺激民族精神，我敢说，充其量不过如同打吗啡针。为什么呢？因为我们的身体已太不健全。除非先恢复康健到相当程度，这种刺激是不能收效的。

《益世报》的主笔先生又说："《独立评论》今日妥协的主张，亦不过四十年前李鸿章赞成妥协、十几年前袁世凯赞成妥协的议论而已。"袁世凯的时代太近，其主要史料尚未出版，我们不能加以论断。至于李鸿章的时代及全 19 世纪的中国史，毛病并不在于妥协。第一，在 19 世纪，中国对外的政策并不是妥协。道光二十年（1840 年）有鸦片战争；20 年后，咸丰末年，有英法联军；25 年后，在光绪十年，有中法战争；10 年后，有中日战争；5 年后，又有八国联军之役。60 年内，已有 5 次对外的战争，不能算少了。如果中国的近代史能给我们一点教训的话，其最大的就是：在中国没有现代化到相当程度以前，与外人妥协固吃亏，与外人战争更加吃亏。第二，李鸿章的大失败——甲午之役——正由贫穷不妥协。稍知中日战争外交史的人都知道在战前，李对日本的外交是丝毫不肯让步的。第三，李鸿章及奕䜣文祥诸人全盘事业的失败，与妥协不妥协绝无关系。他们的失败，一则由于他们自己不知道现代的政治是什么，二则由于时人不知道现代文化的性质和重要因而常常掣肘，三则由于疆吏畛域之见之深，四则由于官吏舞弊。现在呢？第三及第四两种障碍虽尚存在，第一及第二两种——根本就是知识的缺乏——可就是过去了。所以我虽对前途不抱乐观，我还觉得有一线的希望。

处今日而作政论的人的第一责任，据我看来，是集中力量来帮助和督促政府实行现代化。如政府不走这条路，我们不妨光明正大的以内政问题来批评政府，推倒政府。至于外交，无论是谁来当权，也不过如此。我们大可不必帮助那班借爱国的美名来割据，来破坏统一者。若拿外交问题来作内争，那不但是骗人，简直是误国，因为是教人民失了国事先后及轻重的权衡。

——选自《独立评论》第 62 号（1933 年 8 月 6 日北平出版）

九一八

——两年以后

一切严重的国难都是国家和民族的试金石。我们若要知道一国人民的知识程度，组织能力，习尚与人生观，我们最好的法子就是看这民族如何处置一个严重的国难。至于政府及军队，更用不着说，在国难之下，其强弱优劣都自然而然的暴露出来了。

九一八就是我们民族这样的一种试金石。

为计划民族的前途计，我们也应该知道我们自己的长短成败，应该知道在文化的过程之中，我们现在已经跑到什么地点，以我们的本质，我们能否跑到最高的目的地。我们现在看看这中华民族，在九一八的试金石之下，表现了什么样的民族性。

先论军队。因为军队所受的试验最深，又因为军队就是民族的缩影。

我们的军队，从器械、组织、训练、精神看起来，就全盘说，简直是一堆大混沌。飞机、汽车、洋车、大车、单轮的人力车，以及骆驼驴马；野炮、机关枪、手榴弹、大刀，以及高射炮，从上古人所用的器械到最近代人所用的器械，无所不有，那一样都不齐备。单就步枪一门说（步枪是兵士作战最基本的器械）：我们军队里面有江南制造局的，汉阳兵工厂的，巩县兵工厂的，德州兵工厂的，太原兵工厂的，奉天兵工厂的，以及欧美日本各国来的。同是国产，有些采用德国的式样，有些采用日本的式样，有些采用捷克的式样。同采用一国的式样，有些用四十年以前的模型，有些用最新的模型。若把我们军队里的物质设备各种各样抽一个标本，堆在一处，我们就有个很好的博物院。甲午之役——将近 40 年前敌人给我们第一次试金石的时候——我们的军器，就内部的参差不齐说，虽已够乱了，还不及现在的乱杂；就与敌人军器比较说，40 年前，我们与他们相差无几（这是就陆军说，若论海军，我们那时只有过而无不及），现在我们与他们相差太远了。我不是说，我们这 40 年来全无进步。进步是有的，不过敌人的进步比我们更快，并且他们的进步是有组织，有计划的；我们的进步是全无次序的。实际近 70 年来，日本政府对人民生活的方方面面，不仅军事，一贯的强行统制，而我们则一贯的敷衍迁就，听其自然；偶有提倡，亦是朝令夕改，漫无计划的提倡。

军队的器械如此，其组织和精神亦复如此。有些军队中央要调到前线去的，不受调动；有些又自告奋勇。在前线的兵士，有些见敌则退，甚至于未见敌人就退了的；同时有些军队是敌人的飞机、大炮、坦克所能打死而不能打退的。这两年之内，我们一方面有热河可怜可耻的崩溃，另一方面又有淞沪、喜峰口、冷口、南天门的可敬可悲大奋斗、大牺牲。在九一八的试金石之下，我们知道我们的军队，论组织和训练，虽差得很远，但论本质，论练军的人力原料，我们这个民族并非老大腐化，实在尚能大有作为。比这点还要紧的是这两年来军队意识的变迁。兵士现在知道凡为民族奋斗的，民族必拥护之，甚至崇拜之。在这两年之内，兵士们始知道勇敢和牺牲的无上光荣，始知道当兵的民族意义。因为社会的敬重，兵士从此将自敬自重了。

次论政府。最使我们痛心的是政府事先的毫无准备。我们的外交部，在九一八以前的半年，简直是在那里作梦。我不知道外交当局是为自己的标语所麻醉，还是因为忙于向民众鼓吹，向政府党部作报告而无暇看国际的风云呢？稍有外交常识的人都应该知道取消协定关税和领事裁判权不是中国的大难关，东北问题才是中国的难关。九一八事情发生以来，政府在对外上，大致还不错。诉诸国联，虽只得着道德的胜利，但我相信，这道德的胜利是有无上价值的。并且以中国现在的国势，要得着实体的胜利是万万作不到的。得着了道德的胜利，我们不能不归功于外交当局，尤其是我国历次出席国联的代表。倘若在 10 年之内，我们内政的成绩能赶上这两年来外交成绩，那时候，我们一定看得出道德的胜利的价值。

政府在对内上的成绩却又差些。除最近半年外，政府始终不肯负责任。锦州中立区之未能成立，虽大半由于所谓民众（实在是一般士大夫）的盲目，政府的不肯负责、不敢负责实亦是要紧的原故。政府的要人，在过去这两年之内，明明知道不能不有局部的交涉和妥协，但无人敢说老实话、良心话，无人敢不逢迎民众。不过此中亦有可原者，在九一八事件爆发的时候，南京政府本身就在狂风暴雨之中，一不小心，大势就去了。世人常怪政府的不和不战；殊不知和则政府必被推倒于内，战则政府必被推倒于外。要政府宣布或和或战者，其志并不在和，更不在战，不过欲借和战问题以倒政府而已。一般人民，为感情所冲动，不知此中的作用，遂随声附和，在野领袖既以政客手段对政府，政府亦只好以政客手段回答。

中国政府，在九一八的试金石之下居然不但未被推倒，反而因之巩固。这是天下的大奇事。近百年来，世界各国倘对外有重大的损失如东北四省，其政府无有不被推倒者。大战后，战败各国的革命就是目前的例子。我国则不然：民国 22 年 9 月 18 日的政府反比民国 20 年 9 月 18 日的政府要比较稳固，此中原故颇难索讨。我想第一是民族意识的进步。我们究竟觉得在此严重国难当中反起内讧实在是不像样子，说不过去。第二是武人的明理。我们文人骂武人已经成了习惯。实在他们的爱国心并不在我们文人之下。并且他们的思想比较简单，大是大非反而容易判断，因之更容易受民族意识的熏染。第三，国民党究竟有充分民众运动的经验。党员既从民众运动出身，他们对付民众运动的手段总比旧官僚要胜一筹，所以历史家常说唯独出身革命者能制服革命。第四，恐怕要算汪精卫先生的处置，在民国 20 年的冬天及 21 年的春天，他肯在严重国难之中出来任事：这一点颇能使人心服。后来对攻击政府者，他回答总是：如有人愿来负责，他就可以走开。这样一来，反对者还能有什么立场？最近这半年来，他的言词更能负责了。人家批评《塘沽协定》，他居然说，《塘沽协定》完全由他负责。人家批评妥协，他就说我们现在不配谈报复。在全政界皆"聪明人"的时候，汪先生之不愿作"聪明人"给政府加添了不少的力量。

南京目前算是站住了，但离现代化的政府还甚远呢！政府在这两年之内所暴露的乱七杂八也就够了。行政的效能和廉明并未因国难而加增。步法不整齐，组织不紧密，处处皆可以看得出。前途如何，还要看现在人人所讲的团结和建设究竟能否实现。

至于民众呢？民众在九一八试金石之下所暴露的性质是与军队和政府一样的。论感情，知识，品格，民众也是包古今中外而兼有之，内容是极参差不齐的。在这两年之内，民众极悲哀的牺牲和极滑稽的虚伪，极纯粹爱国的行动而又参以小政客的手段，或极卑鄙之事业而加以爱国的粉饰，我们都一幕一幕的看见了。比之 40 年前的甲午之役，今日中国的民众究竟进步多了。在甲午战争的时候，无民众慰劳军队的事情；这一次捐钱的捐东西的，为军队作东西各大城市都有了。上一次，学生只知公车上书，反对和议；这一次除到南京请愿外，尚有造烟幕弹、钢盔，及实际在后方修路，或到前方去作战者。总而言之，民众意识的进步是毫无疑问的。和这点同样要紧的，中国新的知识阶级，从这两年的经验，大大的感觉军事应该知识化、科学化，于是愿以其科学训练及特殊知识贡献于军队者亦日见其加多。

　　回顾这两年我们对这严重国难的处置，我们若说中国前途定有希望，我们却无把握；若说中国的前途绝无希望，事实又不尽合。我们有奋斗的天能，且有奋斗的机会。这天能是否会继续发展到充分的程度——非到充分的程度不能济事，这机会是否会被我们利用，到充分的程度，这些问题全在我们的手里。

　　　　　　　　——选自《独立评论》第 68 号（1933 年 9 月 17 日北平出版）

外交与舆论

单靠外交，我们当然不能救国；忽略外交，我们却能误国。近年国人颇能了解这个道理，所以对于外交极为注意。日报及杂志差不多每一期都有讨论文字，专论外交的杂志及译著亦日见其多，大学里面有关外交的课程也设了不少。这都是好现象。因为我国舆论的势力确在长进之中；关于外交，政府当局尤其不敢过于拂逆民意。锦州中立区的失败及中日军事协定不能成立于热河失守以后而成立于平津危在旦夕之际，这都是政府顾忌舆论的证据。既然如此，国人的国际知识愈充足，其议论将更有价值，更有补于国事。倘舆论有势力而无知识的根据，它一定会成一种暴力，这是很危险的。大战以后，欧美人士知道舆论左右外交是不可免的事，于是竭力求舆论的知识化。他们除在学校及期刊上加倍的注意国际关系外，且设立专门的研究机关，如英国的王家国际关系研究所（Royal Institute of International Affairs）及美国的外交协会（Foreign Policy Association）。

我国关于外交的舆论有好几种不健全的现象。在无事的时候，人民是不大注意外交的；一旦有事，舆情总是十分激昂，有如狂风巨涛，以致政府对外紧急的时候反而要费其大部精力来对内。唯因平日不研究，所以到国难的时候才专感情用事。九一八以前，国人的视线，如同外交部的政策，均集中于关税自主权的收回及领判权的取消，而东北问题反而置之度外。倘平日我们有相当的研究，我们就会知道东北问题是我国外交的最难关，不可一日忽略的；我们在恢复关税自主及取消领判权的努力的时候，就应该顾到东北不出乱子。九一八以后，国人反对锦州中立区，反对接受币原所提议的五条，都表现我们平日对于东北问题没有深切的研究，不知道这问题的复杂和严重。

因为我们对于外交的注意是临时抱佛脚的方式，所以我们的知识是片面的、零散的，一知半解的。为日报及杂志撰稿的人，上焉者跑到图书馆里翻翻英美的杂志，东扯西凑，加上一点爱国的情感，下焉者则全靠感情的冲动和笔锋的尖锐。英美杂志上撰稿者有许多就只知时事，不知时事的背景，而我们以更不知背景的人来拾他们的唾余，其结果当然是更不像样子。外交的底蕴不是这样所能得到的。现在每一外交问题往往牵动世界全局，而这全局又是合各国的历史传统、经济状况、地理环境，以及舆情潮流积成的。一隅之见断不能洞察全局。

舆论不健全，无论在哪一国，都是危险的。在中国更加甚。中国国力的薄弱不容我们对外有丝毫的失当；有了，祸患就跟到来了。并且在内部未完成统一以前，党派的竞争常不惜拿外交的问题来作打倒政敌的资料。原来我们就不甚明了国际的形势；加上党派有作用的拨弄是非，我们就更加糊涂了。

中国舆论不健全的责任，大学应负一大部分，因为制造舆论者，尤其是关于外交的舆论，不是大学里面的人，就是曾由大学出身者。我们的大学现在几全在美国及欧西留学生的手里。他们定学制、编课程、领导研究的时候，于有意中无意中受他们教育的支配。譬如历史：我们大学西史的课程总是偏重英美法德而忽略日俄；甚至于在国立的大学里，历史系有绝不设立日本史及俄国史者；有之，课程少，学生亦少。一国的历史就是一国的履历。我们平素交友及办事都知道第一步是打探对方的履历，在国际关系上，也是如此。我们大学的历史系反忽略最与国家兴亡有关的日俄，这是一个不可原宥的罪恶。语言文学亦然：我国的大学以英文为第一外国语或者是出于不得已，但第二外国语何必一定是法文及德文？就中国的环境说，俄文及日文岂不比法文德文更加重要么？我们大学的经济系也偏重英美法德的经济状况及经济思想。除此以外，大学对于外交并没有尽教育责任的计划。各院各系均各自为政，各扫其门前雪。因为外交（或国际关系）不成一系，就无人过问了。其实如所关各系，如外国语文、政治、经济、历史、地理，联合起来，很能附设外交专科，养成一般人才。这是易举的事，所费者多在计划而不在金钱。

其次国内的日报也应负一部分的责任。据我所知，我国大都市的大报及通信社至今还没有常年驻外的访员，它们的国际新闻还是全靠外国的通信社如路透、合众社、哈瓦思、电通及新联社等。这不是个办法。我们知道此中颇有困难，最要者莫过于经费。我以为大都市的大报，可以把国际新闻搁在营业竞争之上，联合起来组织一个国际通信社。

外交部的责任也是不能脱逃的。我们试问：我们的外交部对国人的外交知识曾有什么贡献？外交部发表了什么有价值的材料？甚至外交部的代表出席各种会议作报告的时候尚不知利用机会作点教育工作。外交部的情报处从来不曾影响国内的舆论。它所供给的材料多半是些官样文章，且多是陈腐的。国人对之或是不注意，或是不信。外交部在平日不能造舆情，遇事则为舆情所压倒；

平日不思提倡外交的研究，遇事则叹惜国人之不见谅。这是不下种而反求收获，天下没有这样便宜的事。

因为国际情形的复杂，要想多数知识阶级的人——民众更用不着说了——能明了外交，这是根本作不到的。所以关于外交的舆论非有指导不可。我们若想让人人充分发表他的意见，堆积起来就有健全的舆论，这简直是作梦。在国民程度很高的国家如英美法德，外交的舆论尚不能靠自由言论；在中国那更不必说了。伦敦的《泰晤士报》，因为国际新闻的丰富和正确，且因其与政府通声气，对于外交一发言论，不但英人重视之，即外国人亦重视之。关于外交，《泰晤士报》简直是英国舆论界的未冠之王。有这种领袖，然后舆论不至杂七杂八。巴黎的《时报》在法国的舆论界也有同样的地位。欧战以后设立的专门研究外交的机关就是指导舆论的好方法。美国的外交协会及英国的国际关系研究所均是舆论的好指导者。这两个机关的出版品都在舆论界有权威，就是不赞成的人也不能不加以注意。

中国现在的舆论，在外交方面，既有相当的势力，国民的程度在短期内既万不能提高到能了解国际的形势，我们更加须有指导者。指导的方法不外两种，一种是创造一个中心报纸，一种是设立专门研究机关。第一个方法在中国很难实行。日报大受交通的限制，所以面积较大的国家不能有中心报纸。且中心报纸的地位是历史的产物，非短期内政治的力量或金钱所能凭空造的。所以我们不能不采用第二种方法，靠一个研究所来作指导者。此举的成功亦有其条件。第一，研究所必须是一个纯粹学术机关，绝对的站在超然的地位。倘研究所带了丝毫党派的色彩就不能得社会的信用，且其研究成绩必为党派意见所蒙蔽。第二，研究所的人员必在学术界已有相当的地位，在一种学术上确实受过科学的训练，对外交的研究确实有学术的兴趣。第三，研究所应顾到日俄英美法德各方面，且不可专重与中国直接有关的问题。

倘大学、日报、外交部能各尽其责，又有一个专门研究外交的机关作全国的指导者，我相信国内的舆论必能日见健全。

——选自《独立评论》第 70 号（1933 年 10 月 1 日北平出版）

帝国主义与常识

　　我们中国的文人——知识阶级——素重文字而轻事实，多特识而少常识。所以我们好讲主义，易受主义宣传的麻醉。自国民党出师北伐到九一八，全国布满"打倒帝国主义""取消不平等条约"的标语。当时我们把一切国计民生的困难都归罪于帝国主义者，把外人的一言一动都看为帝国主义的……于是帝国主义就成了资本主义的别名，好像世界一日有资本主义就一定会有帝国主义，资本主义的末日就是帝国主义的末日，现在还有人拿这种论调来博民众的欢心。

　　帝国主义究竟是什么，学者的意见很不一致，所有的界说多少带点主观的成见，我们虽谈了多年的帝国主义，连这问题的复杂我们尚未看出来。犹英之统治印度，法兰西之统治安南，日本之统治高丽：这都是帝国主义的表现。关于这一点，意见大概是一致的。不过印度、安南、高丽究竟是独立好呢，还是继续受外人的统治好呢；印度、安南、高丽一般的人民的日常生活，自受外族统治以后，是日趋于穷于苦呢，还是日趋于富于乐呢，关于这些问题，现在不能有客观的、科学的答复。换句话说，就是我们承认某种现象是帝国主义的，其善恶利害还是有问题。我们拿什么标准来评断帝国主义的善恶呢？有些人说，不问其成绩如何，外族的统治都是恶的。因为统治本身是民族生活最基本的一部分，剥夺一个民族的统治权就是剥夺它的生活的一部分。并且一切的统治都是为统治者谋利益，不是为被治者谋利益。还有些人说，治权本身没有什么大了不得，左右施治权者是少数，受治者是多数。从多数看起来，统治者是甲是乙，是本族或是外族，是不关紧要的；关紧要的是统治的成绩，如社会的或治或乱，及经济的或穷或富，依这个看法，我们就可以请人民投票来定帝国主义的罪恶。譬如印度：我们是否可以拿印度全国人民的票决来定英国统治印度的好坏？英国人必说：现在的印度人既不知未受英人统治以前的病苦，又不能预料独立以后的艰难，且因受了独立党多年宣传的影响只知感情用事，所以票决不足为凭。此说虽似强辩，然不无根据，中国人大概是反对中国作印度第二的，但是有不少的中国人，丝毫未受英人的逼迫，自动的搬到各地的英租界去住，甘心的脱离本族一部分的统治而接受英人的统治，这不是民众意志很好的一个表示，表示英人的帝国主义是善的么？

以当时当地的被统治者的立场来评帝国主义的善恶已经是件不容易的事。这是上文所要说明的。不过除了这个立场以外，我们还须注意历史的及宇宙的利害关系，中华民国，五族共和的中华民国，北自蒙古，南到两粤，东起鲁东，西抵帕米尔的大中华民国，也是帝国主义的产物。从历史的及宇宙的眼光看来，这个产物是人类之福呢，还是人类之祸呢？究竟亚东成为一个中华民国好呢？还是分为无数的戎国、狄国、苗国、楚国、越国、蒙古国、西藏国好呢？如果我们承认成为一国是较好，那末，我们祖先对戎狄苗越所行的帝国主义是有功于历史的。现在世界上所有的国家都是帝国主义的产物，都是由于一个中心民族兼并其他无数民族而成的。大英帝国不消说了，就是不列颠岛之成为一个政治单位也是帝国主义的产物。苏俄——东到太平洋，西到波兰，北至白海，南抵黑海的苏俄——很明显的是列宁的祖先，费了千数百年的努力，并吞了无数民族，然后成立的，过程中所有的惨无人道的战争是史籍斑斑可考的。我们听见过苏俄反帝国主义的宣传；我们没有听说苏俄要放弃西比利亚、中央亚细亚，及黑海以北的土地。

我们在上文内仅仅讨论最明显的帝国主义，就是以一族而统治他族。我们的结论是：这无疑的是帝国主义，但而善恶利害还须待考，但是帝国主义不仅有一种方式。因为政治及武力的侵略不一定要到统治的程度然后算得帝国主义，日本虽说"满洲国"是独立国——其独立的最好表现就是日本承认其有与日本立约的权利——我们不能不说日本对中国及"满洲国"所行的是帝国主义，关于这一点，我想国人是无异议的。若然，苏俄在外蒙古所行的也是帝国主义，此中不同的就是东北的人几全是汉人，外蒙古的人几全是蒙古人，所以我们若要原谅苏俄的话，我们可以说：东北问题是日本帝国主义和中华民族主义的冲突，外蒙古问题是苏俄帝国主义和中华帝国主义的冲突。至于苏俄在外蒙古所行的是帝国主义这是毫无疑问的，因为外蒙古原来是在中国的政治经济单位之内，经苏俄的努力，现在已经圈在苏俄的政治经济单位之内去了。

比日本在东北及苏俄在外蒙的帝国主义还要隐微一点的是英国在波斯及埃及、美国在喀利平群岛及中美小国的帝国主义。普通的时候，这些国家有政治自由；到非常的时候，英美必出而干涉。更次的要算美国在南美各国的势力。最次的就是列强彼此间的压力。华府会议的时候，英美联合逼迫日本承认五与三的海军比较。日本人说，这是英美的帝国主义，日俄战争的时候，德国趁机逼俄国订立有利于德的商约。俄人也说，这是德国的帝国主义。列强所加于弱小民族者未尝不想彼此相加，但是在普通的时候因为势力均衡无能为力而已。一旦均衡动摇，强国对强国亦能加以压迫和侵略，亦能行帝国主义。战后德国所受的痛苦并不亚于中国近年所受的痛苦，在这个世界立国，国都是洪水，同时又是堤防，究竟是甲国向乙国泛流，还是乙国向甲国冲洗，要看甲乙双方水势大小的比例及堤工高低坚弱的比例。谁是帝国主义者，谁是受压迫和侵略者，实无永久固定的形势。

除了政治及武力侵略以外，现代还有所谓经济侵略、文化侵略及主义侵略。我们受过近几年的宣传的人都以为这些现象是极明显而简单的帝国主义，其实这些现象都是极复杂的，我们先就经济的侵略说。外人在中国的投资是侵略吗？是帝国主义吗？若说是，那末欧战以前，法国在俄国所投的资本比法国在中国或安南所投的还多，岂不是法国对俄比对安南还更行帝国主义么？彼时英国在美国所投的资本反过于在中国所投的资本，那就证明英国对美国是行更厉害的帝国主义么？若说国外投资不是帝国主义，我们知道这种投资往往使受资的国家变为投资国的政治的及经济的附庸。收买别国的原料来发展工业是帝国主义么？若说是，那么美国收买日本的生丝，日本收买美国的棉花是美日相对的行帝国主义；日本现在决定不买印度的棉花是日本对印度放弃帝国主义；俄国现在努力推销石油于国外是斯大林甘心作帝国主义的牺牲品。若说原料与帝国主义无关系，我们知道原料的寻求往往引起国际的冲突，一弱国而有大宗原料往往诱进外人的侵略，如中国、波斯，及战前的土耳其。在别国占商场是帝国主义么？若说是，那末因为战前俄国是德国的一个好商场——彼时德国卖给俄国的制造品比卖给中国的还多——德国就是对俄国行帝国主义？现在英美之间的制造品的交换很多，这就是英美相对行帝国主义么？若说不是，我们又知道工业发达的国家非在海外找商场不能度日，并且这些国家的外交及军备许多是以维持或夺取国外商场为目的。总结以上所说的，我们可说，国外投资的机会，国外原料的获得，及国外商场的谋取可以成为帝国主义，也可以不必成为帝国主义。

在中国讲帝国主义的人，尤其偏信唯物史观者，以为投资、原料及商场是帝国主义的唯一的动机。我相信这三者是近代帝国主义很要紧的动机，不过我以为这三者不必一定要采取帝国主义的方式。这是上文要说明的。不然，一切的国际的经济交换都是帝国主义的了。我更不相信，除此三者之外，别无帝国主义的动机。满人之灭明而建大清帝国不是帝国主义吗？17世纪的满人有什么资本可投，有什么工业要在中国找原料和商场？通通都没有。蒙古之灭宋而建元朝也是这样的。照我们所知道的，自古石器时代到现在，没有一个时代，一个民族，一种经济制度，没有行过，或试行过帝国主义。人类的起始就是帝国主义的起始。生物学家或者还能更进一步的说：生物的起始就是帝国主义的起始。至于说，资本主义的末日就是帝国主义的末日，我也不相信。现在世界上的一个大冲突就是有些国家有过剩的土地而不许外族移民，始加拿大，澳大利亚，及美国。在这些国家最反对日本人及中国人移入者，不是资本家，反是当地的劳工。苏俄现在不是资本主义的国家，它愿将其富源供给于全世界吗？倘中国的国际贸易，也如俄国一样，由国家经营，中苏之间就不会有冲突吗？倘世界各国都……由国家经营贸易，彼时国与国之间的经济冲突或者还要更甚于今日。照我看来，人类的末日才是帝国主义末日。

至于文化及主义的侵略，我们也须分清，那是有作用的侵略，那是自然的交换与仿效。如果英美法德人士捐钱到中国来传教是帝国主义，那么苏俄供钱给第三国际在中国来宣传更是帝国主义。如果外人到中国来设立学校是文化侵略，那末中国人到外国去求学的都是文化的汉奸。在现今世界，那一国都多少作点宣传的工作。日本现正预备派人到美国去加劲宣传。英人在美国，美人在法国，法人在意大利，意人在德国，都正进行宣传。谁是帝国主义者，谁不是帝国主义者，颇不容易分别。

一切的有作为的、向上的民族都在那里求自己的政治、经济文化势力的膨胀。古代如此，现在亦如此。倘甲的势力膨胀与乙的相等，如日美、日俄、英美、法德等国之间，甲乙的关系就是平等的，通常的国际关系，我们不说甲乙之间有帝国主义存在。万一甲的势力膨胀过于乙的，如列强与中国之间，那末帝国主义自然而然的就来了。这是一种天然现象，无所谓善恶。如要谈善恶和责任，那末强者与弱者是同等的须负责。我们只能求我们的膨胀能与外来的膨胀抗衡，不能求外来的膨胀的取消。取消或限制任何民族的膨胀就是取消或限制它的生活。这是根本不可能的。不求自己的膨胀，而徒怨天尤人，咒骂彼帝国主义者，这是自暴自弃，更加招人的鄙视和压迫。

我所讲的不是什么哲学或历史观，就是最普遍的常识。我们这个民族到了这风雨飘摇之中，最可怕的，是在未得到特识前，就放弃自己固有的常识。

——选自《独立评论》第 71 号（1933 年 10 月 8 日北平出版）

日俄冲突的意义

苏俄倘要出售中东路，这是可了解的。因为现在日本在东北的政治和经济的势力大可以致中东路的死命。无论苏俄售与不售，这条路是要成为日本囊中之物的。但是中东路出售的交涉简直是个闷葫芦。既然要出售，苏俄何必费事来与日本讲价呢？主顾相差的几千万卢布值得这样小题大作吗？难道苏俄要为几千万卢布而与日本决裂吗？我们要记得：近日日俄间风云的原因——至少直接原因——是路价的争执。因为讲价不成，交涉于是停顿；停顿以后，"满州国"就开始逮捕路上之俄方重要职员，于是塔斯社就发表日本的秘密公文，于是日本的报纸就大肆谩骂，甚至声言有断绝邦交之可能，于是日本政府才向苏俄提出严重抗议。这样一来，谜上又加谜了。因为日本何必这样着急？肉在口边，再容忍几秒钟有什么大了不得？其实日本口里的东西还未完全吞下去，何必又进一口？在苏俄方面，何必在这个时候发表所谓秘密文件？这些文件有何秘密可言？至于说责任在日本，不在其傀儡，这是天下共知的事实，有何证明之必要？且何止此一事？

这个谜不是我们不知内情的人所能破的。这阵风波将来是否会平静过去，我们也不能预料。我们敢断定的仅仅是这一点：日俄双方均不会为几千万卢布而致决裂。倘要决裂的话，必不是为中东路本身，是为中东路所代表的。那末，这条路代表什么呢？

这条路原先是帝俄侵略中国的利器，现在还是苏俄在远东的第一道防线。苏俄虽是共产主义的，其人民与他国人民一样，绝不愿意放弃他们祖先遗留下来的产业。何况这产业是这样值钱呢？远东不保，则全西比利亚将无门户了，将受日人的封锁了。反过来说，这条路是日本大陆帝国最后的障碍物，也可说是日本在远东的霸权的最末遗缺。这个霸权，用不着说，不利于我们，亦不利于苏俄。这两年来日本的进取，首蒙其害者是中国，其次就是苏俄。不但此也，日本的远东霸权也不利于欧西及美洲各国。苏俄现在不过对此霸权尽点抵抗的责任，间接表示苏俄关于日本霸权立场是与欧美一致的。塔斯社所发表的秘密文件不是为日本人看，是为中国人及欧美人看的。这幕戏不是为日本人唱的；是为我们，尤其为欧美人唱的。所以日本人不怪塔斯社侮辱日本的忠诚，而怪苏俄有意挑拨离间。日人所顾虑的不是日俄关系的恶化，反是日本全般国际关系的恶化。如果日俄的冲突有什么严重性的话，其严重性就在乎此。

关于日俄的冲突，我们很容易发生各种误会。

第一，这冲突很像一个世界赤白的冲突。其实，这个冲突与赤色白色全无关系。日俄之间倘无赤白的区别，这冲突也是不能免的。在帝俄时代，列宁和杜洛斯基还是无名的宣传者的时候，日俄曾经战过。但是现在俄国既是赤色的，日本人就更有口实了。他们乐得使人相信日本是亚东反赤的惟一防线。去年日本向国际调查团所提出的主要说帖，就是形容远东赤祸的急迫和日本如何是远东惟一的救星。倘若日本能使世人相信现今日俄的冲突是赤白的冲突，那日本的外交战已成功过半了。但我们试自问：倘若俄国现在不是共产主义者当权，日本就会放弃向北满发展的计划吗？当然是不会的。反赤的标语不过是日人的宣传资料；日本的政策决不是因为反赤而有近二年的举动。在苏俄方面，她也不能以赤色对白色为其外交政策，因为这样的政策，实行起来，等于苏俄对世界。苏俄的外交家纵愚至万分，他们也不得采取这个立场。苏俄深知现代所谓白色的帝国主义者之间的冲突和仇恨远过于他们对苏俄的仇恨。这是苏俄外交活动的机会。在资本主义的国家里面，为势所迫，亦有乐与苏俄携手以抵抗其他资本主义的国家者。现在国际的分野尚未到白色与赤色相对的局面。目前日俄所争者的与主义无关，明明白白的就是两国在远东的势力。

第二，因为日本近两年对我们有极大的侵略，许多外人以为日俄的冲突或是我们出路之一。我以为这是一种极危险的误会。日俄的战争不是远东问题解决之路。无论是日胜俄胜，中国是得不到好处的。乙未《马关条约》以后，俄国乘机向我施行侵略，一则修中东路，再则强租旅大。到庚子年，俄国更进而占全东北三省。那个时期是俄进日退的时期。俄国彼时气焰之高并不在当今日本军阀之下。日人遂一方面大讲中日亲善，一方面又向欧美标榜中国的领土完整政治独立及列强在华机会均等。中国要人如刘坤一及张之洞就是那时候国内亲日反俄派的领袖。他们以为亲日反俄是中国的出路。在西洋方面，因日本所标榜的主义是与英美所标榜的相同，亦乐予日本政治的及金钱的资助。在庚子以后的数年，俄国猛进的时候，她在外交上是处孤立的。就是她同盟法国，对她的远东政策，亦心怀疑惧。日本彼时的地位正相反：她好像是名正言顺，俨然像全世界对俄讨伐的代表。到了战后，日本遂反其战前一切的主义。战后我们所受的日本的压迫正与日俄战前我们所受的俄国的压迫相等。而英美在南满不能享受均等的机会亦与战前相等。美国对此尤其愤慨。日俄遂联合以抑制美国的投资。30 年前的日俄战争不但未解决远东问题，且反使此问题更加严重。

现在形势是日进俄退的，俄国近来的举动，倘有国际意义的话，不外向欧西及美国送秋波。她的目的就在取得 30 年前日本在国际上所有的优越地位。倘此举成功而事实发展又与上次日俄战争一样，我们是得不着任何便宜的。俄若胜日，则日本在华北的权利及势力将为俄有；日若胜俄，则日本之远东霸主地位将更巩固了。所以现在与 30 年前一样，日俄两国的冲突是不能解决远东问题的。

这问题的永久解决必须有两个条件：一个是远东有个强而有力的中国，一个是日俄英美愿对此问题的解决作同等的努力。在这两个条件未达到以前，所谓解决都不是解决，反是增加纠纷。

——选自《独立评论》第 73 号（1933 年 10 月 15 日北平出版）

送蓝普森公使归国

蓝普森爵士在中国作了 7 年公使，现在快要归国了。这 7 年之内，中英关系的转变何等的重要，蓝普森公使的成绩何等的伟大。

当民国 15 年冬季蓝普森公使来华接任的时候，中英的关系正在危急的关键。彼时全国人民都为"打倒帝国主义"的标语所麻醉，且认英国是帝国主义的罪魁：我们以为不打倒英国，我们绝无翻身的日子。同时通商口岸的英国报纸也在那里尽他们谩骂的能事，把国民党和学生看作新拳匪，惟独炮舰政策足以对付。在民国15年的冬天和16年的春天，倘蓝普森公使的判断、勇敢、忍耐稍有欠缺，不但中英的关系必致大决裂，就是全盘远东问题也可演变到一个不堪设想的田地。现在呢，英国政府及蓝普森公使已屡次的具体的表示中国的富强就是英国的利益，使这富强得实现，英国愿意尽友谊的协助责任。这种态度，我们完全了解且感激。现在我们知道英国不但不是中华民族复兴的障碍，且是一种助力。从此以后，中英的友谊及合作只须维持和培养，其基础已在这最近 7 年稳立了。

我们如要了解这 7 年中英关系转变的重要，我们必须简略的回溯以往的历史。直到道光时代——蒸汽机已成新工业的中心的时候我们尚是闭关自守，独自尊大。英国曾于乾隆末年及嘉庆中年两次派和平使者来华。他们的外交目的虽多，总括言之，不外善意的劝中国加入国际大团体，放弃孤立的小生活而过世界大生活。到了 19 世纪，无疑的我们绝无力闭关了，我们的出路在国际团体之中，不在国际团体之外。所须要的改革是极大的，就是整个文化的改造。此中艰难困苦简直不是文字所能形容的。不幸，中英双方的政治家把 19 世纪事业的性质看错了，致发生两次的战争。在我们这方面，我们的错处是不知世界大势，逆潮而行；在英国那方面，他们的错处在眼光的短狭。

近百年英国对华的政策是一贯的以推广商业为前提。英国确实无土地的野心和阴谋。马戛尔尼爵士在 18 世纪末年就对乾隆皇帝的政府作过这样的声明。我相信此中并无丝毫的欺伪。因此英国人觉得他们对于中国没有一点良心的不安。加之自拿破仑战争以后，英国的纺织业有一日千里的进步，海外的商场成为迫不及待的需要。亚当斯密士的经济自由主义，经过喀蒲敦的宣传，简直成了英国的天经地义。英人觉得商业的推广不但是良心所许可，且是文化的使命。倘中国人施以抵抗，这就是中国人的顽固，应该用炮舰消灭的。英人不知道商业的推广及这种推广方法在中国这方面可以引起严重的社会和政治的不安。譬如一口通商改为五口通商好像是极高尚的文化事业，殊不知这个改变废了从江浙经江南过梅岭到广东的通商大道，而那些开旅馆、作担夫的人就变为失业份子了。倘若英人彼时知道这种社会的恶影响，他们也会置之不顾，认为与他们无关。《天津条约》许了英国汽船往来于牛庄、天津、上海之间，于是中国沿海的海船及沿运河的沙船都被这种竞争压倒了。在同治初年，这些废船的桅木，如森林一般的，从吴淞口到镇江，排在英人的面前，英人惟自庆他们运输事业的成功，并责望中国政府维持治安，不让失业的水手生事。

为英国航业开辟这个新路线的是额尔金爵士。他订了《天津条约》以后，路过上海的时候，洋洋得意的向英国商会讲演说：我们外交家及军人替你们打了先锋，你们应该继续努力，最后你们的机制品究竟能否战胜中国人的手制品，那全靠你们自己去决定。额尔金爵士是讲究政治道德的：他在上海对英国商人作这个演说的时候，他无疑的想他的《天津条约》是逐条逐款都合乎基督教义的，他的听者的感想更不必说了。以后的英国公使如威妥玛、巴夏礼、朱尔典都出自一个模型。总而言之，19 世纪英国在华的事业就是拿英国的机制品来战胜中国人的手制品。好了，中国人的手工业节节败北了，但是他们终究也无能力买机制品了。手工业及农业是中国经济的两大砥柱，倒了一个，其余那一个也不能支撑这个大厦了。我这话也不可说得过火：中国经济的崩溃是个极复杂的问题，外人经济的侵略不过是其原因之一。并且我们倘自振作，如日本一样，也不至到如今这个田地。不过这个经济侵略究竟是我们今日的痛苦的主要原因之一。其结果就是两败俱伤。

我们原先不愿加入这个国际团体：英国硬把我们拉进去。如同一个人不愿意加入一个会议，他的朋友简直用武力把他拖进去。这个朋友似乎应该尽点责任，告诉他这个会社的性质，及会员必须有的资格。英国在华的外交家，因为看重了商业，简直看不见别的了。所以直到近年，英国政府绝不作点文化事业。连留学一事，美国政府、日本政府都提倡过，惟独英国政府到近来始注意及此。

因为以上的原故，蓝普森公使到中国来的时候，中英的关系是那末样的危急。当然，鲍罗廷及其同志与民国 14 年 15 年反英的空气是有很大关系的，但如土地不适宜，鲍罗廷所撒的种子也不至于有那样丰富及那样快的收获。国人尚记得民国 14 年的上海事件及沙面事件及其所引起的香港罢工风潮。民国 15 年又有万县的案子。蓝普森公使到中国的时候，革命军已占汉口。他到了中国，就径赴汉口，与陈友仁外交部长接洽。他们谈了什么，我不知道；不过蓝普森公使于 12 月 17 日离开汉口，18 日英国外长张伯伦爵士就向列强提出对华的新政策。无疑的，这个政策是蓝普森公使未到中国以前英国政府就定了的；无疑的，英国政府深信他与这新政策表同情且有执行这政策的能力然后委任他。所以他的使命就是执行这个新政策。

那末，这个新政策是什么呢？它包括六要点。（一）英国愿意承认中国的关税自主。（二）英国绝无强以外人的统治加诸中国的志愿。（三）中国条约的志愿是正当的。（四）旧约未修改以前，英国愿意关于条约的权利略为通融。（五）在中国未建设强有力的中央政府以前，英国就愿意与中国维持亲睦的关系。（六）华府会议所通过的海关附税，英国愿意中国即时起始征收。

这个政策发表以后，中外多表示怀疑。国民党的当局一则疑这政策是拿来作一时和缓空气用的，一则嫌这政策不彻底，且过于空泛。国民党的态度至少关于一点是看错了，那就是关于海关问题，英国明白的表示中国宣布国定税则的时候，英国希望列强共同承认中国的关税自主，在此以先，让中国即日开始征收华府会议所通过的附加税：这是很彻底、很具体的提案。但是国民党积疑太深：鲍罗廷复从旁破坏新关系的推展。民国 16 年 1 月初遂有强占汉口英租界之事。这个时候，英人主张以武力对付"暴徒"者正不少。英国政府及其驻华代表虽一面调兵保卫上海公共租界，一面又于 1 月 28 日致函南北两个政府的外交部，作进一步的政策表示。（一）英国愿意承认中国新式法庭的司法权。（二）英国愿意承认中国的国籍法。（三）英国在华的法庭愿意实用中国的新民法和新商法。（四）在平等条件之下，英国愿意让中国政府向英国侨民征税。（五）中国颁布新刑事法典的时候，英国在华的法庭亦愿意实行。（六）租界的政策可修改。（七）英国在华的传教及教育机关愿遵守中国的法律。外国在中国受了挫折以后而继续让步：这是初次。2 月 19 日，英国正式退还汉口英租界。民国 17 年年底中英签订关税条约，正式承认中国关税的自主。18 年，英国退还镇江租界。19 年，退还厦门租界及威海卫租借地。同年，中英订定退还庚子赔款的办法及其用途。20 年 5 月，中英法权草约成立。直到现在，退还租界及租借地者尚只有英俄两国。其他国家尚未闻有所表示。

蓝普森公使的秘诀在乎不以中国的国家主义为英国之敌，反引以为友。在最近这两年，已起始利用英庚款来作建设及教育事业。

在我国历史过程这个当儿，英国政府及其代表愿意协助我民族基本事业的完成。这真可算为"友邦"了。

我们虽不愿意蓝普森公使离别中国，我们借此机会祝他一路顺风。

——选自《独立评论》第 76 号（1933 年 11 月 12 日北平出版）

国际现势的分析

去年 7 月中，我在本刊发表一篇时论，题目是《国际的风云和我们的准备》。我彼时说过：

> 民国 22 年（1933 年）是国际关系史上的一个大分水界。这一年之内，国际的三大事业都失败了：国联处置中日问题失败了，裁军会议失败了，伦敦世界经济会议也要告失败了。这三大事业的失败就是欧战以来国际主义的破产，和偏狭的、军备竞争的、商战的国家主义的胜利。人类的前途是不可乐观的。

过了半年以后，这种趋势更加显明了。我们现在看的很清楚：1933 年的前半是国际主义最后的努力；后半是国家主义火速的膨胀。我们若具体的研究现今的国际形势，我们更能了解其严重性。

战后的世界是以两个条约为其根本宪章的：一个是《维尔塞条约》，一个是华府会议的《九国公约》。根据前一个公约，列强分派了西洋的权利；根据后一个，列强分派了东洋的权利。这种分派的方法大致是维持订约时候的实状，而彼时的实状利于战胜的国家，或列强中先进的国家。所谓先进的国家，就是近500 年，在欧洲瓜分他洲的过程中，占优势的国家，那就是英、俄、法、美四大帝国。上次的大战的根本原因可说是一个后起的帝国——德意志——图谋强迫与这四个先进的帝国分肥。不幸，在上次的大战中，这个后起的帝国战败了，结果战后权利的新分派更不利于德国。她的海外殖民地全被剥夺；在欧洲，土地丧失也不少，并且因为波兰及捷克斯拉夫诸国的成立，德国在欧洲的外交及军事地位远不如战前。换句话说，德国因谋一个世界的更优地位致其在欧洲的地位降低。于此我们尤应注意的是德国失败的原由。这个原由，无疑的，是与英国作敌。英德未成仇雠之先，德国外交是时常优胜的。倘若在上次大战中，英国不加入，德国无疑的可以战胜法俄。英德的冲突并不在欧洲大陆，全在海外，所以这冲突的结晶成为海军竞争。德国为维持在大陆的权利无须海军；她在战前竟与英国争海权，那就是因为她企图世界强权。在近代史上，所有海权的竞争就是世界强权的竞争，扩充海权的国家都是争世界强权的国家。此外还有一点我们应该注意：先进的帝国虽彼此之间利害冲突甚多，倘若后起的帝国野心太大，致先进的帝国都受危害，那末先进的帝国必彼此妥协，合纵以对付这后起者。战前英法俄的联络就出于这种动机。所以上次的大战根本是先进国与后起国的冲突。结果先进国胜了；于是她们战前优胜的地位更加优胜。她们当然是心满意足，组织一个国联，来给现状一种法律的、精神的、道德的保障。《国联盟约》《洛迦罗条约》《非战公约》，及裁军运动都在维持现状的大前提之下产生的，都是这些先进而胜利的国家维持现状最便宜、最经济的方法。所谓战后的国际主义就是这么一回事，所谓国际主义的破产，就是这些方法的不适用。先进而胜利的国家又须把战前的军备竞争及外交纵横那一套拿出来。

远东的问题，表面上看起来，似乎特别，实际是与欧洲的问题大同小异的。《九国公约》也是一个维持现状的条约；日本也是一个后起的帝国。所特异者，这个后起的帝国在上次的大战中是与先进国为伍的。在欧战期中及在战后分赃之际，她算是占了光。赤道以北的德属太平洋的岛屿，国联委托了给她去统治：这是日本在太平洋海权的长进。日本在欧战期中在中国所得的权利，山东除外，列强也未追究：这是日本在大陆上的长进。但是《九国公约》此外则加了严厉的限制：对中国，日本必须尊重主权的独立，领土及行政的完整；对其他列强，日本必须尊重通商的和投资的均等机会。条约上虽分两方面，实际除非中国有领土及行政的完整，列强是得不到均等机会。这个《九国公约》与华府的《海军条约》是连成一片的。《九国公约》订定了现状的维持，于是各国缩减海军以缩减维持现状的费用。列强在战后处置远东问题的精神与处置欧洲问题的精神如出一辙。在远东，这些先进国也是图谋一个最经济的方法来维持有利于己的现状。九一八以后，日本的行动也是使这方法不适用，迫着先进国利用战前的旧方法，于是有法俄的联欢、美俄的恢复邦交，及美国的新海军建设计划。

自九一八以来，我们所看见的，所痛恨的是东北的丧失。在世界先进帝国眼里，这个问题不是个东北问题，是个世界权利旧分派的推翻和新分派的成立问题。东北本身虽关重要，但至少英美法意四国在东北既无大宗商业和投资，并且就是日本没有九一八的举动，她们也是没有经济发展的希望的。她们所以关心的一则因为远东的现状不能维持，欧洲的现状也是不能维持，因为维持现状的条约，如《国联盟约》及《非战公约》，是双方公用的；二则因为东北是日本向先进国进攻的一步，也是进攻第二步的好资料。中日问题的严重，全在乎这个世界性。

前途的发展全在日本是否要即时举行第二步。换句话说，日本外交家此后是否将取守势或攻势是第二次大战的主要关键。如果日本表明她是为东北本身而占领东北，她现在既得了东北所以就心满意足，那末，第二次大战未必爆发。如果日本自己要给东北问题更大的世界性，那末，大战是必会在短期内——一二年爆发的。日本的外交现在究竟是取守势呢，还是取攻势呢？

广田的真正政策，我们很难知道。我们如果设身处地，专凭理智来计日本的利害，我想他必采守势的外交，正如毕士麦得了亚罗二州以后，始终只守不攻。因为他一采守势，其他国家就无可如何了。第一，美国政府现在对任何方面都不能行攻势的外交。美国人民对东北本身没有多大兴趣。民间反战的空气一向是十分浓厚的。现在美国朝野正在那里图经济复兴，纵使政府要向日本进攻，美国的舆论和军备均不容许。美国现在虽扩充海军，但以条约为限度，而这条约的海军是守的海军，不是攻的海军。第二，苏俄与日本的关系极紧张，但苏俄目前所患者是日本的进攻，不是日本的保守已得权利。苏俄至今仍愿与日本订互不侵犯条约：苏俄最近又声明仍愿出售中东路。"满洲国"的成立虽不利于苏俄，但直到现在苏俄毫无以武力推翻"满洲国"的形势。为苏俄计，国内工业化的长进是当前的急务。美俄复交当然是针对远东问题的，但复交以外，美国政府不能有协助苏俄任何秘密条约或了解。美俄两国既不愿进攻，他国更不必说了。在这种状况之下，广田若采守势的外交，那是很自然的。他的言论之中，似乎表示他知道守势的利便。所以近来苏俄的态度虽转强硬，东京是很难镇静的。中东路出售的交涉，他力图进行。对英美的和缓，他简直不遗余力。他每次的正式表示都把日本皇帝退出国联的诏书抬出来。那篇诏书的主旨在于日本虽退出国联，日本为维持世界的和平，仍愿尽其责任。

但是日本近半年的外交是很矛盾的。第一，广田这次在国会的演辞，不但声明"满洲国"必须维持，并明言华北的治安与日本有关，华北的局面若有变动，日本必出而干涉，对于中国共党之发展，他也预留干涉的权利。无形之中，这个干涉权的保留岂不是日本的门罗主义的宣布？这是攻势的外交：这表示日本不是单为东北本身而占领东北，是要拿东北来控制全中国。这种野心之大超过战前德国任何发展计划。这是国际形势所不许的，最可注意的不仅是这一篇演词，还是日本的基本形势。日本得了东北以后，国防问题、移民问题、原料问题算是解决了大部分，但是商场问题仍未解决。在现今世界经济竞争的形势之下，中国的商场是日本工业前途最可靠的商场。在未得到保障以前，日本的国策仍不能贯彻。所以对于关内的中国，日本是不能放手的。第二，倘若日本是采守势的外交，溥仪不应在这时候称帝。至于说溥仪称帝是表示"满洲国"实在的独立，这只能骗小孩，不能骗明眼的外交家。高丽虽曾有一个几百年的王朝仍不免于亡国，何况这个日本一手造的"满洲国"的王位？溥仪称帝只能有一个作用，那就是吸收蒙古人的人心。这又是攻势的外交。第三，日本人似乎已把海军平等作为日本的国策。这个海权问题更直接与世界强权相关。日本竟欲一跃而跻与英美平等的地位。东北问题，英美或可通融，因为它还勉强可作为一个区域问题看。海军平等问题绝无区域性质，绝不是英美所可通融的。日本人因占领东北所引起的恐慌尚以为不足，反要在此以上，加海军平等企图更大的恐慌：这是先进国所能容忍的吗？与这海权有关系的，有赤道以北的海岛问题。到了1935年，日本与国联完全脱离关系的时候，如日本一面要求海军平等，一面又要求保留太平洋的委任统治的海岛，这问题就更加严重了。同时从日本立场看，这个海权竞争也是不能放弃的。没有充分的海权，亚洲的门罗主义是不能成立的，日本在南洋及印度的商业也是无保障的。

　　总而言之，日本现在企图的是世界权利的新分派。她这个企图危害一切先进国的权利，战争因此是不能避免的。但是广田若在目前采取守势的外交，换句话说，把日本的企图分为几段落来实现，目前的战争是可避免的，因为目前这些先进国，除非不得已，皆不愿战。我们能得的安宁，不过是短期的苟安。但是我们如何利用这短期的苟安，那确与我民族的命运有莫大的关系。

——选自《独立评论》第88号（1934年2月4日北平出版）

论"日本和平"

在上古的时候，罗马人创造了一个包括全西洋所认为文明世界的帝国。在此帝国之内的种族，赖帝国的威力和开明政治，享受了300余年的和平及富庶。这个状况就是史家所谓"罗马和平"（Pax Romana）。内幕虽有不少的黑暗和残缺，外表总算是西洋上古的黄金时代。

自罗马帝国崩溃以后，西洋至今没有见过大一统的局面，因此也没有享受过长期的和平。所有的和平都是武装的和平，都是循环战内的暂时休战。像罗马那样包括全文明世界的帝国曾无第二次的出现，但是，自15世纪末年西洋各国向海外发展起，世界的局面产生了两种新现象。一种是东西的合化为一，成整个的世界政治舞台；另一种是数大帝国的并存，如英、俄、美。这两种政治现象都是人类史上未曾有过的，都是当代政治的基本事实。在这个局面之下，世界大和平虽是不少人士的理想和企图，直到现在仍只是理想和企图。不过在各个帝国之内，区域之间及民族之间曾得着和平，且因此和平及近代科学之赐，享受过空前的富庶。英国人对维多利亚时代的大英帝国也贡献过所谓"不列颠和平"（Pax Britannica）；英人现在努力的目标就是这个伟业的维持和发扬。不列颠和平的内幕虽也有不少的黑暗和残缺，英人在人类史上占了这样光荣的一页，总算不愧为一个伟大的民族了。

美国也可说有她的"美利坚和平"（Pax Americana），但是其性质与"罗马和平"或"不列颠和平"的性质不同。美国在其和平范围之内并不施行统治权，如英国在印度那样；美国与中美南美的国家也没有宪法和民族的关连，如英国与其自治领那样。美利坚和平虽也建在政治势力之上，虽也有人称她为美利坚帝国，且其缔造虽也利用过不少的横暴，美国人对其和平范围内的国家所加之压力自起始就比较的有限，而且是逐渐减少的，但其对外力的侵略是始终一贯绝不容许的。最近美国竟许菲律宾群岛独立，足证美国人对于异族统治权是不留恋的。美国当局近年在增进与南美各国的友谊之工作，可说是不遗余力。现在孟罗主义的性质几乎全变了：保障美洲安全及和平已从美国单独的责任变为全美洲各国的共同责任。从一方面看起来，美利坚和平好像一种未成熟的帝国主义；从另一方面看，美利坚和平实是一种超成熟的帝国主义。因为美利坚和平既能供给美国充分的经济机会——至少不在其他方式的和平之下——同时美国又能避免与近代的民族国家主义敌对。或者我们可以说，美利坚和平是适合于 20 世纪的帝国主义，是美国人对于近代政治的一种贡献。

现在苏俄也在那里建设一种"苏俄和平"（Pax Sovietica）。这个庞大的苏维埃联邦，论面积，仅小于大英帝国，而大于罗马帝国或美国；论所包括的民族之多，尚过于大英帝国。苏俄虽完全否认了帝俄的债务，但她没有放弃许多帝俄的土地遗产。苏俄和平也是建在政治势力之上，苏俄集团也是现今世界政治的主力之一。我们不要看错了：苏俄的宪法尽管替各入联的单位保留了退联的权利，实际这权利是不存在的。倘若外蒙古共和国或乌苦连（Ukraine）共和国明天要独立，苏俄绝对不会容许；为维持她的整体，虽诉诸武力，苏俄也是不会顾惜的。虽然，苏俄和平的制度也有其特色。在这和平范围以内的异族有充分文化的自决。苏俄不但不要这些异族与俄罗斯族同化，反鼓励它们保存和发扬它们固有的文化。原无文学的，苏俄替它们造了固有的文学！苏俄革命的彻底莫过于放弃，完全放弃帝俄的俄罗斯化（Russification）政策。第二，苏俄决不许一区域或一民族榨取其集团之内的其他区域或民族。苏俄的经济政策是要其和平之内的各区域各民族各就其物产所宜而求均衡的发展。在这种制度之下，绝不能发生如英伦与印度那样贫富悬殊。因为有这两种特别，苏俄的团结一天坚固一天，苏俄和平也就成为当代基本事实，且是苏俄号召天下的好资料。

自九一八以来，日本早已说过，屡次说过，日本是东亚和平唯一的保障者。日本所作的事，无论是强占东北四省也罢，制造伪国也罢，淞沪之战也罢，长城以内的侵略也罢，退出国联也罢。日本自己说，都是以稳定东亚局面为目的。4 月 17 日外务省的声明就是这线发展的结晶，也就是"日本和平"（Pax Japonica）向全世界的公开宣布。那个声明清清楚楚的说过：

> 单独进行维持东亚之和平与秩序，乃日本之使命，日本对此使命有决行之决心。

毫无疑问的，这个"日本和平"树立是当代日本的国策。如果现在还有人关于这一点尚有疑问，那真是有目不见，有耳不闻了。日本自 4 月 17 日以后对我们，对英国、美国、法国的言论，并没有否认这个国策，只加上了解释，以图避免日人所谓别人的误会。在另一方面，日人近来的言论，对于这国策本身，更加强调化了。

国人近来讨论 4 月 17 日的声明者好像还没有充分注意日人事后的解释。我们自然把这些当作外交官话看。胡适之先生在上一期的《独立》就是这样的断定。他说：

> 但是这些话都是官话，都是外交官的口头禅。美国不会相信，英国也不会相信，我们中国人更不能相信。

他又问："当日若槻内阁的许多正式声明，有何效力？"但是无论这些解释是真是假，无论我们相信不相信，这些解释是极重要的。第一，日本对各国的解释是一种备案，是将来外交出发点之一，日本固可自相矛盾，到了时候又可置这些解释于不顾，但别的国家可以不忘记，可以拿这些解释来难为日本、质问日本。别的国家有了这些解释，就更多了一层理由，添了一个把柄。从外交策略上说，我们或者要相信这些解释。第二，我们从这些解释可以知道这"日本和平"的性质，至少是日本官方所宣布的性质。我在上文已经指出好几种的和平方式。"日本和平"到底是个甚么东西，这是我国前途的大问题，我们岂可不研究？第三，这些解释已由英国认为满意，美国亦说 4 月 17 日声明之事已告结束，且望郝尔与广田换文的友好精神能继续存在。所以这些解释已得国际的承认或默认。

根据 4 月 17 日的声明及以后的解释，"日本和平"是个甚么东西呢？第一，我们可以断定，"日本和平"不容西洋各国在中国"开设定势力范围、国际管理或瓜分之端"。这是 17 日声明的原文。换句话说，日本不许西洋在东亚树立政治势力。这点很像美国的孟罗主义。第二，日本认这个东亚孟罗主义不违反《九国公约》，日本且声明无意违反《九国公约》，在"满洲国"成立的时候，日本实已违反了《九国公约》，因为日本已破坏了中国领土的完整。日本这时还提那个条约，其意不外在关内的中国，日本愿尊重中国领土的完整、政治的独立，及列国在华均等的机会。第三，"中国之保全、统一，乃至国内秩序之恢复，自东亚和平见地观察，固日本最所切望者"。这是 17 日的原文。事后日本对我国的解释更加明显：日本希望我们能够统一，也希望我们与她共分维持东亚和平的责任。第四，中国不得利用他国以排斥日本。以上四点可说是日本和平的方案。在 4 月 17 日的声明书内，日本所注重的是第一与第四两点；在以后的解释，日本又把第二与第四两点略加注重些。声明书与解释实在只有轻重之不同。声明书发表之后，因为它对第一及第四两点措词那么严重，世人就未注意第二及第三两点。现在国际风波似稍为平靖，因为以后的解释稍为平衡。

这个方案能实行吗？在我们这方面，倘若日本关于第三点是出于至诚，那我们无反对之必要。因为我们现在的急需莫过于统一。统一，依我看来，是我们解决一切问题的初步。没有统一，不但谈不到收复失地，连关内的建设亦谈不到。有了统一，就是没有外助，我们的建设就能一日千里。我们试想倘若民国以来的内战经费都搁在建设上，其成绩岂不大可观么？虽然，日本关于这点的诚心是大有疑问的。以往她对于我们统一的破坏给了我们太深的印象。除非日本在三四年内能给我们无疑的证据，我们是不能相信的。同时在日本那方面，她又怎能相信我们是为中国自己的福利而求统一及建设，不是为排日呢？这个方案的实现须有极大的互信，而这互信正是双方所缺的。同时在日本与西洋各国之间，这方案也有不少的困难。日本虽说"准各国各别与中国自经济上贸易上进行交涉，事实上虽为对华援助，但在不妨碍东亚和平维持范围以内，日本亦无对此实行干涉之必要"，但什么是妨碍东亚和平？谁有权能决定这点？美国已声明她不能接受日本的决定。中国也已声明不能接受日本的决定。如接受了，中国就会变为日本的保护国。这是中国舆情及国际形势所不许的。

好在日本国策的实行有无困难，不久就可以揭晓。一方面有吉回华之后，我们就可以知道日本所希望我们的究竟是什么。同时，国联开会讨论技术合作的时候，我们就可以知道，日本将反对中国的建设到何等程度，列国将顾全日本的立场到什么程度。有了这些答案，然后我们可以明了"日本和平"的真正性质。在此以前，我们不能决定一个对策。

——选自《独立评论》第 100 号（1934 年 5 月 13 日北平出版）

矛盾的欧洲

我们若以欧洲民众的意态为判断标准，欧洲是最爱和平的。开汽车的、剪发的、饭店的伙计、小商人——凡是旅客在日常生活中所遇见的人没有不祈求和平的维持，惧怕战争的临到。东自苏俄，西到法郎西，我没有遇着小百姓们不是这样的，连失业的工人都不以投军为解决失业问题的正当办法。一般的欧洲人，如同一般的中国人，忙着过日子，没有闲时余力来管国家或民族的前途或所谓百年大计。倘他们偶尔谈到国家的生命线，他们绝不以抢夺为应该的。他们的思想是为传统的道德所范围的。上次大战时期所受的杀戮痛苦及战后因战争的破坏而引起的经济痛苦至今在欧洲的民间尚有不小的潜魔力。

去冬 11 月中我初到柏林的时候，柏林大学某教授请我到他家里吃便饭，当他出去接电话的时候，我就拿萨尔问题作为与他的太太谈天的资料。她对我说："你新从外国来，必定知道外国的情形，你看萨尔问题会引起战争吗？"我回答说："这正是我所要知道的。不过各国报纸的言论都是很高潮的、很紧张的。似乎在萨尔居民投票以前，偶有不慎，小冲突便会起来，并且小事很容易的变为大事。"我话尚未说完，她已经流泪了。教授回来的时候，连说："你可放心，必无事变。"这样的安慰了她，他同我作眼，意思说："战争的事，请你千万不同我太太谈。"

欧洲人民对战争是这样的畏惧，统治阶级所给我的印象就大不同了。我们如只听统治阶级的言论，那我们只听见磨刀的声音。读了一天的报纸以后，我常这样的对自己说：

> 这个欧洲好像一个小村，这里的国家就是村里的住户。这些住户，自清早以至深夜，所干的就是磨刀。有些磨石者好像在那里说："我这刀已磨的顶快了，比别人的都快。我应该出去砍杀。那厮张三这次逃不脱了。"有些说："我这刀已磨快了，我可以等着他们来。他们不来则已，来则要送命。"有些说："幸而那班傻子不知道我的刀没有磨快。我尚有些许时间。努力！

努力！"有些拿着磨好的刀子，跑到街头上，当着大众说："你们不要想这刀不快！"

英国伦敦经济及政治学院的国际关系研究教授陶恩培（Toynbee）先生可说是位"先天下之忧而忧者"。我看见欧洲各国努力于杀器的发明和改良不免心悸。遇着了他，我问说："据你看来，在下次的大战之中，各国会不会不顾公法与人道，充分的利用各种科学所产生的杀戮工具？"他毫不踌躇的回答："战争不过十天，所有的军器都会用到。"

欧洲人的传统政治一贯的以军备与外交相辅而行。"战争就是政策的贯彻"——这是欧人最崇拜的军事学家的名言。现在各国既然有积极的军备，他们自然也有积极的外交。因为整个欧洲的文化和生活有内在的矛盾，欧洲的外交也有表有里，绝非简单的事情。

先从东欧讲起。苏联近年外交最大的转变是把中心从远东移到欧洲。一两年以前，苏联虽已与日本开始谈判中东路的出让，但骨子里苏联政府仍以保存他的远东利益为其根本大政。近年因为德国的恢复及全盘德国外交的趋势，苏俄不得已把远东降为次要。把欧洲疆界升为最要。这是很自然的转变，因为欧洲的俄罗斯究比亚洲的俄罗斯要紧。有此转变，于是苏联加入国联，并恢复帝俄时代的法俄联盟。国联在苏联的眼光里素来不过是资本主义的帝国主义的把戏。可是现在苏联拥护国联之力不在英法之下。看起来，国联的盟约好像是专为苏联目前的难关所定的。在此东西均有受侵略可能的时候，盟约对于会员国领土的担保虽是道德的，正应合苏联道德的须要，至于实力的担保，苏联有他的军备和他的外交。苏联是有备无惧的。远东虽已变为次要，就是在远东，苏联亦断不至不战而退。苏联渴望和平因为和平与他有益，但苏联相信战争之害加于别国者胜过加于苏联者。他自以为他的社会是最健全的。战争的结果只有资本主义的国家可以变为共产主义，他自己不会从共产主义回到资本主义。苏联现在并不在任何外国宣传共产主义。这不是因为苏联放弃世界革命的希望，不过他以为世界革命的临到与否不在乎宣传，而在乎各国政治经济的自然趋势，战争又是这趋势的自然促进力。因此以前防共者以为不与苏俄往来是防共最好的方法，现在防共者，波兰除外，以为唯一的方法在于自己社会经济的健全化：与苏俄外交往来与防共是可并行不悖的。在苏俄方面，虽在内政上仍保持他的主义，在外交上则与一般资本主义的国家毫无分别了。他是以资本主义国家的外交方法来对付资本主义的国家。法俄联盟的成立由于俄国督促者多，由于法国督促者少。最后两国订条文的时候，苏联力求其强硬化，而法国反求其轻弱化。这与上次大战以前的法俄联盟正相反。

波兰的外交最难了解。他一面不放弃与法国的联盟，一面又却与德国很亲密。波德的接近与法俄的接近是互为因果的。波德的合作当然是对俄的。究竟两国之间订有什么密约，似无人知道。外面谣言很多。一说波德拟瓜分苏联西境，以乌克兰归波，沿波罗的海的土地归德。此说颇难讲解，因为波兰建国不久，内部问题甚多，所须要者不是扩土而是休息与培养。并且波兰倘联德以攻俄，波兰人对德军进境亦不无戒惧。所怕的是德军的有进而无退。同时波兰人也知道苏联绝无侵略波兰领土的野心，实际波兰所谓防俄不是防俄国军事的侵略，波兰所谓防俄就是防共。那末，波兰怎样怕共产主义到如此田地呢？他并不是工业的国家，国内近代式的劳工很少。似乎共产主义的宣传在波兰用不着用武之地。波兰防共的心理来自它的土地制度。欧战的前后，全欧洲普通的趋势是平均地权，实现孙中山先生所谓耕者有其地。尤其在战后，经各国的革命，均田的运动更加厉害。唯独波兰的统治阶级死守着大地主的制度，致政权不稳固。这个阶级的人以为如苏联要与他们捣乱，只要用耕者有其地这一个标语，那末，他们的政权和阶级利益均将化为乌有，所以波兰的联德政策——德国现在以世界反共的领袖自居——与其说由于外交的不得已，不如说出于内政之逼迫。

波兰人对其政府的外交政策亦不一致的拥护。反对者似乎有他们的理由，他们说：统治阶级所怕的既然是俄国将来或者会利用波兰农民的不安，正当的对付方法在于解决农民问题，不在于联德。联德并不能消灭农民的不安或农村经济的不健全。反面来说，倘波兰解决农民问题，实行耕者有其地，那就等于打预防针。预防针打好了，共产主义的病菌就不能入了。农民所要的是土地，不是共产主义。农民得了土地以后会变为防共的冲锋队。波兰反对联德的人更进一步的说：

> 在现在这个世界立国，国防是不可一日忽略的。所谓国防不仅限于军备，社会的健全是各国战斗力的主要成分。而社会的各阶级，从战争上看起来，最要紧的是农民。当18世纪末年19世纪初年，法国革命军之所以能抵抗全欧，几致征服全欧，是因为法国革命政府行了革命的土地政策，以后拿破仑又维持了这政策，法国的兵士知道战争的成败与他们田产的保存与否有密切的关系。1917年，俄国的兵士已万分厌恶战争，但以后列宁

又能利用这些毫无纪律、厌恶战争的兵士来与白党及列强作死战而终得胜。这个缘故在那里呢？在乎列宁干脆的宣布土地是农民的，白党失败的主要原因在乎他们始终想维持地主的权利。在战争上，农民的热心与否往往是决胜负的主要因素。

由此我们可以看出国防与土地问题的密切关系。

整个的欧洲是矛盾的，方方面面都是矛盾的，其中以德国为最。一个旅客倘只注意德国人的日常生活，必感觉这个民族是世界上最可敬而又最可爱的。他们——德国人——有礼貌，好和平，老实而又勤俭，作事丝毫不苟且，喜欢音乐，尊重学术及学者。他们对生活并无奢望：衣食而外，能喝啤酒，听音乐，就心满意足。假使他们的人生观能贯彻到内政外交，太平的景象就临到了。

但国社党故意的制造极紧张的空气，要德国人不知足，鞭打他们往前进。进到哪里呢？国社党领袖心目中的目的地是个快乐园吗？这不但是德国前途的问题，而且是全人类文化前途的问题。

第一，国社党要建设一个单纯的雅里安人的德意志。国内的非雅里安人——犹太人——要排斥于德国之外，或不给他们国民的权利。同时德意志人寄居于德国主权之外者要收复到祖国的怀抱中。犹太人一小部分已逃命国外，大部分留在德国者已丧失民权且时受欺压。德国反犹太运动不能说是完全无故无理，但排斥的方法不仅不合乎人道，而且反乎德人的常性，免不了使我疑惑欧洲人究竟是文明人还是野蛮人。

国社党的工作在排斥异族方面虽几已完成，在收复国外的同胞方面则遇着非常的困难。萨尔的德人在今年的春天已回祖国，不过此外尚有奥大利、捷克，及但恩西格（Danzig）、漫尔绵（Mewel）诸地的德人。就民族主义的立场而论，奥德既系同族，应该可以合并。假使奥人有自由投票的机会，他们大多数无疑的会投票主张奥德合并。他们认德人是他们的血亲。不合并，他们过的是无声无色，半生半死的日子；倘合并，他们可望光荣的重临。但是德奥的合并就是德国的膨胀，且牵连到欧洲东南的霸权问题。《维尔塞条约》禁止此举，法意捷苏等国亦反对此举。这是公理与强权的冲突。德奥合并的问题就是欧洲问题的象征。

此外捷克、但恩西格、漫尔绵诸地德人的收复均遇着同等的困难。列强在《维尔塞条约》中把这些德人所占领的区域分给德国四周的邻邦就是要灭杀德国的力量。非经过大战，德国绝不能达到目的。

第二，国社党要为雅里安人的德意志找条出路。德国既丧失了殖民地，各国又把关税提到天高，无论德人在国内怎样努力，德国的经济是不能自足的。她必须从外国输入原料，向外国输出商品。不然，她必须扩拓土地。这种趋势是战前已有的。不过现在国社党的理想出路比战前的不同。希特勒在其《我的奋斗》一书中曾具体的说明他的办法。他说上次德国之败一则由于与英国争海权，致英国偏袒法俄，二则由于德国无以安法国之心，致法国矢志倒德。他要联英。他想反俄反共就是联英的好法子；同时与英订海军协定，承认德国海军不超过英国海军35％。希特勒这种努力已得相当效果：近半年来，英国对德的舆论确已好转。对法国，希特勒亦想求相安之道。《绿迦洛条约》他始终声明遵守。萨尔问题解决以后，他就宣布此后法德之间没有土地问题了。这等于说，他不想收复亚罗二州。希特勒以为德国的出路在向欧东发展。他以反共的领袖自居：他告诉西欧人他的反共不但是求救德国，简直是救西欧文化，德国是西欧文化的前防。那末，西欧岂不应该与德国表同情？何况他不想向西欧打主意？但是向东欧发展也不是容易的事。苏俄的力量是不可轻视的。法国根本反对德国发展，无论此发展是向哪一方。英国目前虽与德国较接近，但英亦不愿德国称霸欧陆。

德国既以反俄反共为其大政方针，她的自然联盟国是日本。下次大战的战线之长，牵动之多，可想而知。欧洲的报纸屡次登载日德联盟的密约。究竟这两国有无正式的密约或非正式的了解，我不知道。我所知道的是反共的立场上，日德两国的利害是相同的。此外德国人很想与中国作朋友，中国很能供给德国所需的原料及商场，德国在远东没有政治的野心，亦不能有政治的野心，从此方面看起来，中德的合作是互有利益的。

德国的野心和其困难，与现代的整个国际关系是互为因果的，有了《维尔塞条约》给德国的种种不堪的限制，及当代的各国的锁国政策（或经济的集团政策），德国于是乎不能不高调的提倡族国主义，军国主义。德国这样一来，别国又不能不加倍的防止她，德国要找出路，别国要消灭德国的危害，战争而外，只有整个的国际关系的改组，后者的希望很少，所以前途是很黑暗的。

欧洲各国之中，社会最安定，政治最保常态的要算英国，英国的外交是他国所不及，她的内政也是他国所不及。英国的统治阶级并不明显的干涉平民的生活，然而平民始终不越出统治阶级的范围之外。每逢星期日，各党派的宣传员好在公园中利用言论的自由向民众宣传他们的党义。保守党的代表所得的听众并不比劳工党的或共产党的少，有时我与失业的工人或在公园里，或在街上谈天。我初以为他们必痛恨保守党，热烈的拥护劳工党或共产党，其实不然，有一个工人这样说："关于政治经济诸复杂的问题，究竟上等社会的人比我们懂得多。"知识阶级之中有少数的人极左倾，但劳工左到劳工党已经了不得了。在英国，极左的共产党与极左的法西斯党均无希望，此中原故极多。一则英国的经济状况虽没有恢复到恐慌以前的富裕，究有了不少的恢复。二则保守党的党员深知社会经济的重要，在可能的范围内，努力改革事业。三则英国的税制确把重担放在有钱的阶级身上。我以先以为大英帝国的末日将到了，现在我看英国不但是欧洲的砥柱，简直是全世界的砥柱。

最使我有这样的信心是英国有不少的人实实在在的"先天下之忧而忧"。他们看清楚了文化与战争是势不两立的，国联的主旨与精神在英国有极忠实的信徒。劳工党拥护国联最彻底，但别党的人也拥护国联，现在英国的政客没有人敢说他不拥护国联。鲍尔温（Baldwin）改组内阁的时候为国联事务设一特别阁席。我看国联在英国不但得了超党的地位，且是一种使各党合作的原动力，问题是拥护国联到什么程度？关于有些问题是英国力所能达，且是与英国有利害关系的，英国可以拥护到极度，倘英国无能为力，英国的政治家就不大好说空话，倘问题与英国无利害关系——这样的问题很少——英国亦不得特别出力。

拥护国联以外，英国外交最大的趋势是与美国合作。美国人最怕替英国作冯妇，英国人最怕美国宪法的分权制，此外两国人的性情是大同而又小异，这点小异引起许多的误会，不过英国人除少数外认英美的对敌是英国的大不幸，无论如何必须避免，还有许多的英国人相信唯独英美的合作能救世界的文化。

关于欧洲，英国努力的目的是大局的安定，她愿意与大陆各国都作朋友，连苏联在内，凡是想反俄就能得英国的欢心者不免打错了算盘。英国对安定欧洲并无通盘的筹划，她过一个难关算一个，对于远东，英国已从消极转到积极的探试。"满洲国"她可认为"既往不咎"，只要别的条件合适，她不想排斥日本，也不会许日本排斥她，本此宗旨，她想作到哪里算哪里，无论如何，西门长外部的时代已成过去，英国政界要人之为人所厌弃莫过于西门。就是他的少数同党亦无人愿为他辩护，我同英人谈及他，他们免不了要替他道歉。

别国的经济不景气日日减轻，法国的则日日加重，她的素不健全的国会制能否渡此难关颇有问题，今春的地方选举是左边各党的胜利，时局是非常的，而国会不愿给政府非常权利，巴黎街上常有共产党与火十字团的冲突，现政府努力紧缩，目前当然不受人民的欢迎，久之能否得人民的谅解尚是问题。

法国的外交集中于一个目的——防德。她认德国在陆上的扩拓，无论向那一方面，均不利于她。她拥护国联，因为她想利用国联来维持现状，她新近又联俄以对德，而盟约明定苏联不得援引以对日，在此条件之下，苏联尚愿签字，因为苏俄相信和平是整个的，一处的和平不能保，他处的亦不能保，如有战争发生，总是联军对联国，没有甲乙两国对打，而别国守中立。

总之，在欧洲摧残文化的势力远胜于保存文化的势力，除非整个的国际关系改造，我看不见出路，归罪于那一国全是打笔墨官司。

——选自《独立评论》第 165、166 期（1935 年 8 月 25 日、9 月 1 日北平出版）

何谓帝国主义

——民国 25 年 4 月 13 日在南京市府总理纪念周讲

帝国主义，最普遍之解释，不外现在世界各国有经济发达者，有经济落后者，经济发达之国家，因有种种需要，不得不向外发展，第一需要货物的市场，第二需要工场的原料，第三寻找投资之机会，此种解释，并非错误，惟仍未彻底，盖一国向别国寻找市场，无须用政治或军队之力量，例如英美或日美相互间货物之往来，其数字较中美中英或中日间犹大，果如一般之解释，其非英国及日本对美国施行帝国主义，或美国对英国及日本施行帝国主义？但事实上并不如此，而系彼等相互之需要。以言需要原料，诚然，中国之出口货大多系属原料，但美国及英国出口货之大宗，亦为原料，前者为棉花，后者为煤，果如一般的解释，岂非美国及英国亦为帝国主义所压迫者，而吾人皆如此言之非是，反之，一国向别国购买原料本无须施展其帝国主义之手段。以言寻找投资之机会，则甲国向乙国投资，并非甲国对乙国施行帝国主义，例如美国在欧战以前，向欧战各国借款甚多，美国当时建筑铁路，即全恃各国之借款；又如苏俄为反对帝国主义之最激烈者，但苏俄近年来想尽方法向各国借款，岂苏俄亦甘愿受帝国主义者之压迫乎？同时又有一种解释，以为帝国主义随资本主义而发生，然则试问在资本主义未发生以前，世界上是否未有帝国主义？清朝以武力颠覆明社，其目的并非在寻找市场、原料或投资之机会，元朝之穷兵黩武，亦非因经济之发达。故吾人从历史上研究，世界上自由人类以来，即有帝国主义，互相侵略，互相压迫。或谓假使世界各国均由劳工阶级当权，则帝国主义可以消灭，此言是否正确，尚无许多事实可以证明，但据个人观察，前途非常悲观，在美国西部、加拿大、及澳洲各地之中国劳工，受尽种种压迫，多非出之各该地之资本家，而系各该地之劳工所主动，可见劳工界中并非绝无经济之自私。苏俄为共产主义之国家，当权者自非资本家，但中国劳工欲往苏俄作工，非常困难，在苏俄之华工，生活非常痛苦，苏俄国内荒地甚多，理应将其剩余之机会，供给他国之劳工，而事实上绝非如此，苏俄之货物亦如一般帝国主义者向国外肆意倾销，盖其人之心目中，仍为苏俄之人民着想，固为苏俄之人民着想，固未尝为全世界之劳工着想也。综上所述，所谓帝国主义者，究应作何解释，彻底研究，非常复杂，地球之上，无处无之，人与人间，天生即不平等，犹如流水有高低之别，高处之水，自往下流，苟能做到水不下流，则帝国主义自可消灭，故吾人果欲打倒帝国主义，惟有将吾人之水平线提高，庶几可以水不下流，如吾人对于为立国之基本教育及农工商业，不能努力发展，则仍不能阻止水之下流，反之，如吾人之教育及农工商业，均能以科学之方法，充分发展，则水欲下流，而不可能矣。亦犹人之身体，如本身健全，则病魔自不能侵入。是以打倒帝国主义，惟有大家努力，各方面均有实效，假若徒托空言，则帝国主义永无打倒之希望。

——选自南京《中央日报》（1936 年 4 月 14 日）

教　育

陈果夫先生的教育政策

一星期以前，《日报》忽传陈果夫先生在中政会有所谓"彻底改造教育之新动议"。电文虽简略，大旨已甚明显。陈先生的提议就是中国的教育应于 10 年之内专重农工医各项专门人才的造就。他的办法不外停办高等学校的文、法及艺术各科，而移其经费作为扩充农工医科目之用。我们初读这电文的时候，以为必是报纸造谣，不可置信。后来虽然知道了消息的可靠，仍以为不必评论，因为这不过是一种提议。将来中政会是否通过；通过了，是否实行；实行到什么程度和时期，这些都是问题，恐怕还是连提案人也不能答覆的问题。但是这个提案究竟代表一种思想。近年来，发表类似的主张的亦颇有人。作为一种思想的代表看，陈果夫的教育政策大有共同研究的必要。

提案的根本思想可分三点说明：

一、中国的病根在于穷；挽救的方法当靠生财；生财必须有生财的教育，而农工医等就是生财的教育。这个逻辑的连环似乎是很明显的，坚固的。我们承认第一环和第二环的确是不可破的坚固，但谈到"生财的教育"就大有疑问了。我们暂且不问教育是否应限于生财的；就以生财为教育的目的而论，专办农工医等项未必就达得到目的。中国近 20 年受过农工医教育而不从事于农工医诸职业的大有人在。学医而不行医的比较少些。学过农而从事于农业的简直是例外。学过工程而改就他种职业或闲居无事的也不少。近年教育和职业所以不能相辅而行的原故是很复杂的。一方面，国家的政治、社会和经济的制度与状况不容这般所谓专门人才执行专门事业。另一方面，专门人才的专门知识和经验都不够；或虽是够了，但他们的生活习惯或欲望阻止他们从事于生财的事业。人是整个的：当做生财的动物，他仍是同时受专门职业内的和专门职业外的知识和观念的支配。社会也是整个的：徒求物质的改造而不求精神和制度的改造，其结果必会连物质亦不能改造。

前清同治光绪年间，曾国藩、李鸿章、奕䜣、文祥诸人也曾专心专意图谋中国的物质改造。他们虽然偏重了军事，但他们也办轮船，修铁路，设电线，立纱厂。倘若他们的眼光不是这样偏狭，倘若他们觉悟了中国的问题是整个现代化的问题，那末，中国何得有今天的内乱和外侮？与他们同时但比他们眼光较远的郭嵩焘，出使伦敦时，曾写给李鸿章说："嵩焘所见（日本留英学生）20余人，皆能英语。有名长冈良芝助者，故诸侯也，自治一国，今降为世爵，亦在此学习律法。其户部尚书思娄叶欧慕至奉使请求经制出入，谋尽仿效行之。……而学兵法者甚少。盖兵者，末也。各种创制，皆立国之本也。"郭嵩焘在那时就能看到日本的留学政策远胜于中国的专求造船造炮的政策，这是我们不能不佩服的。中国近 50 年进步之慢与乎日本近 50 年进步之快，一部分就是由于教育政策的不同。

二、文科、法科及艺术科不但无益，而且有害，因为它们一方面费了国家的钱，另一方面又替国家造了许多不知法不守法的分子。那末，何不把这些不生财而徒费钱的教育停了？我们要知道，大学的科目是应人求知的欲和社会的需要而产生的，并非凭空捏造的。无论大学有无文科、法科及艺术科，人们自然而然的要知道政治经济制度的所以然、人生的所以然、文化的来源和变迁、美的所以然和美的创造。国家怕乱就把这些功课停了；停了的结果徒然使国家更加乱，因为国人的思想更加会乱。关于生活的方方面面，要使人不去思想是不可能的。为国家社会计，大学正应求思想的训练化，那就是说，科学化。这可以说，就是大学的使命。

三、中国的教育向来无全盘的计划。近年世界各国，尤其是苏俄，都注重国家生活的计划化，包括教育在内。关于这一点，我们是完全赞成的，不过计划要根据事实，要经过客观的、仔细的调查。第一，我们要知道中国现有多少农业专家，多少工程师，多少医生，及其他技师；5 年之后，10 年之后，中国将需要多少，将需要那种，及什么程度。就工程说：我们是要土木工程师，机械工程师，还是电学工程师？如若是要电学工程师，我们是要电力工程师，还是要电气交通工程师呢？或者中国现在所最需要的工程师还是各门工程都具有普通知识和经验的？第二，我们要知道全国国立省立私立的高等学校共有多少，总共经费多少及分配的方法，是否文科法科占了太多，什么经费可省。此外我们还要知道全国能够及愿意担任应用学科的教职的有多少，究竟 1 年内，2 年内，能得多少学生。第三，小学及中学的教育也须经过类似的调查。不这样办，反凭空通过议案，突然裁这个，加那个，这不是计划化，反是意气化。通过了，也不过等于一纸空文；就是实行了，也不过形式的、短期的。中国近年的教育忽而学美，忽而仿法；忽而由专改大，忽而由大改专。效果永远是没有的，不过国人饱受了纠纷和混乱。推其故，皆因定政策的人不愿出定政策的代价，不愿事先费力去调查。

中国教育之宜改良，这是人人所承认的。国家对教育有通盘筹划的责任和权力，这也是人人所承认的。在计划之中，斟酌时代的需要，政府可以区别科目的缓急而定经费的多少，这也是必须的。但在政府定教育政策的时候，我们希望政府对于上面所说的三点加以考虑，不要轻举妄动。最后我们希望政府对于教育本身及对于大学在国家生活上的地位能有深切的认识与了解。教育的目的是教养全人的。教育愈能教养全人，其增加生财的效力愈大。大学——包括各门科目提倡各种求知的学府——是文化的结晶，也是促进文化最要的利器。大学的课程很繁杂，因为现代的文化是复杂的。大学所以要包括全知识界，因为这种办法有种种精神上及行政上的方便，因为学问是一贯的。近年中国处处设大学固不对，但无论教育政策是怎样的，三五个完全的大学是全国所必须努力建设的。教育改良是可以的，因改良而摧残是不可以的。

——选自《独立评论》第 4 号（1932 年 6 月 12 日北平出版）

中国社会科学的前途

在社会科学家的眼光里，中国简直是个新发现的大陆。发现虽然发现了，开辟则尚待人。无论我们向那方看——政治也好，经济也好，风俗制度也好，及这些事件的来源与发展也好——处处是问题，是材料，是一片大处女地。开垦者虽已有人，因为地方的大，一望简直看不见了。他们的成绩，他们所已开垦的地与未开垦的地相比较不过是如几方里和几百方里相比较。除了一些零星知识外，我们对于我们自己的生活的方方面面是盲目的，不知其然，更不知其所以然。中国人对于中国的无知而不求知，等于丧失土地而不求收复一样。丧地之罪首在于有守土之责者；这是全国一致的议论。

要谋社会科学前途的发展，我们首先认清现状的根由，尤须考察大学里的社会科学的现状。因为无论在那一国，新知识的贡献是应由大学负其责任之大半的。论到大学里的社会科学这件事，实不知从那处说起，因为处处都是弊病。第一，中国现在还有许多人不知道中国的政治、经济、社会，以及他们的历史是值得研究的，必须研究的，而且可以研究的。他们还不相信新大陆的存在。他们看见英美各国的大学有些什么社会科学的课程，也就照样设立这些课程。论课程的多寡，那我们贵国的大学很像堂堂"最高学府"的样子。论其结果则很可疑。在我们贵国的大学学市政的或者知道纽约、巴黎的市政，但北平、汉口、成都的市政十之八九是不知道的。学"政制"的都学过英美德法的政制；好一点的连苏俄、意大利、日本的政制也学过，但中国的政制呢？大多数没有学过，就是学过，也就是马马虎虎，知其然而不知其所以然。学政治思想的，那一定上自柏拉图，下至拉斯基，都听过一遍，好一点的，还对于某派某家下过专门的研究。至于中国的政治思想，普遍不过看了梁任公的讲演集。学经济思想的，学银行币制的，学会计的，学经济史的，学社会史的，学民俗的，那一个不是这样？我们的大学不是在这里为中国造人才，反在这里为英美法造人才。我们的大学毕业生，倘若发变黄了，皮肤变白了，外国语说得流畅了，很可以在欧美各国，尤其在美国，作有用的国民。走进中国社会里去，毕业生好像侨居异邦，社会也不大欢迎。我们年复一年如此过去。教育部长、校长、院长、教授、学生都不以为怪。我们面前的新大陆搁在那里，不去过问。

有些教育界的人虽然知道了在中国社会科学有个新大陆可开垦，但实际上又发生重重阻碍。一个留学生在外国研究了几年，假若他是张博士，又假若他在外国的学术成绩良好，对于学问丝毫不愿虚冒，不愿苟且。他在外国新学的虽然很好，仍是外国大学所有的课程。回国以后，这位张博士就到某大学去教书。按这大学的章程，教授必须担任 3 门课程，每星期必须教 9 点或 10 点的功课。那末，他只能担任他在外国所学过的功课。假若张博士是个有知识良心的人，他一定很努力的授课。结果，他对所授的课程的兴趣和心得与年俱进；学生对他也很佩服。张博士遂成了一位名教授，全国的大学都想延聘。他对中国的教育确有贡献，但是他对中国社会、经济、政治，或历史的知识则毫无贡献。平日他想过作点关于中国的研究，预备将来教一门关于中国的课程，但一动手，问题就多了。假使他的兴趣是市政，他一看中国的市政简直不是市政，换句话说，比他在西洋所学的、所看的，完全不是一样。或者他因此就想中国的市政值不得研究，就中止他的研究了。假若我们这位张博士是个有奋斗精神的人，也知道研究不能限于完好的事体。上级动物与下级动物，文明社会与原始社会，"无"市政的市政与最新式的市政，均有研究的必要和价值。张博士本此精神往前去作。他发现中国的市政学幼稚万分，既无目录，又无专门的杂志。大都市——特别市——虽然发表了几部报告，都是些官样文章，连统计都是些官样统计。至于内地的城市，连这种官样的报告也没有。同时这位张博士还须在学校担任 3 门功课，所以研究的进行也很慢，并且研究与功课发生冲突了。张博士回头一想：他所授的功课既然有趣，值得他继续努力，而大学也应该有他所授的功课。对人对己，他大可以种植他的旧园地，无须辛苦的去垦荒。于是他不再闻问中国市政了。

假若这位张博士抱定志向要把中国的市政作一个彻底的研究，他觉得非离开大学去办一个市政研究所不可。第一个问题是经费。这位张博士的声名很好，国人都知道他是个市政专家。他自己和他的朋友就活动起来，运动政府或中外的基金团或慈善家捐款。他们的运动成功了，研究所也办起来了。他的困难也从此左右横生了。为维持研究所的经费，他必须作两件事，一是出版，一是继续在外活动。出版要多，他必须多聘研究员、调查员种种帮手。有时捐款的人既限期交卷，又指定题目，而有时所指定的题目并非张博士的专长，而张博士在限期内又不能延聘一位专家来帮助他。于是许多出版品不但无新知识的发现，且连调查的正确与否也顾不到了。张博士在研究所里日夜忙于行政，反无时间研究市政了。建筑房子，收买图书，编预算、造决算、写报告，延聘人员、接见找事者，疏通董事、推销出版品，代表研究所出席各种会议，甚至研究所的工友和水电诸杂务都须张博士去照顾。他不但无工夫研究，连看书都没有时间。新土未开辟，旧园子已经荒芜了。

如果一位有学术根基而且有魄力的张博士有这样的经验，其他可想而知。市政学如此，其他各种社会科学亦复如此。

为谋社会科学的发展，我以为我们必须有3种心理的改革。

第一，我们应认清开辟新土比种旧园子要难好几倍。假若一位经济学者没有研究过英国的中古经济，也没有研究过中国的唐代经济，而学校忽然要他担任这两门课程。那末，英国的中古经济已经有了不少的专门著作，他可以参看八九种就可以勉强起始授课。至于中国的唐代经济，以往无专家，几至全无专著。他要研究必须全从原料下手，而这些原料不但零散，且多不可靠，他非有二三年的专门研究不能起始授课。学校的行政当局绝不能机械式的勉强人人担任3门或4门功课，不问这些功课是新辟的土地，还是旧有园子。

第二，我们应认清旧园子原先也是荒地，因为经过若干代人的开辟和种植然后成了旧园子。开辟的工作，不论中外古今都是苦的。我们不但不可怕苦，且不可眼光过高。我所读的这部英国中古经济史当然很好；它所以这样好，不但因为著者是一杰出之人，也是因为著者之前已有了无数的著者替他开了路，立了根基。我所讲的这门中国唐代的经济诚然是很不完全，但我不讲，则后人永无完全的唐代的经济史可出世。

第三，我们绝不可迷信一个大学之大，或一系之好，在乎课程之多；或一个大学生之所以成为大学生，在乎所学课程之多。大学之大，在乎新辟知识疆域之大小。大学生之所以成为大学生，在乎有无开辟知识疆域的能力。

有了这三种的心理改革，然后可以谈办法。我以为学术工作，不应从行政上下手。换句话说，不应从定条例、筹组织下手。学术工作只能从学者和问题下手。有了一位真正学者，而这位学者对某有研究价值的问题有最高的兴趣，我们就有了新知识的种子。这个种子是学术界的至宝。学术机关必须负培养的责任。减轻授课时间，减少行政责任，充分的设备、助理、旅行等等；凡是培养这种子所必须的都应该给他。但以利禄来引诱学者是无须的，也是不能成效的。我所讲的培养，专指研究工作的便宜。

提倡研究中国的政治、经济、社会、历史等等容易引起一种误会，而这种误会又容易发生一种流弊。我这种的提倡，并不是要中国人以后不研究西洋的政治学、经济学、社会学和史学。我以为不通西洋政治的人绝不能对中国的政治思想或制度的研究有所贡献。其他社会科学亦然。我们必须中西兼顾，然后能得最大的成功。在旧园子不要荒芜的条件之下，我望社会科学界的人勇往直前，来开辟这个新大陆。因为这个新大陆是我们的田土，我们不开辟，它将永为荒地。

——选自《独立评论》第 29 号（1932 年 12 月 4 日北平出版）

中国的教育

在本刊第 36 期，我从陶内先生的《中国的农工》一书节译了一段泛论"中国的政治"者。本期我续译了一段。为未读前篇者的便易，我可以说陶内先生是英国的一位大经济史家及劳工党要人。他曾受太平洋国际学会的委托来中国考察农工，又曾参加国联派遣来华的教育考察团。

中国政治的上轨道及经济的进步最后要靠中国人民思想的改变。中国教育的现状如何？教育在中国的发展上，能占个什么地位？

中国现有的公立教育是庚子年以后的产物，大部分还是近十二三年的产物。在不及人生一代的短期内，在内乱外患、经费困难、旱灾水灾交迫之中，居然能有这个产物已经是特别。可惊异的不是它的残缺，是它的存在。在西方直到近年，大问题是怎样使人民了解教育的价值；在中国这不成问题。中国的大教育问题是：怎样使教育以中国的实在需要为基础，不以外国的模型为基础；使教育人生化，与中国生活的实际事实相关连；使授课及行政的标准提高；使现在这些无调匀的、相矛盾的工作成为一个平衡的系统。

中国现在教育的弱点确是很严重了。应当作为全部教育楼阁的基础的小学，论质论量，都是很残缺。究竟从 6 岁到 12 岁的幼童几分之几入学，无从知道。充其量，平均不过 20％；在较好的省市或到 30％—40％；在僻远区域，几至全无入学的。入学的幼童之中，许多在学时期太短，不能收实效。中学分高初 2 级，共 6 年。在许多地方，读毕 6 年的似乎很少。中小学里的工作，在一个旁观者看来——自然也有例外——偏重形式、书本、理论，到一种不近人情的程度。这种工作太忽略幼童的体质需要，太勉强他们用心；不图唤起他们的兴趣和好奇心，反图堆积他们记性的负担。他们应该利用耳目作有兴趣、有关紧要的事的时候，他们反守着课本，听着教员。学校过于用口授的方法，以致忽略实际工作和试验。除少数例外，这种教育不预备幼童了解他们所生在的社会。真的，许多时候像中国故意用教育使后代的人们呆蠢、神经失常和不快乐。

大学——例外除开——似乎有同样的毛病。因为中等教育之不良，许多大学学生实不能接受大学教育之益。他们听讲太多，应考太多；自修太少，与教员接触太少。教员也是每星期讲演钟点太多；许多因为经济的困难而兼课。教材过于利用外来的。顶坏的教授不过重演他们在外国所听的讲演、所读的书本。顶好的过于注重知识的灌输，忽略帮助学生预备他们将来在社会的生活。教授们还不注意一个基本原则，那就是，中国学生将来既要在中国服务，知道中国的政治经济状况，比知道西洋的国会和交易所还要紧些。结果中国大学的空气有如花房里的暖空气，不像天空的自然空气。

中国现代的教育免不了学西洋，正如 16 世纪的英国教育免不了模仿希腊罗马。在中国，如同在欧洲，文艺复兴的来源起于一种昔日所不知的或鄙视的文化的发现。那般生长在一个快要崩溃的社会的人，得了这个发现如同得了一个改造社会的仙才。在这种空气之中，西洋科学自然时髦起来，而对于科学的崇拜免不了不知分寸。西洋历史的因果也就颠倒了：他们以为西洋文化是西洋科学的产物，其实西洋科学是西洋文化的产物。因此，政治上的中国民族主义反承认了一种反民族性的教育为联盟、为理想的目的，岂非怪事！

新知识的发现时期产生了中国现代的教育。此时期虽未过去，但其工作已完了。此时期生出一种酝酿，它不能再有所为了。下个时期的工作比较更加困难，但若搁置，其结果必是国家的解体，除非教育在土内生根，它必不能成为活的教育。救国的秘诀，就是西洋有这个东西，也是不能输进来的，它并非贸易用品；中国如要得这个东西，它必须是国产。中国教育家迁移视线的时期到了：以后可以不必望天，应该看看脚下的地。惟独在这个地上——这个中国生活的实况的土地上——中国教育家能够找得材料来创造一个适合中国需要的教育制度。

中国社会有一种极惊异的特别，即知识阶级与一般人民漠不相关。中国社会阶级的区分，以财产为标准的，并不如在西洋那样厉害。在旧日的中国，一个人之出类拔萃不是靠财产，是靠官级。因为官的出身由于科举，所以士大夫自然为社会所尊崇。现在中国士大夫的威风尚存在，或者以往日有过之而无不及，因为西洋科学的知识尤为社会所推重。学生几乎成了一个特殊阶级。一进中学——大学更加——他们就进了一个特殊权利的阶级。权利很多，义务则很少。有时候，他们好像全不知道民间生活是怎样；除少数例外，他们也不想对民间生活的改良有所贡献。教育仅帮助了少数人从一级攀到第二级，并没有提高一般人民的生活。除非知识阶级与民众的隔阂能够扫除，民族的团结不过是虚文。

小学教育当然是全体教育的基础。在质与量两方面均须改良。只要教员及行政者有实事求是的态度，初步的改革可以在短期内实现。所以改革者不在机械，而在精神。要把小学从现在这种无生气的书痴的工厂改为适合人生基本需要的学校并没有不可能的理由。小学很可教小孩们养成健康的日常生活习惯。小学可以给小孩们做工的机会，如简单木工，种植花草，饲养牲畜。小学可以帮助小孩们了解他们四周的环境：只要把9/10的书本烧了，而把平常种地、手工，及附近的交通作为地理、历史，及自然的课本。简单一句话，小学的改革很可以抛弃这个从西洋输进的讲授及教本制度。其实西洋也正在那里废除这个无生气的制度。学校的作用不在使小孩采取成人所认为正当的模型或程序，是在使小孩健康及快乐。这个显明的原则就是中国及所有的国家的小学教育改革的基础。

小学教育推广的问题比较困难，但深知此中情形的人认为不是全无办法。在比较进步的省市，如江苏、浙江及杭州、天津，入学的幼童约与1850年的英国相等。在这些区域，如有相当准备，应该能够实行强迫教育。教育部可以为这些区域预定一个实行的行期，并且偕同地方当局调查校舍和师资，及趁早作补充的预备。要紧的不是一时要遍行强迫教育，是要在这些区域作个榜样。

中国的中学教育也是太偏重书本。全国的中学太趋一致。很少的中学有一个实事求是的课程，那就是说，以农工为课程的中心而以其他科目为辅助。高中除有普通文科科目预备学生升学及当教员外，照章程应该有职业科目，但实际上有的很少。结果一方面有些绝无学文科天才的人也受一种所谓普通教育——究其实，这种教育就是文科的专门；另一方面，中国正在需要有实用知识人才的时候，学校反供给过多的善于宣传、舞弄笔墨的人。中学的改革也不是一件深微奥妙的事情，仅施行一个显明的原则就够了；青年并不因为做了学生就不是青年了。中学的课程应该减轻和简单化。上课的钟点应该减少；露天活动的机会及个人或分组自动的工作应该加多。已有的高中如不设立职业课程，教育部应取消它们的注册，专有文科课程的高中，除非万不得已，不应添设。

已往中国大学教育的进步真是惊异。凭空造起，不过20多年，到这个地步，可佩之至。发展既快，自然产生尚待解决的问题。有几个大学，无论在那一国，都可以引为光荣。其他则有很严重的，幸而可扫除的缺憾，因为大学在中国影响之大，这些缺点的修改也是很关重要的。

大学的弱点一部分在于组织，一部分在于教育方法。一方面，大学在地理上的分配是绝无布置的。1930年，北平及上海两处有全国59个大学之中的25

个，及全国大学学生 60％。同地有好几个大学致工作重复，且原可以成立一两个好大学，事实则因分散而有好几个次等大学。政府既常欠经费，学校财政不能稳定，因之教授多兼课。

另一方面，许多大学学生不够资格；结果他们自己不能受益，而全校的程度为之降低。学生听讲在每星期过 25 小时的；他们的工作平时则忙于作笔记，考试的时候则忙于背诵笔记，致牺牲自己的观察和思索，而所得到知识有许多绝无意义，因为与自己的经验没有关系。教员讲演的时候过多而又兼课，所以师生之间除讲堂外难有发生密切关系的机会。因之学潮时起，教育工作不能进行。这种空气是最不适宜于青年的长进的。

在中国，如同在别国，高级职业及政府机关大部分吸大学的毕业生。因之上面所说的现象与国家的关系当然很严重。这班人员，在作学生的时候，对于中国生活的实况所学的既少，对于学校的单程稍不便于己就反抗，要这班人来计划和执行一个改造中国的方案简直是幻想。

大学的改变，在行政方面，第一要经费稳定。同时国立大学的经费既出于政府，政府当然可期望它们不要有浪费，不要在同一个区域内有重复，能合并的应该合并，不能完全合并，也应该成立联邦式的组织。这两种改革倘能实行，学校就能按期发薪，而兼课的毛病就能废除。此外如各地的大学能联合起来，执行共同的严格入学考试，大学的程度就可提高了。

行政的改革还是次要。根本的毛病还是大学教育的商业化。经济压迫学生去图得学位，压迫教员去帮助学生得学位。除几个例外，中国的大学已屈服在这种压迫之下。结果这些大学的学生人人都毕业，却是没有一人受过教育。这话我想不是过当的。一个国家所需要的是受过教育的人，不是没有受过教育的毕业生。这个改革确不容易。现在的学生，将来的学生，以及他们的亲戚，因为利益的关系，难免要反对。大学教育是许多职业的入门。它不但是一种投资，如同在别国一样，并且因为中国经济的落伍，几是惟一的投资可以图谋较舒适的、体面的生活。除非大学能供给一班受过严格知识训练而又能利用他们的训练来解决中国特殊问题的人，中国的经济发展及政治安定都不能有希望。

——选自《独立评论》第 38 号（1933 年 2 月 19 日北平出版）

教育的合理化

——"这一星期"之三

合理化是无人反对的，只要合理化不带编遣的意味，或是带着编遣的意味而不淘汰我及我的朋友。如果教育的合理化必须有淘汰，有合并，那末，教育部长是摧残教育，是怀抱阴谋，是我们关心教育者所誓死抵抗的。

现在的教育部长大概是个书生。人情世故，他一点都不懂。他怎不计算计算他的几道命令要得罪多少人呢？他不知道日内瓦的裁军会议万不能成功吗？裁军在原则上也是人人所赞成的，只要所裁的军，不是我国的军。他忘记了我们贵国数年前的编遣会议吗？编遣的惟一结果是内战，是军队的加多。他没有读过戊戌变政的故事吗？我可以告诉他。康梁那班书生，拿着挟天子以令诸侯的手段，竟于戊戌年七月大胆的干起来了：

> 国家设官职各有专司，京外大小各官旧制相沿，不能冗滥。近日臣工条奏，多以裁汰冗员为言，虽未必尽可准行，而参酌情形，实亦有亟当改革者。朕维授事命官，不外综核名实。现当开创，百度事务繁多，度支岁入有常，岂能徒供无用之冗费，以致碍当务之急需，如詹事府本属闲曹，无事可办；其通政司光禄寺鸿胪寺太常寺太仆寺大理寺等衙门，事务甚简，半属有名无实，均着即行裁撤。……所有督抚同城之湖北广东云南三省巡抚……著一并裁撤。……其各省不办运务之粮道，向无盐场仅管疏销之盐道，亦均著裁缺。……此外如各省同通佐贰等官……均属闲冗，即著查明裁汰。……内外诸臣即行遵照办理，不准借口体制攸关多方阻格，并不得以无可再减敷衍了事。……当此国计艰难，朕宵旰焦劳，孜孜求治。……尔在廷诸臣及封疆大吏，若具有天良，其尚仰体朕怀共济时艰。若竟各挟私意，非自便身图，即见好僚属，推诿因循，空言搪塞，定当予以重惩，决不宽贷。

这一道谕旨实想"动以至诚"。无非上面虽"孜孜求治"，下面则"多方阻格"。全天下竟因此反对新政，成了康梁的敌人。

殷鉴不远！这是中国的旧套。王部长先生何不一思？何况编遣教育非裁军裁官可比？教育是神圣的，那能侵犯？一个破庙，一个旧王府，挂上某某大学或某学院的招牌，不问其内容如何，就成了圣地！教育部倘不小心，北平公安局就会生麻烦，铁道部长也会感到应付不暇。交通部因风潮所得的邮电费是得不偿失的！

——选自《独立评论》第 55 号（1933 年 6 月 18 日北平出版）

派遣留学生

——"这一星期"之六

教育部近又命令清华继续派遣留学生。留学生之须继续派遣，这是毫无疑问，用不着辩论的。

同时全国须要两三个比较完善的大学，这也是毫无疑问的。因为靠外国的大学来替我们造人才不是个经常的办法。且是很不经济的。教育部要清华在 3 年之内每年公开考试，录取 25 名；3 年共计 75 名。每 1 名每年学费须 1200 元美金，3 年须 3600 元；来往路费须 1000 元：共计每 1 名须 4600 元美金，75 名共须 34.5 万美金，合国币 120 万元。这是最低限度的预算。拿这个 120 万来聘德国专门学者，每人每年薪金以 1.2 万元计算，我们能聘到 10 位专家在清华服务 10 年。我指出德国，因为希特勒现在正排斥犹太人，许多犹太学者在德国的大学里不是被迫辞职，就是自动辞职。在这种状况下，我国的大学有个千载一时的机会。平时西方头等学者不愿意到中国来长期讲学，其主要原因是他们想到中国来等于知识的充军。现在希特勒的政策就是放逐所有的犹太学者。我们何不利用机会来发展清华？

这 75 名的留学生恐怕于国事不能有大补。当作为青年找出路看，也不过是杯水车薪。

所以我觉得教育部这一道命令为国家、为青年的打算实不足以济事，为阻碍清华的发展则有余。

——选自《独立评论》第 57 号（1933 年 7 月 2 日北平出版）

对大学新生贡献几点意见

入大学的人多少有点怀抱，有点志气。他们入大学的目的不外为他们理想的事业作相当预备。各人的理想虽不同，但多数都有一种企图，这是很明显的。

究竟我们能为国家，为社会作什么事，一方面要看我们自己的本能和修养，一方面也要看环境要我们作什么事。在我们起始预备的时候，我们必须认清我们的环境。

中国的病，依我看来，有两个。第一，我们是个落伍的国家。外人以飞机坦克车攻我们的时候，我们还是靠上古的大刀以资抵抗。外人用电力油力汽力水力马力来生财运输的时候，大多数中国老百姓还是靠原始的两条腿、两个手臂、一个肩背的筋骨力量。我们不但物质落伍，在政治经济制度上也落伍。我们的国家连收税都不会。西洋十七十八世纪所常见的包税制度，在今日的中国尚盛行。我们常说打倒帝国主义，但我们最好的税收机关仍是外人所主持的海关。倘若我们把海关里面的外人都驱逐，其结果不是国家的税收减少，就是中外商人的负担加重。此尚是一个比较简单的事。至于大者，如军阀的割据，简直是中古的封建变本加厉。我们倘仔细考察一般的用人行政，处处都可以得着封建的臭味。

因为国家的落伍，我们不但内政不修明，以致人民几全在饥寒交迫之中，并且我们对外也只能听人宰割。中国与日本究竟为什么一强一弱呢？主要的原故不外乎日本的物质文化及一般的政治经济制度的现代化程度远在我们的之上。在近百年的民族竞争之中，凡能利用现代的文化者则强，不能者则弱。这是近代史的一个铁律，没有一个民族能脱逃的。在最近这 70 年，日本的现代化竟超过我们的现代化，这是我们的致命之伤，也是我们基本的国耻。在 19 世纪的前半，中日两国同是因闭关自守而落伍的，同受西洋的压迫而与其订不平等条约。我们的觉悟，初步的觉悟，比日本的觉悟还早。道光二十年（1840 年）以后，我国少数的士大夫就知道"洋务"的重要。彼时林文忠公在广州聘人翻译了一部外国地理，译名《四洲志》；他又购置不少的外国船炮。同时姚莹（号石甫）在台湾道任内强迫英国被俘虏的官佐作他的世界地理讲师；他得到的那点知识，他视为至宝，即时报闻朝廷。徐继畲（号松龛）殷勤的请教传教士，编出一部《瀛寰志略》。日本在幕府末年（嘉永到庆应时代），初感觉须有世界知识的时候，日本的文人就翻译林则徐的《四洲志》、徐继畲的《瀛寰志略》及魏源（号默深）的《海国图志》。数年前我在日本的时候，中山久四郎教授曾将其家藏的旧译本拿出来给我看。其中有一部的译者在其序内说过一段这样的话（我只记得大意）：学习西洋文字太费力了；幸而日本人容易学汉文，学了汉文，日本人就能得世界知识了。所以不但日本的旧文化得自中国，即其新文化的入门也是得自汉籍。而今日我们竟落在日本之后！这岂不是我们基本的国耻？其实不待今日，在甲午年中日两国现代化的程度已经判明了。乙未马关议和的时候，李鸿章和伊藤博文曾有这样一段的交谈：

> 李云：亚细亚洲，我中东两国最为邻近，且系同文，讵可寻仇？今暂时相争，总以永好为事。如寻仇不已，则有害于华者，未必于东有益也。……
>
> 伊云：中堂之论甚惬我心。十年前，我在津时，已与中堂谈及。何至今一无变更？本大臣深为抱歉。
>
> 李云：维时，闻贵大臣谈论及此，不胜佩服，且深佩贵大臣力为变更俗尚，以至于此。我国之事，囿于习俗，未能如愿以偿。……今转瞬十年，依然如故。……贵国兵将悉照西法，训练甚精；各项政治，日新月盛。……

甲午到现在，转瞬又将 40 年。李鸿章对伊藤说的话，汪外长仍旧可以拿出来，作为与有吉公使寒暄之资！

民族的竞争有如接力赛跑。一代跑了一圈，就下场，第二代又接上去。中日现代化的竞赛已经 70 年，可算两代。现在入校的新生是第三代的预赛者。前两代我方的代表已落后，且落后很远。我们希望第三代能够赶上。

新生将来的事业的环境和背景既然如此，他们应该怎样预备始能负担这个重大使命呢？

新生的使命既在促进国家的现代化，他们的预备就是预备作现代人，有现代人的知识，现代人的意态，及现代人的体格。这种预备工作又应该怎样着手呢？

我在上文已经说过：中国的病有两个。在未讨论这预备工作的路径以前，我应该说明第二种病。

这个第二种病，依我看来，是士大夫阶级的破产，知识的破产，道德的破产，体格的破产。最后一种的破产是显而易见的。中国旧日的文人，尤其是文人而成为名士者，大都手不能动，足不能行，背不能直，一天到晚在那里吐痰擦痒。无这些病态者尚要装有，好像不病不弱就不能算文人。道德的破产比较隐微。但尚用不着显微镜。中国旧日士大夫的道德毛病不在其标准不高。我所读过的士大夫的言论都是极高尚的。不过他们立言是在纸上，好像建筑工程师的图样。图样虽好，倘建筑不照图样，那不是空费事？士大夫的平面言论和具体行为是两不相关的。倘是有一个人要不分大小，事事都照孔孟程朱的教训作，世人都会说他是个"迂儒"。名士则不"拘泥"，他们有以自解："小事糊涂，大事不糊涂"。不过糊涂惯了，就不分大小了。我有一个留美归国的朋友，在衙门里面得着一个"挂名差事"。第一个月发薪的时候，他很觉不安，对自己说："这钱是人民的汗血，我这月没有替人民作点事，我怎能接收呢？"足证此人在留学时代曾得着现代人的道德。不过他又感觉不收的困难，于是遂收了：足证社会压力之大。到第二月发薪的时候，他反只觉薪额太低了：足证现代人的道德为社会所屈服了。光绪十年左右，中国第一批留学生归国的时候，他们看见许多外国人没有受过高深教育而在中国海关居高位支大薪，就愤愤不平。有一个外国人就对他们说："诚然，孔孟的书，唐宋的诗，你们是懂的，我们是不懂的。甚至斯宾塞及赫胥黎的学说，你们比我们知道多。但是我们也有几点小小的本领是你们所没有的。我们每天说办 8 点钟的公就办 8 点。我们收 50 两银子的税就报 50 两。我们接到上面的命令知道服从。这几件简单的事，你们就作不到。"再回到道光年间也有一点证据。当时中日两国对外人的居住往来都是禁令的森严的。外人在中国感觉中国官吏的禁令虽多，实际一事不管，倒很自由；外人在日本的感觉日人说到那里，作到那里。他们虽觉得在中国比较自由，但不免心中敬畏日人而鄙视中国人。我常想中日近 70 年进步的差别大半就由乎此。

旧日士大夫的知识和求知的方法也有偏重纸面的毛病。我们素来求知的方法是读书；现在变为听讲。关于这一点，我的朋友翁咏霓先生曾告诉我一个很妙的故事。话说日本在明治维新初年聘请了几位西洋地质专家到日本考察矿产。日本政府派了几个日本人去陪专家，去跟随学习。专家跑到那里，看见什么东西，日本学员也跑到那里，要专家指出他们所看见的。后来这几位专家又被中国政府聘请到中国来考察；中国政府也派中国人去陪随学习。我们的学习员陪了专家到北平西山的脚下，就说："这是西山，山上的矿一定很多。你们上去考察，我们在山下等着。回来的时候，请你们告诉我们看见了什么。"这种求知的态度很够代表我们旧日的士大夫。现在确有相当的进步：学地质的，学生物的，现在甚愿出外去实地考察；学物理的，学化学的，都知道拿实质的物品去试验。这是中国近年最大的革命，最有希望的现象。不过我们的革命还不彻底，尤其是学社会科学的人。我们还是偏重读书听讲，并且读的书不是洋书，就是洋书的译本或抄袭。而讲演者不是讲洋书，就是讲洋大学里面的洋教授所讲过的洋东西，其结果我们知道 18 世纪英国的工业革命，不知道目前中国的工业革命，知道纽约、芝加哥、伦敦的市政，而不知道近在咫尺的北平、天津、南京、武汉、广州的市政；知道英国的内阁制的运用，而不知道行政院、中央党部，国府委员彼此的关系。此类的事实太多了。总而言之，因为我们袭用传统的求知方法，我们知道书本，不知道事实。发表出来，都是些洋洋的八股文章：逞意气，玩弄之乎也者来抹杀事实。

那末，入学的新生如要担任起来他们的历史使命，他们必须扫除旧日士大夫的积习，而养成现代人的人格。第一，选习功课不求多，只求有心得。近年国内的大学有一种极坏的风气：办学者及求学者均以为课程愈多愈好，以致各大学里的许多学系，其课程之多过于全系学生的数目。湖南乡下有句俗话：客婆家里来块肉，长是够长，吃又吃不得。这句话很够描写我们的课程表。学生往往有选习六七门者。当然精力不足，其结果一无所得。因为要有心得，我们必须将原物件、原现象、原文件或是亲眼看过、亲手试过，或是亲身到过。第二，学问必须有次第。工具课程如各国的语文，基本课程如各种学术的引论应该提前学习。我常见学生有不知道历史常识者要求学史学方法或历史哲学，甚至高谈唯物史观；不知道生物的结构者要学达尔文学说。近年国内大学的课程表，真五花八门，无奇不有。名称务求新鲜与时髦，内容则不求充实。第三，求学切不可自欺。外国教授常说中国学生不好问。不懂的也就随便的让它过去。这是自欺而且自误。

我们现在要改革国家，要使国家和社会完全现代化。那末，我们就应在学校里面作起，不要等着我们毕业以后。学校本身就应作一个缩影的现代化的社会。中古的意态、习惯、空气都不应有丝毫存在于学校之内。现代讲法治，尚工作效率。凡遵章而认真办学的人，学生应该尊敬他们，拥护他们，不要希望他们通融、敷衍。现在实际的状况正相反，以致凡认真的人都站不住，不认真的人反受欢迎；办学者无暇办学，他们的精力都费在对付上。现代的生活日趋社会化，所以所须要的公德心比以往任何时代都要多。学校的设备都是公产，大家都要爱惜。近来有一美国学者新自哥伦比亚大学来，他告诉我说：一天他遇着该校图书馆主任，对他说，图书馆某本杂志不知被什么人画的不像样子，我想一定是中国学生作的，因为他们就好干这一套。我在外国的时候，未曾听见图书馆遗失书籍上百上千者；在中国则司空见惯。这样的学生将来到社会上去只能流毒于社会。至于体育的重要，那更不要说了。青年的男子应该有大丈夫的气魄和体质。照我的观察，中国近代革命最大的成绩是女子的解放，可惜我们男子以为仿装雌态是摩登。讲到这里，我连想起学生有病者之多，并且常以得病来求教员优待。英国文学家巴特莱（Butler）曾说过这样一句话：在这科学的世界，得病者应坐监牢，犯罪者应入医院。人基本是个动物；不是好动物的人就不是好人。

创造一个现代化的国家是一件不容易的事。除非大学的新生愿意出现代生活的代价，那我们这个国家，内忧外患交迫的国家是很难有希望的。

——选自《独立评论》第 69 号（1933 年 9 月 24 日北平出版）

平教会的实在贡献

中国现在尽管有几个大都市、几条铁路，不少的新工厂、新银行、新商店，我们的经济基础仍在农村。农村破产就是国家的破产，农村改造就是国家的改造。工业当然应该提倡，工业的发达当然间接的可以帮助农村问题的解决，但是因为天然的物产限制，我们的工业，无论如何，在国家的经济上所占的成分不能与英德美相比。等到我们的工业发展到尽头的时候，农业仍会是我们的主要事业。所以国内从事农村改造的人可说真是在治本上作工夫，值得全国的赞助。

我向来对于定县平教会的工作是忽视的，因为我以为平教会就是平民千字课。平民认识了千个字又有什么好处呢？同时我又觉得晏阳初先生的口才太好了，无形之中对他的言论存了几分戒心。近来因为农村经济的破产，又因为平教会的工作引起了争执，所以我决定亲自到定县去考察一次。据我现在所知，不但以往我自己的印象错了，就是别人批评平教会者及赞扬平教会者似乎都没有找到平教会的真正使命，反为许多枝节问题蒙蔽了。连平教会的干事也似乎未完全认识他们的工作对现代的中国究竟能有什么贡献，换句话说，还没有找到自己的地位所在。

现在我们要改造农村，我们首须记得，农民已穷到万分，乡村的风气已闭塞到万分。我们单独替农村找出各问题的科学解决方法还不够；我们还须使他们相信我们及我们的方法；我们还须顾到我们的方法是他们的经济能力及知识能力所能接受的。譬如：定县最普通的病是沙眼，70%有沙眼。表面看起来，在人民衣食住还没有着落的时候，沙眼似乎只有暂时不理，殊不知这个病也是定县人民经济困苦原因之一，实不能摘置。旧式眼药虽多，但无济于事。西医能治沙眼，但受过新医学教育的人谁愿到乡村去行医？乡村又那能养得起一个新式医生？这是有科学方法而人民不能受其恩赐的一个好例子。平教会从各村选了一两个曾受过千字课的青年农民，在所设的保健所里教他们治10种最普通而最容易治的病，于是给他们10种药，教他们回到村里作一村的保健委员。我看见过保健员在村里替农民种牛痘、治皮肤病等。这样，医学一部分的恩赐始能到平民手里。

又如：平教会现在造了一个新式的纺纱机，两个人合作就能同时纺 88 支纱。农民于农隙的时候，利用这个机器，可以纺自己所需用的纱，不必从外面购买棉纱。但这个简陋的器具虽每架只需 50 余元，农民仍无力购置。这又是个科学的恩赐而农民不能享受的。平教会于是教农民利用合作社来利用这个新器具。合作原是近代社会科学的一个大成绩，其理论及方法早为学者所共知。但在中国乡村推行过合作事业的人都知道推行的不易。人民知识程度太低了，非加以训练不能接受这个社会科学的恩赐。在定县，平教会近年来才提倡合作，但是因为各村都有不少的千字课毕业生及他们所组织的同学会，平教会的推行合作比别处就容易多了。据专家（南开大学经济学院何廉院长）的观察，定县合作社的成绩已经超过别处的合作社。

平教会的事业太多了。改良猪种、棉种，改良和提倡家庭工业，卫生，教育，合作及金融的流通等等，无不在那里推行。每件事业都有价值，都值得提倡。但平教会的贡献，据我看来，还不在这些事情的提倡，平教会的实在贡献在把科学和农村连合起来。科学——自然科学及社会科学——好比一个泉源，平教会开了沟渠，接上管子，把泉源的水引到民间去了。换句话说，平教会的试验找到了改造中国农村的技艺和方案。这个技术的中心是各村的同学会。实际在各村办教育、合作、卫生等事业的是同学会的会员，平教会不过站在旁边作指导者。这些同学会员的知识资本就是千字课。士大夫阶级不要看轻了这新千字文，因为它就是现代知识流到民间的沟渠。我们稍微看看千字文的出版品及平教会用这些出版品所组织的平民图书馆，我们就会知道现在因为平教会的努力，中国的平民已有一万个"万有文库"了！并且平民的教育不是纸上知识、口上道德。我看见同学会会员在合作社工作，我看见他们替同村的人治病，我看见他们在街头的小黑板上读当日的新闻及这新闻所引起的关心和愤慨，我看见乡村试验学校的高级学生到亲戚朋友家里去教那班因故不能入学的人这个千字课。读者不要误会：这些职务大部分是全无报酬的。平教会的教育是真正活教育；平教会实在是用教员来造新国民。谁能看见这些新国民的服务精神而不受感动，而不对民族前途抱乐观呢？倘若国内大学的毕业生能有平教会毕业生的精神，中国的复兴是可指日而待的。

我到定县去考察以后，我觉得平教会无疑的找到了改造农村的方案。稍加修改，因地制宜的修改，这个方案是可以推行到全国。至于这个推行将来是否会实现，据我看来，有三个条件：一、舆论界的领袖必须援助。改造农村不能不得罪人。有了合作社，靠高利借贷过日子的人就少了收入。有了卫生事业，旧式医生和药铺就少了买卖。平民受了教育，贪官恶吏土豪劣绅就不能横行天下了。除非舆论界对农村改造有真确的认识，这些村庄里的特殊权利者很容易假借名义，阻碍这事业的进行。二、政府要知利用。改造农村的方案能由一个研究机关去发现，但推行这个方案到全国自然只有政府能作。三、学者须合作。农村各问题的解决必须有动物学家、植物学家、昆虫学家、水利工程师、经济学家、医生，甚至政治学家、历史家、文学家的共同努力。平教会只可担任推行到民间去。倘平教会须本身研究这些科学问题，除非它有个包罗万事万物的研究所，是不能成功的，在以往，学术机关实在负了平教会，没有供给它许多泉水可以引到民间去的。

我们如果把平教会的事业看清楚了，就能知其伟大。那末，上文所指的三种协助，我想我们也不会吝惜。

——选自《大公报》星期论文（1934 年 5 月 13 日天津出版）

非常时期之青年

诸位同学，余本日所讲"非常时期之青年"，乃论万一国际战争发生时，全国青年应负之责任与工作，而应付紧张之局面也，当1914年欧战开始时，余恰在欧洲，目睹欧洲各国青年之工作，目今时局濒危，世界大势又复如斯，万一国际间大战爆发，全国青年究应作何项工作，是乃极重要之问题，兹先述上次大战欧美各国青年工作情况，作为参考。

在上次大战时，欧美中学学生95％仍继续读书，小学学生辍学者更属罕见，故中小学生并未参加实地战事工作，但有关于战事宣传之开会、游行、散放传单，以及为将士募捐等工作，却无一不曾参加也，至于大学学生，则有80％加入战争工作，余者亦参加与战事有关之工作。当大战爆发时，凡在战区之大学校，悉行停办，而于未遭军事区域之大学校，仍皆照常上课，唯师生人数突减，较诸平时，已有天渊之别矣。

1916年，余适在美，当时美国虽尚未宣战，但各地学校已皆加重军事训练，而作战事之准备；及至1917年，美国正式对德宣战，大学生即已有90％驰赴前线或后方工作。是故上次世界大战，大学学生对于战争上具有莫大之贡献也。而于德国，尤有永不磨灭之功绩，因战事之关系，德国自与他国不同，全国一致，无一事非有关战争之行动也，当时全国青年，唯一要务厥为加入军队，故除少数年龄未合或身体残疾者外，几乎全国皆兵，而未从军者，亦咸皆参加与军事有关之工作，且虽年龄未合而若身体强壮者，仍得自动加入军事工作，故至今日，欧洲各大学中皆有参战同学死难纪念碑耸立，可想见当日之精神也。

西洋大学青年，富有知识，身体强壮，与夫作战之勇敢，尤非我国青年之所能逮，故加入军队之大学学生，皆充中下级军官；且因欧美军队将士，均为知识阶级，以故大学生加入军队之后，协力同心，收效颇伟，此与我国实况，则迥不同矣。

当战幕初启，各国青年纷赴前线工作；一二年后，均感后防军需制造乏人，遂将具有专门技能者调回后防工厂工作；复因战时后防机关需人孔亟，故于具有专长之青年中，遴选一部充任行政官吏；更因战争之国际化，各国合力作战，难免需要翻译人员，此项工作，洵当以大学学生充任方能胜任愉快也。至于大学女生，因体力所限，则参加救护工作，或赴前线左近，举办青年会，烹煮咖啡蔻蔻，置备报章杂志，用以调剂军士之生活；又因粮食不足，而男子又均已参加战争工作，故不得不由大学女生担任耕耘事务矣。

兹者，世界大势之千变万化，竟在瞬息之间，万一世界二次大战发生，则我国民究应作何准备，此实当今之要务也。而中西环境有异，民族个性不同，虽知欧西青年战时之工作已如上述，但未必尽可依作借镜。兹就我国情势，愿将非常时期青年之工作，胪述于下：

（一）大学青年凡对军事有特别技术者，均应加入军队，盖因现代战争已趋科学化，故应以专门知识而佐其力。（二）举凡军事有关之后防工作，如军器之制造，交通之建设等，大学学生不能辞其责。（三）后防治安之维持工作，亦以由大学学生担任为最适宜，因我国环境，凡遇战事发生，军队与警察开赴前线工作时，地方土匪必蜂拥倡乱，故大学学生应担负此项后防维持治安工作，后防治安无虞，前线战士方能一心用命也。（四）后方宣传工作，如印发报纸，举行演讲，无线电广播等，亦皆应由大学学生担任，庶可鼓励人心，向前作战。（五）大战时，全国人民皆当以作战为唯一目的，省衣节食，以裕军需，精诚团结，庶增实力，是故民众组织，实系要务，此项工作，亦以大学学生担任为最适宜。（六）红十字会救护工作，需要适当知识，若以大学生（女生）充任，允能克尽厥职。（七）大战之起，人心恐慌，谣言丛生，实难避免，凡属知识青年，亟应设法辟谣，安定人心。上述种种，仅就工作而言，兹更述工作实行应采之态度四项如下。（一）努力战争工作，勿问地位之高卑与收入之多寡。（二）凡有特别技能或知识者，当尽其所能，供于战争，无者，亦必凭己之常识，而任辟谣工作。（三）坚信国家观念，并使普及。（四）担任地方治安，民众组织，或宣传工作者，当以回乡工作为宜，俾易明了本地情况，而易得人民之信仰也。

以上所论，乃二次世界大战爆发时全国青年应负之责任与工作，虽当政府贯彻和平主张之际，然而国际大势有非吾人意料所能及者，故宁备而不用，亦勿临渴而掘井也。诸君共勉旃。

——选自天津《大公报》（1935 年 12 月 3 日）

青年的力量

经过一年半的抗战，我们应该彻底的觉悟当前宝贵的东西莫过于国家的力量。有力的国家才能生存，无力的国家必遭淘汰。这是国际竞争的铁律，无法逃避的。所以国力问题，是当前一个绝对重要的问题。

国力是什么？国力就是一般人民的体力、智力、道德力、生产力、组织力集合而成的。一般人民之中又要以青年的力量为其主力。倘若一个国家的青年是软弱无力的，那个国家是无希望的；反过来说，假使一个国家有有力的青年，那个国家的前途一定是光明的，我们的最高领袖已经再三告诫我们，说我们的国家惟有自力更生。国家既要自力更生，青年们尤其要自力更生，并且要首先自力更生。我想最高领袖所以要组织三民主义青年团的意旨就在这里。三民主义青年团，就是全国青年们自力更生的团体。

青年们，你们第一要发展你们的体力。希腊人说："有康健的心灵寓于康健的身体者方算完全人。"英国人说："大英帝国建设于学校的球场上。"这两句话都是含有很深的意思的。一个体力不健全的人，不但生产力和服务力不能发展，就是知识力和道德力亦无从培养。文学家蒲特莱（Butler）曾说过："生病的人应该坐监牢，犯罪的人应该入医院。"他的意思是说犯罪的人，一定是神经失常然后犯罪，所以社会应该原谅他们，送他们进医院去医疗。至于生病的人那是不可原谅的，因为倘若一个人有卫生的常识，善自预防，对于饮食起居、运动，加以相当的注意，何至生病呢？所以生病是件可耻的事情，要作好人，必须先作好动物，我们这民族最根本的毛病是我们的文弱。许多别的毛病如虚伪、敷衍等等，皆因文弱而起。三民主义青年团现在要领导全国的青年去过健康的生活，去雪文弱的国耻。

至于知识和道德的重要，这是你们所素知的，用不着我多说。我国历代圣贤的训诲，不是教我们怎样治学，就是教我们怎样为人。百年以前，海禁初开的时候，一般士大夫都说，外夷的船坚炮利或者在我们之上，但是法制礼教，外夷那能赶上我们呢？现在还有人相信西洋文化是物质文化，只有东方文明才是精神文明，这个东西文化的比较问题，此刻我们不必讨论，我们的精神文明有其特别优美之点，这是任何人所不能否认的。同时我们却又承认我们知识和道德有不适于时潮的。我们的知识多是文字的、书本的。我们平素的求知不是以实物事实为对象，而专以书本为对象。我们所得的知识并不能帮助我们克服我们的环境。简单的说，我们的知识缺乏力量。青年们所需要的知识是动的，而且能发动的。我们的道德亦复如此。我们偏于消极，过于注重形式。上焉者作到独善其身，下焉者还不是以虚伪油滑渡日？我们现在所需要的道德是积极的、兴奋的、前进的、发动的。青年们，无论你们是讲究治学或是为人，你们应该以发动力为标准。知识道德能发动我们内在的力量的，我们应该去追求，否则我们让博物馆去保存它们。

青年们，你们的苦闷，岂不是因为你们感觉自己的力量不够？你们的企图很多，你们要为自己找着光明的前途。同时你们要为民族国家打开一条向上的出路。但是你们感觉无从下手，左右为难，我劝你们先从培养自己的力量下手。你们应该培养自己的体力、知识力、道德力，你们先求诸己，先自助，先决志自力更生，然后你们要发现，自然而然的要发现你们的前途是光明的，国家的前途也是光明的。

除了身体，知识和道德三种力量是我们所能开发的以外，我们还有一种力量的源泉，那就是主义的信仰。一个人有了很坚强的主义信仰，他的力量就增加了好几倍。不幸近年来这个世界成了一个主义纷乱的世界。有些国家信奉自由主义，有些国家信奉各种相互冲突的全能主义，……法西斯主义、国家社会主义，各种宣传和反宣传弄得全世界乌烟瘴气，使许多人无所适从，有少数青年不加考虑，盲目的以为舶来品总比国货好。还有少数则麻木不仁，什么主义都不信仰，不讲究。我国青年因为缺乏坚强的共同信仰，所以就缺乏力量。诸位青年们，你们如平心静气地去研究三民主义，你们定能发现孙中山先生救国方案的伟大，他的三民主义不但顺应世界文化的潮流，而且本源于我国的历史，适合乎我国的国情。譬于近代的经济发展，西洋科学发达到相当程度以后，工业就起来了，生产力就大大的增加了。然而社会贫富不安，阶级相互仇视，科学和工业的恩赐，少数人占其大半，大多数的民众反只占其小半，国家重要的资源，被少数资本家霸占了，金融和交通的枢纽也被他们把持了。

中山先生一面要鼓励经济建设，提高我们的生产力，同时又要预防西洋经济发展的流弊，所以他创造民生主义。国民政府秉承总理遗教，推行了不少的经济建设。我们的矿业法把全国的矿区分为两种，其重要者定为国营矿区，次要者划为商营矿区。这样，我们的重要资源，一定不会像英美完全流到少数人手里。我们的资源已预定为全体人民的产业了。自从中中交农四个国家银行确立基础，如财政部三年前施行法币以来，全国的金融权已到政府手里，私立银行此后只能辅助社会和政府，不能操纵金融。至于交通工具，其主要者如邮、电、铁路、公路早归国有国营。你们平素或者不甚注意这些事情，因而不了解其重要性。实际则民生主义已在我国发生了它的伟大作用了。

我们如再研究各国的政治发展，我们也要发现我们的优越地位，19 世纪是个民权世纪，各国都走上宪政的路，保障人民的自由和参政的机会。大战以后，忽然趋势转变，有些国家否认个人的自由。近年全能的国家简直把人民当作牛马看待。倘若个人毫无自由，那人生还有价值吗？幸而中山先生没有为反动潮流所误，在他的 40 年革命历史之中，他没有一日忘却民权。并且他为我们定了军政、训政、宪政三个完成民权必经的阶段。至于民族主义，那更是天经地义，无人敢否认的。

我们的领袖说过，抗战是建国必经的阶段，我们要建设的国家是三民主义的国家，所以三民主义的实现是我们的目的，我们的使命何等重大！只要我们发挥我们个人固有的体力、知识力、道德力，而又加上主义的信仰，那我们便能负荷这种使命。

——选自重庆《大公报》（1938 年 12 月 21、22 日）

书　评

评《清史稿·邦交志》

中国旧有之正史，皆无"邦交志"一门，有之自《清史稿》始，此亦时代变迁使然也。有清以前，中国惟有藩属之控制驭夷怀远诸政，无所谓邦交。春秋战国之合纵连横，不过等于西洋封建时代诸侯之争斗；虽远交近攻，聘使立盟，有似近代之国际交涉；然时代之局势与精神，实与 19 世纪中外之关系迥然不同。李氏鸿章在同治初年，常以《江宁条约》及《天津条约》为古今之大变局一语，激时人之图自强。此可谓知时之言也。故清史尚无"邦交志"，则清史无从理解，即今日中国之时局，亦无从探研。主持《清史稿》诸公，能不为成法所束，而创"邦交志"一门，足证诸公之能审时察势，亦足证今日中国思想之进步也。

《清史稿·邦交志》，虽为新创，然《邦交志》之书法及其根本史学观念，则纯为袭旧。批评者倘以"《邦交志》非史也"一语加之，亦不为过当。近百年来中外关系之大变迁何在？其变迁之根本理由又何在？《邦交志》非特无所贡献，且直不知此二问题为撰《邦交志》者之主要问题也。至于近百年来中外交涉之重要案件，如鸦片战争、英法联军、同治修约、马加理案、伊犁案、中法战争、中日战争、瓜分与排外、东三省之国际问题等，皆《邦交志》所不理解者也。《邦交志》既不说明各案之所以成问题，又不指定各案结束之得失，其史学上之价值，可想而知。

或谓《邦交志》，既循旧史体裁，不可以新史学之眼光评论之。所谓时代之背景及时代之变迁，皆旧史家所不注意者，不可专以责难《邦交志》也。虽然，旧史界对于史事真确之审定，及事与事之轻重权衡，自有其严密之纪律在焉。《邦交志》述事之失实，在在皆是，后当列举。至于史事轻重之缺评断，请就"英吉利"部论之。

《邦交志》共分八卷，俄、英、法、美、德、日六国为一卷，瑞典、挪威、丹麦、荷兰、日斯巴尼亚（指西班牙）、比利时、意大利合为一卷，奥斯马加（指奥匈帝国）、秘鲁、巴西、葡萄牙、墨西哥、刚果又合为一卷。其中以英吉利部为最多，共 28 页，每页 26 行，每行 30 字。《邦交志》对于中英关系之轻重评断，可从下表知其梗概：

论中英西藏交涉者，共 140 行。

论鸦片战争者，105 行。

论马加理案及《烟台条约》者，52 行。

论中英缅甸交涉者，前后共 46 行。

论鸦片税则者，44 行。

论道光十六年以前中英关系者，40 行。

论咸丰七年至十年之战争者（内包括广州之役、大沽之役、《天津条约》、通州之役、外兵入京、圆明园之被焚及《北京条约》）共 36 行。

论《马凯条约》者，32 行。

论沪宁铁路者，23 行。

论同治时代中英交涉者，12 行。

论庚子拳匪者，9 行。

论德宗大婚英赠自鸣钟者，3 行。

论九龙租地之扩充者，半行。

《天津条约》《北京条约》、两广总督叶名琛之被捕、文宗之退避热河、英人之焚圆明园诸事，共占篇幅仅西藏交涉之 1/4。英人之赠自鸣钟，显非军国大事，钟上所刻之祝辞（"日月同明。报十二时。吉祥如意。天地合德。庆亿万年。富贵寿康。"见《邦交志》二第 17 页），非字字载诸史乘不可；而于九龙之展界，则以半行了之；轻重颠倒，史家之判断何在？《邦交志》于记事，既无轻重之权衡，于史事真确之审定，想必慎之又慎；然细加考察，则又知其不然。兹特列举数端，以供读者参考：

甲、俄罗斯部：

（1）俄罗斯地跨亚细亚欧罗巴两洲北境（第 1 页第 2 行）。

（按）欧洲北境不属俄者，尚有瑞典那威不列颠诸国。如其说俄有欧之北境，不若说俄有欧之东半。盖东半仅博耳干半岛，不属俄也。

（2）十二年及十七年俄察罕汗两附贸易人至京奏书（第 1 页第 7、8 行）。

会荷兰贡使至（第 1 页第 10 行）。

三十三年遣使入贡（第 1 页第 20 行）。

（按）道光以前西洋各国，派使来华以通和好者，凡十数次。每次均携有本国元首致中国皇帝或宰相文书及礼物，朝臣或不知此中实情，或知之而故意粉饰以欺上，概称外邦之公使为贡使，公文为奏折，礼物为贡物；甚至翻译官曲解捏造，改平等之文书为奏禀，史家似不应不加以修正。《邦交志》之谬误类此者，不胜枚举，下不复赘。

（3）俄国界近大西洋者，崇天主教（第2页第1行）。

（按）俄国无近大西洋之边界。

（4）后遂有四国联盟合从称兵之事（第2页第22行）。

（按）咸丰八年九年十年，有英法二国联盟称兵之事，无四国联盟称兵之事。英法屡求美国加入盟约，美允合作交涉，不允联盟称兵。俄国事先向英法声明，中国既未违犯《中俄条约》，俄无宣战之理，且向中国自称为中国惟一之友。

（5）俄帝遂遣海军中将尼伯尔斯克为贝加尔号舰长，使视察堪察加鄂霍次克海兼黑龙江探险之任，与木喇福岳福偕乘船入黑龙江（第3页第2-3行）。

（按）尼伯尔斯克（Nevelsky）与木喇福岳福（Muraviev）并非同时同路入黑龙江。尼氏之任专任探险。由堪察加南驶，路过库页岛，发现库页实系一岛非半岛。后由黑龙江口溯流而上，事在道光二十九年，即西历1849年。木氏率舰队由石勒克河（Shelka）入黑龙江顺流而下，事在咸丰四年，即西历1854年。路对东西，时距五年，何能"偕乘船入黑龙江"乎？

（6）十年秋中国与英法再开战，联军陷北京，帝狩热河，命恭亲王议和，伊格那提业福出任调停。恭亲王乃与英法订《北京和约》。伊格那提业福要中国政府将两国共管之乌苏里河以东至海之地让与俄以为报。十月与定《北京续约》（第3页第21-24行）。

（按）是役伊格提业福之外交，非出任调停、让与俄为报二语足以传其实。伊氏告英法公使曰："中廷态度顽固，惟武力能屈服之。吾与中国之执政者颇相识，愿竭力劝其就范。"同时又告恭亲王曰："英怀叵测，吾愿调度以减其锋"。迄中英《北京条约》既定，英兵有不即撤之势。伊氏又言于恭亲王曰："英之野心于此可见，吾往说之，或可挽回。"后数日，英兵果退，而伊氏居其功。实则额尔金爵士（Lord Elgin）全无违约不退兵之意，其不即撤者，一时交通之困难也。伊氏有何功可言，反挟此要索，而恭亲王不察遂割吉林省之海岸以报之，此事久已成中外之笑柄，岂撰《邦交志》者，至今未省耶？何不揭伊氏之奸诈以告国人。（参看 Cordler, L'Expedition de Chire de 1860, Paris, 1906, pp. 121, 187, 209, 247。Michie, The Englishman in China, 2vo1s London, 1900 vol. 1, pp. 157-359。）

（7）崇厚将赴黑海画押回国，而恭亲王奕䜣等，以崇厚所定条款，损失甚大，请饬下李鸿章、左宗棠、沈葆桢、金顺、锡龄等，将各条分别酌核密陈。于是李鸿章及一时言事之臣交章弹劾，而洗马张之洞抗争尤力（第 9 页第 3-5 行）。

（按）当时言事之臣，诚如《邦交志》所云"交章弹劾"。张之洞至欲治崇厚以极刑。然李鸿章之议论则反是。其覆议《伊犁条约》奏折，虽明陈通商与分界之弊，然谓通商一项。可在用人行政上补救，分界一项则势难争，即争得伊犁西南境，亦且难守。李之主旨，在承认崇厚之条约也。其致总署及朋僚书，更明言崇厚交涉之失败，在势不在人。李氏对伊犁之态度，始终一贯。当同治末年光绪元年政府议海防塞防孰缓孰急之际，李氏即主暂弃新疆以重海防。新疆尚可弃，何况伊犁之一隅？无怪以后于崇厚之约，李氏与言事之臣，大相径庭也。（参看《李文忠公全集》"奏稿"卷 24 页 18 至 19，又卷 35 页 15 至 19；《朋僚函稿》卷 15 页 10，又卷 16 页 5 页 7 页 12 页 17，又卷 17 页 18；"译署函稿"卷 10 页 17。当时言论不止分主和与主战两派，可参看《刘忠诚公文牍》卷 8 页 28-29。）

（8）光绪二十三年十一月俄以德占胶州湾为口实，命西比利亚舰队入旅顺口，要求租借旅顺大连二港，且求筑造自哈尔滨至旅顺之铁路权（中略）。俄皇谓许景澄曰："俄船借泊，一为胶事，二为度冬，三为助华防护他国占据。"（中略）限三月初六日订约。（光绪二十四年中略）既而俄提督率兵登岸。张接管旅大示限中国官吏交金州城，中国再与交涉，俄始允兵屯城外，遂定约，将旅顺口及大连湾暨附近水面租与俄（第 17 页第 1-11 行）。

（按）中国之租旅大与俄，大半固由于俄人兵力之压迫，即《邦交志》所谓舰队入旅顺口率兵登岸，兵屯城外诸行动是也。然不尽然。近苏俄政府所发表帝俄时代外交公文中有二电稿，颇能补吾人知识不足。是年俄人在北京主持交涉者，系署理公使巴布罗福（Pavloff）及户部大臣威特（Witte）之代表博可笛洛夫（Pokotiloff）。二月十六日（西历 3 月 9 号）博氏致威特电云："今日吾偕署使，与李鸿章、张荫桓密谈，吾告以倘旅大之事，能于限期之内，俄国未施极端手段之前，签订条约，愿各酬银五十万两，彼二人均诉其地位之艰难，云近日中国官吏大为旅大事所激动，中国皇帝接收无数奏折，力主勿许俄之要求，中国驻英公使电告总理衙门：英廷反对俄之条款。"二月二十三日（西历 3 月 16 号）博氏又密电威特云："吾今日面交银五十万两与李鸿章，李甚欢悦，并嘱吾代为致谢阁下。吾同时发电与洛第斯坦恩（Rothstein）（银行家），吾尚无机会交银与张荫桓，张氏之行动甚谨慎。"或者李氏之意，以旅大之租借势不能免，50万之巨款何妨收之。然李氏即与俄国订同盟密约（此事《邦交志》不提，然其为事实则无可疑，中国政府已在华府发表其条款），而俄国又以助华防护为口实；则俄国碍难先以武力施之于其所防护者，俄人之以定约在限期未满之先为纳贿之条件者，其故即在渡过此外交之难关。旅大之丧失史，固不如《邦交志》所传之简单也。

博氏之二密电见于 Steiger: China and the Occident, 1927. pp. 71。

（9）前清末年东三省之外交（第20-21页）。

（按）东三省之外交，尚有一重大变迁为《邦交志》所未提及者。日俄战争以后，美国资本家极望投资于东三省铁路。初议由美收买南满铁路事将成，而日政府忽翻案。后美国又拟借款与中国，以筑锦瑷铁路。日俄见于美国资本家之野心，乃立1908年之协约，划内蒙古之东部及南满为日本势力范围，余为俄国之势力范围，互相协助，以防第三者之侵入。此条约即日本以后"二十一条"之雏形也。《邦交志》于日俄美三部，均不提及此事，何疏略一至于此？

乙、英吉利部

（1）而贡使罗尔美都……（第2页第2行）。

英国乃遣领事律劳卑来粤（同页第14行）。

（按）嘉庆二十一年，英国派遣来华之公使原名 Lord Amhersto，中文译为"罗尔美都"。盖以"罗"译 Lord，而以"尔美都"译 Amhersto 也。道光十四年英国派遣来粤之领事，原名 Lord Napier，中文译为"律劳卑"。盖以"律"译 Lord，而以"劳卑"译 Napier 也。译法载于前清档案，固非《邦交志》所独创，若不加以解释，学者实无从领会也。

（2）及事亟，断水路饷道，义律乃使各商缴所存烟土凡2.0283万箱，则徐命悉焚之，而每箱偿以茶叶5斤，复令各商具永不卖烟土结。于是烟商失利，遂皆绝望。义律耻见挫辱，乃鼓动国人，冀国王出干预。（中略）义律遂以为鸦片兴衰，实关民生国计（第2页第2-7行）。

（按）鸦片战争为中外关系史上最要之一章。《邦交志》论战争发生之原因，仅此数行。细审之，不外义律耻见挫辱及义律遂以为鸦片兴衰有关民生国计二语。实则鸦片战争之远因近因，十分复杂，英人至今不认为鸦片战争也，英人虽不免偏持己见，然非全无理由。试读义律致林则徐之抗议书，及巴马斯登（Palmerston）《致中国宰相书》，即知其理由何在。英人承认禁烟乃中国之内政问题，然谓禁烟须有其法。中国不能因禁烟而封锁一切外商于洋行，撤其仆役，绝其粮食，即领事亦不稍示优待。且中国之烟禁忽严忽弛。在严禁之时，中国官吏又与中外商人朋比为奸，视国法如同虚设。林则徐一至广东，即用超然强硬之手段，使欲悔改者，亦无从悔改。文明国之政治措置宜如是乎？英国更进而辩曰：战祸实起于中国之攘外政策，中国始终关闭自守，不与外人互约通使，致两国间情息不通，交涉莫由。且中国限外商于广州一埠贸易，而关税无定章。于广州又有公行之设，使外商必须与行商交易。无所谓贸易自由。是以中国对外政策，非根本改革不可，故英人决然称兵而不顾焉。平心论之：烟禁之妨害英国之国计民生，及义律之耻见挫辱，与夫林氏烟禁之严厉，皆鸦片战争之近因。英国之开辟商场政策，及中国之闭关自大政策皆其远因也。闭关之政策，虽在中外历史上有先例可援，然至19世纪之中叶，仍株守之，何不审势之甚耶？

（3）冬十月天培击败英人（第3页第15行）。

（按）道光十九年十月十六日林则徐曾奏报提督关天培在穿鼻尖沙咀屡次轰夷船。但英国将校之报告，及兵士之记载，均谓英胜华败。

（4）夏五月林则徐复遣兵逐英于磨刀洋，义律先回国，请益兵（第3页第20-21行）。

（按）义律（Captain Elliot）充驻粤英领，起自道光十六年冬，直至二十一年秋，先后共5年。5年内并无回国之行。请兵者，以书牍请也。后偕英国舰队来华之交涉员，虽与义律同名，实其从兄，非一人也。吾国档案名此交涉员为懿律以别之。

（5）英人见粤防严，谋扰闽（第3页第22行）。

按道光二十年夏以前，林则徐屡与英舰战，虽未大胜，亦未大败。是夏英派新舰队来华，不直攻广州，仅封锁之，遂北犯厦门定海。似则徐必有一制英人者，迨则徐罢职，琦善主政，尽撤海防，于是英人得逞其志，而大势去矣。此中国80年来论鸦片战争者之公论，亦《邦交志》之所雷同者也。林文忠公在中国近代史上，固有其地位，然其所以为伟人者，不在此。道光二十年夏以前，英国大兵未至，在中国洋面者仅二三军艇。所谓九龙及穿鼻之役，英人不认为战争，只认为报复（Reprisal），胜之不武，况并未大胜乎？英舰队抵华后，又不攻广州者，英廷之训令也。英政府之意，以为未宣战以前，倘派舰队至华北耀武扬威，据地为实，或者中国即将屈服，而交涉可在天津进行。且广州远离京都，中国虽败，朝廷必以为边陲小失利，无关大局。必也侵中国之腹地，而后中国得就英之范围。故英人始终以攻入长江为其作战根本策略，彼固不料林氏竟因此而得盛名也。（英廷致驻华代表之训令见 Morse: International Relations of the Chinese Empire, Shanghai, 1910. vol. I, Appendix B。)

（6）八月义律来天津要抚，时大学士琦善任直隶总督，义律以其国巴里满衙门照会中国宰相书，遣人诣大沽口上之（第 3 页第 26 行）。

按所谓巴里满衙门，当即英国之国会。义律所递之照会，乃英国外交部大臣巴马斯登爵士（Lord Palmerton）致中国宰相之书，与巴里满毫无关系。义律之旨在交涉。在送哀的美敦书，非要抚也。

（7）陷镇江，杀副都统海龄。

（按）《东华续录》记镇江事云："京口陷时，副都统海龄并其妻及次孙殉节。"《清史稿·列传》159 卷亦云："海龄及全家殉焉。"英人之记载更详，云："海龄系自焚，搜其尸仅得数骨。英军官有叹者曰：若海龄之节操，多见于疆场，中国何至战败。"是则海龄确系自尽，非为英人所杀，明矣。（参看 Lieutenant John Ouchterlony, The Chinese War, London, 1844, pp. 282。）

（8）初英粤东互市章程，各国皆就彼挂号，治输税。法人美人皆言我非英属，不肯从，遂许法美二国互市，皆如英例（第 6 页第 17 行）。

（按）鸦片战争之前，法商美商并无就英人挂号始输税之事。战后中英立通商条约，法美于是要求利益均沾，及最惠待遇。耆英、伊里布诸人以为不许法美之请，其商人必附英商而合从，以谋我，许之则惠自我取，法美反可成为我用，故与定商约如英例。（参看外交部出版之《道光条约》卷 4 页 2 至 4，又卷 5 页 2-3。）

（9）（咸丰）六年秋九月，英人巴夏里致书叶名琛，请循江宁旧约入城，不许，英人攻粤城，不克遁，复请释甲入见，亦不许。冬十月，犯虎门、横档各炮台，又为广州义勇所却，乃驰告其国（第 7 页第 5-8 行）。

（按）咸丰六年九月初九日两广总督叶名琛派兵上亚鲁号船捕海盗。亚鲁船属华人，是时泊广州，且所捕者亦系华人，故名琛未先照会英人，径派兵上船捕获。英领事巴夏里则谓亚鲁船系在香港注册，悬英国旗，非得英领事之事先许可，华兵不得上船捕人。巴夏里要求名琛，即送还被捕者至领事馆审查，且须正式道歉，限期答复，名琛不允。英人遂于九月二十四日炮轰广州，此咸丰末年英法联军导火线之一也。是年正月法国教士闪蒲德林（Pere Auguste Chapdeslaine）在广西西林遇害。法人称系西林官吏主谋，属与名琛交涉，不得要领，遂决与英联军，此战事导火线之二也。此二者即咸丰末年战争之近因。其远因则以加增通商口岸及传教机会为最要，许外人入广州城次之。《邦交志》仅述其次要者，于其他则一字不提，未免失实过甚。

（10）英有里国太者，嘉应州人也。世仰食外洋，随英公使额尔金为行营参赞（第 7 页第 15 行）。

（按）咸丰末年同治初年之际，中国外交公文上，常见里国太或里国泰之名。此人原任职上海英领事馆，善华语。咸丰四年，上海道与外国领事订海关行政协定，许外人充税务司。英领初荐威妥玛，威任一年即辞，继之者即里国太。八年，里以中国税务司资格，兼任额尔金之翻译，《天津条约》大半出自其手。桂良、花沙纳及耆英恨之刺骨。后升总税务司，因代中国创海军与总理衙门意见不合，遂革职。里国泰原名 Horatio Nelson Lay，《邦交志》谓其为嘉应州人，世仰食外洋，不知有何根据。（参看 Morse, Op. Cit, Vol. II. Chap. II。）

（11）时英人以条约许增设长江海口及商埠，欲先察看沿江形势。定约后，即遣水师、领事以轮船入江溯流至汉口（第 7 页第 19-20 行）。

（按）此次察看沿江形势者，即全权公使额尔金，非领事也。

（12）巴夏里入城议约（中略），宴于东岳庙。巴夏里起曰："今日之约须面见大皇帝，以昭诚信。"又曰："远方慕义，欲观光上国久矣，请以军容入。"王愤其语不逊，密商僧格林沁擒送京师，兵端复作（第 8 页第 5-8 行）。

（按）咸丰十年七月，桂良、花沙纳以全权大臣名义，赴天津与英法公使定条约八款。约甫定，英法忽探知中国交涉员实无全权，愤受欺，遂停止交涉，调兵由杨村河西坞，迫通州。于是朝廷改派怡亲王载垣，军机大臣兵部尚书穆荫出与议和。载垣于七月二十七日致书与英法公使，告以中国完全承认天津八条，望即退兵，英法答以兵须前进，议和须在通州，屡经交涉，乃定议外兵进至张家湾南五条为止。八月四号，英法各派翻译官及侍从至通州，与载垣、穆荫面议进京换约，及觐见呈国书诸事。英翻译官巴夏里坚持公使入京，须携卫队千人，且云中国前已允诺，不可失信。后巴夏里又力助法翻译官与载垣辩论，且措词失礼。载垣于是阳许之，而阴谋害之。次晨英法译者归营，报告途遇僧格林沁之马队，英人被捕者 26，法人 13，经 20 日之监禁虐待，英人得生归者半，法人仅 5 名，后英人之焚圆明园者，即以报复也。撰《邦交志》者，何必隐讳其词若此。（参看 Cordier, Op. Cit, Chap. XXI）

——选自《北海图书馆月刊》第 2 卷第 6 号（1929 年 6 月北平出版）

外交史及外交史料

《清光绪朝中日交涉史料》，北平故宫博物院编。已出 70 卷 35 册，每册定价 6 角。

《清季外交史料》，黄严、王彦威（弢天）辑，王亮（希隐）编。全书 120 册，定价 86 元，已出 60 册，天津、上海《大公报》管代办部代售。

《六十年来中国与日本》，王芸生辑。已出 3 卷，每卷定价 1 元，天津《大公报》出版部发行。

外交史就是政治史的一部分。所有研究政治史的条件及方法皆得适用，且必须适用于外交史的研究。国人往往忽略这个基本原则，以为外交史可以随便撰著；著者可以不用史料，即有史料亦不必审查和分析；只要著者能多骂，能痛快的骂"彼帝国主义者"，他的书就算一部大著作了。我们现在所处的世界固然不容我们不办外交，不讲宣传。但是我们要记得：研究外交史不是办外交，不是作宣传，是研究历史，是求学问。二者不可混合为一。你如拿历史来作宣传，你不是历史家，是宣传家；你的著作不是历史，是宣传品。宣传品也有其价值，或者很大的价值，但不与历史同道。依我个人看来，现在国人所需要的，与其说是宣传品所能供给的感情之热，不若说是历史所能供给的知识之光。

史的编撰大概可分为四类。第一类是历史原料的编撰，就是外交史论，国与国交换的一切的文件，一个政府计议外交的记录，外交部与其驻外代表往来的文件，外交部给国会或国王的报告以及外交官的信札和日记，皆是外交史的原料。本文所要讨论的《清光绪朝中日交涉史料》及《清季外交史料》就是这种原料的编撰。这个体裁有其特殊条件。第一须求其信。何能使其信呢？（一）每件史料必须注明出处。俾作者能于较短时间内覆按原文。欧战后各国外交部（中日除外）均有大部的外交公文出版。这种出版物既由主管机关发行必定根据机关内所藏档案，似乎无须逐件载明出处。然而不然，因为一个机关的档案往往堆积甚多，所分门类也极多，故文件出版时必须逐件注明某类某号。倘编辑者非主管机关，更须注明出处，不然，则全无以取信于人。（二）每件史料必须注明年月日。外交的文件大半均有发给的年月日及接收的年月日。至于电报，尤其国际关系紧张时候的电报，还有收发的时分。这些均不可缺，缺了则文件就丧失其作用了。（三）每件史料必须保存其原来面目。无意的校对错误应竭力避免；有意的删改简直是史界的罪恶。第二须求其新。所谓新者，即文件是新的，是未出版过的，读者可从其得新知识。倘若前人所出版的未达到上文所讲的求信的条件，则可重刊。倘若前人所出版的太零散了，而新刊的是一种史料全集，即亦不妨与前人有几分之几的重复。第三须求其要。所谓要者，即文件有关紧要。这个条件颇难实用，因为甲认为关紧要的，乙认为不关紧要；某一文件为某原故在某时代实关紧要，而在别的时候为别的原故则不关紧要了。虽然，有些文件绝无出版的价值。譬如，公使到任必递国书，离任时亦必须递辞书。这些文件十之九是应酬话，无须出版的。反过来说，有些文件无论何人都认为有绝等的价值，如编辑者不能搜收这种材料，则其出版品就减色了。譬如李鸿章出使俄国的文件，戊戌年租借旅顺大连胶州等处的文件，庚子年增祺与俄国所订的草约，这些皆中国近代外交史所不可缺的。万一编辑者因故不能得到这些文件，必须于书中注明；不然，读者可以为以先没有过这种事实。以上三种条件——信、新、要——皆编辑史料者所不能不顾到的。

第二类史的编撰是专题研究的报告；第三类是史之正体。这两类亦皆有其条件，有其纪律，但因与本文所要讨论的书籍无关系，可不详述。大概说来，史料是土、木、金；专题研究的报告是砖、柱、板；而史之正体是大礼堂，是宫殿，是住宅——完成的建筑物。

第四类是日本人所谓史料的历史，西人所谓 Documentary History。《六十年来中国与日本》是属于这类的。若以建筑物来譬喻，这也是一种完成的建筑物。但普通的建筑物均加粉加漆，务使原料不露其本来面目。有一种特别的建筑物，墙上不加粉，板柱不加油漆，连支撑屋顶的栋梁皆赤裸的让人观看，务使观者欣赏一方面原料之美实，一方面建筑之节调。史料的历史正是如此。编撰者不但要作到上文所谓"信、新、要"三个条件，且须作到"通"的条件。所谓通者，即原委要清楚，贯连要紧接，章节的长短须有权衡。事实不可漏，亦不可滥。倘"信、新、要"三个条件未作到，则原料必不美实；倘"通"的条件不作到，则全建筑必无节调。

虽然，以上所说的系理想的目标，是史家应企图作到的。事实上作到的程度有非编撰者所能负责的。倘史料根本不全，或底稿多非原物，大半是经过多次抄写的，则编撰者亦无法求全了。但史料如欠缺太多，编撰者只应出"拾零"和"补遗"那类书，不应冒称全集。倘底稿经过多次的抄写，则编撰者最低限度的责任应该向读者报告抄写的历史。

现在先论两部史料，后论这一部史料的历史。

外交史与别种历史不同之点，就是它的国际性质。撰外交史者必须搜罗有关各国的文件。根据一方面的文件来撰外交史，等于专听一面之词来判讼。那末，我们研究中国外交史者，在 3 年以前，就感无穷困难了。尤其是道光咸丰两朝的外交。关于这两朝的文件，3 年以前，我们仅有《东华录》及《圣训》二书所载的不全的上谕，林文忠的奏议，夏燮的《中西纪事》，梁廷枏的《夷氛闻记》（此书尚无刊本），七弦河上钓叟的《英吉利广东入城始末》一小册，及徐广缙的奏议（不全）。此外如琦善、耆英、叶世琛、桂良、花沙纳、恭亲王奕訢诸人的文稿，均尚未出世。二等人物如宫慕久，吴健彰，黄恩彤，潘仕成诸人，则更不必说了。幸而在最近三年之内，北平故宫博物院道光咸丰同治三朝的《筹办夷务始末》出版。以先所感的欠缺虽未因有《始末》遂补齐了，但官方的文件实已补足十之七八。现在我们又幸而有《清光绪朝中日交涉史料》（以下简称《中日史料》）及《清季外交史料》（以下简称《清季史料》）二书出版，以继续同治朝的《始末》。《中日史料》已到光绪三十三年五月底，《清季史料》已到光绪二十一年十月。不久我们就可以有从禁烟至清亡 80 余年外交史的大半史料了。

《中日史料》及《清季史料》二书即是史料的编撰，就应该达到"信、新、要"三个条件。关于信这一层，二书遗憾很多。第一，《中日史料》的上谕均载明来自"上谕档"，军机处的密寄谕旨载明来自"洋务档"，电报载明来自"电报档"，此外奏折及中外照会条约则全无出处的说明。至于"上谕档""洋务档"及"电报档"的来源及状况如何，编撰者无一字相告。《清季史料》于此一层更令读者不满意。原辑者王彦威先生及新编者王希隐先生皆系私人，并不代表任何学术或政府机关。那末，私人何能得到若干外交文件？编撰者于已出版的 60 册中，一字不提。若说录自衙门档案，政府信用何在？私人道德又何在？以后外国尚敢与我国交换文件吗？第二，关于年月日时的注释，二书幼稚内容万分。《中日史料》于奏折一项，虽于折首折尾均有年月日，但首尾的年月日竟相同者多。细考内容，我们得知所载的年月日是奉朱批的年月日，不是拜发的年月日。京内的奏折于这一点无关重要，因为拜发和奉朱批是同日，至多相差一天。外省的奏折，如直督与粤督，相差可到一月，因此拜发的年月日不能不注明。最好在各折"由头"之下用小字平行注明，一行为拜发的年月日，一行为奉朱批或接收的年月日。故宫各种档案虽不尽知，但军机处的折档均有收和发的年月日。《中日史料》的上谕只有朝廷宣布的年月日，此法固不得不然，因为各省接收谕旨的日期实难考出。书中所载的中外照会则全无年月日，不知编撰者故意抄袭《夷务始末》的办法而删去年月日，还是所根据的底稿上原无年月日。书中的电报则极不一致：有有时分者，亦有无时分者；有有收发双方的日期者，亦有仅载一方的日期者。最可怪者，书中有些文件，其年月日完全错误。如276号，编者注明系二十年六月十七日，而折内反引二十二年四月二十一日的上谕。又如1381号，正折注明系六月十日拜发，七月十四日奉旨；其副片当为同日，但编撰者反注明此副片为七月十四日而不说定是发是收。《清季史料》于年月日此一历全与《中日史料》相同。有少数文件全无年月日。卷一之第一件公文，编者说是光绪元年正月初五日，实际是同治十三年十一月二十五日。同卷之第五件编者说是光绪元年二月八日，实际是同治十三年十一月十日。至于二书文字之错误亦复不少。平均说来，此二书文件全无文字错误者不过1/3；2/3都有抄写或校对的错误。《清季史料》甚至有故意删改之处。折的首尾多被割去。"伯理玺天德"多改为"总统"；"倭酋"多改为"日本使臣"。二书均以年月日为次序，但颠倒者亦间有之。《中日史料》的72、73、74诸号是倒了。《清季史料》卷2页9下及页10的照会应编在同卷之17页下。《中日史料》的1151号及1183号均非北洋来电，如编撰者所说，乃总署致北洋的电报。

《中日史料》及《清季史料》究竟有多少新材料呢？有几分之几的文件是未曾出版过的呢？光绪朝的外交史料在此二书以前已经出版的实在不少，远在道咸两朝之上。《李文忠公全集》材料既多，编辑方法又精。从光绪初元到辛丑，中国的外交没有一件事是李鸿章未曾参与过的。李之全集的重要可想而知。此外曾国荃、曾纪泽、左宗棠、郭嵩焘、刘坤一、沈葆桢、李瀚章、刘长佑、丁宝桢、岑毓英、张树声、张之洞、薛福成、许景澄、张佩纶、邓承修、马建忠、许珏诸人，皆有文集出版。虽然，《中日史料》及《清季史料》有不少的文件是出自这些人的手而不见于他们的文集，同时确也有不少的文件见于这些人的文集而不见于这两部的史料。此外还有别人在光绪朝曾办过外交而其文件初次出世于这两部史料。这项新材料之中最关紧要的莫过于总理衙门的文件：内包括奏折、照会、电报，及谈话的记录。礼部与高丽往来的文件，丁日昌、崇厚、吴元炳、荣全、李鹤年、严树森、崇绮、陈宝琛、王之春、盛宣怀、洪钧、裕禄、荣禄、吕海寰、赵尔巽、庆亲王诸人的文件，虽不全备，所见于这两部史料的，多半是未曾出版过的。《中日史料》及《清季史料》二书虽不满人意之处甚多，因为有这些新材料，就是研究中国外交史者所不能不备之书。《清季史料》的前五册，照我的粗略点算，共有 209 件公文，其中初次出版的有 138 件。若以此为标准，则全书的新材料约占 60%。《中日史料》我未曾计算过，但照我所得的印象，其中新材料的成分还在《清季史料》之上。所以这二书做到"新"的条件的程度比做到"信"的条件的程度要高些。

论到"要"的条件，我们只要问一个简单的问题：这两书的新材料关于中国外交的紧要问题是否有紧要的新发现？请先论《清季史料》光绪初元发生所谓马嘉理案。中英交涉几至决裂。后忽由李鸿章与威妥玛订立《烟台条约》以解决之。本书卷六有李鸿章未赴烟台之前请示预筹办法折及总署的筹议折，皆初次出版者。李之故意作难及总署之训令使我们更明了烟台交涉的心理和背景。不久又发生中日琉球案。关于此案之起原及美国前总统格兰德的调停，本书并无新知识的贡献。到光绪六年，中俄伊犁问题紧张的时候，总署即与日本公使订约。总署的理由及所订之约稿见于本书卷 23。右庶子陈宝琛即上疏反对，以总署联日防俄的政策幼稚极了，因为"俄强国也，日弱国也；驭俄人宜刚柔互用，而日则可刚不可柔"。此疏亦见于同卷。琉球案所以在此时已结而又变，我们现在更加明白了。关于同时的中俄案件，本书有新文件而无新知识补充。伊犁问题解决后，中法安南问题就起来了。本书关于此案的新文件不少，且间有新知识的贡献。卷 30 有光绪八年十月岑毓英的奏折，对于安南内政的腐败，及中国之如何难于援助，说得甚详甚确。同卷有法国公使宝海与总署交涉的文件。卷 32 有九年四月李鸿章的折子，说明他如何不宜赴粤督师援越。卷 41 及 42 有赫德的电报。此皆有贡献的文件。中法战争的时候，高丽问题已起。从光绪十年到光绪二十年，此问题愈演愈烈。此书有少数新文件，但无大贡献。为研究这段历史，此书远不及《李集》之完备。等到甲午年中日战争将起的时候；本书卷 93 有翁同龢及李鸿藻诸人会议和战的奏折。平常一般人都说李鸿章主和，翁同龢主战。李之态度，根据他的全集，实在不是这样简单。他主张军事消极，同时外交不退让。翁的态度，从会议折看出来，也不简单：他主张军事积极而外交不妨退让。会议折上的日期是六月十六日。当时日本要求中日共同改革高丽内政。李鸿章坚持高丽内政非中国所应强改，更非日本所能干预；就是要交涉内政，日本应先撤兵，然后可开议。翁则谓中国应速进兵高丽，同时不妨与日本谈判内政的改革。就事后之明来评判，还是翁的政策胜于李的政策。卷 93 还有英国公使与总署谈话的记录。英使调停的方案等于中日共管高丽，即日本所要求者。难怪李鸿章此时偏信俄国的援助，而对英国总持怀疑的态度。关于此事，《中日史料》更详。卷118有刘坤一的密折，主张割新疆数城以联俄。到庚子年，刘坤一与英日接近而仇俄。以先我不知道他曾提倡过联俄的政策。此上所举，皆《清季史料》贡献之较大者。

《中日史料》的范围较小，限于中日两国的交涉。中日的关系在光绪朝是以高丽问题为中心的。中国的高丽政策彼时几全在李鸿章一人之掌握中。有了李的《全集》而想有要紧的新史料发现是不容易的。《中日史料》卷数虽多，新文件虽亦多，但新知识的贡献则不多。此书之前五卷包括光绪元年至九年的中日关系，竟毫无新知识贡献。卷6有光绪十年吴兆有及袁世凯的信札多件及总署与日本公使榎本武扬屡次谈话的记录，大可补充我们关于高丽是年变乱的知识。十一年袁世凯报告高丽密联俄国。卷8有士贝尔（俄国驻朝鲜代表）与高丽统署（外交部）谈话记录，使我们得知该事内幕的一部分。同卷又有我国公使徐承祖与日本外务大臣井上馨谈话的记录及日本驻朝鲜公使致井上的密报，使我们更能看透日本对高丽联俄的态度。十年之变之罪魁之一即金玉均，后于甲午年被诱至上海而终死于刺客之手。此亦中日战争近因之一。卷8及卷9有光绪十一年（离中日战争尚有9年）徐承祖的电报，报告如何在日本设计诱骗金玉均到上海并井上如何愿助成此事。此可算全书之最要贡献。卷10有我国驻东京使馆密探朝比奈的报告，说明萨司马之黑田与长门之伊藤及井上争攻华及和华的利害，足资考证。十一年以后，直到二十年，书中材料虽多，但都甚平常。甲午年英使调停的经过，此书言之甚详。《马关条约》定后，张之洞等想以台澎的权利博得法国的援助。法国公使与总署的谈话表明法国的实在态度，见卷44。此亦一贡献。

总之，《中日史料》及《清季史料》二书可算《李文忠公全集》及其他已出版的史料的补遗，而不能算它们的替代品。二书即未搜罗一切的未出版的和已出版的史料，那末，编辑者何不各就其有的新文件加以甄别，专择其有新知识的贡献者，以出类似补遗的书籍？研究中国外交史者不能不备这二部史料，这是毫无疑问的；同时这二书的编撰方法可以改良，且应该改良，这也是毫无疑问的。

《六十年来中国与日本》（以下简称《中国与日本》）的体裁及此体裁所应做到的条件，前文已经说过。编者除引用前文所指出的旧出版的和新出版的史料外，参用了不少外国的史料，尤其是日本的史料。虽间有遗漏，编者搜罗史料之勤及选择之精，实在令人佩服之至。各章节的介绍词及衔接，除爱国心太显露外，大都极有斟酌。我们倘记得中国外交史的科学研究尚在起始之期，我们不能不承认《中国与日本》为上等佳作。

卷1第1章第2章条理分明，立论精确。第3章论日使森有礼来华质问中韩关系及日韩立约，虽大体尚好，但忽略了一个紧要关键。原来中国的宗主观念有其历史的背景。旧日我国对藩属有保护之责；此外我国并不加以任何干涉。藩属对我国有应尽的礼节；此外并无任何政治的或经济的负担。这种宗藩关系在我国已成了政治思想的天经地义，因为这种关系已圆满了我国的需要。在19世纪以前，我国只要高丽安南等国能保其国就够了，好像现在英国只要比利时能自保就够了。但到了光绪年间就不然了。一则我国的旧宗主观念与彼时的国际公法及国际惯例不符，二则到了光绪年间高丽安南等国遇着了从古未有的侵略。中国处置这种新局面，只能完全采取合乎时潮的新宗主观念，或完全放弃宗主权，断不能维持旧状。森有礼来华的时候，总署及李鸿章仍抱着传统观念来应付新局面。这是高丽问题根源之一，应在第3章之开端点出的。不久当局也觉得我国高丽政策应略为变更。丁日昌提议高丽应与西洋各国立约通商，以便借通商国家如英美德法的力量抵抗有土地野心的日俄。总署及李鸿章均赞成此议，决定由李执行。编者于第3章第10节述此事甚好，但以后李如何协助朝鲜与英美各国立约，及立约的时候李如何努力要西洋承认中国宗主权，此书的下文又不说了。实际这是一个大新政策。其逻辑的结论应为高丽的中立化，而其中立由国际担保。光绪十一年，驻韩德国署使向李鸿章即作此提议。《中国与日本》不录此文，恐编者尚不明此文在近代高丽的国运上的重要。

光绪八年中国戡定朝鲜内政的成功，使张赛及袁世凯诸人把高丽问题看得太容易了。他们主张派监国，改行省；张佩纶的提议也相同。总署及李虽未完全容纳他们的主张，但亦从此放弃求高丽的国际化，转而由中国单独在高丽行积极政策。于是留驻防军，派商务委员，代聘外人管理高丽海关，而此种外人须受中国总税务司的节制。中韩关系实质上大变了。光绪十年高丽变乱之后，李伊协定，正如编者所言，是将来的祸根，但国际形势忽又转利于中国。光绪十一年英占巨文岛，俄图永兴湾。书之第10章述此事甚好，但此事的影响，编者似未明了。英俄两国在高丽的得势皆不利于日本。井上于是训令榎本武扬向总署及李鸿章提议中国应在朝鲜行更积极的政策。编者未录此段文件，实则是高丽问题的大关键。所以李鸿章不接收德人的提议，反从此惟恐西洋各国在高丽的些许权利。

第1卷最后一章论光绪十二年俄国与高丽的勾结。书末附有参考书的目录，其中《语冰阁奏议》及《涧于集》二项互换了著者的名字。第 2 卷的第 1 章，全书的第 12 章，就论甲午之战。从光绪十二年到二十年，8 年的历史完全不见了。不但此书如此，以往中西的著者也如此。不是这 8 年不关紧要，是著者们不了解中日战争前历史的线索。光绪十一年，国际形势既利于中国，而袁世凯适于是年起被委为驻朝鲜总理，于是李袁就大行其积极政策。朝鲜的派使至西洋受了中国的限制；朝鲜的海关及电政几全在中国之手；朝鲜只能向中国借外债。日本与朝鲜的小案件尚须借中国的帮助始得解决。到了光绪二十年，中国在朝鲜的势力远在日本之上。倘日本再不动手，则将太迟了。丁日昌的提议要朝鲜借通商国的权利来抵抗有土地野心的国家。那末，在甲午年，西洋通商国在高丽并无大权利可言。这是李袁积极政策的恩赐。在西洋各国的眼里，朝鲜属华或属日无足轻重。了解这 8 年的历史，然后可以了解甲午年日本的积极及西洋的消极。第 2 卷除此忽略外，余皆可佩之至。

第 3 卷论俄法德三国的干涉，到美国提出门户开放主义。甲午战后，远东已成为世界问题，正如编者在第 16 章所言。中日关系，非了解全部中外关系不能了解。第 17 章，论台湾之事，过于详细，因为台湾问题未发生大影响。戊戌年的外交，编者太偏重胶州，而忽略了威海卫及广州湾诸问题。戊戌年不是中日冲突的年期，是中西冲突的年期。此年在中日关系史上的重要，全在于使日本谋中日亲善。西洋各国瓜分中国，亦非日本之利。日本因有此觉悟而谋亲善。卷 3 之最后一章，论门户开放主义。1899 年的门户开放主义是很窄的，并且可与势力范围并行不悖。编者似乎未及详细分析该主义初提时的实在意义。

《中国与日本》一书，就各章各节论，实称完善。惟全书忽略了几个紧要关键，致读者仍不能明了 60 年来中日关系的演变。这是此书美中之不足。

——选自天津《大公报》文学副刊第 249 期（1932 年 10 月 10 日天津出版）

东北问题的新史料

《六十年来中国与日本》第 4 卷，王芸生辑。定价 1 元，天津《大公报》出版部发行。

王芸生先生这部著作的前 3 卷，我已在本刊第 249 期（1932 年 10 月 10 日）评论过。第 4 卷包括光绪二十六年到三十一年的中日关系。主要问题就是东北。这五年是东北问题的一整段，也可说是一部整戏。其第 1 幕即庚子事变，八国联军，及《辛丑条约》的订立。在这 1 幕中，日本不是主角。第 2 幕是俄国趁庚子事变占领东三省，威迫盛京将军增祺与之立约，日英美三国的反对，杨儒在俄的交涉，英日同盟的成立，及中俄交收东三省条约的签订。在这 1 幕中，俄国是台上的主角，但日本在台后的活动支配了台上的表演。增祺条约之废止，杨儒在圣彼得堡之拒绝签字，及东三省交收条约之成立，在在皆受了日本活动的影响。第 3 幕是俄国违约不撤兵，日俄相对的交涉，日俄战争，及朴资茅斯的会议。这一幕，没有问题，是以日本及俄国为主角，英美法德诸国是扮场者，而中国则几至处于观剧者的地位。最后一幕是 1905 年冬天的中日会议。日本把西洋的障碍取消了以后，然后到北京来求中国承认他的分赃胜利。

这一卷的体裁完全与前三卷相同。其叙事之有条理及立论之精确，比前三卷，只有过而无不及。在 4 卷之中，第 4 卷，没有问题，是最有价值的，因为前三卷殊少学术的贡献，不过替读者编好许多零散的材料；第 4 卷则有许多新知识的发现。其资料有 1/2 是曾未出版过的，且皆是必不可缺的史料。第一，这一卷杨儒在俄国与威特（Witte）及拉姆斯独夫（Lamsdorf）交涉的全部记录，得自中国驻俄使馆的档案。当时帝俄（威特主动）野心之大及如何避免列强的干涉，于此毕露。在杨儒以前，我国代表独当一面与俄人折冲者，有咸丰末年的奕山，光绪初年的崇厚，及庚子年的增祺。拿他们来比杨儒，更使我们相信满人末日已到而汉族的前途尚有希望。宜乎王芸生先生称之。第二，这一卷尚有 1905 年中日会议录的全文。近 20 余年日本在东北的侵略，全以这次会议所订的条约及记录为法律的出发点。其重要可想而知。

这一卷惟有几点似须补充。杨儒拒绝签字在光绪二十七年二月，李鸿章之死在是年九月。著者未说明此二时期中交涉之发展。事实上，此一段历史关系颇大。杨儒拒绝签字以后，中俄关于东三省的交涉已停顿，同时庆亲王与李鸿章在北京与各国的交涉甚感棘手。为求俄国的援助，李氏于六月中请威特派驻北京的代表 Posdneev 电问威特，中俄交涉是否可移至北京。威特允之。威特此时改变办法。他要求中国与俄订两个条约，一个是两国之间的政治条件，规定俄国交还东省的手续，一个是中国与华俄道胜银行订的经济合同，许银行在东省有专利，包括铁路及矿产。李初以专利办不到，不但中国政府反对，列强亦将反对，因为专利与门户开放主义相反。当时政治条约由俄国驻京公使基尔斯（Giers）与庆亲王及李谈判；经济合同由 Posdneev 与李谈判。九月十七，李已允两约同时签字，惟须在两星期以后，以便庆亲王到行在去疏通。不料十日后李就死了。无怪威特说李以死欺人，而日英美诸国则说李以死救国。

李氏去世的消息传到圣彼得堡以后，威特致电 Posdneev，询问以后如何办法，是否能在中国大臣中另找一人如李氏之亲俄者。Posdneev 答以自许景澄及李鸿章相继去世以后，亲俄派在中国无领袖，无势力，其他大臣无人肯负责办事。威特回电，嘱其联络王文韶及袁世凯的左右。这种应酬，绝无结果。同时威特分为两种条约的办法似乎亦为其他列强所侦知。1902 年阳历 2 月 3 号，美国国务卿海约翰致俄国外交部一个照会，抗议道胜银行在东三省所谋之专利，因其与俄国所承认的门户开放主义不合。海约翰面告喀西尼的话更加显明；美国以为俄分期撤兵的办法很近情理，但专利的企图则不然。美国驻北京的公使与俄国公使的谈话亦同此旨：美国及其他各国不反对俄国分期撤兵的办法，但反对专利。著者述英日同盟成立的经过甚详，这是很应该的，因为英日同盟促进了中俄交收东三省条约的签订，并且是日俄战争主要原因之一。但当时美国的态度，从庚子年到朴资茅斯条约，亦与俄国的后退有重要关系。这一方面似应补充。

日俄战争的发生由于俄国于 1903 年春违背 1902 年的中俄条约。俄国所以出此，正因为俄国没有得到威特所企图的专利。1902 年条约成立的时候，威特就说该约论方式及内容均不完善。李氏的朋友威特对中国的野心并不在俄国其他政治家野心之下。所以最近俄国史实罗曼诺夫（Romanov）在他所著的《帝俄与满洲》一书中甚至说威特应负日俄战争的责任的大部分。此说似亦过当，因为威特深知世界大势不利于俄，所以在 1902 年他主张与中国订立撤兵条约，

1903 年他又反对俄国违约不撤兵而另提出种种要求。最后日俄交涉的决裂仅一部分有关东三省，其他部分——或者是最要部分——有关高丽。其关东三省部分者是什么呢？日本最后之要求（页 200）即：（一）日本承认满洲及其沿岸在日本利益范围之外，但俄国应尊重保全满洲领土之约，俄国不得于满洲区域内妨碍日本及他国现享之条约利益及特权;（二）日本承认俄国在满洲之特殊利益，并承认因保护此等利益所采之措置，为俄国之权利。日本这种立场与威特的计划相差无几。所以威特常自解曰："我固请了客（那就是说，他领导俄国向东省发展），但我没有教客喝醉，更没有教客人喝醉以后胡闹。"现在日本的行动岂不是像 1903 年帝俄喝醉了以后的胡闹？

（1932 年 12 月 17 日于清华园）

【补志】我评论前三卷时，曾说著者不应不录光绪十一年驻韩德国代表给李的意见书。这是我错了，该书实已录入。韪。

——选自《大公报》文学副刊第 261 期（1933 年 1 月 4 日天津出版）

从日俄对敌到日俄合作

《六十年来中国与日本》第 5 卷，王芸生辑。定价 1 元，天津《大公报》出版部发行。

《六十年来中国与日本》的前四卷，我在本副刊（249 期、261 期）已经评论过。其价值之大，久为关心国事者所承认。近东邻学者将此书译成日文（见本刊第 283 期），足见彼邦也知道这书的重要。原文日本外交最守秘密；外务省所发表的文件亦极少。研究日本外交的人与其向日本政府出版品中找材料，不如多注意于日本私人的文集和传记。此中的困难，日本的学者久已感觉。有贺须雄先生曾痛论之。我们往日大致相同。自九一八以后，情形就大变了。故宫博物院的《清光绪朝中日交涉史料》，王希隐先生的《清季外交史料》，及王芸生先生的《六十年来中国与日本》三书都是九一八以后出世的。前此出版的关于中日外交的著作，因此三书的出世，都归自然淘汰了。王芸生先生的书既专论中日关系，且材料丰富，编辑精慎，自能受日本学者的欢迎。

在评论第 4 卷的时候，我已说过，这书前 3 卷的主要功劳在于编辑的有条理，使读者能于史料中自然而然的找着中日关系发展的线索；第 4 卷则除编辑有功外，且发表重要的新史料。最近出版的第 5 卷，于新史料的贡献，与第 4 卷几相等。最重要的莫过于第 46 章，论新民屯至法库门的铁路，及第 52 章，论锦州至瑷珲的铁路。前者是并行线问题的试金石；后者是日俄两国完全拒绝他国资本投入东三省的成功。关于前者日本利用中日会议记录；关于后者，日俄运用当时的国际局势。我国外交部关于这两个问题的主要文件竟于此书中初次出世。我们现在从此书才知道徐世昌、唐绍仪、锡良和德全诸人经营东北的苦心和失败的惨痛。

第 5 卷所叙述的问题极繁杂，内有不少的尚待继续的研究以得其底蕴。尤其是日俄两方的内幕。我们徒知道他们某年某月向中国提出某某抗议，某年某月彼此缔结某某公约和密约。至于抗议和订约以前，两国政府是怎样计议的，怎样交涉的，我们尚不甚明了。日人从此书中可以窥探我们外交的底蕴，但我们不能从此书中窥探日本或俄国外交的底蕴。这种困难，大部分不是著者所能负责的，因为日俄双方所发表的公私材料实在太少了。同时有一小部分的困难是著者能替读者解除的。

这一卷所讨论的时期，起自光绪三十二年，止于宣统三年（1906 年至 1911年）。除二辰丸事件及其所引起的排货运动外，这六年中的中日问题都有关于东北。那末，在东北问题的历史上，这时期的演变是从日俄对敌到日俄合作。我们把这个演变看清楚了，其他的问题都能看清楚。

在日俄战前，日本对东北问题的立场完全与英美两国一致，不过更加积极而已。日本彼时所标榜的政策，是列强在华通商的机会均等及中国的领土完整。换句话说，日本在战前拿来号召全世界的就是门户开放主义。因此美国虽为传统所限未加入英日同盟，罗斯福的政府实际也可说是日本的同盟者。俄国彼时的立场正与日本的针锋相对。自戊戌以后，俄国一面拒绝他国势力渗入，一面诱迫中国割让特殊权利与她；庚子以后，这种趋势更积极。当时美国资本家的代表博石（Bush）会设法在东省修铁路，俄人很不客气的教他停止活动。在日俄相对之中，不但英美，就是我国也与日本表同情。光绪二十九年三月，京师大学堂的学生上疏力主联英日以拒俄。他们说："故联俄则有害而无利，联英日则有利而无害。"

日俄战后，这个局势就大变了。日本在南满一面扩充她的特殊权利，如向中国要求不修并行或竞争线，许她修安奉线、吉长线，及沿路开矿；一面排斥他国的势力，如废弃日美合办南满的协定，反对中国借外资修锦瑷路，反对满洲铁路中立化国际化的计划，阻碍中国在大连的设关，及利用南满路来偏袒日货的输入。战后日本的立场与战前俄国的立场完全是一样；日本也企图势力范围而反对门户开放主义。这不一定可以证明战前日本的外交是骗人的。其实战前如俄国愿接受门户开放主义，日俄战争也可免了。不过战前能满足日本的欲望者，战后就不能了。

战后日本的积极计划遇着两种阻力。第一是来自中国的。中国这时忽然想开发东北。光绪三十三年我国在东北废将军制，设督抚制。第一任总督是赵尔巽；不满两月，换了徐世昌。徐是袁世凯一系的人。免赵用徐是否是袁系扩充地盘的计划，是中国近代史上一个有趣的问题。赵徐及奉天巡抚唐绍仪的政策不外拿英美的经济势力来减杀日俄的政治势力。这个政策是光绪初年李鸿章丁日昌及恭亲王想在高丽实行而后来未果行的。第二种阻力是美国少数资本家的投资热。

日本的对策，就是与俄国合作。英日同盟前，日本原有一派主张联俄者，俄国也有一派以为俄国远东的发展不应也无须与日本为敌。战后两国均感觉日俄对敌徒使第三者占便宜。于是在 1907 年成立初次妥协，1910 年成立二次妥协。

中日的运气真不好。第一，中国初次有积极开发东北的政策和人物的时候，世界大势忽转不利于我们。是年——1907 年——为应付德国起见，日法英俄都妥协了。因此日俄在东北的发展，英法都不愿反对。第二，中国彼时惟一的朋友——美国——还是一个不成熟的强权。论社会经济，美国彼时并无向东北投资的必要；想投资的仅哈利满一人。论外交手段，美国的传统、政制、民情，都不许政府学英法日俄各国的处心积虑以联友拒敌。在当时的形势之下，惟独德国可联，而 1908 年德国的联美政策竟遭美国的拒绝。所以在这六年之内，美国私人和政府虽提出了许多计划，实在一事无成。第三，在宣统年间，中国忙于预备立宪和革命，对东北实无力进行。1908 年，西太后去世，袁系失势。继徐世昌为东省总督的锡良，虽想继续袁徐唐的政策，终为形势所阻。

上面所讲的发展线索，著者在第 5 卷内虽在各处零散讲过，但似欠贯通。读者倘能明了这 6 年的大势演变，则这书中所供给我们的史料，更将有意义了。

——选自《大公报》文学副刊第 287 期（1933 年 7 月 3 日天津出版）

民国初年之中日关系

《六十年来中国与日本》第 6 卷，王芸生辑。天津《大公报》出版部发行，民国 22 年 8 月 10 日初版，定价 1 元 5 角。

本书的前五卷都论清末 40 年的中日关系。此时期的外交史料，虽仍不完全，却已不少。公私各种的出版品如故宫博物院的《清光绪朝中日交涉史料》《清宣统朝中日交涉史料》，王希隐的《清季外交史料》，外交部的各朝条约，以及清末要人的文集，均卷帙浩繁、材料丰富的。加上编者王芸生先生殷勤的收获，其中最重要的是驻俄使馆的档案，光绪三十一年中日会议的记录，及从日文书籍所译的文件，清末 40 年中日关系的问题大部分我们能从此书知其底细，其余部分亦能知其梗概。时至民国，我们外交史的学术状况就大不同了。基本文件已经出版者很少，且极零散。作外交部长如王宠惠、陆征祥、孙宝琦、顾维钧、王正廷、伍廷芳、伍朝枢、胡惟德、颜惠庆诸人，或未发表文集，或未到发表文集的时代。我方如此，日本方面亦大致如此。民国的外交史事实上现在不能有定本，不问著者是谁。所可能者仅史料的探讨。有了数十人继续数十年的努力，各人都有些贡献，然后我们总能有科学的完备的民国外交史。

此书最近出版第 6 卷，我们只能拿这种眼光来批评。我们不能问其完备与否，我们只能问其有无新材料的贡献。至于论断根本谈不到；至多我们能有假设。

这卷共分为 4 章。第 1 章（全书的第 57 章）论"中华民国之诞生"。所采材料甚少（共 16 页），大部分是得自英美的出版品。正确虽无问题，然大致极平常。真正直接史料，无论中方或日方，条约除外，不见一件。所讨论的问题确甚严重。在辛亥及壬子年间，革命党对日本曾抱何种希望，得着何种援助；清朝与日本又有什么往来；日本对民党，对满清曾定何种计划？或者因鼎革之速，三方均未到讲具体条件的时候？我们不能从民党要人及日人素与民党领袖接近者的文牍中找出些微蛛丝马迹吗？这一章的成立似极勉强；编者留给后人努力的机会正不少。

第二章（全书的第 58 章）的新材料颇可观，其中最要的是民国 3 年孙中山先生写给大隈伯的信。编者名此章为"二次革命"，我以为应该改为"中国朝野领袖的大竞卖"。孙先生与大隈伯是这样讲价的：

> 日本与中国地势接近，利害密切，求革命之助以日本为先者，势也。……日本既助中国……可开放中国全国之市场，以惠日本之工商，日本不啻独占贸易上之利益。……中国恢复关税自主权，则当与日本关税同盟，日本制造品销入中国者免税，中国原料输入日本者亦免税。中国之物产日益开发，日本之工商业日益扩张。……（页 35）

可惜我们不知大隈伯的还价。或者他以为孙先生的支票是不能兑现的，就不费事还价了。

同时在朝的领袖袁慰亭先生也在那里与日本讲价。3 年 8 月外交部致驻日公使陆宗舆的电报有这一段：

> 前小番（代理公使）面告，日政府确有取缔乱党之意，望代达主座。日前又提议，中国如愿日本实行，可提出希望条件，惟须有交换利益，日本方可对付……（页 38）

袁先生所出的代价大致与孙先生所出的相同。外交部另一个电报说：
……我政府正筹中日免除根本误会，以图经济联络之法。……（同上）
孙先生的爱国是不成问题的。我想袁先生的爱国也是不成问题的。除本卷末章有许多证据外，孙先生给大隈伯的信就形容过袁先生的爱国：

> 现在之中国，以袁世凯当国，彼不审东亚之大势，佯与日本周旋，而阴事排斥。虽有均等之机会，日本亦不能与他人相驰逐。近如汉冶萍事件、招商局事件、延长煤油事件，或政府依违其间，而嗾使民间的反对，或其权利已许日本，而翻授之他国。彼之力未足以自固，又惮民党与日本亲善，故表面犹买日本之欢心，然且不免于利用。……设其地位之巩固过于今日，其对待日本必更甚于今日，可以断言。……（页 35 至 36）

孙先生可算袁先生的知己了。

我引这几段的意思并不在批评民国初年的伟人，而在指出这章书的价值和说明中国近代内争的大隐忧。个人尽管爱国，但一旦加入政权的争夺，免不了只顾目的，不择手段，正如孙先生所说"势也"。这样的争夺，久延下去，国家将卖尽了。我所以近来竭力提倡巩固中央的地位，几乎不愿中央是谁主政及主政的好坏。"设其地位之巩固过于今日，其对待日本必更甚于今日，可以断言。"国人要抗日而不图巩固中央的地位者，真是缘木求鱼。

第3章论日本侵略山东者的新材料不少，来自中国驻日使馆的档案。这一章所讨论的时期是民国3年，就是欧战开始的那一年。素靠国际势力均衡以图苟安的中国，遇着这掀天动地的恶战，想避免患难，是势不可能的。袁世凯的运气比国民政府的还坏，因为九一八时代的世界经济恐慌究竟比不上1914年世界大战的严重，何况袁氏彼时没有国联来替他号召世界的舆论。这一章最有兴趣的新材料是关于袁氏避难的方法。他最初想联日本及美国共同限制战区，"使战祸不致及于东方"。这个提议美国完全赞成。据我所知，英德亦完全赞成。日本虽援英日同盟而向德国宣战，英国却不愿日本自告奋勇，作不速之客。袁氏之提议终告失败，完全由于日本要利用欧战所给予千载一时的机会。袁氏又直接与德国交涉。要德国退还在山东的已得的权利。此举也因日本的反对而告失败。关于中德的交涉，可惜编者未能得着更多的材料。

本卷末章论"二十一条"者，无疑的是此书最大的贡献。论篇幅，这一章占全卷的4/5，共320页，且此中材料9/10是以往未发表过的。以往公私文件，关于"二十一条"者，虽发表不少，但是没有一种出版品的贡献可与这卷比较。第一，这卷有袁氏在"二十一条"上所写的旁批和顶注；袁氏思想的精密于此毕露。第二，这卷有外交次长曹汝霖致驻日公使陆宗舆的四封信，皆绝顶的好材料，袁政府可敬可悲的挣扎于此无意中得着写真。第三，这卷有"二十一条"最初8次会议的记录，陆征祥及曹汝霖的磨难及日置益的横蛮均如同目见。我读了这一章以后，觉得有许多误会以后不应继续存在。关于"二十一条"的交涉，袁世凯、曹汝霖、陆宗舆诸人都是爱国者，并且在当时形势之下，他们的外交已做到尽头。足证局外的人评论外交最易不公不平，尤其在国事紧张的时候；更足证为中国的外交当局者不但对付外人难，对付国人尤难。

编者能于材料缺少的情形之下，替我们找着这多有价值的新材料，这真是有功于学术。

——选自天津《大公报》文学副刊第 298 期（1933 年 9 月 18 日）

欧洲几个档案库

我自己感觉很对不起，我对于档案没有什么心得。前几年常到故宫文献馆来参阅军机处档案，清华大学也收了若干档案，然对于保管编目，时有问题发生，因而很想到外国去看看人家对于档案之保管编目究竟如何。

在未到俄国之前，我先照俄国所定的章程写信给莫斯科文化交换局，请求参观他们的档案库，同时并将我想要看的外交档案分了四组：

（一）咸丰年间中俄黑龙江北岸及乌苏里江东岸之交涉文件。

（二）咸丰末年伊格那提业夫与肃顺交涉之文件。

（三）同治末年光绪初年间关于伊犁问题之文件。

（四）咸丰八年关于《天津条约》之文件。

我的请求书在去年 5 月就送去，到了 7 月尚无回信，后来见了俄使申说一番，蒙俄使慨许拍电去催。至 8 月间始有回信来，允许我的要求。及我到了俄国，文化交换局直不知有此事，乃往外交部晤远东司司长，始知文件尚在彼处。我即请其行文档案保管处。处长初甚为冷淡，后谈及彼之出版品，并略评其好坏，彼乃改变态度，允为帮忙。至于参观档案，彼云须三五日后始能给看。谁知过了数个三五日还不给看。后来我到了列宁格勒，游玩了一星期，双十节后始能看到了，但都是第四种的文件，且均系英法美三国之来往函件，无一件为重要的。我随手略作笔记，但是参观人的笔记，照章均须受检查后，才能发还。直到现在，此种笔记我还没有得到手。

俄国的档案并未经过整理，亦无特别保管库。又因新由列宁格勒移至莫斯科，整理档案的一部分是稍有经验的，故研究工作势难进行。莫斯科现用的档案库，是一所旧教堂建筑，内着很多的标语。

到了伯林就不同了：在柏林，大的中央档案库有二：一个是普鲁士档案馆，一个是帝国档案馆。普鲁士档案馆规模最大，帝国档案馆规模较小。我想看的是 1895 年以前中德关系的档案，先到普鲁士档案馆，主管人说两三年以前是可以公开的，现在不公开了，所以这两馆的档案除通商部分外，都没能看到。普鲁士的档案馆还附设一个保管员的训练所，专为训练一般保管编目的职员。所员极热心的解释一切。

欧洲各国对于档案的编目法约分二派：

（1）主张档案入档案库后，应保存原来之机关面目，即以原来之行政系统为编目系统。

（2）主张档案入档案库后，不管原来之文件机关，只以每一文件为单位，依其内容性质，为编目分类。如某一件为经济类者，某一件为政治类者。

英国用第一派的方法，法国则用第二派的方法。这两派方法互有优劣。第二法之优点，除便于学者引用外，对于整理编目上颇有许多困难之点：（一）编目手续过于繁杂，一目之编成非有极长时期不可。观法国档案库革命时代之档案，尚有 4/10 未编，其迟缓可知。（二）非有专门学者不能编目。（三）每件档案中，常有数种不同性质之事项，必须要将一件档案裁开，分为数件，有失档案之原面目了。第一法依原来行政系统编目，手续简单得多，而且有时行政系统亦能与内容相合，虽未按照性质来分，然也可以照顾着性质。

西洋保存近代档案之方法甚简便，因为近代档案，在本衙署时已装订很整齐，如书籍一样，归入档案库后，不必再费事，只须加上登录号数即可。他们的旧档编目则须费事，恢复旧有行政系统，然后分包储之，将编目字号写于包皮之上，不在原件上涂写任何字样，包皮坏了，则另换新的，此法较装订为经济。

德国档案系分部编目，但询之则尚未编齐，其最贵重之文件，则用匣套储藏之。

到了英国，按习惯是先由公使馆请求参观档案，我所研究的为外交档案，但 1885 年以前的档案则完全公开，1886 年以后的档案则不许看。研究公开的档案是极方便的。或作笔记，或抄录，或照像均可。我此次选了些紧要的档案，请人影照，共得有 16000 余页。除关中英外交外，内有不少有关中国的内政。故这些档案一部分是中国内政史的好资料。

——选自《国立北平故宫博物院十周年纪念文献特刊》

（1935 年 10 月 10 日北平出版）

序　跋

《近代中国外交史资料辑要》上卷自序

外交史，虽然是外交史，仍是历史。研究外交史，不是做宣传，也不是办外交，是研究历史。历史学自有其纪律。这纪律的初步就是注重历史的资料。资料分两种：一种是原料（primary source）；一种是次料（secondary source）。简略说，原料是在事的人关于所在的事所写的文书或记录；次料是事外的人的撰著。原料不尽可信；次料非尽不可信。比较说，原料可信的程度在次料之上。所以研究历史者必须从原料下手。

外交史的特别在于它的国际性质。一切外交问题，少则牵连两国，多则牵连数十国。研究外交史者必须搜集凡有关系的各方面的材料。根据一国政府的公文来论外交等于专听一面之词来判讼。关于中国外交的著作，不分中外，大部分就犯了这个毛病。西人姑置不论。中国学者所写的中国外交史有几部不是以英国蓝皮书为主要资料呢？这种现象也有缘由。著书若在外国，就近中国书籍不多；若在中国，图书馆的设备又不完善。且中国外交部从来无公文的系体发刊。私人文书已出版的虽已不少，但多半零散，不易披阅。至于未出版的公文，一则因为政府不许学者研究，二则因为编目不得法，学者多半畏难而止。

就中国外交史现在的学术状况而言，前途的努力当从两方面下手。甲午以前，我们当特别注重中国方面的资料。因为中日战争以前，外国方面的史料已经过相当的研究；又因为彼时中国的外交尚保存相当的自主：我们若切实在中国方面的资料上用一番功夫，定能对学术有所贡献。甲午以后，中国外交完全丧失了自主权。北京的态度如何往往不关紧要。关紧要的是圣彼得堡、柏林、巴黎、华盛顿及东京间如何妥协或如何牵制。加之近数年来西洋各国政府及政界要人对于欧战前二十余年之外交，多有新材料的贡献。内中有关中国而未经过学者的研究的颇不少。这种工作正待余人的努力。

因以上各种原故，我编了这部书。上中二卷，专论中、日之战以前的历史；材料专采自中国方面。下卷论《马关条约》以后的历史；材料则中外兼收。

本书选择材料的标准有三。（一）择其信。比较可信的即上文所谓原料。外交史的原料不外乎（1）中外交涉的公文如照会、备忘录、通牒、公函；（2）朝廷或中央政府给外交官的训令；（3）外交官对朝廷或中央政府的报告和建议；（4）外交官的朋僚函稿与日记。但读者应该记得，原料亦非尽可信。用文字来粉饰事实是中国人的特长，尤其是官吏的特长。关于这点，本书各节的引论略有说明。（二）择其要。近百年来中国外交案件极多，有些是关紧要的，有些是不关紧要的。同办一案的人，有些实知内情，有些是不知道的。本书专收要案中知内情的文书及记录。（三）择其新。许多外交文案久为人所共知，且其要旨已经编入通常书籍，如《南京条约》《天津条约》《马关条约》等。此类材料无须重刊。本书偏重原料之有新知识的贡献者。

我编这书的动机不在说明外国如何欺压中国，不平等条约如何应该废除。我的动机全在要历史化中国外交史，学术化中国外交史。我更希望读者得此书后能对中国外交史作一进步的研究。

此书的责任虽由编者一人负担，但其完成实多赖朋友的帮助。编者前在南开大学任教职时，学校经费虽感困难，校长张伯苓先生仍肯拨款购置已出版的史料。此书初步的工作因得以完成。北平图书馆副馆长袁守和先生曾多方帮助编者搜集未出版的史料。北平故宫博物院当局慨然允许了编者研究该院所藏之军机处档案。清华大学图书馆主任洪范五先生及其同事简直是有求必应。国立中央研究院社会科学研究所特委编者研究中国外交史，俾编者得集中心力于这方面。这种个人和团体的帮助是编者所感谢不尽，不过藉序中数语以表一二而已。

蒋廷黻序于国立清华大学（民国 19 年 12 月 10 日）

——选自《近代中国外交史资料辑要》上卷自序（1930 年 12 月 10 日）

跋晏先生的论文

我没有到过定县，我也没有参观过平民教育会，不过我生长在一个偏僻的乡里，至今因为公私的关系常对乡村的情形加以注意。我觉得中国的根本问题是乡村问题。换句话说，中国的问题就是乡村的问题的放大几百倍、几千倍，而乡村的问题就是中国的问题的缩影。各县的县城都是小南京：在这里面，派别的争权夺利都是齐备的；所不同的，在大南京，人们争几百元一个月的地位，在这些小南京里，人们所争的是几十元，甚至几元钱一个月的小差事，而小差事的争夺所引起的愤慨和仇恨往往超过大地位的争执。各县的各乡就是全国的各省：处处都是有人把持；彼此都是不合作，不相让的。同时改革的方案，在各县如同在全国，必须包括技术方面及制度或社会方面，而这两方面都是十分困难的，都须程度很高的改革。我们不要认错了：中国乡村所须要的不是小改革，是大革命。我们平常不说乡村革命，仅因为革命二字在国人的头脑里，总是含着杀人放火的意思，而乡村革命之对象——穷、愚、私——不是杀人放火所能打倒的。此外还有一点我们不要认错了：小缩影的复杂绝不在大像之下。

因为以上的见解，所以晏先生所形容的定县人民对平教会的反感并不全出于我的意料之外。乡村人民对自外来的一切的运动都是怀疑的。"晏先生是四川人，为什么不在他家乡去作好事？"倘若晏先生到敝县湖南邵阳去办平教会，邵阳人也会问："晏先生是直隶人（乡下尚不知直隶已改名为河北），为什么不在他的家乡去作好事？"其实无论什么贤人善士到任何县里面去，这个问题都会发生。在这种状况之下，一个人能在异乡办点事已足证明那个人多少有点可取。第二，"晏先生在定县十年前以千字文识字课的小教师，现在做了河北省县政建设研究院的院长，就晏先生个人说，的确是很大的成功。"定县人若有这种感想也是很自然的，因为他们不知道这个千字文的"小教师"有个大理想要去试试，不知道"小教师"原来可以作大教授而为其理想所迫不作，也不知道研究院院长，在定县以外的人（晏先生在内）看起来，并不是一个头品顶戴的荣衔。晏先生的人品不在这文讨论范围之内，我确知道他若不到定县去，他所能得的收获，在升官发财方面只有比现在还好。他曾在雅鲁大学毕业，后入了普林斯顿大学的研究院，像他这样的资格和训练而在国内各界居高位者比比皆是，这个院长的地位算不得"很大成功"了。

平教会的宣传，有时我也觉得过火。在中国这个社会里，招摇就是招嫉招祸，所以单从手段上看，过火的宣传是不应该作的。但是事有经有权。处平教会的地位，晏先生既非大富翁，政府又不出经费，不能不靠中外人士的捐款。如晏先生的事业也靠捐款维持，我怕晏先生也要注意宣传。且平教会是一种运动，会中人士务求推广于全国，宣传应该是他的工作的一部分。当然，宣传不应该冒功，但晏先生所指责的各点不能使我们全无疑问。譬如："一般的农人对于选择籽种，利用土壤，及制造又便宜又好的肥料，因有不记年代的久远的经验，都有有效的办法。"这样说来，中国的农业已是至善尽美，无须改良的。这岂不是替农人"冒功"？又如："近十年来各村庄都有小学，大村庄并有女学，学校在乡村已经普遍的设立，小学不收学费，无论贫富，都有上学读书的机会。"这好像也有一点替定县旧教育"冒功"的嫌疑，恐怕就是在教育这样发达的定县，儿童失学者及成年不识字者仍占多数。至于晏先生所指责的养洋猪及洗衣服的笑话，证明平教会仍须努力研究，使农民能得着能力所及的卫生方法及改良畜种方法，不是证明平教会不应该提倡卫生及改良畜种。在19世纪的下半俄国知识阶级初作到民间去的运动的时候，这类的笑话也演出不少，可见士大夫阶级，不分中外，对于民间情形，都是一知半解的。我希望平教会不要因为有人批评而停止工作，反而要因此作进一步的研究和努力。

在晏先生的眼光里，平教会不但无功可言，且在定县有种种的恶影响。第一，他说平教会使定县人民的生活奢侈化了，因为会中的职员作了奢侈的榜样。这种影响，我想是可能的，但也是不可免的。我们试平心静气的想想：我们过惯了都市生活的人是否能够过乡村生活；并且倘若我们饮食起居各方面事事都平民化，我们是否能够维持工作的效率。此中的困难不是我们的生活程度过高，是平民的过低。我常听人说，20个中国工厂工人始能作1个美国工人所作的工。生活程度的高低与工作效率的高低是很有关系的。我以为少吃少作不是个好办法，或是因为日常生活不舒服致工作减少也不是个好办法。我相信晏先生所批评的是有根据，我不过要说明这个生活程度问题还有一方面是晏先生所未顾到的。

第二，晏先生说平教会引起了"教党与非教党的冲突"。所谓"教党"就是平教会的 1 万名会员，"非教党"就是未入会的 30 万人民。"结果，从前一般老百姓受数十人的欺压，现在反受 1 万人的欺压了！"晏先生这段话，我想也是有根据的。总而言之，就是定县现在统治阶级换人了。换句话说，平教会无形中在定县执行了一个大革命。那些原来得势而现在失势的人自然不满意平教会；在革命过渡的时期，社会总有些不安。这都是极自然而且免不了的现象。为国家前途计，比较要紧的是下列诸问题：（1）我们不换乡村的统治阶级能执行乡村改革么？（2）中国现在能免除统治阶级而完全实行民治么？（3）定县的新统治阶级是否比旧统治阶级更加黑暗，还是稍为开明？换句话说，定县老百姓的负担是加重呢，还是减轻呢？我以为晏先生这段批评由于偏信定县的失意的小政客和旧绅士，以他们的言论作为老百姓的言论。如我们以这般人的言论为社会公论，那乡村的改革是永无希望的，因为他们利在维持原状。

第三，晏先生说："在平教县长审理讼案的时候，亦常以农村经济破产为理由，训诫'地主'不得压迫'租户'，'债主'不得压迫'借债人'。"他又说："因此抗债抗租这事日多，平教县长只本主义而行，并不依法办理。"这段批评，我相信也有根据，不过我以为平教会的这种办法是对的。我们若不减杀地主和债主的压迫力，乡村经济的复兴是永无希望的。"耕者有其地"根本是正当的，势所必行的。唯一的问题是这种改革将拿杀人放火的方法来实行，还是由政府用调剂的方法逐渐执行？可惜评教会还只"训诫"地主和债主。晏先生说："河北省军警当局把定县划作赤区。"果然，则足见当局不能分赤白。晏先生又说："平民教育会在定县潜伏反动势力。""反动"二字岂不是有点不当，有点故意中伤。我们看了晏先生这段批评更能了解他的立场。他对于定县的原状，无论是农业或教育，是完全满意的。谈到定县现在的政治，他是与失意的政客和乡绅表同情的。谈到定县的经济政策，他是偏袒地主和债主的。所以他的批评，与其说是代表定县 30 万老百姓，不如说是失意绅士和地主的恶感的反映。

中国农村问题是十分严重、十分复杂的。士大夫阶级十之八九尚置之不理，以为问题并不存在。政府又只有纸上复兴计划，也感觉无从下手。在这个当儿，幸而有少许志士愿到乡间去试验。在此试验期中，错误是免不了的，因为谁也没有得着此中的秘诀；试验者因个人性情的特别也免不了有开罪于人的言行，因为人都是不完全的；改革的方案总要使一部分人士不满意，因为利害的关系和人们守旧的根性。我们不到民间去的人，对这种试验，只应有善意的贡献意见，不应有恶意的破坏。以晏先生的地位，我相信他能帮助平教会改良工作的方法，同时也能替平教会解除同乡的各种误会。我因为晏先生所提的问题的重要，写了一些浅见，作讨论的引进。

——选自《独立评论》第 74 号（1933 年 10 月 29 日北平出版）

《近代中国外交史资料辑要》中卷自序

本书的上卷已出版 3 年了，为什么中卷到今天始付印呢？其实中卷初次的付印远在九一八以前的 2 个月，到淞沪战争将起的时候，中卷已进了商务的装订室。以后这书就随着商务的一切，于一·二八同归于尽了。

这书的稿子已经修改过好几次。初稿是 7 年前编的，南开曾油印发给同学，所选的材料全得自旧籍。第 2 次稿是 5 年前编的，清华及北大均曾铅印，比初稿的大不同是加上了夷务始末的材料。第 3 次稿是 3 年前编的，可称为"一·二八"稿本。稿本及将问世之书今均不见了，我所保留的仅一详细目录。我得着商务遇灾的消息以后，原意拟就此罢休，不再受一次编撰的烦苦。不料近 3 年来，新史料源源出版，而于旧籍中亦时有重要文件的发现。于是我的兴头又起来了。这第 4 次稿比较合乎我的意思。旧文件——一·二八稿本有的——删去了 1/4，而以新文件补上。这些新文件的主要来源是北平故宫博物院出版的中日交涉史料及中法交涉史料和黄岩王氏编的《清季外交史料》。所以一·二八事件，在我这本小书的历史上，可说有不幸中之幸。

这中卷起自同治初年，止于光绪乙未《马关条约》之年。这 35 年在我民族史上占何等重要地位！东西洋各国的使者初次群集于我们的京都，商人、传教士、游历者走遍了全国；而我们的"钦差"亦远到圣彼得堡、伦敦、华盛顿。这诚是李鸿章氏所谓古今中外之大变局。我们以现在的眼光，来回顾这 35 年的历史，我们看得很清楚：这 35 年的历史是我民族真正近代史的初期；在这一期内，我民族的大事业就是应付这个古今中外的大变局。现在我们知道：同光时代的方案是"自强"。甲午之战不但是我们军事的失败；比这还要紧的，是我们的"自强"的失败，应付这大变局的失败。在日本那方面，甲午之战是日本"自强"的成功；近代化的成功。我们试回想我们这几千年的历史，有那一战其重要可比得上中日甲午之战呢？

我们读这一期的外交史的时候，免不了要时常责备前人。青年们恐怕开口就要加上"昏庸"的罪名。那时候的人的世界知识固极有限，但他们得世界知识的机会亦极有限。无论如何，"昏庸"两字不能作他们的头衔。现在我们一读郭嵩焘、曾纪泽、张佩纶、张之洞、陈宝琛、薛福成、马建忠诸人的外交文件，我们不能不感觉他们人人都是绝顶聪明的人。一个曾纪泽，穿上中国旧式袍服，略议英文，从伦敦跑到巴黎，从巴黎跑到圣彼得堡，与当代的英法俄的外交家周旋，一面不辱使命，一面又得外人的敬佩。一个袁世凯，20多岁，随着军队到朝鲜，几年之内，就独当一面。俄国人、日本人、朝鲜人、德国人、美国人，凡在朝鲜密谋侵害中国的权利者，袁世凯一个一个的把他们打败了。至于那班少年文人政治家，在光绪六七年初露头角者，如张佩纶、张之洞、陈宝琛之流：他们虽倡高调，但他们总不倡小调；他们有时虽以文词代理论，深信文词几科就是理论和见解，然而他们的文章究是激昂慷慨，今人读之尚不能不为所动；他们似乎太好出风头一点，但是他们的确敢以天下为己任；他们对世界大局虽然只有一知半解，他们的主张及其理论的根据也有独到之处。这些人的前辈和领袖，如曾国藩、李鸿章，那更不要说了。李是这期的中心人物，中国历史上的伟人有几个能与他比？那一个创办了像他那样多的事业？直到现在——他死了已经33年——中国最大的海军是他办的，最早开的新式煤矿是他开的，最早筑的铁路是他筑的，最早安的电线是他安的，最早办的纱厂是他办的，招商局是他提倡的。谈到外交，我们只要注意一件事：这35年之内，一切紧要外交问题没有一个没有他参加意见的。外人与他办交涉的，有几个不敬佩他？他所最敬佩的又是那一个？是日本的伊藤博文。他的知人之明总算不错罢！这个李鸿章自己又是个什么人呢？他是个翰林而有军功。论他的出身和教育，他是个纯粹中国旧文化的产物。外国文字他不懂；近人科学他未入门。70以前他不曾出国门一步。曾国藩更加无须讨论。我们只要看他办天津教案的精神就够了。他不顾时人的诽议和外人的威胁，抱定宗旨，为国家，为正义，鞠躬尽瘁，死而后已。曾文正不但是中国旧文化的产物；他是中国几千年文化的结晶。

这一卷书是研究这些人的外交的。难怪我的兴头不能为一·二八的惨痛所压没。他们的外交诚有可批评之处；这书内各章节的引论可证明我不是盲目崇拜的。不过我们要记得，这些人实配作我们文化的代表。我们批评他们，就是批评我们的文化。他们的失败就是我们文化的失败。

这样的说法岂不是太勉强吗？离本题太远吗？外交与文化有什么关系呢？这不是一个难答的问题。每一个时代有一个时代的外交。争什么，怎样争法都是时代的反映，每一个国家有一个国家的外交，不但因为各国所处的地位不同，还因为各国有其文化的特殊传统。索赖尔（Sorel）氏的《欧洲与法兰西革命》

之所以成为外交史的绝顶佳著，正因为他把外交的文化背景看透了。倘若我们以为外交史的资料限于条约换文及照会，我们的看法未免太肤浅了。倘若我们以为办外交只须知道国际公法，他们也是把外交看的太容易了。我们虽然办了将近百年的外交，国内学者对于外交史的研究，从夏燮的《中西纪事》算起，虽然亦将近 70 年，我们似乎还未了解外交与文化的关系。别的不说；我们总以日本的亚洲孟罗主义为日本外交官的口头禅，倘仅是口头禅，且限于日本的外交官，那所谓亚东问题就不存在了。不是的，这主义是日人所谓"大和民族的使命"。因为日本的外交有这个文化信条为背景，所以中日问题才这样的严重。除非我们的外交得着相当文化信条为其后盾，我们的外交也是不会有力的。

——蒋廷黻序于国立清华大学（1934 年 6 月 17 日）

《中国之农业与工业》序

我国旧日的士大夫阶级，虽多来自民间，仍不知道民生的实况。此中的缘故很值得我们的注意。第一，士大夫并不足以代表平民。他们大多数是地主阶级。他们自己并不劳力。顶穷苦的尚是小地主、私塾教师，及衙门书吏，即系西洋人所说的小资产阶级。第二，中国旧日士大夫所学的全是文字章句一类的东西，小百姓们的工作，无论是种植或是工艺，是他们所不屑过问的。他们就不把实事实物作为知识的对象。他们所写的食货志尽是些官样文章，其中偶有的知识和贡献大都是零碎的。

近日士大夫的知识方法虽有变更，确是仍免不了读死书，尚且还是读西洋人的死书，讲的是西洋社会。生活集中于都市，离中国之代表人更加远了。我们要记得，我们虽然有上海、汉口、天津、广州这些大都市，表面上来看，我们这国家很像一个现代的国家；事实上，中国的代表人还是种地的乡下人，我们有几个人愿意过问他的事，能够了解他的事呢？然而他不但是我们的代表人，还是我们的基本人，我们打仗所用的钱，娶姨太太的钱，住洋楼的钱，办大学的钱，修公园的钱，办报办杂志的钱，一切一切都是这个种地的乡下人拿血汗换来给我们的。现在这个人的负担太重了，跨骑在他背上的人太多了，他快要倒地了。他倒地的日子就是我们整个政治经济文化总崩溃的日子，至少我们应该知道这个人怎样到了这种田地。

帮助我们尽这点义务的工具，最好莫过于陶君所译的这本书。

1936 年 1 月 22 日 蒋廷黻

——选自陶振誉编译《中国之农业与工业》（1937 年 3 月，正中书局出版社）

姚薇元《鸦片战争史事考》序

道光咸丰时代中国士大夫著书论当时的外交者共有四人：《圣武记》及《海国图志》的著者魏源，《夷氛闻记》及《粤海关志》的著者梁廷枏，《中西纪事》的著者夏燮，及《朔方备乘》的著者何秋涛。四人之中，在中国学术史上的地位最高者要算魏源；与鸦片战争之主要人物侯官林文忠公最接近者也要算魏源。是故他这《圣武记》里面的《道光洋艘征抚记》自然值得我们的注意。

魏源号默深，湖南邵阳人，生于乾隆五十九年。他的父亲魏邦鲁终身在江苏作小官。嘉庆初年作巡检；到道光十年将死的时候还只作到宝山县主簿。默深幼时就随他的父亲在江苏过日子。他 20 岁（嘉庆二十四年）中拔贡。23 岁（道光二年）中顺天举人，《清史列传》说他的顺天乡试卷进呈的时候，"宣庙手批嘉赏，名籍甚"。中了举以后，他捐了个小小的内阁中书，得着机会阅读内阁所藏的档案和书籍。大概此时他的文名一定不坏，因为我们知道道光五年江苏布政使贺长龄聘他襄助《皇朝经世文编》的编辑。长龄是湖南善化人，所以与默深还有同乡的关系。那时江苏巡抚是陶澍，湖南安北人，又是一个同乡。支伟成《清代朴学大师列传·魏源传说》陶文毅公对默深"亦加礼重"。我们知道文毅于道光十年升两江总督以后会大整理监政。他采用了默深的提议，于淮北试行票监。

这时在两江与文毅同官的还有我国近代史上的伟人，林则徐。文忠在江苏作官的时期最久。道光三年、四年，他作江苏按察使，署布政使；十一年，又调江苏布政使；十二年，升江苏巡抚，一直作到十七年他升湖广总督的时候。文忠调湖广以后，继江苏巡抚者是陈銮。十九年三月裕谦又继陈銮。陶文毅正于这时因病辞了两江总督的位子。我想默深一定在这个时期与林文忠及裕靖节相识了。

鸦片战争的历史用不着我讲，不过这个战争怎么又使魏默深和林文忠及裕靖节遇于浙江，这一段故事我不能不讲，因为这故事能使我们更明了这本书的价值。我们知道在鸦片战争的时代，国内的舆论也分战与和二派。当时称主战派为"剿夷"派，主和派为"抚夷"派。疆臣之中，主张剿夷最力者是林文忠和裕靖节；主张抚夷最力者是琦善和伊里布。道光十九年春至二十年夏是林文忠得势的时候。迨定海于二十年夏失守，朝廷就不信任他。是年九月，朝廷派了琦善到广东去替代林文忠；抚夷派就当权了。是年冬季，琦善的抚夷也失败。二十一年春，宣宗于是一意主战。他派了裕靖节为钦差大臣，督办浙江军务，以图收复定海。裕靖节一面聘请默深入其幕府，一面奏调林文忠来浙襄办军务。这三人因此得会集一处。文忠在镇江不满三月就遣戍伊犁；默深不久也辞职；靖节公因镇江不守，以身殉国。此三人在镇江并无成绩可言。不过因此默深得知鸦片战争的内幕。且林文忠在广州请人翻译了一部《四洲志》，并搜集了许多关于西洋的材料。这些他都给默深，后来编入《海国图志》。

所以从学术上和经验上看，魏默深实有作鸦片战争的史家的资格。他的这篇《道光洋艘征抚记》，是值得我们研究的。

但是同时我们不要忘记魏默深也是时代的产物。道光时代的大学者关于西洋的知识是很模糊的，虽然默深编了一部《海国图志》。他们的历史哲学仍旧是千余年前的传统见解："褒贬善恶""资治借鉴"。因此默深的《道光洋艘征抚记》里屡屡说明"洋事转机"，而史实的叙述却有许多很可笑的错误。

姚君薇元费了两年的工夫来考订这篇《道光洋艘征抚记》。他参考了很多的中西史料，把魏默深的原文逐句加以研究。他的成绩有两件：第一他给了我们许多关于鸦片战争的正确知识；第二他告诉了我们道光时代一个大学者如魏默深究竟知道多少世界的事情。姚君这种工作，可算有功于史学了！

——选自姚薇元《鸦片战争史事考》（1942 年 2 月贵阳文通书局出版）

《中国近代史大纲》小序

这本《中国近代史大纲》是民国27年5、6两月起草的。那时我已辞去驻苏大使的任务，还未恢复行政院政务处的职掌，在汉口有几个月的安逸，于是趁机写这本小书。

我在清华教学的时候，原想费10年工夫写部近代史。抗战以后，这种计划实现的可能似乎一天少一天。我在汉口的那几个月，身边图书虽少，但是我想不如趁机把我对我国近代史的观感作一个简略的初步报告。这是这书的性质，望读者只把它作个初步报告看待。

——选自启明书局印行《中国近代史大纲》（1949 年 6 月台北出版）

游　记

经过"满洲国"

——欧游随笔之一

　　现在的旅行者谁不想到苏联去看个究竟？近十几年来关于苏俄的情形，我读了不少，听了也不少。誉之者说苏联是天堂的临世，毁之者说苏联是疯子造的活地狱。数月以前，我遇着一个新从苏俄来北京的美国教授。我告诉他，我准备到苏联去，他说："好极了。现在只有苏俄值得一看。别国，连美国在内，都是束手无策。唯独苏俄一往直前。并且在苏俄旅行毫无困难。"不久，我偶与北平某使馆人员快要归国者谈话，我问他是否将取道西比利亚。他说："我不走过苏联。我不愿在途中饿死，或被蚊子臭虫咬死，我的行李，我也不要被小偷窃去了。我何不走海道舒舒服服的回家呢？"这个人，我以为是有成见。不过临行之前，我买到一部新出版的《旅俄须知》。著者的口气是袒苏联的；他著书的目的是要劝人到苏联去的，确是他的写法颇使旅行者畏难。他说旅行者必须带蚊帐、臭虫药；必须谨防扒手；牙粉、胰子要多带些；纸笔也不可不带。这样说来，到苏联去简直比到中央亚细亚还要难些。

　　我因为这次出国是要去找欧洲各国所藏有关中国的史料，不能不到苏俄去。无论怎样困难，去是要去的。这个大前提决定了，走那条路颇费斟酌。中苏两国是邻邦，而且疆界相连的几及万里，但是两国之间的交通尚有困难。若乘船过苏尼士运河，不但费钱费时，而且须经过好几个第三国家。若走旱路，最直接的莫过于坐欧亚航空公司的飞机，经新疆、中央亚细亚；可是新疆地方当局，抱定闭关割据主义，不许通航得以实现。许多的朋友劝我取道海参崴。不过这也有困难。第一，怎样到海参崴？从天津到海参崴，并没有直航的船。从上海到海参崴虽有船往来，但是航行无定期，且都是装货的船。只有先到日本，再从日本坐船到海参崴：这样，岂不是绕了一个大圈子。第二，从海参崴，坐乌苏里铁路及阿穆尔铁路也费时间。第三，人们所以不愿走东北的原故之一是精神的不愉快，但是海参崴、乌苏里、阿穆尔（即黑龙江）岂不也是失地？想来想去，我终决定出山海关，取道哈尔滨、满洲里。这是无办法中的一个办法。

决定虽是这样决定了，经过"满洲国"的困难那能使我欣然就道呢？

我是 8 月 16 日晚间在北平动身的。因为无同伴，我更加感觉不高兴。17 日清早车到了山海关。我的心跳上跳下，如临大敌一样，不知日本浪人军警要玩什么把戏。殊不知下了车以后，第一件事不是别的，而是在同一个站上等"奉山路"的特别快。直等了 3 个钟头，谁也没有来理会我。我只好看别人往往来来。山海关这个地方是最奇怪的。车站虽是北宁路的车站，站上的军警及海关职员，除非细加考察，很难分别他们的国籍。车刚到站的时候，站上有一排兵，我当初以为他们是"满洲国"兵。但是排长发号令的时候，用的是日文，我就把他们当作日本兵。后来我又想起：或者由日本人用日文发号是"满洲国"的国粹，这些兵仍是"满洲国"的兵。至于旅客：那些坐三等车，背着包袱，牵着小孩，有老婆跟着，不敢左右顾视的，当然是我们贵国人。坐头二等的，有些很难分别。像我那样穿西洋衣服，说湖南话，一班脚夫总疑我是东洋老。

在站上，忍不住，与日本国际观光社的一个社员交谈起来。这人倒很聪明：一见面他就认定我是中国人，且是一个受过盎格鲁撒克逊教育的中国人，因为他开口就向我说英文，其实他的北京话比我的还好。他很客气的领导我到一个小钱铺去换钱。这就是我的消遣。"满洲国"的副币轻便整齐极了。我作了一点历史考据的工作，发现了两个极关紧要的事实：一个是"满洲国"居然自称为"大满洲国"；另一个是在"康德元年"以前居然有"大同三年"。"大同"这两个字又引起了许多的感想：戊戌变政家的康有为好讲大同；孙中山先生有时候也讲大同；现在郑孝胥又这样的实行大同起来了！大同究竟是大同，还是大不同呢？

10 点钟检查行李。检查者是那一国人，我始终没法断定。检查倒很合理：不过严，也不过于随便。同时我看见一个三等旅客带着一个旧式皮箱，外加木架，架板是无数绳子缚住的。难怪检查者要疑心他。箱子打开以后，检查者要这位旅客把衣服一件一件拿出来，摇一摇，摆一摆，如北平前门外或天津估衣街卖旧衣的那样。检查的时候，旁边站着一个荷枪的兵士，威风凛凛，大有要吞人的样子。许多脚夫闲人围着看把戏，商女不知亡国恨，不如商女者又何其多也！

10 点半，我上了"奉山路"的特别快。在上车以前，没有人问我要看护照。上了车以后，前面所讲的那位荷枪兵士不久也上来了，他问我到那里去，我说到欧洲去。大概我的"欧洲"是十足湖南土音的。我说了 3 遍，他还没有懂。他很气，我也很气。于是我从口袋里拿出名片及北平日本使馆给我的介绍信给他看。他看了，不再问就下车去了。

这样的，我算出了关，进了"满洲国"。现在且谈这个"奉山路"的特别快。最后一辆是头等；头等以前是二等；二等以前是饭车；饭车以前是什么，我没有去看。饭车及头等二等的式样完全与南满路相同，而其精致反过之。尤其是那辆头等车，一半是坐车，一半是客厅，最后是观望台；其装饰之巧美，只有日本人能作得出。这辆车子之新，新过"满洲国"。日人好美而尚武；我们好美者倘雅，而雅者多半有痨病：这是什么缘故呢？车开了不久，侍役在各客人前搁了双拖鞋。同车者仅 4 位日本客人，两文两武。文武同时脱下皮鞋，套上拖鞋。我也跟着他们在"奉山路"过日本生活了。

辽西没有特别风景，乡间的状况一如关内，各处都满布太平景象。我看不出什么"王道"：挑担者挑担，赶火车者赶火车，一概仍旧。沿途的站上，兵稍微多一点；沙袋、铁丝网、碉堡似乎也比往日多一点。不过这些只使人们想起霸道。车到锦州的时候，一位高级日本军官上车。站上排满了送行的人们：军官居首，次是兵士，再次是成年平民，再后是儿童。车开的时候，行军礼的行军礼，弯腰的弯腰。我不知怎样忽然想起法国 1791 年的宪法。那个宪法把国民分为两种，积极的或动的国民（active citizen）及消极的或静的国民（Passive citizen）；静的国民有人权而无民权；唯独动的国民有人权，亦有民权。当时法国革命的激烈分子批评这个宪法为反动。我觉得国民有动静之分是彰明昭著的事实，与是非毫无关系。锦州站上的送行列队表示日本人，不分男女老幼文武，都是动的国民。我们的人口虽 6 倍于日本，恐怕我们之中动的国民之总数还不及日本。

下午 7 点多钟，车到沈阳，日人叫"奉天驿"。这里我又须等四个钟头。我得想法子"杀时"。在满铁站的食堂里吃晚饭"杀"了一点钟。这里的菜单与"奉山路"车的菜单是一样的：第一行是日文，第二行是和化的汉文。我不懂日文的时候，看和化的汉文；不懂和化的汉文的时候，就看日文；把两种凑合起来，可以勉强定菜。譬如：车上有牛肉扒，日文字母说这就是 Beefsteak。蝴蝶蛋这个名词多末诱人，但是拿出来一看，不是别的，就是一面煎的两个鸡蛋。吃了饭，还有 3 个钟头，只好在候车室里观人。许多青年日人，身着洋服，兴高彩扬的，在室里谈话吸烟。仔细看看，我觉得他们并不快乐，不自然。快乐的，自然的，还是那些脚拖木屐，身着宽袖大领和服的人。最不自然的是日本军官：他们的长筒皮靴子使旁观者看见不舒服！日本的西洋化虽比我们高些，日人的天性似乎不安于西洋文化。日本国内的不安及日本给国际的不安，归根岂不是因为日人中了西洋文化病菌?

11 点上南满路的特别快。上车以后就睡;醒来就到了"新京驿"。民国 10 年的夏天我曾游过长春。现在似乎热闹多了。上了中东路的车以后,一个着制服的人进我的房间,问我要名片。他看了,就问:"那边都好?"我答:"那边都好。"他又问:"您舒服吗?有什么事我可作吗?"我答了"没有",他笑嘻嘻的下去了。不久又来一个着便服的。他道歉式的说:"您知道我不能不这样作。"于是他问我答,不外从那里来、到那里去、作什么去等,总共不过四五句,他也下去了。

中东路——或"北满路"——车子有点像汪精卫先生所说的破落户。宽大,而且曾有一个时代很讲究;现在不过装个体面而已。上午 8 点多钟开车,下午 2 点到哈尔滨。沿途的景像一如常态。我的同房的皮箱上面写的 P.Y.Wu,但他手里拿的是本日文杂志。我们始终没有交谈一句。

哈尔滨的"格兰得火大鲁"(Grand Hotel)几乎是专为西比利亚旅行者而设的。事无大小,这旅馆没有不能代办的。旅客把事情委托了以后,可以安心乐意的到街上去玩。上次我在哈尔滨的时候,特区的长官是张焕相。他治哈埠的精神很像诸葛亮治蜀那样:抱定鞠躬尽瘁的目的,事无大小必亲自处理。那时我因为要知道外人对哈埠市政的感想去找了美国总领事汉森先生谈话。我问他美侨是否交纳市税。他回答说:"美侨为什么不纳税呢?市中道路、警政、电话等都办的大有长进。我们的商人既然享受这许多的便宜,他们有何理由不纳税?"民国 18 年可说是中国人在哈埠的黄金时代。造孔庙,建宫殿式的中学校舍,收回中东路的地亩和电话,开市民议会;论市政,那时哈埠是全国的模范市;论国际关系,那时特区长官勇往直前的收复失权。那时在哈埠的中国人真能扬眉吐气,不免太骄傲一点,目中太无人了(这种心理是以后中苏战争的根由);白俄赶车,作叫花子,在街上替人刷鞋,作娼妓,开饭店;赤俄为主义所束,大势所迫,进退两难;至于日人,那时他们是看戏的,不是唱戏的。现在日人不但上了台,且唱的是主角;中国人少数上台的不过装小丑而已。

19 日早晨,搭中东路车往满洲里。车子过了松花江,四面一片汪洋。我很奇怪怎么哈埠以北来了一个大湖。打探才知道是涨大水。过了半个钟头始到旱地。下午路过一站名叫"成吉思汗",可惜我不知道那个地方与成吉思汗有什么关系。大概说来,齐齐哈尔以东,土地肥沃;以西则只有草地,且带点沙漠气象。有几站有日人的军功碑:某年某月某日帝国军队某营某团以少敌众,杀退几千几万中国兵。有些地方有日本军官的土坟,简略的木牌说明这是大佐或中校某某以身殉国之处。

20 日（星期一）清早到满洲里，这是中东路的最西一站，过了这站就入苏俄境了。西比利亚的特别快还没有到站，我们只好到市里去玩玩。我同两个美国人——一个是哥伦比亚大学的法文教员，一个是钟表商——进城。读者不要误会，满洲里与中国一般的城市大不一样。第一，此城没有城墙。第二，市上的房子大多数是木建的。第三，街道宽则宽矣，全是自然的，雨后的状况可想而知。第四，店铺的招牌全是汉俄合璧。伙友全是能说俄国话的山东人。不到黑龙江及西比利亚走走，我们不能知道山东人的殖民能力。走了半点钟，我们把满洲里的街道都走到了。所见的人，汉俄约各半，似乎很相安的。我看见少数日本兵，一个小小的日本旅馆；我没有看见日本商店或日本商人。

10 点，"满洲国"检查出"国"旅客的行李和护照。检查护照者是个说英文的日人。连办公室墙上的通告都是日文的。他读了我的介绍信，倒很客气，没有多问，并且祝我一路平安。检查完了，上西比利亚特别车。11 点多钟车开了，我就算经过"满洲国"了。

——选自《独立评论》第 123 号（1934 年 10 月 21 日北平出版）

车窗中所看见的西比利亚

——欧游随笔之二

在满洲里开车以后，不久车子又停了，苏联的检查员上来了。我们的行李、护照及银钱都要受检查。行李的检查颇仔细，不过检查员很客气，而且有点幽默。他们最注意的是书籍杂志，但是全车的旅客没有一人因为行李发生困难。护照及银钱都要登记。照相机要加封皮，在途中不能照相。检查几费了3个钟头，到下午2点才开车。

从满洲里到莫斯科总共是6700启罗米达，要走6天零3点钟。在火车上接连走6天当然不是很愉快的生活，不过至少我个人并不感觉烦闷。每星期一在满洲里开的特别快是比较舒服的，头等很像沪平通车的头等；二等比头等差不多，也是两人一间房，不过房间较小，且没有个别的洗脸房。侍役很殷勤，并不在资本主义国内的侍役之下。如有两人结伴同行，那舒服极了。我原定二等，因为房间较小，加付了19元美金，改坐头等。第一天，我个人一间房。在赤塔停车的时候，我到站上去散步，回来发现房内坐着一位中年俄国女客。我大起恐慌，觉得不可终日。后想起在什么书上读过：赤色文化不讲虚伪的性的规矩。我也只好从俗。其实我并没有受过什么大不方便。晚上到了10点左右我离开房间，给她一个就床的机会。早晨，先起者洗了脸，穿好衣服，就出去，给后起者一种方便。在依耳库次克，她下去了，可是又换了一位女客，一直到莫斯科。因为言语不通，我没得与她们多谈。一个曾作过教员，她到依城去学罐头事业；第二个是位管家的太太，她的先生在苏联一个航空公司服务。

饭车的伙食还好。各色的酒都有；菜味不免单调。价钱略高，三餐须费4.5元美金。大半的客人从哈尔滨带着不少的干粮和水果。左右房间里可以时时教侍役倒茶或开水。一天到饭车里去吃一顿也就够了。有许多人说西比利亚车中的饮食问题如何困难。我是没有遇着。

车上还有澡堂，费5毛美金就能洗一次。

到第二天，同行的客人，除非言语不通，都彼此相识了。我这次同行的有俄国人、美国人、英国人、瑞典人、匈牙利人、埃斯当尼亚人；中国人就是我一个。最通行的言语是英文；有一位——埃斯当尼亚人，俄、英、德文都能说。他的 2 位小孩儿，在哈尔滨生长，还能说几句中文。最有兴趣的同行者是美国电影明星兼政论家洛奇尔（Will Rogers），他是一个最美利坚的美国人：生长在美国中部的一个牧场上，小学没有读完，靠着自己的天资和常识，步步的成了美国当代的一个人物。他在中国游了两次，我问他对我们的感想。他毫不踌躇的回答："一个中国人是天下最聪明的人；两个中国人合起来是天下最糊涂的人。"我们一天到晚谈笑，看风景，玩纸牌，不知不觉的日子就过去了。车子到了大站，总要停 10 分或 20 分钟，我们一群人都下去散步。

西比利亚人口很少，尤其在东部，不过生活简单的乡下人，看见火车过，必要把它当作一种消遣，所以我们也看见不少的人。现在西比利亚的居民，据我所看见的，没有受过饥饿的遗痕。衣服确很平常，甚至于破烂。在全西比利亚，军官除外，我没有看见一个俄国人穿着光亮的鞋子。乡村小孩十之八九打赤脚；成年的女子也有不少打赤脚的。看看站上的小摊，可见得俄国现在的消耗品不多。普通慢车的三等总是旅客拥挤不堪；有些乡民男女老幼整天的在站上等车还得不着位子。这种情形很像我们的三等车，恐怕还有不及。洛奇尔太太是个富有慈悲心的妇人。她看见那些赤脚破衣卖花的小孩，或看热闹的小孩，总忍不住，总叫 Will 拿糖去分给他们吃。得着糖的嘻笑与没有得着糖的眼泪是不容易忘记的。沿途的兵确是不少。在东部许多地方，他们正忙着盖营房。有些兵就住在货车里，与我们贵国一样。我以先常想我们的兵，生活这样的苦，服装这样的不整齐，怎能打仗；现在我看见了苏联的兵，我倒放心了，因为没有问题，苏联的兵是能打仗的。

从消耗方面看，苏俄的人民，没有问题，是在普通国家水平线之下（但是一般人民的生活比我们还好的多）。从建设及生财方面看，也没有问题，是在普通国家水平线之上，西比利亚尽管人口少，荒地多，我们每天总要遇着好几十列货车，满载大松木、石油、各种机器，尤其是载重的汽车和耕田的机器。有的站上，同时摆着三四列，每列有三四十辆车子。愈到西部，工业空气愈紧张。至于工人，我们在路上及站上所看见的，都是很努力的，尤其是女工。我们看见过男女一道在路旁荷起锄头修路。不仔细看，分不出男女；仔细看，有时还能发现一二个很美的青年女子。每天近中午的时候，车子总要在一个大站停二十几分钟。一停车，就有十几个女人，一手拿楼梯，一手提水桶，到车旁来洗刷，替车子洗过澡。没有私产，没有消耗，而工作这样努力，建设这样勇往直前：这样的国家是有前途的。

西比利亚这个地方本身也使我感觉俄国的伟大，风景倒很平常。除贝加尔湖以外，我们所看见的全是平原。东部是大草场，已耕的地很少；西部则森林占十之八九，耕地不过十之一二。树木多松杉及白皮的 Birch，松全是黄皮松，笔直的。车近森林的时候，看不见树顶；远的时候，树木的稠密很像丛竹，不过带着深青的帽子。俄人建房子就用这种大松木，一根一根的堆起来。他们的燃料是松木，电线杆子也是松木。俄国的森林几有用之不尽的模样。耕种的地都是大块的，深黑的。我们过的时候，有些田庄已经收获了，且又犁过了；有些是一遍汪洋的黄麦。以俄国物产之富，可说是共产主义最好的试验场。到了第五天，我们要过乌拉山，都等着看雄壮的山景。不料路线避免了高山。一直到莫斯科的郊外，都是平原上的大田庄和大森林。欧洲的俄罗斯与亚洲的俄罗斯，在铁路经过的这一带，并没有自然界线，连植物都是一样的。地理上，俄国是属于亚洲的或欧洲的，旅客很难知道。

西比利亚的人民大多数是白人，少数黄人，还有少数显然是在黄白之间。军队也是如此。俄人几乎没有种族的观念。黄白一道当兵，一道作工，彼此通婚的也不少；黄白的小孩一道玩。在几个站上，我想与黄人谈话，他们笑而不答；大概他们是蒙古人或土人。在一个站上，有一个高大的黄人，靠着栏杆看特别快。我发现他是山东人，在那个站的食堂当厨司已经十几年了。在站上那群人中，他几乎是贵族，因为他穿的西服比别人的都要整齐。

第六天（星期日）吃了中饭以后，人人收拾行李，有些交换住址。我在莫斯科没有一个熟人，又是初次来俄国，心中不免有点着急，五点钟，西比利亚特别快进了莫斯科车站。

——选自《独立评论》第 124 号（1934 年 10 月 28 日北平出版）

观莫斯科

——欧游随笔之三

车进莫斯科的时候，所有的旅客都站在走廊里，认识认识赤都的面目。人人都说：原来赤都是这样的！它与一般大都市看不出什么大不同。纽约的"摩天楼"（Skyscrapes）虽不见于此地，六七层高的大厦也不少，街道有些是柏油面的，有些是石块砌的。街上的汽车、马车、电车一样在那里奔驰。马车多半是旧的；汽车载货的多，载人的少。阔人看不见一个；时髦妆饰的妇女也看不见一个。鞋子都是多日没有刷油的，裤子是多日没有烫过的，帽子都是无边的小帽；但是人民都是足衣足食的。这个普罗的世界是朴实、平等的，其空气是十分奋发的。

现在在苏俄旅行的外国人十之八九都靠 Intourist。这是苏俄政府所组织的"外客旅行社"。论性质，它很像中国旅行社；论规模之大，事业之多，组织之密，它远过之。它包办一切旅行事业。它有它的汽车、它的旅馆。它有各种旅行统票出卖：或观一城，或游一区域；少则 5 天，多则 1 个月。统票分三等：头等每天美金 12 元，二等 9 元，三等 5 元，票价包括房租、饭食、车费及导游。我买了一张十天观莫斯科的二等统票，所以我住的旅馆，吃的饭，坐的车子都是二等的。我以后发现我的食、住、行都太讲究了。我的房间有电话（我不说俄文、用不着电话），电灯，自来水的洗面盘，4 个椅子，1 个小沙发，2 个桌子，1 个衣柜：一切的家具比我家里的都讲究。食，倘减半，尚有余。出外去观的时候，坐的是林肯车。

我虽想观莫斯科，我确有正经事，那就是，寻找帝俄时代的远东外交档案。所以星期一（8 月 27 日）我就去打探中国大使馆的所在，打探出来，非雇汽车不可。于是托旅行社去雇汽车。社中一位小姐，善于英语的，笑嘻嘻的答应了，她打了半天电话：我虽不知道她说些什么，她好像很努力的要车。却是她转过头来对我说："社中的车都出去了。"怎么办呢？她教听差到街上去找；听差说："那怎么能找得到？"她是多才的，说："我替你打电话给中国大使馆，告诉他们你雇不到车，要他们派车来接你。你看好么？"这样我才到了使馆，见了吴炳文代办，把我的希望一一的告诉他，求他费心与苏俄"文化交换局"（VOKS）接洽。他一面教人打电话，一面同我谈祖国的近事，不久，又来一位客人。吴先生介绍："这是陈先生，陈友仁先生的公子。"他是民国16年，陪鲍罗廷从汉口到莫斯科来的。他的名片又说他是天津《大公报》的访员，他开口就告诉我他不会说中文。我倒喜欢这样的爽快，我们俩也谈了许多的国事。馆员进来，说电话打通了，VOKS请我就去。陈先生很客气的要陪我去，我自然是求之不得的，出了馆门，他请我上他的汽车，我心中很奇怪：怎样陈先生的汽车比使馆的还阔气？到了VOKS，陈先生用俄文告诉传达者我们的来意。谈话的结果，我暂不提，留待下次我写正经事的时候。退出VOKS，我们又回使馆去，在那里吃中国饭。饭后参观使馆，这是中华民国唯一的大使馆（Embassy）；馆内两处，一处是办公，是所谓旧馆，一处社交，是新馆。新馆原是一个富商的产业：其规模之大，妆饰之美，令人想起俄国革命前繁华生活之造顶。颜大使租了这所房子，从新布置一翻，这里那里加上一点美术的国货，现在体面极了。观莫斯科从中国大使馆观起：我可算不忘本。陈先生送我回旅馆，途经他的办公室，我然后知道他原来又是美国某大汽车公司驻俄的顾问。说也奇怪：中美两国在莫斯科合作起来了！还不止这一件事。

把正经事接头，我起始观莫斯科。我不必全抄我的日记，只说个大概就够了。莫斯科——其实全苏俄——有两个：一个是帝俄遗留下来的；一个是苏俄新造的。我或者不应该说莫斯科有两个，我只应该说莫斯科有两方面。这两方面——新的和旧的——好像彼此尚能相安相容，不像北平中南海内，旧宫殿及新洋楼那样的势不两立。其实旧莫斯科已有高度的西欧化；新莫斯科，从建筑上看来，就是加倍的西欧化、美国化，甚至可以说，超美国的美国化。莫斯科现在有几个大建筑正在进行：地下电车；一个可容1100万册的图书馆；一个有2000房间的旅馆；一个造汽车的工厂，现在工人2万，将扩大至7万；许多工人的新住宅，一排一排的，很像清华学生宿舍那样。

最能代表新莫斯科的要算"文化及休息公园"（Park of Culture and Rest），我在这公园游了3个钟头，还有许多地方没有游到，从公园的设计，我们可以知道苏联当局要培养什么样的国民。第一，这公园的体育设备最充足；各种的球场，各种的游艺都有。我去游的那天是俄国休息日（每第六日），所以游人特别多，我们中国的体育限于在校的学生；就是在学生界还不普遍。此地所提倡的体育实在是民众的。第二，这公园是提高人民对于机械的兴趣的好场所。园中有儿童（7岁以上15岁以下）造械厂，内有导师及各种造械的机器及材料。儿童各从自己的兴趣在这里造小汽车、飞机、铁路等。他们的成绩有许多在那里陈列着。在造械厂以外，园中有好几处陈列着小模型的发电厂、炼钢厂、旧的摩托；游客数十成群的围着，有机匠替他们解释；导游者告诉我这些解释者是党员，拿这种工作当他们的社会服务。第三，这公园也是提高人民的军事兴趣的好场所。这里有兵拿着步枪或手提机关枪，对着十几岁的男孩，把内部的机械拆开给他们看，一面拆，一面解释各部的作用。这里有轻气球（Balloon）带游客上天空去试航；有各种玩具练人民在空中颠倒的能力，有救危伞（Parachute）挂在一个高十丈的台上，人民可以试跳。第四，智育的设备，如阅报室、图书馆等，不用说，是应有尽有的。最特别的是问讯处。我看见七八处，有人在那里解答人民各种的问题：一处专讲电机，一处专讲儿童疾病，一处专讲政治经济，一处专讲工程等，处处都有许多人围着，聚精会神的听。斯拉夫族的人埋头干真可敬而又可畏。

新莫斯科——我所见的不过 1%——固大可观，旧莫斯科亦可观。旅客对旧莫斯科的第一印象免不了要说它是个教堂城，差不多每头街有个教堂。建筑十之七八是东罗马式的（Byzantine）：葫芦样子的塔顶，大部分是金色的，华丽，辉煌，那是不成问题的，不过像我这样没有看惯的人，总觉得这种建筑有点不文明。现在有些教堂仍是教堂——苏联政府并不禁止人民作礼拜，大多数已改为图书馆、博物院，或俱乐部。最大的、最有名的圣比奚教堂（St.Basil Cathedral）与列宁墓相隔不远——现在是反宗教博物院（Antireligious musléem），其陈列品表示当年教堂如何助皇室、贵族、地主、资本家为恶，教堂的富，及教堂的迷信和愚民。苏俄虽反对宗教，并不毁教堂，其中有历史及美术价值的，且加以保存及修理。

200年前，莫斯科原是帝俄的都城；克米林宫（Kremlin）就是城内的皇城，旧莫斯科的精粹所在。四周有高厚的墙，墙外原有濠，现在已部分垫平。皇居防御的森严很像东方的帝王。不过从历史考起来，克米林的墙濠原有并非妆饰品，藉以表示帝王的威风，实在有军事上的必要。现在克米林的正宫是行政衙门；旁宫是博物院。院中所藏的大部分是历代皇室日用家具。俄国皇宫内部的华丽远在北平故宫之上；从日用家具推测，俄国旧日皇室生活的奢侈亦必远在乾隆帝或西太后之上。同时双方也有许多相同之处。最古的俄国王冕就是顶中国式帽子，不过顶子上面加了一个十字架。宝座像中国的一样不舒服。最古的御乘没有车夫的座位。导游者告诉我：当时俄人以座高于皇及以背向皇为大不敬。乾隆末年，英使马戛尔尼送乾隆帝一辆马车，因为车夫的座位在前面而且很高，清廷拒绝不收。克米林宫所表现的帝制是介乎东西之间的。

莫斯科郊外有个大地主留下来的住宅（Ostankino），其外表及内容纯粹是皇宫。据说在亚历山大二世解放农奴以前，那个地主有好几十万农奴，这个住宅现在是博物院，其花园现在是个大公园。游博物院者一方面可以看见地主生活的奢华，一方面又能看见当年农奴的苦楚。中国人游此地者免不了要说："物极必反"，而且可以拿这四字来解释苏俄的大革命。地主生活的奢侈诚是中土所未见；地主处罚农奴的各种酷刑亦非中土所有，但是博物院所藏的农奴家庭生活的陈列品表示着俄国当年农奴的物质生活比今日中国农民的还要舒服。那天与我同去观的有翁照垣师长及戈公振先生，我们不约而同的说："这还不差。"所谓"不差"者与中国情形相比不差而已。

观了10天，我的"正经事"还不能进行。恰巧袁守和到了。于是我同他又观了2天的图书馆及种种的图书事业。莫斯科大学有图书馆，其制度很像北大的：书都分散了，不但每系有阅览室，甚至每门功课有阅览室——至少历史学系是这样做的。新书很少，管理图书的人却不少。各研究机关有自己的图书馆。专门图书馆之中，最大的、最完备的是"马克思—恩格斯—列宁研究院"的，我们在这里看见马克思《资本论》的原稿及许多列宁的稿子。现在《列宁全集》差不多出完了；他的稿子未出版的不过1/20。虽然，研究院把他的稿子仍看为至宝。其实共产主义先哲的遗稿，即片纸只字，这个研究院亦愿出大价收买。其次要算"共产主义研究所"（Communist Academy）的图书。我们所看的是这研究所的中国部。部长是位善于华语的俄国青年学者。他的口音有点山东味道，据说是哈尔滨的山东人传授给他的。他的图书室内有社会研究所，南开经济学院的出版品，《国闻周报》及《中国社会及政治学报》。普通图书馆最大的是列宁公共图书馆。此馆很老，不过名字是新的。书籍堆积如山，参观者倘不小心可以被书活埋着。大概总有100万册以上，馆员也不知道确实的数目。善本书室收藏之富使守和连叹三声！此地有个新设的图书馆专门学校，校长是个美国留学女生，所采的学制是芝加哥大学图书专科的。读者不要惊异：我们看了欧洲大陆图书馆以后，才知道美国人管理图书之超人。

莫斯科图书事业之最有兴趣的是"国立书评编辑所"。所中有专任职员200人，特约编员800人。出有10种书评杂志。这些杂志的目的有两个：向读者介绍新书，同时他们也是出版界的春秋。所长再三告诉我们："苏联的书店都是国立的。我们发表的书评是国家评论（state review）。我们一字的褒贬，他们（书店）不能不注意。"可惜我不知道这个书评编辑所究竟在苏俄出版界有多大的影响，什么样的影响。

1934 年 9 月 10 日书于莫斯科

——选自《独立评论》第 125 号（1934 年 11 月 4 日北平出版）

观列宁格拉

——欧游随笔之四

我在莫斯科观了两星期，中央档案库（Central Archive）还没有决定究竟许不许我进库去研究。我就先到列宁格拉去玩一玩再说。列宁格拉（Leningrad）是苏联革命起义的地点，也是帝俄 200 年最盛时期的京都。要知道新苏与旧俄，那是不能不去一观的。

列宁格拉离莫斯科 650 启罗米达。二等车票要 22 元美金，约当北平到南京的头等票价。我以为太贵，不免踌躇。适这时列宁格拉的戏院，为招待旅客，演新戏 3 天；"外客旅行社"（Intourist）因此发减价统票。我出了 45 元金洋，买了一张 4 天的统票，来回车费，在列城的房饭，3 晚的戏，及每天 3 小时的游观都在内，这够便宜了。

我来莫斯科坐的车子是国际通车（Wagon-lit）；我这次坐的是俄国式二等。大致与我们的二等差不多，每间 4 个床，两上两上，不过干净差一点，便所尤其干净。晚上 10 点开车，第二天上午 10 点到。沿途的风景，我没得看见（回来也坐夜车）。近列城的一段全是平原，人口不见稠密。

车进了站，外客旅行社把我们一群外国人接到"欧罗巴旅馆"。这时已经十点半，我还没有洗脸、吃早饭。"文化交换局"（VOKS），因接到莫斯科的信，派人来找我，说局长先生在局里等着我，请我就过去谈谈。现在俄国人虽不讲外表，我总觉得不洗面就去拜客有点不敬。等了一点半钟，掌柜的还没派定房子。我去催他，他说旅馆满了，须送我到 Astoria Hotel 去。这时 VOKS 又派人来催，说局长还等着。我只好从头至尾解释一番，约定下午 2 时去拜他。我把 VOKS 这段事说出来，因为以后发生了误会。我洗了面，吃了早饭，2 点还差 10 分，就到了局长先生办公处。局长不出来，派秘书代见。我知其所以然，只好装个不知，就告诉那位秘书我想参观的文化机关——科学研究院（Academy of Sciences，俄国的汉学家称此院为翰林院），列城大学的历史系、档案库。秘书说："我们尽量的去办。两天以后，我打电话来告诉你。"我就此致谢，告别。

革命的苏俄尚未革去官气！

下午四点，旅行社派个导游者陪我及两个美国人、一个英国人去观列宁格拉。我们坐着车子；导游者——女士——沿途指点和解释。出了旅馆门，就是一个19世纪前半所建筑的大教堂。她对我们说，教堂有多少根柱子，每根有多少重，建筑的时候死了多少劳工。她讲她的，我尽量的欣赏建筑之美而雄壮。转了几头街，我们到了皇宫。这里不像莫斯科，没有墙濠，建筑是意大利 Baroque 式的。我看是大而不伟。唯独宫前的大广场有点伟气。宫右是海军部大楼，上有金塔，正对面是参谋部；左是卫队营。帝俄的军国主义于此毕露，卫队营的后面是 Hermitage，世界有名的美术馆。往东几头街，我们到了俄国美术馆，专藏俄人的作品，往北是旧日俄皇的阅兵场，现改为公园兼体育场，内有十一月革命烈士的公墓。再往北，到了尼瓦（Neva）河边。车子停了：四面看看，我们就知道列宁格拉之所以成为形胜之地。尼瓦河比黄浦江宽，比南京前面的长江窄，水是黑清的。导游者说："这个地方原是瑞典的，200余年前，俄国商业已经发达，尼瓦河口是国际商船的总汇（她也相信唯物史观），所以大彼得（她仍承认彼得是伟大）占据了这个地方。那个金塔——旁边还有个略低的金塔——那个就是彼得保罗的堡垒。那是大彼得占了尼瓦河口以后的第一个建筑。你们仔细看看：那个堡垒是建在一个岛上，岛四周都有墙。大彼得想这个堡垒足扼尼瓦河的咽喉，其实以后并没有外国来夺我们这个地方。帝俄就在堡垒作为监牢，囚禁革命党。那就是俄国的 Bastille！"

在俄国封建诸侯争霸的时候，莫斯科没有问题是形胜之地。等到俄国一统的局面成了，能与欧洲的列强争雄的时候，那末，非迁都于尼瓦河口不可。此地进可以攻，退可以守。因为彼得要问天下之鼎，所以他才建设圣彼得堡。又因为彼时莫斯科规模狭小，暮气很深，西欧文艺复兴以后的新精神不能透入，所以彼得觉得在莫斯科没有用武之地，不如迁都于海滨，与西欧近，且可以过大生活，世界生活。俄国倘没有圣彼得堡，俄国就不能有近200年的历史，俄国的面目完全不同了。旅行不到圣彼得堡，我不能估计彼得的伟大。到了此地，回想200年前彼得与瑞典的战争，以及他与莫斯科守旧派的冲突，他如何在此不毛湿洼之地，不顾天然的和人造的阻碍，毅然决然完成他的志向和使命。

从彼得保罗的堡垒，我们沿着北岸，往西走。导游者说："这些大厦当时都是贵族和富翁的住宅。尼瓦河的两岸是这城的繁华生活的中心。当时在这里过日子的人那知道民间的疾苦？"尼瓦河畔的悲剧喜剧不知演了多少！

以后导游者带我们去看新建的工人区，以及帝俄政治犯的后裔的住宅。这些都是立体式的建筑，美国人称为"Apsaitment houses"，现在上海也有，住户（一家）有占一间的，有占两三间的，每人平均可占 9 方公尺。每家在窗户上都摆着几盆花。每家都有个钢建的小凉台，夏天可以乘凉，冬天可以晒太阳，人不在的时候可以晒衣服。在离城中心稍远的地方，昔日富翁的别墅现在是劳工休息所，劳工轮流在此过三四星期的优游日子。昔日少爷小姐"作爱"的亭子里，现在有三五成群的劳工在那里吸烟、下棋、看报、谈笑；也有在那里"作爱"的。

这样，我算把列宁格拉看了一个大概。莫斯科是历史的产物，积七百余年的无计划的推演；列宁格拉是一个人的理想和企图的实现，街道要宽畅些，整齐些。莫斯科表现东罗马帝国文化的影响；列宁格拉表现西欧文化的影响。在莫斯科，我们可以看出俄罗斯民族幼年的奋斗：克米林的城墙、角楼、濠沟，以及最古商区的城墙（旧名支那城，实在与我们或鞑靼毫无关系，现在拆了以便交通）都暗示着当初四周全是敌人，防御不能不十分谨慎。列宁格拉是四通八达的，表示初成年的大无畏精神。然而究竟莫斯科是斯拉夫族的民族魂的所在；直到大革命，俄国国粹党的中心是莫斯科。好像近 30 年我们的留学生：穿了 20 多年的长袍，吃了 20 多年的白米饭，跑到外国去，随着外国的风俗带硬领子，吃面包饭；回国以后，不知不觉的要恢复旧日的衣食。这个比喻不免以小比大，且不十分恰当。我不过要指出以莫斯科为国都，一般俄国人免不了要觉得自然及愉快。

看了大概以后，我又选了几处去作较仔细的参观。第二天上午，看俄国美术馆。虽费了 3 个钟头，仍是走马看花，那个馆实在太大了，收藏太富了。大致俄国油画的体裁及题目与西欧同，演化亦同。那天下午，游海滨皇宫，名叫彼得宫（Peterhof），实只有一部分是大彼得建的。却是在我的眼光里，最有兴趣的就是彼得最初所建筑的小屋：荷兰式样，极其朴实，无所谓华丽。屋离海不过两丈；从彼得的书房、饭厅及卧房都能看见海。彼得所用的小望远镜现尚存在，他的书桌、椅子、床、衣服、酒杯等等均保留着。导游者指着一个大杯子说："当时彼得同朋友们喝酒，凡人家敬酒而不喝的，彼得就罚他这一大杯子酒。"彼得的酒友必都是豪饮者，那个大玻璃杯子至少能装 5 斤酒。宫园的布置仿法国维尔塞宫；水泉之多及其射水之高，式样之美，恐怕还要超过维尔塞。宫内的繁华恐怕亦不在维尔塞之下。不过论全部的布景，我以为仍不及颐和园，虽其华丽远过之。

第三天上午我先看了彼得保罗的堡垒。四周的墙，及门洞与门完全与我们的建筑式样相同。里面现有造币厂，戒备森严，不许参观；还有旧日的政治犯监牢。苦鲁巴底金（Prince Kropotkin）在他的自传里曾经描写过他在这里所受的待遇。列宁的兄弟也在这里尝过帝俄的恩赐。论物质设备，我看还不差，比国内的模范监狱恐怕还要好些。不过政治犯大多数是理想家，知识与情感都是灵敏的。单调的生活不是他们所能过的。看完这处以后，我们到俄国最有名的美术馆（Hermitage）去了。往年参观法国柳府（Louvre）的时候，我以为欧洲美术的精粹全在那里。我不敢评此二处的优劣，但是论荷兰及西班牙 16、17 两世纪的名品，此处不在柳府之下。

下午，文化交换局派人陪我去参观俄国的"翰林院"。院占整个的一区，内有各专家（Acadecemician）的研究所及图书室。这院的设立及其著名远在革命之前。革命以后，将近百名的"翰林"之中，2/3 非党员，不过行政皆由党翰林兼。翰林专事研究，政府每月每名发 750 卢布的薪金。现在苏联无专技的工人每月工资约 120 卢布，有专技的可达 200 卢布，但是工人有各种便宜，非其他阶级能享受的，这些翰林有点穷翰林的样子。加之苏联要集中学术于莫斯科，这班翰林不久都要离开故乡，免不了有点不满意。苏俄故都与新都的关系颇像北平与南京那样。我在翰林院遇着俄国有名的汉学家阿理克（Alexiev）。他很对北平表同情；我很对列宁格拉表同情。此外我遇着一位姓王的（未必真姓王），号称湖北人（大概是湖南人）；他在列宁格拉大学讲汉文，同时帮助俄国汉学家研究中国近代的政治经济。（别国的汉学家多注重先秦，唯独俄国的注重最近的百年。）他问了我许多关于史料的问题，有些我可以勉强回答，有些就没法子。譬如：他再三问我要太平天国的经济史料，好像我收藏了甚么宝货。我最后告诉他一个故事：太平天国并没有实行均田制度，惟在安徽某一县实行；现在那一县的农民无论如何不受共产主义宣传的影响。我们的谈话就在此中止。

第四天上午，我看了一个模范工厂。厂是造棉线的，内有 6 万锭子，2500 工人，分 3 班，每班每日 7 小时。工人尽是女人，工资每月从 175 到 200 卢布，所用的棉花全是苏联国货，厂内各处皆十分干净。每个工人面前都挂小红旗，表示她属于劳工冲锋队。俄人所谓 udarnik。我问经理为什么工人没有好坏，全是特优呢？他说，在那个工厂，工人十分奋发，倘不努力，前面就挂黑旗，那就要受人人的讥笑。现在共党在苏联努力造空气，使人人知道作个 udarnik 就是英雄。而这个民族是个崇拜英雄的民族。厂附设儿童寄托所，内部之干净，玩具之多及有趣令我很为我的子女羡慕。

下午，我去参观了列宁格拉大学的历史系。它的组织和课程全与莫斯科大学相同。课程分 5 年，前 3 年为普通科，皆必修；后 2 年为专科，分俄国史、上古史、中古史、近代史及殖民地史 5 目。教师共 30 人，内 10 人是党员。主任用不着说是党员，且是兼差的。我得的印象不好。开学已经两星期了，但是讲堂、参考书室还没有预备好。最近我在报上看见一个消息，说苏联教育部要改变中学的历史课程。大概以往在苏联的历史教课全变为党义的阐明，什么阶级战争那一套都讲透了，但史实一点不知。我听说有个学生在考试卷子里说大彼得是 19 世纪中压迫劳工的暴皇！这种的学生，我在中国见惯了：那个在入学考试卷子说蒙古人建元朝是为蒙古的工厂找商场的，岂不是这个俄国学生的"同志"？现在苏联教育部所主张的改良，虽不是要放弃唯物史观，听说是要注重具体的史实，少讲点抽象的主义。

1934 年 9 月 24 日书于莫斯科

——选自《独立评论》第 128 号（1934 年 11 月 25 日北平出版）

赤都的娱乐

——欧游随笔之六

我们传统的治术是孝悌忠信礼义廉耻。在崇孔的风气盛行的时候，我不应该批评孔子。一句话我敢说：孔子虽集大成，他的时代没有心理学可以集。罗马帝国的政治家就聪明多了。他们以面包及马戏治天下。我们所谓天下，西洋人称群众或民众。

免得人家说我不能脱离虚伪，我首先承认这篇文章是从经验得来的。我在赤都住了两个多月了。什么博物院（恐怕全世界以赤都的博物院为最多）、图书馆、档案库，好是好，看多了也就厌了。于是就找消遣，找玩意儿。我不是要探讨共党的革命治术然后去玩，我是因为玩的高兴了然后想起适之先生在北平编《独立》的辛苦，然后拿起笔杆来就写。那末，写玩意儿为什么要写个这样的大帽子呢？一则因为我刚读过适之的《写在孔子诞辰纪念之后》，想间接的表示我的佩服。二则——让我说个故事。好像法郎西（Anatole France）在他的幼年回忆录说他初次作文，第一句话是"上帝是什么？"先生问他为什么要问，他回答说："不问，我的文章怎能开端呢？"我也不过要开端而已。

话虽这样说，我还信罗马的政治家比孔子聪明，苏联的政治家也比他老夫子聪明。前不久，我在"革命戏院"看了一出这样的戏，某工厂的经理先生是个十二分热心的共产党。他一天从早到晚忙着管工厂，想法使出品超过预算。衣服破了，胡须长了，头发乱了，他都不觉得。至于陪太太及女公子去玩玩，那更谈不到。太太却是好玩的；女孩，十七八岁，也是好漂亮的。夫妇之间发生了大冲突，太太到党部去告发了他，说他侮蔑女权。同时他的女孩也出了乱子。她饿了三天，省了钱去买双丝袜子。一位青年同志也在党部告发了她。于是党部秘书开会讨论。一位娘子军式的女同志首先发言："现在全世界的劳工都受压迫，法西斯主义在那里活跃。我们应该节衣缩食，努力奋斗，还想穿丝袜子吗？这位同志显然不明革命党的天职。衣服像我这样的简朴不就够了吗？（同志皆大笑）我提议革除她的党籍。"同志们都不以这种议论为然。他们认党员也应该有个人生活（这戏的名字是《个人生活》）。党部秘书反把经理先生责备了一顿，说："作经理同时也要作人：外表不整，家庭不理不一定就可以作好经理……"

戏末有点小趣。一位男同志对那位买丝袜子的女同志说："你这事虽可原，我看你还不深知马克思主义。让我尽点义务，每天教你一点钟的《资本论》，同志们是应该这样彼此相助的。"但是后来她虽没有读《资本论》，他却答应了在结婚以前替她买 3 双袜子，1 件新外衣。

《个人生活》可以代表苏联社会的新趋势。听说前不久某工厂经理自外省到莫斯科来见重工业部部长。在客厅等候的时候，他看见别的客人都是外表整齐的，临时托故告退，到理发室去整了容，然后再回去见部长。我们虽不能说苏联从马克思降到丝袜了，我们可以说苏联的人觉得马克思和丝袜子可以同时并行。这也是苏联经济建设成功的一个表示。

俄国人好看戏，据说莫斯科有 50 多个戏院。它们，用不着说，都是国家设立的。戏票的一半由戏院轮流分送各工厂，所以就是"大戏院"——以先是帝王贵族富翁消遣之所——现在劳工也有机会进去欣赏。这戏院——Bolshoi Theatre是十分华丽的。当年的御厢还保留着，苏俄政府现在作招待贵客之用。一进这个戏院免不了要想起革命以前这里生活的繁华。某美国游客曾对我说："我如能够一见当年这院任何一夜所见过的美人和美人的妆饰及她们的同伴的衣冠，我觉得费几万几十万也是值得的。"现在这地的美人及其服妆虽比不得当年，但是音乐及歌舞，据内行人说，并不在当年之下。今年 9 月初外客旅行社组织了一个"莫斯科戏院旬"。西欧及北美的戏剧专家趁机来游的有好几百人。据他们在莫斯科的表示，他们对苏俄的戏剧技艺十分佩服。一般人总想苏联政府必大利用戏剧来作宣传。其实不然。宣传的戏剧固有：《个人生活》就是其中之一。但是大部分与任何政治的、经济的主义或运动没有丝毫关系。我在"大戏院"看了 3 次舞剧——其中之一以加拉罕夫人为主角——没有一次带点宣传性质：有两剧以神话为中心，一剧为 Don Quixote 的故事，我在 Kamerni Theatre——名戏院之一——看过一次：演的是 90 年前 Scribe 写的 Adrianne Lecuvreur。该戏所用的布景很有中国戏台的意味。最惹人注意的是古典戏剧的盛行。此刻莎士比亚的《十二夜》及莫力亚尔的《Taltvffe》正在莫斯科演着。美术的重要是此邦的人充分承认的。

休息日——每第 6 日——有午戏和夜戏，平常只有夜戏。夜戏从 7 点半起，到 11 点左右为止。11 点以后到 2 点 3 点是莫斯科人的真正夜间生活。人们一群一群的跑进咖啡馆、饭店去吃东西、跳舞、听音乐。这种娱乐场所最讲究音乐，它们的广告只提音乐队或舞女的名字。音乐现在最盛行的最 Jazz，其次是 Gipsy 的民族歌舞。他们的歌的凄惨很像北美黑人的，但其淫则过之。他们的舞是 Shimmy 一类的。俄国人最不拘泥，不重外表的礼节。尤其是在夜间生活的时候，他们的天真、自然、诚恳和能吃能饮都坦然摆在人们面前。装客气、摆架子那一套是他们最讨厌的。男女之间也是这样的自然和自由。不过他们的自由有自由本身的自然的限制，我在莫斯科还没有见俄国人喝醉了的，我也没有在公园里或咖啡馆里看见任何所谓不道德的事情。此地没有小报；大报不登人们的私事。民间的谣言当然是有的。说某要人有姨太太一类的事。大体说来，这地社会的风气是很健全的。

我们都听说过苏联聘有许多的外国的工程师：我们在国内没有听说苏联请有许多外国工人。其实外国工人在这里服务的确不少，他们都是精工。有些笃信共产主义，来这里帮助建设新世界，有些是因为在国内失业而来此地找事的：有些是苏联特地招来的。他们的正业是帮助苏联提高工作效率，其副业之一是在劳工界提倡各种游艺，如棒球、足球、网球等。市与市之间，工厂与工厂之间常举行比赛。在春秋两季，这种比赛是苏联民众最要紧的娱乐。我到莫斯科的 Stadim 去看过一次足球，技艺似乎比不上我们的选手队，观众的热心却与我们的相等。政府为提倡起见，在各处建筑运动场。有时请外国选手到此地来表演；有时派选手队到欧西各国去争锦标。赤都的两个大报向不登载琐事，却尽量发表体育的新闻，崇尚运动的风气很像英美。

这种风气的提倡不能算出奇。最奇怪的是赛马。我常以为赛马是英国缙绅阶级的嗜好：赌马是资产阶级的投机事业之一。所以吴炳文代办有一天请我去看赛马的时候，我不胜奇异。老实说，我在天津北平虽住过 10 多年，我从未看过赛马。现在居然在莫斯科初次享受这种眼福！赛马场的设备很讲究。我们坐在一个包厢里面，还有很好的茶点。马都是政府马场产的。未赛之先，预赛的马在路上试跑，让观众猜占优劣。愿赌者可以买个号头。第一奖不过 200 卢布，但第一奖有好几十个——这也是一种均富主义。观众十分踊跃。俄国人最快乐的生活是群队生活（grand life）。

此地工人每天只有 7 点钟的工作：每第 6 天又是休息日。戏院、公园、球场及其他娱乐场所尽管多，还是不够的。其余的人干什么呢？据我看来，俄国人最普遍的娱乐是游街。到了休息日，街上总是人山人海的。我住的旅馆 Saxoy Hotel 正在城中。我常过俄国人的生活——游街。走几步就到一条极热闹的街名叫 Kuznetski Most。到处都是人。他们，像我一样，没有一定的目的，走到那里算那里。商店的窗户如陈列有有兴趣的东西，就打住，观一观。"国际书店"就在这条街上。我总是先在外面站一站，看看有什么新书，尤其是关于中国的。有时别的游人就同我交谈起来，问问中国苏维埃的事情或日本在东北侵略的事情——一般俄国人关于中国的兴趣到此为止。可惜我的俄文程度太浅了，不能与他们深谈。跑进书店里去又遇着一群人，大部分翻翻而已。其实俄国所有的商店都是挤满了人的。有时我想买点东西，一进去看见人太多了，叹口气就出来，想过几天再去，可是再去的时候，也是一样的挤。一双橡皮鞋子直到现在没有买成，书我却买了二十几部。从国际书店出来，我一直往南走，到邮政总局，转弯，就到了高尔基街，顶有名的步许金咖啡馆（Pushkin）在这里，许多旧书店也在这里。那个咖啡馆我去过三次，只有第三次找到了座位，喝了一杯咖啡。此地的女同志算是最漂亮的。沿高尔基街往东走，再往北，就到了戏院广场。许多戏院在这里，丁在君住过的首都饭店也在这里。现在这饭店以 Jazz 音乐队出名。我在这广场上总走过几十遍。好几次，警察跑上来，对我说："同志，你应该由那边那边走。"他——或她——指东指西的告诉我应该怎样走。许多俄国人在这广场上也受过同样的教训。因为此地人多车也多，不是因为我是乡下人。

11 月初，莫斯科

——选自《独立评论》第 132 号（1934 年 12 月 3 日北平出版）

出苏俄境

——欧游随笔之八

11 月 10 号夜间，搭国际通车赴瓦萨，原来我在莫斯科没有一个熟人；10 星期内，不知不觉的，交结了许多的好朋友，在站上与他们握别的时候，我的感觉如同在前门车站与多年的老朋友告别一样。

车上同房间的是位俄国青年工程师，到美国去练习制造汽车的，他说的满口美国话，我说一句，他总以"OK"应之。没有事作，于是读戈公振先生送我的一部新小说。著者邵罗哥夫（Sholokhov）是俄国当代青年作家之一。这书描写近几年的乡村革命，把分耕改作集耕。说它是宣传品也可以，因为著者当然是个十二分忠实而且热心的党员，他相信共产主义是人类的天经地义，无辩论的可能，亦无辩论的必要，惟其如此，他倒不故意的作宣传。他只看见乡间的地主，愈小反愈爱私产。一头牛、几只鸡简直就是他们的性命。到这些乡民之中，少数党员奉命去执行集耕，他们不但要打倒农民的私产观念；此外还有农民的迷信，因为共产党不许祈雨，几乎闹出群众的暴动。这可算得一种不能抵抗的力量遇着了一种不能移动的障碍物。

11 日正午我们入波兰境。过境的时候，旅客们忽然感觉欧洲国际空气的紧张，苏波双方均在边境上布有铁丝网，双方均设有望远台，双方均驻兵。"现在的国家都是武装的营盘"，我到此地然后知道这句话一点儿不差。

一般旅客们出了苏俄境如同出了监牢一样。"现在我们又回到文化之境了。""现在我们能自由的呼吸了。""我告诉你，在第一站里有个好饭厅，车子在那里要等一两个钟头，我们去饱吃一顿如何？"这是我在波兰境内最初 5 分钟所听见的话。英美人、波兰人、日本人，连同两个从日本来的印度人都这么说，我简直莫名其妙，在苏俄境内他们都说很好，苏俄前途无限，怎样出了境就这样的痛骂呢？在波兰境内第一站检查了行李以后，这群人都挤进那个"好饭厅"。"伙计，你有啤酒吗？我盼望你的不是苏维埃啤酒！""这 3 个礼拜够受了。我是再也不来了。""3 个礼拜！我连 5 天就够了。"这是我在饭厅里所听见的议论，那顿饭，我也吃了，论口味，我在苏联吃过更好的，论价钱，那顿饭比苏联的要便宜 1/3，这是旅客不满意苏联最要紧的原故。苏联"外客旅行社"几乎把吸收外国货币为其唯一职责，旅客都须用外国钱，不能用俄国钱。那末，卢布有两种行市：一种是官定的，每个卢布约当中国钱 2.5 元；一种是事实的，每个约合 5 分强，两种行市相差竟到 45 倍！如旅客能用俄国钱的，生活费用比中国还要低，因为必须用外币，照官定行市折算，费用比美国还要高 30%。我在苏俄住了 10 星期费了 500 元美金，大部分的时候，我每天只吃 2 顿饭，并且每星期我在使馆里及朋友们那里还要吃三四顿。

旅客们的不满意还有一个理由，我从中国去的觉得苏联的物质设备不差；他们从西方去的就觉得太不舒服，太不方便了，拿莫斯科来比柏林好像拿中国内地的城市来比通商口岸；从人民方面讲，德国现在虽经济十分困难，柏林失业工人的衣食住行不在莫斯科有业的工人之下；从市政方面讲，简直不可比，苏俄不但物质落伍，人民的知识和习惯也落伍，尤其在不好洁净方面。

此外旅客们对共产主义的仇视也是他们不满意的一个原故。他们大多数没有读过俄国历史，不知道帝俄时代的退步，他们不知道在帝俄末年俄国工业的幼稚，更不知道彼时俄国农民的愚蠢几是全欧洲之冠。所以他们不能原谅丝毫。革命时代的破坏；近年建设之注重重工业；革命之难，尤其是培养共产主义的公民道德之费时，这些事情都是一般旅客所顾不到的，就是他们不仇视共产主义，他们也不能了解苏俄，何况他们的仇视之深有非我们中国人所能想象的？我们所受的痛苦远在其他国家之上，然而我想在中国没有一个人要破坏苏联的试验，或希望苏联失败。我们可说是以德报怨，西欧及美洲人则痛恨共党，把共党简直作为人类的罪人看待，就是资本家和苏联作买卖的，赚了俄国人的钱还要在背后痛骂俄国人。

我在车站饭厅刚吃完饭，预备上车的时候，波兰检查护照的人来找我，说我所得的波兰签证已过期，不能入境，原来那个签证是哈尔滨中东铁路旅馆替我办的，我告诉馆员我要在俄国有两三个月的逗留，所以入波兰境总在 11 月中旬到 12 月初间，签证是波兰文的，我就没有看。怎么办呢？同行的人都替我向检查员讲理讲情。检查员不肯通融，硬要我回苏俄境内，到波兰领事馆去找新签证。他告诉我最近的领事馆是在门斯克（Minsk），离波境只 2 小时的火车。他并且说火车快开了，不要多说了。不过我也没有再入苏俄的签证。倘苏俄因此不许我入境，我岂不是陷在苏波两国铁丝网之间？一面这样想着，一面上车。不到 5 分钟，车果然开了。苏俄验票的人还认识我，因为这辆车就是我坐进波兰的车。他们当然问我怎么又回头。我只好把我 2 个多月内所学的俄文都拿出来，一五一十的讲给他们听。他们居然很对我表同情："波兰人，波兰人，他们那肯讲理！"这时我很乐意的承认这几个俄国人是"波兰通"。

从波兰边境到门斯克，若开快车，原不要两个钟头；但我坐的车是照慢车开的，不但在小站停，甚至在无站无人的旷野之中也停。我的愁闷简直达到极点。到了这种时候只好自慰。俄国人没有问我要看护照：这是第一点可以自慰的。他们说门斯克也有外客旅行社所开的饭店，名叫"欧罗巴"。那末，门斯克地方一定不小，看来晚上还可以舒服的过去：这是第二点可以自慰的。我在俄国除了 2 个都城以外，别的地方都没有去。现在因为护照的原故，我有机会参观一个比较偏僻的地方。这岂不是不幸中之幸事？这样，我的兴趣慢慢的高起来了。

6 点多钟车始到门斯克。天已黑了。下车以后，因为要绕个圈子才能进站，走了不少的路，鞋子都湿了，泥了。到了站上，问警察外客旅行社在那里。他领我进站上的饭厅。这里有个桌子是外客旅行社定的。我想这里既然有旅行社，什么事都好办了。遇着一个穿制服的人，我就向他打探旅行社的所在。他说了许多的话，我只听出"打电话"及"等着"两个字。我就等着他打电话。不久，他回来了，说十分钟以后就有汽车来接我。我放心了，并且很感激俄国人这样的帮助我。

饭厅的布置像俄国所有的车站饭厅一样。厅内有几盘大叶的，像赤道来的长年青。在一个角上有个临时加添的音乐台。地板不甚干净。门总是关不好。往来的人很杂：兵、工人、官吏都有。衣服不整齐、头发不梳的多。食物的好坏我不知道，我只喝了一杯咖啡：我不知道是什么东西作的，杯子好像多年没有洗过。一般的情形比莫斯科及列宁格拉差的很远。

饭厅的隔壁是候车室。那里挤满了人，出入都感困难。俄国人搭车的习惯很像我们中国人。他们也好先一两点钟就到车站去等，唯恐赶不上车，或赶上而又找不着座位。他们也好背包袱、带被氈，我不知道俄国是车辆太少，还是旅行的人太多。总之，头二等都是无空位，三等的拥挤有点像我们的兵车。

我知道俄国人不大守时刻。饭厅里的人虽告诉我只要等 10 分钟，我准备等 20 分钟。却是等了半个钟头还没有旅行社汽车的影子。于是再得想法子。我仔细把四周的人看了一遍，想找一个可靠而且有耐心的人来帮助我。未等我开口，两位喝茶的女客向我招手，意思要我过去。我看她们的服装不像不正经的女人，就过去了。她们知道我的俄文不能达意，有一位就同我讲德文。在谈话之中，那位能说德文的告诉我她曾在美国住过 3 年。从这时起，我们就讲起英文来了。以后她们两位陪我坐电车至欧罗巴旅馆去。

那位到过美国去的在电车上告诉我她原是德国人。在美国的时候，她的生活很好。因为想念她的儿子，所以她回到德国。但是在德国找不着工作，而且有别的困难——她不愿说，我想她是犹太人，或共产党，或两者兼是——她于是到俄国。她说她在俄国的景况很好，想教她儿子也来，但是不知道他能不能出来。我还没有进德国，这位就先给我尝了一点德意志滋味。

"欧罗巴旅馆"很像我们中国的旅馆。深夜里还有人开留声机。莫斯科的旅馆生火已个多月了；此地房间里还没有火。家具并不差，但侍役不知道怎样照顾。厕所的不干净有非文字所能形容的。最可笑的，厕所有守门的。客人要进去须先请他开门；一出来，他就把门锁上。我不知道他防守什么。如里面那几件破烂东西须人守着，那苏联人民的道德和经济不堪设想。如守门者的职员是禁止杂人出入，那样的厕所还有外人来使用吗？

次晨，到波兰领事馆去找签证的时候，来回有个机会看看街市的情形。道路不甚好，亦不甚坏。商店则表现十分萧条。不但货物很少，管理者似乎毫不在乎。摆在外面给人看的货物虽被尘土盖没了也没有人过问。每个店就像中国的一个小衙门，不生不死的。

门斯克是"白俄"的邦会，是苏俄西北部的政治中心。（这地所谓"白俄"（White Russia）是苏俄联邦之一）。表面看来，城市并不小。它那一般不景气的样子真令人不解。物质情形不好，人民的精神也十分散漫。他们都是过一天算一天。莫斯科的物质情形虽有不完善之处，但旅客可以看得出有个大有力的发动机在那里继续不断的发动。到了门斯克，那个机器的力量就看不见了。好像我们的新生活运动，离南昌远了，简直就运而不动了。

12 月 16 日书于柏林

——选自《独立评论》第 138 号（1935 年 2 月 17 日北平出版）

附录：蒋廷黻学术年谱

1895 年

12 月 7 日，出生于湖南宝庆（今邵阳）。

1901 年

入私塾。

1906 年

春，就读于长沙明德小学，课程包括国文、数学、修身、图画、自然等。
秋，转入教会学校湘潭益智学堂。努力学习数学、英语，对林格尔夫人教授的西洋史颇感兴趣。

1911 年

夏，受洗成为基督徒。
辛亥革命爆发后，在林格尔夫人帮助下赴美国留学。

1912 年

2 月，就读于密苏里州堪萨斯城派克威尔镇的派克学堂（Park Academy），过着半工半读的生活，拉丁文与英文颇有进步。

1914 年

秋，转往俄亥俄州的欧柏林学院（Oberlin College）继续大学学业，主修历史学。

1915 年

参加后备军官训练团。

1918 年

夏，从欧柏林毕业，受青年会派遣，赴法国慰劳中国劳工。

1919 年

6 月，离开法国回美国继续求学，入哥伦比亚大学。先读新闻，后改政治，又转攻历史。

1921 年

夏，担任美国东部各大学中国学生夏令会主席，讨论即将召开的华盛顿会议。期间，参与"中国留美学生华盛顿会议后援会"的活动。

1923 年

获得哥伦比亚哲学博士学位，博士论文题目是《劳工与帝国》，研究 1880 年以后英国工党及工党议员对于英国帝国主义的反应。论文指导老师是卡尔顿海斯。海斯属于美国"新史学"派，倡导跨学科的综合性研究。该书出版后不久，英国工党第一次组阁。

归国，经由上海赴天津，任教于南开大学历史系，担任系主任兼文科主任。

1925 年

夏，与李济同赴西安西北大学暑期学校授课，训练中学老师和行政人员。

1926 年

3 月 6 日，在《现代评论》第 65 期发表《统一方法的讨论》，对国家前途提出武力统一可能而少数党专制不可能的看法。

11 月 28 日，在南开中学演讲俾斯麦与德意志统一。

1927 年

11 月 4—5 日，在《大公报》发表《国家主义之真意义》。

1928 年

夏，参与张伯苓组织的东北考察活动。他主动面见杨宇霆，讨论东北开发以及与日本人之间的经济竞争。

12 月，在《清华学报》1928 年 2 卷 2 期发表《现今史家的制度改革观》，探讨"近 200 年来史学对于制度改革观念的变迁"，分析唯理派、浪漫派、唯实派对于制度改革的看法，唯实派以"经济冲突，环境变迁，社会心理为标准"，预言"或者将来科学的史学偕同其他社会科学，能产生一种社会工程学"。

1929 年

5 月，应清华校长罗家伦之邀担任清华大学历史系主任，秋季新学期正式出任。主政清华历史系期间，参加学校评议会，参与改善学校行政，延揽人才，改革课程体系。

1930 年

上海新月书店出版蒋廷黻翻译的海斯所著《族国主义论丛》（Essays on Nationalism）。论述国家主义的兴起、传播、及国际战争的关系。

1931 年

6 月 10 日，在《清华周刊》35 卷 11—12 期发表《历史学系的概况》，指出中国史学在校勘考据方面或可与西洋史学媲美，但在史学方法的综合方面却表现"幼稚"。强调学生应学习外语，"多识一种文字就多识一个世界"；教学应中西并重，将西史课程作为史学方法的"表演"和"练习"。

10 月，在《清华学报》6 卷 3 期发表《琦善与鸦片战争》，重新评价琦善在鸦片战争时期作为政治家的求和策略，认为"琦善与鸦片战争的军事关系无可称赞，亦无可责备"，"故中英的问题，论审势，论知己彼的工夫，琦善无疑的远在时人之上。琦善仍是半知半解，但时人简直是无知所解"。

12 月，《李鸿章——三十年后的评论》发表在北京大学政治学会创办的《政治学论丛》创刊号，指出李"救中国全盘的计画是以自强为体，外交为用"，"外交弥缝的失败根本在于李氏还未看透世界的大势"。

是年，由商务印书馆出版由蒋廷黻主持编辑之《近代中国外交史资料辑要》（上），收录从 1822 年至 1861 年间外交史资料。

1932 年

5 月，参与发起《独立评论》杂志。胡适主持编务，蒋廷黻与丁文江协助。每周聚餐一次，讨论时事与编务。

5 月 22 日，在《独立评论》第 1 号发表《参加国难会议的回顾》，认为国难会议通过的政治体制改革方案并不解决实际问题。

6 月 12 日，《独立评论》第 4 号发表《陈果夫先生的教育政策》，反对陈"彻底改造教育之新动议"，即"应于 10 年之内专重农工医各项专门人材的造就"，强调"教育的目的是教养全人的"，"教育改良是可以的，因改良而摧残是不可以的"。

6 月 26 日，在《独立评论》发表《鲍罗廷时代之苏俄远东政策》，这是他重视中苏关系研究之始。

9 月 18 日，在《独立评论》第 10 号发表《"九一八"的责任问题》，强调"我们不要白过九一八的忌日而不去追究我们的当局和我们自己的责任"。

10 月 16 日，在《独立评论》第 22 号发表《国联调查团所指的路》，对国联调查作了较高评价，认为"日本所走的路及调查团所指的路有很大的差别——时代的差别及国情的差别。一条路是军国所走的，一条路是工商国所走的"。

11 月 6 日，在《独立评论》第 25 号发表《提倡国货的治本办法》，提出"提倡国货的治本须从制造及推销——工业及商业——同时下手"。

11 月 20 日，在《独立评论》第 27 号发表《又一个罗斯福进白宫》，认为罗斯福进白宫与胡佛留白宫无大区别，"不但远东政策不会变，美国全盘的外交政策也不会变"。

12 月 4 日，在《独立评论》第 29 号发表《中国社会科学的前途》，强调大学应承担对新知识的贡献，"大学之大，在乎新辟知识疆域之大小。大学生之所以成为大学生，在乎有无开辟知识疆域的能力"。真正的学者，对有研究价值的问题"有最高的兴趣"，"我们就有了新知识的种子。这个种子是学术界的至宝"。

12 月 18 日，在《独立评论》第 31 号发表《南京的机会》，认为民意反对内战，目前正是南京从事统一的机会，国民党政府应该做到直辖省份地方行政的现代化、军民须分治。

12 月 25 日，在《独立评论》第 32 号发表《中俄复交》，强调"复交不是联盟"，"联络邦交是常态，断绝邦交是变态"，承认复交的消息"不知不觉的得着不少的精神安慰"。

12 月，在《清华学报》1933 年 8 卷 1 期发表《最近三百年东北外患史（从顺治到咸丰）》，述及俄国在远东的发展、中俄之间的冲突、尼布楚交涉、东北 150 年安宁、经由中俄瑷珲条约及中俄北京条约，"咸丰以后的东北可称为半东北，残东北"，强调"现在东北已成所谓世界问题"。

是年，在《清华周刊》37 卷 9—10 期发表《道光朝筹备夷务始末之史料的价值》，称赞大量的刊印谕旨"此乃第一次"，奏折的大量刊印也为"创举"。

1933 年

1 月 15 日，在《独立评论》第 35 号发表《我们现在还有甚么话可说？》，强调"如我们在这个时候不能积极的帮助国家，最低限度我们不要为国家之累"。

1 月 22 日，在《独立评论》第 36 号发表《中国的政治》，批评中国政治是"文学政治"，建议提倡现代行政观念。

3 月 26 日，在《独立评论》第 43 号发表《热河失守以后》，感慨"目前我们的工作唯有在国内造成有收复失地的能力和资格，在国际上造成有收复失地可能的形势"。

4 月 5 日，在《独立评论》第 45 号发表《长期抵抗中如何运用国联及国际》，称国联是"世界的公安局"，表示"深信现在惟一促进国联和国际帮助我们收复失地的方法在于速图内政的改革——或国家的现代化"。

4 月 30 日，在《独立评论》第 48 号发表《这一次的华府会议》，认为"这次的会议关于经济问题已经是预备会议，且其成败颇难逆料；关于远东问题充其量不过是预备之预备而已"。

5 月 21 日，在《独立评论》第 51 号发表《知识阶级与政治》，认为只有建立强有力的中央政府才能从事现代建设，因此"我们应该积极的拥护中央"。而知识阶级应努力作现代人，要"相信知识、计划、组织。现代人以公益为私益。现代人是动的，不是静的；是入世的，不是出世的"。

6 月 4 日，在《独立评论》第 52、53 号合刊发表《美国外交目前的困难》，表示虽然"现代世界诸大问题的解决都依赖美国的助力"，但"在美国目前的外交上，不但中国的重要不及西欧，就是苏俄也不及西欧"。

6 月 18 日，在《独立评论》第 55 号发表《政府与舆论》，称指导舆论不是检查新闻，"政府愈检查新闻，新闻界愈讨厌政府，社会愈疑心政府"。

6 月 25 日，在《独立评论》第 56 号发表《亚洲的门罗主义》，表示"中日亲善，在九一八以前，就很少实际；九一八以后，简真是无从谈起了"。

7月9日，在《独立评论》第58号发表《苏俄出售中东路》，感慨"我们那能不叹在国际间靠人的危险"。

7月16日，在《独立评论》第59号发表《国际的风云和我们的准备》，称1933年"是国际关系史上的一个大分水界"，预言"我们将来的国难还可大于最近这两年的国难"。

7月23日，在《独立评论》第60号发表《枪口对外不可乱》，批评"察哈尔问题竟有因枪口对外引起风波致转而对内的可能"。

7月30日，在《独立评论》第61号发表《建设与廉明政府的先后问题》，认定"欲建廉明的政府必先求经济发展"。

7月30日，在《独立评论》第61号发表《东京的警告》，强调"中国与国联合作将成为此后中日间的大问题"。

8月6日，在《独立评论》第62号发表《论妥协并答天津益世报》，回应《益世报》对《枪口对外不可乱》短评的批评。

9月10日，在《独立评论》发表第67号《我们目前对于中央最要的希望》，表示"我们期望中央从此更加团结，汪蒋宋三人的合作更加密切"。

9月17日，在《独立评论》第68号发表《九一八——两年以后》，检讨"在九一八的试金石之下，表现了什么样的民族性"。

9月24日，在《独立评论》第69号发表《对大学新生贡献几点意见》，鼓励新生"扫除旧日士大夫的积习，而养成现代人的人格"。

10月1日，在《独立评论》第70号发表《外交与舆论》，提倡"舆论的知识化"，建议"大学、日报、外交部能各尽其责，又有一个专门研究外交的机关作全国的指导者"。

10月8日，在《独立评论》第71号发表《帝国主义与常识》，将帝国主义看成"一种天然现象，无所谓善恶"，甚至称"如要谈善恶和责任，那末强者与弱者是同等的须负责"。

10月15日，在《独立评论》第72号发表《日俄冲突的意义》，认为日俄之间的冲突与主义无关，"日俄的战争不是远东问题解决之路。无论是日胜俄胜，中国是得不到好处的"。

11月12日，在《独立评论》第76号发表《送蓝普森公使归国》，称赞"蓝普森公使的秘诀在乎不以中国的国家主义为英国之敌，反引以为友"。

12月10日，在《独立评论》第80号发表《革命与专制》，认为革命成为"败家灭国的奢侈品"，中国的基本形势是"政权不统一，政府不得好"，欧洲国家的历史表明只有经过专制才能形成民族国家，中国的建国之路也应如此。

12 月 31 日，在《独立评论》第 83 号发表《论专制并答胡适之先生》，认为"个人的专制"来统一中国的可能比其他任何方式要高。

是年，蒋廷黻与何廉同去庐山牯岭面见蒋介石。他也同汪精卫讨论过时局与外交。

1934 年

1 月 21 日，在《大公报》天津版"星期论文"栏发表《新名词，旧事情》，认为中国仍是传统社会，统一中国的方式仍需要用传统的"马上得天下"的方式进行。

2 月 4 日，在《独立评论》第 88 号发表《国际现势的分析》，指出"日本现在企图的是世界权利的新分派"。

3 月 11 日，在《大公报》天津版"星期论文"栏发表《建设的前途不可堵塞了》，强调"我们的出路，在对内对外两方面，均不能不求之于建设"。

5 月 13 日，在《大公报》天津版"星期论文"栏发表《平教会的实在贡献》，称赞晏阳初在定县的平民教育工作。

同日，在《独立评论》第 100 号发表《论"日本和平"》，表示"美国已声明她不能接受日本的决定。中国也已声明不能接受日本的决定。如接受了，中国就会变为日本的保护国"。

7 月 8 日，在《大公报》天津版"星期论文"栏发表《民族复兴的一个条件》，提出"革除地位的人生观，抱定事业的人生观：这是我民族复兴的先决条件"。

10 月 4 日，在《清华学报》9 卷 4 期发表《中国与近代世界的大变局》。文章指出，自 16 世纪以来，世界史演变最重要的方面是"全世界的欧化"。在 16、17 世纪的欧洲，海外扩张关系着国家富强与灵魂救赎，而明朝政府"一面派使出洋扬威宣德，一面禁止人民出洋及坐视外人压迫在外的侨民"。17 世纪天主教在华传教事业也"究未在我国引起一种精神运动"，且"我们在 18 世纪末年应付近代世界的大变局，又放弃了 17 世纪末年康熙皇帝的比较开明态度而回到明末的模样"。近代中西之争中国的系列失败，乃在于"我们抱定'天朝统驭万国'的观念，不承认有所谓'国际'者存在；西方在近代则步步的推广出来国际生活及其所须的惯例和公法"。

10 月 21 日起，至 1935 年 2 月 24 日在《独立评论》发表《经过"满洲国"》

《车窗中所看见的西比利亚》《观莫斯科》《观列宁格拉》《赤都的娱乐》《出苏俄境》《俄德的异同》等旅欧游记。

是年，商务印书馆出版由蒋廷黻主持编辑之《近代中国外交史资料辑要》（中），收录 1861 年至 1895 年间外交史资料。

1935 年

8 月 25 日、9 月 1 日，在《独立评论》第 165、166 期发表《矛盾的欧洲》，称"在欧洲摧残文化的势力远胜于保存文化的势力"，寄希望与"整个的国际关系改造"。

9 月 15 日，在《大公报》天津版"星期论文"栏发表《民族主义不够》，强调单纯的民族主义运动已经"过期"，加上高度的社会主义或民生主义，才能成为"大有力的发动机"。

10 月 27 日，在《大公报》天津版"星期论文"栏发表《国民党与国民党党员》，认为"政权在什么人手里，人民是不关心的；他们所希望的是握权者能替国家人民作几件较大的事体"。

11 月 24 日，参与签署北京教育界宣言，要求政府维护国家领土及行政完整，反对分裂。

12 月 16 日，就任行政院政务处长。

12 月 18 日，对报界表示愿竭力作事而不作官，本科学训练精神处理政务。

1936 年

7 月 24 日，在南京《中央日报》发表《地方行政的几个问题》，强调积极行政必须取代消极行政。

10 月 24 日，离沪赴苏联担任驻苏联大使。

11 月 11 日，作为新任驻苏大使，觐见加里宁，呈递国书。

1937 年

4 月，向国民政府外交部提交关于苏联概况、外交政策及中苏关系问题的报告。报告称苏联经济建设进步，会保持其"避战"外交政策，开始放弃"在各国革命之鼓动"。英美、苏联各自希望对方对日强硬，建议南京政府推动"中苏英美之大联合"。

7 月 16 日，访李维诺夫，转交外交部有关华北局势宣言，称日本进攻卢沟桥违犯九国公约、巴黎和约、国联盟约，中国政府拟用和平方式解决中日之间一切纠纷。

9月25日，照会苏联人民外交委员会，希望苏联对日本轰炸平民目标、文化机构、要求各国外交机构从南京撤离，表示抗议。

1938 年

1月16日，《论国力的元素》发表于《新经济》月刊1卷1期，强调"一国的军备是一国全体人民的体力、智力、生产力、组织力的总集合。全盘生活现代化了，军备自然而然的现代化了"。

2月，离任驻苏大使回国。

5月10日，行政院会议决定蒋廷黻担任政务处长。

春夏之间，完成《中国近代史》一书。蒋廷黻自称是"对我国近代史的观感"之"初步报告"。全书分四章22节，时间跨度从鸦片战争到抗战前夕，突出了中国走出"中古状态"，而迈向"近代化"与"组织一个近代的民族国家"的主旨。这部五万余字的作品，引领了民国时期学术界对中国近现代史的研究。

10月5日，在《政论》旬刊1卷25期发表《中国近代化的历史教训——中国近代史的总论》，称："近百年的中华民族根本只有一个问题，那就是中国人能近代化吗？能赶上西洋人吗？能利用科学和机械吗？能废除我们家族和家乡观念而组成一个近代的民族国家吗？"

11月，《新经济》半月刊创刊，蒋为发起者，多在重庆国府路蒋的寓所中讨论国家战时与战后建设方案。

1939 年

1月1日，在《新经济》半月刊1卷4期发表《百年的外交》。他检讨百年来外交的失败，不在不爱国，而在内政的致命伤即现代化的不彻底、外交上士大夫的虚骄、外交机构不健全。

2月16日，在《新经济》半月刊1卷7期发表《再论近百年的外交》，回应邓公玄的批评。

5月22日，在重庆大学演讲，演讲词以《释"建国"》为题，发表在《新经济》半月刊1939年2卷4期。

是年国民党推行新县制，蒋廷黻认为当时缺乏足够的财政能力推行这一制度，应分批执行。

1940 年

5 月 6 日，对英美作广播演说，呼吁援助中国币制。

5 月 15 日，率政务视察团出发，考察新县制下的县政。

5 月 17 日，抵达贵阳。

5 月 21 日，抵达沅陵，谈湘西经济开发前景。

6 月下旬 7 月初，连日视察粤北各县。

7 月 11 日，在桂林向省政府职员致训，叙述巡视观感，阐明经济战之重要性。

7 月 22 日，返重庆。此次政务考察途经七个省，7500 余公里，为时两个月零一周。

8 月 5 日，在县政计划委员会纪念周报告政务报告视察湘黔粤桂赣浙闽七省感想，提出，视察地区好的方面在于，农村经济较为发展、公务员肯埋头苦干，民众对国家前途乐观，但公务员能力较低，教育应重视实际，农贷合作社应与政治制度配合进行等。

是年在《新经济》半月刊 3 卷 9 期，为雷海宗《中国的文化与中国的兵》写书评，称为"史界新作风的创例"。

1941 年

7 月 15 日行政院会议决定蒋廷黻代理行政院秘书长。

7 月 19 日，作为蒋介石的代表，欢迎其政治顾问拉铁摩尔。

8 月 18 日，作为政府发言人、代理行政院秘书长，向中外记者称赞英美联合宣言，报告各省丰收情形。

10 月 21 日，出现记者招待会，报告国际局势，认为日本内阁改组并不会改变其侵略国策。

12 月 1 日，以行政院秘书长及政府发言人身份发表官方宣告，称太平洋地区不至于立即发生战事，如果美日开战，中国将对日宣战，无论如何不与日本单独媾和。

1942 年

2 月 3 日，招待记者，讲述国际形势，认为同盟国已一致重视亚洲战场。

2 月 22 日，在《大公报》重庆版"星期论文"栏发表《论英国》一文。

1943 年

10 月 21 日，离开重庆，赴美国参加联合国善后救济会议，讨论战后难民救济方策。

11 月 9 日，代表中国政府签订《联合国救济善后公约》。

1944 年

4 月，主持成立行政院善后救济调查设计委员会，后编成《中国善后救济计划》。

7 月，参加联合国金融财政会议。

1945 年

1 月，国民政府设立行政院善后救济总署，蒋廷黻担任署长。初设重庆，后迁南京。

6 月 1 日，在《复兴关》1 卷 2 期发表《第二次世界大战后太平洋之形势》。

11 月 14 日，由重庆出发，经桂、湘、粤三省，转道平津巡视。在北平谈善后救济不分畛域。23 日，由北平飞上海。

11 月 27 日，开记者会通报善后救济物资运华情况。

11 月，蒋廷黻与联总驻华代表签订《中国国民政府、联合国救济善后总署基本协定》。

1946 年

1 月 4 日，飞南京。5 日，发表谈话称救济总署将普遍开展工作，15 个分署均告成立。

2 月 26 日，行政院决定为蒋廷黻为出现联总大会代表。

3 月 12 日，飞美国，出席 15 日在大西洋城召开的联合国救济大会。

4 月 6 日，访问美国副国务卿艾奇逊，呼吁解决中国粮食问题。

4 月 24 日，在上海召开中外记者会，通报出席第四届联总大会情形，联总对中国的粮食救济未能如数供给，建议国内展开粮食节约运动。

6 月 7 日至 9 日，联总远东区会议在南京举行，蒋廷黻主持。

7 月 12 日，开记者招待会，答复各方对救济之责难。

7 月 15 日，周恩来访蒋廷黻，谈共产党参与救济、黄河治理等事宜。

9 月 18 日，主持联总远东区大会，检讨物资运输及难民遣送问题。

10 月 1 日，辞去行政院善后救济总署署长一职。

1947 年

4 月 26 日，在《世纪评论》1 卷 17 期发表《政治自由与经济自由》，认为"近代的人类史，证明政治的自由与经济的自由是相辅而行的"。

6 月 14 日，在《世纪评论》1 卷 24 期发表《漫谈知识分子的时代使命》，表示"如果知识分子能保存士大夫传统的气节，我们可能超度西洋近 300 年的历史"。

7 月 5 日，作为全权代表，从上海赴美国参加联合国社会经济理事会全体会议。

8 月 28 日，在联合国安理会就印尼华侨被虐待发表声明。

9 月 15 日，出席联合国第二届大会。

11 月 13 日，国民政府颁令，蒋廷黻出任驻联合国代表兼安全理事会代表。

11 月 24 日，联合国远东及亚洲经济委员会会议开幕，担任会议主席。蒋在发言中表示，各国仅能受惠于他国之富裕，而不能受惠于他国之贫困，亚洲国家应合作解决经济福利问题。

1948 年

4 月 20 日，在联合国政治委员会会议中支持美国托管巴勒斯坦的提议。

6 月 8 日，安理会会议接受蒋廷黻建议，将致函尼赫鲁，缓和克什米尔争端。

9 月 21 日，在巴黎出席第三届联合国大会。

10 月 11 日，在联合国大会发表演说，称中国正为"统一"而战。

11 月，多次见马歇尔，希望将苏联问题提交到联合国。

12 月 16 日，自巴黎致函胡适讨论"中国自由运动"。

1949 年

2 月，轮值安理会主席。

3 月 13 日，致函胡适谈中美关系中的援华、"独立外交"与"附庸"问题。

5 月 20 日，与顾维钧商讨在联合国提出有关中国局势议案。

8 月 21 日，与顾维钧、胡适、宋子文、贝祖贻在纽约聚会讨论中国局势。

8月至9月，草拟、修改《中国自由党组织纲要草案》。

9月22日，蒋廷黻在联合国大会全体会议上发表声明，将共产主义比喻为"洪水"

9月27日，要求联合国秘书长转大会主席，将中国议案列入议程。

9月29日，联合国大会讨论蒋廷黻所谓"中国政治独立与领土完整受威胁"问题是否列入议程。

11月15日，新中国外交部长周恩来致电联合国，要求取消蒋廷黻代表团资格。

11月25日，蒋廷黻在第一委员会提出"控苏案"，呼吁联合国在道义上支持国民政府。

11月、12月间，与部分知识界人士商组"中国自由党"。

是年，台湾启明书店以《中国近代史大纲》为名，重印《中国近代史》一书。

1950 年

1月，致函美国经济学家杨格，讨论《中国自由党组织纲要草案》。

9月，联合国第5届大会召开，11月21日起讨论控苏案，蒋廷黻建议组织调查团。

1951 年

2月23日，列席立法院秘密会议报告，报告"三年来在联合国之工作"及一般国际形势。

3月24日，在"国立台湾大学"演讲《我对于苏俄之认识》。

4月5日，在台湾"国大代表全国联谊会"演讲《国际间对中国民主政治的看法》，称"政府迁来台湾以后，在经济建设上，政治上的进步，国际间都一致重视与钦佩，但是国际间对中国民主化到什么程度，仍不太了解"。

11月，参加在巴黎召开的第6届联合国大会，"控苏案"列入议程。

1952 年

1月26日起，第一委员会连续四日讨论"控苏案"，蒋廷黻再次强调中国的"苏维埃化"，称中共是东南亚共产主义运动的后台。

2月1日，联合国通过"控苏案"。

1953 年

5 月 14 日，在台大法学院讲演《国家的力量》，除人口、土地、资源等自然因素，国家力量提高，有赖于"科学的运用及生产力量之培养""全体人民能真心诚意拥护的政治制度"以及一国的"精神文化"。

1955 年

3 月 16 日，在《自由中国》第 12 卷第 6 期发表《联合国宪章与铁幕内人民的解放》。

6 月 21 日，在《中央日报》发表《联合国的十年》，视联合国为"大冷战的战场之一"。

1957 年

5 月，建议台湾当局雇佣美国莱特公司，作国际公关宣传。

9 月 24 日，代表台湾当局与莱特公司签署合作协议。

是年当选台湾"中央研究院"院士。

1960 年

10 月 10 日，致电台湾"外交部"，称缓议台湾之联合国代表权资格一案面临压力。

1961 年

2 月 28 日，致电台湾"外交部"，建议放弃否决蒙古人民共和国加入联合国一案。

10 月 25 日，安理会审议"蒙古入会案"通过，蒋廷黻离席未参加票决。

秋，赴哥伦比亚大学参加学术座谈，会后参观快读（rapid reading）实验。

1962 年

1 月，就任台湾"驻美大使"。

10 月 27 日，见哈里曼，反对美国支持以"麦克马洪线"作为中印边界的立场。

11 月 23 日，对美国记者发表谈话，谈中印关系。

1964 年

1 月 24 日，与美国国务卿腊斯克晤面，谈法国承认新中国、日本政治问题。

12 月 15 日，在《新时代》第 4 卷第 12 期发表《中国的传统与现代潮流》，此文系在"国立历史博物馆"赠画美国圣若望大学典礼上的演讲词。

1965 年

5 月，退休，离开华盛顿赴纽约。期间带病去哥伦比亚大学录音，作回忆录。

10 月 9 日，病逝于纽约。